Famiglie e minore età: dall'atto al rapporto

IUSTITIAM COLIMUS

Antonio Gorgoni

Famiglie e minore età: dall'atto al rapporto

Giappichelli

VIA PO, 21 - TEL. 011-81.53.111 - FAX 011-81.25.100

http://www.giappichelli.it

ISBN/EAN 978-88-921-3949-7

G. Giappichelli Editore

Questo libro è stato stampato su carta certificata, riciclabile al 100%

Stampa: Rotolito S.p.A. - Pioltello (MI)

INDICE

Parte Seconda
LA FILIAZIONE

Capitolo Primo
FILIAZIONE E AZIONI DI STATO

Capitolo Secondo
FILIAZIONE NATA FUORI DEL MATRIMONIO

pag.

CAPITOLO QUARTO

DIRITTI DEL FIGLIO E RESPONSABILITÀ GENITORIALE

CAPITOLO QUINTO

TUTELE

PREFAZIONE

La famiglia e la filiazione sono state interessate da grandi mutamenti almeno dal 1970, anno dell'introduzione del divorzio, cui ha fatto seguito nel 1975 la prima riforma organica. Si è passati dall'idea, tradizionale, della centralità del matrimonio nella società, unico istituto all'interno del quale la filiazione legittima veniva garantita compiutamente, a una pluralità di relazioni familiari e a una maggiore complessità del fondamento della filiazione.

Questa linea di sviluppo è stata sospinta soprattutto dagli articoli 2 della Costituzione e 8 della Cedu, i quali, secondo l'interpretazione affermatasi, attribuiscono rilievo al rapporto serio e stabile di tipo familiare; rapporto esistente a prescindere dal matrimonio, dalla parentela e dall'orientamento sessuale. Il culmine di tale evoluzione, contrassegnata da interventi settoriali del legislatore e dall'attivismo giurisprudenziale, si riscontra nella legge n. 76/2016 che ha regolato le unioni civili tra persone dello stesso sesso e le convivenze di fatto.

Se il rapporto affettivo di coppia, in quanto funzionale allo sviluppo della personalità umana, è rilevante di per sé, era indispensabile una legge che tenesse conto della varietà dei legami; delle famiglie al plurale. Ciò non solo per offrire istituti – l'unione civile e la convivenza di fatto – che si affiancassero al matrimonio, ma anche per tutelare le situazioni giuridiche soggettive che inevitabilmente originano da un progetto di vita in comune.

I doveri che scaturiscono dall'unione civile (art. 1, co. 11, l. n. 76/2016), la tutela dell'integrità fisica e morale dell'unito civilmente (art. 1, co. 14, l. n. 76/2014), la disciplina della crisi tra gli uniti civili (art. 1, coo. 24-25, l. n. 76/204), come pure il diritto del convivente di fatto sulla casa (art. 1, coo. 42 e 61, l. n. 76/2016) o il suo diritto agli alimenti (art. 1, co. 65, l. n. 76/2016) dimostrano come la famiglia, pur nascendo dal basso – questo è il significato dell'espressione «società naturale» di cui all'art. 29, co. 1, Cost. – necessiti della norma giuridica.

La famiglia si è diversificata, arricchendosi nei tratti costitutivi, sotto la pressione del «diritto fondamentale di vivere liberamente una condizione di coppia» (Corte cost., n. 138/2010). Ma è stato soprattutto un altro il veicolo di cambiamenti significativi. La tutela della minore età, garantita dal principio costituzionale e sovranazionale del preminente interesse del minore, ha indotto dottrina e giurisprudenza a reinterpretare l'ordine pubblico della filiazione. Vi sono stati il superamento del dogma della eterosessualità dei genitori e l'attenuazione del principio della verità della filiazione rispetto all'assunzione di responsabilità della nascita o della crescita di un figlio altrui (famiglie ricomposte).

Se la regola che impone due genitori di sesso diverso (art. 6, l. n. 184/1983 e art. 5, l. n. 40/2004) non ha fondamento costituzionale, ma è frutto di una scelta discrezionale del legislatore (Corte cost., n. 221/2019), se vi è un diritto del minore alla continuità dei legami affettivi [(l. n. 173/2015), artt. 244, co. 4, e 263, coo. 3 e 4, c.c.] – diritto, questo, congiunto all'identità personale – si giustifica la rilevanza della genitorialità sociale (Corte cost., n. 225/2016), la stepchild adoption (Cass., n. 12962/2016) e la legittimità della delibazione del provvedimento straniero di adozione omosessuale (Cass., Sez. Un., n. 9006/2021).

Tutto questo è dipeso da una interazione proficua tra il preminente interesse del minore e il diritto alla continuità della vita familiare. Ne è scaturito un ridimensionamento della derivazione biologica che non costituisce un valore di rilevanza costituzionale assoluta (Corte cost., n. 272/2017). Da qui la necessità di attribuire un nuovo e più ampio significato all'art. 30, co. 1, Cost., in cui i diritti e i doveri del genitore si legano oltre che alla procreazione all'assunzione della responsabilità del nato.

Non si può escludere, di conseguenza, la conservazione dello status filiationis *acquisito all'estero tramite una tecnica procreativa vietata, come, invece, si è espressa la Cassazione a Sezioni unite rispetto alla surroga biologica di maternità (sent. n. 12193/2019). In verità non sono conformi al diritto soluzioni che espongano il minore all'impossibilità di ottenere la costituzione dello stato di figlio nei confronti del genitore cosiddetto «di intenzione», oppure che non gli assicurino una parentela compiuta con la famiglia dell'adottante (Corte cost., n. 32/2021 e n. 33/2021).*

Si vuol sottolineare come la tutela del preminente interesse del minore, la quale esige di garantire il diritto all'identità affettiva, relazionale e sociale, abbia ampliato il fondamento della filiazione e contribuito ad accrescere le tipologie familiari, tanto da configurare la famiglia come un «arcipelago» e da imporre una «prospettiva paidocentrica».

La contemporaneità è contrassegnata dalla centralità non già dell'atto ma del rapporto affettivo generatore di un legame rilevante, tanto nella relazione di coppia quanto in quella di filiazione.

Firenze, 7 settembre 2021

ANTONIO GORGONI

«(...) non dalle ricchezze nasce virtù,
ma dalla virtù nascono ricchezze e tutte
le altre cose che sono beni per gli uomini,
così ai cittadini singolarmente come allo Stato».

PLATONE, *Apologia di Socrate*, Bari-Roma, La Terza, 2000, p. 35.

PARTE PRIMA
LE FAMIGLIE

Capitolo Primo

PRINCIPI E REGOLE PER ORDINARE LA COMPLESSITÀ

Sommario: 1. Art. 29 Cost. e storicità della famiglia. – 2. Principi e regole: un'interazione continua per regolare il presente. – 3. Fonti sovranazionali e pluralismo dei modelli familiari. – 4. Il contributo della giurisprudenza. – *a*) Convivenza *more uxorio*. – *b*) Unione omosessuale e matrimonio. – *c*) Filiazione. – 5. La legislazione: dall'autorità all'uguaglianza e alla verità dello stato di figlio. – 6. Diritto alla conservazione del rapporto genitoriale e degli affetti familiari nella crisi di coppia. – 7. Autonomia privata e ordine pubblico nella regolamentazione dello *status*.

1. *Art. 29 Cost. e storicità della famiglia.*

Il diritto, tra le diverse scienze sociali, è forse quella che, se studiata diacronicamente, mostra con maggiore nitidezza l'evoluzione della società. Le regole giuridiche dovrebbero rispecchiare le concezioni e le linee culturali connotanti il vivere civile. Così, comparando due disposizioni di legge sullo stesso tema ed entrate in vigore in tempi diversi si avrà l'immediata percezione di come sia mutato l'approccio a una determinata questione o all'istituto di riferimento. Un esempio emblematico si riscontra nel passaggio dalla patria potestà alla responsabilità genitoriale, come si vedrà nella parte II.

Questa compenetrazione tra *societas* e *ius*, connaturata al fenomeno giuridico, è ancor più evidente nel diritto di famiglia. Ed è bene sottolineare che il dato sociale influenza non soltanto il legislatore, stimolandolo ad aggiornare il quadro normativo, ma anche l'interprete (in particolare il giudice), il quale, sollecitato da fatti inediti, reinterpreta la singola disposizione di legge al fine di regolare e tutelare adeguatamente l'interesse ad essi sotteso.

Un altro esempio che chiarisce questo ruolo post-moderno dell'interprete, il quale si pone come ricercatore della regola da applicare al caso concreto, è offerto dal rilievo assunto dalla genitorialità sociale; un fenomeno, questo, di costruzione giurisprudenziale in cui si valorizza il rapporto di filiazione basato non già sul legame genetico, bensì sull'assunzione di responsabilità del convivente/coniuge del genitore.

Ebbene, se il diritto ha senso e si spiega soltanto in un determinato contesto storico e se col mutare di quest'ultimo si modifica il primo, si deve concludere che l'attuale normativa sul diritto di famiglia, molto diversa da quella del passato, è il frutto di un progressivo mutamento della concezione della famiglia e dei modelli e valori riferimento. Del resto, una grande sociologa – Chiara Saraceno – ha affermato che la famiglia è un fenomeno sociale e non naturale. La famiglia cambia con i mutamenti sociali e, di conseguenza – continua la Saraceno – essa non può che essere definita dalla norma (sociale, religiosa e giuridica).

Si deve, pertanto, ammettere, da un lato, che il legislatore, attraverso la decisione politica, sceglie il modello di famiglia e ne regola taluni suoi aspetti, com'è accaduto con l'unione civile e la convivenza (aspetti quali la conformazione, il modo di costituzione, il regime patrimoniale e lo scioglimento); dall'altro, che tali regole sono relative, essendo destinate a essere integrate o superate da una nuova legge o da un'interpretazione giudiziale.

Tutto ciò ha una conseguenza ineluttabile sul piano ermeneutico. L'art. 29, co. 1, Cost. non è impermeabile alla storia e al flusso dei valori, pertanto il sintagma «società naturale» riferito alla famiglia va inteso non già nel senso di alludere a un'accezione a-storica della famiglia, sottratta al tempo e al potere regolamentare del legislatore, ma nel significato di famiglia quale organizzazione preesistente allo Stato. Ne consegue che il legislatore, anche in ossequio all'art. 2 Cost. che dà rilievo alle formazioni sociali ove si svolge la personalità dell'individuo, riconosce i fenomeni sociali familiari; non li nega (non può farlo perché gli preesistono), pur non sottraendosi alla loro regolamentazione. Il limite cui egli è assoggettato è quello di non mortificare lo sviluppo della personalità, essendo anzi tenuto a favorirlo.

L'interpretazione dell'art. 29 Cost. e comunque della Costituzione in ordine al concetto di famiglia accolto non è unanime in dottrina. Alcuni Autori propendono per un'interpretazione restrittiva dell'aggettivo «naturale», nel senso di richiamare «il momento procreativo del consorzio domestico», sebbene il matrimonio non sia riducibile alla finalità riproduttiva. L'art. 29 Cost. non si riferirebbe tanto all'istituzione giuridica del matrimonio, ma piuttosto all'unione tra uomo e donna. Starebbe qui «l'indubbia naturalità della famiglia, votata alla consonanza (anche) dei corpi e quindi della riproduzione» (M. Tamponi, 235).

Ora, sebbene gli artt. 29 e 30 Cost. siano incentrati sull'eterosessualità, non bisogna isolare questo dato dal contesto generale della Costituzione e dall'evoluzione della società e della tecnica. Questo approccio fornisce all'interpretazione un respiro maggiormente inclusivo della diversità delle strutture familiari. In questo senso si è mossa quella giurisprudenza – che esamineremo a proposito della filiazione – secondo cui l'eterosessualità del genitore non è un principio costituzionale, ma una scelta discrezionale del legislatore. Ne consegue che il legislatore, in futuro, potrebbe consentire l'adozione piena omosessuale senza perciò violare la Costituzione. È una questione di politica del diritto, senza il dominio di una indicazione univoca della Carta fondamentale.

Sulla genitorialità omosessuale la società nelle sue diverse componenti culturali, non solo quella giuridica, tornerà a discutere. Vero è che negli ultimi anni il legislatore del diritto di famiglia ha assunto un ruolo di spicco, contrariamente alla considerazione di Arturo Carlo Jemolo secondo cui la famiglia è «un'isola che il mare del diritto deve solo lambire».

È stato osservato come il «cosmo agiuridico» nel diritto di famiglia si sia ristretto sempre più (M. Tamponi, 232); basti pensare alla disciplina della convivenza di fatto. Anche se non mi sembra che, nel complesso, si possa muove al legislatore l'obiezione di interventismo, poiché le *rationes legum* risiedono spesso nella tutela di diritti e valori preminenti.

Così è stata emanata la legge n. 76/2016 sulle unioni civili tra persone dello stesso sesso e sulla convivenza di fatto. Le coppie omosessuali, attraverso l'unione civile, istituto a loro destinato, formalizzano la loro relazione, similmente ai coniugi con il matrimonio. Anche i conviventi di fatto (etero o omo-sessuali), mediante la dichiarazione anagrafica, pubblicizzano il rapporto (art. 1, co. 37, l. n. 76/2016).

Emergerà da queste pagine come la famiglia, stante il polimorfismo delle relazioni familiari, necessita di una regolamentazione giuridica che sappia valorizzare le sue dinamiche e tutelare i diritti; significative sono le disposizioni che stabiliscono diritti a favore del convivente di fatto (art. 1, coo. 38, 39, 42, 44, 45, 49, 61, 65).

Le unioni omosessuali e le convivenze di fatto costituiscono formazioni sociali degne di essere giuridicizzate e di uscire dalla dimensione del mero fatto, affinché sia garantita tutela a una pluralità di interessi e di posizioni giuridiche soggettive originate dal rapporto di tipo familiare. Ma – è bene sottolinearlo – è la legge che concreta le scelte politiche, che traccia confini e distinguo a conferma della storicità della famiglia; anche la giurisprudenza ne è un formante rilevantissimo in un sistema multilivello delle fonti del diritto in cui, a fronte di nuove domande di tutela, va trovata nell'ordinamento la regola del caso concreto.

Il legislatore, però, non è sempre riuscito a liberarsi da un approccio «naturalistico» al fenomeno familiare. Con la legge sulle unioni civili, ad esempio, egli ha inteso tracciare una separazione tra la «vera» famiglia, che si invererebbe soltanto nel matrimonio secondo un'interpretazione – esasperata – della Costituzione e le unioni civili/convivenze di fatto le quali non assurgerebbero a famiglia. Anche la legge sulla procreazione medicalmente assistita è stata costruita secondo tale impostazione, come dimostrano i diversi interventi della Corte costituzionale di cui ci occuperemo nella parte II al cap. III.

Questo atteggiamento, improntato a un diritto naturale, avversa quel dato di socialità/storicità della famiglia, proponendosi di far prevalere un modello, quello matrimoniale, reputato – forzatamente – unico punto di emersione della famiglia.

2. *Principi e regole: un'interazione continua per regolare il presente.*

L'interazione tra regole e principi per regolamentare un fatto è presente almeno dalla prima metà del secolo scorso. Il salto qualitativo vi è stato con l'entrata in vigore della Costituzione, la cui prima parte è costituita soprattutto da principi. L'interprete è chiamato «sempre più a interpretazioni complesse di cui sistematicamente fanno parte regole (fattispecie legali astratti) e principi (valori)» (A. Proto Pisani, 74). Il diritto di famiglia è una cartina di tornasole dove i principi e i valori, per lo più correttamente applicati, hanno fatto progredire l'ordinamento arricchendo la giuridicità. La «realtà dei valori» va non già negata (A. Proto Pisani), ma considerata uno strumento in più per l'operatore giuridico al fine di regolare il presente così veloce e mutevole.

L'applicazione dei principi e dei valori non dovrebbe determinare incertezza, imprevedibilità, incalcolabilità, ma certezza che la decisione giudiziale basata su di essi sia quella preferibile poiché attuativa dei fondamenti della nostra Repubblica e dell'Unione europea. Decisiva è l'argomentazione. Vedremo che la giurisprudenza, nelle decisioni più delicate, ha attuato per lo più saggiamente il principio del preminente interesse del minore, ha salvaguardato l'identità personale di quest'ultimo e ha attuato altri diritti fondamentali come quello alla conservazione del legame affettivo con i genitori a prescindere dal legame genetico.

Quando non c'era la Costituzione, le disposizioni di diritto familiare esprimevano le linee di fondo del sovrano del tempo – il legislatore – il quale, certo, attingeva alle concezioni all'epoca dominanti. La famiglia era più vicina al diritto pubblico, all'autoritarismo, alla gerarchia – si pensi alla potestà patria e maritale – più che al diritto privato, alla parità dei coniugi e all'accordo. Si può dire che dal 1865, anno in cui entrò in vigore il codice civile dell'Italia unita, fino all'entrata in vigore della Costituzione, disuguaglianza, gerarchia e interessi pubblici erano alcuni dei tratti distintivi più significativi della famiglia matrimoniale.

Il matrimonio era un'istituzione sovraordinata ai singoli componenti, tant'è che fino al 1970 non poteva essere sciolto, ed era l'unico mezzo attraverso cui costituire una famiglia che garantisse una vita virtuosa a beneficio dell'ordine sociale (*matrimonium quasi seminarium rei publicae*, secondo le parole di Cicerone). Il marito era posto su un piano di superiorità rispetto alla moglie: l'art. 131 c.c. del 1865 stabiliva che «il marito è capo della famiglia» e l'art. 133 c.c. 1865 gli attribuiva un pieno controllo dei beni della moglie, la quale non poteva «donare, alienare i beni immobili, sottoporli ad ipoteca, contrarre mutui, cedere o riscuotere capitali, costituirsi sicurtà, né transigere o stare in giudizio relativamente a tali atti senza autorizzazione del marito».

Disposizioni, queste, quanto mai lontane dall'art. 29, co. 2, Cost., dove «l'uguaglianza morale e giuridica dei coniugi» cancella ogni gerarchia e diversità tra i coniugi all'interno della compagine familiare.

Ancora: a dimostrazione del rilievo sovra-individuale del matrimonio, vigeva la regola del suo scioglimento soltanto con la morte di uno dei coniugi (art. 148 c.c. 1865 e art. 149 c.c. 1942). È soltanto con la legge n. 898/1970 («*Disciplina dei casi di scioglimento del matrimonio*») e con le precedenti sentenze della Corte costituzionale, che hanno trasformato l'adulterio in fatto privato privo di rilevanza penale, che si invera una nuova assiologia in cui non rilevano più ragioni giustificative della conservazione del matrimonio contro la volontà dei coniugi.

Segna una cesura col passato l'idea nuova del vincolo matrimoniale quale situazione nella disponibilità dei coniugi in quanto governata in ogni suo aspetto dall'accordo. Due normative più recenti hanno rafforzano questa caratterizzazione: la legge n. 55/2015 sul c.d. «divorzio breve» e il d.l. n. 132/2014 («*Misure urgenti di degiurisdizionalizzazione ed altri interventi per la definizione dell'arretrato in materia di processo civile*»), convertito in legge n. 162/2014, che ha introdotto la facoltà di sciogliere il matrimonio fuori dal tribunale, attraverso un procedimento imperniato sull'accordo tra i coniugi e gestito dagli avvocati con il controllo – la cui funzione è diversa a seconda che vi sia o meno la prole – del pubblico ministero.

Attenta dottrina ha segnalato come l'introduzione del divorzio abbia favorito il riconoscimento di nuovi modelli familiari e la precarizzazione della famiglia, la quale, oggi, rimane stabile solo grazie alla disciplina della filiazione e, in particolare, al principio dell'unicità dello stato di figlio e al diritto alla bigenitorialità (M. Sesta, 1178).

Va altresì ricordato che la gerarchia e l'autorità dominavano anche il rapporto di filiazione. Stabiliva l'art. 220 c.c. del 1865 che il figlio «è assoggettato alla podestà dei genitori sino alla maggiore età od all'emancipazione» (similmente disponeva l'art. 316 c.c. del 1942 prima della riforma del 1975). Questa regola esprimeva la subordinazione al genitore, senza riconoscere alcun rilievo alla volontà e alla personalità in formazione del figlio. Ad essa si aggiungeva la disuguaglianza tra i genitori posto che, ai sensi dell'art. 220, co. 3, c.c. del 1865 «Durante il matrimonio tale podestà è esercitata dal padre e, se egli non possa esercitarla, dalla madre».

Lo stacco è netto rispetto all'art. 316 c.c. in vigore, il quale attribuisce, per effetto della riforma 2012/2013, la titolarità e l'esercizio della responsabilità genitoriale – non più podestà/potestà – a entrambi i genitori, i quali non sono liberi di esercitarla, dovendo tenere conto «delle inclinazioni naturali e delle aspirazioni del figlio». Il potere dei genitori è dunque conformato dalla e funzionale alla emersione della personalità del figlio.

Insomma, il mutamento dei principi e dei valori ha inciso profondamente sulle regole del diritto di famiglia. Se si muove dalla vecchia concezione pubblicistica del matrimonio, i tratti fondamentali di sistema sono: la gerarchia tra i coniugi e rispetto ai figli, i quali sono non già soggetti di diritto ma oggetto del potere altrui, l'unicità del modello familiare e l'irrilevanza di altre formazioni sociali quali le convivenze di fatto.

Con l'entrata in vigore della Costituzione si impone, invece, una nuova assiologia della famiglia, incentrata sull'uguaglianza tra i coniugi, sulla tutela di tutti i figli anche se nati fuori del matrimonio (art. 30, co. 3, Cost.), sul pluralismo delle formazioni sociali (art. 2 Cost.), sulla solidarietà e sui diritti inviolabili.

È proprio la Costituzione che, come vedremo, evolvendosi anch'essa sotto la pressione dei fatti e del diritto sovranazionale, consentirà di giustificare il pluralismo dei modelli familiari. La Costituzione non è imbalsamata ma in movimento. Autorevoli studiosi hanno rilevato come i principi, per loro natura, si evolvano più rapidamente della legge in conseguenza del mutamento dei costumi e dei fenomeni sociali (P. Grossi e A. Proto Pisani).

L'interazione tra *ius positum*, fatti e mutamento del costume determina sovente l'esigenza di reinterpretare. Emblematiche sono due vicende, una più risalente e una più recente. La prima riguarda l'interpretazione restrittiva dei principi costituzionali all'indomani dell'entrata in vigore della Costituzione. È accaduto che, a detrimento dell'uguaglianza, sono state valorizzate, in chiave giustificativa delle disparità tra marito e moglie, le disposizioni sulle limitazioni a favore della famiglia legittima (artt. 29, co. 2, e 30, co. 3, Cost.). La seconda, come diremo più ampiamente, attiene alla filiazione costituita all'estero per superare un divieto di diritto interno posto dalla legge sulla procreazione medicalmente assistita e al conseguente problema della legittimità della delibazione del provvedimento straniero da parte del giudice italiano (parte II-cap. III-§ 12).

3. *Fonti sovranazionali e pluralismo dei modelli familiari.*

I principi e i valori contenuti nella Costituzione, in quanto concetti aperti, si sono arricchiti sempre più di nuovi significati, così come il catalogo dei «diritti inviolabili» (art. 2 Cost.) si è ampliato nel tempo. Ciò è avvenuto in ragione del concorso tra gli sviluppi sociali, tecnologici, le fonti sovranazionali del diritto e l'attività della giurisprudenza interna ed europea. L'ordinamento giuridico è sempre in evoluzione, vive di consolidazioni e di nuovi sviluppi, alimentato com'è dalla dialettica tra legge e giudice.

Il diritto di famiglia ha subito una positiva influenza da parte del diritto sovranazionale, il quale si colloca, per effetto dell'art. 117, co. 1, su un piano gerarchico sovraordinato alla legge. Due articoli in particolare sono da segnalare: 1) l'art. 8 della Convenzione per la salvaguardia dei diritti dell'uomo e delle libertà fondamentali (Cedu), firmata a Roma il 4.11.1950 e resa esecutiva con legge n. 848/1955; 2) l'art. 9 della Carta dei Diritti Fondamentali dell'Unione europea, Carta che, per effetto dell'art. 6, co. 1, TUE, «ha lo stesso valore giuridico dei trattati».

Si tratta di due articoli che, rispettivamente, garantiscono aspetti essenziali della vita umana (vita privata e vita familiare/diritto di sposarsi e diritto di costituire una famiglia) e prendono atto della pluralità dei modelli di vita familiare presenti nelle comunità sociali. Il loro senso però non si coglie completamente limitandosi al significato letterale delle parole, spesso incerto; occorre conoscere l'interpretazione che, delle nostre disposizioni, ha offerto la giurisprudenza della Corte europea dei diritti dell'uomo e della Corte di Giustizia a fronte dei casi concreti.

Secondo la Corte europea, la vita privata e familiare, di cui all'art. 8 Cedu, non postula necessariamente, ai fini della sua esistenza, la parentela o il coniugio, ma essa è soprattutto una situazione di fatto, caratterizzata dall'affettività e dalla stabilità del legame. La vita familiare esiste dunque in ragione non soltanto di una qualificazione giuridica (matrimonio, artt. 84 ss. c.c., stato di figlio, artt. 231 ss. c.c.), ma anche di una stabile, significativa e duratura convivenza e dalla reciproca assistenza morale e materiale [1].

Quest'orientamento ha indubbiamente favorito, come vedremo meglio in seguito, non solo la disciplina legislativa delle convivenze e dell'unione civile, ma anche, quanto alla filiazione, la tutela del diritto alla conservazione dello stato di figlio benché non veritiero per mancanza del legame biologico. Si sono aperti spazi giuridici per la genitorialità sociale, per l'adozione internazionale omosessuale e per il riconoscimento dello stato di figlio nato all'estero da una fecondazione assistita vietata in Italia come la surroga biologica di maternità o l'eterologa tra persone dello stesso sesso.

Se l'essenza della famiglia sta nel legame affettivo e nell'impegno di prestarsi reciproca assistenza morale e materiale, il matrimonio non è l'unico modello in cui essa si realizza e l'eterosessualità non ne costituisce una condizione imprescindibile. È quanto emerge dall'art. 9 della Carta dei Diritti Fondamentali dell'UE in cui, in forza della distinzione tra il diritto di sposarsi e il diritto di costituire una famiglia, si rende quest'ultima indipendente dal coniugio.

Di più: dal confronto dell'art. 9 Carta UE con l'art. 12 Cedu si evince non solo la non imprescindibilità del matrimonio quale fondamento della famiglia, ma anche l'apertura alle unioni familiari omosessuali. Il primo articolo, infatti, nello scindere i due diritti, omette ogni riferimento all'uomo e alla donna, contenuto, invece, nell'art. 12 Cedu.

Come si diceva sopra, una nuova disposizione favorisce la reinterpretazione di un'altra più risalente, come nel caso dell'art. 8 Cdu reinterpretato sulla base dell'art. 7 Carta dei Diritti Fondamentali UE. Secondo la Corte EDU, nella nozione di vita familiare di cui all'art. 8 Cedu rientra anche la convivenza omosessuale [2].

---

[1] Corte EDU, Grande Camera, *caso Paradiso e Campanelli c. Italia*, 24.1.2017, ric. n. 25358/12.

[2] Corte EDU, *caso Schalk e Kopf c. Austria*, 24.6.2010, n. 30141/04, ritiene «artificioso mantenere l'opinione secondo cui, a differenza della coppia eterosessuale, una coppia di partners dello stesso sesso non potrebbe godere del diritto alla vita familiare ai sensi dell'art. 8. Di conseguenza, il rapporto tra i ricorrenti [alla Corte EDU], due conviventi omosessuali, uniti stabilmente alla stregua di una coppia di fatto, rientra nella nozione di "vita familiare", così come sarebbe se si trattasse

Vi è insomma una linea evolutiva che va dal matrimonio, ritenuto l'unico fondamento ammissibile della famiglia e della filiazione, a una pluralità di modelli familiari in cui centrale è l'affettività e la solidarietà e, se presente, come si accennava sopra, la prole.

In questo quadro normativo appare incoerente la scelta del legislatore di qualificare gli uniti civilmente non già famiglia ma «specifica formazione sociale ai sensi degli artt. 2 e 3 della Costituzione» (art. 1, co. 1, l. n. 76/2016). Sicuramente spettava alla discrezionalità del potere legislativo non estendere il matrimonio alle coppie omosessuali[3]. Non si discute questo; piuttosto appare una scelta ideologica, staccata dalla realtà sociale e giuridica, non aver qualificato gli uniti civilmente e i conviventi di fatto come famiglia.

La sostanza però prende il sopravvento rispetto all'artificio del testo scritto. Le unioni civili e le convivenze di fatto sono famiglie e lo stesso legislatore, quasi sopraffatto dalla realtà, ne prende atto. All'art. 1, co. 12, legge n. 76/2016 si prevede che le «parti [dell'unione civile] concordano tra loro l'indirizzo della *vita familiare*» e all'art. 1, co. 45 si stabilisce che anche i conviventi di fatto, in quanto «*nucleo familiare*», hanno titolo o causa di preferenza per l'assegnazione di alloggi di edilizia popolare a parità di condizioni.

Anche la giurisprudenza ha chiarito come la famiglia sia una realtà che prescinde dalla formalizzazione del rapporto e dall'orientamento sessuale. Non si può escludere, infatti, che il figlio sia domiciliato presso il genitore sociale, qualora l'altro non abbia un'adeguata capacità genitoriale. Questa soluzione è conforme al *best interest of the child*, in un contesto ordinamentale in cui il legame genetico non è l'unico fondamento della filiazione.

4. *Il contributo della giurisprudenza.*

La giurisprudenza, sia di merito che di legittimità, ha svolto un ruolo significativo nel valorizzare, in certi casi, il legame affettivo stabile tra conviventi di fatto a tutela di uno dei due ex conviventi[4] o del figlio del proprio coniuge o

---

di una coppia di persone di sesso opposto che si trovassero nella stessa situazione». Quindi, l'esistenza della vita familiare prescinde dall'orientamento sessuale della coppia.

[3] Corte EDU, *caso Schalk e Kopf c. Austria*, 24.6.2010, n. 30141/04, cit., constata che, rispetto al testo dell'art. 12 Cedu, vi è stata un'evoluzione normativa quanto ai soggetti che possono contrarre matrimonio, com'è evidente dal testo dell'art. 9 Carta dei Diritti Fondamentali UE (CDFUE). Pertanto, la Corte se, da un lato, afferma che gli Stati parte della Convenzione non sono obbligati a estendete il matrimonio alle coppie dello stesso sesso, dall'altro, essi devono prevedere un istituto che consenta la formalizzazione del legame omosessuale. Non c'è dubbio che questa giurisprudenza abbia fornito una spinta decisiva al legislatore italiano, il quale è intervenuto con la legge n. 76/2016.

[4] Cass., n. 2988/1994 sul danno da uccisione del congiunto. Cass., n. 7214/2013 e Cass., n. 7/2014 sulla la tutela possessoria del convivente di fatto estromesso dalla casa familiare.

convivente di fatto nelle famiglie cosiddette ricomposte (cfr. *infra*, parte II-cap. III-§ 13)[5]. Il rapporto è stato, inoltre, valorizzato anche quanto agli effetti dello scioglimento del matrimonio.

È stata piuttosto complessa la rilettura di istituti giuridici come l'adozione in casi particolari (art. 44, lett. d), l. n. 184/1983)[6], l'assegno di divorzio (art. 5, co. 6, l. n. 898/1970)[7], la reinterpretazione di regole come quella della cessazione dell'assegno di divorzio (art. 5, co. 10, l. n. 898/1970)[8] o ancora il riposizionamento del fondamento della filiazione tra verità e responsabilità[9].

Dal complesso delle pronunce, su cui ci soffermeremo, emerge la proficua interazione tra regole e principi, la rilevanza delle fonti sovranazionali, oltre all'importanza degli orientamenti consolidati della Cassazione quale diritto vivente. La padronanza dell'arte ermeneutica nel quadro gerarchico e reticolare delle fonti del diritto assicura quel contributo indispensabile del giudice alla formazione dell'ordinamento giuridico; contributo che deve dispiegarsi ovviamente senza violare il limite dell'assoggettamento «soltanto alle legge» (art. 101, co. 1, Cost.).

Il giudice, qualora non vi sia una norma specifica a regolare il caso concreto, ricerca una nuova norma nell'ordinamento, applicando regole e principi da cui trarre indicazioni utili e attingendo dagli orientamenti della giurisprudenza interna e sovranazionale. È, questa, un'attività delicata in cui il giurista scopre la sua vocazione: quella di costruttore della regola del caso concreto.

Alcuni esempi, anche più risalenti nel tempo, mostrano, da un lato, come il giudice concorra con il legislatore all'evoluzione del diritto, dall'altro, che la famiglia nasce dalla relazione tra individui; relazione che genera posizioni giuridiche soggettive meritevoli di tutela. Basti pensare alle fattispecie dell'uccisione del convivente di fatto, alla funzione dell'assegno di divorzio, ancorata alla storia matrimoniale, e all'adozione in casi particolari del figlio del partner o del coniuge.

---

[5] Le famiglie ricomposte sono quelle famiglie formate a seguito del cambio o della morte del compagno di vita, con costituzione di una nuova coppia con i figli di ciascuno o di uno dei due componenti.

[6] Cass., n. 12962/2016.

[7] Cass., Sez. Un., n. 18287/2018.

[8] Cass., n. 6855/2015 e Cass., n. 28995/2020.

[9] Corte cost., n. 127/2020 (Rel.: G. Amato) osserva, nel fornire un'interpretazione costituzionalmente orientata dell'art. 263 c.c., che la propria giurisprudenza ha «riconosciuto, da tempo, l'immanenza dell'interesse del minore nell'ambito delle azioni volte alla rimozione delle azioni di stato». Analogamente, con riguardo all'azione di disconoscimento della paternità, cfr. Cass., n. 8617/2017 sull'art. 244, ult. co., c.c.

a) *Convivenza* more uxorio.

Fin dagli anni Settanta del secolo scorso, la dottrina più sensibile all'attuazione della Costituzione ha sostenuto la rilevanza della convivenza di fatto in quanto formazione sociale in cui si svolge la personalità umana (art. 2 Cost.). La rilevanza implicava il riconoscimento e la tutela di certe situazioni giuridiche soggettive che pian piano sono emerse nelle pronunce giudiziali.

La giurisprudenza, come spesso accade quando il legislatore è inerte, ha iniziato a seguire questi studi attraverso sentenze innovative che, sempre più incisivamente, ravvisano l'esistenza della famiglia anche fuori dal matrimonio. Così si sono poste le fondamenta per riconoscere tutela a determinate posizioni giuridiche soggettive.

La Cassazione nel 1994 ha sostenuto che alla base della convivenza di fatto vi è, analogamente al matrimonio, l'affettività stabile e duratura e l'impegno reciproco di sostenersi nella vita insieme[10]. Questa relazione è protetta dall'art. 2 Cost. Di conseguenza, in caso di uccisione del partner, deve essere riconosciuto all'ex convivente superstite il risarcimento del danno non patrimoniale (art. 2059 c.c.) e patrimoniale conseguente alla soppressione della relazione familiare. L'ex convivente privato del partner dovrà, tuttavia, provare l'esistenza della convivenza di fatto e, quanto al danno patrimoniale, che il partner defunto contribuiva stabilmente ai propri bisogni materiali[11].

Altre fattispecie appaiono meritevoli di tutela, questa volta nei rapporti tra i conviventi. Un esempio significativo è dato dalla qualificazione, come detenzione qualificata, della situazione che lega il convivente alla casa di abitazione di proprietà esclusiva del partner. La questione si è posta con riguardo al caso in cui, a fronte della cessazione della convivenza, il proprietario della casa estrometta improvvisamente dalla stessa l'ex partner, impedendogli di farvi ritorno. Una condotta, questa, che se attuata dal coniuge proprietario della casa familiare nei confronti dell'altro sarebbe illegittima, giacché in violazione dei doveri matrimoniali. Da qui il problema della sussistenza o meno di un'analoga illegittimità se la medesima condotta sia ascrivibile al convivente di fatto.

A una prima valutazione si dirà che il proprietario della casa, scioltosi dal legame affettivo con la ex compagna, ha diritto di allontanare quest'ultima dalla propria abitazione per goderne pienamente. Ma se si ragiona sui caratteri

---

[10] Cass., n. 2988/1994 ritiene che affinché possa ritenersi esistente una famiglia di fatto non è sufficiente «la semplice coabitazione, dovendosi far riferimento ad una relazione interpersonale, con carattere di tendenziale stabilità, di natura affettiva e para-familiare che, come nell'ambito di una qualsiasi famiglia, si esplichi in una comunanza di vita e di interessi e nella reciproca assistenza morale e materiale».

[11] Secondo Cass., n. 2988/1994, cit. «spetta al convivente che afferma di aver subito un danno patrimoniale in dipendenza della morte dell'altro, dare la prova del contributo patrimoniale e personale apportatogli in vita, con carattere di stabilità, dal convivente che è venuto a mancare in conseguenza della sua morte».

della convivenza *more uxorio* – identificabili nella stabilità del legame e nell'impegno a prestarsi assistenza morale e materiale – si giunge a una conclusione diversa.

Secondo la Cassazione, posto che la famiglia di fatto «dà vita ad un autentico consorzio familiare», si determina sulla casa ove si svolge il programma di vita comune «un potere di fatto basato su un interesse proprio del convivente», che assume «i connotati tipici della detenzione qualificata, che ha titolo in un negozio giuridico di tipo familiare» [12]. Perciò l'ex convivente di fatto, ove estromesso dal proprietario ex partner in modo repentino, violento o clandestino dall'unità abitativa, potrà esperire l'azione di reintegrazione o di spoglio (art. 1168, co. 2, c.c.).

Questo principio, afferma ancora la Cassazione, vale anche ove lo spoglio sia perpetrato da un terzo, qual è il parente di uno dei due conviventi, nell'ipotesi in cui egli abbia concesso il bene in comodato a uno dei due per consentire alla coppia la vita in comune [13]. Anche in questo caso, il proprietario non può estromettere immediatamente dalla casa il convivente superstite, il quale subirebbe danni patrimoniali e non patrimoniali causati dal non disporre più di un'abitazione in cui recarsi.

Certo, non è pensabile che l'ex convivente non proprietario possa rimanere a suo piacimento, per un tempo indefinito, nella casa altrui, perché ciò si tradurrebbe in una limitazione eccessiva e ingiustificata del diritto di proprietà. Tuttavia, secondo la Cassazione, il proprietario o i suoi eredi devono concedere all'ex convivente di fatto un congruo termine entro cui reperire una nuova sistemazione abitativa.

Ammettere che la convivenza di fatto dia luogo a una famiglia ha ricadute anche rispetto agli effetti economici del divorzio. L'art. 5, co. 10, legge n. 898/1970 stabilisce che l'obbligo di corrispondere l'assegno di divorzio cessa qualora l'ex coniuge creditore passi a nuove nozze. Il fondamento della disposizione sta nel rilievo assorbente del nuovo matrimonio rispetto al precedente, i cui effetti post matrimoniali non hanno più ragione di essere. Chi si risposa non può più contare sull'assegno di divorzio, dovendo trovare le risorse nel nuovo progetto di vita che elide ogni legame con il precedente.

Ora, sebbene l'art. 5 comma 10 menzioni quale causa estintiva dell'obbligo di corrispondere l'assegno soltanto il passaggio a nuove nozze, la Cassazione vi ha ricompreso, analogicamente, anche la convivenza di fatto. La quale, dando luogo a una famiglia, fa sì che l'ex coniuge, creditore dell'assegno di divorzio, non abbia più alcuna giustificazione per beneficiare di effetti economici di un matrimonio sciolto e sostituito da una nuova compagine familiare [14].

---

[12] Cass., n. 7214/2013, cit.

[13] Cass., n. 7/2014, cit.

[14] Cass., n. 6855/2015, cit., afferma che quando la convivenza tra due soggetti «assume i connotati di stabilità e di continuità, e i conviventi elaborino un progetto ed un modello di vita

b) *Unione omosessuale e matrimonio.*

L'omosessualità non è più considerata disturbo psichico o degenerazione neuropatica in contrapposizione alla «normosessualità», bensì espressione della varietà umana. I progressi della medicina e il cambio della sensibilità sociale hanno consentito la primazia di un valore – quello dell'inclusione – su pregiudizi e discriminazioni: rilevante per il diritto è l'affettività e non già l'orientamento sessuale.

Il diritto europeo con la previsione del diritto di sposarsi, riconosciuto a prescindere dall'etero o omo-affettività della coppia (art. 9 Carta Diritti Fondamentali UE, art. 12 Cedu) e le Istituzioni europee, attraverso le risoluzioni contenenti l'invito agli «Stati a rimuovere gli ostacoli che si frappongono al matrimonio di coppie omosessuali ovvero al riconoscimento di istituti equivalenti», hanno posto le basi degli interventi di riconoscimento e di tutela di diritti effettuati prima dalla giurisprudenza poi dal legislatore. Interventi sollecitati anche dalla considerazione secondo cui declinare il diritto di sposarsi soltanto per la coppia eterosessuale finiva col discriminare le persone sulla base di una condizione personale (art. 3, co. 1, Cost., art. 21 Carta Diritti Fondamentali UE in cui vi è un espresso riferimento all'orientamento sessuale), determinando una violazione del principio di uguaglianza.

La Corte costituzionale è intervenuta in modo appropriato, salvaguardando la discrezionalità del legislatore sulla scelta di estendere o meno il matrimonio agli omosessuali, non essendovi sul punto le cosiddette «rime obbligate» della Costituzione. La Corte, sollecitata a dichiarare l'illegittimità costituzionale di quelle disposizioni del codice civile che precludono alle coppie omosessuali di contrarre matrimonio, ha risposto negativamente[15]. Gli argomenti posti a sostegno del *decisum* si espongono, tuttavia, a qualche rilievo critico.

Decisivo, nella motivazione della Consulta, è stato il rilievo secondo cui la Costituzione non imporrebbe l'estensione del matrimonio alle coppie omosessuali; una tale decisione spetta al Parlamento nell'esercizio della sua piena discrezionalità politica. Ciò è senz'altro vero, come si diceva, con riguardo agli artt. 9 della CDFUE e 12 della Cedu, rilevanti tramite l'art. 117, co. 1, Cost., i quali, secondo l'interpretazione pacifica, non vietano né impongono ai legislatori nazionali la concessione dello *status* matrimoniale alle unioni tra persone dello stesso

comune (analogo a quello che di regola caratterizza la famiglia fondata sul matrimonio), la mera convivenza si trasforma in una vera e propria famiglia di fatto». L'ampliamento della lettera dell'art. 5, co. 10, legge n. 898/1970 è giustificato dal medesimo fondamento normativo riscontrabile anche nel caso della convivenza di fatto: la costituzione di una nuova famiglia elide ogni legame con la vecchia famiglia, di conseguenza in entrambi i casi non si giustifica più l'assegno di divorzio.

[15] Corte cost., n. 138/2010 (Rel.: A. Criscuolo) dichiara la questione di legittimità costituzionale degli artt. 93, 96, 98, 107, 108, 143, 143-*bis* e 156-*bis* c.c. inammissibile in riferimento agli artt. 2 e 117, co. 1, Cost. e non fondata rispetto agli artt. 3 e 29 Cost.

sesso[16]. Posta questa premessa, la questione di legittimità costituzionale è stata dichiarata inammissibile.

Maggiore sviluppo argomentativo, tuttavia, avrebbe potuto caratterizzare la parte della motivazione della sentenza riguardante l'art. 29, co. 1, Cost. e la invocata violazione, da parte dei giudici *a quibus*, del principio di uguaglianza. Sotto il primo profilo la Consulta ha affermato con nettezza, da un lato, che tale articolo si riferisce esclusivamente al matrimonio tra persone di sesso diverso, dall'altro, che tale interpretazione non è superabile.

Certamente, come ha sottolineato la Corte costituzionale, i Costituenti nel redigere l'art. 29 non si posero il problema delle unioni omosessuali; «essi tennero presente la nozione di matrimonio definita nel codice civile del 1942 che (...) stabiliva (e tuttora stabilisce) che i coniugi dovessero essere persone di sesso diverso» (art. 107 c.c.). La Consulta ha aggiunto che anche il comma 2 dell'art. 29, nel prevedere «l'uguaglianza morale e giuridica dei coniugi», aveva come riferimento la donna che era, nel regime giuridico antecedente alla Costituzione, in posizione subordinata rispetto all'uomo.

Indubbiamente i Padri costituenti non trattarono nelle loro discussioni dei diritti degli omosessuali, ma vollero fortemente l'uguaglianza tra i coniugi (ci fu davvero un vento nuovo, ammirevole). Lascia, invece, perplessi l'affermazione della Corte costituzionale secondo cui il fatto che l'art. 29 Cost. si riferisca al matrimonio eterosessuale «non può essere superato per via ermeneutica, perché non si tratterebbe di una semplice rilettura del sistema o di abbandonare una mera prassi interpretativa, bensì di procedere ad un'interpretazione creativa»[17].

Ora sostenere che l'esito di una certa interpretazione sia insuperabile è un'affermazione non condivisibile, poiché il mutamento dell'ordinamento, verificatosi per effetto di leggi nuove, di sentenze innovative e del cambiamento del costume sociale, ben può incidere sui pregressi approdi interpretativi, anche con riguardo alla Costituzione. Non solo: ritenere che l'art. 29 Cost. riguardi soltanto il matrimonio eterosessuale è pur sempre un'interpretazione, suscettibile in quanto tale di essere modificata nel corso della storia. Un ostacolo a questo fluire inarrestabile della società e del diritto (cosa diversa dalla legge) non è rappresentato, come invece ha ritenuto la Consulta, dalla circostanza che, al tempo dei lavori della Costituente, non si sia discusso della posizione giuridica degli omosessuali rispetto al concetto di famiglia.

---

[16] Corte EDU, *caso Schalk e Kopf c. Austria*, cit., Corte EDU, *caso Gas e Dubois c. Francia*, 13.3.2012, ric. n. 25951/07 (adozione omosessuale), Corte EDU Grande Camera, *caso Hamalainen c. Finlandia*, 16.7.2014, ric. n. 37359/09 (mutamento del sesso e conversione del matrimonio in *civil partnership*). In queste pronunce si afferma che «*the Convention did not impose an obligation on the Contracting States to allow same sex marriage*».

[17] Corte cost., n. 138/2010, cit., § 9.

Se sul punto si profila, dunque, un errore metodologico, anche un'altra parte della motivazione si espone a qualche obiezione, pur nella consapevolezza di trovarsi sul crinale tra l'incostituzionalità e l'audacia. Quando la Corte Costituzionale nega la violazione del principio di uguaglianza, essa non chiarisce al contempo le ragioni giustificatrici della regola che riserva il matrimonio alla coppia eterosessuale. Si afferma in modo tautologico che la normativa vigente «non dà luogo a una irragionevole discriminazione, in quanto le unioni omosessuali non possono essere ritenute omogenee al matrimonio» [18]. Ma su quale fosse la ragione di tale disomogeneità, la Corte tace.

Ragionare in termini di non omogeneità non è del tutto inattaccabile. Se, infatti, alla base del matrimonio vi è la comunione di vita materiale e spirituale (art. 1, l. n. 989/1970), non si vede come l'unione omosessuale, che ha lo stesso sostrato, possa essere incompatibile con l'istituto del matrimonio. Da questo punto di vista, allora, non era peregrino sostenere che negare il matrimonio alle coppie dello stesso sesso fosse lesivo del principio di uguaglianza, come ha affermato la *Supreme Court* degli Stati uniti d'America [19].

Va comunque sottolineato che la Corte costituzionale non si è limitata a respingere la questione di legittimità costituzionale, ma, da un lato, ha riconosciuto la rilevanza dell'unione omo-affettiva, dall'altro, ha ammesso che vi potrebbe essere la necessità, attraverso lo strumento delle sentenze additive, di estendere a tale unione una determinata situazione giuridica soggettiva attribuita dalla legge ai coniugi [20].

Vi è insomma la consapevolezza, condivisa dalla Cassazione [21], che l'unione

---

[18] Corte cost., n. 138/2010, cit., § 9.

[19] Supreme Court of the United States, *Obergefell et al. v. Hodges*, Director, Ohio Department of health, *et al.*, June 26, 2015, trae argomento dal diritto fondamentale di compiere scelte intime come sposarsi, dal principio di uguaglianza e della necessità di tutelare i bambini figli di uno dei membri della coppia omosessuale.

[20] Corte cost., n. 138/2010, cit., afferma che alla nozione di formazione sociale – da intendersi come «ogni forma di comunità, semplice o complessa, idonea a consentire il libero sviluppo della personalità nella vita di relazione, nel contesto di una valorizzazione del modello pluralistico» – va ricondotta «anche l'unione omosessuale, intesa come stabile convivenza tra due persone dello stesso sesso, cui spetta il diritto fondamentale di vivere liberamente una condizione di coppia, ottenendone – nei tempi, nei modi e nei limiti stabiliti dalla legge – il riconoscimento giuridico con i connessi diritti». Se il Parlamento è sovrano nella scelta del modello attraverso cui garantire l'attuazione del diritto di vivere la propria condizione di coppia, alla Corte costituzionale spetta «d'intervenire a tutela di specifiche situazioni (come è avvenuto per le convivenze *more uxorio*: sentenze n. 559/1989 e n. 404/1988). Può accadere, infatti, che, in relazione ad ipotesi particolari, sia riscontrabile la necessità di un trattamento omogeneo tra la condizione della coppia coniugata e quella della coppia omosessuale, trattamento che questa Corte può garantire con il controllo di ragionevolezza».

[21] Cass., n. 2400/2015, ribadisce che «Il nucleo affettivo-relazionale che caratterizza l'unione omo-affettiva (...) riceve un diretto riconoscimento costituzionale dall'art. 2 Cost. e mediante il processo di adeguamento e di equiparazione imposto dal rilievo costituzionale dei diritti in di-

omosessuale, sotto certi profili, esige uno statuto normativo identico a quello matrimoniale. E in effetti la legge n. 76/2016 (nota come legge Cirinnà) prevede, come vedremo meglio nel capitolo III, all'art. 1, co. 20 la cosiddetta clausola di equivalenza della posizione giuridica degli uniti civilmente rispetto a quella dei coniugi, salvo alcune eccezioni.

c) *Filiazione*.

Anche in tema di filiazione la giurisprudenza è apparsa spesso in sintonia con il fatto; regole e principi, collegati con sapienza, hanno consentito di regolare il presente con rigore ed equilibrio.

È stato esattamente colto un elemento significativo della filiazione: la complessità del suo fondamento. Essa si basa non soltanto sulla derivazione genetica ma, in certi casi, anche sull'assunzione di responsabilità della nascita (come nel caso della procreazione assistita di tipo eterologo) o della crescita del figlio del proprio convivente (come nelle famiglie ricomposte) attraverso l'adempimento spontaneo dei doveri genitoriali.

La complessità del fondamento della filiazione emerge da talune disposizioni di legge (cfr. *infra* parte II-cap. I-§ 12) e si impone quale elemento imprescindibile per ordinare il presente nel quale spicca un dato: il diritto (non assoluto) di diventare genitore diventa difficilmente contenibile a fronte di altre esigenze di tutela, stante la diversità delle legislazioni dei vari Stati. Si è diffuso, infatti, il «turismo procreativo», il quale non è un male in sé. Tale sintagma squalifica ingiustamente le intenzioni, ma certo apre scenari in cui i diritti dei soggetti più deboli rischiano di essere lesi. Tanto più in un mondo caratterizzato – adoperando la terminologia di Zygmunt Bauman – dalla «liquidità» delle relazioni umane, dove tutto ciò che è di «breve periodo» è più appetibile e ha un valore superiore rispetto a ciò che è di «lungo periodo».

Se il «capriccio» sostituisce il «desiderio» e se cedere alle infinite possibilità che offre la società e la tecnologia crea instabilità e rischia di pregiudicare situazioni giuridiche soggettive, la funzione del diritto è non tanto di adottare una policy di divieti, quanto piuttosto di far valere i principi di responsabilità e di solidarietà. Ciò emergerà soprattutto in materia di rapporti di filiazione e nella crisi di coppia, dove, come si è già accennato, è la tutela della prole a contrastare la «liquidità» della relazione tra gli adulti.

Le famiglie italiane desiderose di avere un figlio ne programmano la nascita in un altro paese; quello che consente tecniche di procreazione medicalmente assistita vietate in Italia, come la surroga biologica di maternità e la fecondazione *post mortem*. Questo fenomeno riguarda anche le coppie omosessuali, le qua-

scussione può acquisire un grado di protezione e tutela equiparabile a quello matrimoniale in tutte le situazioni nelle quali la mancanza di una disciplina legislativa determina una lesione di diritti fondamentali scaturenti dalla relazione in questione».

li, non potendo accedere alla procreazione medicalmente assistita (art. 5, l. n. 40/2004), si recano all'estero per avere un figlio, nato all'estero, e successivamente fanno ritorno in Italia.

In questi casi il problema è soprattutto se lo Stato italiano, in applicazione della nozione di ordine pubblico internazionale, possa riconoscere e far trascrivere l'atto di nascita regolarmente formato all'estero o delibare il provvedimento straniero che riconosca, anche come adozione (vietata in Italia *ex* art. 6, l. n. 184/1983), lo stato di figlio nei confronti di una coppia omosessuale.

Sul punto ci diffonderemo in seguito, anche rispetto alla fattispecie in cui il figlio procreato all'estero nasca, invece, in Italia; per adesso preme sottolineare come la Cassazione abbia per lo più valorizzato le potenzialità del nostro ordinamento, senza lasciarsi irretire da precomprensioni ideologiche, evitando così, per lo più, disallineamenti tra il diritto e la sostanza del fatto. La Suprema Corte, ad esempio, con riguardo a un caso di due donne divenute madri in Spagna con la procreazione medicalmente assistita (dove una ha fornito l'ovulo fecondato dal seme di un terzo e l'altra ha condotto la gravidanza), ha affermato che non sempre è decisiva la discendenza biologica; «di contro, si deve aver riguardo al principio, di rilevanza costituzionale primaria, di tutela dell'interesse superiore del minore, che si sostanzia nel suo diritto alla continuità dello status di filiazione, nella specie con riferimento a due donne, ad entrambe le quali è biologicamente legato [sebbene con la gestante non ci sia derivazione genetica], validamente acquisito all'estero, oltretutto in un altro paese UE»[22].

La necessità di valorizzare la sostanza del rapporto di filiazione e il legame che si è creato con il nato, più che l'esistenza o la mancanza di per sé della derivazione genetica, è stata efficacemente ribadita dalla Corte costituzionale a proposito dell'art. 263 c.c.[23]. Questa pronuncia ha sottolineato un aspetto importante: se si assumono spontaneamente i doveri genitoriali nella consapevolezza dell'insussistenza del legame biologico, non si può pretendere di conservare la libertà di dismettere il ruolo di genitore di fatto quando si voglia.

Emergono sempre più nitidamente tre capisaldi del diritto di famiglia e segnatamente della filiazione: 1) la complessità del fondamento della filiazione; 2) il principio del preminente interesse del minore quale linea guida (non tirannica ma soggetta a bilanciamento) di ogni decisione giudiziale; 3) il diritto alla continuità dello stato di figlio quale situazione giuridica soggettiva legata all'identità personale del figlio stesso. L'interazione tra di loro è articolata e giammai scontata nella ricaduta applicativa sulla singola vicenda umana.

In effetti la rilevanza dell'affettività e l'esistenza di un vero e proprio diritto alla continuità affettiva (l. n. 173/2015), unitamente al principio del preminente inte-

---

[22] Cass., n. 19599/2016.

[23] Corte cost., n. 272/2017 (Rel.: G. Amato).

resse del minore, sono elementi fondamentali dai quali la giurisprudenza ha tratto l'ammissibilità dell'adozione in casi particolari da parte del convivente dello stesso sesso del genitore [c.d. *step child adoption*, art. 44, lett. d), l. n. 184/1983][24], il rilievo della genitorialità sociale[25] e della parentela di fatto[26].

Non è opportuno per esigenze di ordine espositivo sviluppare qui aspetti di dettaglio di tutti i temi evocati, poiché ciò che interessa porre maggiormente in rilievo attiene alla nozione di famiglia espressa dall'ordinamento. Una nozione piuttosto articolata, non più rigidamente incentrata sul matrimonio, sulla parentela e sul principio della verità genetica. Dal rapporto di affettività stabile e duraturo scaturisce una dinamica giuridica che conduce ora all'adozione in casi particolari (anche omosessuale), ora al rilievo della figura dell'ascendente di fatto (nonna), ora all'inammissibilità dell'azione di disconoscimento della paternità o di impugnazione del riconoscimento per difetto di veridicità qualora l'eliminazione dello stato di figlio sia contrario all'interesse del minore.

L'assunzione spontanea di responsabilità e l'interesse del minore a conservare la relazione significativa con chi si sia comportato come fosse genitore (o nonno/nonna) ha un valore simile al caso in cui i doveri genitoriali scaturiscano dalla generazione e dalla discendenza quale fondamento del legame familiare. Perciò la genitorialità esiste in ragione non solo del legame genetico, ma anche dell'aver assunto la responsabilità e la cura di un minore di età.

Il diritto è una scienza sociale che, per sua vocazione, si pone accanto alle persone per regolarne, storicamente, senza forzature (e ciò grazie soprattutto all'uso accorto dei principi), gli aspetti più intimi e delicati della loro vita. Il giurista deve essere attento alle dinamiche sociali, altrimenti le soluzioni che pro-

---

[24] Il tribunale per i minorenni di Roma, grazie alle sensibilità del suo Presidente, dott.ssa Carmela Cavallo, ha emesso, prima di altri tribunali, pronunce innovative sulla *step child adoption*, seguite poi dalla Corte di Cassazione, la quale, nella sent. n. 12962/2016, cit. ha ammesso l'adozione in casi particolari del figlio del partner dello stesso sesso dell'adottante. Il Trib. per i minorenni di Roma, n. 299/2014, con riguardo a un caso di due donne che hanno avuto un figlio in Spagna, ha ammesso l'applicabilità dell'art. 44, lett. d) alla madre non genetica posto che, nella procedura di adozione in casi particolari, ciò che «occorre valutare in via prioritaria è l'interesse del minore, considerando soprattutto le situazioni caratterizzate dalla preesistenza di legami affettivi tra i soggetti dell'instaurando rapporto affettivo; la famiglia deve, infatti, possedere i caratteri dell'adeguatezza, da individuarsi però in concreto sulla base dell'interesse del minore». Il Trib., quindi, nel suo ragionamento, non è condizionato da una nozione precostituita di famiglia. Parimenti la Cassazione, nella sentenza appena richiamata, ha sottolineato la rilevanza giuridica del legame affettivo instauratosi con il minore; un legame che è posto alla base dell'adozione in casi particolari [arg. *ex* art. 57, co. 3, lett. a), l. n. 184/1983 nella pare in cui si parla di «idoneità affettiva» degli adottanti, ciò che postula un preesistente rapporto tra dottante e minore]. La Cassazione, nel richiamare una propria pronuncia del 2013, la n. 601, ha rilevato anche che non vi sono «evidenze scientifiche dotate di un adeguato margine di certezza in ordine alla configurabilità di eventuali pregiudizi per il minore derivanti dall'omogenitorialità».

[25] Corte cost., n. 225/2016 (Rel.: M.R. Morelli).

[26] Cass., n. 19780/2018.

spetta si allontanano dalla realtà. Un grande giurista – Salvatore Pugliatti – scriveva che «l'attività del giurista (...) finisce con l'essere un'attività pratica. Un'attività [il cui] fine ultimo [è] la migliore interpretazione ed applicazione della legge *alla luce delle esigenze sociali*, delle esigenze dell'intera collettività che ha espresso le norme e dei singoli componenti di questa collettività e tenendo anche conto delle esigenze concrete, dal punto di vista storico, emergenti in una determinata collettività in relazione al tempo in cui l'interpretazione vive e opera».

5. *La legislazione: dall'autorità all'uguaglianza e alla verità dello stato di figlio.*

È noto come la famiglia, nei suoi tratti caratterizzanti, sia profondamente mutata dal 1942 ad oggi. È certamente vero che «il modello di famiglia riflesso nella disciplina attuale è *molto lontano* da quello disegnato dal codice civile del 1942» (G. Ferrando). Se all'epoca spiccavano la supremazia del marito «capo della famiglia», titolare della «potestà maritale» e della «patria potestà» con penetranti poteri correttivi a fronte della cattiva condotta del figlio (art. 319 c.c. 1942), l'entrata in vigore della Costituzione ha mutato profondamente l'assiologia della famiglia.

Il principio secondo cui «il matrimonio è ordinato sull'uguaglianza morale e giuridica dei coniugi» (art. 29, co. 2, Cost.) ha rappresentato il segno di una rottura netta con il passato. Con l'aggettivo «morale», previsto prima del termine «giuridica», si è inteso sottolineare come i coniugi abbiano il medesimo rilievo all'interno della famiglia sul piano delle idee – da contemperare quando esse sono diverse – e delle scelte di vita. I coniugi devono confrontarsi sulle rispettive posizioni valoriali, senza imporre all'altro la propria visione finendo altrimenti con l'annullare la personalità altrui. Il rispetto reciproco è il presupposto dell'uguaglianza «giuridica».

Cosa ne sarebbe, infatti, della prescrizione di cui all'art. 143, co. 1, c.c., secondo la quale «Con il matrimonio il marito e la moglie acquistano gli stessi diritti e assumono i medesimi doveri», se uno dei due coniugi potesse imporre all'altro i propri valori e il proprio stile di vita? Il matrimonio sarebbe destinato a finire, poiché non più funzionale a sviluppare la personalità di uno dei coniugi. Uguaglianza giuridica significa insomma avere consapevolezza di essere sullo stesso piano nell'affrontare la vita e l'educazione dei figli.

Doveva pertanto essere cancellata ogni potestà, ogni regola che poneva il marito in posizione di supremazia nei confronti della moglie. Ciò è avvenuto in modo organico con la legge n. 151/1975 di riforma del diritto di famiglia. Per effetto di questa normativa, la vita familiare è retta dall'accordo tra gli sposi e il giudice non ha il potere di imporre la sua volontà in caso di disaccordo tra gli stessi. L'art. 144 c.c. stabilisce: al comma 1, che «i coniugi *concordano* tra loro l'indirizzo della vita familiare e fissano la residenza della famiglia secondo le esigenze di entrambi e quelle preminenti della famiglia stessa»; al comma 2, che «a ciascuno dei coniugi spetta il potere di attuare l'indirizzo concordato».

L'indirizzo, ossia il progetto e lo stile di vita, è il risultato di un'intesa tra i coniugi e la sua attuazione spetta a entrambi. E, in caso di disaccordo sulla «fissazione della residenza o altri affari essenziali», il giudice impone una soluzione solo «qualora ne sia stato richiesto espressamente e *congiuntamente* dai coniugi» (art. 145, co. 2, c.c.). Il giudice, quindi, non può ordinare ciò che deve essere fatto se entrambi i coniugi non gli attribuiscano siffatto potere. Indubbiamente la tendenza del legislatore è stata, sempre più, di favorire l'autonomia privata anche in presenza di figli minori – arg. *ex* art. 337-*ter*, co. 2, c.c. in cui si prescrive che il giudice tenga conto degli accordi tra i coniugi se non contrari all'interesse dei figli – rispetto all'intervento regolativo dell'autorità pubblica.

Prima del 1975 è entrata in vigore la legge n. 898/1970 («*Disciplina dei casi di scioglimento del matrimonio*»), la quale, consentendo il divorzio, ha consegnato il matrimonio alla dimensione privatistica, spogliandolo dei connotati pubblicistici preminenti e di ogni primazia dell'interesse generale all'unità della famiglia. Inizia negli anni Settanta quella linea di politica del diritto, ben enucleata in dottrina, secondo cui il legislatore «guarda alla famiglia sempre meno come al fondamento dell'ordine sociale e sempre più come al luogo dove le persone realizzano insieme una insostituibile esperienza di vita» (G. Ferrando).

Accanto all'uguaglianza e all'accordo, la legge del 1975 ha rafforzato, in materia di filiazione, il principio del *favor veritatis*, attuando così l'obbligo posto dalla Costituzione al legislatore di assicurare ai figli nati fuori dal matrimonio «ogni tutela giuridica e sociale». Sono state cancellate molte di quelle limitazioni che impedivano o limitavano il riconoscimento del figlio extra-matrimoniale, favorendo così la costituzione dello stato di figlio sulla base del legame genetico con i genitori. Il matrimonio non poteva essere di ostacolo all'affermarsi della verità genetica, stante la diversa rilevanza dei valori coinvolti: primazia della tutela dei figli.

Dopo gli anni Settanta sono emerse nuove esigenze, le quali hanno ricevuto una risposta legislativa in ragione soprattutto della rinnovata attenzione ai diritti fondamentali della persona. La legge n. 184/1983 («*Diritto del minore ad una famiglia*»), come modificata dalla legge n. 149/2001, ha posto in primo piano la salvaguardia del rapporto tra il minore e la sua famiglia d'origine, relegando l'adozione a *extrema ratio.* Ciò in quanto il minore, come dispone l'art. 1 della legge n. 184/1983, è titolare del «diritto di crescere e di essere educato nell'ambito della *propria* famiglia».

La relazione con entrambi i genitori è preziosa per il figlio e, prima di interromperla definitivamente attraverso l'adozione, lo Stato e gli enti locali devono predisporre strumenti idonei a conservarla (art. 30, co. 2, Cost.). Occorre tentare, laddove possibile, di recuperare quei genitori che, per problemi personali, non svolgano correttamente il loro ruolo.

Rileva, tuttavia, non solo la verità genetica, ma anche l'aver assunto la responsabilità del minore di età pur mancando tale verità. Si può ritenere che il diritto della filiazione si sia mosso dal *favor legitimitatis* al *favor veritatis* e da quest'ultimo al *favor stabilitatis* (arg. *ex* artt. 244, co. 4, e 263, co. 3, c.c.). Tre linee di policy, queste, flessibili, bilanciabili in ragione e in attuazione del principio del preminente interesse del minore.

6. *Diritto alla conservazione del rapporto genitoriale e degli affetti familiari nella crisi di coppia.*

La centralità della relazione con entrambi i genitori si apprezza non solo quale elemento giustificativo della costituzione (adozione in casi particolari) o della conservazione (artt. 244, co. 4, e 263, co. 3, c.c.) dello stato di figlio, ma anche nella crisi tra coniugi o tra conviventi di fatto.

Con la legge n. 54/2006 («*Disposizioni in materia di separazione dei genitori e affidamento condiviso dei figli*»), modificata dal d.l. n. 154/2013, è stato previsto il diritto del figlio minore «di mantenere un rapporto equilibrato e *continuativo* con ciascuno dei genitori, di ricevere cura, educazione, istruzione e assistenza morale da *entrambi*». Si è passati da un sistema in cui il figlio, tendenzialmente, veniva affidato alla madre a quello in cui egli è affidato a entrambi i genitori (affidamento condiviso).

La separazione, il divorzio e la cessazione della convivenza di fatto, avvenimenti, questi, che solitamente pongono i genitori l'uno contro l'altro, non devono pregiudicare i figli. Il legislatore ha perseguito tale obiettivo, favorendo l'accordo tra i genitori e attraverso disposizioni che disincentivano lo scontro, come l'art. 337-*quater*, co. 2, c.c. nella parte in cui richiama l'art. 96 c.p.c. qualora la domanda di affido esclusivo risulti manifestamente infondata.

Significativa in tal senso è anche la disposizione contenuta nell'art. 337-*octies*, co. 2, c.c., in cui si prevede che il giudice, con il consenso dei genitori, inviti questi ultimi a tentare una mediazione familiare – facoltativa – a «tutela dell'interesse morale e materiale dei figli». Si tratta di un procedimento extragiudiziario, condotto da professionisti, quali psichiatri e mediatori, volto a superare o ad attenuare la conflittualità tra i genitori, posto che l'attitudine alla collaborazione e al dialogo è una condizione indispensabile per lo svolgimento dell'affido condiviso.

Il sistema normativo spinge i genitori ad abbassare il livello di litigiosità, ad essere corretti tra loro e a dialogare nell'interesse del figlio, senza condotte di delegittimazione reciproca rispetto al figlio, influenzato per portarlo dalla propria parte. Secondo la Cassazione[27], la denigrazione reciproca (e non già la mera

---

[27] Cass., n. 5604/2020 afferma, secondo un orientamento consolidato, che la conflittualità tra i genitori preclude l'affido condiviso non per il semplice fatto che essa ci sia – ciò che, in una certa

conflittualità) e il rifiuto ostinato di accedere alla mediazione per superare talune asperità del comportamento giustificano l'esclusione dell'affido condiviso e la scelta per l'affidamento del figlio al Comune[28].

Non solo: per evitare che il genitore perda o non ottenga l'affidamento condiviso deve adempiere all'obbligo di mantenimento del figlio, assicurare a quest'ultimo continuità di presenza, anche mediante telefonate (senza vuoti) e mostrarsi puntuale nell'ottemperare al programma di recupero della genitorialità disposto dal giudice nei casi più difficili[29].

V'è da aggiungere, quale problematica più recente, che l'importanza per il minore della relazione con i genitori si coglie oltre la genitorialità naturale. Si è già accennato alla rilevanza giuridica della genitorialità sociale. Inoltre, la legge n. 173/2015 («*Modifiche alla legge 4 maggio 1983, n. 184 sul diritto alla continuità affettiva dei bambini e delle bambine in affido familiare*») ha valorizzato i «legami affettivi significativi» e il «rapporto stabile e duraturo consolidatosi» tra il minore e la famiglia affidataria sia in caso di adozione sia qualora il minore dovesse far ritorno nella famiglia di origine.

Ciò che conta oggi nella famiglia è non tanto la famiglia come istituzione in sé, ma la persona che ne faccia parte considerata nel rapporto con l'altro (*id est* con il coniuge, il convivente, l'unito civilmente, i figli). I principi e i valori che governano la complessità delle relative dinamiche sono l'uguaglianza, l'accordo, la libertà (vedasi lo scioglimento del matrimonio o dell'unione civile), la responsabilità verso il coniuge (significativa è la disciplina dell'assegno di mantenimento e di divorzio) e verso i figli e l'affettività. I giudici sono spesso chiamati ad effettuare difficili operazioni ermeneutiche di bilanciamento tra più principi e valori.

---

misura, è fisiologico nella crisi di coppia – ma solo «ove si traduca in forme atte ad alterare e a porre in serio pericolo l'equilibrio e lo sviluppo psico-fisico dei figli, e, dunque, tali da pregiudicare il loro interesse (Cass., n. 6535/2019 e Cass., n. 5108/2012)».

[28] Secondo Cass., n. 5604/2020, cit., «la totale conflittualità esistente tra i genitori – posta in luce dalle relazioni dei Servizi sociali del Comune di Roma – il tentativo di ciascuno di essi di delegittimare la figura dell'altro, il rifiuto persistente di sottoporsi ad un percorso di mediazione, la sofferenza ingenerata nel minore, che non sa cosa fare e la cui aspirazione sarebbe che "la mamma ed il papà facessero pace", hanno, motivatamente indotto la Corte a confermare l'affidamento – disposto dalla Corte d'appello di Roma con provvedimento dell'11 ottobre 2013 – del minore al Comune della capitale, con la nomina del sindaco pro-tempore quale tutore provvisorio del piccolo (...). A quest'ultimo è stato, altresì, offerto un supporto psicologico di sostegno, nell'attesa che la situazione dei genitori venga ulteriormente monitorata, ai fini di stabilirne l'effettiva adeguatezza in concreto, allo stato del tutto esclusa dal giudice di merito».

[29] Trib. Roma, 22638/2019 respinge la domanda di affidamento condiviso del padre poiché quest'ultimo non aveva corrisposto il mantenimento del figlio per lungo tempo (c.d. violenza economica ai sensi della Convenzione di Istanbul, ratificata dall'Italia con legge n. 77/2013) e aveva rifiutato ogni contatto con la madre. L'incapacità assoluta di dialogare con il coniuge separato o divorziato impedisce il funzionamento dell'affido condiviso e induce il giudice ad affidare il minore in via esclusiva all'altro genitore se più equilibrato, attribuendo a quest'ultimo l'esercizio esclusivo della responsabilità genitoriale (cfr. art. 337-*quater*, ult. co., c.c.).

7. *Autonomia privata e ordine pubblico nella regolamentazione dello* status.

Quando il matrimonio, con l'introduzione del divorzio e l'attuazione del principio costituzionale di uguaglianza tra i coniugi, ha perso quella funzionalizzazione che lo Stato gli aveva impresso a tutela di interessi sovra-individuali e ogni tratto di gerarchia e potestà all'interno di esso, è iniziata una fase nuova non ancora conclusa.

L'accordo tra i coniugi, come si è già rilevato, è diventato l'elemento decisivo che giustifica la costituzione, lo svolgimento e la fine del vincolo matrimoniale (dell'unione civile e della convivenza di fatto). Quanto al primo profilo – la costituzione – un vizio del volere quale la violenza, il timore o l'errore determina l'annullabilità del matrimonio, a dimostrazione della centralità della volontà. Ma è opportuno sottolineare fin da ora come l'ampio spazio attribuito all'autonomia privata debba confrontarsi con ragioni espressive dell'ordine pubblico familiare.

Anzitutto occorre distinguere la posizione dei coniugi da quella dei figli. Mentre con riguardo ai primi il giudice non ha il potere di sindacare il merito degli accordi di separazione e di divorzio, lo stesso non vale se gli effetti delle pattuizioni riguardino i figli. In tal caso questi ultimi sono protetti dall'organo giudiziario attraverso l'esercizio del potere di dissentire dal contenuto dell'accordo (art. 158, co. 2, c.c.).

Come si è già sottolineato, il legislatore ha sì riservato all'autonomia privata un ampio spazio, come emerge dall'art. 337-*ter*, coo. 2, 3 e 4, tuttavia essa non deve confliggere con l'interesse preminente del figlio. Emblematico è l'art. 158, co. 2, c.c. che attribuisce al giudice, in sede di omologa, il potere di suggerire ai coniugi le modifiche da apportare alle intese riguardanti i figli e, in caso di inidonea soluzione, egli «può rifiutare allo stato l'omologazione». Il controllo di un organo pubblico è stato confermato qualora la separazione e il divorzio avvengano tramite la negoziazione assistita, poiché in presenza di figli minori e di altre categorie di figli, l'accordo deve ottenere l'autorizzazione del procuratore della Repubblica (art. 6, co. 2, d.l. n. 132/2014 conv. in l. n. 162/2014).

Ma non sono solo i figli a vedere intrecciata la dimensione privata e pubblica in funzione di tutela. Vi sono limiti anche a tutela del coniuge economicamente più debole. Secondo la tesi prevalente, accolta in giurisprudenza e sostenuta dalla dottrina maggioritaria, l'assegno di mantenimento (art. 156, co. 1, c.c.) e l'assegno di divorzio (art. 5, co. 6, l. n. 898/1970) sono irrinunciabili; un'eventuale rinuncia avrebbe un'efficacia solo *rebus sic stantibus* (arg. *ex* art. 160 c.c. e art. 5, co. 8, l. n. 898/1970).

Come si dirà meglio nella parte II cap. III, vi sono limiti anche con riguardo al diritto di procreare. Il quale è senz'altro un diritto fondamentale della persona ma, come ha riconosciuto la Corte costituzionale[30], esso deve essere talvolta

---

[30] Corte cost., n. 162/2014 (Rel.: G. Tesauro).

contenuto in ragione di altri diritti e valori ritenuti preminenti come, ad esempio, nel caso della surroga biologica di maternità vietata dall'art. 12, co. 6, legge n. 40/2004 («*Norme in materia di procreazione medicalmente assistita*»). Significativa è la pronuncia della Cassazione a Sezioni Unite proprio sulla surroga di maternità effettuata all'estero al fine di aggirare il divieto interno (*amplius* parte II-cap. III-§§ 10-12)[31]. Basti qui rilevare come, secondo questa pronuncia, vi sia un principio di ordine pubblico internazionale di protezione della dignità della donna e del nato che preclude a ogni accordo di surroga di maternità di spiegare effetto in Italia.

L'accordo, insomma, regola la vita familiare e la sua crisi, sebbene esso debba essere rispettoso dei diritti della prole e del coniuge economicamente più debole. C'è, quindi, un ordine pubblico della filiazione e della crisi coniugale di cui l'autonomia negoziale deve tener conto. Autonomia e limiti – si può dire – si confrontano alla stregua dello schema dell'art. 1322 c.c. che assoggetta il contenuto del contratto «ai limiti imposti dalla legge».

Si delinea – lo si ribadisce – un nuovo diritto di famiglia in cui centrale è la persona e dove la libertà e la volontà si confrontano con la solidarietà, la dignità, l'affidamento riposto dall'altro e con il preminente interesse del minore.

La famiglia è pur sempre una formazione sociale in cui l'individuo realizza la propria personalità, soprattutto attraverso l'effettività dei diritti fondamentali (art. 2 Cost.). Di conseguenza la famiglia non è e non può essere, come ritenuto in passato, un ambito giuridico specifico, completo e autosufficiente; essa è pervasa dai principi, valori e diritti fondamentali della Repubblica. Così, secondo l'orientamento consolidato della Cassazione in materia di illecito endofamiliare (*id est* di lesione di diritti fondamentali del coniuge o del figlio), «il rispetto della dignità e della personalità, nella sua interezza, di ogni componente del nucleo familiare assume il connotato di un diritto inviolabile»[32] (cfr. parte II-cap. VII).

È bene insistere sul questo rapporto consustanziale all'ordinamento giuridico tra libertà e limiti.

---

[31] Cass., Sez. Un., n. 12193/2019.

[32] Cass., n. 6518/2020, pur ribadendo l'orientamento consolidato in base al quale la violazione di un diritto fondamentale all'interno delle dinamiche familiari deve essere risarcito, nel caso di specie, conferma la sentenza della Corte d'App. di Torino che ha respinto la domanda di condanna del padre al risarcimento del danno non patrimoniale nei confronti della figlia per supposta violazione dei doveri genitoriali. Ciò in quanto, secondo la Corte d'App., l'attrice (la madre) non aveva provato gli elementi costitutivi dell'illecito extra-contrattuale. Cfr. anche Cass., n. 6598/2019 la quale conferma l'orientamento consolidato secondo cui la violazione del dovere matrimoniale di fedeltà è causa di risarcimento del danno non patrimoniale solo qualora «superi la soglia della normale tollerabilità», determinando la violazione di un diritto costituzionalmente protetto qual è il diritto alla salute, all'onore e alla dignità personale (nel caso di specie, tuttavia, la domanda risarcitoria è stata respinta soprattutto perché l'infedeltà non era diventata di dominio pubblico nell'ambiente circostante e nel luogo di lavoro).

L'ambito dell'accordo si è ampliato così tanto da comprendere lo status di coniuge separato o divorziato; entrambi non devono più necessariamente promanare da un procedimento giudiziale. La negoziazione assistita già ricordata consente ai coniugi, ciascuno assistito dal proprio avvocato, di gestire la crisi coniugale fuori dal tribunale. Questo procedimento extra-giudiziario si conclude con un accordo che dovrà ricevere il nulla osta o l'autorizzazione del procuratore della Repubblica a seconda che vi siano o meno certe categorie di figli.

I coniugi però, nel redigere i loro accordi nel procedimento di negoziazione assistita, devono rispettare l'ordine pubblico familiare. Stabilisce l'art. 5, legge n. 162/2014 che gli avvocati certificano «la conformità dell'accordo alle norme imperative e all'ordine pubblico». Anche la negoziazione assistita esprime, quindi, quell'impostazione ordinamentale costituita dalla coppia autonomia privata e limiti; i quali sono posti a tutela di interessi meritevoli di una particolare protezione da parte dello Stato.

La famiglia del nostro tempo è caratterizzata da dinamiche originate dal confronto, da un lato, tra autonomia negoziale ed esigenze di protezione, dall'altro, tra libertà e responsabilità. Si pensi alla legge n. 55/2015 («*Disposizioni in materia di scioglimento o di cessazione degli effetti civili del matrimonio nonché di comunione tra i coniugi*»), la quale è andata incontro al desiderio dei coniugi di sciogliere il matrimonio più velocemente attraverso la riduzione del termine di durata della separazione. Questa libertà deve, tuttavia, essere bilanciata ragionevolmente, da un lato, con i diritti patrimoniali del coniuge economicamente più debole[33], dall'altro, con lo statuto giuridico dei figli.

Riferimenti bibliografici.

AMALIA D., *Omogenitorialità: la giurisprudenza italiana si apre all'Europa e al mondo*, in *Giur. it.*, 2017, 11, 2365 ss.; AULETTA T., *Ammissibilità nell'ordinamento vigente del matrimonio tra persone dello stesso sesso*, in *Nuova giur. civ. comm.*, 2015, 7-8, 1649 ss.; AURELI M., *Detenzione e possesso nella convivenza di fatto: l'evoluzione giurisprudenziale*, in *Giur. it.*, 2014, 1, 31 ss.; BALESTRA L., *Business e sentimenti*, Bologna, 2020; BAUMAN Z., *Modernità liquida*, Roma-Bari, 2011; BENANTI C., *La «nuova» funzione perequativo-compensativa dell'assegno di divorzio*, in *Nuova giur. civ. comm.*, 2018, 11, 1601 ss.; BUGETTI M.N., *La risoluzione extragiudiziale del conflitto coniugale*, Milano, 2015; BUGETTI M.N., *Favori veritatis, favor stabilitatis, favor minoris: disorientamenti applicativi*, in *Fam. e dir.*, 2017, 10, 845 ss.; CAPPUCCIO S., *La rilevanza del rapporto affettivo con il nonno sociale, La lettura evolutiva dell'art. 317-bis c.c.*, in *Fam. e dir.*, 2019, 4, 378 ss.; CORDIANO A., *Legami affettivamente (in)sicuri e biologicamente (ir)reali: le regole per contestarli ancora all'esame della Corte costituzionale*, in *Fam. e dir.*, 2021, 3, 253 ss.; DE

[33] Cass., Sez. Un., n. 18287/2018.

MARZO G., *Sul diritto del minore a conservare rapporti significativi con l'ex compagna della genitrice biologica*, in *Corriere giur.*, 2017, 2, 175 ss.; ESPOSITO F., *Famiglia di fatto e tutela possessoria del convivente*, in *Nuova giur. civ. comm.*, 2014, 7-8, 1652 ss.; FERRANDO G., *Diritto di famiglia*, Bologna, 2017, 1-27; FERRANDO G., *La separazione consensuale*, in *La separazione personale dei coniugi*, a cura di G. Ferrando e L. Lenti, Padova, 2011, 36 ss.; FERRANDO G., *«Famiglia di fatto» e assegno di divorzio: il nuovo indirizzo della Corte di Cassazione*, in *Fam. e dir.*, 2015, 10, 2078 ss.; FERRANDO G., *Ordine pubblico e interesse del minore nella circolazione degli status filiationis*, in *Corriere giur.*, 2017, 2, 181 ss., concorda con Cass., n. 19599/2016 che ha escluso la contrarietà all'ordine pubblico internazionale del riconoscimento dell'atto di nascita straniero attributivo della maternità a due donne; FERRANDO G., *La riproduzione assistita nuovamente al vaglio della Corte costituzionale: l'illegittimità del divieto di fecondazione eterologa*, in *Corriere giur.*, 2014, 8-9, 1062 ss., concorda con la sentenza della Corte cost., n. 161/2014 che ha dichiarato l'incostituzionalità del divieto della PMA eterologa. L'Autrice sottolinea come i diritti fondamentali (autodeterminazione, salute) possano essere conculcati solo a tutela di altri diritti fondamentali di pari rango. Da questo punto di vista, imprescindibile in chiave ermeneutica, si è notato che il divieto di eterologa non presidiava un diritto fondamentale, pertanto la decisione della Consulta è condivisibile; FERRANDO G., *Maternità per sostituzione all'estero: le Sezioni unite dichiarano inammissibile la trascrizione dell'atto di nascita. Un primo commento*, in *Fam. e dir.*, 2019, 7, 653 ss., è critica nei confronti della Cass., Sez. Un., n. 12193/2019 che ha negato la riconoscibilità in Italia dello stato di figlio nei confronti del genitore di intenzione da maternità surrogata effettuata all'estero; FERRETTI I., *Convivenza more uxorio e tutela possessoria: un ulteriore tassello del diritto vivente sulla famiglia di fatto*, in *Giur. it.*, 2013, 2, 2491 ss.; FURGIUELE G., *Libertà e famiglia*, Milano, 1979; GABBANELLI C., *Il convivente more uxorio non è paragonabile a un mero ospite e in caso di estromissione violente dall'abitazione è legittimato ad eserciate le azioni a tutela del possesso*, in *Fam. e dir.*, 2013, 7, 649 ss.; GATTUSO M., *La Corte costituzionale sul matrimonio tra persone dello stesso sesso*, in *Fam. e dir.*, 2010, 7, 653 ss.; GELLI R., *Finita la convivenza more uxorio il diritto all'assegno divorzile non rivive*, in *Giur. it.*, 2016, 5, 626 ss.; GORGONI A., *Accordi traslativi e crisi coniugale*, Milano, 2009, 145 ss.; GORGONI A., *Assegno di divorzio e sistema nell'intervento delle Sezioni unite*, in *Persona e mercato*, 2018, 3, 35 ss.; GROSSI P., *L'invenzione del diritto,* Bari-Roma, 2017, 114 ss.; MOROZZO DELLA ROCCA P., *Le adozioni in casi particolari e il caso della step child adoption*, in *Corriere giur.*, 2016, 10, 1203 ss.; PALMIERI G., *Le ragioni della trascrivibilità del certificato di nascita redatto all'estero a favore di una coppia same sex*, in *Nuova giur. civ. comm.*, 2017, 3, 362 ss.; PATTI S., *Assegno di divorzio: il «passo indietro» delle Sezioni unite*, in *Corriere giur.*, 2018, 10, 1186 ss.; PROSPERI F., *La famiglia non fondata sul matrimonio*, Napoli, 1980; PROTO PISANI A., *Brevi note in tema di regole e principi*, in *Persona e mercato*, 2015, 73 ss.; PUGLIATTI S., *Dalle lezioni di Salvatore Pugliatti. Diritto civile e diritto amministrativo*, a cura di M. Trimarchi, Napoli, 2017, 29-31; QUADRI E., *Crisi di coppia: a cinquant'anni dalla legge sul divorzio*, in *Foro it.*, 2020, V, 167 ss.; RESCIGNO P., *Persona e comunità. Saggi di diritto privato*, Bologna, 1966, 55 ss., RIMINI C., *Il nuovo assegno di divorzio: la funzione perequativa e compensativa*, in *Giur. it.*, 2018, 8-9, 1843 ss.; RIMINI C., *Gli effetti della relazione affettiva stabile sulla titolarità dell'assegno divorzile: nuove prospettive sulla base della funzio-*

ne compensativa dell'assegno, in *Fam. e dir.*, 2021, 3, 266 ss.; RIVERA I., *La sentenza della Cassazione n. 12962/2016 e il superiore interesse del minore*, in *Giur. it.*, 2016, 12, 1573 ss.; ROBLES M., *Riconoscimento «compiacente» e impugnazione per difetto di veridicità; un connubio possibile*, in *Giur. it.*, 2021, 2, 297 ss.; SARACENO C., *Coppie e famiglie. Non è questione di natura*, Milano, 2012; SESTA M., *Matrimonio e famiglia a cinquant'anni dalla legge sul divorzio*, in *Riv. dir. civ.*, 2020, 6, 1177 ss., pone in risalto la forte spinta dell'introduzione del divorzio al mutamento dei costumi, alle convivenze di fatto e alla legislazione successiva sempre più caratterizzata dal tratto della privatizzazione dello scioglimento del matrimonio e dalla tutela dei figli. Egli afferma anche che «la disciplina dei rapporti familiari si è capovolta. Prima vi era una pluralità di *status filiationis* – filiazione legittima, naturale riconosciuta, naturale non riconosciuta o non riconoscibile – ed un unico modello legale regolante la relazione di coppia, cioè il matrimonio; ora, il rapporto di filiazione si conforma a un unico stato di figlio, quello di coppia è diventato plurale, potendo assumere le forme del matrimonio, dell'unione civile, delle – a loro volta multiformi – convivenze (...). Il minore (...) rimane uno degli ultimi elementi di stabilità a partire dal quale il legislatore potrà ricostruire il diritto di famiglia»; cfr. sempre di SESTA M., *Privato e pubblico nei progetti di legge in materia familiare*, in *Studi in onore di Pietro Rescigno*, Milano, II, 1998, 2, 811 ss.; SESTA M., *Famiglie e figli in Europa: i nuovi paradigmi*, in *Fam. e dir.*, 2019, 1049 ss.; SESTA M., *Negoziazione assistita e obblighi di mantenimento nella crisi di coppia*, in *Fam. e dir.*, 2015, 296 ss.; SALANITRO U., *Ordine pubblico internazionale, filiazione omosessuale e surrogazione di maternità*, in *Nuova giur. civ. comm.*, 2019, 4, 737 ss., concorda con Cass., Sez. Un., n. 12193/2019; SPADAFORA A., *Adozione, tutela dell'omogenitorialità ed i rischi di eclissi della volontà legislativa*, in *Giur. it.*, 2016, 12, 2573 ss.; TAMPONI M., *Del convivente. La società post-familiare*, Milano, 2019.

CAPITOLO SECONDO

IL MATRIMONIO

SEZIONE PRIMA

CARATTERI, IMPEDIMENTI E PROCEDIMENTO

1. *Caratteri del matrimonio e affinità con altri modelli.*

Il codice civile non contiene una nozione di matrimonio né di famiglia e neppure, riguardo al primo, stabilisce espressamente la diversità di sesso quale condizione imprescindibile della sua celebrazione.

Da diverse disposizioni emerge, tuttavia, implicitamente, come il matrimonio sia riservato alle coppie eterosessuali. Se ne indicano soltanto alcune: l'art. 107, co. 1, c.c., quanto alla forma della celebrazione, contiene un riferimento espresso al marito e alla moglie; ugualmente l'art. 108 c.c. sull'inapponibilità di termini e condizioni alla dichiarazione degli sposi; l'art. 143 c.c. che collega i diritti e i doveri derivanti dal matrimonio ancora una volta al marito e alla moglie.

Certamente in quegli ordinamenti che hanno radici nella tradizione romanistica e cristiana, la differenza di sesso è un elemento essenziale del matrimonio, essendo inconcepibile che esso sia fruibile da persone dello stesso sesso. Tale considerazione va riferita, però, a quel tempo e a quell'impostazione ideologica, la quale non si sottrae alla evoluzione dei costumi, dei principi e dei valori sociali.

Da questo punto di vista, cioè del diritto quale scienza sociale che segue e governa l'evoluzione della civiltà, è significativa l'affermazione della Cassazione secondo cui «il matrimonio civile tra persone dello stesso sesso, celebrato all'estero, non è inesistente per l'ordinamento italiano, *ma soltanto inidoneo a produrre effetti giuridici*»[1]. La Suprema Corte non poteva che esprimersi in tal senso, in ragione dell'art. 12 Cedu come evolutivamente interpretato dalla Corte EDU sulla base dell'art. 9 della Carta dei diritti fondamentali dell'UE (CDFUE).

Sebbene il matrimonio italiano, come si evince dalla legge n. 76/2016 (sull'unione civile e convivenza di fatto), sia rimasto legato all'idea classica di essere un istituto riservato alla coppia eterosessuale, non si può affermare che esso sia ontologicamente riservato all'uomo e alla donna. Il matrimonio civile è un prodotto della storia e come tutte le costruzioni umane si modifica nei suoi profili strutturali e regolamentari in conseguenza dei cambiamenti socio-culturali. Diversi paesi europei come ad esempio Olanda, Belgio, Spagna, Portogallo, Francia, Gran Bretagna e altri hanno esteso il matrimonio alle persone dello stesso sesso.

La scelta italiana è stata, invece, quella di introdurre un istituto apposito, denominato unione civile, per consentire alle coppie omosessuali di formalizzare la loro unione in ossequio al valore della «pari dignità sociale» (art. 3 Cost.).

Se la diversità di sesso non ha retto all'urto della storia, sebbene essa permanga nell'ordinamento italiano quale condizione soggettiva del matrimonio, anche la finalità procreativa ha mutato la sua rilevanza. Prima della riforma del 1975, l'art. 123 c.c. era dedicato all'impotenza, la cui sussistenza era «causa di nullità» assoluta del matrimonio. Con la riforma l'impotenza rileva solo quale errore su «qualità personali» dell'altro coniuge, qualora si accerti che il coniuge in errore non avrebbe prestato il consenso se avesse conosciuto una tale circostanza (art. 122, coo. 2 e 3, c.c.). Inoltre l'errore, essendo causa di annullabilità del matrimonio, è un vizio dell'atto sanabile ai sensi dell'art. 122, ult. co., c.c.

L'essenza del matrimonio non sta dunque nell'eterosessualità né nella finalità procreativa bensì, come si evince da un combinato di disposizioni – art. 29, co. 2, Cost., art. 143 c.c., art. 1, legge n. 898/1970 – nell'intento di condividere l'esistenza secondo un progetto comune, prestandosi reciproca assistenza e rimanendo fedeli l'uno all'altro; tutto ciò su un piano di «uguaglianza morale e giuridica» dei coniugi, quale base indispensabile per lo sviluppo della personalità

---

[1] Cass., n. 4184/2012. Nel caso di specie la Suprema Corte ha negato la trascrivibilità in Italia dell'atto di matrimonio celebrato nei Paesi Bassi in ragione non già dell'inesistenza del matrimonio, quanto della sua inidoneità a produrre effetti in Italia. La conseguenza è stata di negare alle coppie di sposi il riconoscimento dello *status* di coniugi nel territorio italiano. Oggi, per effetto dell'entrata in vigore della legge sopra citata sulle unioni civili, il problema è stato risolto dall'art. 32-*bis*, legge n. 218/1995 introdotto dalla legge n. 7/2017, ai sensi del quale «Il matrimonio contratto all'estero *da cittadini italiani* con persona dello stesso sesso produce [in Italia] gli effetti dell'unione civile regolata dalla legge italiana». In questa sentenza si è riconosciuta comunque la rilevanza dell'unione omosessuale. Analogamente cfr. anche Cass., n. 2400/2015, cit. sul rifiuto dell'ufficiale dello stato civile di procedere alle pubblicazioni matrimoniali di una coppia omosessuale.

di ciascuno. L'eterosessualità, sebbene la dottrina non sia unanime, è stata una scelta politica non imposta dalla Costituzione.

Piuttosto la Costituzione configura, non senza disposizioni compromissorie che hanno dato adito a interpretazioni in linea con il tempo passato (F. Santoro Passarelli), un rapporto tra l'individuo e l'istituzione matrimoniale in cui quest'ultima non sovrasta il primo. È la persona e non la formazione sociale ad essere all'apice dell'ordinamento, come emerge dall'art. 2 Cost.

In base a quest'impostazione, le locuzioni «interesse della famiglia» e «bisogni della famiglia», di cui fanno menzione rispettivamente l'art. 143, co. 2, c.c. e l'art. 143, co. 3, c.c., intendono non già sovra-ordinare ai singoli un'istituzione, ma proiettare nella famiglia l'intento comune dei coniugi. La famiglia, pertanto, sospinge l'individuo verso il benessere personale e la realizzazione di sé fino a quando la concordia e la capacità di comporre i contrasti alimentino la vita in comune.

Se quanto appena rilevato connota l'essenza del matrimonio, sfuma la distinzione con l'unione civile, la quale si caratterizza per l'esistenza di un progetto di vita in comune. Ciò si ricava dall'art. 1, co. 11, legge n. 76/2016 che pone i doveri di assistenza «morale e materiale», di «coabitazione» e di contribuzione «ai bisogni comuni». Di conseguenza, anche per l'unione civile, è la sintesi delle volontà di ciascuna parte a garantire sostanza e vitalità all'unione.

A ben vedere anche l'essenza della convivenza di fatto non è poi così diversa da quella matrimoniale e dell'unione civile: dal combinato disposto dei commi 36 e 37 dell'art. 1, legge n. 76/2016 si evince che il «legame affettivo di coppia» e la «reciproca assistenza morale e materiale» – più che la dichiarazione anagrafica – sono gli elementi costitutivi e imprescindibili di questo modello familiare. Essi implicano una seria e convinta condivisione del presente e della progettazione del futuro.

Non si intende sostenere l'uguaglianza, che risulterebbe forzata, tra la figura del coniuge e quella del convivente di fatto, quanto piuttosto sottolineare come i modelli familiari siano sì diversi, ma legati da fondamenti analoghi. La diversità, del resto, è stata sottolineata dalla Corte costituzionale quando ha esteso regole del coniugio alla convivenza di fatto, negando al contempo la violazione del parametro costituzionale dell'eguaglianza. Il caso emblematico è quello della successione nel contratto di locazione in cui si è tutelato il diritto fondamentale di abitazione del convivente abituale[2]. È anche vero, però, che, proprio nel caso della locazione, la

---

[2] La Corte cost., n. 404/1988 (Rel.: F.P. Casavola), nel dichiarare l'illegittimità costituzionale dell'art. 6, co. 1, della legge 27 luglio 1978, n. 392 («*Disciplina delle locazioni di immobili urbani*»), nella parte in cui non prevede tra i successibili nella titolarità del contratto di locazione, in caso di morte del conduttore, il convivente «*more uxorio*», ha affermato che «l'art. 3 della Costituzione va qui invocato dunque non per la sua portata eguagliatrice, restando comunque diversificata la condizione del coniuge da quella del convivente "*more uxorio*", ma per la contraddittorietà logica della esclusione di un convivente dalla previsione di una norma che intende tutelare l'abituale convivenza» rispetto al diritto fondamentale di abitazione.

Consulta abbia finito col tutelare la famiglia a prescindere dal modello costitutivo, soprattutto in presenza di prole naturale[3].

Se la legge n. 76/2016 ha previsto e disciplinato diversi diritti del convivente di fatto (cfr. parte I-cap. III), tra cui la sua successione nel contratto di locazione nei casi di morte del conduttore o di recesso da tale contratto (art. 1, co. 44), significa che è il legame affettivo familiare a esigere certe tutele. Emblematica è l'affermazione della Corte costituzionale sulla possibile estensione di disposizioni stabilite per il coniuge alle unioni omo-affettive[4].

Si può sostenere, insomma, che vi è un sostrato comune che unisce i diversi modelli familiari, il quale potrebbe giustificare, tramite la legge o l'interpretazione, ulteriori disposizioni comuni o in parte sovrapponibili. Si considerino, proseguendo ancora il discorso, le regole che disciplinano la crisi del rapporto di coppia. Qualora la comunione materiale e spirituale venga meno e la convivenza diventi intollerabile, l'ordinamento prevede regole e istituti volti a tutelare certe posizioni giuridiche soggettive. Le quali originano proprio da quel sostrato comune di cui si diceva.

In caso di coniugio vi sono gli istituti della separazione personale e dello scioglimento del vincolo. L'unione civile si scioglie secondo regole in parte coincidenti con quelle matrimoniali (art. 1, co. 24, l. n. 76/2016). La convivenza di fatto, pur cessando senza un procedimento *ad hoc*, ha richiesto, da un lato, disposizioni a tutela del convivente più debole, dall'altro, l'applicazione di un'unica disciplina in presenza di figli (artt. 337-*bis* ss. c.c.).

Insomma se non si devono certo appiattire fenomeni diversi, abbiamo comunque assistito alla valorizzazione della natura familiare di unioni affettive strutturalmente diverse. Ciò è accaduto da ultimo con la legge n. 76/2016 e prima ancora grazie all'opera della giurisprudenza quanto alla convivenza di fatto.

Se la natura familiare esige, qualora vi siano interessi meritevoli di tutela, di apprestare un rimedio, quest'ultimo non può escludersi in assoluto neppure a fronte di una convivenza poligamica di fatto nel nostro paese. Si pensi solo per portare alcuni esempi al risarcimento per danno da morte, al risarcimento per illecito endofamiliare o alla responsabilità penale per abusi familiari (artt. 342-*bis* e *ter* c.c. e art. 572 c.p.). Non per questo si legittima la poligamia, istituto senz'al-

---

[3] Corte cost., n. 404/1988, cit., dichiara altresì «la illegittimità costituzionale dell'art. 6 della legge 27 luglio 1978, n. 392, nella parte in cui non prevede la successione nel contratto di locazione al conduttore che abbia cessato la convivenza, a favore del già convivente quando vi sia prole naturale».

[4] Si legge in Corte cost., n. 138/2010, cit., che «resta riservata alla Corte costituzionale la possibilità d'intervenire a tutela di specifiche situazioni (come è avvenuto per le convivenze *more uxorio*: (sentenze n. 559/1989 e n. 404/1988). Può accadere, infatti, che, in relazione ad ipotesi particolari, sia riscontrabile la necessità di un trattamento omogeneo tra la condizione della coppia coniugata e quella della coppia omosessuale, trattamento che questa Corte può garantire con il controllo di ragionevolezza».

tro confliggente con i nostri principi fondamentali (art. 29 Cost. sull'uguaglianza dei coniugi), piuttosto si tutela la persona all'interno di un legame familiare (G. Perlingieri-G. Zarra, 116 ss.).

Il discorso diviene più complesso rispetto al matrimonio poligamico effettuato all'estero quale presupposto di una richiesta di ricongiungimento familiare[5]. Si consideri il coniuge senza figli residente in Italia con la prima moglie che intenda ricongiungersi con la seconda moglie rimasta nel paese in cui è stato contratto il matrimonio poligamico.

Non ci si può intrattenere a fondo su tale complessa questione poiché la normativa interna e sovranazionale è piuttosto articolata. Preme solo sottolineare come il ricongiungimento familiare, nel predetto caso, non possa essere sempre escluso se solo si ragiona sulla rilevanza del legame affettivo, sulla libertà religiosa e sul libero esercizio del diritto alla vita familiare, altrimenti si rischia di discriminare quelle famiglie poligamiche senza figli minori (G. Perlingieri-G. Zarra, 138).

È, infatti, meno problematico ottenere il ricongiungimento del figlio rispetto alla madre residente all'estero, sebbene il padre con il quale il figlio convive risieda in Italia con un'altra moglie. Prevale la tutela del figlio[6]. Come pure deve ammettersi la riconoscibilità in Italia dello stato di figlio nato da un rapporto poligamico, giacché la contrarietà della poligamia all'ordine pubblico cede rispetto al principio fondamentale del nostro ordinamento del preminente interesse del minore.

In sostanza, occorre distinguere la poligamia, struttura familiare riprovata dall'ordinamento, dagli effetti di questa i quali possono essere meritevoli di tutela nel nostro ordinamento[7].

---

[5] Cass., n. 4984/2013, conferma il provvedimento di diniego (chiesto dal figlio) del ricongiungimento familiare in favore di chi (la madre), residente all'estero, sia regolarmente coniugato con coniuge residente in Italia con altro coniuge. Nel caso di specie la richiesta del ricongiungimento proveniva dal figlio rispetto alla propria madre, la quale, trovandosi all'estero, viveva in una condizione di indigenza. La motivazione di questa pronuncia non è del tutto convincente, incentrandosi esclusivamente sullo scopo dell'art. 29, co. 1-*ter*, d.lgs. n. 286/1998 volto «ad evitare l'insorgenza nel nostro ordinamento di una condizione di poligamia, contraria al nostro ordine pubblico anche costituzionale». In realtà l'interesse rilevante non era quello di vedersi riconosciuto in Italia il matrimonio poligamico, bensì quello di ricongiungersi al proprio genitore in situazione di povertà.

[6] Trib. Bologna, 12.03.2003, esclude il reato di bigamia, potendo quest'ultimo essere commesso soltanto da cittadino italiano sul territorio italiano. Ciò che non è ammessa è la richiesta del ricongiungimento con due mogli e del riconoscimento degli effetti civili di entrambi i matrimoni.

[7] Cass., n. 1739/1999, a proposito di una questione ereditaria che si è posta davanti al giudice italiano, conferma che il profilo dell'ordine pubblico e del buon costume rispetto alle caratteristiche della poligamia e del ripudio proprie del matrimonio islamico era estraneo al rapporto dedotto in giudizio; di conseguenza doveva ammettersi il rilievo in sede ereditaria dello *status* di coniuge acquisito in virtù di un matrimonio celebrato in Somalia nel rispetto delle forme stabilite dalla *lex loci* ed in presenza dei requisiti di stato e capacità delle persone.

2. *Promessa di matrimonio e doni.*

Prima di trattare delle forme di celebrazione del matrimonio (artt. 82 ss. c.c.), degli elementi procedurali (artt. 93 ss. c.c.) e delle condizioni (artt. 84 ss. c.c.) di quello civile, occorre soffermarsi sulla fase antecedente alle nozze. Qui la giuridicità riguarda la promessa di matrimonio infranta da uno dei promessi sposi.

La disciplina di riferimento, contenuta negli artt. 79-81 c.c., coniuga la libertà matrimoniale con il principio dell'affidamento: la prima è predominante, ma il secondo evita che il soggetto passivo di quella libertà subisca ingiuste conseguenze economiche (art. 81 c.c.).

L'art. 79 c.c. proclama l'assolutezza della libertà di sposarsi, stabilendo che «la promessa di matrimonio non obbliga a contrarlo né ad eseguire ciò che si fosse convenuto per il caso di non adempimento». Gli sposi, pertanto, liberi fino all'ultimo momento, possono cambiare idea, poiché la loro promessa è inefficace. La libertà matrimoniale ha fondamento nella Costituzione: nell'art. 29, comma 1 in cui si fa riferimento alla società naturale e soprattutto nell'art. 2 che sancisce il principio della priorità della persona, titolare di diritti inviolabili, rispetto alle formazioni sociali.

L'art. 79 c.c. si riferisce alla promessa semplice, la quale viene fatta conoscere, oralmente o per fatti concludenti, nella cerchia parentale, amicale e delle conoscenze. Essa si distingue dalla promessa solenne (o formale) disciplinata dall'art. 81 c.c.

Il dettato dell'art. 79 c.c., a tutela della libertà, prescinde dalla serietà delle ragioni che inducono a infrangere la promessa. La quale è sempre incoercibile e la sua eventuale inosservanza non ammette sanzioni. È nulla, infatti, come si evince dalla parte finale dell'art. 79 c.c., la previsione di una clausola penale (art. 1382 c.c.) o di una caparra confirmatoria (art. 1385 c.c.) apposta a sostegno della promessa. Diversamente, vi sarebbe stata una limitazione considerevole della libertà matrimoniale, condizionata dal dover corrispondere o rinunciare a una somma di denaro in caso di mancate nozze.

La disciplina dei doni costituisce un altro presidio della libertà matrimoniale, prevedendo che «Il promittente può domandare la restituzione dei doni fatti a causa della promessa di matrimonio, se questo non è stato contratto». Il promittente, se anche non dà seguito la promessa per ragioni risibili e in ogni caso in cui gli sia imputabile la rottura del fidanzamento, ha comunque diritto alla restituzione dei doni fatti all'altro in conseguenza della promessa. Sapere, infatti, di non aver diritto alla restituzione dei doni potrebbe costituire un disincentivo a non sposarsi.

Un'altra ragione giustificatrice della restituzione dei doni, che si lega alla precedente, è stata individuata nell'«esigenza di riequilibrio delle posizioni patrimoniali dei fidanzati e delle loro famiglie, specie quando il valore dei doni non sia irrilevante dal punto di vista economico o affettivo» (G. Ferrando).

Non vale la stessa regola nel caso di domanda di risarcimento dei danni ai sensi dell'art. 81 c.c. (promessa solenne), laddove i danni siano cagionati a chi abbia subito, senza un giusto motivo, la rottura della promessa di matrimonio.

L'obbligo di restituzione vale con riguardo alla promessa sia semplice che solenne, unilaterale o reciproca, fatta fra persone capaci o fra minorenni non autorizzati ai sensi dell'art. 84 c.c. Esso opera solo se i doni siano giustificati dalla promessa, ossia se, secondo l'*id quod plerunque accidit,* i doni non dipendano da altro come, ad esempio, da una ricorrenza, dalla gratitudine o speciale remunerazione (art. 770 c.c.).

Il dono richiama naturalmente la donazione e le regole sulla forma di questa. Non solo è applicabile l'art. 782 c.c., ma anche l'art. 783 c.c. sulla donazione di modico valore di beni mobili, la quale è valida anche in mancanza dell'atto pubblico, purché vi stata la *traditio* della cosa donata.

Se la donazione è effettuata a causa della promessa di matrimonio, l'obbligo di restituzione non opera qualora il matrimonio sia annullato, poiché il promittente ha comunque adempiuto alla promessa. Ciò consente di distinguere la donazione tra fidanzati dalla donazione obnuziale, la quale ha la sua ragione giustificatrice nel matrimonio. Difatti l'art. 785 c.c. stabilisce, al comma 1, che la donazione obnuziale «non produce effetto finché non segua il matrimonio» e al comma 2 che «l'annullamento del matrimonio importa la nullità della donazione».

Se però il matrimonio è nullo, ad esempio per violazione dell'art. 86 («libertà di stato») o dell'art. 88 («delitto»), secondo alcuni Autori si applica l'art. 80 c.c. ed è dovuta la restituzione dei doni.

Quanto alle lettere e alle fotografie, la dottrina è divisa. Certo è che entrambe queste *res* non sono in possesso dell'altro a titolo di donazione e l'art. 80 c.c. non le menziona. Le fotografie, però, potrebbero sollevare problemi scaturenti dalla disciplina del diritto all'immagine e alla riservatezza, mentre le lettere evocare la disciplina del diritto d'autore.

L'obbligo restitutorio è non già un effetto legale dell'inosservanza della promessa, come nel caso della revocazione delle disposizioni testamentarie per sopravvenienza di figli (art. 687 c.c.), ma deriva dalla comunicazione al donatario della revoca della donazione. Chi domanda la restituzione dei doni può ottenere il sequestro giudiziario di questi (artt. 670 ss. c.p.c.).

Secondo un Autore (G. Tatarano), la restituzione dei doni spetterebbe anche ai terzi che abbiano donato beni ai fidanzati a causa della promessa. La tesi è condivisibile perché lo spostamento patrimoniale si lega alla promessa di matrimonio, al fidanzamento quale anticamera delle nozze; se la coppia si scioglie, il dono non ha più ragion d'essere e il bene donato deve essere restituito al terzo, anche a tutela della libertà del promittente – il quale sarebbe indotto a non lasciare il fidanzato per non perdere il dono – qualora egli sia parente del donante.

In quest'ottica si deve ammettere anche il diritto di ricevere l'equivalente, qualora il bene donato sia uscito dal patrimonio del donatario.

Chi riceve il rifiuto delle nozze ha un anno di tempo dalla ricezione per agire in giudizio con l'azione di restituzione (art. 80, co. 2, c.c.). Qualora non vi sia stato un rifiuto formale, la restituzione dei doni è sempre richiedibile e implica la risoluzione della promessa.

Il termine annuale è di decadenza, pertanto non gli si applicano le norme relative all'interruzione e neppure, salvo che sia disposto diversamente, le norme che si riferiscono alla sospensione (art. 2964 c.c.).

3. (Segue). *Risarcimento dei danni e illecito.*

L'art. 81 c.c. prevede la risarcibilità dei danni patiti da chi abbia subito, *senza giusto motivo*, il rifiuto dell'altro di eseguire la promessa di matrimonio, la quale deve essere vicendevole e solenne, ossia espressa per atto pubblico, scrittura privata o risultate dalla richiesta di pubblicazioni di cui all'art. 96 c.c. In questa fattispecie colui che non dà seguito alla promessa risarcisce il danno all'altro.

Come pure l'obbligo risarcitorio grava sul promittente qualora questi, con la sua condotta colposa, abbia offerto un giusto motivo all'altro di rifiutare il matrimonio (art. 81, co. 2, c.c.).

La reciprocità delle promesse non deve necessariamente risultare da un unico documento, essendo sufficiente, ad esempio, che i fidanzati nelle lettere o mail si riferiscano alla promessa anche unitamente ad altri argomenti quali i preparativi delle nozze. L'intento del legislatore è di rendere certa la promessa e non già di imporre la formalizzazione dell'intento condiviso in un unico atto.

La disposizione in esame ruota attorno al giusto motivo. Ove questo manchi, chi rifiuta il matrimonio deve risarcire i danni all'altro, altrimenti, se il motivo c'è, egli è esonerato da ogni rifusione di spese e obbligazioni assunte dal rifiutato.

Il motivo del rifiuto è giustificato se è grave. La gravità non è espressamente prevista, ma è implicita nell'aggettivo «giustificato» e comunque la si deduce dalla necessità di bilanciare la libertà del promittente con l'affidamento dell'altra parte. Solo l'esistenza di un giustificato motivo preclude l'affidamento altrui e la risarcibilità del danno. Il motivo banale della rottura del fidanzamento consente ugualmente di revocare la promessa – libertà matrimoniale – ferma però la tutela dell'affidamento.

Il parametro di riferimento della gravità del motivo del rifiuto deve essere, in linea tendenziale, socialmente condiviso e attingere elementi anche dalla personalità e dalla storia di chi non voglia più eseguire la promessa. A titolo esemplificativo si indicano la perdita del lavoro o il fallimento del fidanzato, le menzogne di quest'ultimo su aspetti significativi dell'organizzazione della vita in comune o sulle condizioni patrimoniali o malattie sessuali (ciò che fa venir meno la fiducia) o la scoperta della tendenza al gioco.

Se ciascuno dei fidanzati adduce un giustificato motivo del rifiuto di contrarre matrimonio, come un aspro litigio, ognuno sopporta il carico delle spese e delle obbligazioni assunte in previsione del matrimonio[8].

I danni risarcibili sono stati circoscritti nell'oggetto, riguardando le «spese fatte e le obbligazioni contratte a causa della promessa» e limitati nel *quantum*, poiché «il danno è risarcito entro il limite in cui le spese e le obbligazioni assunte *corrispondono alla condizione delle parti*». Si tratta, pertanto, soltanto di quegli esborsi economici e di quelle obbligazioni assunte in previsione del matrimonio quali, ad esempio, ciò che attiene all'organizzazione della giornata delle nozze e alla vita in comune (arredi della casa e oggetti indispensabili della quotidianità). Secondo la dottrina, si devono rimborsare anche le spese sostenute dai familiari più stretti del promesso sposo abbandonato (ad es. gli abiti per la giornata nuziale).

Non rilevano, più in generale, come invece ai sensi dell'art. 1218 c.c., le perdite subite dal fidanzato incolpevole né il mancato guadagno. L'art. 81 c.c. è una norma speciale che pone un'obbligazione legale circoscritta, conseguente all'inosservanza della promessa solenne, appartenente al *tertium genus* delle fonti dell'obbligazione dei cui all'art. 1173 c.c.

È ragionevole che, quale contrappeso della non vincolatività della promessa e in ossequio alla buona fede quale principio che governa i rapporti personali oltre l'ambito delle obbligazioni (M. Bianca), sia stato previsto di tenere indenne chi abbia sostenuto spese, confidando nella serietà della promessa.

Quanto alla distribuzione dell'onere della prova, l'attore che richieda i danni deve dimostrare l'inosservanza della proposta; il convenuto, per evitare la condanna, deve provare l'esistenza del giusto motivo a sostegno della propria eccezione.

Si discute se infrangere la promessa di matrimonio possa dar luogo ad un illecito extra-contrattuale oltre che all'obbligazione legale di cui all'art. 81 c.c. Una fattispecie nota, oggi meno plausibile ma non per questo lecita, è la seduzione con promessa di matrimonio. Si fa credere alla donna che possa concedersi al fidanzato anche prima delle nozze poiché queste ultime sicuramente ci saranno.

Deve essere respinto il ragionamento svolto da qualche tribunale di merito secondo cui se si ammettesse il risarcimento del danno extra-matrimoniale si considererebbe la donna un essere inferiore incapace di assumere consapevolmente le proprie decisioni. Il punto è un altro: se le convinzioni morali o religio-

---

[8] Trib. Cagliari, 16.2.2016 fa leva sulla presenza del giustificato motivo per entrambi i fidanzati per escludere ogni obbligo risarcitorio. Se legge nella massima: «La rottura del fidanzamento che sia frutto di una decisione sostanzialmente concorde delle parti, sia pure indotta da un aspro litigio, deve ritenersi sorretta da giusto motivo. Di talché in ipotesi siffatte deve escludersi la configurabilità dell'obbligazione di rimborso delle spese affrontate e delle obbligazioni contratte in vista del matrimonio che consegue *ex lege* all'esercizio del diritto di recesso, in quanto particolare forma di riparazione collegata direttamente dalla legge alla rottura del fidanzamento senza giusto motivo».

se della donna la inducono a concepire l'unione dei corpi solo in costanza di matrimonio e se il fidanzato aggira questa intima presa di posizione con l'inganno, deve ritenersi lesa la dignità della persona e il suo affidamento nella buona fede altrui. Il principio personalistico va oltre la libertà personale e l'autodeterminazione – valori, questi, la cui lesione è esclusa per qualcuno, essendo il rapporto sessuale voluto dalla donna – spingendosi a salvaguardare l'individuo nella sua integrità valoriale dagli artifizi lesivi dei valori più profondi che governano l'esistenza.

Certo occorrerà provare, quale elemento di struttura dell'illecito aquiliano, il nesso di causalità tra promessa e *traditio corporis ante nuptias*: ossia che la *traditio* «sia stata ottenuta solo in quanto dolosamente o colposamente fatta percepire come *traditio propter nuptias*». Così si è pronunciata la Cassazione, considerando illecita anche la condotta colposa[9].

Per capire se la donna sia stata vinta nei suoi valori attraverso la condotta illecita del fidanzato sono da prendere in considerazione «i mezzi adoperati dall'uomo per ottenere l'assenso della donna all'amplesso, tenuto conto dell'età, della condizione sociale, del grado di moralità, sensibilità, intelligenza e cultura della donna che assume di essere stata sedotta»[10].

In caso di accertata illiceità della condotta, il danno non patrimoniale dovrà essere risarcito in misura equitativa ai sensi dell'art. 1226 c.c. richiamato dall'art. 2056 c.c.

Più in generale deve ammettersi, diversamente da quanto sostenuto da una pronuncia della Cassazione[11], ancora non contraddetta, che se l'inosservanza

---

[9] Cass., n. 7493/1993 e in senso conforme Cass., n. 8733/1991.

[10] Cass., n. 7493/1993, cit. invita il giudice a valutare il contesto culturale e familiare della donna abbandonata, al fine di trarre da esso prove dell'illiceità della condotta. Si afferma nella sentenza che «l'accertamento del requisito del rapporto causale tra la promessa e la *traditio corporis* involge una valutazione di fatto, ai fini della quale il giudice, atteso le difficoltà della prova, può avvalersi di elementi indiziari e prove, presuntive, occorrendo però che l'indagine presuntiva sia basata su elementi particolarmente gravi e concordanti, da valutarsi anche in relazione alle condizioni ambientali e culturali dei soggetti».

[11] Cass., ord. n. 9/2012 afferma, ma in modo non condivisibile, quanto segue: «poiché la legge vuol salvaguardare fino all'ultimo la piena ed assoluta libertà di ognuno di contrarre o non contrarre le nozze, l'illecito consistente nel recesso senza giustificato motivo non è assoggettato ai principi generali in tema di responsabilità civile, contrattuale o excontrattuale, né alla piena responsabilità risarcitoria che da tali principi consegue, poiché un tale regime potrebbe tradursi in una forma di indiretta pressione sul promittente nel senso dell'accettazione di un legame non voluto». Ma neppure si vuole che il danno subito dal promissorio incolpevole rimanga del tutto privo di risarcimento. «Il componimento fra le due opposte esigenze ha comportato la previsione a carico del recedente ingiustificato non di una piena responsabilità per danni, ma di un'obbligazione *ex lege* a rimborsare alla controparte quanto meno l'importo delle spese affrontate e delle obbligazioni contratte in vista del matrimonio. Non sono risarcibili voci di danno patrimoniale diverse da queste e men che mai gli eventuali danni non patrimoniali». In verità la finalità legislativa di non vedere conculcata la libertà di non dar seguito al matrimo-

della promessa abbia leso diritti fondamentali della persona rifiutata quali, oltre alla dignità, l'onore, la reputazione e la salute, non si può certo limitare l'ambito risarcibile a quanto stabilito dall'art. 81 c.c. Avremmo un ribaltamento della gerarchia delle fonti se si interpretasse la Costituzione alla luce dell'art. 81 c.c.

4. *Forme di celebrazione ed effetti del matrimonio: premessa.*

Il matrimonio può essere celebrato con forme divere: 1) davanti a ministri del culto cattolico (art. 82 c.c.); 2) davanti a ministri dei culti ammessi dallo Stato (art. 83); 3) davanti all'ufficiale dello stato civile (artt. 84 ss. c.c.).

Il matrimonio canonico può rimanere tale ed essere perciò assoggettato soltanto al *Codex iuris canonci*, senza che abbia alcuna rilevanza per l'ordinamento giuridico italiano (c.d. matrimonio puramente canonico). Diversamente esso, ove trascritto nei registri dello stato civile, sarà regolato, quanto al rapporto, anche dal codice civile e dalle leggi italiane (c.d. matrimonio concordatario).

Su quest'ultimo si concentra adesso la trattazione.

Nel 1929 la necessità di eliminare «ogni ragione di dissidio» tra la Santa Sede e l'Italia indusse il Sommo Pontefice Pio XI e il Re d'Italia Vittorio Emanuele III a stipulare un Trattato, accompagnato da un Concordato «inteso a regolare le condizioni della Religione e della Chiesa in Italia» (c.d. Patti Lateranensi), ratificato dalla legge matrimoniale n. 847/1929. L'art. 34 del Concordato disciplina il rapporto tra il matrimonio canonico e quello civile; detta regole che hanno superato l'impostazione del codice civile unitario del 1865, in base alla quale il matrimonio civile era l'unica forma di matrimonio valido per i cittadini. Queste regole furono influenzate dal carattere dell'indissolubilità del vincolo coniugale civilistico.

Fu un superamento perché, al comma 1 dell'art. 34 si prevede che «Lo Stato italiano (...) riconosce al sacramento del matrimonio, disciplinato dal diritto canonico, *gli effetti civili*». Il matrimonio canonico, quindi, attraverso la trascrizione dell'atto di matrimonio nei registri dello stato civile, produce effetti civili. Lo Stato italiano consente così di coniugare il sentimento religioso con l'istituto civilistico del matrimonio caratterizzato da regole che disciplinano l'atto e il rapporto.

Una volta riconosciuta quest'efficacia, fu quasi inevitabile, all'epoca, costruire un sistema matrimoniale basato su un «unico binario» (G. Ferrando). Si previde una riserva di giurisdizione per le cause di nullità del vincolo coniugale a favore dei tribunali ecclesiastici. Di conseguenza, la dichiarazione di nullità del matrimonio canonico, pronunciata dal giudice ecclesiastico, ne eliminava in ogni caso anche gli effetti civili di fronte allo Stato italiano.

---

nio non si impone, secondo una priorità assiologica, rispetto alla tutela dei diritti fondamentali della persona. L'esercizio della libertà non si spinge legittimamente fino a ledere posizioni giuridiche apicali nella gerarchia delle fonti.

L'art. 34, comma 6 del Concordato stabilisce che le sentenze definitive e altri provvedimenti, controllati dal Supremo Tribunale della Segnatura, vengono «trasmessi alla Corte di Appello dello Stato competente per territorio, la quale con ordinanze emesse in Camera di Consiglio, li renderà esecutivi agli effetti civili ed ordinerà che siano annotati nei registri dello stato civile a margine dell'atto di matrimonio». Ma questo automatismo – nullità del matrimonio/cessazione degli effetti civili – come si vedrà nel prossimo paragrafo, non sempre è tecnicamente possibile in ragione dell'ordine pubblico matrimoniale.

Nel 1970 intervenne un fatto nuovo che incise sull'equilibrio espresso dal Concordato con riguardo alla regolazione del matrimonio: la legge sul divorzio. Ciò si tradusse nell'eliminazione dell'unico binario, potendo il giudice italiano sciogliere il vincolo matrimoniale a prescindere dalla sua natura di sacramento. Così il 18 febbraio 1984 venne firmato un accordo tra la Repubblica italiana e la Santa Sede che apportò modifiche al Concordato lateranense (Accordo di Villa Madama), ratificato con legge n. 121/1985.

Si segnala, in particolare, un incremento del potere del giudice italiano in sede di delibazione delle sentenze di nullità del matrimonio pronunciate dai tribunali ecclesiastici. La Corte d'appello competente anzitutto si pronuncia non già a seguito della necessaria trasmissione degli atti, ma solo «su domanda delle parti o di una di esse». Inoltre la delibazione della sentenza ecclesiastica (ossia la sua dichiarazione di efficacia in Italia) è subordinata, ai sensi dell'art. 8 punto 2 dell'Accordi tra la Santa Sede e la Repubblica italiana del 1984, all'accertamento delle seguenti circostanze attinenti agli elementi essenziali del diritto di agire e di resistere a difesa dei propri diritti: «a) che il giudice ecclesiastico fosse competente a conoscere della causa in quanto matrimonio celebrato in conformità del presente articolo; b) che nel procedimento davanti ai tribunali ecclesiastici sia stato assicurato alle parti il diritto di agire e di resistere in giudizio in modo non difforme dai principi fondamentali dell'ordinamento italiano»; c) che ricorrano le altre condizioni richieste dalla legislazione italiana per la dichiarazione di efficacia delle sentenze straniere.

Chi professa la religione cattolica, dunque, ha facoltà di scegliere tra il matrimonio concordatario, che produrrà effetti civili solo se trascritto nei registri dello stato civile, e quello meramente canonico, più raro, il quale, in quanto non trascritto, rimane irrilevante per lo Stato italiano.

Infine l'art. 83 c.c. stabilisce che «Il matrimonio celebrato davanti a ministri dei culti ammessi dallo Stato è regolato dalle disposizioni del capo seguente, salvo quanto è stabilito nella legge speciale concernente tale matrimonio». Ad esso si applica quindi soltanto il codice civile, poiché, come rilevato in dottrina, diversamente dal matrimonio concordatario, «non vi è uno specifico ordinamento giuridico, che connetta, all'atto del matrimonio, effetti suoi propri» (G. Bonilini).

5. (Segue). *Sentenza canonica di nullità e ordine pubblico ostativo alla delibazione.*

Nei rapporti tra la Santa Sede e la Repubblica italiana si è posto il problema, tipico del diritto internazionale privato, della compatibilità degli effetti della sentenza del tribunale ecclesiastico con l'ordine pubblico del nostro Paese. Questa valutazione è affidata alla Corte d'Appello in sede di giudizio di delibazione del provvedimento di un altro ordinamento.

L'art. 4 del Protocollo addizionale all'Accordo, già citato, modificativo del Concordato del 11 febbraio 1929, richiama l'art. 797 c.p.c. che subordina l'efficacia della sentenza straniera nella Repubblica alla sua non contrarietà all'ordine pubblico italiano; si richiamano «i diritti costituzionalmente riconosciuti ai cittadini italiani». Perciò in materia matrimoniale, il giudice svolge un'opera delicata di salvaguardia dei valori fondamentali dell'ordinamento italiano a fronte dell'incremento delle domande di nullità del matrimonio ai tribunali ecclesiastici; domande proposte soprattutto al fine di non essere assoggettati agli obblighi economici post-matrimoniali, previsti dalla normativa italiana, a carico del coniuge più abbiente. La delibazione della pronuncia di nullità impedisce all'ex coniuge di far valere pretese economiche.

Tali domande si incentrano solitamente sulle riserve mentali di uno o di entrambi i coniugi, senz'altro rilevanti per l'ordinamento ecclesiastico, quali l'esclusione dell'indissolubilità del matrimonio o di uno del *bona matrimonii*.

Il nodo della questione si concentra sul rapporto tra i due ordinamenti: se quello italiano debba necessariamente delibare la sentenza ecclesiastica di nullità. Si concluderà che la risposta è negativa, non prima di aver chiarito il rilievo civilistico della convivenza prolungata tra i coniugi, essenziale per stabilirne l'incidenza sulla delibazione.

Il percorso argomentativo è complesso: muove dal fondamento normativo della convivenza, dalla sua nozione, dalle condizioni della sua esistenza, fino a coinvolgere i diritti fondamentali della persona implicati nella convivenza; diritti che, in quanto tali, non sono certo eliminabili dalla delibazione della sentenza ecclesiastica di nullità del matrimonio.

Il riferimento ai diritti fondamentali deriva dal concetto di ordine pubblico, quale espressione che li compendia; sono i diritti previsti dalla Costituzione e dalle fonti sovranazionali come interpretati dalle Alti Corti, il cui orientamento consolidato costituisce diritto vivente [12]. Per effetto del rilievo apicale di questi

[12] Cass., Sez. Un., n. 12193/2019, cit., afferma che la compatibilità con l'ordine pubblico (internazionale) «deve essere valutata alla stregua non solo dei principi fondamentali della nostra Costituzione e di quelli consacrati nelle fonti internazionali e sovranazionali, ma anche dei modi in cui gli stessi si sono incarnati nella disciplina ordinaria dei singoli istituti, nonché dell'interpretazione fornitane dalla giurisprudenza costituzionale ordinaria, la cui opera di sintesi e ricomposi-

diritti, il provvedimento straniero valutato contrario all'ordine pubblico, e quindi ai diritti fondamentali, non può produrre effetto nello Stato italiano.

Secondo un più risalente e superato orientamento giurisprudenziale, «la convivenza fra coniugi, intervenuta successivamente alla celebrazione del matrimonio, ostativa all'impugnazione per simulazione del matrimonio civile ai sensi dell'art. 123, co. 2, c.c., seppure si ponga come una norma imperativa interna, non costituisce espressione di principi o di regole fondamentali con le quali la Costituzione e le leggi dello Stato delineano l'istituto del matrimonio» [13]. Ne consegue che la sentenza ecclesiastica di nullità del matrimonio deve essere delibata se sono state rispettate le regole procedurali indicate dall'art. 8 punto 2 dell'Accordo tra la Santa Sede e la Repubblica italiana del 1984.

Più di recente si è, invece, imposto un altro orientamento, secondo il quale la distinzione tra matrimonio-atto e matrimonio rapporto ha un solido fondamento nella Costituzione e nelle fonti sovranazionali [14]. Sono diverse le disposizioni che suffragano questa conclusione: anzitutto l'art. 29, co. 1, Cost. che, con l'espressione «società naturale», «evoca chiaramente lo svolgimento del rapporto e della vita matrimoniali»; l'art. 30, co. 1, Cost. che, stabilendo i doveri e i diritti dei genitori nei confronti dei figli, evoca il rapporto. Se poi ci si sposta nel codice civile vanno richiamati l'art. 143, co. 2, c.c. che, nell'elencare i doveri matrimoniali, si riferisce senz'altro al matrimonio-rapporto – ugualmente il comma 3 – e l'art. 147 c.c. con riguardo ai doveri nei confronti di figli [15].

Tutte queste disposizioni [16] sul matrimonio-rapporto devono essere interpretate in conformità al principio personalistico di cui all'art. 2 Cost.; principio la cui effettività va garantita anche nelle formazioni sociali tra cui la famiglia. E, di

---

zione dà forma a quel diritto vivente dal quale non può prescindersi nella ricostruzione della nozione di ordine pubblico, quale insieme dei valori fondanti dell'ordinamento in un determinato momento storico». Questa nozione è applicabile anche al nostro problema.

[13] Cass., Sez. Un., n. 4700/1988 afferma anche che «la limitata portata della convivenza come coniugi e l'inesistenza nelle norme costituzionali di un principio chiaramente evincibile circa la prevalenza del matrimonio-rapporto sul matrimonio-atto, anche se viziato, impediscono la praticabilità di un'interpretazione adeguatrice, per la quale in ogni caso di matrimonio nullo per vizi del consenso l'impugnazione dell'atto sarebbe comunque impedita da detta convivenza come coniugi, che finirebbe col comportare una sostanziale modifica dell'ordinamento». In senso conforme Cass., n. 8926/2012 (convivenza protrattasi per oltre 30 anni).

[14] Cass., Sez. Un., n. 16379/2014.

[15] Cass., Sez. Un., n. 16379/2014, cit. indica quali riferimenti normativi del matrimonio-atto: l'art. 29, co. 1, Cost., laddove statuisce che la Repubblica riconosce i diritti della famiglia «fondata sul matrimonio»; l'art. 143, co. 1, c.c. in cui si stabilisce che «Con il matrimonio il marito e la moglie acquistano gli stessi diritti e assumono i medesimi doveri».

[16] Significativi sono anche i riferimenti contenuti nelle fonti sovranazionali. La Cass., Sez. Un., n. 16379/2014, cit., richiama la Dichiarazione universale dei diritti dell'uomo del 1948 (art. 16), il Patto internazionali sui diritti civili e politici (art. 23 § 4) e il Protocollo n. 7 alla Convenzione per la salvaguardia dei diritti dell'uomo e delle libertà fondamentali.

certo – lo hanno sottolineano le Sezioni Unite – «La Costituzione non giustifica una concezione della famiglia nemica delle persone e dei loro diritti». Si tratta di un passaggio significativo dell'argomentazione delle Sezioni Unite: la nullità ecclesiastica del matrimonio non cancella i diritti fondamentali, le aspettative legittime, gli affidamenti legittimi, i doveri inderogabili e le responsabilità anche genitoriali che la convivenza determina.

Questi diritti/doveri promanano dalla convivenza, da intendersi non semplicemente come abitare nella stessa casa [17], ma quale vita familiare effettiva di coppia. L'effettività della vita familiare emerge dalla stabilità, significatività e durata della relazione affettiva, come ha chiarito la Corte europea dei diritti dell'uomo, interpretando l'art. 8 Cedu [18]. Siffatto profilo costituisce un aspetto essenziale e costitutivo del matrimonio-rapporto.

I predetti caratteri della convivenza devono emergere, secondo le Sezioni Unite, da fatti e comportamenti inequivoci, dimostrabili anche attraverso le presunzioni semplici, assistite dai requisiti di cui all'art. 2729, co. 1, c.c.

La questione che a questo punto si pone è quanto debba durare la convivenza costitutiva del rapporto matrimoniale rilevante e incancellabile. Secondo le Sezioni Unite vi è una durata minima tale da far presumere, nonostante la causa di nullità, l'accettazione del rapporto matrimoniale da parte dei coniugi e la stabilità della convivenza. Essa è stata indicata in tre anni dalla data di celebrazione del matrimonio concordatario regolarmente trascritto. Ciò in applicazione analogica dell'art. 6, commi 1 e 4 della legge n. 184/1983 in cui si stabilisce, quale requisito soggettivo dell'adozione, l'essere uniti in matrimonio da almeno tre anni (o aver convissuto per lo stesso tempo prima di sposarsi).

La convivenza dotata dei predetti caratteri richiama valori fondamentali da riferirsi a quel coniuge che, a fronte della nullità ecclesiastica, si scopra economicamente più debole. Questi valori sono ravvisabili nel principio di solidarietà (art. 2 Cost.) e nell'uguaglianza morale e giuridica dei coniugi; entrambi impediscono che il matrimonio-rapporto possa rappresentare un pregiudizio

---

[17] L'essenza del concetto di convivenza non si appiattisce sulla coabitazione. La mancanza di quest'ultima può dipendere da circostanze economiche e lavorative che inducono i coniugi a vivere in città diverse, come ha affermato Cass., n. 9178/2018. La convivenza (nel caso di specie *more uxorio*) è tale se caratterizzata da un saldo e duraturo legame affettivo tra i conviventi, come emerge dall'art. 1, co. 36, legge n. 76/2016. «Il dato della coabitazione [si legge nella sentenza], all'interno dell'elemento oggettivo della convivenza, è attualmente un dato recessivo. Esso deve essere inteso come semplice indizio o elemento presuntivo dell'esistenza di una convivenza di fatto, da considerare unitariamente agli altri elementi allegati e provati e non come elemento essenziale di essa, la cui eventuale mancanza, di per sé, possa portare ad escludere l'esistenza di una convivenza». Dunque la convivenza quale fenomeno familiare si distingue dalla coabitazione.

[18] *Ex multis* cfr: Corte EDU, 3.11.2011, *caso S.H. e altri c. Austria*, ric. n. 57813/00 e Corte EDU, 27.4.2010, *caso Moretti e Benedetti c. Italia*, ric. n. 16318/07.

per uno solo degli ex coniugi, deresponsabilizzando l'altro attraverso l'utilizzo pretestuoso della nullità canonica [19].

In tal caso, pertanto, la sentenza ecclesiastica definitiva di nullità del matrimonio non può essere dichiarata efficace nella Repubblica italiana per qualsiasi vizio genetico del matrimonio, accertato e dichiarato del giudice ecclesiastico nell'ordine canonico.

Le Sezioni Unite hanno aggiunto, sotto il profilo processuale, che la contrarietà della pronuncia ecclesiastica all'ordine pubblico non è, nel caso di specie, rilevabile d'ufficio, nonostante il coinvolgimento di diritti e valori fondamentali; ciò in quanto soltanto il coniuge che intende eccepirla è in grado di valutare la «complessità fattuale» della convivenza e la sua connessione «con l'esercizio dei diritti, con l'adempimento dei doveri e con l'assunzione di responsabilità personalissimi di ciascuno dei coniugi» [20].

Si aggiunga, infine, che, per giurisprudenza consolidata, la delibazione della sentenza ecclesiastica di nullità del matrimonio concordatario è ammissibile solo quando l'esclusione da parte di uno solo dei coniugi di uno dei *bona matrimonii* (e quindi la divergenza tra volontà e dichiarazione) «sia stata manifestata all'altro coniuge, ovvero sia stata [da quest'ultimo] effettivamente conosciuta o non conosciuta esclusivamente a causa della sua negligenza». Altrimenti, continua l'orientamento in parola, «la delibazione trova ostacolo nella contrarietà all'ordine pubblico italiano, nel cui circuito va ricompreso il principio fondamentale di tutela della buona fede e dell'affidamento incolpevole» [21].

---

[19] Cass., Sez. Un., n. 16379/2014, cit. ha posto il seguente principio di diritto: «La convivenza "come coniugi" deve intendersi – secondo la Costituzione (artt. 2, 3, 29, 30 e 31), le Carte Europee dei diritti (art. 8 § 1 della Cedu, art. 7 Carta dei diritti fondamentali dell'Unione europea), come interpretate dalla Corte EDU, e il codice civile – quale elemento essenziale del "matrimonio-rapporto", che si manifesta come consuetudine di vita coniugale comune, stabile e continua nel tempo, ed esteriormente riconoscibile attraverso corrispondenti, specifici fatti e comportamenti dei coniugi, e quale *fonte di pluralità di diritti inviolabili, di doveri inderogabili, di responsabilità anche genitoriali* in presenza di figli, di aspettative legittime e di legittimi affidamenti degli stessi coniugi e dei figli, sia come singoli sia nelle reciproche relazioni familiari» (corsivo mio). Si pone giustamente in rilievo il nesso tra convivenza come coniugi, diritti fondamentali e responsabilità.

[20] Lo stesso vale – lo ricordano le Sezioni Unite n. 16379/2014, cit. – e per le stesse ragioni, con riguardo all'eccezione di sopravvenuta riconciliazione. Anche qui vi è una stretta connessione tra «oggetto dell'eccezione e dimensioni "personalissime" dello svolgimento del rapporto matrimoniale» (cfr. specificamente sulla riconciliazione Cass., n. 23510/2010). Secondo le Sezioni Unite, cit., «nel caso in cui la domanda di delibazione sia proposta da uno soltanto dei coniugi, l'altro – che intenda opporsi alla domanda, eccependo il limite d'ordine pubblico costituito dalla "convivenza coniugale" con le evidenziate caratteristiche (...) – ha l'onere, a pena di decadenza, ai sensi dell'art. 167 c.p.c., commi 1 e 2 (....): 1) di sollevare tale eccezione nella comparsa di risposta; 2) di allegare fatti specifici e gli specifici comportamenti dei coniugi, successivi alla celebrazione del matrimonio, sui quali l'eccezione medesima si fonda, anche mediante la puntuale indicazione di atti del processo canonico e di pertinenti elementi che già emergono dalla sentenza *delibanda*».

[21] Cass., n. 3378/2012, afferma che «se, da un lato, il giudice italiano è tenuto ad accertare la conoscenza o l'oggettiva conoscibilità dell'esclusione anzidetta da parte dell'altro coniuge con piena

Quest'orientamento è da apprezzare, poiché tutela il coniuge in buona fede che abbia riposto legittimo affidamento nella validità del matrimonio. Tale condizione soggettiva, unitamente ad una certa durata del matrimonio (stabilita dalla giurisprudenza), esige la protezione di valori fondamentali dell'ordinamento quali la solidarietà e l'uguaglianza morale e giuridica tra i coniugi.

6. *Condizioni e impedimenti matrimoniali.*

Il codice civile dedica la sezione I del capo III del titolo VI alla disciplina «Delle condizioni necessarie per contrarre matrimonio». Le condizioni sono quei requisiti previsti dalla legge, in positivo o in negativo, per contrarre validamente il matrimonio. La mancanza di uno di essi si traduce in un impedimento che causa l'invalidità del matrimonio, qualora questo sia stato ugualmente celebrato. Non solo: si prevede una responsabilità dell'ufficiale dello stato civile «che procede alla celebrazione del matrimonio, quando vi osta qualche impedimento di cui egli ha notizia» (art. 136 c.c., cfr. anche l'art. 140 c.c. che prevede la medesima ammenda per la donna e per l'altro coniuge).

Si può dire che condizioni e impedimenti costituiscano i due lati della stessa medaglia, accomunati dal contribuire entrambi alla conservazione della struttura del matrimonio socialmente affermatasi in Italia e diversificati dalle finalità perseguite. Alcuni requisiti, come quelli attinenti all'età e alla capacità, sono volti a garantire che il consenso matrimoniale (art. 107 c.c.) sia espressione di una volontà matura, scevra da condizionamenti e consapevole degli effetti del matrimonio. Altri presidiano interessi pubblici specifici come la difesa del principio monogamico, il divieto dell'incesto e la prevenzione e repressione dell'omicidio del coniuge.

Per contrarre matrimonio, consapevolmente e validamente, occorre: che gli sposi abbiano l'età prescritta dall'art. 84 c.c., coincidente con quella richiesta

---

autonomia, trattandosi di profilo estraneo, in quanto irrilevante, al processo canonico, senza limitarsi al controllo di legittimità della pronuncia ecclesiastica di nullità, dall'altro, la relativa indagine deve essere condotta con esclusivo riferimento alla pronuncia da delibare ed agli atti del processo medesimo eventualmente acquisiti, opportunamente riesaminati e valutati, non essendovi luogo, in fase di delibazione, ad alcuna integrazione di attività istruttoria; inoltre, il convincimento espresso dal giudice di merito *sulla conoscenza o conoscibilità da parte del coniuge della riserva mentale unilaterale dell'altro* costituisce, se motivato secondo un logico e corretto "iter" argomentativo, statuizione insindacabile in sede di legittimità, sebbene la prova della mancanza di negligenza debba essere particolarmente rigorosa e basarsi su circostanze oggettive e univocamente interpretabili che attestino la inconsapevole accettazione dello stato soggettivo dell'altro coniuge». In senso conforme cfr.: Cass., n. 22771/2019 (riserva mentale del coniuge sull'indissolubilità del matrimonio non manifestata alla moglie durante il periodo prematrimoniale) e Cass., n. 32027/2019 (volontà del marito di esclusione della prole dalla futura vita coniugale che, nel caso di specie, è stata ritenuta conosciuta o conoscibile con l'ordinaria diligenza da parte della moglie in base ad indici rivelatori prima del matrimonio).

per acquisire la capacità di agire (art. 2 c.c.), e che essi non siano stati interdetti per infermità di mente (art. 85 c.c.).

Sotto il profilo dell'ordine pubblico, il matrimonio è valido se gli sposi non siano legati da un precedente matrimonio né da una unione civile in essere tra persone dello stesso sesso (art. 86 c.c. come integrato dalla l. n. 76/2016), e inoltre se non siano legati da vincoli di parentela, affinità e adozione (art. 87 c.c.). Ancora, non vi deve essere una condanna di un terzo per omicidio consumato o tentato nei confronti del coniuge dell'altro (art. 88 c.c. c.d. «impedimento del delitto»). Infine la donna deve aver rispettato il limite dei trecento giorni decorrenti da certi atti come stabilisce l'art. 89 (c.d. «lutto vedovile»).

Alcuni di questi impedimenti sono *dispensabili*, ossia possono essere rimossi con un'autorizzazione del Tribunale; altri, invece, proprio per la carica pubblicistica che esprimono, *non sono dispensabili*, pertanto la loro sussistenza determina, inevitabilmente e insanabilmente, la nullità del matrimonio.

Sono dispensabili gli impedimenti costituiti dall'età (art. 84, co. 2, c.c.), quelli derivanti dalla parentela e dall'affinità di cui ai nn. 3 (parentela in linea collaterale di terzo grado), 5 (affinità in linea collaterale di secondo grado) e, nel caso di cui al n. 4 (affinità in linea retta). Quanto all'affinità, «l'autorizzazione può essere accordata quando [essa] deriva da matrimonio dichiarato nullo» (art. 87, co. 2, c.c.). Anche il divieto temporaneo di nuove nozze è dispensabile nei casi di cui all'art. 89, co. 2, c.c.

7. *Requisito dell'età e matrimonio del minorenne.*

La maggiore età è un requisito soggettivo per contrarre matrimonio; specularmente, la minore età costituisce, come si evince dall'art. 84, co. 1, c.c., un impedimento alle nozze.

Il minore, tuttavia, a certe condizioni, può contrarre un matrimonio valido. Va rimarcato come tale possibilità sia il frutto di un'evoluzione, sociale e normativa, che ha valorizzato la maturità del minore nel rispetto del principio personalistico.

L'art. 63 del codice civile del 1865 stabiliva che il figlio infra-venticinquenne e la figlia infra-ventunenne non potevano contrarre matrimonio senza il consenso del padre e della madre (con prevalenza della volontà paterna in caso di contrasto con l'altro genitore). L'art. 84 del codice civile vigente, nella versione ante riforma del 1975, consentiva al Capo dello Stato o alle autorità a ciò delegate di accordare una dispensa per gravi motivi, ammettendo al matrimonio «l'uomo che ha compiuto gli anni quattordici e la donna che ha compiuto gli anni dodici». La dispensa poteva essere accordata soltanto se vi era l'assenso della persona che esercitava sul minore la patria potestà o la tutela (art. 90, co. 1, c.c. abrogato).

Queste disposizioni, non più in vigore, attribuivano un ruolo preminente a soggetti terzi – soprattutto ai genitori – rispetto al minorenne diretto interessato.

La prospettiva assiologica è mutata con la legge di riforma del diritto di famiglia n. 151/1975, la quale, in attuazione dell'art. 3, co. 1, Cost. (che vieta discriminazioni tra individui), considera il minore soggetto di diritto e non oggetto di valutazione altrui. In questa linea si pone l'art. 84 c.c. che, nell'attribuire centralità all'iniziativa e alla volontà del minore maturo, avvia, unitamente ad altre disposizioni introdotte nel 1975, quel ridimensionamento dell'impostazione gerarchica insita nella potestà genitoriale. Questo processo è stato poi rafforzato dalla riforma 2012-2013.

Il passaggio del minore da oggetto a soggetto di diritto è un risultato di grande rilievo, legandosi ai diritti fondamentali (art. 315-*bis* c.c.) – qual è il diritto di contrarre matrimonio – i quali non ammettono la distinzione tra titolarità ed esercizio. I diritti fondamentali orientano la dialettica con la responsabilità genitoriale, la quale deve tendere a far emergere e a lasciare spazio alla personalità del minore. Espressione di questa dinamica tra diritti e responsabilità è il diritto del minore «di essere ascoltato in tutte la questioni e le procedure che lo riguardano».

È chiaro che, potendo il sedicenne contrarre matrimonio ove siano integrate le condizioni di legge, l'iniziativa e la volontà del minore hanno un significato giuridico preponderante, anche rispetto a un'eventuale volontà contraria dei genitori. Diversamente, gli sarebbe negata «la stessa soggettività, là dove questa è da annoverare tra i diritti inviolabili dell'uomo riconosciuti e garantiti nell'art. 2 Cost.» (G. Lisella).

Il minore ultra-sedicenne, infatti, è l'unico soggetto legittimato a presentare personalmente (ossia senza il tramite di un avvocato) un'istanza personale al Tribunale per i minorenni nel luogo di residenza al fine di essere autorizzato a contrarre matrimonio (artt. 84, co. 1, c.c. e 38, co. 1, disp. att. c.c.). Si tratta di un'attribuzione legale di capacità di agire con riguardo a uno specifico atto. In nessun caso il minore di anni sedici può essere ammesso a contrarre matrimonio.

È corretto affermare che il minore è titolare del diritto di contrarre matrimonio? Non certo in termini assoluti, posto che l'art. 84 c.c., da un lato, afferma che «i minori di età non possono contrarre matrimonio», dall'altro, subordina l'autorizzazione a sposarsi a diverse condizioni. È anche vero però che, accertati i requisiti legali, «il tribunale (...) ammette (...) al matrimonio». Non solo: in caso di impugnazione del matrimonio contratto in violazione dell'art. 84 c.c., il minore ha il potere di far respingere la domanda di annullamento (da altri proposta), qualora sia accertata la sua volontà «di mantenere in vita il vincolo matrimoniale» (art. 117, co. 2, c.c.). In effetti, essendo i diritti fondamentali connaturati alla personalità umana a prescindere da ogni condizione, è evidente come il legislatore abbia dettato una disciplina volta a contemperare la titolarità del diritto di sposarsi, astrattamente esistente anche prima dei 18 anni, con il suo concreto esercizio in ragione della necessità di proteggere un incapace legale.

Soffermiamoci sulle condizioni dell'autorizzazione.

Il tribunale, a fronte dell'istanza del minorenne ai sensi dell'art. 84, comma 2, deve, secondo una priorità logica, accertare anzitutto la sua «*maturità psico-fisica*». La quale sussiste se il minore si dimostri libero e consapevole dei diritti e doveri matrimoniali (art. 143 c.c.). Non è sufficiente porre l'accento sulla gravidanza, senza dimostrarsi consci della complessità della vita matrimoniale. Occorre quella maturità che la legge ha ricondotto al compimento del diciottesimo anno di età (art. 2 c.c.), già presente, eccezionalmente, a sedici anni secondo una valutazione da svolgersi, se del caso, con l'ausilio di un consulente tecnico.

Altrimenti, in assenza della predetta maturità, il Tribunale dovrà, in applicazione del principio di uguaglianza, proteggere il sedicenne, negando l'autorizzazione a contrarre matrimonio. L'organo giudiziario, per compiere tale valutazione, dispone di ampi poteri istruttori, potendo trarre argomenti dalla conoscenza dell'ambiente familiare, dai colloqui con il minore, con i suoi genitori e con il pubblico ministero.

Accertata la «maturità psico-fisica», il Tribunale si pronuncia sulla presenza dei «*gravi motivi*», che inducono il minore al matrimonio prima del compimento del diciottesimo anno. I motivi devono essere oggettivamente valutabili come giustificativi della decisione di sposarsi e riguardare esclusivamente il minore. L'elasticità del sintagma consente di dare rilievo all'imprevedibilità delle circostanze del caso concreto.

È stato affermato dalla dottrina e dalla giurisprudenza che la volontà di porre rimedio con le nozze alla gravidanza della minorenne non costituisce, di per sé solo, motivo sufficiente a giustificare il rilascio dell'autorizzazione. Perciò i «gravi motivi» vanno intesi non già soltanto in chiave negativa – evitare disagi e sofferenze significative alla coppia in attesa di un figlio – ma anche e soprattutto positiva, nel senso di garantire al nascituro e al nato un ambiente familiare riconosciuto dalla collettività come unito e solidale.

C'è un terzo requisito richiesto dall'art. 84, co. 2, c.c. – forse eccessivo – essendo difficile attribuirgli una valenza normativa propria: è la «*fondatezza delle ragioni addotte*». Se il minore si dimostra maturo e se vi sono gravi motivi alla base della scelta di sposarsi, va da sé che tali motivi debbano essere anche fondati, altrimenti verrebbe meno una delle condizioni legali dell'autorizzazione.

Quanto al procedimento, esso ha natura di volontaria giurisdizione. È disciplinato dagli artt. 737 ss. c.p.c. È introdotto, come si diceva, dal minore – con la precisazione che se entrambi i nubendi sono minorenni e risiedono in comuni appartenenti a distretti diversi, dovranno essere presentate distinte istanze a entrambi i tribunali – e termina con decreto, da comunicare al pubblico ministero, agli sposi, ai genitori e al tutore (nei casi in cui questo vi sia ai sensi dell'art. 343 c.c.).

Il decreto è reclamabile in Corte d'Appello nel termine perentorio di dieci giorni dalla comunicazione. Se è negata l'autorizzazione, la legittimazione al reclamo, in coerenza con la natura personale dell'istanza al tribunale, spetta esclusivamente al minore. Se, invece, essa è concessa, il reclamo, per irregolarità sia formali che sostanziali, può essere proposto dal pubblico ministero, dai genitori o dal tutore.

La Corte d'Appello, sezione minorenni, «decide con ordinanza non impugnabile, emessa in camera di consiglio» (art. 64, co. 5, c.c.); pertanto il ricorso in Cassazione è precluso in ragione della natura non contenziosa del procedimento. Il minore potrà presentare nuovamente l'istanza al Tribunale per i minorenni, purché fondata su ragioni diverse e fatti nuovi, tali da far ritenere acquisita la maturità psico-fisica.

8. *Matrimonio degli incapaci.*

L'interdizione giudiziale è un impedimento non dispensabile al matrimonio (art. 85 c.c.). La ragione è di protezione di un soggetto che, a causa della grave ed abituale infermità di mente (art. 414 c.c.), non comprende, almeno tendenzialmente, il significato e gli effetti del matrimonio. Vi è una presunzione legale *iuris et de jure* (ossia senza possibilità di fornire la prova contraria) della mancanza di una volontà consapevole di sposarsi espressa dall'interdetto.

Diversa è la disciplina dell'interdizione legale che ha natura non già di misura di protezione, ma di pena accessoria rispetto alla pena principale comminata per certi delitti (artt. 19 n. 3 e 32 c.p.). Poiché l'interdetto legale non è affetto da infermità mentale, non c'è ragione di precludergli l'esercizio del diritto fondamentale di contrarre matrimonio. Gli effetti civili di questo tipo d'interdizione si esauriscono nell'ambito dei rapporti patrimoniali (art. 32, ult. co., c.p.), se si esclude la sospensione dall'esercizio della responsabilità genitoriale, che opera qualora il giudice penale non ritenga che vi siano ragioni per disporre altrimenti (art. 32, co. 3, c.p.).

Indubbiamente, sposarsi attiene alla sfera più intima della persona; costituisce una manifestazione della propria personalità e identità. Perciò sono condivisibili quelle voci dottrinali che, da tempo, hanno criticato l'assolutezza del dettato normativo di cui all'art. 85 c.c.

Più in generale va constatato che la questione dell'esercizio dei diritti fondamentali da parte dell'interdetto giudiziale si sia decisamente ridimensionata in ragione dell'introduzione dell'amministrazione di sostegno (ADS) e della previsione della residualità dell'interdizione (cfr. art. 414 c.c. nella parte in cui lega l'interdizione al requisito della necessità «per assicurare adeguata protezione»). Inoltre il principio della minore limitazione possibile della capacità di agire, previsto dall'art. 1 della legge n. 6/2004 (sulla riforma dell'incapacità legale), asse portante dell'ADS e dell'intero sistema dell'incapacità legale (art. 427, co. 1, c.c.), impedisce di ritenere applicabile l'art. 85 c.c. al beneficiario. Il quale, pertanto, potrà, di regola, contrarre validamente matrimonio, salvo che il giudice tutelare gli abbia esteso, ai sensi dell'art. 411, co. 4, c.c., l'art. 85 c.c. quale specifica «limitazione» alla capacità di agire.

Anche l'inabilitato può contrarre matrimonio, non essendovi alcuna disposizione che preveda l'inabilitazione quale impedimento matrimoniale.

L'incapacità naturale, invece, si colloca su un piano diverso dall'interdizione, pur avendo punti di contatto con quest'ultima quanto alla condizione soggettiva di colui che contrae matrimonio. Diverso perché tale incapacità non costituisce un vero e proprio impedimento al matrimonio, bensì una causa di annullamento di esso (art. 120 c.c.). Pertanto colui che si sposa in stato di incapacità di intendere e di volere – un'ipotesi plausibile è quella dell'anziano con la badante – può impugnare il matrimonio, provando tale circostanza soggettiva «al momento della celebrazione del matrimonio».

Si noti però che l'unico soggetto legittimato all'esercizio dell'azione è l'incapace naturale secondo l'art. 120 c.c. Così, nella predetta ipotesi, l'anziano raggirato potrebbe non trovare tutela. L'unica via sarebbe quella di ottenere una sentenza di interdizione della persona incapace. Successivamente il tutore, previa autorizzazione giudiziale a proporre l'impugnazione del matrimonio dell'interdetto (art. 374 n. 5 c.c.), potrà agire ai sensi dell'art. 119 c.c. Secondo la disposizione contenuta nell'art. 119, comma 1, il tutore e altri soggetti sono legittimati ad agire anche se l'interdizione è stata pronunciata dopo il matrimonio «ma l'infermità esisteva al tempo» di quest'ultimo.

9. *Gli impedimenti di ordine pubblico:* a) *la libertà di stato.*

Vi sono tre impedimenti al matrimonio che presidiano l'ordine pubblico. Sono: la libertà di stato (art. 86 c.c.), la parentela e l'affinità (art. 87 c.c.) e il delitto (art. 88 c.c.). Essi contribuiscono a delineare alcuni tratti fondamentali del vincolo matrimoniale, quali rispettivamente l'unicità (non vi possono essere contemporaneamente due matrimoni), l'estraneità alla propria famiglia (allargata) di chi intende sposarsi e l'assenza del delitto consistente nell'uccisione di uno dei coniugi, commesso per sposare l'altro.

Il matrimonio contratto in violazione di questi tre articoli è nullo e non può essere in alcun modo sanato, salvo per i casi di affinità e di parentela previsti dall'art. 87 nn. 3, 4 e 5 c.c., con riguardo ai quali il matrimonio è da ritenersi annullabile e non già nullo, poiché l'art. 117, co. 4, c.c. preclude l'impugnazione del matrimonio dopo un anno dalla sua celebrazione. Il decorso del tempo ha un effetto sanante del vizio, dato dalla mancanza della preventiva autorizzazione giudiziale a sposarsi nonostante il legame di parentela o di affinità (art. 87, co. 2, c.c. e art. 117, co. 4, c.c.).

La libertà di stato quale impedimento, ossia, nel suo profilo negativo, il non essere coniugato come condizione di validità del matrimonio, tutela il principio monogamico della tradizione cristiana, posto alla base della famiglia fondata sul matrimonio. Anche chi è unito civilmente non può sposarsi fino a quando non sia intervento un provvedimento di scioglimento dell'unione stessa (così l'art. 86 c.c. come modificato dalla l. n. 76/2016); come pure egli non può contrarre una seconda unione civile fintantoché non sia sciolta la prima (art. 1, co. 4, lett. a), l. n. 76/2016).

La violazione del divieto di cui all'art. 86 c.c. comporta, sul piano civile, la nullità del matrimonio (artt. 117, co. 1, e 124 c.c.), su quello penale, il reato di bigamia (art. 568 c.p.).

Sul piano penalistico è punita la condotta sia di colui che, già legato da un precedente matrimonio, ne contragga un altro, sia di chi, non essendo coniugato, si sposa con una persona che lo sia (art. 556, co. 1, c.p. «Bigamia»). Se, tuttavia, il matrimonio contratto in precedenza dal bigamo è dichiarato nullo ai sensi degli artt. 117 ss. c.c., il reato si estingue e, se vi è stata condanna, ne cessano l'esecuzione e gli effetti penali. Il reato si estingue altresì qualora sia «annullato il secondo matrimonio per causa diversa dalla bigamia» (art. 556, co. 3, c.p.).

L'impedimento, insomma, affinché la condotta sia riprovata e sanzionata, sussiste se vi è un precedente matrimonio produttivo di effetti civili. Pertanto il matrimonio canonico non trascritto non impedisce nuove nozze. All'opposto vi è impedimento, se il matrimonio è stato celebrato davanti all'ufficiale di stato civile o di altri soggetti autorizzati (come i comandanti delle navi e aeromobili, il console italiano all'estero) o dinanzi ai ministri di altre confessioni religiose e trascritto nei registri dello stato civile o all'estero dal cittadino secondo le leggi del luogo.

Quanto, invece, ai cittadini stranieri che intendano contrarre matrimonio in Italia, è sempre applicabile l'art. 86 c.c., a dimostrazione della sua valenza identificativa del matrimonio. Se, da un lato, alle fattispecie di diritto internazionale privato si applica la legge nazionale di ciascun nubendo al momento del matrimonio (art. 27, l. n. 218/1995), dall'altro, lo straniero è soggetto alla disposizione contenuta nell'art. 86 c.c., come tale di natura necessaria (art. 116, co. 2, c.c. e art. 17, l. n. 218/1995). Ciò significa che l'impedimento in parola vale anche per gli stranieri la cui legge nazionale ammetta la poligamia sia nel tipo della poliginia (*id est*: l'unione matrimoniale di un uomo con più donne) sia della poliandria (*id est*: la relazione matrimoniale di una donna con più uomini).

La libertà di stato si riacquista per effetto dell'annullamento o dello scioglimento del matrimonio o dell'unione civile per morte rispettivamente del coniuge o dell'unito civilmente o per divorzio (art. 149 c.c.; art. 1, coo. 22-24, l. n. 76/2016 e l. n. 898/1970).

In caso di scomparsa del coniuge o dell'unito civilmente, un altro matrimonio o unione civile è legittimo solo divenuta eseguibile la sentenza dichiarativa della morte presunta (art. 65 c.c. e art. 1, co. 5, l. n. 76/2016); occorre, pertanto, il decorso di dieci anni dal giorno a cui risale l'ultima notizia dell'assente (art. 58 c.c.). Qualora, però, «la persona della quale fu dichiarata la morte presunta ritorni o ne sia accertata l'esistenza», il matrimonio contratto ai sensi dell'art. 65 c.c. è nullo (art. 68 c.c.). Una regola quest'ultima discutibile, poiché sacrifica in ogni caso la posizione di chi si sia risposato.

Si aggiunga che, qualora non vi sia stata la sentenza dichiarativa della morte presunta, «il matrimonio contratto dal coniuge dell'assente non può essere impugnato finché dura l'assenza» (art. 117, co. 3, c.c.). Il matrimonio rimane comunque invalido ed esposto alla nullità determinata dal ritorno dello scomparso, «salvi gli effetti civili del matrimonio dichiarato nullo» (art. 68, co. 2, c.c.). Inoltre, in applicazione del brocardo «*utile per inutile non vitiatur*», l'art. 68, ult. co., c.c. stabilisce che «La nullità non può essere pronunciata nel caso in cui è accertata la morte, anche se avvenuta in una data posteriore a quella del matrimonio» (c.d. sanatoria *ex lege*).

Queste regole civilistiche, unitamente all'art. 556 c.p., contemperano l'interesse dei coniugi alla conservazione del secondo matrimonio con la prevalenza del primo e con l'esigenza di contenere la sanzione penale. Nel loro complesso esse sono decisive per risolvere la seguente questione.

L'azione di nullità del matrimonio è imprescrittibile, non potendo chi è già sposato creare un'altra famiglia matrimoniale, con l'unico limite, secondo la Cassazione, dello scioglimento, per morte o per altra causa, del *precedente matrimonio*[22]. Siffatto limite, tuttavia, non è pacifico perché se il primo matrimonio è sciolto per divorzio, esso non è privo di effetti *ab origine* ma continua a produrre effetti fino alla relativa sentenza; di conseguenza, il secondo matrimonio dovrebbe ritenersi nullo se successivamente ad esso è emesso il provvedimento di divorzio dal primo matrimonio.

Questa soluzione si espone all'obiezione di essere formalistica. Sembra preferibile applicare la logica sottesa all'art. 556, co. 3, c.p., propria anche del diritto civile (cfr. art. 117, coo. 3 e 4, c.c.); se il primo matrimonio è annullato, il secondo, contratto in violazione dell'art. 86 c.c., diviene valido in forza dell'efficacia retroattiva dell'annullamento; la stessa finalità conservativa andrebbe valorizzata anche in caso di scioglimento del primo matrimonio per divorzio.

b) *Parentela, affinità e adozione.*

I rapporti di parentela, affinità e adozione danno luogo ad altri impedimenti al matrimonio di ordine pubblico. Diverse e complementari sono le *rationes* che

---

[22] Cass., n. 629/1979 e Cass., n. 4567/1978.

ne costituiscono il fondamento: eugenetiche e di tutela della salute del nato quanto agli ascendenti e discendenti in linea retta (art. 87 n. 1 c.c.) e ai fratelli e sorelle germani, consanguinei o uterini (art. 87 n. 2 c.c.); attinenti alla moralità e alla «convenienza sociale», nonché alla necessità di non creare turbamenti e rotture nelle relazioni familiari quanto all'affinità in linea retta e in linea collaterale (art. 87 nn. 4 e 5 c.c.). Anche le fattispecie di cui ai nn. 6, 7, 8 e 9 esprimono una ragione morale che esige l'impedimento a contrarre matrimonio.

In altri termini si delinea e si favorisce un più alto livello di civiltà quanto alla concezione di famiglia attraverso gli impedimenti di cui all'art. 87 c.c. Questi si distinguono in assoluti (*id est* non dispensabili) e dispensabili.

Appartengono al primo tipo, la parentela in linea retta all'infinito e in linea collaterale fino al secondo grado (fratelli e sorelle) e anche l'affinità in linea retta. A conferma della riprovazione del rapporto amoroso tra gli appartenenti a tali categorie vi è l'art. 564 c.p., che punisce con la reclusione da uno a cinque anni la condotta di incesto con pubblico scandalo «con un discendente o un ascendente, o con un affine in linea retta, ovvero con una sorella o un fratello».

Rientrano nel secondo tipo – impedimenti dispensabili – i casi di cui ai nn. 3 (zio e nipote, zia e nipote), 4 (affinità in linea retta quando l'affinità deriva da matrimonio dichiarato nullo, cfr. art. 87, co. 2, c.c.) e 5 (affini in linea collaterale in secondo grado, ossia i cognati) dell'art. 87 c.c.

Quanto agli impedimenti previsti dai nn. 6-9, il discorso è più articolato, oltre a sollevare alcuni dubbi interpretativi. Anzitutto essi non si riferiscono all'adozione piena del minorenne (artt. 6-28, l. n. 184/1983), poiché l'adottato «acquista lo stato di figlio nato nel matrimonio degli adottanti» (art. 27, co. 1, l. n. 184/1983) o, più esattamente, lo stato unico di figlio (art. 315 c.c.), e vede cessare «i rapporti verso la famiglia di origine, salvi i divieti matrimoniali». Quindi, a tale tipo di adozione, si applicano i nn. 1-3 dell'art. 87 c.c.

Ne consegue che gli impedimenti di cui ai nn. 6-9 si riferiscono certamente all'adozione dei maggiorenni (artt. 291 ss. c.c.), la quale produce effetti diversi dall'adozione piena: «non induce alcun rapporto civile tra l'adottante e la famiglia dell'adottato né tra l'adottato e i parenti dell'adottante, salve le eccezioni stabilite dalla legge». Quest'ultima frase andrebbe allora riferita proprio ai nn. 6-9 dell'art. 87; pertanto, sebbene non vi sia vincolo di consanguineità, non possono contrarre matrimonio l'adottante e l'adottato, né l'adottante e i discendenti di quest'ultimo (n. 6) e parimenti vale tra i figli adottivi della stesa persona (n. 7).

Quanto all'adozione in casi particolari – ulteriore tipo di adozione (artt. 44 ss., l. n. 184/1983) – la soluzione su quali siano gli impedimenti ad essa applicabili dipende dalla tesi che si ritenga di accogliere sugli effetti scaturenti in punto di parentela. Secondo una prima tesi (F. Prosperi) l'introduzione del principio della unicità dello stato di figlio esigerebbe di riferire l'espressione «figlio adottivo» di cui all'art. 74 c.c. all'adozione in casi particolari, con conseguente abrogazione tacita del rinvio all'art. 300 c.c. contenuto nell'art. 55, legge n. 184/1983. Se così è, l'adottato in casi particolari, acquisendo rapporti di parentela con la famiglia dell'adottante, si vedrebbe applicare i nn. 1-3 dell'art. 87 c.c.

Un'altra tesi (M. Sesta) conclude, invece, che il predetto rinvio all'art. 300 c.c. non sia stato abrogato. Pertanto, posto che l'adottato non acquisterebbe alcun rapporto civile con la famiglia dell'adottante, si applicano i nn. 6-9 dell'art. 87 c.c.

Su queste contrapposte opinioni ha preso posizione il Tribunale per i minorenni di Bologna[23], il quale ha disposto non solo l'adozione in casi particolari della figlia della partner (*step child adoption*), ma anche l'istituzione del *rapporto di fratellanza* con i figli dell'adottante, dimostrando così di ritenere tacitamente abrogato, almeno in parte, l'art. 300 c.c. In questo caso si applicherà il n. 2 dell'art. 87 c.c.

Gli impedimenti di cui ai nn. 6-9 dell'art. 87 c.c. non sono dispensabili, il che ha fatto dubitare della legittimità costituzionale di tale regola sotto il profilo di un'eccessiva limitazione della libertà matrimoniale (C.M. Bianca).

La dispensa consiste in un'autorizzazione a contrarre il matrimonio pronunciata dal tribunale ordinario con decreto emesso in camera di consiglio, su ricorso presentato da entrambi (tesi preferibile) i nubendi, sentito il pubblico ministero. Contro il decreto è ammesso reclamo in Corte d'Appello (l'art. 87, co. 4 richiama l'art. 84 e, nella specie, il co. 4, c.c.).

Si discute, stante il silenzio dell'art. 87, co. 2, c.c., dei criteri che dovrebbero guidare il giudice nel decidere sull'autorizzazione. Non persuade né la tesi che riconosce un potere discrezionale all'organo giudicante (G. Tamburrino), né la tesi secondo cui il giudice sarebbe sempre tenuto ad autorizzare il matrimonio a fronte di una delle ipotesi previste dalla legge (A. e M. Finocchiaro). La prima si espone all'obiezione di incidere fortemente sul diritto di contrarre matrimonio, la seconda di svalutare le ragioni dell'impedimento.

Il tribunale dovrà verificare che l'autorizzazione, ove concessa, non contrasti proprio con tali ragioni. Ciò potrebbe accadere a fronte dell'età avanzata degli sposi, dell'ignoranza del legame di consanguineità o di affinità fino alla scelta di sposarsi, dell'opportunità di tutelare figli già nati (sebbene il loro stato sia unico) o, ancora, della mancanza nei parenti e affini di alcun turbamento che scuota la famiglia.

c) *Delitto.*

Al tempo dell'indissolubilità del matrimonio – cioè prima della legge n. 898/1970 – vi era la preoccupazione che una tale regola potesse favorire l'uccisione di un coniuge al fine di poterne sposare l'altro a seguito dello scioglimento

---

[23] Trib. per i minorenni Bologna, 25.6.2020.

del matrimonio per morte. Così l'art. 88 c.c., rubricato «Delitto», stabilisce che non possono sposarsi tra loro «le persone delle quali l'una è stata condannata per *omicidio consumato* o *tentato* sul coniuge dell'altra».

L'introduzione del divorzio ha reso improbabile la fattispecie legale del delitto, tuttavia quest'ultima conserva ancora la propria giustificazione, poiché è senz'altro riprovevole la condotta di chi, per sposare una persona, uccida o tenti di uccidere il suo consorte.

Vi è una ragione di ordine pubblico che ha indotto a escludere la capacità matrimoniale in capo a chi abbia commesso questi delitti al fine di sposare la vedova o il vedovo. Ne consegue l'inderogabilità dell'impedimento e la nullità radicale del matrimonio in caso di sua violazione.

Ai fini dell'applicabilità dell'art. 88 c.c. non rileva il momento in cui è sorto il desiderio di sposare il coniuge della vittima: se prima o dopo la commissione del reato. Sostenendo la necessaria anteriorità al reato, si indebolirebbe la finalità dell'impedimento matrimoniale di dissuadere in ogni caso dall'intento soppressivo della vita altrui. Tra l'altro un'indagine psicologica di questo tipo difficilmente fornirebbe un esito certo.

La disposizione in esame menziona solo l'omicidio e il tentato omicidio. L'impedimento derivante da quest'ultimo opera se il coniuge con il quale si intendeva contrarre matrimonio riacquisti lo stato libero a causa del divorzio o del decesso del consorte.

Occorre una sentenza passata in giudicato di condanna per omicidio volontario o tentato omicidio (art. 56 c.p.). In ossequio al principio di presunzione di innocenza (art. 27 Cost.), in mancanza di una condanna definitiva l'impedimento non è operativo. Tuttavia, a fronte del rinvio a giudizio o dell'ordine di «cattura» (*rectius*: custodia cautelare in carcere), «si sospende la celebrazione del matrimonio fino a quando non è pronunciata sentenza di proscioglimento». La sospensione deve essere disposta dal tribunale ordinario (art. 38 disp. att. c.c.) su richiesta del p.m. e con applicazione della disciplina delle opposizioni.

Secondo la dottrina (G. Bonilini e altri), l'impedimento non opera in caso di omicidio colposo o preterintenzionale (art. 43 c.p.). In tali fattispecie criminose, mancando la volontà di uccidere, la quale dà luogo al disvalore che costituisce la ragione dell'art. 88 c.c., non troverebbe giustificazione la perdita della capacità matrimoniale. Si fa leva anche sulla natura penale e comunque sul carattere eccezionale dell'art. 88 c.c. Di conseguenza dovrebbe escludersi l'impedimento del delitto anche in caso di istigazione o aiuto al suicidio (art. 580 c.p.).

Non è appagante evocare la natura penalistica o eccezionale piuttosto che la *ratio* dell'art. 88 c.c. Se è immorale consentire a chi abbia ucciso una persona coniugata di sposarne la vedova o il vedovo, parimenti deve valere a carico di chi abbia fatto maturare in un coniuge il desiderio di togliersi la vita (concorso morale) o l'abbia agevolato nell'esecuzione del proposito suicidario (concorsi materiale). Del resto, la dottrina reputa applicabile l'art. 88 c.c. anche alla fattispecie dell'omicidio del consenziente (art. 579 c.p.). Non si vede perché giungere a una soluzione diversa nelle due fattispecie di reato.

Sempre argomentando in base alla *ratio* dell'art. 88 c.c., non convince negare l'impedimento qualora, pur emersa dalle risultanze processuali la responsabilità dell'imputato, non si giunga alla sentenza di condanna, come nei casi di amnistia, indulto, prescrizione del reato ed estinzione del processo. Diversamente vi sarebbe l'impedimento del delitto qualora l'amnistia, l'indulto o la grazia siano intervenute dopo la condanna. Ciò in quanto questi strumenti influenzano l'esecuzione della pena ed eventualmente della pena accessoria, ma non gli effetti civili e penali della condanna medesima.

10. *Il divieto temporaneo di nuove nozze.*

L'art. 89 c.c., un tempo rubricato «lutto vedovile» quando il matrimonio si scioglieva solo per morte, disciplina dal 1975 il «divieto temporaneo di nuove nozze». Si prevede che la donna non possa contrarre matrimonio «se non dopo trecento giorni dallo scioglimento, dall'annullamento o dalla cessazione degli effetti civili del precedente matrimonio».

La giustificazione di tale divieto è ravvista, tradizionalmente, nella necessità di evitare un'attribuzione erronea della paternità (*confusio sanguinis*). Se si consentisse alla vedova di risposarsi subito dopo lo scioglimento del matrimonio e dopo pochi giorni nascesse un figlio opererebbe la presunzione di paternità nei confronti del secondo marito (art. 231 c.c.), nell'incertezza però che il padre sia il primo marito. La prescrizione normativa, imponendo l'attesa di trecento giorni dagli eventi previsti, consente di attribuire correttamente la paternità.

È stato rilevato come oggi all'incertezza dell'attribuzione della paternità si sopperisce con tecniche attendibili di accertamento della vera paternità. Ciò, tuttavia, non sembra eliminare la perdurante giustificazione dell'art. 89 c.c.: impedire una falsa presunzione di paternità che non venga contestata da nessuno dei legittimati all'esercizio dell'azione di disconoscimento della paternità.

È stato altresì constatato il mancato coordinamento tra l'art. 89 c.c. e l'art. 232, co. 2, c.c., introdotto dalla riforma del diritto di famiglia del 1975, che esclude la presunzione di concepimento durante il matrimonio decorsi trecento giorni «dalla pronuncia di separazione giudiziale o dalla omologazione, ovvero dalla data di comparizione dei coniugi avanti al giudice quando gli stessi sono stati autorizzati a vivere separatamente (...)». Ciò determinerebbe un trattamento ingiustificato della donna, la quale sarebbe costretta, in diversi casi, ad attendere i trecento giorni *ex* art. 89 c.c. pur non operando più la presunzione di paternità di cui all'art. 231, co. 1, c.c.

Così la dottrina ha proposto, per evitare dubbi di illegittimità costituzionale dell'art. 89 c.c. per ingiustificata disparità di trattamento, di ritenere inoperante tale articolo (o comunque applicabile la dispensa ai sensi del comma 2) tutte le volte in cui non vi sia incertezza sull'attribuzione della paternità (ad es. quando siano decorsi trecento giorni dalla data del provvedimento che autorizza i coniugi a vivere separati nella more di un procedimento di divorzio o di annullamento del matrimonio, oppure quando la donna arrivi già in cinta allo scioglimento del matrimonio o ancora quando il marito sia morto durante una detenzione protrattasi ininterrottamente nei trecento giorni precedenti il decesso).

L'art. 89 c.c., al comma 2, considera solo alcuni casi in cui il dubbio sulla paternità non ha ragion d'essere. Si tratta dei casi di esclusione del divieto: quando lo scioglimento o la cessazione degli effetti civili del matrimonio siano stati pronunciati ai sensi dell'art. 3, n. 2, lett. b) (sentenza di separazione giudiziale passata in giudicato o decreto di omologa della separazione consensuale) ed f) (matrimonio non consumato) della legge n. 898/1970; se il matrimonio è stato dichiarato nullo «per impotenza, anche soltanto di generare, di uno dei coniugi».

Va precisato che, con la riforma del 1975, l'impotenza non è più autonoma causa di invalidità del matrimonio, ma ragione di impugnazione dello stesso secondo la disciplina dell'errore su qualità personali dell'altro coniuge (art. 122, co. 2, c.c.). Di conseguenza l'ufficiale dello stato civile dovrà valutare non solo il dispositivo della sentenza di annullamento del matrimonio per impotenza (condizione, questa, che rientra nella «malattia fisica» o «anomalia sessuale» dell'art. 122, co. 2, c.c.) in modo da rifiutare le pubblicazioni richieste prima del termine *ex* art. 89 c.c. qualora dovessero emergere rapporti sessuali nonostante l'impotenza.

Il divieto di nuove nozze cessa anche perché viene meno l'incertezza sull'attribuzione della paternità, «dal giorno in cui la gravidanza è terminata» (art. 89, co. 3, c.c.) per il parto o per l'aborto. Secondo la tesi preferibile, l'accertamento di tale circostanza può essere verificato dall'ufficiale dello stato civile sulla base delle certificazioni sanitarie rilasciate dall'autorità sanitaria. La dottrina maggioritaria propende, invece, per il necessario intervento del tribunale, il quale, effettuato l'accertamento, autorizzerà se del caso il matrimonio.

Vi sono, inoltre, casi in cui il divieto di nuove nozze non opera in forza di un'autorizzazione a contrarre matrimonio disposta dal tribunale. Si tratta di una dispensa concessa quando: vi è l'inequivoca esclusione dello stato di gravidanza; risulta da una sentenza passata in giudicato che «il marito non ha convissuto con la moglie nei trecento giorni precedenti lo scioglimento, l'annullamento o la cessazione degli effetti civili del matrimonio». Quindi sulla mancata convivenza occorre che si sia formato un giudicato implicito, nel senso che essa deve essere stata il presupposto necessario e imprescindibile della sentenza (ad es. in un procedimento di disconoscimento della paternità).

La procedura per ottenere la dispensa è quella disciplinata dall'art. 84, commi 4, 5 e 6 e dall'art. 87, comma 5 (art. 89, co. 3, c.c.).

La violazione del divieto temporaneo di nuove nozze comporta non già l'invalidità del matrimonio, ma l'applicazione di un'esigua sanzione amministrativa pecuniaria a carico della donna che ha contratto matrimonio, dell'ufficiale dello stato civile che lo ha celebrato e dell'altro coniuge (art. 140 c.c.).

11. *Il procedimento di formazione del matrimonio: atto, consenso e rapporto.*

Il matrimonio viene ad esistenza all'esito di un procedimento scandito in più fasi: pubblicazione, celebrazione e documentazione. Ciascuna di queste ha una propria finalità.

La pubblicazione è volta a far emergere eventuali impedimenti o ragioni che determinate persone possono sollevare al fine di impedire il matrimonio.

La celebrazione è finalizzata a formalizzare il consenso degli sposi attraverso l'intervento dell'ufficiale dello stato civile e a renderli consapevoli dei doveri derivanti dal matrimonio che ne costituiscono l'architrave.

La documentazione è funzionale, invece, a provare l'esistenza del coniugio e ad informare i consociati che sussiste un tale vincolo. Non è un elemento indefettibile del matrimonio, potendo anche mancare ed essere sostituito, a fini probatori, dal possesso di stato.

Certo, la volontà dei nubendi non è sufficiente alla creazione del matrimonio, occorrendo che un organo dello Stato riconosca la formazione del negozio matrimoniale nell'interesse della pubblica certezza dello *status* di coniuge (G. Bonilini). Si può replicare che la figura dell'ufficiale dello stato civile non è assolutamente indispensabile, posto che la legge, attraverso una finzione, salva il matrimonio celebrato davanti a chi non aveva tale qualifica (art. 113 c.c.) o commina solo una sanzione penale pecuniaria a carico dell'ufficiale di stato civile incompetente, ferma restando la validità del matrimonio (art. 137 c.c.).

È la volontà dei coniugi l'elemento che fonda e preserva il matrimonio, ossia l'intenzione di vivere come coniugi (*affectio maritalis*). L'art. 131 c.c. stabilisce che «il possesso di stato, *conforme* all'atto di celebrazione del matrimonio, sana ogni difetto di forma». Il possesso di stato, inteso quale insieme di fatti che nel complesso indicano l'esistenza del vincolo coniugale (o della filiazione ai sensi degli artt. 236 ss. c.c.), sorregge e integra l'atto di nascita irregolare, sanandone ogni difetto di forma; come, ad esempio, la mancanza nell'atto di celebrazione della dichiarazione dell'ufficiale dello stato civile che le parti sono unite in matrimonio (art. 107 c.c.).

Deve essere respinta la tesi secondo cui tale dichiarazione dell'officiante è requisito non già di validità ma di esistenza dell'atto di celebrazione, il quale, di conseguenza, sarebbe insanabile con il possesso di stato. Ciò non tanto per il tenore letterale dell'art. 131 – «sana ogni difetto di forma» – ma per il ruolo di spicco che assume la volontà concorde dei coniugi nel proseguire un matrimonio invalido determinandone la sanatoria.

Diversi sono i riferimenti normativi a sostegno. Non solo i già richiamati artt. 113 e 137 c.c., ma anche l'art. 111, co. 4, c.c., il quale, con riguardo al matrimonio per procura, prevede che la coabitazione elimina «gli effetti della revoca della procura, ignorata dall'altro coniuge al momento della celebrazione». In quest'ultima fattispecie la volontà di coabitare come coniugi supera l'invalidità del matrimonio derivante dalla revoca della procura, ponendosi quale elemento costitutivo dello stesso.

Il rilievo della coabitazione in funzione sanante – preclusivo dell'azione – è decisamente diffuso nella regolamentazione delle invalidità del matrimonio con riguardo ad esempio all'interdizione (art. 119, co. 2, c.c.), all'incapacità naturale (art. 120, co. 2, c.c.), alla simulazione (art. 123 c.c.) e ai vizi del consenso (art. 122, ult. co., c.c.). Per coabitazione deve intendersi non già la semplice convivenza sotto lo stesso tetto, ma il ripristino della comunione materiale e spirituale, la quale rappresenta l'essenza del matrimonio; solo un tale fatto dà luogo a quella comunione sanante cui allude, con maggiore chiarezza, l'art. 123, co. 2, c.c. utilizzando l'espressione «convissuto come coniugi».

Va rilevato che la volontà e il consenso a vivere come marito e moglie sono decisivi non solo in sede di costituzione del matrimonio, prevalendo sull'atto, ma anche durante la vita matrimoniale (art. 144 c.c.) e nella fase della crisi coniugale. Quest'ultima è governata dall'accordo, come dimostrano gli istituti della separazione consensuale (art. 158 c.c.), della riconciliazione (artt. 154 e 157 c.c.), del divorzio su domanda congiunta e della negoziazione assistita. La quale consiste in un procedimento volto a definire la crisi coniugale, gestito dagli avvocati senza l'intervento del giudice, caratterizzato da un controllo solo formale in mancanza di certe categorie di figli da parte del Procuratore della Repubblica presso il tribunale competente (art. 6, d.l. n. 132/2014 con modificazioni in l. n. 162/2014).

Un illustre studioso ha giustamente rilevato come il consenso sia l'elemento che giustifica il matrimonio, ne regola lo svolgimento e la fine (V. Scalisi). Opinando diversamente si determinerebbe una tensione, com'è avvenuto in passato prima dell'introduzione del divorzio, tra il *favor* per lo sviluppo della personalità umana, ciò che postula la libertà di scegliere, e la linea di politica del diritto – che non c'è più – volta a utilizzare il matrimonio come strumento di controllo e indirizzamento delle persone.

Va ammesso, quindi, che l'atto di matrimonio sia stato attratto nell'area di supremazia del consenso.

12. (Segue). *La pubblicazione.*

La pubblicazione della futura celebrazione del matrimonio è l'atto di avvio del procedimento di formazione del matrimonio. Essa è richiesta all'ufficiale dello stato civile «del comune dove uno degli sposi ha la residenza ed è fatta nei comuni di residenza degli sposi» (art. 94 c.c.), su richiesta di «ambedue gli sposi o da persona che ne ha da essi ricevuto speciale incarico» (art. 96 c.c.).

Ha una finalità composita: avvertire i consociati o più esattamente una determinata cerchia di persone – quelle che sono legittimate a fare opposizione al matrimonio – delle prossime nozze; consentire all'ufficiale dello stato di civile di verificare che non vi siano impedimenti al matrimonio; attribuire ai coniugi un ulteriore periodo di riflessione, posto che la richiesta di pubblicazione integra promessa di matrimonio (art. 81, co. 1, c.c.).

In definitiva, la pubblicazione intende informare ed evitare l'invalidità del matrimonio. Difatti chi la richiede deve dichiarare diversi elementi tra cui la libertà di stato degli sposi, l'assenza di impedimenti quali la parentela, l'affinità, l'adozione, l'interdizione (art. 85 c.c.) o il delitto [(art. 88 c.c.) art. 51, d.P.R. n. 396/2000].

Si tratta, comunque, di una *pubblicità notizia*, la cui mancanza non incide sulla validità del matrimonio, determinando solo un'irregolarità punita con una sanzione pecuniaria amministrativa a carico degli sposi e dell'ufficiale dello stato civile (art. 134 c.c.).

Il matrimonio non può essere celebrato «prima del quarto giorno dopo compiuta la pubblicazione» (art. 99, co. 1, c.c.). Oltre questo termine iniziale, vi è anche un termine finale entro cui sposarsi, pena l'inefficacia della pubblicazione la quale, trascorsi cent'ottanta giorni senza celebrazione del matrimonio, deve essere ripetuta (art. 99, co. 2, c.c.).

Quanto agli spazi per le pubblicazioni, prima della legge n. 69/2009 (su semplificazione, sviluppo economico e competitività), l'atto di pubblicazione restava affisso presso la porta della casa comunale almeno per otto giorni (art. 55, co. 3, d.P.R. n. 396/200). Invece, in applicazione dell'art. 32 di tale legge, a far data dal 1° gennaio 2010, l'amministrazione assolve ai propri obblighi di pubblicazione di atti e provvedimenti amministrativi aventi effetto di pubblicità legale nei propri siti informatici (c.d. albo pretorio digitale).

Si consideri che in forza del combinato disposto dell'art. 55, co. 3, d.P.R. n. 396/2000 e dell'art. 99, co. 1, c.c., il matrimonio non può essere celebrato prima del decorso di 11 giorni dalla pubblicazione.

Se sussistono gravi motivi, il tribunale, su istanza degli interessati e sentito il pubblico ministero, può ridurre il termine della pubblicazione (art. 100, co. 1, c.c.) e, per «cause gravissime», ometterla purché gli sposi dichiarino davanti al cancelliere sotto la propria responsabilità «che nessuno degli impedimenti stabiliti dagli artt. 85, 86, 87, 88 e 89 si oppone al matrimonio» (art. 100, co. 2, c.c.). Integra una causa gravissima giustificativa della mancata pubblicazione la sottoposizione dei nubendi alle «misure di protezione» previste per i familiari dei c.d. «collaboratori di giustizia».

Ai sensi dell'art. 58, d.P.R. n. 396/2000, a fronte dell'autorizzazione giudiziale – di competenza, secondo la tesi prevalente, del Tribunale nella cui circoscrizione è il comune di residenza dei nubendi, o di uno di essi ove risiedano in comuni diversi, appartenenti a diverse circoscrizioni – a omettere la pubblicazione, «gli sposi, per essere ammessi alla celebrazione del matrimonio, devono presentare all'ufficiale dello stato civile il provvedimento di autorizzazione previsto dall'art. 52, comma 1, e rendere la dichiarazione di cui all'art. 51, comma 1».

Un altro caso in cui si prevede l'omissione della pubblicazione è quello del matrimonio in imminente pericolo di vita (art. 101 c.c.). Si tratta di una fattispecie diversa da quella di cui all'art. 100, co. 2, c.c., sia perché manca la preventiva autorizzazione giudiziale – spetta, infatti, all'ufficiale dello stato civile valutare la serietà e l'imminenza del pericolo di vita del nubendo o di entrambi – sia per la maggiore gravità del presupposto oggettivo che impone una celebrazione più rapida rispetto a quella prevista dall'art. 100, co. 2, c.c.

La pubblicazione – come notavamo – consente un controllo preventivo da parte dell'ufficiale dello stato civile di validità del matrimonio che si andrà a celebrare. Egli, qualora emergano motivi tali da giustificare il rifiuto della pubblicazione, rilascia un certificato con i motivi del rifiuto (art. 98, co. 1, c.c.). Il rifiuto persegue due interessi pubblici: da un lato previene la celebrazione di un matrimonio invalido evitando fattispecie qualificate negativamente dall'ordinamento, dall'altro, garantisce il regolare svolgimento del procedimento formativo.

I motivi sono la presenza di impedimenti non dispensabili o dispensabili ma non dispensati, ovvero, con riguardo all'*iter* procedimentale, l'esistenza di un difetto nella procura risultante da scrittura privata autenticata a favore dell'incaricato che chieda la pubblicazione per conto dei nubendi (art. 96 c.c.), oppure ancora l'incompletezza, la contraddittorietà o falsità delle dichiarazioni e/o della documentazione necessari ai sensi degli artt. 51 e 52, d.P.R. n. 396/2000.

La Cassazione, sulla scorta di una sentenza della Corte costituzionale[24], ha ammesso la legittimità del rifiuto dell'ufficiale dello stato civile di procedere alla pubblicazione del matrimonio tra persone dello stesso sesso[25], posto che, sebbene non vi sia un divieto espresso in tal senso, si deve ammettere che da diverse disposizioni del codice civile, interpretate sistematicamente, emerga chiaramente che il matrimonio è riservato alle coppie eterosessuali.

Il rifiuto può essere avversato mediante ricorso al Tribunale ordinario, anche se uno o entrambi gli sposi siano minorenni, del luogo ove ha sede l'ufficiale dello stato civile. Contro il decreto del Tribunale, secondo la dottrina, è ammesso reclamo alla Corte d'Appello, avverso il provvedimento della quale non sa-

---

[24] Secondo la Corte cost., n. 138/2010, cit., il diritto fondamentale delle coppie omo-affettive di vivere liberamente una condizione di coppia non deve attuarsi attraverso la necessaria estensione ad esse del matrimonio. Pertanto è stata dichiarata inammissibile la questione di legittimità costituzionale degli artt. 93, 96, 98, 107, 108, 143, 143-*bis* e 156 c.c. i quali, letti unitariamente, non consentono alle coppie omosessuale di contrarre matrimonio.

[25] Cass., n. 2400/2015, cit.

rebbe ammesso ricorso in Cassazione, potendo i nubendi ripresentare la richiesta di pubblicazione una volta superati i motivi del rifiuto confermato dal giudice.

Il procedimento innanzi al tribunale è regolato dagli artt. 95 ss., d.P.R. n. 396/2000 che disciplinano la rettificazione di un atto dello stato civile; tra i diversi atti previsti dall'art. 95 viene in rilievo l'opposizione al rifiuto dell'ufficiale dello stato civile di ricevere una dichiarazione e di eseguire un certo «adempimento» qual è la pubblicazione.

13. (Segue). *Le opposizioni.*

La disciplina delle opposizioni al matrimonio esprime un certo equilibrio tra l'interesse generale al rispetto dei principi di ordine pubblico del matrimonio e il diritto dei nubendi di sposarsi.

Questo equilibrio emerge dall'art. 102 c.c. che indica, tra le persone legittimate a fare opposizione, non tutti i consociati ma solo taluni membri della cerchia familiare e il pubblico ministero.

Figurano più esattamente nell'articolato normativo: 1) i genitori e, in loro mancanza, gli altri ascendenti e i collaterali entro il terzo grado; 2) il tutore o il curatore se uno degli sposi è soggetto a tutela o a curatela. Si deve aggiungere anche la figura dell'amministratore di sostegno qualora nel decreto di nomina o in un successivo provvedimento gli sia stato attribuito il potere di fare opposizione al matrimonio del beneficiario; 3) il coniuge della persona che vuole contrarre matrimonio, al fine di far valere la mancanza della libertà di stato del consorte; 4) i parenti del precedente marito se il matrimonio è stato sciolto o dichiarato nullo, al fine di evitare la violazione dell'art. 89 c.c.; 5) il pubblico ministero.

Qualunque altro soggetto diverso da questi che conosca un impedimento al matrimonio, pur non essendo legittimato all'opposizione, può richiamare l'attenzione del pubblico ministero, il quale svolgerà una funzione di filtro delle segnalazioni; ove egli le ritenga attendibili «deve sempre fare opposizione al matrimonio». Naturalmente, anche chi è legittimato all'opposizione, qualora preferisca non agire, può stimolare il pubblico ministero.

L'ufficiale dello stato civile non ha il potere di opporsi al matrimonio ma, qualora egli si accorga di un impedimento non dichiarato dai nubendi, «deve immediatamente informare il procuratore della Repubblica affinché questi possa proporre opposizione al matrimonio» (art. 59, d.P.R. n. 396/2000).

Si discute sulle *cause dell'opposizione al matrimonio*. Si noti che mentre i genitori e gli altri soggetti indicati nel comma 1 dell'art. 102 c.c. possono proporre opposizione «per qualunque causa che osti alla sua celebrazione», il pubblico ministero, ai sensi del comma 5, deve opporsi se vi osta un «impedimento». Ora, nonostante la genericità del sintagma «qualunque causa», la dottrina maggioritaria ne offre un'interpretazione restrittiva, riferendola soltanto agli impedimenti di cui agli artt. 84-89 c.c. (G. Ferrando).

Altra dottrina più risalente (A.C. Jemolo) ne prospetta, invece, un'accezione più ampia nel senso di ricomprendere anche le cause di invalidità di cui agli artt. 120-123 c.c. Questa tesi favorirebbe eccessivamente la nullità; una nullità senza ragione o quanto meno disinvolta. I vizi del consenso, ad esempio, non sono deducibili se non persistono fino alla celebrazione; inoltre la coabitazione, che ha un effetto sanante dell'invalidità (art. 122, ult. co., c.c.), sarebbe preclusa *ad origine* dall'opposizione. Si aggiunga che i soggetti legittimati all'opposizione sono in numero superiore rispetto ai titolari dell'azione di annullamento del matrimonio per vizi del consenso; con la conseguenza che si attribuirebbe ai familiari il potere di sospendere il matrimonio per ragioni pretestuose e comunque non rispondenti alla volontà dei nubendi, la quale può mutare con la coabitazione come coniugi, sanando il vizio.

Vi è incertezza anche sul se l'infermità di mente, non accertata da una sentenza di interdizione né oggetto di procedimento pendente, possa costituire motivo di opposizione. Alcuni hanno risposto positivamente, considerando l'infermità mentale di per sé quale causa di opposizione, anche in ossequio alla Relazione della Commissione Reale (L. Barbiera). Altri, invece, più correttamente, hanno ritenuto necessaria la pronuncia di interdizione o l'essere stata già presentata la relativa istanza affinché il pubblico ministero possa chiedere la sospensione del matrimonio [(art. 85 c.c.), A.M. Benedetti]. Un argomento a sostegno è tratto dalla seconda fattispecie dell'art. 102, co. 5, c.c. in cui si consente al pubblico ministero di fare opposizione ove gli consti «l'infermità mentale di uno degli sposi, nei confronti del quale, a causa dell'età, non possa essere promossa l'interdizione». Il riferimento è al minorenne che non si trovi nell'ultimo anno della minore età (art. 416 c.c.).

Quest'ultima disposizione viene ritenuta di carattere eccezionale; il che è plausibile rispetto al diritto fondamentale di contrarre matrimonio (art. 2 Cost. e art. 9 CDFUE), comprimibile solo a fronte di un'accertata incapacità totale di comprenderne il significato e gli effetti.

È interessante notare come l'introduzione dell'amministrazione di sostegno e del principio della minore limitazione possibile della capacità di agire (art. 1, l. n. 6/2004) abbia rafforzato la consapevolezza che l'esercizio dei diritti fondamentali non postula una piena capacità di intendere e di volere. È sufficiente comprendere il significato dell'atto che si intenda compiere. Oltre al matrimonio si pensi alla donazione, atti questi con riguardo ai quali il giudice tutelare deve valutare, con grande cautela, se estendere al beneficiario l'art. 85 e l'art. 774 c.c. in applicazione dei poteri riconosciutigli dall'art. 411, ult. co., c.c.

14. (Segue). *Atto di opposizione.*

La disciplina dell'atto di opposizione è contenuta nell'art. 103 c.c. e negli artt. 59-62, d.P.R. n. 396/2000.

L'atto di opposizione deve essere proposto con ricorso al presidente del Tribunale del luogo dove è stata eseguita la pubblicazione (art. 59, co. 2, d.P.R. cit.). Esso deve contenere l'indicazione della qualità che attribuisce all'opponente il diritto di proporla, le cause dell'opposizione e l'elezione di domicilio nel comune dove siede il tribunale nel cui territorio si deve celebrare il matrimonio (art. 103 c.c.).

Questi elementi sono funzionali a evitare il più possibile opposizioni pretestuose che, in quanto tali, ledono la libertà matrimoniale. E anche la disciplina della sospensione del matrimonio, disposta dal presidente del Tribunale «ove ne sussista l'opportunità», si pone in quest'ottica essendo subordinata a due condizioni: 1) che l'opposizione sia stata proposta da chi ne ha facoltà; 2) che vi sia una causa ammessa dalla legge (art. 60, d.P.R. cit.). Si è passati da un regime giuridico in cui la sospensione era di competenza dell'ufficiale dello stato civile, il quale la disponeva in funzione cautelare in attesa delle determinazioni del pubblico ministero, a quello attuale, frutto della riforma introdotta dal nuovo Ordinamento dello stato civile, in cui il provvedimento *de quo* è conseguente a una valutazione caso per caso operata dal presidente del Tribunale.

Non vi è un termine perentorio entro cui proporre opposizione; è sufficiente che questa venga proposta prima della celebrazione del matrimonio, anche se «è trascorso il termine durante il quale l'atto di pubblicazione deve rimanere affisso» (art. 60, d.P.R. cit.).

Il presidente del Tribunale fissa con decreto un termine per la comparizione delle parti davanti al collegio compreso tra i tre e i dieci giorni dalla data di presentazione del ricorso e «dispone che ricorso e decreto siano comunicati al procuratore della Repubblica e siano notificati, a cura del ricorrente, entro il giorno precedente a quello fissato per la comparizione, ai nubendi, all'ufficiale dello stato civile del comune nel quale il matrimonio deve essere celebrato o a quello che ha rilasciato l'autorizzazione o il nulla osta per la celebrazione del matrimonio davanti a un ministro del culto» (art. 59, co. 2, d.P.R. cit.).

La fase istruttoria è semplificata: vengono sentite le parti «e acquisiti senza particolari formalità gli elementi del caso». Quindi il Tribunale decide «con decreto motivato avente efficacia immediata, indipendentemente dall'eventuale reclamo» (art. 59, co. 3, d.P.R. cit.). È stato osservato che, data l'incidenza del pronunciamento di secondo grado su un diritto fondamentale, debba ammettersi il ricorso straordinario per Cassazione (A. Renda).

Il procedimento è governato dalle disposizioni comuni ai procedimenti in camera di consiglio (artt. 737 c.p.c.). Sull'opponente grava l'onere di provare la specifica causa ostativa del matrimonio e il giudice può assumere informazioni ai sensi dell'art. 738, co. 3, c.p.c.: un potere, questo, piuttosto ampio da indirizzare in plurime direzioni.

Parti necessarie del giudizio di opposizione sono l'opponente e il nubendo interessato dalla ragione impeditiva del matrimonio o entrambi gli sposi ove la ragione li accomuni. È obbligatorio l'intervento del pubblico ministero che non sia opponente (art. 70 c.p.c.).

Si noti che la notifica del ricorso di opposizione e del decreto di comparizione delle parti deve essere effettuata a cura del ricorrente, oltre che ai nubendi all'ufficiale dello stato civile non in quanto quest'ultimo sia parte del giudizio, ma per informarlo dell'esistenza dell'opposizione cosicché egli possa astenersi dalla celebrazione del matrimonio.

L'ufficiale dello stato civile che celebri il matrimonio nonostante il decreto sospensione emesso dal presidente del Tribunale ai sensi dell'art. 59, co. 3, d.P.R. n. 396/2000, ovvero nonostante che egli sia a conoscenza di un impedimento e abbia omesso di effettuare la comunicazione al procuratore della Repubblica di cui all'art. 59, co. 1, d.P.R. cit., verrà assoggetto alla sanzione di cui all'art. 136 c.c. Si applicherà naturalmente la disciplina dell'invalidità del matrimonio a seconda dell'impedimento accertato.

15. (Segue). *Effetti dell'opposizione.*

L'art. 104 c.c. detta una disposizione volta a disincentivare le opposizioni infondate, facendo scaturire dal decreto di rigetto il diritto di chiedere al ricorrente il risarcimento del danno. Più che di effetti dell'opposizione, viene in rilievo una fattispecie di effetti del suo mancato accoglimento.

Non tutti i legittimati ad agire in opposizione sono stati, tuttavia, sensibilizzati nei confronti di quest'azione: l'ascendente e il pubblico ministero che vedono respingersi il ricorso non possono essere convenuti con un'azione di danni. La ragione a fondamento di tali esclusioni sta nella presunzione che il genitore (o il nonno) abbia agito nell'interesse del figlio e il pubblico ministero della legge.

Si noti che in altre fattispecie il legislatore ha dettato una regola meno rigorosa qualora siano coinvolti i genitori o altri parenti (artt. 394, co. 3, c.c.; 411, co. 2; 596, co. 1; 777, co. 2). Ciononostante qualche autore ha criticato l'esenzione da responsabilità degli ascendenti, posto che, sovente, sono proprio questi ultimi ad essere contrari al matrimonio. Gli stessi genitori – si osserva – potrebbero servirsi dell'opposizione al solo fine di ottenere la sospensione del matrimonio (A.M. Benedetti).

Indubbiamente poiché anche gli ascendenti hanno la facoltà di ledere la libertà matrimoniale, come pure il pubblico ministero qualora eserciti superficialmente il suo potere, sembra contrario alla Costituzione escludere la risarcibilità dei danni cagionati da questi soggetti, almeno con riguardo al danno non patrimoniale (art. 2059 c.c.), risarcibile tutte le volte in cui sia stato leso un valore della persona costituzionalmente protetto.

Del resto la fattispecie risarcitoria di cui all'art. 104 c.c. non ha natura punitiva dell'abuso dell'opposizione; questa natura la si riscontra, invece, nella fattispecie di cui all'art. 96, ult. co., c.p.c. sull'abuso del processo. Nell'ambito matrimoniale, insomma, poteva avere senso limitare i soggetti punibili, ma non certo quanto al danno non patrimoniale in parola.

I danni cui si riferisce l'art. 104 c.c. sono anche quelli patrimoniali (art. 2043 c.c.), i quali dovranno essere provati dagli sposi. Verosimilmente, però, essi sussisteranno soltanto ove sia intervenuto il provvedimento di sospensione del matrimonio (si pensi ai costi di tutti gli eventi non fruiti a causa delle mancate nozze). In mancanza della sospensione e a fronte di una scelta prudenziale degli sposi di non contrarre un matrimonio invalido, non sono richiedibili i danni patrimoniali, applicandosi l'art. 1223 c.c. sull'interruzione del nesso causale tra opposizione e danno.

Il ragionamento non sembra ripetibile rispetto al danno non patrimoniale, il quale, nella voce del danno morale, sarebbe risarcibile per effetto dell'opposizione in sé a prescindere dalla sospensione. Un'opposizione risultata infondata crea quel turbamento dell'animo e quella sofferenza da reputarsi conseguenze risarcibili della lesione del diritto fondamentale di contrarre matrimonio.

16. (Segue). *La celebrazione del matrimonio tra consenso e atto.*

La celebrazione del matrimonio civile è connotata da più passaggi procedimentali in cui si susseguono atti di volontà dei nubendi e atti amministrativi. La questione che più interessa è quella di identificare l'elemento costitutivo del matrimonio; quello imprescindibile senza il quale non vi è unione coniugale.

Gli sposi, d'accordo tra loro, fissano la data del matrimonio, cui si correla l'obbligo dell'ufficiale dello stato civile di celebrare il matrimonio (art. 112 c.c.). Tale richiesta di celebrazione è a forma libera, potendo essere presentata anche oralmente. Essa costituisce un onere a carico degli sposi finalizzato ad attivare l'ufficiale dello stato civile.

Ai sensi dell'art. 107, co. 1, c.c., nel giorno stabilito dalle parti, l'ufficiale dello stato civile, alla presenza di due testimoni reperiti nella cerchia dei parenti o anche degli amici, «dà lettura agli sposi degli artt. 143, 144 e 147 c.c.». Il richiamo di questi tre articoli che, nel loro complesso, prevedono i diritti e i doveri matrimoniali, oltre a dare rilievo all'accordo tra i coniugi, esprime l'intento legislativo di far risaltare l'essenza del matrimonio. La quale emerge anche dall'art. 1, legge n. 898/1970 secondo cui l'oggetto dell'accertamento giudiziale dello scioglimento del matrimonio è l'impossibilità dei coniugi di mantenere o ricostruire «la comunione materiale e spirituale».

Si può affermare, quindi, che il matrimonio è una formazione sociale caratterizzata dalla fusione di due spiritualità, ossia di due realtà immateriali che rappresentano la parte più autentica della persona. Non solo: il matrimonio è connotato dalla parità dei coniugi, dalla reciproca solidarietà e centralità dell'uno rispetto alla vita dell'altro (dovere di fedeltà) e dalla regola del consenso quale fondamento del vivere insieme (art. 144 c.c.).

Non è un caso che solo dopo la lettura degli articoli sopra richiamati, gli sposi sono invitati dall'ufficiale dello stato civile, uno dopo l'altro, a dichiarare la loro volontà di prendersi rispettivamente in marito e moglie. Avvenute queste dichiarazioni, l'ufficiale dello stato civile pronuncia che gli sposi sono uniti in matrimonio e compila, senza soluzione di continuità, l'atto di matrimonio il cui contenuto è indicato dall'art. 64, d.P.R. n. 396/2000.

Si tende ad affermare in dottrina che il matrimonio è validamente perfezionato con tale dichiarazione del celebrante. Certo, se l'ufficiale si rifiutasse di dichiarare l'unione matrimoniale e non procedesse, come impone l'art. 107, co. 2, c.c., a compilare l'atto di matrimonio, il vincolo coniugale non sorgerebbe. Ma ciò non deve indurre a ritenere che la dichiarazione dell'ufficiale dello stato civile sia l'elemento costitutivo del matrimonio, mentre la dichiarazione degli sposi sia solo un mero presupposto del medesimo (così, invece, A. Cicu).

A sostegno di questa impostazione va richiamato sia l'art. 113 c.c. sul matrimonio esistente nonostante sia stato celebrato davanti a un ufficiale dello stato civile apparente, sia l'art. 137 c.c. sul matrimonio, parimenti valido, sebbene celebrato da un ufficiale incompetente. Ma c'è di più. In tutte le fasi del matrimonio emerge la preminenza del consenso dei coniugi: la fase della formazione del vincolo che ha visto, con la riforma del 1975, un ampliamento del rilievo dei vizi del consenso e della sanabilità del matrimonio invalido; la fase fisiologica del matrimonio imperniata sulla parità e sul consenso dei coniugi (artt. 143, co. 1, e 147 c.c.); la fase della crisi coniugale, dominata dagli accordi tra i coniugi, rilevanti anche se perfezionati al di fuori della giurisdizione tramite la negoziazione assistita.

Si deve, quindi, concludere che l'intervento statuale tramite la dichiarazione dell'ufficiale dello stato civile di cui all'art. 107, co. 1, c.c. abbia una funzione non già costitutiva ma certificativa o ricognitiva del matrimonio. Ciò non comporta che gli sposi non possano revocare la loro dichiarazione di prendersi rispettivamente in marito e moglie prima che sia intervenuta la dichiarazione dell'ufficiale dello stato civile. Rimane apicale il rilievo della volontà di sposarsi; solo si consente di revocarla fino a quando l'ufficiale non certifichi che il matrimonio si è perfezionato.

Vi sono anche altri elementi che confermano la prevalenza del consenso degli sposi rispetto alle regole procedimentali della celebrazione. Qualora l'ufficiale dello stato civile non dia lettura degli artt. 143, 144 e 147 c.c. o non siano intervenuti i testimoni (o siano questi incapaci), il matrimonio non è invalido, applicandosi soltanto sanzioni al celebrante, rispettivamente quelle previste dagli artt. 137 e 138 c.c.

Secondo la dottrina maggioritaria, la redazione dell'atto di matrimonio – in cui devono figurare, tra l'altro, i dati dei testimoni e la menzione dell'avvenuta lettura agli sposi dei precitati articoli – e la sua inserzione nei registri dello stato civile hanno lo scopo di costituire, rispetto ai terzi e non alle parti, la prova dell'avvenuta celebrazione del matrimonio; una prova contestabile solo attraverso la querela di falso.

17. (Segue). *Documentazione e prove della celebrazione del matrimonio. Il possesso di stato.*

La terza fase del procedimento di formazione del matrimonio è quella della documentazione di tutto quanto avvenuto prima della dichiarazione dell'ufficiale dello stato civile che gli sposi sono uniti in matrimonio; dichiarazione, questa, che costituisce l'accertamento pubblico solenne dell'avvenuta cerimonia. Il documento redatto successivamente, che è l'atto di matrimonio, costituisce la prova della celebrazione.

Il suo contenuto, come si diceva, è riportato dall'art. 64, d.P.R. n. 396/2000. Tra i diversi elementi figurano la data in cui è avvenuta la pubblicazione, gli estremi del decreto di autorizzazione al matrimonio in caso di impedimenti dispensabili (salvo il caso di cui all'art. 101 c.c.), la menzione dell'avvenuta lettura agli sposi degli artt. 143, 144 e 147 c.c., la dichiarazione degli sposi di volersi prendere rispettivamente in marito e moglie, la predetta dichiarazione dell'ufficiale dello stato civile, la dichiarazione, se del caso, di riconoscimento del figlio nato fuori del matrimonio e, eventualmente, la scelta del regime di separazione dei beni (altrimenti opera il regime patrimoniale legale costituito dalla comunione dei beni, art. 159 c.c.).

L'atto di matrimonio è iscritto nel registro di matrimonio [art. 63, co. 1, lett. a), d.P.R. n. 396/2000] e non ha effetto costitutivo dello stato di coniuge che deriva, invece, dalla celebrazione, ma costituisce la prova principale del matrimonio (art. 130, co. 1, c.c.). Quest'ultimo articolo stabilisce che per reclamare il «titolo di coniuge e gli effetti del matrimonio» occorre presentare l'atto di celebrazione.

Una controversia sul titolo vi può essere nel giudizio di opposizione alle nozze o di nullità delle stesse per l'esistenza di impedimenti, quando vengono in rilievo le presunzioni di cui agli artt. 231 e 232 c.c., se si rivendica il godimento di certi diritti o l'esecuzione di determinati obblighi (artt. 143 e 144 c.c.), oppure, ancora, quando siano chiesti l'attribuzione di pensioni e comunque ogniqualvolta si vogliano far valere gli effetti del matrimonio.

In tutti questi casi l'onere della prova dello stato coniugale grava sull'attore in giudizio se è lui a reclamare il titolo, ovvero sul convenuto che lo contesti. Secondo la tesi prevalente, la limitazione probatoria di cui all'art. 130, co. 1, c.c. si applica a qualsiasi soggetto – quindi non solo ai rapporti tra coniugi – sia che faccia valere il proprio stato coniugale sia che affermi o contesti lo stato coniugale di terzi (A. Renda).

La *ratio* dell'art. 130, co. 1, c.c. sta nel fatto che, essendo l'atto di matrimonio redatto al termine della celebrazione, esso è il mezzo più sicuro per provare lo *status* di coniuge; di conseguenza l'ordinamento apre sì, come vedremo, agli altri mezzi di prova, ma con molta cautela. Difatti il comma 2 di tale articolo stabilisce che «il possesso di stato, quantunque allegato da ambedue i coniugi, non dispensa dal presentare l'atto di celebrazione».

Il possesso di stato è un mezzo di prova disciplinato con riguardo alla filiazione (artt. 236, co. 2, e 237 c.c.) e richiamato dall'art. 130, co. 2; consiste nell'insieme dei fatti che, nel loro complesso, provino il rapporto di filiazione e, nel nostro caso, il vincolo coniugale.

Adattando al matrimonio quanto prevede l'art. 237 c.c., gli elementi del possesso di stato sono quelli tradizionali: il *tractatus*, ossia il fatto che due persone si siano comportate come marito e moglie, osservando i diritti e doveri derivanti dal matrimonio; la *fama*, consistente nella circostanza che, secondo l'opinione pubblica, le due persone siano sposate tra loro. Vi è inoltre un terzo fattore, abrogato con riferimento all'art. 237 c.c. dal d.lgs. n. 154/2013, che può comunque ritenersi ancora rilevante in materia matrimoniale: il *nomen*, cioè il fatto che l'uomo e la donna si siano chiamati marito e moglie e/o che quest'ultima abbia usato il cognome del marito (art. 143-*bis* c.c.).

Dall'art. 131 c.c. emerge una limitata funzione del possesso di stato: quella di sostenere l'efficacia dell'atto di matrimonio irregolare. Tale mezzo di prova se non è in grado da solo di provare le nozze può, tuttavia, sanare «ogni difetto di forma» dell'atto. Si discute dell'ambito applicativo di codesta sanatoria, posto che gli artt. 137 e 138 c.c. postulano la validità dell'atto a fronte di diversi vizi quali l'incompetenza dell'ufficiale dello stato civile, la violazione degli artt. 93, 98, 99, 106-110 e 112 e addirittura quelli derivanti da «qualsiasi altra infrazione per cui non sia stabilita una pena speciale in questa sezione» (art. 138 c.c.).

Vi è una parte della dottrina che ritiene l'art. 131 c.c. inapplicabile ai vizi di esistenza del matrimonio, come quelli derivanti dalla violazione dell'art. 107 c.c., i quali non sarebbero sanabili. Questa posizione non può essere accolta se si considera la centralità del consenso matrimoniale e il disposto dell'art. 138 c.c. che, nel richiamo dell'art. 107 c.c., fonda la presunzione della validità del matrimonio.

Certo, non è ammissibile una sanatoria qualora dovesse mancare la libertà di stato.

Deve essere respinta anche la tesi che estende l'ambito applicativo dell'art. 131 c.c. ai vizi della volontà, per due ragioni. La prima: il possesso di stato sostituisce la carente documentazione matrimoniale – sana il «difetto di forma» non della volontà – svelando l'esistenza della volontà di contrarre matrimonio senza alcuna valutazione sulla sua manifestazione (spontanea o indotta ad esempio nel caso di timore). La seconda, connessa alla prima: i vizi della volontà sono oggetto di una disciplina specifica, diversa e ulteriore rispetto a quella dei vizi formali, basti pensare alla regola della coabitazione (artt. 120, co. 2; 122, ult. co.; 123, co. 2, c.c.).

L'art. 131 c.c. è inapplicabile anche quando sia attivabile la procedura di rettifica, la cui finalità è di superare difetti dell'atto, come nel caso del matrimonio celebrato sotto falso nome ma con l'intenzione dei nubendi di assumere il vincolo.

Non rimane molto all'ambito applicativo di quest'articolo, al di fuori del mancato rispetto delle regole *ad probationem*: vizio dell'atto di celebrazione per difetto di pubblicità, per difetto di richiesta di procedere alla celebrazione in un comune diverso (art. 109 c.c.), difetto di numero o di età dei testimoni o per omessa sottoscrizione degli sposi o dei testi. Se ne deduce che l'art. 131 c.c. abbia una portata residuale e una funzione di chiusura del sistema procedimentale del matrimonio, evitando che i semplici vizi di forma possano essere cause di invalidità del matrimonio.

18. (Segue). *Mancanza dell'atto di celebrazione: cenni.*

Se gli artt. 130 e 131 c.c. si incentrano sull'atto di celebrazione, anche irregolarmente formato, quale mezzo di prova privilegiato della celebrazione del matrimonio, l'art. 132 c.c. ipotizza il caso in cui tale atto manchi.

La mancanza dell'atto può dipendere da più ragioni che giustificano una disciplina legislativa diversa. Il comma 1 dell'art. 132 c.c., nel riferirsi ai casi di distruzione o di smarrimento dei registri dello stato civile, presuppone che l'atto di celebrazione sia stato redatto e inserito nei registri dello stato civile. Invece, il caso descritto al comma 2 consiste nell'omesso inserimento dell'atto nei registri dello stato civile per dolo o colpa grave del pubblico ufficiale o per il verificarsi di un evento di forza maggiore.

Ai sensi del comma 1 e in forza del rinvio all'art. 452 c.c., la prova della celebrazione del matrimonio può essere data con ogni mezzo. A tale fine – lo si sottolinea – occorre che l'atto di celebrazione non vi sia, altrimenti si applicherà l'art. 130 c.c.

Se l'atto manca viene dunque in rilievo l'art. 132 c.c. e la prova più immediata è quella testimoniale.

Tale articolo è applicabile analogicamente anche all'ipotesi di distruzione o smarrimento dei registri contenenti la trascrizione del matrimonio canonico (art. 82 c.c.) o del matrimonio celebrato innanzi al ministro dei culti ammessi e alla loro registrazione (art. 83 c.c.).

Il comma 2 dell'art. 132 c.c. prevede una regola più stringente riguardo alla fattispecie ivi prevista: la prova dell'esistenza del matrimonio deve essere rafforzata dall'indiscutibile («in modo non dubbio») esistenza di un conforme possesso di stato. Ciò si spiega in ragione della necessità di ricostruire non già il registro, come nel caso di cui al comma 1, ma direttamente il singolo atto di matrimonio con conseguente maggior rischio circa l'inattendibilità dei testimoni.

Riferimenti bibliografici.

BARBIERA L., *Il matrimonio*, Padova, 2005; BENEDETTI A.M., *Il procedimento di formazione del matrimonio e le prove della celebrazione*, in *Tratt. dir. fam.*, diretto da P. Zatti, a cura di G. Ferrando-M. Fortino-F. Ruscello, Milano, 2011, I, 817 ss.; BERGAMINI E., *Riconoscimento ed effetti in Italia di un matrimonio tra persone dello stesso sesso contratto all'estero: la recente evoluzione della giurisprudenza italiana*, in *Nuova giur. civ. comm.*, 2012, 7-8, 641 ss.; BIANCA C.M., *La famiglia. Le successioni*, Milano, 2005, 52 (nota 60); BIANCA M., *La buona fede nei rapporti familiari*, in *Actualidad juridica liberoamericana*, 2019, 10-*bis*, 12 ss.; BONILINI G., *Manuale di diritto di famiglia*, Milano, 2014, 61 ss. ed. 2020, 63 ss.; CALEVI E., *Unioni same-sex: dall'insistenza all'inidoneità a produrre effetti giuridici*, in *Giur. it.*, 2012, 8-9, 1767 ss.; CARBONE V., *Rottura della promessa di matrimonio e danni non patrimoniali*, in *Corriere giur.*, 2012, 3, 322; CARICATO C., *Ancora sulla promessa di matrimonio*, in *Obblig. e contr.*, 2011, 7, 1 ss. (*Banca dati Leggi d'Italia*); CICU A., *Il diritto di famiglia*, Roma, 1914; COLAIANNI N., *Convivenza «come coniugi» e ordine pubblico: incontro ravvicinato ma non troppo*, in *Giur., it.*, 2014, 10, 2111 ss.; FANTETTI F.R., *Il diritto degli omosessuali di vivere liberamente una condizione di coppia*, in *Fam. pers. succ.*, 2012, 12, 857 ss.; FERRANDO G., *Famiglia e matrimonio*, in *Familia*, 2001, 4, 939 ss.; FERRANDO G., *Il matrimonio*, Milano, 2002; FINOCCHIARO A. e M., *Riforma del diritto di famiglia*, Milano, 1976; FURGIUELE G., *Libertà e famiglia*, Milano, 1979; GATTUSO M., *«Matrimonio», «famiglia» e «orientamento sessuale»: la Cassazione recepisce la «doppia svolta» della Corte europea dei diritti dell'uomo*, in *Fam. e dir.*, 2012, 7, 665 ss.; GRAZIANO L., *Per le Sezioni unite la stabile convivenza ultra-triennale è situazioni giuridica pubblico ostativa alla «delibazione» di sentenze ecclesiastiche di nullità matrimoniale*, in *Fam. e dir.*, 2015, 3, 220 ss.; JEMOLO A.C., *Il matrimonio*, Torimo, 1961; LISELLA G.-PARENTE F., *Persona fisica*, in *Tratt. dir. civ. CNN*, Napoli, 2012, 234 ss.; MAZZARIOL R., *Coabitazione e registrazione anagrafica: due requisisti non essenziali per la configurabilità di una «convivenza di fatto»*, in *Nuova giur. civ. comm.*, 2019, 9, 1242 ss.; MENGONI L., *Nuovi orientamenti nel matrimonio civile*, in *Jus*, 1980, 111 ss.; MEUCCI S., *Danno non patrimoniale e rottura ingiustificata della promessa di matrimonio*, in *Obblig. e contr.*, 2011, 7, 1 ss. (*Banca dati Leggi d'Italia*); NATALE A., *Le condizioni necessarie per contrarre matrimonio*, in *Tratt. di diritto di famiglia*, diretto da G. Bonilini, *Famiglia e matrimonio*, Milano, 2016, vol. I, 170 ss.; OBERTO G., *Il matrimonio è morto: evviva la promessa di matrimonio*, in *Fam. pers. e succ.*, 2012, 6, 1 ss. (*Banca dati Leggi d'Italia*); PERLINGIERI P., *Persona e comunità familiare*, in *La persona e i suoi diritti*, Napoli, 2005, 385 ss.; PERLINGIERI P., *Riflessioni sull'«unità familiare»*, in *La persona e i suoi diritti*, Napoli, 2005, 401 ss.; PROSPERI F., *Parentela e famiglia nel prisma dell'unicità dello stato di figlio*, in *Il nuovo diritto di famiglia*, a cura di R. Pane, Napoli, 2015, 66 ss.; RENDA A., *Delle opposizioni al matrimonio*, in *Tratt. Gabrielli, Della Famiglia*, a cura di G. Di Rosa, 2018, vol. I, 180 ss.; ROMA U., *Ordine pubblico, convivenza coniugale e pronunce ecclesiastiche di nullità del matrimonio: le Sezioni unite suppliscono all'inerzia legislativa con una sostanziale modifica dell'ordinamento*, in *Nuova giur. civ. comm.*, 2015, 1, 1036 ss.; SANTORO PASSARELLI F., *Matrimonio e famiglia*, in *Saggi di diritto civile*, Napoli, 1961, 393 ss. riteneva che, in forza dell'art. 29 Cost., il matrimonio fosse il «fondamento indefettibile della famiglia», che l'introduzione del divorzio avrebbe alterato l'essenza del matrimonio, che il matrimonio esige la presenza di un capo per il suo buon funzionamento sebbene i coniugi restino uguali come prevede la Costituzione, anche perché – secondo Santoro Passarelli – uguaglianza non può significare che a tutti i soggetti siano attribuite le medesime funzioni. L'illustre giurista accentuava le differenze tra marito e moglie posto che se da un lato l'art. 29, co. 2, Cost. stabilisce che il matrimonio è «ordinato sull'uguaglianza morale e giuridica tra i coniugi», dall'altro soggiunge «con i limiti stabiliti alla legge a garanzia dell'unità familiare»; SCALISI V., *La famiglia e le famiglie, in La riforma del diritto di famiglia dieci anni dopo. Bilanci e prospettive*, Padova, 1986, p. 270 ss.; SCALISI V., *Consenso e rapporto nella teoria del matrimonio*, in *Riv. dir. civ.*, 1990, I, 178 ss.; SENIGAGLIA R. (a cura di), *Autodeterminazione e minore età. Itinerari di diritto minorile*, Pisa, 2019; SESTA M., *Privato e pubblico nei progetti di legge in materia familiare*, in *Studi in onore di P. Rescigno*, Milano, II, 1, 1998, 811 ss.; SESTA M., *L'unicità dello stato di figlio e i nuovi assetti delle relazioni familiari*, in *Fam. e dir.*, 2013, 3, 231 ss.; STANZIONE P., *Capacità e minore età nella problematica della persona umana*, Camerino-Napoli, 1975, 249 ss.; TAMBURRINO G., *Lineamenti del nuovo diritto di famiglia*, Torino, 1976, 147; TATARANO G., *La promessa di matrimonio*, in *Tratt. dir. priv.*, diretto da P. Rescigno, Torino, 1999, 2, 771 ss.; TOTI B., *La coabitazione tra partners: discrimen tra relazione affettiva e famiglia di fatto*, in *Giur. it.*, 2019, 5, 1054 ss.; TRABUCCHI A., *Della promessa di matrimonio*, in *Comm. dir. it. fam.*, diretto da Cian-Oppo-Trabucchi, Padova, 1992, 14 ss.

SEZIONE SECONDA

I RAPPORTI PERSONALI TRA CONIUGI

SOMMARIO: 1. Diritti e doveri derivanti dal matrimonio. – 2. Il dovere di fedeltà: nozione e addebito. – 3. (*Segue*). Infedeltà e risarcimento del danno. – 4. Il dovere di assistenza morale e materiale. – 5. (*Segue*). Allontanamento dalla residenza familiare e addebito della separazione. – 6. Il dovere di collaborazione nell'interesse della famiglia. – 7. Il dovere di coabitazione. – 8. Il dovere di contribuzione e la questione della sua rilevanza esterna. – 9. Accordo sull'indirizzo della vita familiare. – 10. (*Segue*). Accordo sull'interruzione della gravidanza e posizione del padre. – 11. (*Segue*). Residenza familiare e dovere di accordarsi. – 12. Intervento del giudice e centralità dell'accordo.

1. *Diritti e doveri derivanti dal matrimonio.*

Gli studiosi del matrimonio si sono sempre posti il problema di individuare la sua essenza o, più realisticamente, quei tratti indispensabili senza i quali esso non è riconosciuto come tale. Arturo Carlo Jemolo ha colto la storicità dell'istituto matrimoniale, affermando che «il problema dell'essenza del matrimonio non è suscettibile di risoluzione che sul terreno di un determinato diritto positivo».

Se il giurista deve porsi in una prospettiva diacronica, diversa da quella incentrata sul diritto naturale o sui precetti di una confessione religiosa, si constata agevolmente come alla questione dell'essenza si fornisca una risposta diversa a seconda che ci si collochi all'epoca dell'illustre studioso appena ricordato (gli anni Cinquanta-Sessanta del secolo scorso) o in quella attuale. Egli concludeva che la diversità di sesso, l'indissolubilità e lo *ius in corpus*, ossia l'obbligo di ogni coniuge di non avere rapporti sessuali con terzi, «rappresentano le peculiarità del matrimonio dei popoli civili del nostro tempo». Nel diritto romano classico i tratti del matrimonio erano ancora diversi, poiché esso, fondandosi esclusivamente sull'*affectio maritalis* – cioè sulla volontà continua di convivere – cessava senza formalità.

La storicità del matrimonio connota anche i suoi effetti, ossia i diritti e i doveri che ne scaturiscono, i quali, nel loro insieme riflettono il segno di cosa sia il matrimonio. Sempre Jemolo, nel fornire al lettore un quadro d'insieme, constatava come nei diversi ordinamenti del tempo i diritti e i doveri del marito e della moglie fossero più spesso non già uguali ma diversi. Oggi, invece, l'art. 29, co. 2, Cost., attuato dall'art. 143 c.c., stabilisce che «il matrimonio è ordinato *sull'uguaglianza morale e giuridica dei coniugi*», sia pur «con i limiti stabiliti dalla legge a garanzia dell'unità familiare». Ne deriva non solo parità di diritti, ma anche parità di valore morale delle scelte dei coniugi, del proprio essere, a prescindere dal lavoro svolto o da altre condizioni. Così l'art. 143, co. 3, c.c. prevede che il dovere di contribuire ai bisogni della famiglia può essere adempiuto anche attraverso lo svolgimento del lavoro casalingo. È, quindi, contrario alla nostra cultura ritenere che il lavoro svolto esclusivamente in casa da un coniuge ponga quest'ultimo su un piano valoriale inferiore rispetto all'altro che eserciti, invece, una professione.

Stare sullo stesso piano esige che sia l'accordo il motore della famiglia, come si evince dall'art. 144 c.c. sull'indirizzo della vita familiare – prima del 1975 spettante al marito – e dall'art. 145 c.c. che limita fortemente i poteri del giudice in caso di disaccordo tra i coniugi su questioni essenziali. È stato necessario, perciò, nonostante qualche autorevole opinione contraria del secolo scorso (A.C. Jemolo), abrogare l'art. 144 c.c. secondo cui «Il marito è il capo della famiglia; la moglie segue la condizione civile di lui, ne assume il cognome ed è obbligata ad accompagnarlo ovunque egli crede opportuno di fissare la sua residenza».

Va detto però che i grandi giuristi favorevoli a conservare la struttura gerarchica della famiglia si rendevano conto che tale conservazione dipendeva, nonostante le disposizioni innovative della Costituzione (artt. 29-30), dal costume. Il quale nel tempo è completamente cambiato fino al punto da rendere quasi ineffettiva la prescrizione costituzionale del limite all'uguaglianza coniugale rappresentato dall'unità familiare di cui all'art. 29, co. 2, Cost.

I doveri matrimoniali, previsti dai commi 2 e 3 dell'art. 143 c.c., possono essere riempiti di significato solo attingendo alle norme del costume e ai precetti della morale come sviluppatisi e condivisi dalla comunità sociale. Imprescindibile è anche il riferimento alla specifica coppia di coniugi, al loro passato e alla temperie della convivenza. Nel guardare a tutto questo il giudice, chiamato a valutare se vi è stata violazione dei doveri matrimoniali, deve indicare – ed è una preziosa indicazione dottrinale – «sempre una via di progressiva elevazione» nel modo di intendere quei doveri (A.C. Jemolo).

C'è insomma uno stretto legame tra i doveri dei coniugi e i valori in continuo assestamento sociale.

La necessità che il giudice implementi il contenuto dei doveri matrimoniali rispetto al mutamento, anche tecnologico, della società è emersa con riguardo al dovere di fedeltà, attraverso l'accoglimento di una nozione più ampia – come vedremo meglio in seguito – del mero doversi astenere da rapporti sessuali con altri (in questo senso, in verità, si era già espresso A.C. Jemolo, secondo il quale «una relazione platonica che abbia il contenuto morale e certe apparenze esteriori di un rapporto coniugale, viola l'obbligo di fedeltà»).

Prima ancora del dovere di fedeltà, è il dovere di assistenza morale e materiale ad assumere un rilievo centrale in chiave costruttiva dei tratti essenziali del matrimonio. Già prima della riforma del 1975, la quale ha aggiunto i due aggettivi morale e materiale, la dottrina più autorevole sottolineava come il dovere di assistenza fosse il *mutuum adiutorium* dei canonisti, ossia, tradotto in termini civilistici, «l'elemento spirituale che regge e vivifica il vincolo e gli dà un altissimo valore etico» (A.C. Jemolo). Il dovere di fedeltà è quasi una conseguenza necessitata del dovere di assistenza, come a dire che se anche il primo non fosse stato previsto dalla legge, esso sarebbe stato desunto dal secondo. Questa considerazione tornerà utile quando si tratterà dei doveri degli uniti civilmente, la cui disciplina non prevede il dovere di fedeltà.

Il dovere di coabitazione, invece, non consiste semplicemente nel vivere nella stessa casa, per cui qualunque domiciliazione diversa da parte di un coniuge rispetto a quella dell'altro comporta una sua violazione. L'unione matrimoniale, nel senso soprattutto dell'*affectio*, prescinde dalla coabitazione a fronte di motivazioni che giustifichino il vivere in luoghi diversi.

Altri due doveri, non coincidenti nel loro contenuto, sono il dovere di collaborazione nell'interesse della famiglia, più ampio, e il dovere di contribuzione ai bisogni della famiglia riguardante, più specificamente, il profilo economico. Ciascun coniuge contribuisce con i proventi del proprio lavoro, anche casalingo.

Secondo l'art. 143-*bis* c.c. la moglie può, se lo desidera, aggiungere al proprio cognome quello del marito. Questa regola, introdotta nel 1975, calata nel nuovo contesto costituzionale, non impone di assumere il cognome del marito, ciò che invece si riteneva prima del 1975 (ne dà conto A.C. Jemolo). È una facoltà della moglie. Certo, questa regola che postula la preminenza del cognome del marito è sospetta di illegittimità costituzionale; ancor di più se si considera che l'art. 1, co. 10, legge n. 76/2016 consente agli uniti civilmente di adottare un cognome comune scegliendolo tra i loro cognomi.

Se vi sono figli, l'art. 147 c.c., in attuazione dell'art. 30, co. 1, Cost., stabilisce che «il matrimonio [*rectius* il fatto di aver procreato] impone ad ambedue i coniugi l'obbligo di mantenere, istruire, educare e assistere moralmente i figli, nel rispetto delle loro capacità, inclinazioni naturali e aspirazioni».

La riforma della filiazione 2012/2013, rispetto al testo precedentemente in vigore, ha aggiunto all'art. 147 c.c. due disposizioni di grande rilievo: la prima consiste nella previsione del dovere di assistere moralmente i figli, con conseguenze anche risarcitorie in caso di sua inosservanza [c.d. padre assente[1] (parte

[1] Cass., n. 14382/2019 conferma il risarcimento del danno patrimoniale (da omesso mantenimento e da perdita di chance a causa dell'abbandono degli studi universitari) e del danno non patrimoniale (nelle voci dei danni biologico e morale). Nel caso di specie il padre non aveva adempiuto ai propri obblighi di mantenimento, istruzione ed educazione della figlia, sostanzialmente disinteressandosene sotto tutti i profili. Secondo la Cassazione l'inadempimento dei doveri genitoriali «ha causato un complessivo disagio materiale e morale [della figlia] dal quale sono derivate una serie di ulteriori conseguenze pregiudizievoli, di carattere patrimoniale oltre che non patrimoniale, tra cui la scelta dell'attrice [in giudizio, la figlia] di interrompere anzitempo gli studi, che le ha certamente precluso delle possibilità di realizzazione professionale, con rilievo anche economico». Quando c'è la prova di un danno certo, continua la Cassazione, la cui esatta entità monetaria non è identificabile come in questa vicenda, è consentita la liquidazione equitativa (art. 1226 c.c.). I

II-cap. VII-§ 5)]; la seconda attiene al collegamento tra i poteri dei genitori e i diritti fondamentali del figlio, stante l'aggiunta dell'espressione «secondo quanto previsto dall'art. 315-*bis* c.c.». In altri termini, i diritti del figlio interagiscono con la responsabilità genitoriale orientandola verso il *best interest of the child.*

La conseguenza civilistica della violazione dei doveri derivanti dal matrimonio è l'addebito della separazione, i cui effetti sono la perdita del diritto all'assegno di mantenimento e dei diritti successori, salvo se il coniuge addebitato godeva dell'assegno alimentare al momento della morte dell'altro; in tal caso egli avrà diritto a un assegno vitalizio nei limiti di cui all'art. 548, co. 2, c.c.

Sul versante penale, la violazione dei doveri in parola può integrare il reato di violazione degli obblighi di assistenza familiare (art. 570 c.p.). Questo articolo, il cui testo è piuttosto indeterminato, ha dato luogo a diversi dubbi e interventi giurisprudenziali. Nell'ipotesi più frequente commette reato il coniuge che, abbandonando il domicilio domestico, si sottragga agli «*obblighi di assistenza*» nei confronti del consorte o gli faccia mancare i «*mezzi di sussistenza*». Complessa è l'interpretazione di questi due sintagmi della fattispecie penalistica. Ci si limita qui a rilevare come per il primo occorra rinviare all'art. 143 c.c.; per il secondo si dovrà dimostrare lo stato di bisogno in cui è stato lasciato il coniuge (o il figlio) e la capacità economica dell'obbligato a fornire i mezzi.

Quanto ai profili patrimoniali dei doveri genitoriali, l'art. 148 c.c., attraverso il rinvio all'art. 316-*bis* c.c., stabilisce la misura del mantenimento della prole, coinvolgendovi anche gli «altri ascendenti» quando i genitori non hanno mezzi sufficienti.

Nel prosieguo ci si soffermerà più dettagliatamente sui singoli doveri matrimoniali.

2. *Il dovere di fedeltà: nozione e addebito.*

La fedeltà reciproca è il primo degli obblighi matrimoniali indicati dall'art. 143, co. 2, c.c. Se si pone mente al suo contenuto, come delineato dalla giurisprudenza, la scelta del legislatore di indicarlo in apertura del disposto normativo è opportuna. Lo è perché si tratta di un dovere che si atteggia a precondizione degli altri doveri, divenendo essenziale per la stessa sopravvivenza del coniugio. Il legislatore, però, si è limitato a prevederlo senza chiarirne il contenuto, senza delimitarne il perimetro oltre il quale la condotta di un coniuge diviene lesiva del dovere di fedeltà.

Questo minimalismo legislativo potrebbe apparire giustificato, poiché tutti sono consapevoli del significato della fedeltà coniugale e del momento in cui

---

giudici del merito hanno condannato il padre a corrispondere alla figlia la somma di € 66.759,00 comprensiva dei danni patrimoniale, biologico e morale.

questa possa dirsi violata; oltre al fatto che la mancata enunciazione consente alla prescrizione normativa di adattarsi agli sviluppi assiologici, sociali e tecnici, posto che la tecnologia ha ridotto, quando non cancellato, le distanze tra le persone. L'uso dei social, infatti, e la diffusa inclinazione a pubblicare molte, forse troppe cose della propria vita privata ha avvicinato le persone. Si è attenuato, fino a sbiadire, il confine, in passato più netto, tra fatti privati e fatti conosciuti da una platea vasta di persone.

In questo contesto fluido, il discorso sulla fedeltà diviene più articolato rispetto all'accezione che evoca il mero dovere di astenersi da rapporti sessuali con soggetti diversi dal coniuge. Del resto, già il significato del termine fedeltà che si evince dal dizionario della lingua italiana va ben oltre la sfera sessuale. Si legge nel Devoto-Oli che la fedeltà è la «costante corrispondenza alla fiducia accordata da altri». La persona fedele compie atti conseguenti e corrispondenti all'essere considerata l'unica con la quale condividere gli aspetti più intimi della propria vita. La fedeltà richiama la reciproca lealtà, l'essere l'uno il punto di riferimento dell'altro. Il che esige intimità e riservatezza con riguardo a ciò che l'uno conosce dell'altro.

Da questo punto di vista il pensiero laico e quello religioso sono vicinissimi se si leggono le parole di Papa Francesco, il quale, nel riprendere il pensiero di San Tommaso d'Aquino, ha affermato che l'esperienza dell'amore è «come un movimento che pone l'attenzione sull'altro considerandolo come un'unica cosa con sé stesso». Non c'è posto per due; l'amore laico e cristiano è esclusivo. Non si può attribuire a un'altra persona la stessa importanza e centralità che ha per sé il coniuge.

È evidente come una nozione più ampia di fedeltà, non coincidente con l'astensione da rapporti sessuali con altri, rende più difficile la valutazione del giudice, il quale, per decidere in modo prevedibile, necessita di coordinate semantiche precise cui far riferimento. Così la giurisprudenza ha sì accolto una nozione estesa di fedeltà, ma l'ha legata a ciò che il matrimonio deve esprimere.

Secondo la Cassazione l'obbligo di fedeltà, strettamente connesso a quello di convivenza, «è da intendere non soltanto come astensione da rapporti sessuali extraconiugali [anche omosessuali] [2], ma quale impegno, ricadente su ciascun coniuge, di *non tradire la fiducia reciproca*, ovvero di *non tradire il rapporto di*

[2] Cass., n. 7207/2009, conferma la sentenza della Corte d'App. che aveva ravvisato la violazione del dovere di fedeltà nella relazione omosessuale del marito; relazione che, determinando la crisi coniugale, era stata posta a giustificazione dell'addebito. L'omosessualità dell'altro, sconosciuta al coniuge al momento delle nozze, può essere anche causa di invalidità del matrimonio per errore sulle qualità personali del coniuge attinente, nella specie, a una «deviazione sessuale» tale da impedire lo svolgimento della vita coniugale (art. 122, co. 3, n. 1, c.c.). Spetta al coniuge tradito scegliere se far valere la violazione del dovere di fedeltà (art. 143, co. 2, e art. 151, co. 2, c.c.) o l'omessa informazione prima del matrimonio di una circostanza rilevante su sé stesso che se conosciuta dall'altro avrebbe indotto quest'ultimo a non prestare il proprio consenso alle nozze.

dedizione fisica e spirituale tra i coniugi»[3], che deve persistere per tutta la durata del matrimonio. Se la fedeltà implica lealtà, occorre che ciascun coniuge sacrifichi – soggiunge la Cassazione – «gli interessi e le scelte individuali che si rivelino in conflitto con gli impegni e le prospettive della vita in comune».

Quest'orientamento fa sì che vi sia violazione della fedeltà anche quando un coniuge sostituisca al proprio consorte un'altra persona quale centro concorrente o alternativo delle proprie attenzioni, così da renderla partecipe della propria sfera interna più riposta, pur in assenza di rapporti sessuali[4]. Ne consegue, ad esempio, che le plurime tracce lasciate sul cellulare nei WhatsApp o negli SMS e sui social, indicative di un rapporto intimo con un'altra persona, possono dar luogo alla violazione del dovere di fedeltà[5]. Non solo: se nei messaggi vi sono anche notizie e dati personali sul proprio coniuge, si integra anche una violazione della *privacy*.

Naturalmente, in base a quest'accezione ampia di fedeltà, la scoperta che il proprio marito – così nel caso di specie – ricerchi compagnie femminili sul Web costituisce «circostanza oggettivamente idonea a compromettere la fiducia tra i coniugi» e causa di addebito[6].

Rimane la questione della possibile rilevanza penale e civile dell'utilizzo di materiale altrui, rivelatore dell'infedeltà, sottratto e utilizzato nel procedimento giudiziale da un coniuge senza il consenso dell'altro. È il caso di chi si appropri del cellulare del coniuge per leggere i messaggi WhatsApp o di chi acceda all'account di posta elettronica dell'altro per avere contezza delle mail ed estrapolare quelle compromettenti. La Corte europea dei diritti dell'uomo, con riguardo a una fattispecie di impossessamento di alcune mail del consorte trovate nel computer di famiglia dalle quali sembravano emergere relazioni extraconiugali, ha escluso la violazione del diritto alla vita privata e alla segretezza della corrispon-

---

[3] Cass., n. 15557/2008.

[4] Nel caso sotteso a Cass., n. 15557/2008, cit., pur non essendo stato dimostrato il rapporto sentimentale tra il marito e una collega di lavoro, tuttavia i fatti provati erano tali da farlo presumere e comunque esprimevano quella violazione del dovere di lealtà che esige di non spostare il centro della propria dedizione fisica e spirituale dal coniuge a un'altra persona. Il marito, si legge nella sentenza, «era venuto meno all'obbligo di fedeltà per aver instaurato una relazione sentimentale con la collega di lavoro... che egli frequentava assiduamente portandola con sé nei viaggi di lavoro, durante i quali in un'occasione ricordata dalla stessa [collega] avevano pernottato nella medesima stanza d'albergo».

[5] Nel caso su cui si è pronunciata Cass., n. 18508/2020, il marito, nei giudizi di merito, aveva tentato di far leva sugli SMS rinvenuti nel cellulare della moglie e scambiati con persona non identificata. La Cassazione, pur non escludendo il possibile rilievo degli SMS, ha confermato la pronuncia della Corte d'appello che aveva ritenuto non raggiunta da parte del marito la prova della violazione del dovere di fedeltà da parte della moglie (non era stato fornito alcun riferimento preciso né al periodo in cui sarebbe sorta la relazione extraconiugale, né alla sua durata ed è mancato anche ogni riscontro diretto di tale relazione, poiché i testi escussi hanno riferito di circostanze apprese solo *de relato*).

[6] Cass., n. 9384/2018.

denza[7]. Si è argomentato dal fatto che la divulgazione delle mail era stata limitata ai procedimenti civili nei quali l'accesso al pubblico è sostanzialmente inibito; inoltre lo Stato portoghese aveva comunque garantito un giusto equilibrio tra il diritto alla vita privata e il diritto di difesa.

Quando si discute di dovere di fedeltà occorre considerare che la violazione del dovere di fedeltà non è di per sé sola causa di addebito della separazione (art. 151, co. 2, c.c.). È necessario che il giudice verifichi l'effettiva incidenza causale della condotta fedifraga nel determinare l'intollerabilità della prosecuzione della convivenza. La relazione extraconiugale, anche nelle modalità della slealtà di cui si diceva, deve essere causa o concausa della frattura del rapporto coniugale[8]. Diversamente, qualora il tradimento sia avvenuto quando il rapporto di coniugio era già in crisi e la convivenza divenuta intollerabile, non vi potrà essere addebito per violazione del dovere di fedeltà.

Chi propone domanda di addebito della separazione per infedeltà deve provare il tradimento; a fronte di tale prova l'altro coniuge, per scongiurare la pronuncia di addebito, dovrà provare che al momento del suo tradimento la convivenza era già divenuta intollerabile. Qualora entrambi i coniugi siano stati infedeli, l'addebito potrà essere pronunciato a carico di chi per primo abbia violato la fedeltà, considerando il tradimento da parte dell'altro coniuge quale «risposta ritorsiva» alla condotta del consorte. In tal caso si potrà affermare che il primo fedifrago abbia determinato l'intollerabilità della prosecuzione della convivenza.

3. (Segue). *Infedeltà e risarcimento del danno.*

Oggi, diversamente dal passato, si ammette unanimemente che la materia familiare non è un sistema chiuso in base al quale le condotte antigiuridiche di un coniuge siano sanzionabili soltanto in applicazione della disciplina specifica del diritto di famiglia. Se così fosse, la violazione del dovere di fedeltà, ad esempio, legittimerebbe esclusivamente la domanda di separazione giudiziale e di addebito con le relative conseguenze, nonché la richiesta dell'assegno di mantenimento. Istituti, questi della separazione e dell'addebito, la cui natura e funzione non assorbe affatto il profilo dell'eventuale lesione di diritti fondamentali del coniuge tradito[9].

---

[7] Corte EDU, 7.9.2021, *affaire M.P. c. Portugal*, ric. n. 27516/14.

[8] *Ex multis*: Cass., n. 15557/2008, cit.; Cass., n. 1715/2019 e Cass., n. 18508/2020, cit., ribadiscono l'orientamento consolidato secondo cui «la preesistenza di una crisi irrimediabilmente in atto rende irrilevante la successiva inosservanza dell'obbligo di fedeltà coniugale ai fini della dichiarazione di addebito della separazione».

[9] Diverse sentenze hanno posto in rilievo le specificità della normativa della crisi coniugale rispetto a quella, pure applicabile, dell'illecito aquiliano a fronte della lesione di un diritto fondamentale di un coniuge da parte dell'altro. Trib. Firenze, 13.06.2000, Trib. Milano, 24.10.2001 e Cass.,

La chiusura e l'autoreferenzialità del diritto matrimoniale è incompatibile con la necessaria tutela dei diritti e dei valori costituzionali; all'opposto vi sarebbe un sovvertimento della forma repubblicana (art. 139 Cost.). Se la relazione extra-coniugale lede un diritto fondamentale del coniuge, al piano del diritto di famiglia si aggiunge quello della tutela della persona in quanto tale. Occorre, però, delineare le condizioni a fronte della quali la condotta possa valere tanto sul piano familiare quanto su quello dell'illecito di cui agli artt. 2043 ss. c.c.

La giurisprudenza, a partire almeno dagli anni Novanta del secolo scorso, è giunta a elaborare un orientamento articolato e consolidatosi che offre risposte chiare a quel coniuge che intenda proporre una domanda risarcitoria a seguito della violazione del dovere di fedeltà. Una domanda, questa, aggiuntiva rispetto a quella di separazione e di addebito, da proporre a un giudice diverso da quello adito per la separazione [10].

Ma a quali condizioni il coniuge tradito ha diritto al risarcimento del danno cagionato dalla violazione del dovere di fedeltà?

Un punto fermo posto dalla Cassazione è dato dall'insufficienza del tradimento coniugale in sé per sé considerato quale giustificazione della domanda risarcitoria; occorre che «l'infedeltà per le sue modalità abbia trasmodato in comportamenti che, oltrepassando i limiti dell'offesa di per sé insita nella violazione dell'obbligo in questione, si siano concretizzati in atti specificamente lesivi della dignità della persona» o di un suo diritto fondamentale [11]. In altri termini, la condotta del traditore può rilevare su due piani: quello strettamente coniugale

---

n. 9801/2005 la quale afferma che «la natura, la funzione e i limiti dei predetti istituti [*id est*: addebito e assegni matrimoniali] rendono evidenti che essi non sono strutturalmente incompatibili con la tutela generale dei diritti garantiti dalla Costituzione posto che un comportamento può rilevare sia ai fini della separazione che dell'illecito civile». Ad esempio, continua la Cassazione, il rimedio dell'addebito della separazione non colpisce il coniuge abbiente autore di una condotta lesiva della salute o della dignità della consorte. Inoltre, l'assegno di mantenimento come pure l'assegno di divorzio non hanno una funzione risarcitoria, essendo entrambi volti a valorizzare il contributo prestato dal coniuge alla famiglia; coniuge che, nel momento della crisi coniugale, si scopre economicamente più debole.

[10] Secondo Cass., n. 18870/2014 «le domande di risarcimento dei danni e di separazione con addebito sono soggette a riti diversi e non sono cumulabili nel medesimo processo, atteso che, trattandosi di cause tra le stesse parti e connesse solo parzialmente per *causa petendi* [ravvisabile nella condotta del coniuge contraria al dovere di fedeltà], sono riconducibili alla previsione di cui all'art. 33 c.p.c.», essendo inapplicabile il successivo art. 40 in mancanza di una connessione «per subordinazione» o «forte».

[11] Cass., n. 6598/2019 individua una ragione ben precisa per cui la violazione del dovere di fedeltà di per sé sola non possa giustificare la domanda di risarcimento del danno non patrimoniale. Si sostiene che, opinando diversamente, si finirebbe col ledere altri diritti costituzionalmente protetti quali la libertà di autodeterminarsi e anche la stessa libertà di porre fine al legame familiare, riconosciuta fin dal 1970. Si sottolinea come non sia tutelato il bene del mantenimento dell'integrità della vita familiare fino al punto da doversi sanzionare chi la disgreghi. Perciò – soggiunge la Cass. – si deve ammettere che «il dovere di fedeltà non trova il suo corrispondente in un diritto alla fedeltà coniugale».

con conseguente applicazione della relativa disciplina (separazione, addebito, assegno di mantenimento se ne ricorrono i presupposti) e quello ulteriore che coinvolge valori apicali dell'ordinamento qual è la dignità umana (artt. 3; 36, co. 1, e 41, co. 2, Cost.) o diritti fondamentali come la salute (art. 32 Cost.), l'onore o il diritto di vivere la maternità con il sostegno e la complicità affettiva del marito (art. 31, co. 2, Cost.) [12].

Sempre la Cassazione ha chiarito che per ottenere il risarcimento di un danno, di natura non patrimoniale (art. 2059 c.c.), devono sussistere tutte le condizioni di cui all'art. 2043 c.c. e quelle enucleate dalla Cassazione a Sezioni Unite con la celebre sentenza che ha interpretato in modo costituzionalmente orientato l'art. 2059 c.c. [13]. Imprescindibile è l'esistenza della lesione di un bene costituzionalmente protetto; inoltre tale lesione deve essere grave ossia superiore a una soglia minima di tollerabilità (imposta dalla solidarietà); infine il danno non deve essere futile ma avere una consistenza tale da renderlo giuridicamente rilevante.

La diversità tra il piano dell'inosservanza del dovere di fedeltà e quello, originato dalla medesima condotta, della violazione di un diritto fondamentale ha indotto la Suprema Corte a ritenere irrilevante la pronuncia di addebito della separazione. La quale pronuncia non è condizione dell'azione di risarcimento del danno né è in alcun modo pregiudiziale ad essa, essendo delle due domande diversa sia la *causa petendi* che il *petitum* [14]. Pertanto è irrilevante, a fronte dell'azione risarcitoria, l'obiezione del convenuto incentrata sia sulla mancata richiesta di addebito nel procedimento di separazione giudiziale sia sull'avvenuto mutamento del rito da separazione giudiziale con richiesta di addebito a separazione consensuale [15].

---

[12] Nel caso sotteso a Trib, Milano, 20.10.2001, cit., il marito aveva abbandonato la moglie durante la gravidanza, facendole mancare ogni assistenza affettiva, psicologica e materiale, disinteressandosi della sorte del nascituro e allontanandosi più volte dal tetto coniugale per convivere con un'altra donna. Secondo il Trib. la condotta del marito non aveva integrato soltanto la violazione del dovere di fedeltà, ma aveva «pregiudicato la qualità complessiva dello stato di vita della moglie in un periodo di particolare rilevanza sul piano emotivo, affettivo, relazionale e progettuale qual è quello della gestazione». Risultavano pertanto violati gli artt. 29 commi 1 e 2 e 31 comma 2 Cost., dai quali si ricava una «legittima aspettativa dei coniugi a un pari benessere e a una pari realizzazione personale nella vita coniugale pure in relazione alle diverse prerogative ed esperienze di ciascuno» e la tutela della maternità.

[13] Cass., Sez. Un., n. 26972/2008.

[14] Lo rileva Cass., n. 18853/2011, cit. Nella domanda di addebito della separazione per violazione del dovere di fedeltà, la *causa petendi* è data dalla violazione del dovere di fedeltà nascente dal matrimonio, il *petitum* è l'addebito della separazione con le conseguenze giuridiche che porta con sé. La Cassazione sottolinea come il coniuge tradito possa avere interesse non già all'addebito ma al risarcimento del danno, quale *petitum* di una domanda volta far valere la violazione di un diritto fondamentale (*causa petendi*).

[15] Cass., n. 18853/2011, cit. afferma che «ove nel giudizio di separazione non sia stato domandato l'addebito, o si sia rinunciato alla pronuncia di addebito, il giudicato si forma, coprendo il dedotto e il deducibile, unicamente in relazione al *petitum* azionato e non sussiste pertanto alcuna

Da quanto detto deriva l'insussistenza di un diritto alla fedeltà, la quale si pone esclusivamente come dovere matrimoniale. Il coniuge tradito non ha diritto al risarcimento del danno per il solo fatto dell'adulterio, proprio perché egli non è titolare del diritto alla fedeltà dell'altro (o, in altra prospettiva, si tratterebbe di un diritto la cui violazione è di per sé sanzionata solo dal diritto di famiglia).

Se si guarda, invece, alla posizione dell'amante, egli, non essendo tenuto al dovere di fedeltà, non può essere destinatario di una domanda risarcitoria per aver indotto il coniuge a tradire l'altro o per avere acconsentito alla relazione extramatrimoniale [16]. Tuttavia – ha sottolineato la Cassazione – qualora il coniuge tradito sostenga che la condotta del terzo sia stata lesiva non già della fedeltà ma della propria dignità e onore, «non può escludersi, in astratto, la configurabilità di una responsabilità a carico dell'amante» [17].

4. *Il dovere di assistenza morale e materiale.*

Jemolo, al tempo in cui scriveva, prima del 1975, si stupiva che il dovere di assistenza fosse l'ultimo dei doveri elencati dall'art. 143 c.c. Egli riteneva, invece, che tale dovere rappresentasse «l'elemento più importante, quello che ogni altro riassume; è (...) l'elemento spirituale che regge e vivifica il vincolo e gli dà un altissimo valore etico». È «il *mutuum adiutorium* dei canonisti».

Egli osservava altresì, da un lato, che tra i doveri matrimoniali, quello di assistenza è il più variabile quanto al contenuto, essendo influenzato dalle condizioni ambientali, dall'altro, che esso dovrebbe essere valorizzato dalla legislazione e dalla giurisprudenza.

Il legislatore, proprio come ha preconizzato l'illustre Autore, è intervenuto nel 1975 non solo facendo recuperare posizioni al dovere di assistenza nell'elencazione dell'art. 143 c.c., ma soprattutto aggiungendo gli aggettivi «morale e materiale». Ed allora non v'è dubbio che l'assistenza sia davvero il cuore del matrimonio; ciò che lo giustifica e lo conserva nel tempo.

Di più: l'assistenza esprime il senso più profondo della famiglia, connotandone i rapporti anche con i figli. L'art. 315-*bis*, co. 1, c.c. indica tra le situazioni giuridiche soggettive del figlio il diritto di essere assistito moralmente dai genitori. È questo un diritto a tutela della persona, che si impone nonostante la crisi coniugale (o dei genitori conviventi di fatto), giacché l'art. 337-*ter*, co.

---

preclusione all'esperimento dell'azione di risarcimento per violazione dei doveri nascenti dal matrimonio, così come nessuna preclusione si forma in caso di separazione consensuale».

[16] Cass., n. 6598/2019, cit., conferma la condanna per lite temeraria di cui all'art. 96 c.p.c. per aver il coniuge tradito proposto domanda risarcitoria nei confronti del terzo per violazione del dovere di fedeltà.

[17] Cass., n. 6598/2019, cit., § 8.

1, c.c. ne ribadisce l'esistenza e ciò mostra il segno della sua importanza quale valore di civiltà.

C'è un nesso giuridico tra il dovere di assistenza e la responsabilità tanto di un coniuge nei confronti dell'altro quanto del genitore verso il figlio. La violazione di tale dovere espone il coniuge all'addebito della separazione, alla riduzione dell'assegno di divorzio, stante la previsione dell'art. 5, co. 6, legge n. 898/1980 che impone al giudice di tener conto «delle ragioni della decisione» (di divorziare), e al reato di cui all'art. 570 c.p. Se, invece, i genitori (o quello che esercita in via esclusiva la responsabilità genitoriale) non rispettano il dovere di assistenza del figlio, non vi porrà più essere rapporto di filiazione; pertanto, a fronte del fallimento degli istituti volti a recuperare la genitorialità (artt. 2 ss., l. n. 184/1983), si avvierà il procedimento di adozione, il cui presupposto è proprio l'aver privato il figlio dell'assistenza morale e materiale (art. 8, co. 1, l. n. 184/1983).

Il contenuto di tale dovere non si lascia definire con esaustività, potendo esso variare da caso a caso e dal contesto di riferimento. Si può asserire, in termini generali, che l'assistenza morale, dal un lato, evochi quelle condotte di aiuto reciproco sotto il profilo psicologico e spirituale, dall'altro, esiga un atteggiamento di partecipazione ai bisogni esistenziali e alle aspirazioni del consorte. Supporto, ascolto e complicità sono il nucleo dell'assistenza morale, la quale risulterà violata qualora un coniuge si dimostri, per un tempo apprezzabile, intollerante e polemico rispetto ai bisogni, idee, convinzioni e richieste dell'altro [18].

Il dovere di assistenza morale preclude, insomma, condotte lesive della personalità del coniuge, dei suoi diritti fondamentali e implica un obbligo di attivarsi attraverso l'ascolto, la comprensione e il sostegno affinché il matrimonio sia il mezzo attraverso cui la persona possa continuare, con maggiore slancio ed efficacia, il cammino per realizzare sé stesso.

Tra i fattori più rilevanti per la realizzazione della propria personalità vanno ricomprese le ambizioni lavorative e il credo religioso, elementi, questi, che non possono essere costantemente osteggiati o mortificati dall'altro coniuge (ad es.: perché non credente o perché pretende che l'altro si occupi esclusivamente della casa e dei figli). Parimenti costituisce violazione del dovere di assistenza morale il perdurante e ingiustificato rifiuto di rapporti sessuali, ciò che costituisce un'ingiuria grave nei confronti dell'altro coniuge e, pertanto, causa di addebito.

Se subentra una malattia mentale, non si possono pretendere dall'altro coniuge sforzi eccezionali in mancanza dei quali si ha violazione dell'obbligo di assistenza morale e materiale. Obbligo che potrà dirsi violato a fronte di un abbandono non

---

[18] Secondo Cass., n. 753/2015 «un comportamento prevaricatore, assolutamente incompatibile con il fondamento comunitario della vita familiare, [nonché] un atteggiamento unilaterale, sordo alle valutazioni e alle richieste dell'altro coniuge, eccessivamente rigido, può tradursi, nella violazione dell'obbligo, nei confronti dell'altro coniuge, di concordare l'indirizzo della vita familiare e, in quanto fonte di angoscia e dolore per il medesimo, nella violazione del dovere di assistenza morale e materiale sancito dell'art. 143 c.c.».

giustificato dall'atteggiamento assunto dal coniuge malato. Qui la libertà di scegliere la soluzione preferibile per il proprio futuro si scontra con l'assunzione del dovere di assistenza, che deve essere comunque adempiuto anche e soprattutto nelle difficoltà altrui insorte durante il matrimonio. Dovrà trattarsi, quindi, di una malattia sopravvenuta alle nozze, poiché la malattia già presente prima ma ignorata dall'altro è causa di annullamento del matrimonio (art. 122, co. 3, n. 1, c.c.).

L'assistenza materiale si lega a quella morale, costituendone il risvolto attuativo come nell'atto di alleviare l'altro nel proprio lavoro o nelle difficoltà transeunti della vita. È un dovere diverso da quello di contribuzione. Mentre quest'ultimo attiene a tutti i bisogni della famiglia, il primo è più strettamente legato alle necessità contingenti della persona.

5. (Segue). *Allontanamento dalla residenza familiare e addebito della separazione.*

Il dovere di assistenza morale e materiale è sospeso nei confronti del coniuge che, allontanatosi senza giusta causa dalla residenza familiare, si rifiuti di farvi ritorno (art. 146, co. 1, c.c.).

Affinché vi sia allontanamento occorre il rifiuto di far ritorno nella casa familiare, il che postula un richiamo da parte dell'altro a ripristinare la convivenza. Si tratta, perciò, di una fattispecie complessa caratterizzata dall'allontanamento e dal rifiuto; fattispecie che va distinta dalla separazione di fatto, incentrata su un accordo interruttivo della convivenza e comunque sulla mancanza del richiamo.

L'allontanamento è illegittimo se volto a sottrarsi agli obblighi derivanti dalla convivenza in una situazione in cui la convivenza non era intollerabile. Secondo la giurisprudenza di legittimità, quando colui che si è allontanato non riesca a provare la pregressa intollerabilità della prosecuzione della convivenza, gli sarà addebitata la separazione per violazione del dovere di assistenza morale e materiale [19]. Ai fini di tale prova non è sufficiente affermare che la convivenza era già intollerabile prima dell'allontanamento; occorre provare che vi siano stati de-

---

[19] Cass., n. 12373/2005 ribadisce due principi: 1) l'addebito della separazione personale tra coniugi si fonda sulla prova che la violazione dei doveri matrimoniali «abbia assunto efficacia causale nella determinazione della crisi coniugale». In caso di mancato raggiungimento di tale prova, deve essere pronunciata separazione senza addebito; 2) in particolare, l'abbandono della casa familiare non viola l'obbligo di convivenza né quello di mutua solidarietà «se si provi che (...) esso è stato determinato dal comportamento dell'altro coniuge, ovvero quando il suddetto abbandono sia intervenuto nel momento in cui l'intollerabilità della prosecuzione della convivenza si sia già verificata, ed in conseguenza di un simile fatto». L'onere di provare siffatte circostanze grava su chi abbia abbandonato la casa familiare. Conferma quest'orientamento Cass., n. 12241/2020 in riferimento a un caso in cui il giudice d'appello aveva accertato che, al momento dell'abbandono della casa coniugale da parte della moglie, la convivenza era già divenuta intollerabile, in conseguenza del comportamento di entrambi e dunque non poteva essere pronunciato l'addebito a carico del marito.

terminati fatti quali «prevaricazioni, intemperanze, violenze o una esasperante indifferenza ad opera di uno o di entrambi i coniugi, in un contesto di vicendevole intolleranza»[20].

Insomma chi richieda l'addebito in ragione dell'allontanamento del coniuge dovrà provare che tale fatto abbia determinato l'intollerabilità della prosecuzione della convivenza; sull'allontanato, per evitare l'addebito, grava la prova che la convivenza era già intollerabile prima dell'allontanamento[21].

Costituiscono giuste cause di allontanamento le ragioni di lavoro, di assistenza ad altri membri della famiglia (i genitori), di salute e, ciò che interessa di più, il verificarsi di fatti che abbiano reso intollerabile la prosecuzione della convivenza o tali da recare grave pregiudizio all'educazione dei figli. Tra questi ultimi vi sono le violenze, le prevaricazioni, la mancanza di assistenza morale e materiale o la difficoltà dei rapporti con i suoceri che convivano nella residenza familiare. In tali casi l'aver lasciato la casa familiare non potrà costituire motivo di addebito della separazione personale tra coniugi.

Ai sensi dell'art. 146, co. 2, c.c. costituisce giusta causa di allontanamento dalla residenza familiare la proposizione della domanda di separazione, di annullamento o di scioglimento/cessazione degli effetti civili del matrimonio. La semplice proposizione della domanda consente ad entrambi i coniugi – e non solo al convenuto secondo la tesi minoritaria – di allontanarsi.

Quanto agli effetti dell'allontanamento, se questo è privo di una giusta causa, si ha, ai sensi dell'art. 146, co. 1, c.c., la sospensione del diritto all'assistenza morale e materiale. Di conseguenza, in caso di separazione con addebito, si perderà il diritto all'assegno di mantenimento (art. 156, co. 1, c.c.).

Si discute se il coniuge allontanatosi ingiustificatamente perda anche il diritto agli alimenti. La risposta non è agevole. Da un lato si potrebbe ricondurre all'assistenza materiale di cui all'art. 146, co. 1, c.c. anche l'obbligo alimentare; inoltre se ha ragione quella dottrina secondo cui la sospensione ha natura sanzionatoria, volta ad indurre il coniuge allontanato a tornare, anche l'obbligo alimentare è sospeso.

Dall'altro però si potrebbe replicare, a prescindere dalla disputa sulla finalità sanzionatoria o meno della sospensione, che l'art. 156, co. 3, c.c. fa salvo l'obbligo alimentare – che «resta fermo» – a prescindere dall'addebito. Ciò significa che la condotta del coniuge contraria ai doveri matrimoniali non incide sul principio di solidarietà, fondamento dell'obbligo alimentare. Del resto quando il legislatore ha inteso escludere l'obbligo alimentare, lo ha stabilito espressamente come nel caso della cessazione del diritto alimentare per decadenza dell'avente diritto dalla responsabilità genitoriale (art. 448-*bis* c.c.).

---

[20] Cass., n. 12373/2005, cit., afferma che occorre la prova della «preesistenza di una crisi, in atto, di portata irrimediabile, non già di una crisi semplicemente momentanea».

[21] Cass., n. 25966/2016.

Si deve, dunque, ammettere che, anche se non è stata presentata domanda di separazione, né pronunciato l'addebito, è coerente col sistema ordinamentale ammettere che il coniuge, allontanatosi senza giusta causa dalla residenza familiare, possa sempre richiedere gli alimenti al consorte. In tal senso si è pronunciata quella dottrina che non attribuisce alla sospensione finalità sanzionatoria (P. Zatti).

Il coniuge allontanatosi senza una giusta causa dalla casa familiare può essere destinatario di un provvedimento di sequestro dei propri beni. Ciò al fine di garantire l'adempimento sia dei doveri di cui all'art. 143 c.c. nei confronti del coniuge abbandonato sia dei doveri di cui all'art. 147 c.c. verso i figli (art. 146, co. 3, c.c.). Il sequestro ha una funzione non già coercitiva o sanzionatoria, ma protettiva del coniuge abbandonato e, più in generale, della famiglia. Il desiderio di eliminare il vincolo coniugale va bilanciato con la tutela delle situazioni giuridiche familiari di cui sono titolari l'altro coniuge e i figli. L'assistenza materiale e la contribuzione non si sospendono a piacimento.

È da notare che l'art. 146, co. 3, c.c. fa discendere la praticabilità del sequestro dal semplice allontanamento. Si è posto così il dubbio se il sequestro possa essere disposto anche nei confronti del coniuge allontanatosi per giusta causa. Si pensi al caso del coniuge irascibile o violento il quale, dopo aver indotto l'altro a lasciare l'abitazione, intenda sequestrare i beni di quest'ultimo. Non sembra coerente né ragionevole una risposta positiva sulla sequestrabilità. Anzitutto perché, in astratto, non è ben coniugabile la sospensione del diritto all'assistenza morale e materiale di cui al comma 1 con la sequestrabilità dei beni di cui al comma 3 dell'art. 146 c.c. di chi è stato abbandonato.

È incoerente che il coniuge rimasto nell'abitazione possa chiedere il sequestro dei beni del consorte che si sia allontanato per giusta causa. Chi ha abbandonato il tetto coniugale a causa di ripetute violazioni dei doveri matrimoniali non può vedersi sequestrare i propri beni, giacché il sequestro non tutelerebbe alcun interesse meritevole di tutela. Non a caso l'art. 146, co. 3, c.c. stabilisce che il giudice «può [non deve], secondo le circostanze, ordinare il sequestro», lasciando intendere che all'abbandono non segue *ipso facto* il sequestro. Sono proprio le «circostanze» che dovrebbero indurre il giudice a respingere l'istanza di sequestro nel caso prospettato. Chi viola il patto matrimoniale incentrato, come si è detto, sull'assistenza morale e materiale, non può pretendere di ricevere la contribuzione da chi abbia giustamente abbandonato la casa familiare.

Secondo la tesi prevalente il sequestro ha natura conservativa con conseguente applicazione degli artt. 671 ss. c.p.c.

6. *Il dovere di collaborazione nell'interesse della famiglia.*

La collaborazione nell'interesse della famiglia non è un dovere minore, il cui ambito applicativo sarebbe oscurato dal dovere di assistenza; quasi che il primo fosse una modalità di attuazione del secondo.

Non è così, non solo perché l'art. 143 c.c. ante riforma del 1975 non lo prevedeva, contemplando invece il dovere di assistenza, ma soprattutto in ragione del diverso significato dei termini collaborare e assistere e delle diverse finalità di ciascuno di questi doveri.

L'*assistenza* offerta all'altro coniuge implica atti di cura, aiuto anche materiale di fronte al bisogno e all'aspirazione individuale. Chi assiste cerca di supportare l'altro anche nello sviluppo della sua personalità. Tale dovere fa sì che il matrimonio non diventi un involucro in cui i desideri importanti di ciascuno siano schiacciati dalla dimensione plurisoggettiva.

Collaborare significa, invece, essere di aiuto e di sostegno in tutto ciò che sia funzionale a realizzare, come precisa la norma, «l'interesse della famiglia». Si collabora, quindi, affinché la famiglia e non il singolo membro, compresi i figli, possano attraversare le difficoltà e gli eventi avversi. La collaborazione è lo strumento fondamentale di conservazione della famiglia in quanto formazione sociale.

È un dovere che spinge ciascun coniuge ad agire, a essere propositivo e disponibile a rendere la vita familiare più agevole possibile. Esso non è né una mera specificazione delle modalità di attuazione dell'assistenza (F. Santoro Passarelli), né una formula riassuntiva degli altri doveri (G. Furgiuele). È un dovere autonomo che esige un'attività personale e continua nell'interesse della famiglia, non sostituibile con la messa a disposizione di mezzi economici (M. Paradiso). È un dovere che si spinge, sul piano attuativo, fino al punto da superare, adattandola, la ripartizione dei compiti concordati dai coniugi per realizzare l'indirizzo della vita familiare qualora esigenze particolari lo richiedano.

Di conseguenza un coniuge che addossi sistematicamente all'altro la maggior parte delle incombenze familiari, della gestione dei figli, con una palese insoddisfazione e difficoltà del consorte, contravviene al dovere di collaborazione, esponendosi alla domanda di addebito. Più nello specifico, la dottrina ha ritenuto lesivo della collaborazione celare all'altro l'ammontare dei propri redditi. Una tale omissione, impedendo di concordare realisticamente l'indirizzo della vita familiare, dà luogo a un ritrarsi opportunistico da quell'atteggiamento collaborativo richiesto dalla legge.

Si può affermare che mentre il dovere di assistenza fa sì che il matrimonio sospinga la realizzazione personale di ciascun coniuge, la collaborazione, che dovrebbe riguardare anche i figli, connoti ogni famiglia non solo nella fase fisiologica ma anche in quella patologia qualora vi siano figli. Anche a fronte della separazione e del divorzio la presenza dei figli impone ai genitori di collaborare nell'interesse della prole (quindi della famiglia che comunque permane). L'affidamento condiviso, introdotto dalla legge n. 54/2006, postula proprio la capacità dei genitori di dialogare (collaborare) tra loro, di rendersi disponibili al fine di garantire l'effettività del diritto di figlio di mantenere un rapporto equilibrato e continuativo con ciascun genitore (art. 337-*ter*, co. 1, c.c.).

Quando ci sono figli, la separazione e il divorzio incidono sul matrimonio senza cancellare la famiglia. La collaborazione assurge a dovere che guida la (ex) coppia oltre il matrimonio nell'interesse della prole. Rispetto alla crisi familiare la collaborazione diventa un principio generale, la cui inosservanza influisce sui provvedimenti del giudice volti a regolare l'esercizio della responsabilità genitoriale.

La legge sulla negoziazione assistita (n. 162/2014 di conversione del d.l. n. 132/2014), in definitiva, sottolinea implicitamente che la fine del matrimonio è anzitutto una questione privata, da risolvere fuori dal tribunale, attraverso una cooperazione in buona fede e lealtà (art. 2, d.l. n. 132/2014). Insomma la collaborazione, l'accordo, la preminenza degli interessi del figlio sono i valori indicati dalla legge quali tratti essenziali connotanti la famiglia in tutte le sue fasi.

7. *Il dovere di coabitazione.*

Anche sul dovere di coabitazione, l'evoluzione normativa è stata netta rispetto al passato. Prima del 1975 il marito godeva di una posizione di primazia nella scelta della residenza, poiché la moglie era obbligata ad accompagnarlo ovunque egli avesse deciso di stabilirla (art. 144 c.c.); regola questa divenuta incompatibile con la Costituzione (art. 29, co. 2).

Il dovere di coabitare non va inteso nel senso di vincolare necessariamente i coniugi a vivere quotidianamente nella stessa abitazione, poiché esigenze lavorative, ad esempio, possono separare gli sposi in due città diverse e distanti tra loro. In tal caso occorre comunque un luogo deputato alla vita in comune (la casa coniugale), pur avendo uno dei coniugi una diversa dimora e un diverso domicilio rispetto alla residenza familiare.

Se non ci sono ragioni particolari, la coabitazione quotidiana è un effetto naturale del matrimonio, quale istituto che formalizza la scelta della vita in comune anche quanto all'abitazione.

La Cassazione ha tuttavia rilevato che nel tempo presente, poiché il mercato del lavoro «non garantisce una regolare coincidenza del luogo di svolgimento del rapporto lavorativo con il luogo di abitazione familiare», si instaurino più di frequente che in passato, rapporti affettivi stabili a distanza[22]. Ciò interessa non soltanto i conviventi di fatto, ma anche – soggiunge la Cassazione – le famiglie fondate sul matrimonio. Ne consegue un ripensamento del concetto di convivenza, «la cui essenza non può appiattirsi sulla coabitazione». La comunanza di vita

---

[22] Cass., n. 9178/2018. Si tratta di un caso di risarcimento del danno per morte del convivente di fatto in cui, a causa della diversa residenza del convivente superstite, i giudici del merito hanno negato la risarcibilità dei danni conseguenza – patrimoniale e non patrimoniale – alla morte cagionata da una condotta illecita altrui. La Cassazione ha cassato la sentenza d'appello, ridimensionando l'elemento della coabitazione rispetto ad altri indici, indicati nella sentenza, dai quali possa desumersi l'esistenza di un rapporto di convivenza di fatto e quindi di una famiglia.

e di affetti può esistere «in un luogo diverso rispetto a quello in cui uno dei due conviventi lavori o debba, per i suoi impegni di cura e assistenza, o per i suoi interessi personali o patrimoniali, trascorrere gran parte della settimana o del mese, senza che per questo venga meno la famiglia»[23].

Si consideri che – sempre con le parole della Suprema Corte – «esistono anche realtà in cui le famiglie, siano esse di fatto o fondate sul matrimonio, si formano senza avere neppure, per un periodo di tempo più o meno lungo, una casa comune, intesa come casa dove si svolge la vita della famiglia, in quanto ognuno dei due *partners* [o coniugi] è tenuto per i propri impegni professionali o per particolari esigenze personali» a vivere in un luogo diverso da quello in cui dimora il proprio compagno di vita[24].

Ne consegue che al giudice chiamato a valutare la violazione del dovere di coabitazione può essere prospettata una situazione particolare quale giustificazione della permanenza sporadica dei coniugi sotto lo stesso tetto e del rifiuto da parte di uno dei due di trasferirsi nel luogo in cui lavora l'altro[25].

Quanto al domicilio di uno dei coniugi, stante il disposto dell'art. 45 c.c., esso può essere stabilito in un luogo diverso dalla residenza familiare: in un altro indirizzo rispetto a quello in cui è stata fissata quest'ultima, ma sempre nella stessa città o, come si diceva, in un'altra città ove si ha anche la dimora.

In ottemperanza al principio di parità, la scelta della residenza familiare deve essere concordata «secondo le *esigenze di entrambi* e *quelle preminenti della famiglia*» (art. 144 c.c.). In caso di disaccordo, l'art. 145 c.c. prevede la possibilità – più teorica che pratica – di rivolgersi al giudice, il quale, se permane il disaccordo, deciderà solo se entrambi i coniugi gli abbiano attribuito un tale potere, il cui esercizio è orientato dalle esigenze di unità e di organizzazione ragionevole della famiglia.

Naturalmente il dovere non è violato in ragione di assenze che, nel loro complesso e per la loro giustificazione, siano ammissibili non incidendo sulla continuità della vita in comune, la cui essenza sta nel legame affettivo e nella concordia di intenti. In sostanza i coniugi possono derogare al dovere di coabitazione per ragioni rilevanti, senza che ciò incida sull'*affectio coniugalis*.

---

[23] Cass., n. 9178/2018, cit.

[24] Cass., n. 9178/2018, cit.

[25] Cass., n. 4558/2000. Nel caso di specie, nel 1976, i coniugi avevano accettato di vedersi nella casa familiare soltanto nel fine settimana, poiché il marito lavorava a Rimini e la moglie a Parma. Questa situazione si è protratta fino al 1985 senza incontrare il dissenso del marito, il quale ravvisava nel rifiuto della moglie di trasferirsi a Rimini, manifestato nell'ultimo triennio, la causa della separazione. Secondo i giudici del merito, la separazione non poteva essere addebitata alla moglie, giacché vi era stato l'accordo di vivere in città diverse. Neppure il marito poteva far valere, sempre al fine dell'addebito, il rifiuto della moglie di svolgere un lavoro a Rimini procuratole dal marito stesso ma diverso da quello da lei svolto a Parma. È legittimo, quindi, avere due abitazioni diverse e due centri di interesse distinti se in questo senso ci si accordi quale indirizzo della vita familiare.

Alla coabitazione si collega l'esplicazione dell'attività sessuale (*ius in corpus*), la quale deve essere sempre consenziente. Perciò si integra il reato di violenza o di tentata violazione sessuale qualora un coniuge non voglia concedersi all'altro.

L'allontanamento senza giusta causa dalla residenza familiare comporta, come abbiamo visto, la sospensione del diritto all'assistenza morale e materiale di cui all'art. 143 c.c., qualora l'allontanato rifiuti di farvi ritorno. Rispetto al regime previgente al 1975, dove la separazione personale tra coniugi poteva essere pronunciata in casi tassativamente previsti, oggi vi è una maggiore ampiezza in ordine ai fatti integranti la giusta causa di allontanamento. L'art. 146, co. 2, c.c. stabilisce, infatti, che la proposizione della domanda di separazione costituisce, di per sé, giusta causa di allontanamento. Ora poiché l'intollerabilità della prosecuzione della convivenza, presupposto della separazione, è inteso dalla giurisprudenza in senso soggettivo[26], qualsiasi ragione giustifica l'allontanamento, purché segua la domanda di separazione.

L'allontanato è tenuto al dovere di contribuzione ai bisogni della famiglia. Secondo l'art. 146, comma 3, il giudice, valutate le circostanze, può ordinare, come già rilevato sopra, il sequestro dei beni del coniuge allontanatosi. Se c'è stata una violenza familiare alla base dell'allontanamento, il giudice non disporrà verosimilmente questo provvedimento, previsto anche a tutela del diritto del figlio di essere mantenuto.

8. *Il dovere di contribuzione e la questione della sua rilevanza esterna.*

Il passaggio dall'obbligo del marito di mantenere la moglie (artt. 132-133 c.c. 1865) al dovere di entrambi i coniugi di contribuire ai bisogni della famiglia, «ciascuno in relazione alla proprie sostanze e alla propria capacità di lavoro professionale o casalingo» (art. 143, co. 2, c.c.) rappresenta la migliore attuazione del principio costituzionale della parità tra i coniugi. Difatti mentre la comunione legale, istituto volto ad attuare l'uguaglianza dei coniugi nel matrimonio attraverso la valorizzazione del contributo dell'altro – *ab origine* soprattutto della donna – alle fortune familiari, è derogabile con una convenzione matrimoniale (artt. 159 e 162 c.c.) il dovere di contribuzione non lo è (art. 160 c.c.).

Così disponendo, il coniuge meno abbiente non si sentirà sminuito nella compagine familiare, potendo contribuire e beneficiare della contribuzione altrui secondo un programma concordato (art. 144 c.c.). Non c'è più un coniuge in posizione di inferiorità – quello un tempo mantenuto – rispetto all'altro; entrambi devono far fronte ai bisogni della famiglia in proporzione alle proprie «sostanze» (beni mobili e immobili di cui si è titolari) e alla personale capacità di lavoro compreso quello casalingo (art. 4, co. 2, Cost.). La valorizzazione legi-

---

[26] Cass., n. 8713/2015.

slativa dell'attività domestica è stata importante in quanto attuativa della «pari dignità e piena potenzialità in ordine all'assolvimento del dovere reciproco che garantisce pari condizione giuridica nella coppia» (G. Vettori-A. Gorgoni).

Stante la funzione attuativa della parità coniugale e l'inderogabilità del dovere di contribuzione, questo costituisce – si suole dire – il regime patrimoniale primario della famiglia, laddove la comunione legale è ricondotta al regime patrimoniale secondario, essendo derogabile con la scelta della separazione dei beni.

Il predetto inquadramento della contribuzione consente di distinguerla dal dovere di assistenza materiale di cui all'art. 143, co. 1, c.c. Mentre la prima «assicura, sul piano economico parità di apporti per soddisfare i bisogni della comunità familiare», il secondo ha rilievo più ampio e grava su ciascun coniuge per assicurare ausilio e protezione reciproca. (G. Vettori-A. Gorgoni). Vi è una maggiore ampiezza perché la finalità dell'assistenza morale è di soddisfare i bisogni individuali dell'altro coniuge in una logica di reciprocità. Non si tratta però di un mantenimento, perché quest'ultimo postula una posizione di inferiorità di un coniuge rispetto all'altro da riequilibrare; ciò che è presente nell'assegno di separazione e in quello di divorzio.

L'assistenza morale e materiale è espressione della solidarietà matrimoniale, non già dell'uguaglianza come la contribuzione e implica di proteggersi a vicenda e di salvaguardare la prole.

Oltre all'inquadramento del dovere di contribuzione, un altro aspetto rilevante fonte di dibattito e di pronunciamenti giudiziari è la rilevanza esterna o solo interna del dovere di contribuzione a fronte dell'assunzione di un'obbligazione da parte di uno soltanto dei coniugi. Ammettere la rilevanza esterna significa che dell'obbligazione assunta da un coniuge per soddisfare un bisogno della famiglia risponde anche l'altro in forza della regola di solidarietà.

Secondo una tesi va negata la rilevanza esterna dell'obbligo contributivo, non potendosi imputare a un soggetto gli effetti di un negozio compiuto da un altro senza che l'autore dell'atto abbia il potere rappresentativo, altrimenti si violerebbe il principio della relatività degli effetti del contratto [(art. 1372, co. 2, c.c.) C.M. Bianca].

Invero la disamina di alcune disposizioni conduce a una conclusione opposta. L'art. 143 c.c., nel prevedere la reciprocità della contribuzione volta a soddisfare i bisogni familiari, attribuisce implicitamente a entrambi i coniugi il compito di attuare le scelte più opportune a tal fine. Il vincolo obbligatorio del coniuge non contraente sorge a fronte di un atto finalizzato al soddisfacimento di esigenze oggettive della famiglia e non certo personali del coniuge contraente. Esigenze, quindi, che siano state condivise o determinate dal tenore di vita dei coniugi. Se la controparte conosceva l'estraneità dell'atto ai bisogni della vita comune, il coniuge non contraente non potrà essere chiamato a rispondere.

Anche dalla disciplina della comunione legale si trae argomento a favore della tesi della rilevanza esterna. L'art. 190 c.c. prevede una responsabilità sussidiaria dei beni personali di ciascun coniuge, nella misura della metà del credito, quando i beni della comunione non siano stati sufficienti a soddisfare i debiti su di essa gravanti – quelli di cui all'art. 186 c.c. – e assunti da un solo coniuge. Vi è dunque il potere di ciascun coniuge di obbligare l'altro; potere che ha fondamento non già nel regime della comunione legale, il quale può valere nelle ipotesi di cui alle lett. a), b) e d) dell'art. 186, ma proprio nel dovere di contribuzione (A. Falzea trae argomento anche dall'art. 192 c.c. le cui regole oltrepassano l'ambito della comunione legale).

La giurisprudenza di legittimità ha assunto una posizione diversa da quella qui sostenuta, non essendo persuasa che la rilevanza esterna del dovere di contribuzione possa poggiare esclusivamente sull'art. 143, co. 3, c.c. Si afferma, infatti, in alcune sentenze, che un coniuge possa obbligare l'altro purché l'obbligazione sia stata contratta per soddisfare un bisogno della famiglia; ciò, tuttavia, non è sufficiente, occorrendo anche, secondo la Cassazione, l'affidamento nel terzo sul consenso del coniuge non intervenuto all'atto[27]. Altre sentenze specificano l'affidamento riconducendolo a una procura tacita o al principio dell'apparenza giuridica.

Questa giurisprudenza, in sostanza, non accoglie la rilevanza esterna del dovere di contribuzione, poiché richiede elementi che inducano la controparte del coniuge a ritenere che quest'ultimo sia legittimato a spendere il nome altrui nell'assunzione dell'obbligazione[28]. Il dovere di contribuzione, quindi, secondo quest'impostazione, non derogherebbe al principio della relatività degli effetti del contratto[29].

Per quanto sopra detto, invece, la responsabilità del coniuge non contraente deriva *ex lege* a prescindere dall'eventuale affidamento incolpevole della controparte.

---

[27] Cass., n. 8995/1992 e Cass., n. 12021/2002.

[28] Cass., n. 7501/1995 conferma la sentenza della Corte d'Appello secondo la quale nel venditore si sarebbe ingenerato il ragionevole affidamento che la controparte, nel richiedere alcune variazioni della fornitura di beni inizialmente ordinati dal marito, agisse in nome di quest'ultimo. Di conseguenza, secondo i giudici, anche il marito doveva ritenersi tenuto all'adempimento dell'obbligazione assunta dalla moglie per sé e, per effetto della procura tacita, per il marito stesso. Cfr. anche Cass., n. 19947/2004, la quale conferma la sentenza della Corte d'Appello che aveva escluso la responsabilità solidale del marito in quanto l'imprenditore – un traslocatore di mobili – non aveva provato l'esistenza del potere rappresentativo in capo alla moglie a sostegno della domanda di pagamento proposta contro di lui.

[29] Cass., n. 3471/2007 afferma che «l'obbligazione assunta da un coniuge, per soddisfare i bisogni familiari, non pone l'altro coniuge nella veste di debitore solidale, difettando una deroga rispetto alla regola generale secondo cui il contratto non produce effetti rispetto ai terzi». Nel caso di specie il mutuante aveva chiesto la restituzione della somma erogata al proprio fratello; richiesta rivolta non solo a quest'ultimo ma anche alla cognata, la quale non era stata parte del contratto di mutuo. Secondo la Cassazione non vi erano le condizioni affinché potesse operare il principio dell'apparenza del diritto, poiché il ricorrente non aveva prospettato nei giudizi di merito gli elementi fattuali da cui desumere la buona fede del terzo-mutuante e la ragionevolezza dell'affidamento sull'assunzione solidale (con la moglie del mutuatario) dell'obbligazione restitutoria.

9. *Accordo sull'indirizzo della vita familiare.*

L'art. 144 c.c., introdotto dalla legge n. 151/1975, nel prevedere l'accordo quale regola di svolgimento della vita familiare, si pone quale sviluppo logico e necessario della regola secondo cui «il marito e la moglie acquistano gli stessi diritti e assumono i medesimi doveri» (art. 143, co. 1, c.c.) e del principio costituzionale dell'uguaglianza morale e giuridica dei coniugi (art. 29, co. 2, Cost.).

È stata superata quell'opinione, autorevolmente sostenuta (F. Santoro Passarelli), secondo cui l'uguaglianza tra i coniugi non doveva implicare che a ciascuno di essi spettassero le stesse funzioni. Secondo questa dottrina «vi è e vi deve essere un capo, il marito, e [ciononostante] i coniugi debbono essere uguali». L'aggancio normativo della distinzione di funzioni nel matrimonio, pur nell'uguaglianza, era da ravvisarsi nell'art. 29, co. 2, Cost. nella parte in cui si prevede che la garanzia dell'unità familiare giustifica limiti legislativi al principio di uguaglianza morale e giuridica tra i coniugi.

Il ragionamento dell'illustre giurista è acuto, ma si infrange contro l'obiezione della diversità di funzioni quale segno della violazione del principio della parità dei coniugi. La presenza di un capo finisce, infatti, con l'accentuare il diverso rilievo dei coniugi nella famiglia; il che si traduce inevitabilmente nell'attribuzione di un «peso» maggiore al pensiero e alle decisioni del capo (in netto contrasto con l'uguaglianza morale). Non solo: da tempo è diffusa la consapevolezza che l'unità della famiglia è garantita più incisivamente dalla sintesi del volere di entrambi i coniugi nello stabilire il governo della vita familiare e non già dal decisionismo unilaterale.

Se i coniugi non sanno impostare una strategia di vita condivisa, se essi non riescono a esprimere una visione comune del presente e del futuro, il matrimonio è destinato a sgretolarsi, non potendo certo essere salvato dalle imposizioni del marito.

Bisogna però considerare che Santoro Passarelli scriveva nel 1953, quando la Costituzione della Repubblica era molto «giovane»; non c'era il divorzio e, in generale, i tempi non erano maturi per porre i coniugi su un piano di perfetta parità. Del resto, la stessa Costituzione indulge al compromesso tra vecchio e nuovo (così anche nella filiazione ai sensi dell'art. 30, co. 3), offrendo una sponda agli studiosi del secolo scorso per la conservazione dell'antica struttura gerarchica familiare. Ma la concezione della famiglia all'epoca esistente, incisa dalla nuova assiologia costituzionale, non poteva reggere.

I cambiamenti sociali registrati e innescati dalla Costituzione hanno, inevitabilmente, influenzato l'interpretazione della stessa Carta fondamentale nel senso della promozione sempre più accentuata l'uguaglianza. Così l'art. 144 c.c. nella versione antecedente alla riforma del 1975 – «Il marito è il capo della famiglia; la moglie (...) è obbligata ad accompagnarlo dovunque egli creda opportuno di fissare la sua residenza» – era destinato al superamento per effetto di una maggiore considerazione del principio costituzionale di parità dei coniugi rispetto ai limiti, anch'essi costituzionali, a tutela dell'unità familiare.

Non stupisce, quindi, che nel nuovo art. 144 c.c. risalti l'accordo. Concordare «l'indirizzo della vita familiare» significa stabilire il programma della vita in comune con riguardo soprattutto al tenore esistenziale, alla forma della convivenza, al lavoro di ciascuno (luogo e tempo), alla regolazione della contribuzione, alla distribuzione dei compiti e alla scelta delle priorità familiari. Si tratta, con espressione più sintetica, di determinare «i modi di svolgimento e i contenuti del rapporto coniugale» (F. Ruscello).

L'oggetto dell'accordo riguarda, quindi, situazioni patrimoniali e non patrimoniali. Quanto a quest'ultime è stato ovviamente osservato come i diritti fondamentali della persona siano garantiti anche nella comunità familiare, perciò essi non hanno bisogno dell'autorizzazione altrui per essere esercitati.

Gli accordi di indirizzo si legano strettamente all'essenza del matrimonio quale comunione di vita spirituale e materiale. Avere in comune l'esistenza in tutti i suoi aspetti esige che i coniugi concordino su come viverla. Ha colto nel segno quell'autorevole dottrina nell'affermare che «l'accordo fra i coniugi è criterio normativo di "governo" della famiglia che impone non tanto la vincolatività di ciò che s'è concordato quanto l'impegno reciproco da parte dei coniugi all'effettivo raggiungimento dell'intesa» (F. Ruscello). Perché è evidente che se i coniugi non riescono ad accordarsi su aspetti fondamentali della vita in comune, il matrimonio si indebolisce fino allo scioglimento. Come si è già osservato, infatti, l'intervento risolutivo del giudice, previsto all'art. 145 c.c. per superare il mancato raggiungimento dell'accordo su affari essenziali della famiglia è una possibilità più teorica che effettiva.

Occorre però una sottolineatura. Pur essendo il matrimonio retto dall'accordo, non è pensabile che l'autonomia negoziale dei coniugi sia assoluta, pena un possibile stravolgimento dell'istituto matrimoniale rispetto ai suoi valori di riferimento. Vi è spazio per un controllo di meritevolezza degli accordi di indirizzo rispetto a quei valori costituzionali di fondo (parità tra i coniugi, solidarietà). Ad esempio è illecito l'accordo che, nella sostanza, assegni a un coniuge una posizione di supremazia nei confronti dell'altro; come pure, più nello specifico, è nullo un accordo che deroghi ai diritti e ai doveri di cui all'art. 143 c.c., come si evince dall'art. 160 c.c.

Il collegamento dell'accordo con i valori propri del matrimonio permea l'istituto matrimoniale, il quale come tutte le formazioni sociali è funzionale allo sviluppo della persona, e tutela al contempo i coniugi. Si consideri che gli accordi di indirizzo hanno rilievo non soltanto nella fase fisiologica del rapporto, ma anche in quella patologia della crisi coniugale, essendo determinanti per stabilire, come hanno chiarito le Sezioni Unite della Cassazione[30], l'*an* e il *quantum* del-

[30] Cass., Sez. Un., n. 18287/2018, cit., riconosce all'assegno di divorzio una funzione perequativo-compensativa degli effetti negativi delle scelte compiute da un coniuge nella definizio-

l'assegno di divorzio. Quest'orientamento giurisprudenziale è il portato del principio costituzionale della parità dei coniugi.

Insomma l'accordo sull'indirizzo familiare è e deve essere espressivo dei principi costituzionali; esso incide sulla regolamentazione degli effetti economici del divorzio e si caratterizza per la mutevolezza del suo contenuto, essendo le esigenze familiari in continuo cambiamento. L'accordo non si cristallizza nel tempo, ma esige sempre nuove intese. Ecco perché ciò che è decisivo ai fini della stabilità del matrimonio non è tanto la forza di legge degli accordi coniugali, come nel contratto (art. 1372, co. 1, c.c.), ma la capacità sempre corrente di accordarsi.

Chiariamo: non si vuol dire che gli accordi di indirizzo non siano vincolanti, ma la loro vincolatività opera in modo diverso dai contratti. Si pensi a un'intesa sui rapporti sessuali o sull'interruzione della gravidanza; questa, in caso di inadempimento, non può certo essere oggetto di un rimedio coattivo. Semmai vi potrà essere una valutazione in punto di intollerabilità della prosecuzione della convivenza o di addebito della separazione se l'inosservanza dell'intesa familiare si traduca nella violazione di un dovere matrimoniale.

La vincolatività si apprezza, com'è stato osservato (F. Ruscello), «nel momento fisiologico del rapporto, allorquando è dato a ciascun coniuge il potere (...) di attuare l'accordo». Il fatto che ciascuno dei coniugi possa inverare l'indirizzo concordato deriva dalla vincolatività dell'accordo tra i coniugi; ciò varrebbe ancor di più ove si accogliesse la tesi, qui sostenuta, della rilevanza esterna del dovere di contribuzione, che implica la responsabilità solidale del coniuge non contraente.

10. (Segue). *Accordo sull'interruzione della gravidanza e posizione del padre.*

I coniugi potrebbero accordarsi sui rapporti sessuali e stabilire che, ove dovesse iniziare la gravidanza, la donna si impegna a non abortire. Qui la regola dell'accordo deve rapportarsi alla disciplina sull'interruzione volontaria della gravidanza, che prevede una disposizione specifica sulla posizione del padre.

L'art. 5, legge n. 1954/1978 («*Norme per la tutela sociale della maternità e sull'interruzione della gravidanza*») stabilisce che qualora la donna si rivolga a un

---

ne dell'indirizzo della vita familiare. È evidente, secondo le Sezioni Unite, che se un coniuge ha deciso in accordo con l'altro di lavorare part-time o di non lavorare per dedicarsi alla crescita dei figli, occorrerà considerare queste circostanze in sede di determinazione dell'assegno divorzio. Il matrimonio, infatti, non può avvantaggiare un coniuge – quello che si ritrova con un reddito maggiore – a scapito dell'altro che ha contribuito alla formazione del di lui patrimonio. Diversamente vi sarebbe una violazione del principio della parità dei coniugi (art. 29, co. 2, Cost.). L'art. 5, co. 6, legge n. 898/1970 prevede quale criterio dell'assegno di divorzio il «contributo personale ed economico dato da ciascuno alla conduzione familiare e alla formazione del patrimonio di ciascuno o di quello comune». Vi è quindi un collegamento tra questa disposizione e l'art. 144 c.c.

consultorio, a una struttura socio-sanitaria (comma 1) o al medico di sua fiducia (comma 2) per chiedere l'interruzione della gravidanza, l'interlocutore deve avviare un colloquio con la donna al fine di informarla dei diritti e dei possibili interventi di carattere sociale a sostegno della genitorialità; ciò deve avvenire alla presenza del padre del concepito soltanto se la donna lo consenta.

Questa regola che subordina alla volontà della gestante la partecipazione del padre al procedimento di interruzione della gravidanza è frutto di una precisa scelta legislativa volta a evitare un contrasto tra la posizione della gestante e quella del padre in ordine alla scelta abortiva; contrasto che si ripercuoterebbe negativamente sulla salute della prima.

Tale ultima eventualità, sotto il profilo giuridico, è stata eliminata in radice attraverso l'irrilevanza della volontà del padre in ordine alla prosecuzione o meno della gravidanza. Ciò non significa che un eventuale accordo sulla prosecuzione della gravidanza non possa rilevare – almeno secondo una parte della dottrina – sul piano dei rapporti interni tra i coniugi, giustificando l'intollerabilità della prosecuzione della convivenza. Mi sembra più difficile porre la decisione di abortire (su cui vi era dissenso dell'altro genitore) a fondamento della domanda di addebito, poiché l'aborto non incide sui doveri matrimoniali, la cui violazione è necessaria per aversi addebito (art. 151, co. 1, c.c.). A parte questa considerazione, si aggiunga che la tutela della salute della donna, cui è preordinata la disciplina dell'interruzione volontaria della gravidanza, si affievolirebbe ritenendo legittima la pronuncia di addebito a causa dell'aborto. Nella scala gerarchica dei valori, la salute della donna gode di una considerazione preminente rispetto al funzionamento del matrimonio e agli interessi ad esso sottesi.

Non a caso la Corte costituzionale ha dichiarato, con poche parole di motivazione, manifestamente inammissibile la questione di legittimità costituzionale dell'art. 5, legge n. 194/1978, nella parte in cui attribuisce alla sola madre, pur coniugata, la piena discrezionalità della decisione relativa all'aborto, sollevata per contrasto con il principio di uguaglianza tra coniugi posto dagli artt. 29 e 30 Cost. a base del matrimonio[31].

Secondo la Consulta la regola che lascia la donna unica responsabile della decisione abortiva è coerente con l'impianto complessivo della legge n. 194/1978 e in particolare con la «sicura prevalenza dello stato gravidico sulla salute sia fisica che psichica della donna». Se la gravidanza è un fattore potenzialmente lesivo della salute della donna, è da accogliere con favore l'impostazione del legislatore secondo cui l'esercizio del diritto alla salute della gestante non può essere conculcato da soggetti terzi, neppure dal padre del nascituro.

Successivamente la Cassazione non ha dato seguito alla richiesta di sollevare nuovamente questione di legittimità costituzionale dell'art. 5 per lesione del diritto alla vita del concepito e del diritto a formare una famiglia con figli (artt.

---

[31] Corte cost., n. 389/1988 (Rel.: F. Saja).

2, 8 e 12 Cedu e artt. 2, 10 e 11 Cost.)[32]. Il bilanciamento legislativo tra salute/vita della donna e tutela del nascituro, compiuto con la legge n. 194/1978 (artt. 4 e 6), è da ritenersi ragionevole e appropriato rispetto a un dato incancellabile rilevato dalla Corte costituzionale con la sentenza n. 27/1975: la gestante è già persona, il concepito non lo è ancora sebbene egli sia meritevole di protezione.

In dottrina, tuttavia, non sono mancate le voci con cui si è sottolineata l'ingiustificata emarginazione del padre (e del marito) con il risultato, dannoso per la donna, di deresponsabilizzare l'uomo. Il rilievo è senz'altro pertinente, ma non è agevole individuare una regola che, in prospettiva *de jure condendo*, eviti quella conseguenza senza conculcare al contempo il diritto fondamentale della donna alla salute.

Ad ogni modo, è ragionevole ritenere che ove il padre voglia far sentire la propria voce alla gestante, apportandole il sostegno necessario, non gli mancheranno le occasioni per farlo. Più realisticamente è lo spazio privato dei rapporti personali tra il padre e la gestante l'ambito in cui il primo può persuadere a tenere una certa condotta. Imporre per legge la presenza del padre ai colloqui della madre con il personale sanitario è foriero più di pericoli che di vantaggi per la sfera soggettiva e per la salute della gestante.

Un altro profilo legato a quello appena esaminato è racchiuso in questo interrogativo: ci si è chiesti se l'interruzione della gravidanza, decisa dalla donna con l'opposizione del padre, possa fondare una domanda risarcitoria per lesione del «diritto alla paternità». La Cassazione lo ha giustamente escluso per mancanza dell'elemento soggettivo della colpa di cui all'art. 2043 c.c., dato che, essendo l'interruzione della gravidanza un atto lecito (artt. 4 e 5, l. n. 194/1978), non vi potrà essere alcuna colpa da parte della donna[33].

11. (Segue). *Residenza familiare e dovere di accordarsi.*

L'art. 144, co. 1, c.c. individua un oggetto, da considerarsi di particolare rilievo, dell'accordo sull'indirizzo della vita familiare: la fissazione della «residen-

[32] Cass., n. 11904/1998. Nel caso di specie il marito, contrario all'interruzione della gravidanza, citava in giudizio la moglie chiedendo il risarcimento del danno subito in conseguenza della lesione del diritto alla paternità. La Cassazione ha confermato l'impostazione argomentativa della Corte costituzionale, affermando che l'estromissione del padre dalla decisione della donna è espressione della discrezionalità del legislatore, la quale è stata correttamente esercitata nell'aver attribuito preminenza assoluta alla tutela della salute della gestante.

[33] Cass., n. 11904/1998, cit., aggiunge che l'esclusione dell'elemento soggettivo della colpa andrebbe confermata anche qualora dovesse essere pronunciata la dichiarazione di incostituzionalità dell'art. 5, legge n. 194/1978, poiché l'effetto *ex tunc* della dichiarazione di incostituzionalità non varrebbe a mutare retroattivamente lo stato psicologico della gestante al momento dell'aborto.

za della famiglia secondo le esigenze di entrambi [i coniugi] e di quelle preminenti della famiglia».

Va osservato che, sebbene il legislatore abbia adoperato il termine residenza, questo non è da intendere in senso propriamente tecnico, giacché la famiglia, non essendo una persona fisica, non può avere una dimora abituale (art. 43, co. 2, c.c.). Il legislatore, con il sintagma «residenza della famiglia», ha voluto riferirsi al luogo nel quale i coniugi convivono come tali, considerandolo casa familiare.

I coniugi potrebbero avere residenze diverse; ciò che conta è il posto che essi hanno individuato quale luogo della vita in comune. Si è già rilevato sopra come la Cassazione abbia preso atto della necessità per i coniugi di vivere, talvolta, in due città diverse[34]. Perciò convivere come coniugi non postula necessariamente la coabitazione quotidiana sotto lo stesso tetto, né avere la medesima residenza; vi deve essere però un luogo in cui si svolge la vita familiare (non è una questione temporale, ma sostanziale di *affectio*).

Tutto questo per dire che la residenza familiare diventa un problema quando i coniugi non sono d'accordo sul luogo dell'affetto familiare. Se l'accordo c'è, è irrilevante il tempo in cui i coniugi convivano nella medesima abitazione.

L'art. 144, co. 1, c.c. detta altresì i criteri-guida della dialettica decisionale della coppia: si tratta delle «esigenze di entrambi e di quelle preminenti della famiglia». Quanto di più lontano, quindi, dalla previgente disposizione secondo cui la moglie era obbligata ad accompagnare il marito ovunque egli credesse opportuno di fissare la sua residenza (contavano le esigenze del marito dalle quali soltanto scaturiva la scelta della residenza). Invece, in un ordinamento che pone all'apice dei valori la persona, l'individuazione del luogo in cui vivere insieme non può che soddisfare le esigenze di entrambi i coniugi e «quelle preminenti della famiglia».

Con quest'ultima indicazione normativa non si vuole attribuire una posizione sovraordinata alla famiglia come organismo a sé stante rispetto a quella dei singoli membri. Una tale lettura, come si diceva, non sarebbe conforme al principio personalistico. Le esigenze della famiglia esprimono gli interessi dei singoli membri della famiglia stessa, anche dei figli, condivisi da entrambi i coniugi. L'interesse della famiglia si sostanzia nella sintesi della dialettica tra i coniugi volta a trovare l'accordo più ragionevole sulla residenza rispetto alle circostanze concrete riguardanti i singoli. La ragionevolezza è il criterio selettivo della scelta da preferire rispetto a esiti frutto di un soggettivismo solitario.

Ne consegue che un'eventuale opposizione da parte di un coniuge, priva di una ragione seria, che appaia irragionevole rispetto ai fatti, può, da un lato, giustificare una domanda di separazione per intollerabilità della prosecuzione della convivenza, dall'altro, fondare una domanda di addebito per violazione dei doveri coniugali. È stato osservato in dottrina che il dovere di raggiungere un ac-

---

[34] Cass., n. 9178/2018, cit.

cordo è un dovere coniugale al pari di quelli indicati dall'art. 143 c.c. (F. Ruscello). Insomma, ciò che è censurabile non è semplicemente il non aderire alla volontà dell'altro sulla residenza familiare, ma è l'irragionevolezza della propria posizione rispetto a quella che appaia più equilibrata rispetto alle esigenze di tutti i membri della famiglia o rispetto a quell'esigenza che, nel concreto, appaia preminente (si pensi alle necessità collegate alla salute del figlio).

La pretesa che, all'interno del matrimonio, il proprio pensiero debba essere inverato con prevalenza assoluta su quello altrui confligge con un carattere essenziale del matrimonio: la capacità e il dovere di trovare intese. Del resto, lo stesso art. 143, co. 2, c.c., obbligando i coniugi a collaborare nell'interesse della famiglia, antepone, sotto il profilo assiologico, la dimensione collaborativa all'autoreferenzialità.

Si può ritenere, in forza di un'interpretazione combinata degli artt. 143, comma 2, e 144 c.c., che vi sia un dovere dei coniugi di adoperarsi per trovare soluzioni funzionali alla continuazione della vita familiare e alla realizzazione della personalità dei singoli coniugi. Saper accordarsi, essere pronti a cogliere e soddisfare le esigenze della famiglia, dell'uno o dell'altro coniuge, costituisce il sostrato indispensabile della saldezza del matrimonio.

12. *Intervento del giudice e centralità dell'accordo.*

La facoltà di ciascun coniuge di ricorre al giudice, ai sensi dell'art. 145 c.c., «senza formalità» (ossia oralmente e senza l'assistenza di un avvocato), conferma anzitutto il principio della parità tra i coniugi. Difatti il disaccordo tra essi non è più superabile, come accadeva prima del 1975, attribuendo prevalenza alla volontà del marito, ma attraverso l'intervento del giudice.

La relativa disciplina postula una scelta legislativa precisa in ordine al rapporto tra autonomia ed eteronomia all'interno della famiglia: prevalenza e *favor* per la prima. Tant'è che, ai sensi del comma 2 dell'art. 145 c.c., il giudice può imporre una soluzione soltanto se entrambi i coniugi gli abbiano attribuito un tale potere, finalizzato a superare il conflitto insorto su una questione essenziale.

Vedremo più diffusamene come l'art. 145 c.c. distingua due fasi dell'intervento giudiziale: la prima (comma 1) *conciliativa*, la seconda (comma 2) *autoritativa*.

Per interpretare più esattamente quest'articolo, è utile seguire sia la successione dei suoi due commi, i quali graduano il ruolo del giudice, sia quella del comma 1 rispetto all'art. 144 c.c.

Quanto al primo profilo, il comma 1 dell'art. 145 prevede l'intervento del giudice in funzione di mediatore tra le parti; egli «tenta di raggiungere una soluzione concordata». In sostanza, come ha rilevato la dottrina (F. Ruscello e altri), «il giudice svolge una funzione di collaborazione nella gestione dei rapporti familiari, una sorta di assistenza (qualificata) della famiglia in crisi». Non si tratta, infatti, di un arbitraggio sul modello dell'art. 1349 c.c.

Il giudice cerca di far convergere i coniugi sulla soluzione che gli appaia maggiormente in grado di contemperare le posizioni di entrambi. In tal modo a decidere non è l'organo giudiziale adito – il tribunale ordinario – ma sono gli stessi coniugi sia pur aiutati dal giudice. Qualora l'assistenza giudiziale riesca, non si farà luogo alla seconda fase del procedimento che postula il fallimento della prima.

Rimanendo ancora sulla prima fase, non è di immediata evidenza quale sia l'ambito dell'oggetto del disaccordo giustificativo del ricorso al giudice. Lo si individua considerando, come si diceva sopra, il rapporto tra il comma 1 dell'art. 145 e l'art. 144 c.c. Se ne deduce che il «disaccordo» di cui all'art. 145 c.c. riguardi aspetti dell'indirizzo della vita familiare e la fissazione della residenza; dunque, ciò su cui vi è un dovere di accordarsi.

Secondo un'autorevole dottrina (M. Paradiso), invece, l'ambito dell'art. 145, co. 1, c.c. non va limitato alle questioni familiari oggetto di un accordo doveroso, ricomprendendo anche tutto ciò che, nella valutazione dei coniugi, è destinato ad incidere sulla vita familiare. Si argomenta dal comma 1, il quale non è così specifico come il comma 2.

Si può convenire con questa impostazione, protesa a valorizzare maggiormente lo strumento previsto per superare una situazione di impasse del rapporto coniugale. Tuttavia, com'è noto, l'art. 145 c.c. non si è rivelato uno strumento adatto a tal fine (applicato pochissime volte), poiché il giudice non è la figura più adatta per superare i contrasti tra i coniugi e, in definitiva, per agevolare il rapporto matrimoniale. Il che è ancor più vero oggi, in un sistema ordinamentale in cui la mediazione e la negoziazione assistita hanno rafforzato la percezione da parte dei consociati di disporre di un sistema giudiziario lontano da essi o a cui rivolgersi solo in caso di impossibilità di raggiungere un accordo extragiudiziale.

Di certo non rientrano nell'ambito applicativo dell'art. 145, co. 1, c.c. quei contrasti su aspetti della vita familiare afferenti alla competenza di un altro giudice. Un esempio è il disaccordo sull'indirizzo educativo del figlio; si pensi alla scelta di una scuola italiana o estera o alla trasmissione degli insegnamenti di una religione o di un'altra. In queste ipotesi, solitamente, la condotta di uno o di entrambi i genitori risulta pregiudizievole della posizione del figlio, il che giustifica un'azione giudiziale ai sensi dell'art. 333 c.c. da proporre al tribunale per i minorenni (art. 38, co. 1, disp. att. c.c.).

L'art. 145 c.c. neppure è applicabile all'ipotesi in cui il contrasto riguardi addirittura l'indirizzo complessivo della vita familiare. È evidente che il giudice non possa certo stabilire quale esso debba essere, altrimenti si avrebbe uno stravolgimento dell'essenza del matrimonio, la cui organizzazione deve essere conseguenza della comunione materiale e spirituale tra i coniugi. Non si può immaginare una scissione tra quest'ultima e l'indirizzo della vita familiare; ciò che avverrebbe ove quest'ultimo fosse rimesso a un terzo.

Se la prima fase dell'intervento giudiziale non supera il disaccordo, si passa eventualmente alla seconda dove il provvedimento del giudice è subordinato a due condizioni: 1) il disaccordo riguardi «la fissazione della residenza o altri affari essenziali»; 2) vi sia un'espressa e congiunta richiesta del pronunciamento giudiziale da parte di entrambi i coniugi (art. 145, co. 2, c.c.).

È agevole notare come in questa fattispecie il legislatore sia stato più preciso quanto all'oggetto del disaccordo. Gli «altri affari essenziali» cui fa riferimento il comma 2 devono essere riconducibili all'indirizzo della vita familiare. Non tutte le questioni, pertanto, possono essere rimesse alla decisione giudiziale, ma soltanto quelle che – come ha affermato la dottrina – «per l'importanza che assumono nell'ambito della comunità familiare, possono compromettere la vita e l'unità della famiglia» (F. Ruscello).

Che sia così lo si evince anche dall'ultima parte dell'art. 145, co. 2, c.c. in cui si indicano i criteri che devono ispirare la decisione giudiziale. Il giudice imporrà «la soluzione che ritiene più adeguata alle esigenze dell'unità e della vita della famiglia».

Riferimenti bibliografici.

AMRAM D., *Regimi giusfamiliari e tutela aquiliana: dall'immunità all'autonomia, qualche riflessione sul danno intrafamiliare*, in *Danno e resp.*, 2012, 4, 390 ss.; BASINI G.F., *Infedeltà matrimoniale e risarcimento: il danno «endofamiliare tra coniugi»*, in *Fam. pers. succ.*, 2012, 2, 92 ss.; BUSNELLI F.D., *Il dovere di fedeltà, oggi*, in *Giur. it.*, 1975, IV, 129 ss.; FACCI G., *Il danno da adulterio arriva in Cassazione*, in *Fam. e dir.*, 2012, 3, 251 ss.; FALZEA A., *Il dovere di contribuzione nel regime patrimoniale della famiglia*, in *Riv. dir. civ.*, 1977, I, 609 ss.; FANTETTI F.R., *La lesione della fiducia integra un'ipotesi di addebito della separazione*, in *Fam. pers. succ.*, 2009, 10, 777 ss.; FRANCESCO (Papa), *Fratelli tutti, Lettera enciclica sulla fraternità e l'amicizia sociale*, Città del Vaticano, 2020; JEMOLO A.C., *Il matrimonio*, Torino, 1961, 417 ss., scrive pagine di grande interesse dalle quali emerge lo spaccato di un'epoca in fermento. L'Autore tenta di coniugare i nuovi principi costituzionali in materia di famiglia con l'idea del matrimonio quale istituto che, per esistere, necessita di un capo – il marito – che ne indichi la direzione. Il che ha inevitabili ricadute limitanti sulla posizione, anche lavorativa, della moglie e sulla pronuncia di separazione per colpa (per «ingiurie gravi», disposizione poi abrogata nel 1975 a favore della separazione per intollerabilità della prosecuzione della convivenza); OLIARI S., *Addebito della separazione e tradimento plateale: funzioni diverse e azioni autonome*, in *Danno e resp.*, 2012, 4, 382 ss.; OLIVERO L., *Abbandono, addebito, assegno*, in *Giur. it.* 2021, 5, 1051 ss.; PARADISO M., *I rapporti personali tra i coniugi*, in *Il Codice civile – Commentario*, diretto da F.D. Busnelli, Milano, 1990; PARADISO M., *I rapporti patrimoniali tra coniugi, artt. 143-148 c.c.*, in *Il codice civile commentato*, diretto da F.D. Busnelli, Milano, 2019; PASCUCCI L., *Le obbligazioni contratte da un coniuge nell'interesse della famiglia tra diritto giurisprudenziale e possibile evoluzione legislativa*, *Fam. e dir.*, 2007, 6, 557 ss.; PERLINGIERI P., *Sui rapporti personali nella famiglia*, in *La persona e i suoi diritti*,

Napoli, 2005, 461 ss.; PERLINGIERI P., *Sull'eguaglianza morale e giuridica dei coniugi*, in *La persona e i suoi diritti*, Napoli, 2005, 409 ss.; PERLINGIERI G.-ZARRA G., *Ordine pubblico interno e internazionale tra caso concreto e sistema ordinamentale*, Napoli, 2019, 116 ss., affrontano la questione del matrimonio poligamico effettuato in un paese che l'ammetta quale antecedente logico giuridico di una richiesta di ricongiungimento familiare, di una pretesa successoria o del riconoscimento dello status di figlio. Gli Autori distinguono tra il riconoscimento del matrimonio poligamico in Italia, da escludere, e il riconoscimento di specifici effetti della poligamia che, considerati di per sé, non sono incompatibili con l'ordinamento italiano. Questa conclusione poggia sulla nozione di ordine pubblico inteso quale sistema che «comporta e presuppone un bilanciamento tra valori confliggenti, [di conseguenza] è normale che in situazioni dove sono in gioco diritti fondamentali di un soggetto (ad es. a vedersi riconosciuto lo status di figlio) ed in presenza di una situazione già legittimamente costituitasi all'estero, sarà l'esigenza di dare tutela a tali diritti a dover prevalere – nell'ambito dell'attività interpretativa svolta dall'interprete – rispetto alla volontà di non vedere riconosciuto in Italia alcun effetto connesso ad una situazione di poligamia»; PERLINGIERI G., *In tema di rapporti familiari poligamici*, in *Dir. succ. fam.*, 2018, 821 ss.; PLAIA A., *Il comportamento omosessuale del coniuge tra invalidità del matrimonio, addebito della separazione e responsabilità endofamiliare*, in *Fam. e dir.*, 2009, 6, 563 ss.; ROMA U., *Fedeltà coniugale: nova et vetera nella giurisprudenza della Cassazione*, in *Nuova giur. civ. comm.*, 2008, 11, 11286 ss.; ROPPO V., *Il giudice nel conflitto coniugale: la famiglia tra autonomia e interventi pubblici*, Bologna, 1981; RUSCELLO F., *I diritti e i doveri nascenti dal matrimonio*, in *Tratt. di diritto di famiglia*, diretto da P. Zatti, *Famiglia e matrimonio*, a cura di Ferrando-Fortino-Ruscello, Milano, 2011, I, 1065 ss.; SANTORO PASSARELLI F., *Il governo della famiglia*, *Saggi di diritto civile*, Napoli, 1961, 399 ss.; VETTORI G.-GORGONI A., *Il dovere di contribuzione*, in *Tratt. di diritto di famiglia*, diretto da G. Bonilini, *Il regime patrimoniale della famiglia*, Torino, vol. II, 2016, 1135 ss.; ZATTI P., *I diritti e doveri che nascono dal matrimonio e la separazione dei coniugi*, in *Trattato Rescigno*, Torino, 1996, 3, 2ª ed., (ma già la 1ª ed. del 1982).

CAPITOLO TERZO

L'UNIONE CIVILE

SOMMARIO: 1. La scelta di un istituto specifico per le coppie omo-affettive. – 2. Il percorso verso la legge n. 76/2016 e la rilevanza del rapporto affettivo stabile. – 3. Nozione di unione civile. – 4. Il procedimento e la costituzione dell'unione civile. – 5. Gli impedimenti. – 6. L'invalidità dell'unione civile. – *a*) Le incapacità. – *b*) La simulazione. – *c*) I vizi del volere. – *d*) Legittimazione ad agire, prescrizione, decadenza, separazione temporanea e artt. 128 ss. c.c. – 7. I doveri derivanti dall'unione civile. – 8. Clausola di equivalenza, esclusioni e clausola di salvaguardia. – 9. Scioglimento dell'unione civile e diritti patrimoniali. – 10. I procedimenti di scioglimento dell'unione civile: giudiziale e stragiudiziali. – 11. (*Segue*). Negoziazione assistita tra accordi e controlli. Lo scioglimento davanti al sindaco.

1. *La scelta di un istituto specifico per le coppie omo-affettive.*

L'11 maggio 2016 la Camera dei Deputati ha approvato in via definitiva il testo di legge Cirinnà (dal cognome della Senatrice che l'ha sostenuto), intitolato «Regolamentazione delle unioni civili tra persone dello stesso sesso e disciplina delle convivenze».

La legge 20.05.2016, n. 76[1], pubblicata nella Gazzetta ufficiale n. 118 del 21.05.2016, entrata in vigore il 5.06.2016, è storica; è stata attesa da diverso tempo e sollecitata dalla Corte europea dei diritti dell'uomo e dalla Corte costituzionale. Essa ha attribuito alle coppie dello stesso sesso il diritto di formalizzare la loro relazione affettiva attraverso l'istituto dell'unione civile.

Il legislatore, quindi, non ha scelto, come invece altri paesi (Olanda, Francia, Spagna, Danimarca, Gran Bretagna, Irlanda del nord e altri) di estendere il matrimonio alle coppie dello stesso sesso. Si è ritenuto di dover conservare

---

[1] La legge n. 76/2016 consta di un solo articolo e 66 commi poiché, per consentirne l'approvazione, il Governo ha presentato un nuovo testo (maxiemendamento) che ha evitato, con la mozione di fiducia, la discussione articolo per articolo. Rispetto al testo precedente (scandito in diversi articoli), sul quale si sarebbe determinata una impasse, si è deciso di togliere i riferimenti alla *step child adoption* – fattispecie, questa, comunque ammessa dalla giurisprudenza come si vedrà in seguito – e al dovere di fedeltà, oltre a prevedere alcune modifiche riguardanti lo scioglimento dell'unione. Questo accordo politico ha consentito di approvare il testo di legge, perciò di raggiungere il risultato più importante, ma a scapito di una buona confezione del prodotto parlamentare. La mancanza di una struttura organica caratterizzata da articoli, ciascuno corredato dalla rubrica, ha reso la legge meno fruibile soprattutto al non giurista.

la concezione tradizionale del matrimonio, basato sull'unione spirituale di due persone di sesso diverso. Quasi come se questa scelta politica fosse stata obbligata in ragione del disposto dell'art. 29, co. 1, Cost. che lega la famiglia al matrimonio.

Si è già rilevato, tuttavia, che tale articolo si interpreta nel senso che il matrimonio è soltanto una delle forme – sia pur preferite dai Padri Costituenti – attraverso cui si invera la famiglia. Difatti gli artt. 8 e 12 Cedu come interpretati dalla Corte EDU e l'art. 7 CDFUE pongono in risalto come la famiglia si fondi sulla relazione affettiva stabile, a prescindere dall'orientamento sessuale. Oltretutto non bisogna dimenticare che i valori sociali «si modificano e non possono essere estranei alla dinamica che è segno di vita» (P. Grossi), quindi anche la Costituzione, attraverso l'opera della Corte costituzionale, della Cassazione e del legislatore ha margini significativi di adattamento ai mutamenti sociali e giuridici. Ne consegue – a parere di chi scrive – che se l'art. 29, co. 1, Cost. fosse stato interpretato dalla politica unitamente agli artt. 2 e 3 Cost. e ai richiamati articoli delle fonti europee si sarebbe potuto estendere il matrimonio alle coppie omosessuali senza necessità di modificare la Carta costituzionale.

La soluzione italiana non mostra una coerenza stringente, neppure con l'art. 29 Cost., poiché, come si vedrà meglio in seguito, il legislatore ha modellato la disciplina dell'unione civile su quella del matrimonio (art. 1, coo. 13, e 20, l. n. 76/2016). Vi sono certo profili di diversità tra i due istituti, ma essi non appaiono tali da giustificare l'unione civile quale figura diversa dal matrimonio. Anzi addirittura alcuni essi, come ad esempio, la mancata previsione del dovere di fedeltà (art. 1, co. 11) o la regola sul cognome (art. 1, co. 10), appaiono rispettivamente come un travisamento legislativo dell'unione omo-affettiva e come una regola più rispettosa della parità rispetto a quella vigente per il matrimonio (art. 143-*bis* c.c.).

È stato sottolineato da un acuto studioso (P. Zatti, 1663) che il testo della legge n. 76/2016 si presenta come una «danza» tra disposizioni di rinvio alla disciplina del matrimonio (ad es.: l'art. 1, co. 5), altre imitative o parzialmente riproduttive di quelle matrimoniali (ad es.: l'art. 1, co. 11) e altre ancora a contenuto originale (ad es.: l'art. 1, co. 10). L'Autore non ha mancato di stigmatizzare la tecnica legislativa, frutto di un maxiemendamento, di un unico articolo con 69 commi. Ma, forse, quest'ultimo è il profilo minore rispetto al giudizio complessivo che Egli dà della legge: una legge contraddittoria in quanto il nome dell'istituto, unione civile, nasconde un rapporto di coniugio.

Va rilevato che la politica, forse più della società, non era pronta ad estendere il matrimonio alle coppie dello stesso sesso; così l'aver tracciato un solco tra l'unione civile e il matrimonio è servito, nell'intenzione del legislatore, non solo ad attribuire un significato forte all'art. 29, co. 1, Cost. quale radice culturale del diritto di famiglia, ma anche a ribadire la volontà contraria all'adozione piena omosessuale.

In realtà questa decisione, pienamente legittima, frutto del potere discrezionale del legislatore e non in contrasto con la Costituzione, non ha né sopito le discussioni né ben governato la complessità sociale e familiare. Basti pensare, come si vedrà nella parte II, alla PMA effettuata all'estero, all'adozione omosessuale disposta in un altro paese e all'adozione in casi particolari del figlio del partner dello stesso sesso ammessa dalla Cassazione. Soprattutto nei primi due casi si sono posti delicati problemi applicativi che hanno reso necessaria la ricostruzione dell'ordine pubblico di riferimento al fine di garantire tutela al minore di età.

Insomma la legge n. 76/2016, da un lato, è un'altra significativa tappa dell'evoluzione familiare, dall'altro ha svelato la necessità di ulteriori interventi del legislatore.

2. *Il percorso verso la legge n. 76/2016 e la rilevanza del rapporto affettivo stabile.*

Tutte le conquiste più significative sul terreno dei diritti hanno una storia contrassegnata da progressivi avanzamenti socio-culturali. Il cambiamento sociale e giuridico – che dovrebbe essere sincrono – soprattutto in materia familiare, è contrassegnato da stratificazioni e avanzamenti lenti nel pensiero dei consociati, nelle istituzioni, nella cultura (quindi anche nel diritto) e nella politica; quest'ultima appare sempre più spesso in ritardo nell'approntare strumenti a tutela di nuovi interessi ed esigenze che si confrontano in una dimensione giuridica sovranazionale.

La dottrina, i giuristi pratici, la giurisprudenza e il legislatore hanno colto il punto di partenza di tutta la riflessione: la rilevanza giuridica della relazione affettiva stabile anche tra persone dello stesso sesso. Da qui è scaturita un'innovativa giurisprudenza che ha condotto alla legge n. 76/2016.

Una trattazione diacronica della tema potrebbe iniziare, solo per delimitare un ambito temporale pur consci della sua maggiore complessità storica, dal 2010.

La mancanza di un istituto che consentisse alle coppie dello stesso sesso di rendere giuridica la relazione affettiva ha indotto a sollevare questione di legittimità costituzionale di diversi articoli del codice civile i quali, nel loro complesso, impedivano il matrimonio tra persone dello stesso sesso.

La Corte costituzione ha, però, dichiarato inammissibile la questione, ritenendo che dalla Costituzione non derivasse un obbligo per il legislatore di introdurre il matrimonio *same sex*[2]. Ciò si evince dall'art. 9 CDFUE, il quale, nell'affermare il diritto di sposarsi, rinvia alle leggi nazionali che ne disciplinano l'eserci-

[2] Corte cost., n. 138/2010 (Rel.: A. Criscuolo), cit., dichiara, come si dirà più ampiamente sopra nel testo, in parte inammissibile e in parte infondata, la questione di legittimità costituzionale degli artt. 93, 96, 98, 143, 143-*bis* e 156 c.c.

zio. In sostanza il modo con cui rendere effettivo quel diritto alberga nel potere discrezionale del legislatore di ciascuno Stato membro. Per tacitare ogni incertezza sul punto, la Consulta ha ricordato che le Spiegazioni relative alla Carta dei diritti fondamentali, strumento interpretativo di essa, hanno chiarito che l'art. 9 «non vieta né impone la concessione dello status matrimoniale a unioni tra persone dello stesso sesso»[3].

Questo esito è condivisibile; lo è meno il secondo dove la Corte costituzionale ha dichiarato non fondata la questione di costituzionalità, non potendosi ravvisare alcuna violazione del divieto di contrarre matrimonio tra persone dello stesso sesso degli artt. 3 e 29 Cost. Infatti, la non contrarietà al principio di uguaglianza e di non discriminazione non è stato argomentato, bensì solo affermato apoditticamente dalla Consulta[4]. La quale ha aggiunto, con riferimento all'art. 29 Cost., che l'interprete, sebbene i concetti di famiglia e matrimonio non siano da intendere come «cristallizzati» ma in evoluzione, «non può spingersi fino al punto da incidere sul nucleo della norma, modificandola in modo da includere in essa fenomeni e problematiche non considerati in alcun modo quando fu emanata».

Quest'ultimo argomento serve alla Consulta per escludere l'incostituzionalità: la famiglia scaturisce dal matrimonio. Ma è la politica che avrebbe potuto fare di più, perché il concetto di famiglia che si rispecchia in un'altra struttura rispetto al matrimonio è riconducibile anche all'art. 2 Cost. [(«formazioni sociali») come la stessa Consulta ammette], il che se da un lato non giustifica l'incostituzionalità, dall'altro non avrebbe precluso al legislatore l'estensione del matrimonio alle coppie *same sex*.

Insomma, si è fatto leva sul fatto che il matrimonio è stato concepito dai Costituenti come istituto riservato alle persone di sesso diverso, non avendo essi dibattuto della condizione degli omosessuali. Naturalmente la Corte costituzionale è consapevole che vi potrebbero essere casi in cui si mostra irragionevole negare alla coppia dello stesso sesso un certo diritto previsto per i coniugi. Qualora ciò accada, la Consulta ha ritenuto di poter garantire «un trattamento omogeneo (...) con il controllo di ragionevolezza»[5].

Questo passaggio è stato senz'altro significativo della marcia verso la legge n. 76/2016, unitamente e soprattutto al seguente: anche l'unione omosessuale, «in-

---

[3] Corte cost., n. 138/2010, cit., § 10.

[4] Corte cost., n. 138/2010, cit., § 9 afferma semplicemente che «la censurata normativa del codice civile che, per quanto sopra detto, contempla esclusivamente il matrimonio tra uomo e donna, non può considerarsi illegittima sul piano costituzionale. Ciò sia perché essa trova fondamento nel citato art. 29 Cost., sia perché la normativa medesima non dà luogo a una irragionevole discriminazione, in quanto le unioni omosessuali non possono essere ritenute omogenee al matrimonio». Cfr. in senso diverso parte II-cap. 7-§ 9 a proposito della sentenza della *Supreme Court* che ha ravvisato proprio una violazione del principio di uguaglianza.

[5] Corte cost., n. 138/2010, cit., § 8.

tesa come stabile convivenza tra due persone dello stesso sesso, è una formazione sociale» riconducibile all'art. 2 Cost. alla quale «spetta il diritto fondamentale di vivere liberamente una condizione di coppia, ottenendone – nei tempi, nei modi e nei limiti stabiliti dalla legge – il riconoscimento giuridico con i connessi diritti e doveri».

La natura di diritto fondamentale di vivere la propria condizione di persone legate affettivamente ha reso necessario, in chiave di effettività del diritto stesso, l'intervento del legislatore qualche anno dopo. Nel frattempo, sono intervenute altre tre importanti pronunce che hanno reso ancor più evidente la necessità di una legge che regolamentasse lo statuto delle coppie omosessuali: una della Corte costituzionale[6], due della Cassazione[7].

Anzitutto è nuovamente la Corte costituzionale, in un caso di intervenuta sentenza di rettificazione dell'attribuzione del sesso di uno dei due coniugi, a stabilire l'incostituzionalità della previsione dell'automatico scioglimento/cessazione degli effetti civili del matrimonio a fronte del mutamento del sesso, qualora vi sia la comune volontà di continuare la vita matrimoniale. In tale eventualità – osserva la Consulta – la coppia passa «da uno stato di massima protezione giuridica a una condizione di assoluta indeterminatezza», poiché le coppie dello stesso sesso non sono destinatarie – al tempo della pronuncia – di alcuna normativa organica che la valorizzi e la protegga, pur essendo una formazione sociale tutelata dall'art. 2 Cost. in quanto funzionale alla realizzazione della personalità umana. Da qui l'ulteriore invito al legislatore ad intervenire «con la massima sollecitudine»[8].

La seconda pronuncia è della Cassazione su un caso di trascrizione in Italia di un matrimonio contratto all'estero tra persone dello stesso sesso. Sebbene la trascrizione sia stata negata, la Suprema Corte ha affermato che il nucleo affettivo-relazionale posto alla base dell'unione omo-affettiva, essendo riconosciuto dall'art. 2 Cost., «può acquisire un grado di protezione e tutela equiparabile a quello matrimoniale in tutte le situazioni nelle quali la mancanza di una disciplina legislativa

---

[6] Corte cost., n. 170/2014 (Rel.: M.R. Morelli) «dichiara l'illegittimità costituzionale degli artt. 2 e 4 l. n. 164/1982 ("Norme in materia di rettificazione di attribuzione di sesso"), nella parte in cui non prevedono che la sentenza di rettificazione dell'attribuzione di sesso di uno dei coniugi, che provoca lo scioglimento del matrimonio o la cessazione degli effetti civili conseguenti alla trascrizione del matrimonio, consenta, comunque, ove entrambi lo richiedano, di mantenere in vita un rapporto di coppia giuridicamente regolato con altra forma di convivenza registrata, che tuteli adeguatamente i diritti ed obblighi della coppia medesima, con le modalità da statuirsi dal legislatore». In via conseguenziale la Corte dichiara altresì l'incostituzionalità dell'art. 31, co. 6, d.lgs. n. 150/2011. Vi può essere, infatti, la situazione in cui la coppia di coniugi, nonostante il cambiamento di sesso di uno dei membri, decida di continuare la vita insieme. In tal caso, la disposizione che prevedeva lo scioglimento automatico del matrimonio – dichiarata incostituzionale – pregiudicava la coppia, espropriandola dei diritti derivanti dallo status matrimoniale. Questo problema è stato risolto successivamente dall'art. 1, co. 27, l. n. 76/2016.

[7] Cass., n. 4184/2012, cit. e Cass., n. 2400/2015, cit.

[8] Corte cost., n. 170/2014, cit., § 5.6.

determina una lesione di diritti fondamentali scaturenti della relazione in questione». Rispetto alla pronuncia della Corte costituzionale, la Cassazione ha sottolineato che quest'opera di omogeneizzazione può essere svolta anche dal giudice comune, attraverso l'interpretazione costituzionalmente e convenzionalmente orientata delle norme sul matrimonio che vengono via via in questione[9].

Infine la terza sentenza, ancora della Cassazione, ha ripreso e arricchito gli argomenti giurisprudenziali emersi, affermando, in sintesi, quanto segue: 1) vi è stato un «processo di costituzionalizzazione delle unioni tra persone dello stesso sesso», incentrato non già sul canone antidiscriminatorio, ma sulla condivisione con il matrimonio «di un nucleo comune di diritti e doveri di assistenza e solidarietà propri delle relazioni affettive di coppie»[10], il che esige regole legislative anche per tali unioni; 2) gli artt. 12 e 8 Cedu obbligano gli Stati non già a estendere il matrimonio alla unioni omo-affettive, ma a prevedere una forma entro cui ricondurle; 3) la Corte costituzionale e precedenti pronunce della Cassazione hanno sollecitato il legislatore a intervenire.

L'inerzia del Parlamento ha determinato una condanna dell'Italia da parte della Corte EDU al risarcimento del danno non patrimoniale subito dalla coppia omosessuale non tanto per non aver potuto contrarre matrimonio nello Stato italiano, quanto per non aver potuto disporre di un istituto alternativo ad esso, quale l'unione civile o l'unione registrata, per formalizzare il rapporto[11].

La legge n. 76/2016 è, dunque, una legge imposta dalla Costituzione in funzione attuativa del diritto fondamentale della coppia omosessuale di vivere, in una cornice di diritti e di doveri, la propria condizione. In altri termini si può

---

[9] Proprio l'omogeneità di situazioni che possono scaturire dal matrimonio e dall'unione omo-affettiva e la rilevanza costituzionale di quest'ultima hanno indotto Cass., n. 4184/2012, cit., ad escludere la contrarietà all'ordine pubblico del titolo matrimoniale estero, pur riconoscendone l'inidoneità a produrre in Italia gli effetti del vincolo matrimoniale.

[10] Cass., n. 2400/2015, cit.

[11] Corte EDU, 21.07.2015, ricorsi nn. 18766/11 36030/11, caso *Oliari e altri c. Italia.* Questa pronuncia, sollecitata da tre coppie omosessuali a seguito della sopraricordata sentenza della Corte cost., n. 138/2010, ha condannato l'Italia per l'inattuazione del diritto della coppia omosessuale al rispetto della vita familiare, non essendovi alcun istituto in grado di valorizzare la relazione stabile omo-affettiva sul modello del matrimonio, lasciando così senza diritti ciascun membro della coppia. La Corte EDU concentra la sua argomentazione sull'art. 8 Cedu, sottolineando in particolare i seguenti aspetti: 1) dall'art. 8 Cedu discendono per gli Stati parte non solo obblighi negativi di non interferenza sui diritti previsti dal comma 1, ma anche *obblighi positivi* in funzione attuativa degli stessi (cioè lo Stato deve apprestare strumenti/istituti a disposizione dei consociati); 2) in quest'opera di attuazione, il margine di discrezionalità dello Stato parte è tanto più ristretto quanto più venga in rilievo un aspetto essenziale per l'identità della persona (rileva però il grado di diffusione del diritto di cui si discuta nei diversi paesi); 3) affinché lo Stato non incorra in responsabilità, occorre che esso chiarisca quale sia il diritto collettivo contrapposto (art. 8, co. 2, Cedu) a quello di cui il cittadino lamenti la lesione; 4) il Governo italiano non è stato in grado individuare tale diritto, incorrendo così nella violazione dell'art. 8 Cedu, in un contesto giurisprudenziale in cui le alte Corti italiane avevano invitato più volte il legislatore a intervenire a tutela della coppia omosessuale.

dire che l'imposizione deriva dalla necessità di attuare il diritto di formare una famiglia in una cornice formale di garanzie.

Occorre adesso esaminare le soluzioni legislative su diversi profili dell'istituto dell'unione civile: dalla costituzione, ai diritti e doveri degli uniti, fino allo scioglimento con qualche cenno ad aspetti di diritto internazionale privato.

3. *Nozione di unione civile.*

La scelta del legislatore di definire l'unione civile tra persone dello stesso sesso «quale *specifica formazione sociale* ai sensi degli artt. 2 e 3 della Costituzione» non esprime compiutamente il fenomeno, né rispecchia quanto emerso nella giurisprudenza interna ed europea. L'unione civile dà luogo a una famiglia, poiché gli uniti civilmente vivono una vita familiare. Si sarebbe dovuto prevedere che gli uniti civilmente costituiscono una famiglia, la cui rilevanza si trae dall'art. 2 Cost. e non arrestarsi a una definizione aspecifica che tradisce la realtà.

Del resto la Corte EDU è stata esplicita nel ritenere che la vita familiare nasce dal basso, ossia dal fatto che vi sia una coppia stabile e non solo dalla qualificazione legislativa; la Cassazione ha affermato che la convivenza di fatto «dà vita, anch'essa, a un autentico *consorzio familiare*, investito di funzioni promozionali» [12]. *A fortiori* l'unione civile, in quanto istituto attraverso cui si formalizza un impegno, esprime quella serietà di intenti propria delle compagini familiari.

Eppure, l'impronta non «familiarista» è evidente nel comma 11 dell'art. 1, legge n. 76/2016, laddove il legislatore, invece di reiterare l'espressione di cui all'art. 143, co. 3, c.c. «contribuire ai bisogni della famiglia», ha preferito sostituire al termine famiglia l'aggettivo «comuni». L'esito è quanto mai singolare se si considera che al comma 12 si stabilisce che «le parti concordano tra loro l'indirizzo della vita *familiare*» (l'aggettivo familiare sembra, dunque, una svista).

Insomma, il risultato dell'introduzione dell'unione civile non è dei più coerenti: da un lato si cerca di distinguerla dal matrimonio con mere scelte lessicali che fanno solo velo alla sostanza, dall'altro, attraverso la tecnica frequente del rinvio alla disciplina del matrimonio, si avalla l'idea di essere comunque di fronte a una famiglia fondata sull'unione civile e non già a una indistinta formazione sociale.

4. *Il procedimento e la costituzione dell'unione civile.*

Il procedimento amministrativo di costituzione dell'unione civile ricalca quello previsto per il matrimonio, sebbene non manchino differenze significative volte soprattutto a semplificarlo.

---

[12] Cass., n. 7214/2014, cit.

La disciplina di riferimento è contenuta nella legge n. 76/2016 e in larga parte nel d.P.R. n. 396/2000 come integrato dal d.lgs. n. 5/2017 emanato in forza della delega al Governo prevista dall'art. 1, co. 28, legge n. 76/2016. Tale decreto legislativo ha introdotto il titolo VII-*bis* («Della richiesta e della costituzione dell'unione civile») nel d.P.R. n. 396/2000 che detta le regole procedimentali affinché possa costituirsi validamente l'unione civile.

Nella prima fase, la coppia che intenda costituirsi in unione civile deve rivolgersi all'ufficiale dello stato civile del comune da essa scelto e dichiarare i propri dati anagrafici, il luogo di residenza e «l'insussistenza delle cause impeditive alla costituzione di cui all'art. 1, comma 4, della l. n. 76/2016» (art. 70-*bis*, d.P.R. n. 396/2000). Si noti come le parti sono libere di scegliere il comune in cui costituire l'unione civile, diversamente dal luogo delle pubblicazioni matrimoniali legato, invece, al comune dove uno degli sposi ha la residenza (art. 94 c.c.). La ragione sta nell'intento di semplificazione della procedura e anche di protezione della coppia da eventuali resistenze dovute a convinzioni culturali o religiose.

A proposito degli impedimenti, ossia delle ragioni ostative all'unione civile, l'art. 1, co. 4, legge n. 76/2016 ne indica diversi, richiamando articoli del codice civile, sebbene permangano talune peculiarità. Le parti devono essere necessariamente maggiorenni, stante il comma 2 dell'art. 1, legge n. 76/2016 e il mancato richiamo dell'art. 84 c.c.; inoltre i membri della coppia non possono essere lo zio e il nipote, né la zia e la nipote [art. 1, co. 2, lett. c), l. n. 76/2016]. Non vale per le unioni civili femminili il divieto temporaneo di nuove nozze, la cui ragione, quanto al matrimonio, sta nello scongiurare il rischio di incertezza della paternità della prole di sangue.

L'ufficiale dello stato civile, ricevuta la richiesta di costituzione dell'unione civile, redige «processo verbale in cui indica l'identità delle persone comparse, la richiesta a lui fatta, le dichiarazioni delle parti o di chi le rappresenta, e lo sottoscrive unitamente ai richiedenti». La richiesta, come si nota, può provenire anche da un rappresentante munito di procura speciale risultante da scrittura privata (art. 70-*bis*, d.P.R. n. 396/2000).

Nella seconda fase l'ufficiale è tenuto ad accertare l'esattezza delle dichiarazioni rese della coppia; accertamento da concludersi entro trenta giorni dalla redazione del processo verbale. In tale attività egli ha ampi poteri, potendo «acquisire d'ufficio eventuali documenti che ritenda necessari per provare l'inesistenza di impedimenti alla costituzione dello stato civile» (art. 70-*bis*, co. 2, d.P.R. n. 396/2000).

Solo in caso di imminente pericolo di vita di una delle parti, la costituzione dell'unione civile può avvenire senza le verifiche di cui all'art. 70-*bis*, comma 2, «purché le parti prima giurino che non esistono tra loro impedimenti».

Se durante la verifica dovesse emergere la presenza di un impedimento non dichiarato dalle parti, l'ufficiale dello stato civile ne informa immediatamente il procuratore della Repubblica, il quale proporrà opposizione alla costituzione dell'unione civile secondo la disciplina dell'art. 70-*undecies*, d.P.R. n. 396/2000. Il tribunale può, in via cautelare, sospendere la costituzione.

Solamente decorso il termine di trenta giorni o anche prima «se le verifiche sono completate prima e l'ufficiale dello stato civile ne ha dato obbligatoria comunicazione ai richiedenti, le parti possono presentarsi all'ufficiale dello stato civile per costituire l'unione civile» (art. 70-*ter*, d.P.R. n. 396/2000). Quindi, scaduti i trenta giorni, vale il silenzio assenso e si potrà costituire l'unione civile (art. 70-*octies*, co. 1, d.P.R. n. 396/2000).

Analogamente a quanto accade per effetto delle pubblicazioni matrimoniali (art. 99, co. 2, c.c.), se l'unione civile non è costituita entro i centottanta giorni successivi al termine delle verifiche dell'ufficiale dello stato civile, queste ultime unitamente alla dichiarazione delle parti perdono efficacia, perciò occorrerà rinnovarle (art. 70-*ter*, co. 4, d.P.R. n. 396/2000).

La fase della celebrazione è più snella rispetto a quella matrimoniale. L'art. 1, co. 2, legge n. 76/2016 stabilisce che l'unione civile si costituisce mediante una dichiarazione resa dai due soggetti maggiorenni in coppia davanti all'ufficiale dello stato civile e alla presenza di due testimoni. La dichiarazione è congiunta, personale (art. 70-*octies*, co. 2, d.P.R. n. 396/2000) e, in quanto costitutiva di un negozio di natura familiare, pura ossia non assoggettabile né a termine né a condizione.

È dubbio se sia applicabile per analogia l'art. 108, co. 2, periodo 2°, c.c. nella parte in cui applica il principio *vitiatur sed non vitiat*; è preferibile la risposta affermativa stante l'intento del legislatore di indurre alla responsabilità e alla serietà chi si accinga al matrimonio o all'unione civile. Pertanto, un termine finale o una qualsiasi condizione devono cadere senza al contempo incidere sull'istituto che resta valido (*contra* C. Coppola, 34).

Il ruolo dell'ufficiale dello stato civile, sotto il profilo formale, è meno dominante rispetto a quello che assume nel matrimonio: egli deve dare lettura del contenuto dei doveri di cui ai commi 11 e 12 della legge n. 76/2016, senza pronunziare alcuna formula solenne di chiusura come, invece, è previsto ai sensi dell'art. 107, co. 1, c.c. secondo cui egli dichiara le parti «unite in matrimonio».

La lettura dei doveri è espressiva della centralità della dichiarazione negoziale quale elemento fondante dell'unione civile, così come lo è la dichiarazione degli sposi di prendersi rispettivamente in marito e in moglie. L'essenza dell'unione sta nel condividere il sentimento di solidarietà reciproca e un progetto di vita comune. L'ufficiale dello stato civile si limita a certificare questo impegno reciproco, quindi a una mera ricognizione della volontà delle parti da unire civilmente. Da questo punto di vista è stata coerente la scelta del legislatore, su cui si tornerà, di non prevedere, in caso di crisi di coppia, la fase intermedia della separazione personale, bensì esclusivamente lo scioglimento dell'unione civile. Se, infatti, viene meno l'impegno reciproco, è corretto consentire alle parti di sciogliere subito il loro legame.

Ricevuta la dichiarazione congiunta e letti i doveri degli uniti civilmente, l'ufficiale dello stato civile redige l'atto costitutivo dell'unione. Tra i diversi elementi che questo deve contenere, indicati all'art. 70-*quaterdecies* d.P.R. n. 396/2000, si segnalano anzitutto «la menzione dell'avvenuta lettura del contenuto dei commi 11 e 12 dell'articolo 1 della legge n. 76/2016», nonché la dichiarazione delle parti di voler costituire l'unione civile.

Vi sono inoltre due scelte significative per la vita dei coniugi da riportare, se assunte, nell'atto costitutivo.

La prima attiene all'assunzione del cognome comune qualora la coppia abbia deciso, ai sensi dell'art. 1, co. 10, legge n. 76/2016, di scegliere tra i loro cognomi quello che identificherà l'unione. In tal caso, la parte il cui cognome non è stato indicato potrà a sua volta decidere se «anteporre o posporre al cognome comune il proprio cognome (…), facendone dichiarazione all'ufficiale dello stato civile». La dichiarazione di scelta del cognome comune, possibilità, questa, non prevista per il matrimonio – segnato pertanto da un tratto di discriminazione di genere (art. 143-*bis* c.c.) – dovrà essere inserita nell'atto costitutivo (art. 70-*quaterdecies*, co. 2, d.P.R. cit.).

La seconda dichiarazione da inserire nell'atto costitutivo è l'eventuale scelta del regime patrimoniale della separazione dei beni, poiché, anche per l'unione civile, come per il matrimonio (art. 159 c.c.), il legislatore ha indicato la comunione dei beni quale regime legale (art. 1, co. 13, l. n. 76/2016).

L'atto costitutivo, dopo essere stato letto agli intervenuti e sottoscritto dalle parti, dai testimoni e dall'ufficiale dello stato civile, viene iscritto da quest'ultimo nel registro delle unioni civili. (art. 70-*octies*, co. 4, d.P.R. cit.).

5. *Gli impedimenti.*

L'unione civile, come il matrimonio, è contrassegnata da impedimenti che ne precludono la costituzione. L'art. 1, co. 4, legge n. 76/2016 indica diverse cause impeditive, il cui fondamento risiede nel principio dell'unione monogamica (lett. a), nella tutela della capacità di intendere e di volere (lett. b), nella conservazione della sanità della stirpe (lett. c) o nella protezione della vita umana (lett. d).

Esaminiamo più da vicino ciascuno di questi impedimenti, la cui disciplina dimostra, una volta di più, come l'unione civile sia un istituto molto vicino al matrimonio, condividendone i principi e i valori di fondo.

La nostra tradizione matrimoniale si impernia sull'esclusività della relazione tra i membri della coppa. I doveri di fedeltà e di assistenza morale e materiale esigono di porre l'altro al centro della propria vita; l'altro quale persona con cui crescere all'interno di un progetto di vita comune (art. 143 c.c.).

La cultura matrimoniale italiana ed europea esclude che questa attenzione all'altro, che scaturisce dal considerarsi reciprocamente unici, unitamente all'impegno per la propria famiglia (art. 143, coo. 2 e 3, c.c.), possa essere concepita con riguardo a due matrimoni e, quindi, a due famiglie (le quali rilevano semmai a fronte di una separazione personale o di fatto e rispetto a una convivenza *more uxorio* iniziata da uno dei coniugi).

Il tratto dell'esclusività/unicità del matrimonio è a tal punto identificativo della nostra cultura da essere stato difeso dal codice penale attraverso la previsione del reato di bigamia. L'art. 556 c.p. stabilisce che «Chiunque, essendo legato da un matrimonio avente effetti civili, ne contrae un altro, pur avente effetti civili, è punito con la reclusione da uno a cinque anni. Alla stessa pena soggiace chi, non essendo coniugato contrae matrimonio con persona legata da matrimonio avente effetti civili». Il diritto penale punisce, quindi, non solo chi era già sposato, ma anche chi non lo era.

Sul piano civilistico, il matrimonio contratto in violazione dell'art. 86 c.c. («Libertà di stato») è affetto da nullità insanabile (art. 117, co. 1, c.c.).

Specularmente è vietato costituire un'unione civile tra due persone dello stesso sesso di cui una sia sposata o già in unione civile con un'altra persona [art. 1, co. 4, lett. a), l. n. 76/2016]. L'inosservanza del divieto è parimenti sanzionata penalmente: l'art. 574-*ter*, co. 1, c.p. stabilisce che «Agli effetti della legge penale il termine matrimonio si intende riferito anche alla costituzione di un'unione civile tra persone dello stesso sesso». Analogamente, sul terreno civilistico, l'art. 1, co. 5, legge n. 76/2016 sanziona con la nullità la violazione del comma 4.

È significativo, sotto il profilo evolutivo della famiglia, che anche l'unione omosessuale si fondi sull'esclusività del rapporto e sulla necessità di considerare unica l'altra persona. Anche da questo angolo di osservazione, come si vedrà meglio in seguito, è piuttosto discutibile la scelta del legislatore di non annoverare la fedeltà tra i doveri scaturenti dall'unione civile (art. 1, co. 1, l. n. 76/2016).

Ugualmente con riguardo alla tutela della volontà c'è simmetria tra matrimonio e unione civile. Come l'art. 85 c.c., l'art. 1, co. 4, lett. b), legge n. 76/2016 vieta all'interdetto di sposarsi. La ragione sta nell'impossibilità per una persona grave e abituale infermo di mente, qual è l'interdetto, di comprendere il significato e le conseguenze civilistiche del matrimonio. Così anche la persona omosessuale interdetta non può costituire un'unione civile. In entrambi i casi se l'istanza di interdizione è stata soltanto promossa, senza che sia intervenuta ancora la sentenza sullo status di interdetto, il pubblico ministero può chiedere che si sospenda la celebrazione del matrimonio o, nel nostro caso, la costituzione dell'unione civile fintantoché la sentenza che ha pronunciato sull'istanza di interdizione non sia passata in giudicato.

A proposito di tale impedimento, va rilevato come l'introduzione dell'amministrazione di sostegno abbia superato il giusto rilievo dottrinale secondo cui precludere in ogni caso all'interdetto l'esercizio di una liberà fondamentale come quella di sposarsi, legata strettamente alla personalità umana, integri una violazione della Costituzione. L'interdizione, però, è divenuta, per volontà del legislatore, una misura residuale (art. 414 c.c.) e la prassi giurisprudenziale sulla disabilità, incentrata nettamente sull'applicazione dell'istituto dell'amministrazione di sostegno, fa risaltare «un'abrogazione di fatto» dell'interdizione.

È pacifico che il beneficiario dell'amministrazione di sostegno, in forza del principio della minore limitazione possibile della capacità di agire (art. 1, l. n. 6/2004), possa contrarre validamente matrimonio. Qualora però la capacità di intendere e di volere del beneficiario dovesse essere compromessa al punto da integrare una infermità mentale, il giudice tutelare potrà estendergli, in forza dell'art. 411, ult. co., c.c., l'art. 1, co. 4, lett. b), legge n. 76/2016.

La lett. c) dell'art. 1 tratta, invece, dei rapporti di parentela quale impedimento all'unione civile. Si prevede che «la sussistenza tra le parti dei rapporti di cui all'art. 87, primo comma, del codice civile» impedisce che esse si costituiscano in unione civile». Vale, quindi, il divieto di unirsi civilmente tra ascendenti e discendenti, tra fratelli o tra sorelle, tra affini (salvo l'autorizzazione ai sensi dell'art. 87, co. 2, c.c.) tra adottante e adottato e i suoi discendenti e in altre fattispecie legate all'adozione.

Neppure possono unirsi civilmente, ai sensi della lett. c) dell'art. 1, co. 4, legge n. 76, lo zio e il nipote, la zia e la nipote. In tali casi però si richiama l'art. 87 c.c., pertanto, il tribunale, su ricorso degli interessati e sentito il pubblico ministero, potrà autorizzare l'unione civile.

Anche sotto il profilo dell'omicidio o del tentato omicidio, la disciplina dell'unione civile è simile a quella del matrimonio. Come prevede l'art. 88 c.c. per il matrimonio, la condanna definitiva per uno dei predetti reati a danno di chi sia coniugato o unito civilmente impedisce l'unione civile con l'altra parte della vittima (art. 1, co. 4, l. n. 76/2016). Sono previsti poi ulteriori casi dalla lett. d) in cui la costituzione dell'unione civile tra persone dello stesso sesso è sospesa «sino a quando non è pronunciata sentenza di proscioglimento».

La sussistenza di una delle cause impeditive appena indicate comporta la nullità dell'unione civile (art. 1, co. 5, l. n. 76/2016); tale sanzione, tuttavia, non pregiudica l'unito civilmente in buona fede, ossia all'oscuro dell'impedimento, stante il richiamo degli artt. 128, 129 e 129-*bis* c.c., sul matrimonio putativo (che diverrebbe perciò unione civile putativa) da parte dell'art. 1, co. 5, legge n. 76/2016, cit.

C'è un altro impedimento a contrarre matrimonio, anzi a contrarre un nuovo matrimonio, dato dalla dichiarazione di assenza di un coniuge pronunciata dal tribunale ai sensi dell'art. 49 c.c. Tuttavia il matrimonio ugualmente concluso non è invalido bensì instabile negli effetti, poiché, finché dura l'assenza, tale matrimonio non può essere impugnato (art. 117, co. 3, c.c.). Qualora l'essente ritorni, il matrimonio non è *ipso facto* inefficace, ma deve essere impugnato per farne dichiarare l'inefficacia dal giudice. Ciò si evince proprio dall'art. 117, co. 3, c.c.

Ora la legge sull'unione civile non ha richiamato l'art. 117, co. 3, c.c. e la cosiddetta clausola di equivalenza di cui all'art. 1, co. 20, legge n. 76/2016 esclude dall'estensibilità all'unione le norme del codice civile non espressamente richiamate. Rispetto all'unione civile, però, l'art. 117, co. 3, c.c. non contiene una disposizione eccezionale, così tale articolo deve ritenersi estensibile per analogia anche all'ipotesi dell'unito civilmente che costituisca una nuova unione civile a seguito dell'assenza dell'altra parte.

Quanto, invece, alla dichiarazione di morte presunta, l'art. 1, co. 5, legge n. 76/2016 richiama gli artt. 65 e 68 c.c. Mentre l'art. 65 c.c. stabilisce che il coniuge può contrarre un nuovo matrimonio, come l'unito civilmente costituire un'altra unione, l'art. 68 c.c. prevede che il matrimonio (e l'unione civile per effetto del richiamo normativo) «contratto a norma dell'art. 65 [cioè dopo dieci anni dal giorno dell'ultima notizia dello scomparso] è nullo, qualora la persona della quale sia stata dichiarata la morte presunta ritorni o ne sia accertata l'esistenza».

Questa disposizione se poteva avere una giustificazione quando il matrimonio era indissolubile, oggi urta con la libertà personale e con il principio personalistico perno della Costituzione. Non è ragionevole presumere che nel decorso dei dieci anni dal giorno dell'ultima notizia dello scomparso, il coniuge o l'unito civilmente, rimasti soli, non abbiano iniziato un'altra relazione importante, confluita rispettivamente nel matrimonio e nell'unione civile, perfezionati legittimamente dopo dieci anni dalla scomparsa. In questo caso la nullità del matrimonio e dell'unione civile, disposta dagli artt. 68 c.c. e 1, co. 5, legge n. 76/2016, mostra il volto ideologico dello Stato che reputa il primo matrimonio sempiterno anche quando la persona abbia iniziato da lungo tempo una nuova vita.

L'art. 68 c.c. andrebbe abrogato così da salvaguardare la validità del matrimonio contratto dopo che è divenuta eseguibile la sentenza che ha dichiarato la morte presunta.

6. *L'invalidità dell'unione civile.*

Anche la disciplina dell'invalidità dell'unione civile è modellata su quella del matrimonio. La legge sulle unioni ha accolto il portato dell'evoluzione normativa matrimoniale che, sul tema in esame, ha attribuito nel tempo maggior rilievo alla libertà e alla consapevolezza di ciascun membro della coppia che intenda sposarsi.

Se la disciplina delle invalidità matrimoniali è stata interessata, con la riforma del 1975, da un ampliamento dei casi di invalidità, dei vizi del volere e dalla previsione della simulazione del matrimonio, anche la legge sull'unione civile, con disposizione specifiche o con la tecnica del rinvio normativo, ha disciplinato tutti questi profili. Anzi si può dire che il ruolo del consenso ha assunto nell'unione civile maggiore centralità rispetto alla finalità perseguita dalla disciplina del matrimonio (comunque attenuatasi per via del c.d. divorzio breve) di evitare scioglimenti repentini. La disciplina dell'unione civile, infatti, non prevede, come si diceva, la separazione personale quale causa di scioglimento dell'unione (art. 1, co. 24).

Su un piano sempre di carattere generale, il legislatore dell'unione civile, stante il rilievo dei diritti e dei doveri nascenti dall'unione, riflesso dell'impegno solenne di vivere insieme in comunanza di spirito, ha protetto l'unito civilmente in buona fede a fronte dell'invalidità dell'unione attraverso il richiamo della disciplina codicistica del matrimonio putativo (artt. 128 ss. c.c.).

a) *Le incapacità.*

Sulle incapacità, l'art. 1, co. 5, legge n. 76/2016 richiama l'art. 119 c.c., il quale prevede la nullità del matrimonio, quindi anche dell'unione civile, compiuto dall'interdetto per infermità di mente se al momento del matrimonio già vi era la sentenza di interdizione passata in giudicato. Il divieto opera solo per l'interdetto giudiziale, cioè quello «per infermità di mente», e non anche per l'interdetto legale, ossia per chi sia stato condannato penalmente a una certa pena. L'art. 32 c.p. estende all'interdetto legale le disposizioni dell'interdizione giudiziale solo «per ciò che concerne la disponibilità e l'amministrazione dei beni nonché la rappresentanza negli atti ad esse relativi». L'interdetto giudiziale può dunque contrarre matrimonio, non attenendo questo atto alla sfera patrimoniale bensì a quella non patrimoniale.

La tutela della volontà dell'infermo di mente è stata garantita anche qualora al momento del matrimonio non era stata ancora pronunciata la sentenza di interdizione, purché l'infermità esisteva al momento del matrimonio (art. 119, co. 1, c.c.). Questa disposizione è un'eccezione alla regola generale secondo cui gli atti compiuti dall'interdetto prima di essere dichiarato tale sono validi, salvo che sia stato nominato un tutore provvisorio nelle more del procedimento giudiziale (art. 427, co. 2, c.c.). L'eccezione si spiega con l'intento di salvaguardare non solo la persona incapace, ma anche il nucleo del matrimonio, dato dal consenso, rispetto anche al fatto che non vi è ragione per tutelare l'affidamento della controparte che non può non essersi resa conto delle condizioni di chi è un grave e abituale infermo di mente.

In entrambi i casi il matrimonio può essere impugnato dal tutore, dal pubblico ministero e «da tutti coloro che abbiano un interesse legittimo».

Quest'ultima formulazione ha sollevato incertezze interpretative in ordine alla sua ampiezza. Letteralmente essa va intesa oltre gli stretti congiunti, così qualunque terzo sarebbe legittimato ad agire nell'interesse dell'interdetto, pur non avendo un interesse proprio. In un'ottica più restrittiva e più coerente rispetto all'indicazione del pubblico ministero tra i legittimati attivi, si renderebbe necessario anche un interesse proprio di tipo familiare di cui siano portatori coloro che, ai sensi dell'art. 417, co. 1, c.c., sono legittimati a proporre istanza di interdizione.

Anche la persona che era stata interdetta può impugnare il proprio matrimonio dopo la revoca dell'interdizione. Da questo momento decorrerebbe il termine di prescrizione ordinaria decennale; di conseguenza l'invalidità di cui all'art. 119 c.c. si atteggerebbe in modo peculiare quale annullabilità assoluta e non già come nullità. Ma che si tratti di un'annullabilità si evince dal comma 2 dell'art. 119 c.c. in cui si prevede la coabitazione, dopo revocata l'interdizione, in funzione sanante nel tipo della convalida tacita. Questa disposizione, tra l'altro, dimostra come il consenso e la comunione d'intenti, non certo il ruolo svolto dall'ufficiale dello stato civile nella celebrazione, siano gli elementi fondamentali costitutivi del matrimonio (e dell'unione civile).

Per coabitazione non si intende semplicemente il convivere nella stessa unità abitativa; non sarebbe sufficiente un tale fatto rispetto al *proprium* del matrimonio. La coabitazione deve essere piuttosto la conseguenza di un autentico e consapevole rinnovato patto matrimoniale sorretto dagli elementi materiali e spirituali di esso. Deve trattarsi, ai fini interruttivi, di una «convivenza come coniugi».

Coabitare significa però anche abitare insieme nella stessa casa; in questo senso va inteso l'art. 119, co. 2, c.c. che richiede un periodo di un anno (di coabitazione) in funzione sanante. Perciò deve esservi l'elemento soggettivo e oggettivo del vivere insieme. Il che non esige 365 giorni di coabitazione senza interruzione. Allontanamenti dalla casa familiare per ragioni di salute o di lavoro per brevi periodi non interrompe il decorso dell'anno. Deve trattarsi di una vera e propria interruzione, espressiva della volontà di non essere coniuge. In tal caso, in mancanza del decorso dell'anno, il matrimonio potrà essere impugnato.

Il soggetto con una psiche compromessa che abbia contratto matrimonio o unione civile è stato protetto anche qualora non sia stato sottoposto alla misura di protezione dell'interdizione. Così l'art. 120 c.c., richiamato dall'art. 1, co. 5, legge n. 76/2016, stabilisce che «il matrimonio può essere impugnato da quello dei coniugi [*ndr* o degli uniti civilmente] che, quantunque non interdetto, provi di essere stato *incapace di intendere o di volere, per qualsiasi causa*, anche transitoria, al momento della celebrazione del matrimonio [*ndr* o dell'unione civile]».

Va subito rilevato come il matrimonio postuli un'adeguata consapevolezza del significato e del contenuto – gli effetti – dell'impegno matrimoniale. Ove non si abbia tale capacità di comprendere, il matrimonio è annullabile, pur sussistendo una qualche percezione di cosa esso sia. Ma se vi è più di questa incapacità come nei casi della violenza fisica perpetrata per indurre a sposarsi o di matrimonio contratto in stato ipnotico o in una situazione di intossicazione da alcool da sostanze stupefacenti tale da privare il soggetto anche dell'intenzione di contrarre il matrimonio, quest'ultimo è nullo e non già annullabile.

Quanto all'individuazione della nozione di incapacità occorrente per l'annullamento, va richiamata quell'elaborazione dottrinale e giurisprudenziale formatasi con riguardo all'art. 428 c.c. È pacifico che l'incapacità naturale non debba dipendere necessariamente da quell'infermità mentale alla base dell'interdizione. Lo si evince dall'espressione «incapace di intendere o di volere», la quale collega il concetto di incapacità naturale all'elemento intellettivo e volitivo del negozio e non necessariamente all'infermità. L'offuscamento della volontà, quindi, può dipendere anche da fatti non costituenti infermità in senso tecnico.

Non occorre l'incapacità totale e assoluta del soggetto, ma è sufficiente che le facoltà intellettive o volitive siano diminuite a tal punto da impedire od ostacolare una valutazione seria del contenuto e degli effetti del negozio e, quindi, il formarsi di una volontà cosciente [13].

Vi sono però alcune specificità della fattispecie di cui all'art. 120 c.c. rispetto a quella dell'art. 428 c.c. Nella prima si prescinde da ogni riconoscibilità dell'incapacità, perciò non vi è alcuna tutela dell'altra parte (coniuge o unito civilmente capace). Il pregiudizio, non richiesto dall'art. 120 c.c., può dirsi però in *re ipsa* nell'aver contratto un matrimonio senza alcuna consapevolezza dei suoi effetti.

La condizione di incapacità naturale deve sussistere al momento della celebrazione del matrimonio, tuttavia può essere significativa la presunzione d'incapacità intermedia tra due periodi, precedenti e successivi al matrimonio, in cui siano stati accertati segni di squilibrio mentale del coniuge (o dell'unito civilmente). Naturalmente in tali processi è la consulenza tecnica d'ufficio ad assumere un rilievo decisivo ai fini della determinazione dell'incapacità di intendere e di volere.

Legittimato all'esercizio dell'azione è il coniuge incapace, poiché la norma è diretta a tutelare soltanto il suo interesse; non sono legittimati i suoi discendenti, i quali, ad esempio, avversano il matrimonio del loro genitore con la badante. La ragione sta nella permanenza della capacità legale nel soggetto sposatosi in condizioni dubbie di lucidità mentale, con la conseguenza che nessun terzo possa farsi portatore dei suoi interessi. Certo, se successivamente al matrimonio, l'incapace venga dichiarato interdetto in ragione dell'abitualità della sua patologia, il tutore, come abbiamo visto, potrà impugnare il matrimonio se l'infermità esisteva al tempo di quest'ultimo.

Neppure l'altro coniuge (o unito civilmente) potrà impugnare il matrimonio (o l'unione civile), in base al principio generale in materia di incapacità legale e naturale secondo cui il soggetto tutelato è solo l'incapace e non la controparte.

L'azione di annullamento è assoggettata al termine di decadenza di un anno da quando il coniuge (o l'unito civilmente) incapace abbia «recuperato la pie-

---

[13] *Ex multis*: Cass., n. 5159/2004 e Cass., n. 30126/2018, entrambe sull'art. 428 c.c.

nezza di facoltà mentali». È solo da tale fatto che il soggetto è nelle condizioni di esercitare il proprio diritto di annullare il matrimonio (art. 2935 c.c.). Si ritiene che la decadenza, accertato il momento del recupero delle facoltà mentali, sia rilevabile d'ufficio dal giudice e deducibile dal pubblico ministero, essendo l'art. 120 c.c. norma di ordine pubblico.

b) *La simulazione.*

L'art. 1, co. 5, legge n. 76/2016 richiama l'art. 123 c.c. sulla simulazione del matrimonio, per mezzo della quale le parti si accordano, antecedentemente alla sua celebrazione, «di non adempiere agli obblighi e di non esercitare i diritti da esso discendenti».

Questa pratica – simulare il coniugio – esisteva fin da prima della Novella del 1975, quando è stata introdotta tra le cause di invalidità del matrimonio. Le ragioni per cui simulare erano e sono plurime: sfuggire da persecuzioni razziali o politiche, ottenere la cittadinanza e beneficiare di effetti o attribuzioni normative (ad es.: punteggi per l'assegnazione di un alloggio) vantaggiose riservate ai soli coniugi. Da questo angolo di osservazione, l'intento simulatorio gioverebbe anche agli uniti civilmente in forza della cosiddetta clausola di equivalenza di cui all'art. 1, co. 20, legge n. 76/2016 nella parte in cui fa salvo il richiamo espresso delle disposizioni del codice civile.

V'è da dire che, in forza dell'art. 123 c.c., le ragioni alla base della simulazione sono irrilevanti al fine di evitare l'invalidità; neppure un motivo di necessità qual è il salvare sé stesso da un pericolo è sufficiente. In questi casi (c.d. matrimoni di salvataggio) si potrà agire ai sensi dell'art. 122, co. 1, c.c., adducendo, quale causa di invalidità, il timore di eccezionale gravità per causa esterna allo sposo.

Come la simulazione del contratto, anche la simulazione del matrimonio si regge sull'accordo simulatorio, il quale deve necessariamente essere raggiunto prima della celebrazione; l'art. 123, co. 1, c.c. si riferisce agli «sposi» che «abbiano convenuto» di simulare. La simulazione non può sopravvenire né al contratto né al matrimonio.

L'accordo simulatorio ha ad oggetto non già il singolo dovere o diritto derivante dal matrimonio, ma i diritti e doveri nel loro complesso, ossia la comunione di vita. È solo nel diritto canonico che l'esclusione anche di uno solo dei *bona matrimonii* determina la nullità del matrimonio. Nel diritto civile, invece, l'esclusione di uno dei doveri matrimoniali – una sorta di simulazione parziale rilevante in materia contrattuale – non inficia il matrimonio né è vincolante stante l'indisponibilità dei doveri (art. 160 c.c.).

Se la simulazione è una causa di annullabilità del matrimonio, le nozze celebrate per scherzo (*ioci causa*) o per finzione scenica si ritengono nulle, stante la mancanza assoluta del consenso di prendersi come marito e moglie o di unirsi civilmente.

Non è il caso di indugiare sulle diverse tesi sostenute a proposito della qualificazione della fattispecie descritta dall'art. 123 c.c. Va sottolineato però che per alcuni Autori non si tratta di una vera e propria simulazione, ma di abuso del diritto o di negozio fiduciario o indiretto. È più corretto, tuttavia, propendere per una fattispecie del tutto singolare di simulazione in ragione del contesto in cui essa è prevista, posto che non esiste un modello unico di simulazione (G. Ferrando, 629). Da questo punto di vista, pertanto, non è decisivo l'argomento, volto ad escludere la natura di simulazione, secondo cui mentre il contratto simulato non produce effetto tra le parti, il matrimonio simulato è annullabile. A ben vedere, nella sostanza, le parti del matrimonio simulato non lo attuano né sono tenute ad attuarlo, potendolo eliminare attraverso l'espressa impugnativa negoziale di cui all'art. 123 c.c.

La disciplina della simulazione conferma che l'essenza del matrimonio (e dell'unione civile) è la comunione di vita materiale e spirituale, poiché il matrimonio simulato è riprovato dall'ordinamento. E ciò emerge con forza anche dal termine breve di prescrizione dell'azione di simulazione pari a un anno dalla celebrazione del matrimonio (art. 123, co. 2, c.c.). La brevità del termine è funzionale non tanto a stabilizzare un matrimonio vuoto di contenuto, quanto piuttosto a disincentivarlo. Infatti, sapere che dopo un solo anno dalla celebrazione, gli sposi (o gli uniti civilmente) saranno vincolati ai doveri matrimoniali e assumeranno diritti, soprattutto economici, da poter far valere contro l'altro (in caso di crisi coniugale e dell'unione civile), funge da deterrente a realizzare un simulacro di matrimonio.

A riprova di quanto rilevato sull'essenza del matrimonio va richiamata l'altra ipotesi si improponibilità dell'impugnativa data dalla «convivenza come coniugi successivamente alla celebrazione» matrimoniale o dell'unione civile. Convivere come coniugi, si diceva, implica non già semplicemente vivere sotto lo stesso tetto, né consumare isolatamente il matrimonio o l'unione, ma attuare quei doveri previsti rispettivamente dall'art. 143 c.c. e dall'art. 1, co. 11, legge n. 76/2016; doveri che, nel loro complesso, fanno sì che ciascun coniuge o unito sia l'uno per l'altro il punto di riferimento con cui vivere un cammino di vita comune. Si tratta di una nozione il cui significato è analogo a quello che connota la riconciliazione di cui all'art. 157 c.c. mediante «un comportamento non equivoco che sia incompatibile con lo stato di separazione».

È stato esattamente osservato (G. Ferrando, 636) come «la rilevanza della convivenza donot[i] la prevalenza che l'ordinamento civile attribuisce al rapporto coniugale [e come uniti civilmente] sull'atto matrimoniale» e sull'atto costitutivo dell'unione. È interessante rilevare che il legislatore, al fine di rafforzare il piano del rapporto, non ha previsto, come invece in altri casi di coabitazione sanante (artt. 119, co. 2; 120, co. 2 e 122, ult. co., c.c.), la durata di quest'ultima per almeno un anno. Rispetto all'interdizione, all'incapacità naturale e ai vizi del consenso, dove dall'inizio vi è una volontà alterata da un fattore esterno, nella simulazione c'è piuttosto un preciso intento elusivo; dunque l'attuazione del rapporto coniugale (o dell'unione civile) esplicita da subito il superamento dell'accordo simulatorio.

Legittimati ad agire sono soltanto i coniugi; non lo sono né i terzi né il pubblico ministero, sebbene quest'ultimo intervenga ai sensi dell'art. 70 c.p.c. La ragione sta nell'esclusiva rilevanza dell'interesse dei coniugi a liberarsi da un vincolo non voluto; non sembra esserci anche un interesse generale. In verità su questo punto la normativa appare carente in ragione della tendenza degli Stati europei di contrastare matrimoni volti a eludere norme di rilievo pubblicistico come quelle sulla cittadinanza e sull'immigrazione.

La prova della simulazione del matrimonio (e dell'unione civile) – a proposito della non applicabilità della disciplina della simulazione del contratto (art. 1417 c.c.) – può essere data dalle parti per testi. Quanto alla prova documentale (sulle dichiarazioni dei coniugi), è stato opportunamente sottolineato come il giudice debba essere particolarmente attento nel valutarla, al fine di scongiurare il tentativo opportunistico di liberarsi più velocemente e senza obblighi reciproci del vincolo matrimoniale [(o dell'unione civile), G. Bonilini, 198).

Non sono ammissibili né la confessione né il giuramento, vertendosi in materia di diritti indisponibili (artt. 2731 e 2739 c.c.).

c) *I vizi del volere.*

L'art. 1, co. 7, legge n. 76/2016 detta una disciplina autonoma dei vizi del consenso rispetto a quella prevista dal codice civile per il matrimonio, sebbene essa ricalchi in larga parte quest'ultima.

I vizi sono quelli matrimoniali: l'errore, la violenza e il timore. Anche per le unioni civili, quindi, non è stato previsto il dolo, al fine di non rendere eccessivamente instabile l'istituto dell'unione civile. Il dolo non era contemplato neppure dal codice civile previgente del 1865. Pertanto se uno degli sposi o della coppia che sta per unirsi civilmente inganna l'altro facendogli credere di essere laureato o di essere molto ricco, è difficile ottenere tutela tramite la disciplina dell'invalidità matrimoniale, posto che i casi di errore sono, come vedremo, tassativi e non sembrano concedere spazio a tali fattispecie.

Ad ogni modo, la Novella del 1975 interviene sui vizi del consenso matrimoniale, ampliandone il campo di applicazione nell'ottica di valorizzare maggiormente la libertà del consenso alle nozze. È logico che sia accaduto questo, posto che il matrimonio si era liberato dalla funzione pubblica attribuitagli dalla normativa più risalente e da alcuni Autori – in particolare da Antonio Cicu – molto rigorosi nell'interpretare la normativa dell'epoca. È stata l'introduzione della legge sul divorzio a determinare una svolta non solo sul piano di un maggior rilievo della volontà, ma anche come matrice di un processo di privatizzazione (non assoluta) della fase della crisi di coppia.

Tutto ciò ha influenzato il legislatore dell'unione civile, il quale ha sostanzialmente confermato la disciplina matrimoniale; oltretutto, sia detto tra parentesi, egli ha altresì favorito maggiormente lo scioglimento dell'unione civile rispetto alla disciplina del matrimonio a dimostrazione, una volta di più, della centralità della volontà nella fase patologica del rapporto.

La *violenza* – è questo il primo visto previsto dall'art. 1, co. 7, legge n. 76/2016 – costa di una minaccia che abbia i caratteri di cui all'art. 1435 c.c. Essa, quindi, «deve essere di tal natura da fare impressione sopra una persona sensata e da farle temere di esporre sé o i suoi beni a un male ingiusto e notevole». Non è possibile in questa sede svolgere una disamina di questa disposizione. Solo preme rilevare come il legislatore abbia temperato il criterio oggettivo della persona sensata con la previsione di alcuni elementi che mettono in rilievo la persona concreta quali l'età, il sesso e la condizione della persona stessa che subisca la minaccia.

La minaccia può consistere non solo nella lesione dell'integrità fisica, ma anche di quella morale come quando viene in rilievo l'onore o la reputazione che uno dei nubendi (o in procinto di unirsi civilmente) ha in un determinato ambiente sociale. In giurisprudenza è emersa anche la fattispecie di chi è stato indotto a sposarsi sotto la minaccia di essere allontanato dalla casa dei genitori o di suicidio della madre; ipotesi, queste (soprattutto la seconda), invero, poco realistiche rispetto a chi intenda unirsi civilmente.

L'impugnazione di cui fa menzione l'art. 1, co. 7, legge n. 76/2016 altro non è che un'azione di annullamento dell'unione civile, poiché la minaccia non esclude del tutto la volontà, influendo piuttosto sulla sua formazione.

All'unione civile deve ritenersi applicabile anche l'art. 1436 c.c. che prevede la minaccia rivolta verso terzi. Qui, com'è noto, il legislatore ha distinto a seconda che il terzo sia discendente ascendente, da un lato, o altre persone, dall'altro, legate a chi intenda unirsi civilmente.

Dalla violenza si distingue il *timore*, il quale, pure altera il processo volitivo, seppur non in forza di una condotta commissiva altrui (la minaccia), ma di una causa esterna al timorato che si prefigura una conseguenza al rifiuto di unirsi civilmente di straordinaria gravità. Con riguardo al matrimonio (ma vale anche per l'unito civile), si è osservato che esso non è imposto come nella violenza, ma è «la sola via che consenta di sottrarsi alla situazione oggettiva, cui la persona andrebbe incontro ove non si sposasse» [G. Bonilini, 191 (o contraesse l'unione civile)]. L'esempio più ricorrente è quello del matrimonio contratto per sfuggire a una persecuzione razziale, al fanatismo religioso dominante nel proprio paese o alle ritorsioni che proverrebbero da un ambiente criminale. Queste ipotesi possono anche rientrare nella simulazione qualora vi sia l'accordo simulatorio con lo sposo o con la persona con cui si intenda unirsi civilmente.

Il carattere dell'eccezionalità della conseguenza negativa sulla propria persona porta a escludere la rilevanza del mero timore reverenziale che abbia indotto a unirsi a un'altra persona. La fattispecie del timore reverenziale come non causa l'annullabilità del contratto (art. 1437 c.c.), parimenti non invalida il matrimonio né l'unione civile.

Occorre un'avvertenza che origina dalla nozione di *metus reverentialis*. Il quale si sostanzia in sentimenti di rispetto e di riverenza (quasi patologici) nei confronti dell'altra persona al punto da sposarla; in tal caso il matrimonio è pur sempre voluto. Ma il confine tra validità e invalidità può essere sottile in quegli ambienti criminali in cui con certi atteggiamenti, diversi dalla minaccia, si lascia intendere che un rifiuto non sarebbe accettato e avrebbe senz'altro conseguenze pericolose per sé o per altri.

Sia nel caso di violenza che di timore (non reverenziale), solo la parte in unione civile il cui consenso non è stato spontaneo può impugnare l'atto (art. 1, co. 7, cit.); parimenti vale nel matrimonio (art. 122, co. 1, c.c.).

L'ultimo caso di vizio del consenso dell'unione civile è l'*errore*, il quale, come nella disciplina del contratto (art. 1429 c.c.), è stato circoscritto a determinate fattispecie (art. 1, co. 7, l. n. 76/2016): sull'identità della persona o su determinate qualità personali dell'altra parte.

L'errore sull'identità (Marco Rossi piuttosto che Giovanni Verdi) è una ipotesi pressoché di scuola. L'altro oggetto dell'errore, invece, quello sulle qualità personali è decisamente più rilevante, avendo dato luogo ad un discreto contenzione giurisprudenziale. Su questo merita soffermarsi.

Anzitutto va rilevato come le qualità personali sulle quali possa vertere l'errore sono state tipizzate dal legislatore, al fine di non esporre l'unione civile (come il matrimonio, cfr. art. 122, co. 3, c.c.) a risibili ripensamenti o ad agevoli scorciatoie per liberarsi dal vincolo senza subire gli effetti patrimoniali della separazione e del divorzio.

Prima di soffermarsi sulle qualità personali, va ricordato che, con riguardo a queste, la norma richiede l'essenzialità dell'errore che si verifica «qualora, tenuto conto delle condizioni dell'altra parte, sia accertato che la stessa non avrebbe prestato il suo consenso se le avesse esattamente conosciute» (art. 1, co. 7, cit.). Ora le qualità personali rilevanti sono state tipizzate dalla norma.

Il primo errore è quello sull'esistenza di una malattia fisica o psichica tale da impedire lo svolgimento della vita in comune. La malattia deve preesistere al matrimonio (e all'unione civile)[14], poiché qualora sia subentrata successivamente, verrebbe in rilievo il dovere di assistenza morale e materiale previsto non solo dall'art. 143, co. 2, c.c., ma anche dall'art. 1, co. 11, legge n. 76/2011 per gli uniti civilmente. Naturalmente, qualora la malattia sopravvenuta renda insopportabile la prosecuzione del rapporto, l'unito civilmente

[14] Secondo Cass., n. 12423/2001, non occorre che la malattia sia conclamata prima del matrimonio, essendo sufficiente che vi siano sintomi o episodi prodromici, dai quali l'altro non poteva desumere, però, l'esistenza della malattia.

potrà chiedere lo scioglimento dell'unione ai sensi dell'art. 1, co. 24, legge n. 76/2016.

La patologia deve non solo preesistere, ma anche essere ignorata dall'altro coniuge (o dall'unito civile) e, inoltre, deve essere «tale da impedire lo svolgimento della vita comune» [art. 1, co. 7, lett. a), l. n. 76/2016]. Quest'ultima prescrizione esige una valutazione da parte del giudice caso per caso, tenuto conto delle condizioni dell'altro, della sua cultura e, più in generale, della sua personalità. Egli deve focalizzarsi su quella determinata vita comune, alla luce di quanto emerge dagli atti di causa [15]; è una valutazione svolta in concreto non in astratto, né incline ad assecondare il soggettivismo altrui, sebbene la dimensione peculiare della parte in errore debba essere considerata [16].

Il giudice, infatti, non potrà dichiarare invalido il matrimonio a fronte di un fatto di scarso rilievo. Se una parte in unione civile vuol fare valere ugualmente un tale fatto, ella dovrà ricorrere allo scioglimento dell'unione. Tuttavia non può escludersi in assoluto che un fatto oggettivamente di scarso rilievo possa a tal punto contrastare con la personalità e i valori dell'altro da giustificare l'invalidità del matrimonio.

Quanto detto, in materia di unione civile, vale solo con riguardo alla «malattia fisica o psichica», non essendo state previste le fattispecie dell'anomalia o deviazione sessuale di cui all'art. 122, co. 3, n. 1, c.c.

Con riguardo al transessualismo di un coniuge, consistente nel comportamento sessuale connotato dalla disapprovazione del proprio sesso e dall'identificazione con quello opposto, va precisato quanto segue. È evidente che una tale condotta possa turbare non solo il coniuge ma anche la parte in unione civile, la quale, però, non potrà chiedere l'annullamento dell'unione, non essendo il transessualismo reputato una malattia fisica né psichica. Si potrà, tuttavia, richiedere lo scioglimento dell'unione.

---

[15] Cass., n. 12423/2001, cit., afferma che «è rimessa al giudice ogni valutazione circa la gravità della malattia e la sua efficacia determinante, con riferimento allo svolgimento della vita coniugale, considerate le normali aspettative del coniuge in errore, da valutarsi in concreto, tenuto conto delle condizioni e di ogni altra circostanza obiettiva emergente dagli atti». L'attività del giudice, quindi, non si appunta solo sulla malattia, ma comprende anche la sfera soggettiva del coniuge in errore, indagandola applicando un criterio di normalità e non di pura soggettività delle percezioni e delle opinioni del coniuge stesso.

[16] Cass., n. 3407/2013, ritiene che è «errore essenziale, rilevante per l'annullamento del matrimonio, quello che cade su un'anomalia o deviazione sessuale dell'altro coniuge, tale da costituire un *impedimento oggettivo* e non superabile allo svolgimento della vita coniugale, essendo invece irrilevante l'errore che cade sulla mera incapacità psicologica dell'altro coniuge di concepire in termini di condivisione e di rispetto reciproco il piacere erotico e l'affettività». Nel caso di specie la moglie lamentava un'abitudine sessuale del marito a lei non gradita durante il rapporto. Si comprende come la preoccupazione della Cassazione sia di non allargare troppo l'area dell'invalidità. Quand'anche questa sentenza, emessa con riguardo al matrimonio, sia discutibile, va rilevato come l'art. 1, co. 7, l. n. 76/2016 non abbia fatto riferimento, come invece l'art. 122, co. 3, n. 3, c.c. alle fattispecie dell'«anomalia o deviazione sessuale».

Diversamente vale a fronte di altre fattispecie quali la psicosi dissociativa, la sieropositività da HIV e la tossicodipendenza, le quali, costituendo una malattia fisica o psichica, giustificano l'annullamento del matrimonio.

Quanto alla *distribuzione dell'onere della prova*, il coniuge (e, per estensione, l'unito civilmente) caduto in errore dovrà provare l'ignoranza della malattia dell'altro prima della celebrazione del matrimonio (o dell'unione civile), nonché l'incidenza di essa sul proprio consenso [17]. Compete, invece, al giudice l'apprezzamento del grado di incidenza della malattia – riprendendo il dettato dell'art. 1, co. 7 cit. – sullo «svolgimento della vita comune» [18].

Ci si chiede se e quale possa essere il rilievo dell'impotenza nella relazione omosessuale non conosciuta da una parte prima dell'unione civile. Tale condizione, nella specie dell'*impotentia coeundi*, integra una malattia fisica, la quale, ove interferisca con l'attività sessuale, è causa di annullamento.

Il discorso è più delicato a fronte della taciuta *impotentia generandi*. Si potrebbe affermare, a primo acchito, che tale condizione non rilevi quale causa di invalidità dell'unione, posto che quest'ultima non è vocata alla generazione. Non solo: l'art. 5, legge n. 40/2004 (procreazione assistita) vieta alle persone dello stesso sesso l'accesso alla procreazione medicalmente assistita.

Qualche dubbio però si insinua per le seguenti ragioni. Vi sono paesi che ammettono le coppie dello stesso sesso alla procreazione assistita, il che le induce a recarsi lì per procreare. Il nostro ordinamento, di conseguenza, ha affrontato il problema del riconoscimento dello stato di figlio rispetto a due genitori dello stesso sesso (uno genetico, l'altro non genetico). Non lo si è sempre escluso, come vedremo meglio inseguito, in ragione della nozione di ordine pubblico internazionale in base alla quale, secondo la Cassazione, avere due genitori dello stesso sesso non confligge con la Costituzione.

---

[17] Secondo Cass., n. 4876/2006, «il coniuge che impugna il matrimonio per errore, ai sensi dell'art. 122, è tenuto a provare l'esistenza di una malattia fisica o psichica dell'altro coniuge e la mancata conoscenza della stessa prima della celebrazione del matrimonio». Quest'orientamento vale anche per l'unito civilmente che agisca con l'azione di annullamento.

[18] Cass., n. 4876/2006, cit., ritiene che sia «rimesso al giudice l'apprezzamento della rilevanza della infermità ai fini dell'ordinario svolgimento della vita familiare [o, come si esprime l'art. 1, co. 7, cit., "della vita comune" *ndr*], in relazione alle normali aspettative del coniuge [o dell'unito civilmente, *ndr*] caduto in errore, da valutare avendo riguardo alle condizioni, alla personalità, alla posizione sociale del richiedente nonché ad ogni altra circostanza obiettiva emergente dagli atti senza che possa, invece, attribuirsi rilievo a semplici timori e reazioni dello stesso o altri aspetti personali». Questo principio, incentrato sulla valutazione di circostanze oggettive – il che esige un'attenta allegazione e prova da parte dell'attore – preclude la rilevanza di malattie, pur gravi, che, tuttavia, non impediscono lo svolgimento di una normale vita di relazione, né di assolvere ai doveri coniugali (o dell'unione civile), con riguardo sia ai rapporti sessuali sia alla possibilità di condurre una gravidanza. Se, infatti, la terapia prescritta e gli accorgimenti necessari sono sufficienti a non alterare significativamente la vita in comune, non è legittima la domanda (pretestuosa) di invalidità del matrimonio (o dell'unione civile). Si dovrà ricorrere, per il matrimonio, alla separazione personale e, per l'unione civile, allo scioglimento.

Orbene se una coppia di donne, prima di unirsi civilmente, aveva programmato un progetto genitoriale in attuazione del quale, in un altro Paese, l'una avrebbe fornito i gameti (e ricevuto in donazione il liquido seminale), l'altra avrebbe portato avanti la gravidanza ricevendo gli embrioni così formati, è evidente che la scoperta successiva all'unione civile dell'impotenza della compagna infrange siffatto progetto.

A questo si aggiunga la qualifica di diritto fondamentale della procreazione, sia pur contornato da limiti. I quali, però, devono essere di ordine pubblico per incidere sulla rilevanza della malattia procreativa. Dunque non è da escludere in assoluto che la mancata conoscenza dell'*impotentia generandi* possa essere causa di invalidità dell'unione civile.

Tra i casi di errore su qualità personali dell'altra parte in unione civile rilevano anche alcune fattispecie penalistiche, stante il richiamo da parte dell'art. 1, co. 7, lett. b), legge n. 76/2016 delle circostanze di cui all'art. 122, co. 3, nn. 2), 3) e 4) c.c. I nn. 2 e 4: mancata conoscenza di sentenze di condanna irrevocabili alla reclusione non inferiore a cinque anni e per delitti concernenti la prostituzione, laddove il n. 3 prevede la dichiarazione giudiziale di delinquenza abituale o professionale.

d) *Legittimazione ad agire, prescrizione, decadenza, separazione temporanea e artt. 128 ss. c.c.*

Legittimato ad agire nei casi di vizi della volontà è, analogamente a quanto previsto in materia contrattuale (art. 1441 c.c.), soltanto l'unito civilmente nel cui interesse è previsto l'annullamento, ossia colui che è stato vittima della violenza o del proprio giustificato timore o dell'errore nelle fattispecie in cui questo rileva.

Come l'art. 122 c.c., neppure l'art. 1, co. 7, cit. indica il termine di prescrizione dell'azione di annullamento. Si richiama allora quanto già emerso con riguardo all'art. 122 c.c., ossia che l'azione di annullamento del matrimonio – e dell'unione civile – si prescrive nel termine ordinario di dieci anni (art. 2946 c.c.). Ciò scaturisce dalla natura dell'azione di annullamento del negozio attributivo dello status matrimoniale (e dell'unito civile): costitutiva e non dichiarativa dell'invalidità, né dell'inesistenza dell'atto [19].

Le impugnative matrimoniali per vizio della volontà hanno carattere personale, pertanto *sono intrasmissibili* agli eredi, salvo qualora il giudizio sia pendente al momento della morte del coniuge (art. 127 c.c.). Questa disposizione è stata richiamata dalla legge sulle unioni civili dall'art. 1, comma 5.

Va rilevato che tali richiami, apparentemente di dettaglio, hanno un rilievo

---

[19] Cass., n. 1587/1980.

più ampio che induce l'interprete a effettuare un deciso accostamento tra matrimonio e unione civile.

L'intrasmissibilità dell'impugnativa agli eredi si giustifica nell'ottica si salvaguardare la sfera sentimentale e il vissuto dei coniugi o dei soggetti in unione civile. Il matrimonio come l'unione civile si lega strettamente alla parte più profonda dell'essere umano. E allora, viene da ribadire, che un legislatore più coraggioso avrebbe potuto estendere, come è stato fatto in altri paesi europei, il matrimonio alle coppie omosessuali.

L'anno di coabitazione da quando è cessata la violenza o le cause che hanno determinato il timore o dal giorno in cui è stato scoperto l'errore, preclude la proposizione dell'azione e dunque, rispetto al termine ordinario di prescrizione, si ha un termine di decadenza.

Per coabitazione, come si è già rilevato, non si intende la semplice convivenza nella medesima abitazione. Un tale fatto di per sé solo non consuma l'azione giudiziale, occorrendo altresì che si inveri l'essenza del matrimonio e dell'unione civile. Entrambi gli istituti, pur nella non perfetta coincidenza dei doveri da essi derivanti, si fondano sulla solidarietà reciproca e su un progetto di vita in comune. Pertanto la coabitazione per un anno produrrà l'effetto della decadenza solo se gli uniti civilmente abbiano vissuto attuando i doveri di cui all'art. 1, coo. 11 e 12, legge n. 76/2016.

Il pubblico ministero, nel procedimento di annullamento del matrimonio, può eccepire la decadenza, la quale è rilevabile d'ufficio dal giudice. Egli dovrebbe poter rilevare anche la prescrizione, essendo legittimato a proporre l'impugnazione ai sensi dell'art. 125 c.c. prima della morte di uno dei coniugi (o dell'unito civile).

Del resto c'è un interesse dello Stato a che i consociati non utilizzino impropriamente l'istituto del matrimonio, né attraverso la simulazione né sottacendo, per interesse, che vi è stata una coabitazione come coniugi. La garanzia costituzionale di istituto (art. 29 Cost.) fa sì che il matrimonio assurga a un rilievo particolare tra le diverse formazioni sociali.

Una considerazione analoga vale anche per gli uniti civilmente, perché i rapporti tra le persone dello stesso sesso formalizzati nell'istituto *ad hoc* dell'unione civile hanno un rilievo costituzionale, essendo stati ricondotti all'art. 2 Cost. (art. 1, co. 1, l. n. 76/2016).

Tornando all'art. 125 c.c., richiamato dall'art. 1, co. 5, legge n. 76/2016, si afferma in dottrina che il pubblico ministero, parte necessaria in tutte le cause matrimoniali (art. 70 c.p.c.), oltre a partecipare al giudizio può proporre azioni di impugnazione per ottenere la nullità o l'annullamento del matrimonio (o dell'unione civile). L'azione, però, non può essere promossa dopo la morte di uno dei coniugi (o di uno degli uniti civilmente). La *ratio* di questa limitazione sta nell'economia dei giudizi: ad esempio in caso di bigamia [(art. 86 c.c.), fattispecie contemplata anche per gli uniti civili all'art. 1, co. 4, lett. a)], la morte di un coniuge (o di un unito civilmente) fa venire meno la coesistenza di due matrimoni (o di due unioni civili). Un'altra ragione sta nella conservazione degli status personali rispetto a una situazione in cui il coniuge, quando era in vita, non ha promosso l'azione.

L'art. 1, comma 5, cit. richiama anche l'art. 126 c.c. secondo cui «quando è proposta domanda di nullità del matrimonio [o dell'unione civile], il tribunale può, su istanza di uno dei coniugi [o degli uniti civilmente], ordinare la loro *separazione temporanea* durante il giudizio (...)». Questa separazione, oggetto di contrapposte opinioni dottrinali, non va sovrapposta a quella personale tra coniugi (art. 150 c.c.) quale causa di divorzio [(art. 3, n. 2, lett. b), l. n. 898/1970, così la dottrina maggioritaria] ed è stata proprio questa impostazione ad aver consentito al legislatore di estendere l'art. 126 c.c. all'unione civile, la cui disciplina non contempla la separazione personale bensì esclusivamente il suo scioglimento.

Ai sensi dell'art. 126 c.c., a fronte di una domanda di nullità o di annullabilità del matrimonio (o dell'unione civile) proposta innanzi al tribunale ordinario, ciascun coniuge (o unito civilmente) può chiedere al giudice di ordinare la loro separazione temporanea in pendenza del relativo giudizio. Così si consente alle parti o alla parte vittima di un vizio del consenso di allontanarsi legittimamente dalla casa familiare (posto che anche gli uniti civilmente sono tenuti al dovere di coabitazione). Non sembra che l'autorizzazione giudiziale a vivere separati sia un provvedimento aggiuntivo e autonomo rispetto a quello di separazione temporanea, comprendendo quest'ultimo il primo.

La domanda di separazione temporanea, come per i coniugi così per gli uniti civili, è proponibile contestualmente all'atto di citazione volto a incardinare un giudizio di invalidità del matrimonio o dell'unione. Se la separazione personale interessa al convenuto, questi può proporla nella comparsa di costituzione e risposta.

La pronuncia di separazione temporanea riveste carattere cautelare ed efficacia interinale ed è condizionata all'esisto della domanda di invalidità del matrimonio o dell'unione civile. Perciò essa o è assorbita dal provvedimento di nullità del matrimonio o è caducata in ragione del rigetto della domanda di nullità con riespansione, in quest'ultimo caso, di tutti i doveri matrimoniali compreso l'obbligo di coabitazione.

Secondo la giurisprudenza e parte della dottrina la separazione temporanea deve essere pronunciata con sentenza, sia in ragione di una risalente disposizione di legge (art. 19, l. n. 847/1929), sia perché essa determina la sospensione del diritto di coabitazione. Inoltre la giurisprudenza ha chiarito che il giudice, con tale provvedimento, regola i rapporti patrimoniali tra i coniugi (e, quindi, tra gli uniti civili) e emana i provvedimenti riguardanti i figli. Ora, su quest'ultimo profilo, non si può escludere che la coppia omosessuale abbia figli in conseguenza o della delibazione di un provvedimento straniero o dell'adozione in casi particolari ai sensi dell'art. 44, lett. d), legge n. 184/1983.

Se l'unione civile è dichiarata invalida dal giudice, l'art. 1, co. 5, legge n. 76/2016 richiama opportunamente gli articoli del codice civile sul matrimonio putativo. Di quest'ultimo è utile ricordare che il coniuge e l'unito civilmente in buona fede, ossia all'oscuro – con un minimo di diligenza – della ragione dell'invalidità, oppure il cui consenso sia stato estorto con violenza o determinato da timore di eccezionale gravità, gode di significativi diritti patrimoniali. Il fondamento sta nel principio di solidarietà tra i coniugi che opera anche in caso di invalidità del matrimonio.

Ai sensi dell'art. 129-*bis* c.c. il coniuge o l'unito civilmente in mala fede è tenuto a corrispondere all'altro una congrua indennità, «anche in mancanza della prova del danno sofferto». Tale indennità deve comprendere «una somma corrispondente al mantenimento per tre anni». Emerge da queste disposizioni la natura sanzionatoria della somma di denaro, in funzione afflittivo-dissuasiva dalla condotta di induzione alla conclusione di un matrimonio invalido. È fatta salva, secondo una parte della dottrina, la prova del maggior danno subito dal coniuge (o unito civilmente) di buona fede.

Occorre, come prescrive l'art. 129-*bis*, co. 1, c.c., l'imputabilità – ossia un comportamento consapevole e volontario – dell'invalidità al coniuge di mala fede, il che si può avere anche a fronte della condotta omissiva di chi taccia la causa di nullità[20].

L'articolo in parola aggiunge, quale ulteriore misura economica concorrente con quella appena ricordata, gli alimenti al coniuge o all'unito civile in buona fede, purché, però, non vi siano altri obbligati. Perciò il coniuge in mala fede si colloca, tra gli obbligati, all'ultimo posto tra i soggetti indicati dall'art. 433 c.c.

Secondo, invece, il tenore letterale dell'art. 129 c.c., se entrambi i coniugi o gli uniti civili erano in buona fede, «il giudice può disporre a carico di uno

---

[20] Cass., n. 4649/1986 afferma che «conformemente ai principi generali in tema di buona fede, la responsabilità del coniuge (e del terzo) cui sia imputabile la nullità del matrimonio ai sensi dell'art. 129-*bis* c.c. presuppone che la situazione invalidante si risolva in un atteggiamento psicologico non esternato dal responsabile in qualsiasi modo idoneo a renderla riconoscibile all'altra parte, attraverso l'uso dell'ordinaria diligenza». Cass., n. 4953/1993, da un lato, fa riferimento all'attitudine invalidante quale componente dell'imputabilità, dall'altro alla distribuzione dell'onere della prova: «per l'affermazione della responsabilità in questione e prima ancora, della imputabilità richiesta, non è sufficiente la pura e semplice riferibilità oggettiva della causa di invalidità, e neppure la consapevolezza di essa, occorrendo, invece, oltre alla consapevolezza di quei fatti che vengono definiti invalidanti, anche quella della loro attitudine invalidante, mentre la prova di tale consapevolezza e del comportamento omissivo o commissivo del responsabile, incombe secondo le regole generali, su chi afferma l'esistenza di tale imputabilità». Sotto un diverso profilo, sempre attinente all'applicabilità dell'art. 129-*bis* c.c., secondo Cass., n. 23073/2005, se il matrimonio è dichiarato nullo per l'errore di uno dei coniugi su qualità personali dell'altro, «il coniuge che ha dato causa all'altrui errore non può invocare, nei confronti dell'altro, la speciale responsabilità di cui all'art. 129-*bis* c.c.».

di essi e per un periodo non superiore a tre anni l'obbligo di corrispondere somme periodiche di denaro in proporzione alle sue sostanze, a favore dell'altro, ove questi non abbia adeguati redditi propri e non sia passato a nuove nozze», ovvero non abbia costituito una nuova unione civile. È pacifico in dottrina che tale disposizione, nonostante il suo tenore letterale, si applichi anche al caso in cui uno solo dei due coniugi (o degli uniti civili) sia in mala fede.

L'art. 129 c.c. prevede un vero e proprio assegno di mantenimento, il quale si differenzia rispetto all'assegno di mantenimento di cui all'art. 156, co. 1, c.c. e all'assegno di divorzio nella durata di soli tre anni. I quali decorrono dal passaggio in giudicato della sentenza di annullamento, poiché, fino a questo momento, si producono gli effetti del matrimonio valido (art. 128, co. 1, c.c.).

7. *I doveri derivanti dall'unione civile.*

Le disposizioni contenute nell'art. 1, coo. 11 e 12, legge n. 76/2016 sono una cartina di tornasole di come l'unione civile, quale istituto *ad hoc* rispetto al matrimonio, sia, nel suo complesso, più un «artificio nominalistico» che non un qualcosa che, nella sostanza, si distingua davvero dal coniugio (spunti da P. Zatti). Il tentativo del legislatore di diversificare i doveri nascenti dall'unione non raggiunge il risultato di creare un solco netto tra la figura dell'unito civilmente e quella del coniuge; anzi proprio la disposizione che esamineremo dimostra una convergenza accentuata della sostanza dei due istituti.

Il comma 11, posto il principio di uguaglianza davanti alla legge degli uniti civilmente, continua stabilendo che «dall'unione civile deriva *l'obbligo di assistenza morale e materiale* e della *coabitazione*. Entrambe le parti sono tenute, ciascuna in relazione alle proprie sostanze e alla capacità di lavoro professionale e casalingo, a contribuire ai bisogni *comuni*». Due punti saltano all'occhio: la mancata previsione del dovere di fedeltà, previsto, invece, quale cardine del matrimonio dall'art. 143, co. 2, c.c. e l'uso dell'aggettivo «comuni» in luogo dell'aggettivo familiari.

L'omesso dovere di fedeltà è difficilmente spiegabile su un piano sia fenomenologico che di evoluzione giurisprudenziale. Difatti, sul primo profilo, è nella percezione diffusa che la coppia omosessuale, magari sposata in un altro paese, è mossa da un intento di condivisione della vita; ciascun membro si considera punto di riferimento dell'altro nell'unione dello spirito e del corpo.

Perché allora non è stato previsto il dovere di fedeltà anche per gli uniti civili? Non appare sufficiente oltre ad essere insoddisfacente in sé l'argomento secondo cui tale dovere si lega alla possibilità di avere figli e alla certezza dello *status filiationis*. In verità, la procreazione medicalmente assistita consente anche alla coppia omosessuale, sia maschile che femminile, di avere figli recandosi in un paese straniero, i cui provvedimenti giudiziali o dell'ufficiale dello stato civile vengono, in certi casi, delibati dal giudice italiano. Il desiderio di aver figlio palesa il nesso tra unione civile ed esclusività del rapporto di coppia. Non solo: come si vedrà in seguito, una parte in unione civile può adottare in casi particolari il figlio dell'altra parte ai sensi dell'art. 44, lett. d), legge n. 184/1983 [21].

Si aggiunga, sul piano di una rinnovata concezione del dovere di fedeltà, che l'esclusione di quest'ultima nell'unione civile appare vieppiù discutibile. Come si è già rilevato nel capitolo 2, secondo la dottrina e la giurisprudenza, la fedeltà è sinonimo di lealtà, non soltanto sotto l'aspetto sessuale, ma più in generale nella dimensione spirituale. Il che esige di non avvicinarsi a un'altra persona, quanto a frequentazioni e confidenze, al punto da sovrapporla o sostituirla al coniuge. Ove ciò accada, il matrimonio perde la sua essenza di saper esprimere la centralità di un coniuge rispetto all'altro, divenendo un guscio vuoto. In verità già Arturo Carlo Jemolo, insigne giurista del secolo scorso, affermava, contro l'opinione comune del tempo, che «la fedeltà non è soltanto quella sessuale», dovendole attribuirle «il senso più elevato che consiste nel riservare al coniuge quel posto che si suole chiamare di compagno di vita».

La fedeltà così intesa potrebbe desumersi dall'obbligo reciproco di assistenza morale e materiale. Assistere significa stare particolarmente vicino, posto anche che l'aggettivo «morale» attiene alla sfera dei valori più intimi, alla dignità dei sentimenti e degli obiettivi dell'altra parte. È ancora Jemolo che, nell'illustrare i doveri matrimoniali, ha ritenuto che il dovere di assistenza riassume quello di fedeltà e di coabitazione; è il *mutuum adiutorium* dei canonisti, ossia «l'elemento spirituale che regge e vivifica il vincolo e gli dà un altissimo valore etico». Si consideri, inoltre, che tale dovere si atteggerà diversamente a seconda che, nella compagine dell'unione, vi siano o meno figli (solo di uno o di entrambi gli uniti attraverso l'adozione), ed è evidente che esso è diretto a governare una vita di tipo familiare.

Tutto ciò non sembra compatibile con un atteggiamento di indifferenza legislativa nei riguardi della fedeltà, con la conseguenza di far apparire comunque la mancata previsione di questo dovere come una forzatura e un travisamento della realtà.

---

[21] Cass., n. 12962/2016, ha valorizzato il legame affettivo di tipo genitoriale di fatto instauratosi tra il partner e il figlio del convivente del fatto. È il principio del preminente dell'interesse del minore ad aver indirizzato, ma non esaurito, l'operazione ermeneutica di estensione dell'art. 44, lett. d), legge n. 184/1983 anche alle fattispecie in cui il minore non si trovi in stato di abbandono. La Suprema Corte, infatti, ha fatto leva sull'evoluzione legislativa e giurisprudenziale dell'adozione in casi particolari; un'evoluzione che, illuminata e sospinta dal preminente interesse del minore, ha condotto ad ammettere la *step child adoption* (cioè l'adozione del figlio del partner dello stesso sesso).

Oltretutto la fedeltà, quale elemento caratterizzante le unioni monogamiche – sia il matrimonio che l'unione civile – è recuperabile dal giudice in sede di scioglimento dell'unione civile, poiché l'art. 1, co. 25, legge n. 76/2016 richiama l'art. 5, co. 6, legge n. 898/1970 sull'assegno di divorzio, per l'attribuzione e la quantificazione del quale il giudice deve tener conto delle «ragioni della decisione» dello scioglimento. Tra queste vi è anche la condotta di infedeltà, la quale rientrerebbe, attraverso il dovere di assistenza, tra gli elementi volti a stabilire l'*an* e il *quantum* dell'assegno di divorzio; due fasi – quelle dell'*an* e del *quantum* – che, secondo il nuovo orientamento della Cassazione a Sezioni Unite, non devono essere più distinte.

Il dovere di coabitazione si lega al progetto di vita comune e alla unione materiale e spirituale tra gli uniti civili. Non si è fatto rinvio all'art. 146 c.c., né è stata prevista una disposizione analoga. Tuttavia, come si dirà meglio nel paragrafo successivo, nonostante il divieto di estendere le norme del codice civile all'unione, sancito dall'art. 1, co. 20, legge n. 76/2016, appare sostenibile l'applicazione analogica della disposizione contenuta nell'art. 146 c.c. che prevede la sospensione del diritto di assistenza morale materiale nei confronti di chi abbia abbandonato la residenza familiare senza giusta causa. Le due fattispecie del coniugio e dell'unione civile, rispetto al caso dell'abbandono ingiustificato, presentano la medesima *ratio legis* a fondamento dell'art. 146: secondo il principio di ragionevolezza, la condotta che abbia eliso la reciprocità del dovere fa venire meno la solidarietà.

L'art. 1, co. 11, legge n. 76/2016 riprende la formulazione dell'art. 143, co. 3, c.c., salvo che per la parte finale, dove il primo articolo indica, quale finalità del dovere di contribuzione, il soddisfacimento dei «bisogni comuni» anziché, come il secondo, dei «bisogni della famiglia». La diversa soluzione lessicale non trova giustificazione né sotto un profilo giuridico più generale, né all'interno della stessa legge n. 76/2016.

Sul piano più generale, la Corte EDU ha chiarito che la vita familiare non è espressa soltanto dalle qualificazioni normative, ma anche dal fatto che essa si ponga *in re ipsa* come tale. L'effettività, la stabilità della relazione e l'intento di condividere la vita sono gli elementi caratterizzanti una unione familiare. Di tal ché il legislatore che intervenga su quest'ultima non può alterarne le caratteristiche fattuali adoperando un lessico inappropriato.

Non solo: è la stessa legge n. 76 cit. a considerare, in altre disposizioni, l'unione civile come una famiglia; soprattutto in quelle di rinvio. Anzitutto va richiamato l'art. 1, comma 12, in cui si adopera il sintagma «vita familiare» con riguardo alla fissazione dell'indirizzo di essa, ossia del modo di vivere, degli scopi e dei mezzi che si intendono mettere in campo. Inoltre, nell'ambito dei rinvii e con riferimento al regime patrimoniale, l'art. 1, comma 13, prescrive come regime legale la comunione dei beni. Ora la comunione legale è un istituto volto a parificare i coniugi sotto il profilo delle conseguenze dell'impegno professionale e casalingo per il buon andamento della vita familiare (artt. 180, 181 c.c.). Ancora, quanto alle obbligazioni assunte, l'art. 186, lett. c), c.c. stabilisce che i beni della comunione «rispondono delle spese per il mantenimento della famiglia (...) e di ogni altra obbligazione contratta dai coniugi [e quindi dagli uniti civilmente], anche separatamente, nell'interesse della famiglia». Per non tacere del richiamo, sempre da parte dell'art. 1, comma 12, cit., del fondo patrimoniale i cui beni che lo costituiscono sono destinati «a far fronte ai bisogni della famiglia» (artt. 167 e 170 c.c.).

Significativo è anche l'art. 1, co. 15, legge n. 76/2016, il quale stabilisce che nella scelta dell'amministratore di sostegno «il giudice tutelare preferisce, ove possibile, la parte dell'unione civile». Si aggiunge che l'interdizione e l'inabilitazione possono essere «promosse anche dalla parte dell'unione civile, la quale può presentare istanza di revoca quando ne cessa la causa». È stato osservato da un Autore che entrambe queste prerogative legate all'incapacità fanno del partner dell'unione civile «il familiare di riferimento» e ciò dipende – è difficile negarlo – dall'esistenza di «un rapporto che ha un'intensità giuridica e morale vicina a quella del coniuge» (P. Zatti, 1664).

Non ultimo anche lo scioglimento mediante il provvedimento giudiziale (competente è il giudice del divorzio ai sensi dei richiami contenuti nell'art. 1, co. 25, legge n. 76/2016) o dell'autorità amministrativa (richiamati anche gli artt. 6 e 12 del d.l. n. 132/2014 convertito in legge n. 162/2014) avvicina l'unione civile al coniugio e non alla convivenza di fatto [spunti in tal senso si traggono anche dall'art. 1, commi 27 e 28, lett. b), legge n. 76/2016].

Insomma, l'analisi dei doveri scaturenti dall'unione civile, omogenei rispetto a quelli matrimoniali, unitamente ad altri riferimenti effettuati dalla legge n. 76/2016, inducono a respingere l'idea che l'unione civile sia una formazione sociale indistinta e non già una unione familiare. È stato ignorato il dato giuridico secondo cui la vita familiare non necessita del matrimonio, così come la filiazione – lo si vedrà – prescinde dal legame genetico e dalla diversità di sesso dei genitori (*amplius infra* parte II).

8. *Clausola di equivalenza, esclusioni e clausola di salvaguardia.*

La vicinanza tra l'unione civile e il matrimonio è dimostrata anche dall'art. 1, co. 20, legge n. 76/2016, nonostante i distinguo in essa contenuti. Letteralmente e nell'ordine si prevede un'estensione, un'esclusione e una salvaguardia di disposizioni di legge e non solo. L'articolo in parola oscilla tra questi tre profili comprensivi di un rimando alla giurisprudenza.

Quanto al primo si stabilisce che «Al solo fine di assicurare *l'effettività della tutela dei diritti* e il *pieno adempimento degli obblighi derivanti dall'unione civile* tra persone dello stesso sesso, le diposizioni che si riferiscono al matrimonio e le disposizioni contenenti la parola "coniuge", "coniugi" o termini equipollenti, ovunque ricorrono nelle leggi, negli atti aventi forza di legge, nei regolamenti, nonché negli atti amministrativi e nei contrati collettivi, *si applicano anche ad ognuna delle parti dell'unione civile tra persone dello stesso sesso*».

Un rinvio di portata così ampia attua il principio di uguaglianza quanto ai diritti e ai doveri scaturenti dall'unione. Si pensi, ad esempio, rispetto ai diritti, ai destinatari delle politiche di sostentamento della famiglia funzionali all'attuazione dei doveri di contribuzione ai bisogni comuni e di assistenza materiale: non solo i coniugi, ma anche gli uniti civilmente.

Il secondo profilo – l'esclusione – interpone una distanza tra unione civile e matrimonio, stabilendo che «la disposizione di cui al periodo precedente non sia applica alle norme del codice civile non richiamate espressamente nella presente legge, nonché alle disposizioni di cui alla l. 4 maggio 1983, n. 184».

In verità non è plausibile ritenere che, in ragione di un'interpretazione letterale, è in ogni caso inapplicabile ogni articolo del codice civile non richiamato. Per due ragioni: la prima consiste nell'aver attribuito all'unione civile un'impronta marcatamente matrimonialista, dove dalla disciplina dell'atto a quella del rapporto, fino allo scioglimento, i punti di equivalenza e di somiglianza di discipline sono davvero tanti.

La seconda sta nella gerarchia delle fonti, nella supremazia della Costituzione e della normativa europea e internazionale. Così se per attuare un diritto o un principio costituzionale vi è la necessità, stante l'identità degli interessi coinvolti, di applicare un articolo del codice civile non richiamato, questo deve essere applicato. Una tale applicazione potrà avvenire non già direttamente, per via del mancato richiamo legislativo, ma analogicamente. Non solo: non si può neppure escludere *a priori* l'applicazione analogica di disposizioni del codice civile rispetto a situazioni giuridiche soggettive che non assurgono a diritti fondamentali.

Conviene fare alcuni esempi. Non è stato richiamato l'art. 78 c.c. sull'affinità, sebbene non possa escludersi che essa rilevi anche con riguardo agli uniti civilmente. Ciò non solo per la sua incidenza nei rapporti interni, ossia tra gli stessi affini, ma anche nei rapporti esterni (si pensi al dovere di astensione nei pubblici concorsi qualora l'affinità sussista tra canditati e uno dei commissari). Se l'interesse sotteso alla norma del codice civile, letta in combinato disposto con un'altra, è il medesimo rispetto al caso un affine dell'unito civilmente, si apre lo spazio per l'applicazione analogica.

Non si può escludere neppure che, in applicazione del principio del preminente interesse del minore, sia applicabile l'art. 316 c.c. secondo cui, qualora insorgano questioni di particolare importanza sull'esercizio della responsabilità genitoriale, ciascun genitore possa rivolgersi senza formalità al giudice, indicando i provvedimenti che egli ritenga più idonei da assumere. Del resto gli uniti civilmente potrebbero essere genitori in dipendenza di un'adozione in un altro paese, il cui provvedimento sia stato delibato dal giudice italiano, oppure di un'adozione in casi particolari del figlio dell'altro.

Ancora: poiché il dovere di fedeltà, come si è già rilevato, è desumibile dall'obbligo reciproco di assistenza morale e materiale, deve ammettersi, in linea di principio, la risarcibilità del danno non patrimoniale (art. 2059 c.c.) qualora la condotta di uno degli uniti civilmente sia stata lesiva di un diritto fondamentale della persona (come la salute) o di un valore come la dignità.

Anche l'art. 123 c.c. sulla simulazione del matrimonio è applicabile agli uniti civilmente, se si considera che questi ultimi possono avere un interesse patrimoniale (come la pensione di reversibilità) o non patrimoniale a costituire un'unione in realtà vuota di contenuto (G. Perlingieri, 110).

In ambito successorio striderebbe l'inapplicabilità della sostituzione fedecommissaria (artt. 692 ss. c.c.) all'unito civilmente interdetto, stante l'identità dell'interesse ad essere protetto dell'incapace legale che sia coniuge o unito civile. L'istituto di diritto successorio, dopo una lunga evoluzione (M. Moretti), tutela la persona e il patrimonio dell'incapace; una tutela oggi ancor più forte e necessaria in forza della Convezione Onu sui diritti delle persone con disabilità del 2006, ratificata dall'Italia con legge n. 18/2009.

Il metodo da seguire per verificare l'applicabilità di una disposizione del codice civile non richiamata dalla legge n. 76/2016 non è conchiuso nella sussunzione nella lettera dell'art. 1, comma 20, ma è piuttosto funzionale a valorizzare l'interesse che viene in rilievo rispetto a quello espressamente disciplinato da una disposizione del codice civile. Se la *ratio* di tale disposizione è in grado di accogliere anche il caso non disciplinato, l'interpretazione letterale dell'art. 1, comma 20 non preclude l'interpretazione analogica, soprattutto quando sono coinvolti diritti e principi fondamentali attuati dalla norma del codice civile.

L'altra esclusione, rispetto alla clausola di equivalenza, investe le disposizioni della legge n. 184/1983, nota come legge sull'adozione ma intitolata significativamente «Diritto del minore ad una famiglia». L'intento del legislatore dell'unione civile è stato, con siffatta esclusione, di confermare uno dei fondamenti della cultura della filiazione, ossia l'eterosessualità dei genitori (cfr. anche art. 5, l. n. 40/2004). Non si voleva che gli uniti civili potessero accedere all'adozione piena (art. 6, l. n. 184/1983), né all'adozione internazionale (art. 29-*bis*, l. n. 184/1983), pur avendo essi formalizzato la loro relazione.

Questa disposizione che pone un limite alle coppie omo-affettive residenti in Italia a realizzare l'aspirazione ad avere un figlio non ha comunque impedito filiazioni con due genitori dello stesso sesso. Ciò si è verificato non solo mediante l'adozione in casi particolari disposta ai sensi dell'art. 44, co. 1, lett. d), legge n. 184/1983, interpretato in senso ampio dalla giurisprudenza di merito e di legittimità [22], ma anche attraverso la delibazione ai sensi dell'art. 64, legge n. 218/1995 («*Riforma del sistema italiano di diritto internazionale privato*») di

---

[22] Cass., n. 12962/2016.

provvedimenti stranieri che riconoscono lo stato di figlio rispetto a due genitori dello stesso sesso[23].

A tal proposito viene alla mente la considerazione di Natalino Irti (*Viaggio tra gli obbedienti*, 45) secondo la quale «se il legislatore mostra di non saper adeguare la sua volizione precettiva al fine particolare da perseguire e sempre fallisce lo scopo, l'obbedienza viene meno».

Effettivamente il legislatore non è riuscito a impedire la genitorialità omosessuale, la quale ha preso campo attraverso le regole del diritto internazionale privato e l'adozione in casi particolari. La cui applicazione giurisprudenziale non è stata una forzatura, come invece ha ritenuto qualche Autore, essendo tale istituto funzionale a valorizzare il rapporto affettivo stabile e duraturo tra il minore e una determinata persona – genitore di fatto – dal cui orientamento sessuale si deve prescindere. Oltretutto è stato attuato, in coerenza con il sistema, il principio del preminente interesse del minore che alberga nella necessità di far corrispondere allo stato di fatto – l'assunzione spontanea dei doveri genitoriali – la situazione di diritto consistente nella costituzione dello *status filiationis* nei confronti del genitore non biologico.

Il preminente interesse del minore è alla base anche della riconosciuta possibilità di delibare pronunce straniere di adozione omosessuale non inquadrabili nell'adozione internazionale come disciplinata dagli artt. 29 ss., legge n. 184/1983. Qui le Sezioni Unite hanno affermato che l'adozione eterosessuale non è un paradigma fondante dell'ordinamento[24]. Di conseguenza il legislatore potrebbe non solo ampliare i presupposti soggettivi della procreazione medicalmente assistita, ma anche quelli dell'adozione piena.

Va rimarcato, quindi, che la scelta legislativa di prevedere la clausola di esclusione della legge sulle adozioni, pur legittima, non ha precluso la formazione di famiglie omosessuali con prole. Ed è proprio in ragione della giurisprudenza sopra citata, aperta all'evoluzione ordinamentale[25], che l'art. 1, comma 20, cit. si chiude con la previsione della clausola cosiddetta di salvaguardia. La quale costituisce un'eccezione alla clausola di esclusione nel prevedere: «Resta fermo quanto previsto e consentito in materia di adozione dalle norme vigenti».

Il legislatore, consapevole della giurisprudenza formatasi sull'art. 44, lett. d), legge n. 184/1983, ma, al contempo, non volendo prevedere *expressis verbis* l'a-

---

[23] Cass., Sez. Un., n. 9006/2021.

[24] Cass., Sez. Un., n. 9006/2021, cit.

[25] Cass., n. 12962/2016, cit., svolge una serrata motivazione per supportare la conclusione secondo cui l'espressione di cui all'art. 44, lett. d), legge n. 184/1983, «impossibilità di affidamento preadottivo», sia da riferire non solo all'*impossibilità di fatto* (malattia o età avanzata dell'adottando), ma anche *di diritto*, ossia qualora manchi lo stato di abbandono, essendoci un genitore titolare della responsabilità genitoriale capace di occuparsene. È in quest'ultimo caso che ha trovato attuazione la c.d. *step child adoption*, quale strumento idoneo a valorizzare quel legame affettivo tra adulto e minore molti simile a quello di tipo genitoriale.

dozione omosessuale (c.d. *step child adoption*), si è limitato, quale compromesso politico, a non contrastare tale giurisprudenza. Ha lasciato che la legge n. 184/1983 rimanesse aperta all'evoluzione in tema di adozione omosessuale.

Un dato spicca: la giurisprudenza, in più occasioni (*infra amplius*), ha affermato che la Costituzione non impone l'eterosessualità dei genitori. Un'affermazione, questa, significativa alla quale i Costituenti non hanno pensato, come non si sono soffermati sul matrimonio omosessuale. Eppure la nostra Carta fondamentale svela una straordinaria attitudine ad assorbire fatti nuovi prodotti dal mutamento dei costumi e dallo sviluppo della tecnica.

La Costituzione, com'è stato autorevolmente affermato (P. Grossi), si modifica dall'esterno attraverso l'interazione con la società e con altre disposizioni di legge (art. 117, co. 1, Cost.). Si pensi al principio del preminente interesse del minore, di cui la Costituzione non fa espressa menzione, ma che è ascrivibile agli artt. 2, 31, co. 2 e 117 nella parte in cui quest'ultimo richiama note convenzioni internazionali sui minori.

9. *Scioglimento dell'unione civile e diritti patrimoniali.*

La disciplina dello scioglimento dell'unione civile mostra, all'evidenza, quanto tale istituto sia simile a quello previsto per il matrimonio. A parte i casi di scioglimento per morte o per dichiarazione di morte presunta di uno dei due uniti civilmente (art. 1, co. 22, l. n. 76/2016) e per i delitti (e tipi di pronunce) commessi ai sensi dell'art. 3, n. 1 e n. 2, lett. a), c), d) ed e) della legge n. 898/1970 (richiamato dall'art. 1, co. 23, l. n. 76/2016), è sugli *effetti patrimoniali* dello scioglimento dell'unione civile che si intende appuntare adesso l'attenzione. Nel paragrafo successivo, invece, si accennerà al procedimento.

Il richiamo da parte dell'art. 1, co. 19, legge n. 76/2016 della disciplina dell'assegno di divorzio (art. 6, l. n. 898/1970), anche in unica soluzione (art. 11, co. 8, l. n. 898/1970) e, di conseguenza, della sua più recente interpretazione giurisprudenziale[26], della pensione di reversibilità (art. 9, co. 2, l. cit.), dell'indennità di fine rapporto (art. 12-*bis*, l. cit.) e dell'assegno a carico dell'eredità in caso di morte dell'ex unito civilmente debitore (art. 9-*bis*., l. cit.) fa risaltare la rilevanza del rapporto connotato dall'indirizzo impresso alla vita comune (*rectius* familiare). È questo l'elemento alla base degli effetti economici dello scioglimento.

Se l'unione civile consiste in un progetto di vita comune, nella unione materiale e spirituale, nella lealtà e dedizione reciproca, desunti dall'art. 1, co. 11, legge cit. e formalizzati nell'atto costitutivo, segno di un impegno formale, non si poteva escludere che l'unione avesse un'ultrattività proprio sul piano degli effetti

[26] Cass., Sez. Un., n. 18287/2018.

economici. La ragione poggia sui principi e valori fondamentali che l'unione civile, in quanto rapporto, necessariamente evoca: la solidarietà e l'uguaglianza morale e giuridica degli uniti.

Si dirà che l'art. 29, co. 2, Cost. riferisce tale uguaglianza ai coniugi. In verità questo principio è da riferirsi anche agli uniti civili, il cui rapporto è regolato similmente a quello dei coniugi. L'uguaglianza tra gli uniti civili attinge comunque dall'art. 3 Cost. che prevede il principio di uguaglianza sotto i profili della «pari dignità sociale» e del divieto di distinguere le persone sulla base di «condizioni personali e sociali». Ne consegue che il rapporto tra gli uniti civili, com'è per il matrimonio, nel passare dalla fase fisiologica a quella patologica, non può diventare causa di pregiudizio economico per uno e ragione di vantaggio per l'altro.

Talvolta, in occasione della crisi di coppia, alcune scelte condivise nell'ambito dell'indirizzo della vita familiare si riverberano negativamente sulla capacità reddituale di uno solo. È questo il punto saliente intorno al quale ruota la sentenza della Cassazione a Sezioni Unite sull'assegno di divorzio. La quale ha ridefinito la funzione dell'assegno: da esclusivamente assistenziale (parametrata all'analogo tenore di vita) a perequativo-compensativa[27].

L'assegno di divorzio non svolge più una funzione essenzialmente assistenziale, attraverso cui il coniuge più abbiente assicura all'altro, privo di adeguati redditi propri e nell'impossibilità di procurarseli per ragioni oggettive, la conservazione di un tenore di vita analogo a quello goduto in costanza di matrimonio. Un tale parametro, incompatibile con lo scioglimento del matrimonio, risuona astratto rispetto all'indirizzo concreto della vita familiare. Invece, la nuova funzione riequilibrante, attingendo alla storia di quel singolo matrimonio, coniuga più ragionevolmente il principio della pari dignità dei coniugi con l'esigenza di libertà del coniuge più abbiente.

Si è passati, insomma, da un parametro di riferimento dell'assegno – quello dell'analogo tenore di vita – il cui presupposto era la diversità reddituale in quanto tale, a un altro imperniato sulla storia di quella specifica unione di vita. E la

---

[27] Cass., Sez. Un., n. 18287/2018, cit., ha rigettato sia l'orientamento maggioritario dell'analogo tenore di vita (maturato negli anni Novanta del secolo scorso) sia quello più recente dell'autosufficienza economica (Cass., n. 11504/2017). La (superata) lettura bifasica dell'art. 5, co. 6, legge n. 898/1970 esigeva di dare rilievo ai parametri indicati in tale articolo dopo il sintagma «tenuto conto», soltanto nella seconda eventuale fase in cui il giudice avrebbe dovuto quantificare l'assegno (c.d. criteri determinativi). Prioritario era determinare l'*an* dell'assegno rispetto al parametro dell'analogo tenore di vita (c.d. criterio attributivo). Si distingueva, quindi, sul un piano cronologico, tra il presupposto dell'attribuzione (perdita del tenore di vita matrimoniale) e i criteri di quantificazione dell'assegno. Le Sezioni Unite hanno accolto, invece, come segnalato da tempo da alcuni Autori (ad esempio da F. Alcaro), un'interpretazione che può dirsi unitaria dell'art. 5, comma 6, in forza della quale i criteri introdotti dal «tenuto conto» devono essere applicati dal giudice fin da subito al fine di decidere sull'attribuzione dell'assegno e non solo eventualmente nella fase volta a stabilirne il *quantum*.

storia è connotata da varie scelte, rinunce condivise e da una diversa attribuzione dei compiti anche rispetto ai figli.

Le dinamiche matrimoniali o dell'unione civile hanno quasi sempre conseguenze economiche in occasione della crisi di coppia: se, ad esempio, la scelta di lavorare part-time per seguire maggiormente i figli o per favorire la carriera dell'altro risulta ottimale durante la fisiologia del rapporto, essa si riverbera negativamente sulla parte che l'ha assunta in occasione e a causa dello scioglimento. Ecco da dove scaturisce l'esigenza di perequare e compensare un coniuge (o unito civile). Ed è questa un'esigenza – preme ribadirlo – che ha il proprio fondamento nei valori più alti dell'ordinamento: la solidarietà, l'uguaglianza e la dignità [28].

Non è un caso che le Sezioni Unite abbiamo affermato che uno dei parametri più significati, indicati dall'art. 5, co. 6, legge n. 898/1970, è quello del «contributo personale ed economico alla conduzione familiare e alla formazione del patrimonio di ciascuno e di quello comune». La funzione perequativo-compensativa fa sì che l'assegno spetti anche al coniuge economicamente autosufficiente in considerazione del suo apporto a taluni profili della vita familiare che, in sede di scioglimento, abbiano avuto un'incidenza negativa sulla propria capacità di reddito.

Insomma le decisioni che compongono «l'indirizzo della vita familiare» (art. 1, co. 12, l. n. 76/2016) e dei «bisogni comuni» (art. 1, co. 11, cit.) hanno la stessa rilevanza giuridica di quelle assunte nel matrimonio. Il che fa emergere una volta di più il fondamento comune dei due istituti, i quali sono stati distinti più attraverso il lessico che in ragione della sostanza fenomenologica.

Secondo questa chiave di lettura non stupisce che l'art. 1, co. 25, legge n. 76/2016 abbia richiamato della legge n. 898/1970 i seguenti articoli: 5, comma 8, sull'assegno di divorzio in unica soluzione, 9, commi 2 e 3 sulla pensione di reversibilità, 9-*bis* sull'assegno periodico a carico dell'eredità qualora il titolare

---

[28] Cass., Sez. Un., n. 18287/2018, cit., in un passaggio della motivazione afferma che «l'autodeterminazione individuale e la libertà di scegliere il percorso da imprimere alla propria esistenza costituisce certamente un valore assiologico portante nel sistema dei diritti della persona» – da qui il rilievo dell'interesse a contenere e ad eliminare semmai nel tempo gli effetti economici del divorzio – che deve, tuttavia, essere bilanciato con il valore della dignità dell'altro che è stato compagno/a di vita. Se, come continuano le Sezioni Unite, «l'autodeterminazione non si esaurisce con la facoltà anche unilaterale di sciogliersi dal vincolo ma *preesiste a tale determinazione e connota tutta la relazione* ed, in particolare, la definizione e la condivisione dei ruoli endofamiliari» (artt. 143 e 144 c.c.), essa non può che avere una ripercussione in termini perequativo-compensativi al momento dello scioglimento del matrimonio. Se non fosse così, si violerebbe il principio di uguaglianza morale e giuridica dei coniugi (art. 29, co. 2, Cost.). Siamo al cuore dell'argomentazione delle Sezioni Unite: l'autodeterminazione va considerata non solo nella fase di scioglimento del vincolo, ma anche e prima ancora durante la fisiologia del rapporto; così essa permea l'assegna di divorzio. Questa linea ermeneutica è estensibile anche agli uniti civilmente, stante il richiamo da parte della legge n. 76/2016 (art. 1, co. 25) alla disciplina di cui alla legge n. 898/1970 sull'assegno di divorzio anche in unica soluzione (art. 5, coo. 6 e 8, l. n. 898/1970).

dell'assegno di divorzio versi in stato di bisogno in caso di morte dell'ex coniuge (o ex unito civile) debitore dell'assegno stesso e 12-*bis* sulla percentuale dell'indennità di fine rapporto percepita dall'altro coniuge (o unito civile) all'atto della cessazione del rapporto di lavoro anche se l'indennità matura dopo la pronuncia di scioglimento.

Significativi sono anche i richiami ad altri articoli della legge n. 879/1970: l'8 sulle garanzie dei diritti patrimoniali del coniuge economicamente più debole, il 9 sulla revisione delle disposizioni patrimoniali o riguardanti la prole in caso di sopravventi giustificati motivi e il 5, comma 10, che stabilisce la cessazione dell'assegno di divorzio qualora l'ex coniuge creditore (o ex unito civile) sia passato a nuove nozze (o a ulteriore unione civile).

La recente interpretazione estensiva di quest'ultimo articolo – nel senso che anche la convivenza di fatto cagiona la cessazione del diritto all'assegno di divorzio [29] – conferma l'assunto della primazia del rapporto rispetto all'atto e, in particolare, l'idea che, pur nelle differenze tra i diversi modelli familiari (matrimonio, unione civile e convivenza di fatto), vi è un elemento che li avvicina: la nascita dal basso della relazione familiare che poggia sull'impegno di vivere insieme.

10. *I procedimenti di scioglimento dell'unione civile: giudiziale e stragiudiziali.*

Il legislatore ha previsto più procedimenti di scioglimento dell'unione civile. Nel suo complesso, la disciplina appare più conforme ai principi costituzionali e alla sensibilità sociale rispetto al maggior rilievo assunto dalla libertà e dall'autodeterminazione.

Non è stata prevista la separazione personale, bensì direttamente lo scioglimento dell'unione. Sia detto *per incidens* che, da tempo, si discute se non di abrogare la separazione personale di renderla facoltativa, proprio per facilitare lo scioglimento del matrimonio rispetto a quelle coppie che abbiano già maturato la certezza assoluta di non voler continuare il cammino della vita insieme.

Rileva, però, l'esigenza di non favorire decisioni affrettate sullo scioglimento dell'unione; decisioni prive di una ponderazione compiuta, la quale richiede un tempo scevro da pressioni e insoddisfazioni contingenti. Così l'art. 1, co. 24, legge. n. 76/2016 prevede uno scioglimento in due fasi: la prima davanti all'autorità amministrativa, la seconda in giudizio.

Le parti che intendono porre fine al loro rapporto devono anzitutto, anche disgiuntamente, manifestare la volontà di sciogliersi davanti all'ufficiale dello stato civile. Soltanto decorsi tre mesi da tale passaggio procedimentale, le parti o la parte in unione civile potrà rivolgersi al giudice competente proponendo domanda di scioglimento.

---

[29] Cass., n. 32871/2018, cit. e Cass., n. 28995/2020, cit.

I tre mesi sono funzionali al consolidamento della decisione; il lasso temporale è appropriato, consentendo di coniugare ragionevolmente l'interesse pubblico a preservare un istituto espressivo della famiglia che ordina i rapporti tra le persone con la libertà personale e con il diritto di costituire, eventualmente, una nuova famiglia più rispondente alla propria personalità.

Terminata questa prima fase, si può avviare la seconda davanti al giudice.

Il procedimento giudiziario, stante il richiamo degli artt. 4 e 5, co. 1, legge n. 898/1970, segue quello dello scioglimento del matrimonio, i cui tratti salienti sono: proposizione del ricorso al tribunale competente; udienza presidenziale nella quale il Presidente del tribunale tenta la conciliazione tra le parti e, in caso negativo, dispone con ordinanza i provvedimenti temporanei e urgenti che reputa opportuni nell'interesse dei coniugi (e quindi degli uniti civilmente) e della prole, la quale, come si è già osservato, può esservi anche nella unione civile; udienza di comparizione e trattazione davanti al giudice istruttore, in cui si istruisce la causa ammettendo e assumendo le prove; sentenza non definitiva di scioglimento dell'unione – solo se richiesta (art. 4, coo. 12-13, l. n. 898/1970) – qualora il procedimento debba proseguire per la determinazione dell'assegno.

Se la domanda di scioglimento dell'unione è proposta da entrami gli uniti civilmente, il procedimento è più snello in applicazione dell'art. 4, co. 16, legge n. 898/1970.

L'art. 1, co. 25, legge n. 76/2016 richiama anche l'art. 5, co. 1, legge n. 989/1970, secondo il quale il Tribunale, accertata la sussistenza di uno dei casi di cui all'art. 3 – ossia per l'unione civile quelle fattispecie penalistiche previste dal n. 1 e del n. 2 solo quelle fissate dalle lett. a), c), d) ed e) – pronuncia lo scioglimento dell'unione civile con sentenza.

Vero è che il coinvolgimento del potere giudiziario per governare la crisi dell'unione civile avvicina quest'ultima più al matrimonio che non alla convivenza di fatto, dove l'accordo e la libertà dominano la scena dall'inizio e alla fine. Anche se, come si vedrà nel prossimo capitolo, la libertà di vivere la convivenza di fatto è controbilanciata da alcuni doveri (cui corrispondono diritti) introdotti dalla legge n. 76/2016.

Sebbene l'intervento giudiziario non sia più indispensabile per sciogliere il matrimonio, è pur vero che, diversamente dalla cessazione della convivenza di fatto che è nella completa disponibilità dei privati, è sempre necessario l'intervento di un organo pubblico qual è il Procuratore della Repubblica. È stato infatti introdotto un modello di composizione stragiudiziale della crisi coniugale, esteso agli uniti civili dall'art. 1, co. 25, legge n. 76/2016, il quale richiama gli artt. 6 e 12 del d.l. n. 132/2014 (recante «Misure urgenti di degiurisdizionalizzazione ed altri interventi per la definizione dell'arretrato in materia di processo civile») convertito con modificazioni nella legge n. 162/2014.

La finalità di quest'intervento normativo è di «assicurare una maggiore funzionalità ed efficienza della giustizia», attraverso il procedimento stragiudiziale di *negoziazione assistita* dagli avvocati. Si prevede che le parti in lite devono o possono, a seconda della fattispecie, ricorrere a tale procedimento per risolvere la loro lite fuori dall'aula del tribunale. Devono perché in alcuni casi – quelli previsti dall'art. 3, d.l. n. 132/2014 – il previo esperimento della negoziazione assistita è condizione di procedibilità della domanda giudiziale. Perciò solo qualora questo procedimento stragiudiziale fallisca o non si avvii per indisponibilità della parte invitata, potrà essere adita l'autorità giudiziale.

Per la separazione e lo scioglimento del matrimonio e quindi, per via del predetto richiamo, anche per l'unione civile si è preferito accogliere la soluzione della facoltatività. La negoziazione assistita, pertanto, non è condizione di procedibilità della domanda di scioglimento del matrimonio o dell'unione civile, ma è uno strumento facoltativo a disposizione dei coniugi o degli uniti civilmente per gestire la crisi in modo più veloce, meno traumatico e con minore dispendio economico.

Il legislatore, saggiamente, non ha previsto l'obbligatorietà perché le ragioni dello scioglimento del matrimonio o dell'unione civile possono aver inciso così fortemente sulla psiche di una delle parti da indurla a rifiutare qualsiasi tentativo di dialogo per governare la crisi di coppia. Va rilevato però che la non obbligatorietà è stata temperata dalla prescrizione dell'art. 2, co. 7, d.l. n. 132/2014 secondo cui «è dovere deontologico degli avvocati informare il cliente all'atto del conferimento dell'incarico della possibilità di ricorrere alla convenzione di negoziazione assistita». La finalità di questa disposizione non è soltanto deflattiva del contenzioso, ma attuativa di una linea di politica del diritto protesa a favorire l'accordo per superare la crisi di coppia; soprattutto in presenza di prole. Qualora non vi siano state condotte deprecabili, il legislatore ha tracciato la via dell'accordo, da preferirsi per evitare un lungo processo di scioglimento del matrimonio o dell'unione civile, caratterizzato da una regolamentazione giudiziale (e non pattizia) dei rispettivi effetti.

11. (Segue). *Negoziazione assistita tra accordi e controlli. Lo scioglimento davanti al sindaco.*

Come si diceva la legge n. 76/2016 ha richiamato la legge che ha introdotto la negoziazione assista quale strumento (facoltativo) di risoluzione consensuale della crisi di coppia, alternativo alla via giudiziale. Gli uniti civili possono non solo sciogliere l'unione regolandone gli effetti, ma anche, successivamente e col medesimo procedimento, modificare le loro intese.

Più da vicino, il procedimento di negoziazione assistita è caratterizzato dalla seguente scansione di atti.

Inizia con un invito, atto unilaterale che una parte tramite il proprio avvocato rivolge all'altra, a risolvere la controversia in via amichevole stipulando – è il secondo atto – una convenzione di negoziazione assistita. Il destinatario, entro trenta giorni, anch'egli tramite il proprio avvocato, deve rispondere se accetta o rifiuta l'invito. In caso di inerzia, la parte invitante è libera di adire l'organo giudiziario.

Se vi è accettazione dell'invito, le parti stipulano, tramite i rispettivi avvocati, la convezione di negoziazione assistita con la quale «convengono di cooperare in buona fede e con lealtà per risolvere in via amichevole la controversia tramite l'assistenza degli avvocati». È un accordo a effetti obbligatori con il quale si dà avvio alla fase conciliativa. La quale consiste in incontri presso gli studi dei difensori in cui si cerca di pervenire a un accordo per evitare il giudizio; l'accordo è assoggettato a un termine breve (prorogabile) stabilito dalla legge.

La fase conciliativa può avere due esiti opposti: le parti concludono l'accordo che compone stragiudizialmente la controversia (art. 5, d.l. n. 132/2014), oppure, ove l'accordo non sia raggiunto, verrà formalizzata la dichiarazione di mancato accordo (art. 4, co. 3, d.l. n. 132/2014).

Questo schema, ove applicato ai coniugi o agli uniti civili, vede l'intervento, del Procuratore della Repubblica, al quale spettano poteri diversi a seconda che via sia o meno la presenza di determinate categorie di soggetti: figli minori, figli maggiori incapaci, figli maggiorenni portatori di handicap gravi, figli maggiorenni economicamente non autosufficienti.

In mancanza delle predette categorie di figli, i poteri del Procuratore della Repubblica sono meno penetranti. Egli si limita a un controllo di legittimità, di verifica della correttezza del procedimento nei termini previsti dalla legge. Ove il controllo dia esito positivo, il Procuratore comunica agli avvocati il proprio *nulla osta* per gli adempimenti di cui all'art. 6, co. 3, d.l. n. 132/2014 di natura pubblicitaria.

La presenza, invece, delle categorie di figli soprariportate accresce i poteri del Procuratore della Repubblica, con i quali egli valuta il merito dell'accordo perfezionato all'esito della convenzione di negoziazione assistita. La ragione è evidente: la presenza di figli richiama un interesse pubblico di protezione rilevante per ragioni diverse: incapacità, disabilità, non autosufficienza.

Si può affermare che il Procuratore esercita un potere analogo a quello del giudice in sede di omologa della separazione personale tra coniugi (art. 158 c.c.). Con una differenza significativa: egli, qualora ravvisi una contrarietà di talune pattuizioni all'interesse dei figli, non ha il potere, proprio invece del giudice della separazione consensuale, di indicare agli uniti civili le modificazioni da adottare nell'interesse dei figli. Il Procuratore della Repubblica trasmetterà l'accordo ricevuto, entro i cinque giorni seguenti alla ricezione, al presidente del tribunale, il quale fissa, entro i successivi trenta giorni, la comparizione personale delle parti e provvede senza ritardo. In sostanza il procedimento si trasforma da stragiudiziale in giudiziale.

Del resto il Procuratore della Repubblica non è attrezzato per entrare così in profondità nell'accordo tanto da suggerirne le modiche più confacenti all'interesse del minore.

La negoziazione assistita non è l'unico strumento di scioglimento dell'unione civile alternativo al giudizio. Vi è la possibilità, ai sensi dell'art. 12, d.l. n. 132/2014 richiamato dall'art. 1, co. 25, legge n. 76/2016, di rivolgersi al Sindaco del comune di residenza di una delle parti o del comune presso cui è registrata l'unione civile. Questa facoltà esige che non vi sia nessuna delle categorie di figli di cui si è già detto. È solo la mancanza di queste ultime che rende lo scioglimento una questione spiccatamente privata, salvo per il fatto che, per ragioni di certezza dello status, occorre l'intervento dell'autorità amministrativa e della pubblicità dell'atto di scioglimento.

Davanti al Sindaco l'autonomia privata non può esplicarsi in pieno, stante il disposto dell'art. 12, co. 3, d.l. n. 132/2014 ai sensi del quale l'accordo tra i coniugi «non può contenere patti di trasferimento patrimoniale». Ci si è chiesti quale sia l'ambito applicativo di tale limitazione; segnatamente se essa riguardi soltanto i trasferimenti immobiliari o anche la corresponsione di somme di denaro a titolo di assegno di separazione o di divorzio.

La tesi che ha prevalso in forza di una circolare ministeriale (la n. 6/2015) è quella secondo cui la predetta disposizione vieta soltanto i patti produttivi di effetti traslativi o costitutivi di diritti reali e non anche gli accordi sulla misura dell'assegno. Del resto, altrimenti, il procedimento di scioglimento davanti al Sindaco sarebbe rimasto pressoché inutilizzato, poiché quasi sempre i coniugi e gli uniti civili stabiliscono un assegno rispettivamente di divorzio o di scioglimento dell'unione.

Solo una brevissima considerazione finale sul rapporto tra libertà contrattuale e limiti nella fase di scioglimento del vincolo. Ad avviso di chi scrive rimane saldo, nonostante le novità legislative, un punto nodale della normativa sulla crisi secondo cui tutti gli accordi hanno un'efficacia *rebus sic stantibus*, salvo che i coniugi o gli uniti civili si siano accordati su una corresponsione *una tantum* – anche traslativo-costitutiva – la quale, però, deve essere valutata equa dal tribunale per disinnescare quell'efficacia non definitiva che connota gli accordi della crisi (art. 5, co. 8, l. n. 898/1970 richiamato dall'art. 1, co. 25, l. n. 76/2016).

Riferimenti bibliografici.

ALCARO F., *Note in tema di assegno divorzile: «il tenore di vota in costanza di matrimonio», un'aporia interpretativa*, in *Fam. e dir.*, 2013, 10, 924 ss.; ANELLI F., *Il matrimonio. Lezioni*, Milano, 1998; BARBA V., *Artificialità del matrimonio e vincoli costituzionale: il caso del matrimonio omosessuale*, in *Fam.e dir.*, 2014, 10, 861 ss.; BIANCA C.M., *La Famiglia. Le successioni*, Milano, 2005; BELLETTI M., voce *Unioni civili (dir. cost.)*, in *Digesto*, 2017; BONILINI G., *Manuale di diritto di famiglia*, Milano, 2020; BONILINI G., *Rettificazione di attribuzione di sesso, e scioglimento automatico del matrimonio ai sensi dell'art. 31, d.lgs. n. 150/2011*, in *Fam. Pers. Succ.*, 2011, 805 ss., sostiene che l'art. 29 Cost. presuppone la diversità di sesso degli sposi, pertanto solo modificando questa disposizione sarebbe possibile prevedere il matrimonio omosessuale; CARBONE V., *Malattia grave e annullamento del matrimonio per errore sulle qualità del coniuge*, in *Fam. e dir.*, 2011, 6, 585 ss.; CONTE G., *La simulazione del matrimonio nella teoria del negozio giuridico*, Padova, 1999; COPPOLA C., *La costituzione dell'unione civile e la sua registrazione nell'archivio dello stato civile*, in *Tratt. di diritto di famiglia*, diretto da G. Bonilini, *Unione civile e convivenza di fatto*, 2017, V, 14 ss.; DE RENTIIS L., *Nota in materia di annullamento del matrimonio per errore che ricade sull'esistenza di una malattia fisica o psichica di uno dei coniugi*, in *Giur. it.*, 2002, 4, 689 ss.; FERRANDO G., *Nullità del matrimonio ed errore sull'esistenza di una malattia psichica dell'altro coniuge*, in *Fam. e dir.*, 1994, 4, 397 ss.; FERRANDO G., *Il matrimonio*, Milano, 2002; FINOCCHIARO F., *Del matrimonio*. Artt. 84-158 c.c., Bologna-Roma, 1993; FURGIUELE G., *Della simulazione di effetti negoziali*, Milano, 1992; GROSSI P., *Il diritto in una società che cambia*, Bologna, 2018, 88-89; IRTI N., *Viaggio tra gli obbedienti*, Milano, 2021; JEMOLO A.C., *Il matrimonio*, Torino, 1961; LORENZETTI A.-SCHUSTER A., *Corte costituzionale e Corte europea dei diritti umani: l'astratto paradigma eterosessuale del matrimonio può prevalere sulla tutela concreata del matrimonio della persona trans*, in *Nuova giur. civ. comm.*, 2014, 12, 11339 ss.; MARINI A.-PINELLI A.M., *Della nullità del matrimonio*, Milano, 2014; MESSINETTI D., *Il matrimonio putativo*, in *Tratt. Bonilini-Cattaneo*, Torino, 2007, 469 ss.; MORETTI M., *La sostituzione fedecommissaria*, in *Tratt. di diritto delle succ. e donaz.*, diretto da G. Bonilini, *La successione testamentaria*, 2009, II, 1785 ss.; MOROZZO DELLA ROCCA P., *Le adozioni in casi particolari e il caso della step chiold adoption*, in *Corriere giur.*, 2016, 10, 1203 ss., critica l'orientamento giurisprudenziale favorevole alla *step child adoption*; PATTI S., *I diritti delle persone omosessuali e il mancato riconoscimento del matrimonio contratto all'estero*, in *Fam. Pers. Succ.*, 2012, 456 ss.; PERLINGIERI G., *Interferenze tra unione civile e matrimonio. Pluralismo familiare e unitarietà dei valori normativi*, in *Rass. dir. civ.*, 2018, 1, 101 ss.; PINARDI R., *La Corte, il matrimonio omosessuale ed il fascino (eterno?) della tradizione*, in *Nuova giur. civ. comm.*, 2010, II, 527 ss.; QUERCI A., *Errore e responsabilità ex art. 129-bis*, in *Nuova giur. civ. comm.*, 2006, 7-8, 10795; ROMA U., *Convivenza e coabitazione*, Padova, 2005; ZATTI P., *Introduzione al Convegno*, in *Nuova giur. civ. comm.*, 2016, 12, 1663 ss.

CAPITOLO QUARTO

LA CONVIVENZA DI FATTO

1. *Il dibattito più risalente: matrimonio e pluralità delle famiglie.*

Si è rilevato come l'interpretazione della legge, finanche della Costituzione, sia decisamente influenzata dai mutamenti culturali e del costume sociale.

Il diritto è inscindibile dalla dimensione culturale di un popolo. Se così non fosse avremmo regole avulse dalle dinamiche e dal sentire sociale e uno sviamento del diritto dalla sua funzione di ordinamento della *societas* – sempre più complessa e multi-valoriale – in assonanza con i fatti che la pervadono. Il che non implica certo un appiattimento del legislatore sui fenomeni sociali, ma una politica del diritto di scelta coerente rispetto ai valori, mutevoli nelle loro sfumature, previsti dalla Costituzione.

La materia della convivenza di fatto costituisce un esempio plastico di quanto detto: il legislatore, nel complesso, ha ben bilanciato libertà e responsabilità dei conviventi, tutela dei diritti e spazio libero dalla giuridicità. Ripercorriamo brevemente il filo storico.

Nel 1956 un eminente giurista scriveva che «il matrimonio viene prospettato quale fondamento indefettibile della famiglia, sia nel senso che non v'è famiglia senza matrimonio, sia nel senso che col matrimonio viene fondata una società naturale, che, come tale, ha necessariamente finalità e durata segnate dalla natura, del tutto sottratte alla volontà e disponibilità dei fondatori (...)» (F. Santoro Passarelli). Leggiamo ancora dalla pagina dello stesso Autore: «non vi è altra famiglia che la famiglia fondata sul matrimonio».

Due sono gli elementi cardine di questo discorso, sconfessati dalla storia, dalla sociologia, dalle fonti normative e dalla giurisprudenza: la famiglia è concepibile solo all'interno dell'istituto matrimoniale, il quale – ecco il secondo dato – costituisce una società naturale che, come tale, trae i suoi caratteri dalla natura.

Nel discorso dell'Autore vi è solo un cenno alle unioni di fatto, non già per predicarne la rilevanza, ma per contrapporle al matrimonio, unico istituto, al tempo, in grado di tutelare pienamente i figli attraverso l'acquisizione dello status di figlio legittimo.

Questa impostazione deve essere calata in quel contesto storico-giuridico, dove le unioni di fatto erano stigmatizzate da larga parte dei consociati, soprattutto da quelli sposati. Si consideri, inoltre, che solo a metà degli anni Cinquanta del secolo scorso è iniziata lentamente la fase cosiddetta del «disgelo costituzionale». La quale ha contribuito ad accrescere la percezione dei valori e dei diritti fondamentali quali nuove basi sociali. Il tutto è avvenuto progressivamente; si pensi che l'eliminazione nel 2012 della distinzione tra figli legittimi e figli naturali è l'esito di una «lunga marcia dei diritti» (G. Vettori).

Dalla metà dagli anni Settanta e con maggior incisività negli anni Ottanta del secolo scorso, la dottrina italiana ha finito col ribaltare l'impostazione di Santoro Passarelli e prima ancora quella più marcatamente pubblicistica professata da Antonio Cicu. Si è dovuto ammettere per effetto del quadro costituzionale che non è la comunità familiare a essere sovraordinata ai propri membri, ma è la persona a stare al centro dell'ordinamento in posizione di primazia. Di conseguenza la comunità degli affetti, in quanto formazione sociale, si pone quale strumento servente la realizzazione della personalità degli individui.

Così in un Convegno del 1982, intitolato «Persona e comunità», un altro grande giurista (P. Perlingieri, 387), nel tessere le fila della discussione, affermava che «esistono le comunità familiari» al plurale, nella misura in cui e fino a quando esse sono funzionali a far crescere ciascuno dei suoi membri in un contesto in cui esprimere il meglio di sé.

Era, dunque, chiara da tempo la rilevanza della convivenza di fatto, pur senza indulgere a equiparazioni semplicistiche di interessi rispetto a quelli sottesi alla normativa matrimoniale. La difficoltà per il giurista, connaturata alla convivenza di fatto, sta nel trovare il giusto equilibrio tra il desiderio di libertà (dal diritto) dei conviventi e le esigenze di protezione avvertite dai medesimi.

L'ambito di maggiore libertà voluto dai conviventi di fatto deve rapportarsi con i diritti fondamentali, con i valori costituzionali e con le legittime aspettative che scaturiscono dalla durata del rapporto che, nel suo svolgersi, è simile a quello tra coniugi. Così la strada seguita, prima dalla migliore dottrina poi dalla giurisprudenza, è stata di valutare volta per volta analogie di contenuto e di funzione della disposizione prevista per i coniugi rispetto alla fattispecie riguardante i conviventi di fatto. Alcuni Autori, ad esempio, muovendo dall'idea di famiglia fondata sul matrimonio quale comunità di affetti, hanno proposto di estendere analogicamente ai conviventi di fatto l'art. 230-*bis* c.c. sull'impresa familiare –

questione, questa, superata con l'introduzione nel 2016 dell'art. 230-*ter* («Diritti del convivente») – o la disposizione sul dovere di contribuzione.

Se il diritto deve essere espressione della realtà storica e culturale di un paese, il legislatore non può cristallizzare il presente per contrastare il nuovo, specie in un contesto di vivace cambiamento dei costumi sociali. Così è da apprezzare il legislatore europeo il quale, nel redigere la c.d. Carta di Nizza («Carta dei diritti fondamentali dell'Unione europea»), ha accolto il dato più diffuso nei paesi europei ossia quello della pluralità dei modelli familiari. L'art. 9 della Carta ha distinto il *diritto di sposarsi* dal *diritto di costituire una famiglia*; entrambi questi diritti fondamentali devono essere «garantiti secondo le leggi nazionali che ne disciplinano l'esercizio».

C'è una volontà estesa geograficamente di far emergere come la famiglia possa esistere anche fuori del matrimonio e tra persone dello stesso sesso, come dimostra l'eliminazione dall'articolo 9 appena citato delle parole uomo e donna che, invece, compaiono, perché la fonte è più risalente, nell'art. 12 Cedu. Una tappa significativa di questi sviluppi è costituita dall'emersione della rilevanza della convivenza di fatto, la quale ha acquisito spazi sempre più ampi di giuridicità.

2. *Dagli interventi sporadici alla legge regolativa della convivenza di fatto.*

A fine degli Ottanta del secolo scorso si dubitava dell'opportunità di un intervento legislativo sulla convivenza di fatto, sia perché la riflessione dottrinale e giurisprudenziale non era ancora matura, sia perché si temeva che un atteggiamento legislativo dirigistico avrebbe snaturato la propensione alla libertà e all'autonomia di chi non intende contrarre matrimonio.

Ciononostante si escludeva radicalmente tanto l'irrilevanza della convivenza di fatto, quanto un approccio di «individualismo esasperato» (P. Perlingieri, 487). Era evidente che la convivenza di fatto, in quanto formazione sociale in cui gli individui realizzano la propria personalità, godeva della copertura dell'art. 2 della Costituzione.

Occorreva capire piuttosto quale fosse la misura della rilevanza della convivenza di fatto in conformità ai valori costituzionali del personalismo, solidarismo e associazionismo, rifuggendo, al contempo, da una sua piena equiparazione con la famiglia legittima (*rectius* famiglia matrimoniale).

Prima dell'intervento legislativo del 2016, la Corte costituzionale e la Cassazione hanno affrontato delicate questioni in cui, obiettivamente, la convivenza *more uxorio* incentrata su un rapporto serio e stabile doveva essere accostata al matrimonio.

Nel 1988 la Corte costituzionale ha dichiarato l'illegittimità costituzionale dell'art. 6, co. 1, legge n. 392/1978 («*Disciplina delle locazioni di immobili urbani*») nella parte in cui non prevede tra i successibili nella titolarità del contratto di locazione, in caso di morte del conduttore, il convivente *more uxorio*[1]. Va rilevato, però, che la ragione dell'incostituzionalità, non sta – a parere della Consulta – né nella violazione del principio di uguaglianza di cui all'art. 3 Cost., né nel contrasto con la spontaneità delle formazioni sociali nelle quali si svolge la personalità dell'individuo.

L'incostituzionalità è imperniata sulla *ratio legis* dell'art. 6, co. 1, legge n. 392/1978, consistente nella tutela non tanto della famiglia nucleare e parentale, quanto piuttosto della convivenza quale «aggregato esteso fino a comprendervi estranei – potendo fra gli "eredi" del conduttore esservi questi ultimi – parenti senza limiti di grado e finanche gli affini»[2]. È, dunque, la tutela del diritto costituzionale all'abitazione in senso più esteso possibile il perno della sentenza (artt. 47, co. 2, e 2 Cost.). Tuttavia la Corte riconosce implicitamente la rilevanza giuridica alla convivenza di fatto, essendo proprio la convivenza il presupposto della successione nel contratto.

È il 1994 l'anno in cui la Cassazione ha affermato che «il diritto non può ignorare l'esistenza e la (ancora relativa) diffusione della c.d. famiglia di fatto, derivante dalla convivenza di due soggetti di sesso diverso al di fuori del matrimonio (civile o con effetti civili)»[3]. La Suprema Corte ha delineato anche i caratteri di tale convivenza: deve trattarsi di «una relazione interpersonale, con carattere di tendenziale stabilità, di natura affettiva e parafamiliare che, come nell'ambito di una qualsiasi famiglia, si esplichi in una *comunanza di vita e di interessi* e nella *reciproca assistenza morale e materiale*»[4].

La comunanza di vita e l'assistenza reciproca sono i due tratti comuni a tutte le strutture familiari etero e omosessuali; il che non giustifica certo una disciplina unitaria («*distingue frequenter*», ammonisce G. Vettori), ma sconfessa l'idea di binari paralleli su cui scorrano, solitarie, le diverse famiglie. I punti di incrocio danno vita ad ambiti condivisi di giuridicità e a nuove forme di tutela.

La giurisprudenza più recente, ad esempio, nel fare leva sull'esistenza di un rapporto familiare al di là del coniugio, ha ammesso la tutela possessoria in caso di crisi della coppia[5] e ha stabilito la cessazione dell'assegno di divorzio qualora l'ex coniuge creditore inizi una convivenza di fatto[6].

---

[1] Corte cost., n. 404/1988 (Rel.: F.P. Casavola).

[2] Corte cost., n. 404/1988, cit.

[3] Cass., n. 2988/1994. Più di recente Cass., n. 23725/2008, in particolare sulle voci di danno risarcibili e sull'onere della prova, sulla cui distribuzione tra le parti processuali la Suprema Corte era già intervenuta con la sentenza già citata del 1994. Il fatto ha riguardato l'uccisione del convivente di fatto; il convivente superstite, attore in giudizio, ha richiesto il risarcimento del danno patrimoniale per interruzione dell'apporto economico e il danno non patrimoniale da sofferenza e da perdita del compagno di vita. Cfr. anche Cass., n. 9178/2018.

[4] Cass., n. 2988/1994, cit., § 4.

[5] Cass., n. 7214/2013, cit.; Cass., n. 19423/2014, cit.

[6] Cass., n. 6855/2015, cit. sulla estinzione immediata dell'assegno divorzile. Ma cfr. anche Cass., n.

Anche il legislatore, prima dell'introduzione della disciplina organica contenuta nella legge n. 76/2016 all'art. 1, commi 36-65, ha valorizzato la convivenza di fatto quale tipo di famiglia non fondata sul matrimonio. Basti richiamare l'art. 5, legge n. 40/2004 («procreazione assistita») che ammette alla procreazione medicalmente assistita non solo i coniugi sterili o infertili, ma anche le coppie fatto maggiorenni e di sesso diverso. È vero che l'art. 5 tutela il diritto di procreare, essendo la procreazione una dimensione fondamentale della persona, ma è altrettanto vero che tale articolo imprime valore alla coppia di fatto, la quale, al pari del matrimonio, è luogo privilegiato di procreazione.

Il matrimonio, col tempo, ha perso l'esclusività della prerogativa di essere il contesto maggiormente tutelato per procreare. Ciò è dipeso non solo dalla predetta regola che consente l'accesso alla procreazione assistita alla convivenza di fatto, ma anche e soprattutto dall'introduzione nel 2012 del principio della unicità dello stato di figlio (art. 315 c.c.). In forza di questo principio, nascere nel matrimonio o fuori da questo non ha alcuna ripercussione, come invece in passato, sulla disciplina applicabile ai figli.

Anche la legge sull'amministrazione di sostegno (n. 6/2004) ha valorizzato la convivenza di fatto, laddove, all'art. 408, co. 1, c.c., nell'attribuire al giudice il potere di scelta dell'amministratore di sostegno, si prevede che egli debba preferire, ove possibile, «la persona stabilmente convivente». L'essere coppia, famiglia fa sì che il compagno o la compagna di vita sia la persona più adatta a occuparsi dell'altro divenuto menomato o infermo ai sensi dell'art. 404 c.c.

Va ammesso, però, che nonostante i predetti interventi sporadici della giurisprudenza e del legislatore permanevano incertezze interpretative e lacune. Vi erano istanze che i giudici non accoglievano come quella di applicare analogicamente l'art. 230-*bis* c.c. al convivente di fatto collaboratore nell'impresa del partner o di ricevere un assegno alimentare in caso di stato di bisogno sorto a seguito della cessazione della convivenza di fatto.

Occorreva, insomma, un intervento organico e misurato, capace di fare propri alcuni degli esiti giurisprudenziali e al contempo di andare oltre questi ultimi, prevedendo diritti e doveri. Ciò che è stato fatto con l'art. 1, coo. 36-65, legge n. 76/2016.

3. *L'intervento legislativo: più luci che ombre.*

La legge n. 76/2016 ha dettato una disciplina complessiva sulla convivenza di fatto (art. 1, coo. 36-65). Così, da un lato, sono stati chiariti i diritti e i doveri scaturenti dal convivere, dall'altro, però, sono insorti problemi interpretativi.

28995/2020, la quale ha rimesso gli atti al Primo Presidente per la rimessione alle Sezioni Unite della Cassazione, al fine di stabilire se l'assegno di divorzio si estingua necessariamente, secondo l'orientamento giurisprudenziale più recente, anche in caso di convivenza di fatto dell'ex coniuge creditore.

L'articolato legislativo merita apprezzamento, avendo bilanciato, con equilibrio, la libertà con la responsabilità che promana dall'unione affettiva, dotata di certi caratteri, sebbene non formalizzata nel matrimonio né nell'unione civile.

Il principio di uguaglianza è alla base di alcune diposizioni come l'art. 1, comma 38 rispetto ai diritti spettanti al coniuge secondo l'ordinamento penitenziario ed estesi al convivente di fatto; si pensi, ad esempio, al diritto di visita. Anche il comma 39 quanto all'assistenza e all'accesso alle strutture sanitarie e il comma 45 sull'assegnazione di alloggi in edilizia popolare sono espressione del medesimo principio.

È stata, inoltre, fatta applicazione del principio di solidarietà familiare, come emerge dall'art. 1, comma 61 sul diritto dell'ex convivente di fatto di permanere per almeno novanta giorni nella casa familiare o dall'art. 1, comma 65, sul diritto agli alimenti dell'ex convivente in stato di bisogno.

In altri casi ancora i diritti fondamentali costituiscono il fondamento di talune regole come quella di cui all'art. 1, co. 42, sulla casa familiare o al co. 44 sul diritto di abitazione.

Il complesso dei precedenti commi induce a constatare come il legislatore abbia tenuto conto del suggerimento della dottrina più accorta secondo cui un'eventuale legge avrebbe dovuto essere «leggera», senza avvicinare irragionevolmente la convivenza al matrimonio. Un eccessivo avvicinamento avrebbe tradito sia la prima che il secondo. L'obiettivo è stato raggiunto, poiché le soluzioni normative che analizzeremo, ad esempio sulla casa familiare, sulla scelta del regime patrimoniale, sugli alimenti, sono state influenzate dal carattere precipuo della convivenza di fatto consistente in una maggiore impermeabilità del rapporto alla forza del diritto.

Sono comunque molteplici gli ambiti coperti dalla giuridicità. La legge n. 76/2016 nei commi 35-65 ha tenuto conto degli orientamenti giurisprudenziali consolidati, come si evince dal comma 44 sulla successione nel contratto di locazione, dal comma 49 sul risarcimento del danno per uccisione da parte di un terzo del proprio convivente e dal comma 61 sul diritto del convivente non proprietario di rimanere entro un certo tempo nella casa familiare a decorrere dalla cessazione della convivenza. La legge, inoltre, ha previsto nuovi diritti (art. 1, coo. 38-39) e ha ampliato l'autonomia dei conviventi (art. 1, co. 60, l. n. 76/20169).

4. *Nozione e costituzione della convivenza di fatto. Centralità del rapporto.*

La convivenza di fatto si è affermata «dal basso», cioè il legislatore ha osservato il fenomeno sociale, ne ha colto i tratti essenziali e li ha tradotti in legge. In tal modo è stata attribuita rilevanza all'affettività e al progetto di vita in comune; aspetti impliciti nel dovere di assistenza morale e materiale. Stabilisce, infatti, l'art. 1, co. 36, legge n. 76/2016 che si intendono per conviventi di fatto «due persone maggiorenni unite *stabilmente* da *legami affettivi di coppia* e di *reciproca assistenza morale e materiale*, non vincolate da rapporti di parentela, affinità o adozione, da matrimonio o da un'unione civile».

Da questa definizione emerge come il momento costitutivo della convivenza è da ravvisarsi non già nell'inizio della relazione ma nella sua durata[7]. Un rapporto affettivo tra due persone è qualificabile come convivenza di fatto quando esso diventa stabile. È un rapporto esclusivo, poiché ciascun convivente di fatto non deve essere legato da un precedente matrimonio né da una unione civile.

Quest'ultima prescrizione normativa si giustifica in ragione del fondamento della convivenza: l'esclusività della relazione affettiva di coppia. Stando però alla lettera dell'art. 1, comma 36, sarebbe inconfigurabile una convivenza di fatto a fronte di un precedente matrimonio di uno dei due componenti, sebbene vi sia una separazione di fatto da molti anni. La questione è significativa poiché tale articolo stabilisce che la nozione di convivenza è rilevante «ai fini delle disposizioni di cui ai commi da 37 a 67». Quindi in presenza di uno degli elementi negativi della convivenza – non essere sposato – non si applicano i diritti e i doveri previsti dai commi 37 ss.

Immaginiamo che una persona separata di fatto, perciò ancora sposata, inizi una convivenza di fatto che cesserà solo dopo molti anni nella permanenza del matrimonio. In questo caso l'ex convivente in stato di bisogno non avrà diritto agli alimenti ai sensi dell'art. 1, comma 65, sussistendo l'elemento negativo del precedente matrimonio.

Questo esito interpretativo va contrastato attraverso una lettura costituzionalmente orientata dell'art. 1, co. 36 che fa leva sul principio di solidarietà familiare e sulla finalità dell'articolo stesso. Si deve ritenere che il matrimonio di uno dei due conviventi impedisca la costituzione della convivenza solo quando vi sia stata una ripresa effettiva della vita matrimoniale. Altrimenti, considerare giuridicamente irrilevante una convivenza di fatto stabile e duratura rispetto a un matrimonio, nella sostanza svuotato di contenuto, andrebbe incontro a dubbi di costituzionalità rispetto al parametro poco sopra richiamato della solidarietà.

L'incostituzionalità emerge anche con riferimento al parametro della ragionevolezza (art. 3 Cost.), posto che con l'introduzione della normativa sulla convivenza si è inteso delimitare un preciso spazio di giuridicità per i legami affettivi stabili di coppia. Pertanto, rispetto a questa finalità, si pone in contraddizione

---

[7] Si noti che l'elemento della durata è rilevante anche nel matrimonio, come si evince dall'art. 5, co. 6, legge n. 898/1970 che indica la durata come fattore che il giudice deve considerare ai fini dell'attribuzione e della quantificazione dell'assegno di divorzio. La Corte cost., n. 11/2015 (Rel.: M.R. Morelli), nel riprendere l'orientamento della Cass., n. 2546/2014, ha affermato che l'esigua durata del matrimonio (pochi mesi) può precludere il diritto all'assegno di divorzio, sul presupposto che non sia insorta la comunione materiale e spirituale tra i coniugi. Quest'orientamento è assolutamente condivisibile, poiché l'assegno di divorzio si giustifica rispetto a un matrimonio effettivo in cui sia stato attuato l'indirizzo familiare concordato dai coniugi.

la rilevanza di un matrimonio che sussista solo formalmente. Spetterà al giudice verificare la mancata ripresa del matrimonio e i requisiti positivi di cui all'art. 1, co. 36, legge n. 76/2016.

La questione appena trattata si lega all'individuazione degli elementi costitutivi (positivi) della convivenza di fatto. Ci si è chiesti se oltre ai predetti elementi soggettivo (affettività di coppia) e oggettivo (stabilità valutata in base al tempo) occorra anche, quale ulteriore elemento oggettivo, la dichiarazione anagrafica di cui all'art. 4 e alla lett. b) del comma 1 dell'art. 13 del regolamento di cui al d.P.R. n. 223/1989.

La tesi che esige questo requisito formale è da respingere in ragione sia di un'interpretazione letterale dell'art. 1, comma 37, sia sotto un profilo fenomenologico. Il comma 37 esordisce con l'espressione «Ferma restando la sussistenza dei presupposti di cui al comma 36» e prosegue stabilendo che per «l'accertamento della stabile convivenza» si fa riferimento alla dichiarazione anagrafica. Quest'ultima è correlata solo all'accertamento e non già all'esistenza della convivenza. Il comma 37, pertanto, detta una disposizione sull'onere della prova con la quale si sottolinea che la dichiarazione anagrafica non è sufficiente a provare la «stabile convivenza».

Del resto, sotto un profilo fenomenologico, appare come una forzatura legare l'esistenza e il rilievo giuridico di un rapporto affettivo che rifugge dal matrimonio a un requisito amministrativo. Decisiva è la convivenza da non intendersi necessariamente come coabitazione[8], ma come comunione materiale e spirituale alla stregua del matrimonio.

5. *La sfera non patrimoniale: diritti, facoltà e dichiarazioni anticipate di trattamento.*

Hanno fatto chiarezza alcune disposizioni che si riferiscono alla sfera non patrimoniale del convivente.

Il comma 38 stabilisce che «i conviventi di fatto hanno gli stessi diritti spettanti al coniuge ni casi previsti dall'ordinamento penitenziario». Il diritto del coniuge e ora del convivente di fatto di incontrare nell'istituto di pena il proprio

[8] La Cass., n. 9178/2018, cit., § 4, con riguardo a una fattispecie di risarcimento del danno a seguito di uccisione colposa del proprio convivente, afferma che la coabitazione è solo uno degli indizi utili a provare la convivenza di fatto. Viene richiamata quella giurisprudenza consolidata della Cassazione secondo cui l'esistenza della convivenza di fatto, quale formazione familiare giuridicamente rilevante, dipende dalla presenza dell'*elemento soggettivo*, dato dalla relazione affettiva stabile e dall'*elemento oggettivo* (reciproca assunzione spontanea di diritti e di obblighi). Secondo Cass., n. 7128/2013, cit., per rapporto di convivenza (art. 2 Cost.) deve intendersi una stabile convivenza tra due persone, connotata da una duratura e significativa comunanza di vita e di affetti, anche quando non sia contraddistinta da coabitazione. La Suprema Corte sottolinea altresì come, oggi più di ieri, le esigenze lavorative e di salute impediscano la coabitazione anche per lungo tempo, di tal ché ritenere la coabitazione elemento indefettibile della convivenza di fatto sarebbe anacronistico.

compagno/a di vita è di rilevanza costituzionale, perché attiene sia alla protezione della famiglia (art. 31, co. 1, Cost.) – ed è indubitabile che la convivenza di fatto sia una famiglia – e della personalità (art. 2 Cost.) sia, in caso di figli, diviene funzionale alla tutela del diritto alla bigenitorialità.

Il comma 39 attiene, ancora una volta, alla tutela del legame affettivo e della famiglia e legittima il convivente alla interlocuzione con i medici e con il personale sanitario e amministrativo. Si prevede sia il diritto di visita in caso di malattia o di ricovero, sia il diritto di «accesso alle informazioni personali, secondo le regole di organizzazione delle strutture ospedaliere o di assistenza pubbliche, private o convenzionate, previste per i coniugi e i familiari».

In questi due ambiti vi è un'equiparazione tra la figura del coniuge e quella del convivente di fatto in ragione di una scelta esplicita del legislatore. Non va sottaciuto, però, che anche in assenza di queste disposizioni di legge, i principi costituzionali avrebbero consentito di pervenire allo stesso risultato. Anche se si volesse ragionare in termini di formazione sociale e non di famiglia – approccio respinto in queste pagine – trattandosi di un aggregato dove l'individuo realizza la propria personalità e attua il principio di solidarietà, va da sé che il convivente di fatto avrebbe dovuto essere ammesso alle visite carcerarie e al contatto con i medici.

Certo, in questi ambiti, in vigenza della normativa in esame, una copia della dichiarazione anagrafica renderà più agevoli gli accessi.

Matrimonio, convivenza di fatto e unione civile, come abbiamo constatato, non viaggiano su binari paralleli, ma su percorsi che talvolta si incrociano. Del resto la Corte costituzionale, nel trattare la questione del divieto per le coppie omosessuali di sposarsi, ha affermato come non sia da escludere che, «in relazione ad ipotesi particolari, sia riscontrabile la necessità di un trattamento omogeneo tra la condizione della coppia coniugata e quella della coppia omosessuale, trattamento che questa Corte può garantire con il controllo di ragionevolezza» [9].

Il rapporto di convivenza non matrimoniale è rilevante anche con riguardo al diritto alla salute e alla capacità di autodeterminarsi pure in previsione della morte. L'art. 1, comma 40 prevede la facoltà del convivente di designare l'altro quale suo rappresentante «con poteri pieni o limitati in caso di malattia che comporta incapacità di intendere e di volere, per le decisioni in materia di salute». Dunque si può attribuire il potere rappresentativo di interagire con i sanitari in qualità di fiduciario del convivente, qualora quest'ultimo, a causa della sua patologia, sia divenuto incapace di intendere e di volere.

Siffatta disposizione evita la nomina di un amministratore di sostegno al quale il giudice tutelare dovrebbe attribuire il potere rappresentativo di assumere decisioni sulla salute del beneficiario. Il designato ai sensi dell'art. 1, comma 40 è legittimato a fornire il consenso a un trattamento terapeutico, a un'operazione chirurgica o una terapia del dolore.

---

[9] Corte cost., n. 138/2010, cit.

Il discorso è più articolato con riguardo all'interruzione di un trattamento salvavita. Qui vige un principio fondamentale posto dalla sentenza della Cassazione nel caso Englaro [10]: le decisioni sul fine vita non possono essere attribuite a un soggetto diverso dal malato. Solo quest'ultimo può decidere sulla fine della propria vita.

La ragione sta nella tutela della vita umana, della dignità e del diritto di autodeterminarsi riguardo alle scelte di fine vita. Ecco perché l'art. 1, co. 5, legge n. 2019/2017 («*Norme in materia di consenso informato e disposizioni anticipate di trattamento*») prevede che qualora il rappresentante legale rifiuti le cure proposte dal medico, il quale le ritenga «appropriate e necessarie», la decisione è rimessa al giudice tutelare. Ciò vale anche se il medico e il titolare dell'ufficio siano d'accordo nell'interrompere un trattamento che determinerà la morte del paziente [11].

Tornando alla sentenza Englaro, proprio in ragione del principio anzidetto, il rappresentate legale svolge le veci del *nuncius* del rappresentato, perciò egli si limita a riportare, in mancanza di dichiarazioni scritte lasciate dal malato, la volontà presunta di quest'ultimo. È possibile che da molteplici fatti noti si risalga alla volontà presunta del malato, la quale, nella vicenda Englaro, è stata ritenuta quella di interrompere il trattamento salvavita perché contrario alla personalità, dignità e volontà della Eluana Englaro. È evidente che, in questo ambito, la prova per presunzioni è particolarmente delicata, esigendo la massima prudenza da parte del giudice, come impone comunque l'art. 2729, co. 2, c.c.

Ora se il convivente di fatto malato, privo della capacità di intendere e di volere, non abbia lasciato le proprie dichiarazioni anticipate di trattamento ai sensi dell'art. 4, legge n. 219/2007, è illegittimo che il convivente designato esprima la volontà interruttiva perché, come si diceva, una tale volontà deve provenire dal paziente espressamente o tramite la presunzione.

Si noti che se nell'atto di designazione del convivente sono contenute anche le disposizioni anticipate di trattamento, queste non saranno vincolanti per il medico, poiché l'art. 4, co. 6, legge n. 219/2017, a tutela della vita umana, prescrive le forme *ad substantiam* dell'atto pubblico o della scrittura privata autenticata. Invece, per l'atto di designazione di cui all'art. 1, co. 41, legge n. 76/2016, è sufficiente la forma scritta e autografa, oppure, in caso di impossibilità di redigerlo, occorre l'intervento di due testimoni. Pertanto il convivente di fatto che voglia esprimere dichiarazioni anticipate di trattamento dovrà renderle ai sensi dell'art. 4, legge n. 219/2017. Egli nel documento potrà indicare, ai sensi del comma 1, il proprio convivente come fiduciario con poteri rappresentativi nelle relazioni con il medico e con le strutture sanitarie.

Il ruolo del fiduciario è delicatissimo, essendo egli il garante dell'effettivo rispetto delle volontà del malato incapace; soprattutto quando si tratta di attuare

---

[10] Cass., n. 21748/2007.

[11] Spunti in tal senso si traggono da Corte cost., n. 114/2019 (Rel.: M. Cartabia).

il rifiuto di un trattamento salvavita. Solitamente tale attuazione è condizionata dal decorso del tempo rispetto al momento in cui sono state redatte le dichiarazioni anticipate. Il rischio connaturato a tali dichiarazioni è la loro possibile inattualità. In tal caso l'art. 4, co. 5, legge n. 219/2017 prevede che il medico possa disattenderle. Tra le ragioni a fondamento di una tale condotta, la legge ha previsto l'introduzione «di terapie non prevedibili all'atto della sottoscrizione» delle dichiarazioni anticipate di trattamento.

In questo e in altri casi previsti dall'art. 4, comma 5, cit. potrebbe nascere una dialettica tra il fiduciario e i sanitari; dialettica che, ove non composta, necessita dell'intervento del giudice tutelare. Diversamente, se le dichiarazioni anticipate di trattamento sono chiare a attuali rispetto al tempo in cui sono state scritte, il medico è tenuto a rispettarle.

Su un versante diverso da quello appena esposto, il fiduciario potrà assistere il proprio convivente nella pianificazione condivisa delle cure ai sensi dell'art. 5, legge n. 219/2017; assistere perché in questa fattispecie il malato è capace di intendere e di volere, ma tale capacità verrà meno con il progredire inarrestabile della patologia.

Tornando all'art. 1, co. 39, legge n. 76/2016, questo stabilisce anche che con la designazione si possono attribuire poteri al convivente «in caso di morte, per quanto riguarda la donazione di organi, le modalità di trattamento del corpo e le celebrazioni funerarie». Si richiama così la legge n. 91/1999 contenente «*Disposizioni in materia di prelievi e di trapianti di organi e di tessuti*». È utile qui ricordare l'art. 4 il quale prevede che «Entro i termini, nelle forme e nei modi stabiliti dalla presente legge e dal decreto del Ministro della sanità di cui all'art. 5, co. 1, i cittadini sono tenuti a dichiarare la propria libera volontà in ordine alla donazione di organi e di tessuti del proprio corpo successivamente alla morte, e sono informati che *la mancata dichiarazione di volontà è considerata quale assenso alla donazione*, secondo quanto stabilito dai commi 4 e 5 del presente articolo».

La legge ha scelto, quale modello per esprimere la propria volontà su questioni così rilevanti, il silenzio assenso. Tuttavia va rilevato come ad oggi tale modello non possa operare. Nonostante il decreto ministeriale del 20.8.2017, contenente indicazioni anche organizzative per consentire la manifestazione del consenso alla donazione di organi e tessuti, occorre compiere altri passi affinché possa valere la regola del silenzio-assenso.

Anzitutto è necessario adeguare l'Anagrafe nazionale degli assistiti (Ana) in tutte le Asl e chiarire la disciplina del sistema di notifica della richiesta di espressione della volontà sulla donazione, essenziale al funzionamento del silenzio-assenso. A ciò si aggiunga la necessità di espletare una campagna di informazione dei cittadini per promuovere la donazione degli organi e i trapianti, esplicitando le modalità attraverso cui queste pratiche possano avvenire (art. 5, l. n. 91/1999). Al momento, quindi, le modalità di acquisizione del consenso alla donazione degli organi da parte del soggetto ancora in vita è quella di una dichiarazione espressa in tale senso.

Nell'atto di designazione di cui all'art. 1, co. 40, legge n. 76/2017 il convivente-designante potrebbe formalizzare la volontà tanto favorevole quanto contraria alla donazione dei propri organi e tessuti. Occorre che tale dichiarazione sia registrata nel Sistema Informativo Trapianti.

Infine, l'atto di designazione può contenere le indicazioni sul trattamento del proprio corpo – sepoltura o cremazione – o sulle celebrazioni funerarie.

6. *Diritti sulla casa di comune residenza: giurisprudenza e legge.*

La convivenza di fatto di per sé e la sua durata incidono sul regime giuridico della casa familiare.

È indubbio che vivere sotto lo stesso tetto come conviventi di fatto genera situazioni giuridiche soggettive legate proprio all'abitazione. Già alla fine degli anni Ottanta del secolo, scorso la Corte costituzionale ha dichiarato l'illegittimità costituzionale dell'art. 6, legge n. 392/1978 nella parte in cui non prevedeva tra i successibili nella titolarità del contratto di locazione, in caso di morte del convivente locatario, l'altro convivente [12].

Invero le questioni inerenti la casa familiare sono più ampie di questa e coinvolgono, oltre al diritto di abitazione, l'interesse a rimanere per un certo tempo in essa, sebbene il proprietario sia l'altro convivente.

Il caso che si è verificato nella pratica è quello dell'estromissione violenta o clandestina del convivente non proprietario dalla casa familiare a seguito della crisi di coppia. È accaduto che il convivente proprietario abbia fatto cambiare la serratura dell'appartamento, impendendone così l'accesso all'ex partner con il quale la relazione affettiva era appena conclusa. Oppure l'estromissione è avvenuta ad opera del terzo proprietario, il quale aveva concesso la propria casa in comodato a uno dei conviventi (figlio o fratello).

Si ipotizzi una fattispecie ulteriore: cosa accade se il convivente superstite conviveva nella casa del compagno proprietario dell'immobile con figli propri?

Prima della legge n. 76/2016 non vi era alcuna disposizione che regolamentasse i diritti sulla casa familiare con riguardo alla convivenza di fatto. L'idea diffusa, non in tutta la dottrina, era che il convivente non proprietario non maturava alcun diritto sulla casa familiare. Questa poteva essere assegnata al non proprietario solo nel caso di coniugio o di convivenza di fatto in presenza di prole generata rispettivamente da entrambi i coniugi o conviventi.

La legge n. 76/2016 distingue diverse fattispecie riguardanti la casa familiare: 1) il convivente non proprietario non ha figli e l'altro vorrebbe estrometterlo dalla propria abitazione (art. 1, co. 61); 2) il convivente proprietario muore e gli eredi vorrebbero ottenere la disponibilità del bene (art. 1, co. 42); 3) morte del

---

[12] Corte cost., n. 404/1988, cit.

convivente proprietario e presenza nell'abitazione di figli del solo convivente superstite (art. 1, co. 42).

In questi casi non è ammissibile che il convivente non proprietario sia estromettibile dalla casa familiare all'improvviso, senza concedergli un congruo termine entro il quale trovare una nuova sistemazione abitativa. A maggior ragione in presenza di figli propri. Viene in rilievo non solo il principio di solidarietà, ma anche e prim'ancora l'idoneità del rapporto familiare (di fatto) a creare un legame tra il convivente non proprietario e l'abitazione dell'altro. Questo legame giustifica il diritto di rimanervi entro un certo tempo a seguito di determinati eventi quali l'estromissione violenta o clandestina o la morte del convivente proprietario. Un diritto, quello di rimanere, che nasce anche dalla dignità della convivenza quale formazione sociale giuridicamente rilevante.

La giurisprudenza è stata più tempestiva del legislatore. La Cassazione – diversamente da un orientamento più risalente [13] – ha riconosciuto al convivente non proprietario la qualifica di detentore qualificato e in quanto tale legittimato ad agire con l'azione di reintegrazione di cui all'art. 1168, co. 2, c.c. [14]. La detenzione, secondo la Suprema Corte, scaturisce «da un *negozio a contenuto personale* alla base della scelta di vivere insieme e di instaurare un *consorzio familiare*, come tale anche *socialmente riconoscibile*» [15] e investito di funzioni promozionali della persona.

È interessante notare come la motivazione faccia leva anche sulla considerazione sociale del fenomeno; il fatto che la società riconosca la convivenza di fatto come un nucleo familiare avvalora la soluzione della tutela possessoria del convivente non proprietario estromesso repentinamente e furtivamente dall'abitazione. Secondo la Cassazione è corretto che il proprietario del bene, in conseguenza della fine della relazione, recuperi l'esclusiva disponibilità dell'immobile senza ricorrere alle vie di fatto e previa concessione all'ex partner di «un termine congruo per reperire altra sistemazione» [16].

Nel 2014 la Cassazione ha dato continuità a quest'orientamento [17], estenden-

---

[13] Cass., n. 2555/1974 e Cass., n. 8047/2001.

[14] Cass., n. 7214/2013, cit. e Cass., n. 7/2014, cit.

[15] Cass., n. 7214/2013, cit., § 2.5.

[16] Cass., n. 7214/2013, cit., § 2.5, richiama «il canone della buona fede e correttezza, dettato a protezione dei soggetti più esposti e delle situazioni di affidamento». Indubbiamente il convivente non proprietario ripone affidamento sulla stabilità della propria permanenza nella casa (familiare) in cui si svolge la convivenza; di conseguenza è contraria a correttezza la condotta del convivente proprietario di estromissione improvvisa dell'altro dalla casa.

[17] Cass., n. 8047/2014, cit. afferma che, «in considerazione del rilievo sociale che ha orami assunto per l'ordinamento la famiglia di fatto, la convivenza "*more uxorio*"», quale formazione sociale che dà vita ad un autentico consorzio familiare, determina, sulla casa di abitazione ove si svolge e si attua il programma di vita comune, *un potere di fatto basato su di un interesse proprio del convivente* ben diverso da quello derivante da ragioni di mera ospitalità, tale da assumere i connotati di una *detenzione qualificata*, che ha titolo in un negozio giuridico di tipo familiare [corsivo mio]». Ne consegue che «l'estromissione violenta o clandestina dall'unità abitativa, compiuta

dolo anche all'ipotesi in cui lo spoglio sia avvenuto ad opera del terzo proprietario dell'immobile e a danno del convivente.

Su quest'orientamento – da ritenersi applicabile anche ai coniugi – si sono innestate le scelte operate con la legge n. 76/2016.

Il legislatore ha disciplinato la fattispecie decisa dalla predetta giurisprudenza, circoscrivendola a un ambito specifico. Qualora intervenga un recesso unilaterale dal contratto di convivenza e il recedente abbia la disponibilità esclusiva dell'immobile, l'art. 1, co. 61, legge n. 76/2016 stabilisce che l'atto di recesso – da perfezionarsi con atto pubblico o scrittura privata autenticata – «deve contenere il termine, non inferiore a novanta giorni, concesso al convivente per lasciare l'abitazione».

Questa disposizione, senz'altro opportuna, non esaurisce la questione ad essa sottesa dello spoglio violento o clandestino del convivente non proprietario. Ne sottolinea però la rilevanza, tanto da subordinare la validità dell'atto di recesso all'espressa concessione, da indicare nell'atto stesso, di un termine minimo per lasciare l'abitazione. Ora, posto che la conclusione del contratto di convivenza non è obbligatoria, è evidente che se lo spoglio intervenga in una convivenza non regolata da un contratto, il convivente privato della detenzione qualificata del bene potrà agire ugualmente con l'azione di reintegrazione in forza di quanto stabilito dalla giurisprudenza di cui si discorreva sopra.

L'art. 1, co. 42, legge n. 76/2016 disciplina, invece, una fattispecie inedita; la morte del proprietario della casa di residenza comune. In questo caso il bene cadrà in successione, sebbene tra i successibili non vi sia il convivente superstite – il legislatore non l'ha previsto – pertanto gli eredi potrebbero estrometterlo in brevissimo tempo dal decesso. Ecco la necessità di quest'articolo con il quale il legislatore ha inteso tutelare non solo il diritto di abitazione, ma anche la personalità morale e la dignità del convivente, il quale non può trovarsi fuori di casa all'improvviso solo perché non ne è il proprietario. Ciò confliggerebbe con la rilevanza giuridica della convivenza da bilanciare, certo, in modo ragionevole, con il diritto dell'erede di avere la piena disponibilità del bene.

L'articolo in esame prevede il diritto del convivente superstite di continuare ad abitare nella casa «per *due anni* o per un periodo pari alla convivenza se superiore a due anni e comunque non oltre i cinque anni».

Questa disposizione è congruente rispetto al valore giuridico dell'impegno di vivere insieme un rapporto con quei caratteri indicati dalla legge (art. 1, co. 36). Più è durevole la convivenza più aumenta il tempo del diritto di permanere nella casa a seguito della morte dell'altro. È stato previsto un limite temporale a tale progressione: 5 anni dalla morte del proprietario, oltre i quali si espande il diritto di proprietà degli eredi.

---

dal convivente proprietario in danno del convivente non proprietario, legittima quest'ultimo alla tutela possessoria, consentendogli di esperire l'azione di spoglio».

Nell'altra ipotesi disciplinata dall'art. 1, co. 42, legge n. 76/2016 – la n. 3 sopra elencata – si stabilisce una tutela più intensa qualora, sempre a fronte della morte del convivente proprietario dell'immobile, il convivente superstite non proprietario abbia figli minori o figli disabili avuti da un'altra relazione. Si attribuisce al convivente-genitore il «diritto di continuare ad abitare nella casa di comune di residenza per un periodo non inferiore a tre anni». Perciò, anche se la convivenza di fatto ha avuto una durata di due anni, si matura il diritto di abitare nella casa per tre anni. Naturalmente è fatto salvo il diritto del convivente non proprietario di cui alla prima parte dell'art. 1, co. 42 cit., che gli consente di permanere nella casa per un periodo massimo di cinque anni ove la convivenza abbia avuto quest'ultima durata.

La disposizione in esame – figli del solo convivente non proprietario – tutela due categorie di soggetti deboli: i minori di età e i maggiorenni disabili in ossequio rispettivamente all'art. 31, co. 2, Cost. (protezione dell'infanzia e della gioventù) e all'art. 38, co. 3, Cost. unitamente alla Convenzione Onu sui diritti delle persone con disabilità del 2006 ratificata con legge n. 18/2009.

Il diritto di abitare nella casa in cui si è svolta la convivenza, essendo legato all'interesse – ora del convivente non proprietario ora del di lui figlio – di conservarne il godimento, viene meno qualora il convivente superstite «cessi di abitare stabilmente nella casa di comune residenza» (art. 1, co. 43, l. n. 76/2016). L'avverbio «stabilmente» esige un abbandono definitivo della casa, non rilevando periodi di tempo trascorsi fuori da essa per vacanze, ragioni di lavoro o di salute o per necessità di trascorre un po' di tempo nella casa genitoriale.

Il diritto di abitazione cessa altresì, sempre ai sensi dell'art. 1, comma 43, qualora il convivente superstite contragga matrimonio, unione civile o inizi una nuova convivenza di fatto. La costituzione di una nuova famiglia, comportando doveri reciproci soprattutto di assistenza, elimina ogni necessità di permanere nella casa in cui si è convissuto con un'altra persona.

La presenza di figli del convivente superstite fa sorgere un dubbio interpretativo: se la cessazione del diritto di abitazione sia o meno automatica a fronte del verificarsi dei fatti previsti dal comma 43: segnatamente il matrimonio, l'unione civile o una nuova convivenza di fatto. Ebbene l'automatismo della cessazione rischia di vanificare la finalità dell'art. 1, co. 42 parte II, c.c. di proteggere i minori e i disabili. La Corte costituzionale ha censurato proprio l'automatismo apparentemente previsto dall'art. 337-*sexies*, co. 1, c.c. in caso di assegnazione della casa familiare dall'art. 337-*sexies*, comma 1 [18].

---

[18] Corte cost., n. 308/2008 (Rel.: A. Finocchiaro), ritiene «non fondata, in riferimento agli artt. 2, 3, 29 e 30 Cost., la questione di legittimità costituzionale dell'art. 155-*quater* c.c., [sostituito con l'art. 337-*sexies*, co. 1, c.c.], nella parte in cui dispone che «il diritto al godimento della casa familiare viene meno nel caso che l'assegnatario [...] conviva *more uxorio* o contragga nuovo matrimonio», atteso che tale previsione deve essere interpretata nel senso che l'assegnazione della casa coniugale *non venga meno di diritto* al verificarsi degli eventi di cui si tratta (instaurazione di una

Ora è vero che tale ultimo articolo si riferisce alla fattispecie in cui i figli siano di entrambi i membri della coppia in crisi; tuttavia l'essere figlio solo dell'ex convivente non proprietario del bene non connota diversamente le due fattispecie. Decisivi sono la particolare protezione riservata dalle fonti internazionali al minore (art. 24 CDFUE e Convenzione di New York, 20.11.1989 sui diritti del fanciullo) e il principio dell'unicità dello stato di figlio (art. 315 c.c.). Anche i disabili beneficiano di una tutela forte (Convenzione Onu sui diritti delle persone con disabilità del 13.12.2006 ratificata con legge n. 18/2009).

Se il diritto degli eredi appare recessivo, va riconosciuto al giudice il potere di valutare, caso per caso, se la cessazione del diritto di abitazione, di cui si discuta a fronte del matrimonio o di una nuova convivenza, leda o meno la posizione giuridica del minore o del figlio disabile.

Quanto all'ultima disposizione sulla casa familiare – art. 1, comma 61 – a proposito del dovere di concedere un termine non inferiore a novanta giorni all'altro convivente in caso di recesso dal contratto di convivenza, si è già detto.

7. *Altre disposizioni: commi 44-49 (diritti e illecito).*

Come accade sempre più spesso nella pos-modernità, i cui tratti sono stati delineati magistralmente da Paolo Grossi, la giurisprudenza, soprattutto della Cassazione e della Corte costituzionale, perviene a soluzioni che, successivamente, il legislatore recepisce. Questo arricchimento della giuridicità di fonte giudiziale scaturisce dalla presenza nel sistema delle fonti dei principi e dei valori, i quali, interagendo con il fondamento e la finalità delle disposizioni di legge, inducono a rileggere di frequente l'ordinamento del caso concreto (P. Perlingieri).

La dottrina ha ragionato molto sul metodo e sulle tecniche ermeneutiche; si è parlato di «uso corretto dei principi» (G. Vettori, 11 ss.), a dimostrazione della centralità di questi nell'interpretazione.

L'art. 1, co. 44, legge n. 76/2016 è un esempio di questa recezione legislativa, anche se con tratti di novità, Esso stabilisce che «Nei casi di *morte del conduttore o di suo recesso* dal contratto di locazione della casa di comune residenza, il convivente di fatto ha *facoltà* di succedergli nel contratto».

Il legislatore, con questa disposizione, ha tutelato il diritto costituzionale di abitazione, confermando al contempo la rilevanza della convivenza di fatto quale nucleo familiare.

Quanto al recesso del conduttore, va ricordato come sia frequente inserire nei contratti di locazione il diritto del conduttore di recedere *ad nutum*; diritto che potrebbe essere esercitato in caso di crisi della convivenza di fatto. Anche in

---

convivenza di fatto, nuovo matrimonio), ma che la decadenza dalla stessa sia subordinata a un *giudizio di conformità all'interesse del minore* [corsivo mio]».

questo caso è attribuita la facoltà – non vi è quindi un automatismo – di esercitare il diritto di succedere nel contratto di locazione di cui è titolare il convivente non conduttore.

Anche in caso di crisi matrimoniale o di nullità del matrimonio è prevista la successione nel contratto di locazione del coniuge non conduttore. L'art. 6, co. 2, legge n. 392/1978 («*Disciplina delle locazioni di immobili urbani*») stabilisce che «In caso di separazione giudiziale, di scioglimento del matrimonio o di cessazione degli effetti civili dello stesso, nel contratto di locazione succede al conduttore l'altro coniuge, se il diritto di abitare nella casa familiare sia stato attribuito dal giudice a quest'ultimo». Qui, però, la successione nel contratto è prevista nell'interesse dei figli e non del coniuge. Il quale non conserva il diritto di abitare nella casa familiare, attraverso la successione nel contratto, neppure in caso di matrimonio di lunga durata. Da questo punto di vista il convivente di fatto gode di una tutela maggiore.

Ancora, l'art. 6, co. 3, legge n. 392/1978 stabilisce che «In caso di separazione consensuale o di nullità matrimoniale al conduttore succede l'altro coniuge se tra i due sia così convenuto». Si ha in questa fattispecie, a tutela del diritto di abitazione, una successione *ex lege* nel contratto di locazione, non essendo stato previsto che l'altra parte – il locatore – vi consenta (art. 1406 c.c.). La Corte costituzionale, attraverso una sentenza additiva di incostituzionalità, ha aggiunto la fattispecie della successione nel contratto di locazione a favore del coniuge separato di fatto qualora vi sia un accordo in tale senso con il coniuge conduttore [19]. Qui la separazione di fatto assume valore giuridico, costituendo il presupposto della cessione del contratto per accordo tra coniuge-conduttore e l'altro coniuge.

Sotto un altro profilo, l'art. 1, co. 45, legge n. 76/2016 parifica alla posizione del coniuge quella dei conviventi di fatto, considerati nuclei familiari, quando quest'ultima qualifica «costituisca titolo o causa di preferenza nelle graduatorie per l'assegnazione di alloggi di edilizia popolare (...) a parità di condizioni». Anche gli uniti civilmente godono di questo diritto per effetto della clausola di equivalenza di all'art. 1, co. 20, legge n. 76/2016. Di conseguenza in materia di edilizia popolare concorrono tre nuclei familiari, i quali, pur strutturati diversamente, sono stati posti sullo stesso piano.

Altre situazioni giuridiche soggettive vanno segnalate.

L'art. 1, co. 47, legge n. 76/2016 ha modificato l'art. 712, co. 2, c.p.c. aggiungendo affianco al coniuge il convivente di fatto quale persona che, in caso di domanda di interdizione e di inabilitazione, deve essere menzionata nel ricorso con l'indicazione del nome, cognome e della residenza. La ragione è evidente: la persona più vicina al soggetto nel cui interesse è chiesto un provvedimento incapacitante deve essere sentita, anche per verificare la disponibilità ad assumere l'ufficio di tutore o di curatore.

---

[19] Corte cost., n. 404/1988, cit.

L'art. 1, co. 48, legge n. 76/2016 completa quanto già affermato con riguardo all'amministrazione di sostegno dall'art. 408, co. 1, c.c., stabilendo che «Il convivente di fatto può essere nominato tutore, curatore o amministratore di sostegno, qualora l'altra parte sia dichiarata interdetta o inabilitata ai sensi delle norme vigenti ovvero ricorrano i presupposti di cui all'art. 404 c.c.» (rispetto a quest'ultima ipotesi si ha una ripetizione di quanto già stabilito dall'art. 408, comma 1 appena sopra richiamato).

L'art. 1, co. 49, legge n. 76/2016 effettua un'ulteriore equiparazione del convivente di fatto al coniuge quanto ai criteri da applicare per il risarcimento del danno al coniuge superstite. Pertanto, in caso di uccisione di uno dei conviventi ad opera di un terzo, al convivente superstite (come all'unito civile) deve essere risarcita, a parità di condizioni, la stessa cifra che spetterebbe al coniuge superstite, dovendosi applicare «i medesimi criteri». Del resto è inconcepibile in un sistema ordinamentale come il nostro, incentrato sul primato della persona, che il coniugio abbia un valore superiore alla convivenza di fatto. Non vi può essere una gerarchia valoriale rispetto al danno subito da un coniuge o da un convivente di fatto per l'uccisione del compagno/a di vita.

Quali sono questi criteri di quantificazione del danno? L'art. 1, co. 49, legge n. 76/2016 è rimasto volutamente muto, poiché detti criteri potrebbero essere fissati dalla legge, ma attualmente sono in vigore quelli elaborati dal Tribunale di Milano sul danno biologico e sulla fattispecie dell'uccisione del congiunto. Essi garantiscono un'uniformità pecuniaria di base, in attuazione del principio di uguaglianza. Si applicano in tutto il territorio nazionale le Tabelle di Milano («*per la liquidazione del danno non patrimoniale derivante da lesione dell'integrità psico-fisica e della perdita/grave lesione del rapporto parentale*»), disponibili nell'edizione del 2021.

Le Tabelle prevedono una forbice monetaria da un valore minimo a un altro massimo di risarcimento del danno. Attualmente tali valori oscillano tra € 168.250,00 e € 336.500,00.

Nella Relazione introduttiva alle Tabelle si ribadisce – quanto è pacifico in giurisprudenza – che il danno da uccisione del congiunto (coniuge, convivente di fatto, unito civilmente) non è in *re ipsa*, ma deve essere provato[20] dal soggetto

---

[20] Cass., n. 25164/2020, si pronuncia, a seguito di un danno biologico, sulla possibilità di risarcire sia il danno da compromissione delle dinamiche relazionali (ciò che costituisce il *proprium* del *danno biologico*) sia il *danno morale*, il quale non è suscettibile, come il danno biologico, di accertamento medico legale, consistendo in uno «stato d'animo di sofferenza interiore, che prescinde del tutto – pur potendole influenzare – dalle vicende dinamico-relazionali della vita del danneggiato». Decisiva è la prova. Si lègge nella sentenza che «il danno morale (...) può essere accertato e provato anche solo mediante presunzioni: un elevato grado di attendibilità di tale criterio logico-inferenziale è rappresentato dalla corrispondenza, su di una base di proporzionalità diretta, della gravità della lesione rispetto all'insorgere di una sofferenza soggettiva: tanto più grave, difatti, sarà la lesione della salute, tanto più sarà consentito presumere l'esistenza di un correlato danno morale». Queste considerazioni sul danno morale valgono anche nel caso di uccisione del congiunto.

che fa valere la perdita del rapporto di coniugio, parentale, di convivenza di fatto o di unito civile. L'ammontare del risarcimento individuato dal giudice dipenderà, come si afferma nella Relazione, dalle seguenti circostanze: «nella sopravvivenza o meno di altri congiunti del nucleo familiare primario, nella convivenza o meno di questi ultimi, nella qualità e intensità della relazione affettiva familiare residua, nella qualità e intensità della relazione affettiva che caratterizzava il rapporto parentale [o di coniugio o di convivenza di fatto o di unito civile] con la persona perduta, dell'età della vittima primaria e secondaria».

Nella Relazione si precisa altresì che i due valori della forbice sono da riferirsi esclusivamente agli illeciti colposi; in caso di dolo «spetta al giudice valutare tutte le peculiarità del caso concreto e pervenire eventualmente a una liquidazione che superi l'importo massimo previsto in tabella, in considerazione della – verosimile – maggiore intensità delle sofferenze patite in tali casi dal danneggiato».

L'art. 1, co. 49, legge n. 76/2016 disciplina soltanto il caso del decesso del convivente di fatto derivato da fatto illecito del terzo, ma la giurisprudenza ha riconosciuto anche il danno derivante dalla *grave lesione del rapporto parentale o di coniugio*, cui va aggiunta la lesione del rapporto di convivenza di fatto o di unione civile. Un terzo che leda la salute di una persona convivente con un'altra altera incisivamente la qualità della vita familiare. La quale peggiora in modo direttamente proporzionale alla gravità del fatto. Dunque se un soggetto causa un incidente stradale e pregiudica la salute di una persona in convivenza di fatto, il partner di quest'ultima – c.d. vittima secondaria – ha diritto al risarcimento del danno patrimoniale ai sensi dell'art. 2043 c.c. (se vi è la prova di una contribuzione) e non patrimoniale ai sensi dell'art. 2059 c.c. da grave lesione del rapporto di convivenza di fatto.

A proposito della fattispecie in parola, nella Relazione si sottolinea come le infinite variabili dei casi concreti abbiano sconsigliato di fissare una misura minima di risarcimento, stabilendo solo un tetto massimo che, nella nostra fattispecie, è sempre di € 336.500,00. Ciò consente, ad esempio, che il convivente (vittima secondaria) a causa di una macro-lesione celebrare del partner potrà ottenere il massimo del risarcimento.

8. *Il contratto di convivenza.*

La legge n. 76/2017 all'art. 1, commi 51-63 detta un'articolata disciplina del contratto di convivenza.

La dottrina aveva già ritenuto valido e meritevole di tutela tale accordo, il cui oggetto poteva essere triplice e riguardare: 1) i rapporti patrimoniali durante la convivenza; 2) gli obblighi assunti in conseguenza della crisi di coppia; 3) i patti relativi alla morte di uno dei conviventi. Nella prassi questi accordi non sono stati molto utilizzati e, di conseguenza, non vi è un contezioso significativo sulla loro validità o esecuzione.

Ciononostante il legislatore li ha regolati, stabilendone in particolare il contenuto, quasi a volerne «suggeri[re] la stipulazione» (M. Tamponi, 77).

L'art. 1, comma 51 prevede che «i conviventi di fatto possono disciplinari i *rapporti patrimoniali* relativi alla loro vita in comune con la sottoscrizione di un contratto di convivenza». Si tratta, dunque, di una facoltà, il cui presupposto è la sussistenza della convivenza di fatto; l'oggetto del contratto è limitato ai soli rapporti patrimoniali.

Prima di esaminare più da vicino la disciplina del contratto di convivenza, si pone una questione interpretativa preliminare. Occorre stabilire se il contratto di convivenza possa essere concluso in mancanza della dichiarazione anagrafica di cui all'art. 1, co. 37, legge n. 76/2016, il quale richiama i seguenti articoli: l'art. 4, d.P.R. n. 223/1989 prevede che «agli effetti anagrafici per famiglia si intende un insieme di persone legate da vincoli di matrimonio, unione civile, parentela, affinità, adozione, tutela o da vincoli affettivi, coabitanti ed aventi dimora abituale nello stesso comune»; l'art. 13, co. 1, lett. b), d.P.R. n. 223/1989 riguarda la dichiarazione della costituzione di una nuova convivenza.

La risposta deve essere affermativa. La legittimità della conclusione del contratto di convivenza dipende dall'esistenza in sé della convivenza di fatto; esistenza che, come si è già detto sopra, non postula l'osservanza del requisito formale di cui all'art. 1, co. 37, legge n. 76/2016. La convivenza si impone come rapporto familiare giuridicamente rilevante solo in forza dei requisiti di cui all'art. 1, co. 36, l. n 76/2016. Di conseguenza deve negarsi che la mancanza della dichiarazione anagrafica osti all'iscrizione anagrafica del contratto di convivenza ai sensi dell'art. 1, co. 52, legge n. 76/216; un'iscrizione, questa, indispensabile ai fini dell'opponibilità ai terzi del contenuto del contratto.

Non vi è, insomma, un nesso di dipendenza tra la dichiarazione anagrafica di cui all'art. 1, comma 37 cit., funzionale alla prova della convivenza, e l'iscrizione anagrafica del contratto di convivenza ai sensi dell'art. 1, comma 52 cit., indispensabile ai fini dell'opponibilità.

Andando oltre, il contratto di convivenza è caratterizzato da uno spiccato formalismo: la *conclusione*, le *modifiche* e la *risoluzione* necessitano della forma scritta a pena di nullità con atto pubblico o scrittura privata con sottoscrizione autenticata da un notaio o da un avvocato, i quali devono attestarne la conformità alle norme imperative e all'ordine pubblico. Inoltre, come si diceva, per l'opponibilità del contratto ai terzi, il professionista che lo ha redatto deve provvedere entro i successivi dieci giorni a trasmetterne copia al comune di residenza dei conviventi per l'iscrizione all'anagrafe ai sensi degli artt. 5 e 7 del d.P.R. n. 223/1989.

Rimanendo sul piano degli elementi di validità del contratto convivenza, questi hanno attinto dalla disciplina del matrimonio: ai sensi del comma 57, il contratto «è affetto da nullità insanabile che può essere fatta valere da chiunque vi abbia interesse», stante la natura pubblica dell'interesse coinvolto, nei casi di mancanza della libertà di stato, di stipulazione da parte di un minore di età, o di un interdetto ovvero nel caso di delitto di cui all'art. 88 c.c.

Quanto all'*oggetto*, il contratto di convivenza può contenere: «a) l'indicazione della residenza; b) le modalità di contribuzione alle necessità della vita in comune, in relazione alle sostanze di ciascuno e alla capacità di lavoro professionale o casalingo; c) il regime patrimoniale della comunione dei beni».

Non è un contenuto tassativo, perciò i conviventi sono liberi di prevedere pattuizioni diverse quali quelle volte a regolare gli effetti della crisi di coppia, per esempio stabilendo una perequazione qualora uno dei partner, in conseguenza delle scelte fatte durante la convivenza per un miglior andamento della vita comune, dovesse trovarsi in difficoltà economiche.

Ora sebbene il contratto di convivenza abbia un contenuto patrimoniale, non va escluso che esso possa contenere disposizioni di carattere non patrimoniale, purché valide. Non è ammissibile stabilire un obbligo di coabitazione per un determinato tempo garantito da una penale, né un obbligo di fedeltà presidiato da una prestazione risarcitoria in caso di inosservanza e neppure, *a fortiori*, un obbligo di procreare o di non procreare. In questi casi si violerebbe la libertà personale anche rispetto alla disciplina della convivenza di fatto che, diversamente dal matrimonio, non prevede un dovere di fedeltà. L'infedeltà, quindi, è irrilevante nella convivenza di fatto, salvo che essa determini, in ragione della condotta tenuta, la violazione di un diritto fondamentale del convivente tradito.

Su ulteriori aspetti della disciplina del contratto di convivenza, un'attenta dottrina ha svolto due considerazioni (M. Tamponi, 77). La prima: non è chiaro il fondamento del divieto di apporre al contratto di convivenza termini e condizioni sul modello dell'art. 108 c.c. per la dichiarazione degli sposi. La seconda: tale contratto non è stato assoggettato al principio della «forza di legge tra le parti» (art. 1372, co. 1, c.c.), essendo stato previsto il recesso unilaterale (co. 59, lett. b). Esso dà vita ad una «regolazione meramente programmatica, destinata a durare finché permane la convivenza». È evidente allora che gli interessi patrimoniali si intreccino con quelli personali, poiché è raro che alla fine della convivenza non segua il recesso.

Qualora con il contratto sia stata scelta la comunione legale, questa si scioglie dal momento della risoluzione del contratto di convivenza per accordo o per l'esercizio del diritto di recesso (art. 1, co. 60). Si applicheranno, di conseguenza, le disposizioni sui rimborsi, restituzioni (art. 192 c.c.) e prelevamenti (art. 195 c.c.) prima di effettuare la divisione dei beni caduti in comunione ordinaria per effetto dello scioglimento della comunione legale.

Il contratto di convivenza *si scioglie*, ai sensi del comma 59, per accordo tra le parti. Tale scioglimento può essere dettato sia da ragioni di gestione della vita in comune sia dalla crisi di coppia. In quest'ultima eventualità, le parti potranno contestualmente dare esecuzione a quelle ulteriori pattuizioni di natura obbligatoria previste per gestire la crisi.

Altri casi di scioglimento sono il recesso unilaterale, la celebrazione di un matrimonio civile o di una unione civile tra i conviventi o tra un convivente e un'altra persona e la morte di uno dei contraenti.

Il recesso, in quanto atto di risoluzione del contratto di convivenza, è un atto formale; deve essere redatto nelle forme di cui al comma 51. Il professionista che riceve o che autentica l'atto è tenuto oltre che alla formalità presso il comune di residenza-ufficio anagrafe a notificarne copia all'altro contraente all'indirizzo risultante dal contratto (art. 1, co. 61). Non sembra che tale notifica debba effettuarsi ai sensi del codice di procedura civile (artt. 137 ss. c.p.c.), essendo sufficiente una raccomandata A.R.

Il contratto di convivenza, si diceva, si risolve se vi è matrimonio tra i conviventi, poiché quest'ultimo comporta l'applicazione del regime patrimoniale della famiglia di cui al capo VI del titolo VI del libro primo del codice civile. Parimenti la legge sull'unione civile richiama questo stesso regime patrimoniale (art. 1, co. 13). Inoltre la costituzione di una nuova famiglia (matrimonio o unione civile) da parte di uno dei conviventi di fatto, facendo venire meno la famiglia precedente, determina la risoluzione del contratto di convivenza.

La risoluzione del contratto di convivenza determina il problema dell'opponibilità ai terzi. Secondo l'art. 1, co. 62, legge n. 76/2016, il contraente che ha contratto matrimonio o unione civile «deve notificare all'altro contraente, nonché al professionista che ha ricevuto o autenticato il contratto di convivenza, l'estratto di matrimonio o di unione civile». Il comma 63 prevede, in caso di morte di uno dei conviventi, l'annotazione della risoluzione da parte del professionista a margine del contratto di convivenza che ha ricevuto e la notifica all'anagrafe del comune di residenza.

9. *Collaborazione nell'impresa del convivente.*

L'art. 1, co. 46, legge. n. 76/2016 ha aggiunto nel codice civile l'art. 230-*ter*, rubricato «*Diritti del convivente*», a proposito dell'opera da quest'ultimo prestata «all'interno dell'impresa dell'altro convivente».

Ciò si è reso necessario in conseguenza della posizione di chiusura della Cassazione rispetto sia a un'applicazione analogica dell'art. 230-*bis* c.c. («*Impresa familiare*») sia alla richiesta di sollevare questione di legittimità costituzionale dello stesso articolo – quanto ai parametri dell'uguaglianza (art. 3 Cost.) e del diritto a una retribuzione proporzionata (art. 36 Cost.) – nella parte in cui esclude il convivente *more uxorio* dai diritti ivi previsti[21].

[21] Cass., n. 4204/1994. Come emerge da questa sentenza, la tutela offerta al convivente si realizzava, previa prova, attraverso la prestazione d'opera continuativa e coordinata anche se non subordinata (c.d. lavoro parasubordinato). In assenza di prova, la collaborazione si presumeva ancorata a una gratuita cortesia in quanto tale priva di valore contrattuale. In sostanza si era affermata l'idea che per escludere l'onerosità del rapporto lavorativo non fosse sufficiente la mera relazione sentimentale, ma occorreva altresì la dimostrazione di una comunanza solidale di vita e di interessi che univano conviventi.

Prima di trattare dell'art. 230-*ter* c.c. è utile sottolineare alcuni profili dell'art. 230-*bis* c.c.

Esso, con la riforma del 1975, ha ribaltato la presunzione di gratuità del lavoro svolto dal coniuge e da alcuni familiari nell'impresa dell'altro coniuge. Il lavoro nell'impresa del familiare si presume a titolo oneroso, salvo la prova della gratuità della prestazione effettuata *affectionis vel benevolentiae causa*. Autorevole dottrina, già prima del 1975, aveva colto l'iniquità della presunzione di gratuità, la quale si poneva in netto contrasto con il principio di parità e di sviluppo della persona.

Nel 1975 è stato infranto il dogma dell'impossibilità della coesistenza tra *animus contrahendi* e *affectio*; dogma sgretolatosi soprattutto in ragione degli artt. 35 e 1 della Costituzione, i quali, ponendo il lavoro a fondamento della Repubblica, impongono di tutelarlo in tutte le sue forme. Tuttavia questo progresso dell'ordinamento non lo si è ritenuto estensibile ai conviventi di fatto.

La Suprema Corte si è mostrata categorica nel ritenere che l'elemento saliente dell'impresa familiare (individuale) è la famiglia legittima; si è aggiunto che «un'equiparazione tra coniuge e convivente si pone in contrasto con la circostanza che il matrimonio determina a carico dei coniugi conseguenze perenni e ineludibili [anche in caso di scioglimento (...)], mentre la convivenza è una situazione di fatto caratterizzata dalla precarietà e dalla revocabilità unilaterale *ad nutum*. Inoltre, sempre secondo la sentenza in esame, la norma di cui all'art. 230-*bis* c.c. è di natura eccezionale, in quanto si pone come eccezione alle norme generali in tema di prestazioni lavorative ed è pertanto insuscettibile di interpretazione analogica.

Gli argomenti della Corte sono stati criticati da una parte della dottrina, la quale, in particolare, ha rilevato come la collaborazione del convivente di fatto in nulla differisse da quella del coniuge. La prestazione del convivente, al pari di quella del coniuge, evoca il medesimo fondamento dell'impresa familiare, ossia l'esclusione della gratuità del lavoro prestato nella famiglia. Alcuni Autori hanno avversato anche l'affermazione dell'eccezionalità della disciplina di cui all'art. 230-*bis* c.c., desunta dalla giurisprudenza dal carattere residuale dell'impresa familiare (comma 1). Invece si sarebbe dovuto riconoscere all'art. 230-*bis* «portata generale, di disposizione di chiusura» (L. Balestra), in un sistema che impone una retribuzione per la prestazione lavorativa del familiare.

La Cassazione, quindi, con la sentenza del 1994 si è esposta a diverse critiche per aver diversificato la posizione del convivente di fatto da quella del coniuge prestatore d'opera. Stante quest'orientamento non vi era altra soluzione se non l'intervento del legislatore, giunto con la legge n. 76/2016 che ha introdotto l'art. 230-*ter* c.c. Sono stati così riconosciuti al convivente prestatore d'opera alcuni e non tutti i diritti previsti dall'art. 230-*bis* c.c.; ne è scaturito il problema di stabilire se l'art. 230-*ter* c.c. sia un *minus* rispetto al 230-*bis*, oppure se il nuovo articolo si discosti dal 230-*bis* dovendo essere ricostruito diversamente.

Si cercherà di rispondere dopo aver affrontato una questione preliminare che si è già posta sopra per altri aspetti: se il presupposto di applicabilità dell'art. 230-*ter* c.c. sia da individuare nella registrazione della dichiarazione anagrafica di cui all'art. 1, co. 37, legge n. 76/2016.

La tesi affermativa è da escludere per due ragioni. La prima fa leva su quanto già rilevato a proposito dell'intera disciplina di cui all'art. 1, coo. 36 ss., legge n. 76/2016, da ritenersi applicabile a prescindere dalla dichiarazione anagrafica. La convivenza di fatto è un rapporto familiare rilevante di per sé; l'ordinamento lo ha riconosciuto (art. 2 Cost.) e lo ha disciplinato, prevedendo diritti e doveri, ma senza averne legato la costituzione alla formalità della dichiarazione anagrafica (arg. *ex* art. 1, co. 37, l. n. 76/2016). Ne consegue che anche al fine di maturare i diritti di cui all'art. 230-*ter* è sufficiente che, nei fatti, vi sia una convivenza con i caratteri di cui all'art. 1, co. 36, legge n. 76/2016.

La seconda ragione fa leva sulla funzione dell'art. 230-*ter* c.c.: valorizzare e tutelare il lavoro svolto nel nucleo familiare (non già in un'indistinta formazione sociale). Opinando diversamente – cioè esigendo la dichiarazione anagrafica – si priverebbe la norma proprio della sua funzione, perpetuando quella discriminazione non solo tra convivete di fatto e coniuge, ma anche tra convivente registrato e non registrato.

Come si diceva, l'art. 230-*ter* c.c. ha un contenuto più esiguo rispetto a quello dell'art. 230-*bis* c.c. A favore del convivente di fatto che «presti stabilmente la propria opera all'interno dell'impresa dell'altro convivente», si prevede soltanto «una *partecipazione agli utili* dell'impresa familiare ed *ai beni* acquistati con essi nonché agli *incrementi dell'azienda* anche in ordine all'avviamento, commisurata al lavoro prestato».

È agevole notare come si sia attribuito rilievo solo al lavoro prestato nell'impresa del convivente e non anche alle attività prestate *nella* famiglia. Sembra che il legislatore abbia inteso separare il piano familiare da quello del lavoro nell'impresa, come emerge anche dalla rubrica dell'art. 230-*ter* c.c. – «diritti del convivente» – la quale non menziona la famiglia.

La scelta del legislatore desta qualche perplessità, poiché anche i conviventi di fatto (magari con prole), stante la stabilità del legame affettivo, attuano un progetto di vita comune, sentendosi una famiglia. Di conseguenza non si comprende la ragione per cui il lavoro svolto nella famiglia dal coniuge o dall'unito civilmente (l'art. 1, co. 13, l. n. 76/2016 richiama l'art. 230-*bis* c.c.) determini l'insorgenza dei diritti di cui all'art. 230-*bis* c.c., diversamente dal lavoro svolto dal convivente di fatto rispetto ai diritti previsti dall'art. 230-*ter* c.c.

Si è dato rilievo solo al lavoro prestato «all'*interno* dell'impresa dell'altro convivente», sebbene anche il lavoro svolto nella e per la convivenza, collegato, direttamente o indirettamente, all'impresa arrechi vantaggi a quest'ultima. Tale regola desta ancora maggiore perplessità se si considera che l'art. 230-*bis* c.c. attribuisce i diritti ivi previsti anche agli affini entro il secondo grado, i quali tendenzialmente non convivono con l'imprenditore.

È stato rilevato come la previsione di un articolo specifico dopo il 230-*bis* ed il fatto che l'art. 230-*ter* si ponga in una prospettiva extra-familiare rendano difficile un recupero del lavoro casalingo sul piano ermeneutico (M. Tola). Si ha la sensazione che il legislatore, nel disciplinare la posizione giuridica del convivente di fatto, abbia voluto scavare un solco con il matrimonio. Distinguere non è sbagliato, ma occorre equilibrio e ragionevolezza; valori, questi, che talvolta hanno fatto difetto all'azione legislativa come nel caso più lampante della mancata previsione del dovere di fedeltà nell'art. 1, co. 11, legge n. 76/2016.

Non si ritiene comunque, come è stato sostenuto in dottrina (M. Tola), che il legislatore, con l'art. 230-*ter* c.c., abbia inteso non già eliminare la presunzione di gratuità del lavoro del convivente di fatto nell'impresa dell'altro, «ma gratificare con una partecipazione all'utile un peculiare stakeholder dell'impresa familiare, mantenendo la fattispecie nell'art. 41 Cost.». Lo si è desunto dalla minore ampiezza di contenuto della clausola di esclusione della disciplina dell'art. 230-*bis* c.c. rispetto a quella prevista nell'art. 230-*bis* c.c. Se l'art. 230-*bis* stabilisce che «il diritto di partecipazione non spetta qualora tra i conviventi esista un rapporto di società o di lavoro subordinato», l'art. 230-*bis*, più ampiamente, prevede «salvo che sia configurabile un diverso rapporto».

È preferibile un altro ragionamento che valorizza due elementi: la qualificazione ai sensi dell'art. 230-*ter* c.c. dell'impresa come «familiare» – «utili dell'impresa familiare» – e la collocazione della norma dopo il 230-*bis* c.c., all'interno del capo VI dedicato al regime patrimoniale della famiglia. È l'esistenza di un nucleo familiare stabile a giustificare la previsione di diritti economici. Il fondamento dell'art. 230-*ter* è, dunque, lo stesso del 230-*bis*, poiché i fatti concreti sottostanti sono analoghi.

Si pone allora una domanda: perché il legislatore ha diversificato gli effetti dell'opera prestata nell'impresa familiare del convivente di fatto rispetto a quella svoltasi nell'impresa del coniuge? Il convivente di fatto non è titolare del diritto al mantenimento secondo la condizione patrimoniale della famiglia – il che, secondo un Autore, è singolare (M. Tamponi, 83) – dei poteri gestionali di cui all'art. 230-*bis*, co. 1, c.c., del diritto di prelazione in caso di successione ereditaria o di alienazione dell'azienda, né del diritto alla liquidazione come, invece, ai sensi dell'art. 230-*bis*, co. 4, c.c.

Aleggia su queste significative differenze la petizione di principio secondo cui i conviventi approcciano la convivenza senza quella serietà di impegno che connota il rapporto di coniugio. Si suole ripetere che la convivenza è caratterizzata dalla precarietà e dalla revocabilità unilaterale; i conviventi non vogliono regole e intendono essere liberi di interrompere la relazione senza conseguenze.

Questa rappresentazione fenomenologica non coglie tutta la verità. La giurisprudenza prima e il legislatore poi hanno dimostrato come dal rapporto affettivo stabile, caratterizzato da reciproca assistenza morale e materiale, sorgano situazioni giuridiche soggettive. Le differenze disciplinari tra matrimonio e convivenza di fatto devono essere giustificate in ragione di una diversa ponderazione degli interessi coinvolti che appaia necessaria. Da questo punto di vista, il legislatore ha contenuto un po' troppo la posizione del convivente di fatto che presti la propria opera nell'impresa individuale dell'altro convivente.

10. *Gli alimenti.*

Prima della legge n. 76/2016 il convivente di fatto, al termine della convivenza, non era titolare di alcun diritto economico. La ragione di questa mancanza veniva ravvisata nei supposti caratteri della convivenza di fatto: precarietà e revocabilità unilaterale della relazione.

In realtà un tale vuoto era piuttosto discutibile, soprattutto nei casi di convivenze di lunga durata, i quali assumevano i connotati di un vero e proprio rapporto familiare. Appariva, *ictu oculi*, contrario al principio di solidarietà l'assenza di un diritto al sostegno economico qualora gli ex conviventi avessero attuato un progetto di vita comune, magari con prole, comportandosi, durante il rapporto, come fossero coniugi e attuando un preciso indirizzo della vita familiare in un luogo di residenza comune.

Era opportuno, quindi, che il legislatore intervenisse. L'art. 1, co. 65, legge n. 76/2016 appare piuttosto equilibrato nel prevedere l'obbligo alimentare nell'ipotesi di rottura volontaria della convivenza. La relativa disciplina, infatti, non è identica a quella dettata dagli artt. 433 ss., poiché c'era la necessità di coniugare la maggiore libertà sottesa alla scelta di convivere con l'esigenza di attuare il principio di solidarietà attivato dalla durata della relazione di tipo familiare.

Secondo l'art. 1, co. 65, legge n. 76/2016 gli alimenti all'ex convivente sono dovuti entro certi limiti. Mentre secondo la disciplina generale gli alimenti vanno corrisposti fino a quando mutino *in peius* le condizioni economiche di chi li somministra o migliorino i redditi di chi li riceva (art. 440 c.c.), quelli all'ex convivente hanno una durata prestabilita in proporzione alla durata della convivenza. Si prevede che la durata della corresponsione degli alimenti sia «proporzionale alla durata della convivenza». Quindi, se non vi è accordo, il giudice, accertati i presupposti degli alimenti, dovrà individuare la durata dell'obbligo alimentare, la quale sarà tanto più lunga quanto più duratura sia stata la convivenza di fatto.

I *presupposti* degli alimenti sono pressoché sovrapponibili a quelli indicati dall'art. 438 c.c. Occorre lo stato di bisogno del convivente e l'impossibilità di provvedere al proprio mantenimento.

Lo stato di bisogno indica l'impossibilità di soddisfare i bisogni primari della vita: il vitto, l'abitazione, il vestiario e le cure mediche. Esso si differenzia dalla condizione alla base dell'assegno di mantenimento e di quello divorzio quali effetti patrimoniali del matrimonio. Il legislatore della legge n. 76/2016 non ha previsto alcun assegno di mantenimento per il convivente di fatto in difficoltà economiche, ma il solo un sostentamento economico minimo per poter vivere. È stato detto che si tratta di una «misura strettamente assistenziale» (M. Tamponi, 129), laddove gli assegni matrimoniali assolvono a una funzione perequativo-compensativa.

Lo stato di bisogno, però, non è sufficiente per ottenere gli alimenti; occorrendo provare anche l'impossibilità di provvedere al proprio mantenimento attraverso un'attività lavorativa. L'alimentando deve provare o la propria inabilità al lavoro dovuta a un handicap o l'impossibilità, per circostanze a lui non imputabili, di reperire un'occupazione che rispecchi le proprie attitudini e condizioni sociali.

Il diritto agli alimenti è legato anche alla mancanza di risorse economiche, *lato sensu* intese, dalle quali trarre reddito come, ad esempio, un ulteriore immobile dal quale ricavare un canone di locazione. Insomma gli alimenti sono dovuti solo quando l'alimentando non possa sopperire al proprio stato di bisogno, utilizzando le proprie risorse.

Quanto alla *misura* degli alimenti, l'art. 1, co. 65, legge n. 76/2016 richiama l'art. 438, co. 2, c.c., il quale stabilisce che essi devono essere «assegnati in proporzione del bisogno di chi li domanda e delle condizioni economiche di chi deve somministrarli». Il bisogno, nell'ottica legislativa, è un concetto relativo, poiché non deve «superare quanto sia necessario per la vita dell'alimentando», tenuto conto della sua «posizione sociale». È stato osservato come il sintagma «posizione sociale» sia arcaico, in quanto mutuato da precedenti formulazioni normative; perciò è più pertinente l'espressione, più esplicativa, di precedenti abitudini di vita o contesto economico-sociale di riferimento.

L'art. 1, co. 65, legge n. 76/2016 contiene una regola significativa sull'*ordine degli obbligati* di cui all'art. 433 c.c.: l'obbligo del convivente dotato di mezzi economici è adempiuto «con precedenza sui fratelli e le sorelle». Prima del convivente, quindi, sono tenuti il coniuge – ma secondo l'art. 1, comma 36 il coniugio è incompatibile con la convivenza di fatto – i figli, i genitori e, in loro mancanza, gli ascendenti prossimi e gli adottanti. I generi e le nuore nonché il suocero e la suocera non dovrebbero venire in rilievo postulando il matrimonio.

A questo punto dell'elenco, prima dei fratelli, tenuto agli alimenti è il convivente di fatto. Questi è anteposto al fratello perché prima della crisi di coppia i soggetti avevano costituito una famiglia, laddove col fratello/sorella le strade si erano inevitabilmente separate; tant'è che, in base alla disciplina generale, gli alimenti tra fratelli e sorelle «sono dovuti nella misura dello stretto necessario» (art. 439 c.c.). La dimensione familiare di coppia fa scattare un dovere di solidarietà, derivante dall'aver messo la propria vita in comune con quella di un altro.

Se uno dei conviventi è sposato ma separato di fatto o giudizialmente, l'obbligazione alimentare graverebbe solo sul coniuge separato. Questa soluzione ha destato qualche perplessità se si considera che il coniuge abbiente dovrebbe eseguire la prestazione alimentare magari in favore di un soggetto che nel corso del matrimonio ha commesso adulterio.

Trattandosi di alimenti, devono ritenersi applicabili gli artt. 443 c.c. sul modo di somministrazione e 440, co. 1, c.c. che prevede la riduzione degli alimenti «per la condotta disordinata o riprovevole dell'alimentato».

Gli alimenti sono indisponibili; si argomenta non solo dall'art. 447 c.c. sull'inammissibilità della cessione e sul divieto di opporre in compensazione qualunque credito che l'obbligato dovesse vantare nei confronti dell'alimentando, ma anche dalla funzione degli alimenti consistente nel salvaguardare la vita del familiare bisognoso. Di conseguenza qualora i conviventi disciplinino i loro rapporti patrimoniali nel contratto di convivenza, essi non possono escludere l'obbligo alimentare né è ammissibile una rinuncia.

È legittimo, invece, sebbene un Autore ne dubiti (M. Tamponi, 130), nell'esercizio dell'autonomia privata, prevedere un vero e proprio obbligo di mantenimento, consistente nella previsione di un importo superiore a quanto strettamente necessario per sopravvivere; importo che può essere corrisposto anche con la modalità dell'*una tantum*, ossia in unica soluzione. Il vantaggio dell'*una tantum* è di eliminare la periodicità della corresponsione, definendo una volta per tutte i rapporti economici tra gli ex conviventi di fatto.

Sebbene gli accordi di convivenza regolamentino, per espressa disposizione di legge, «la vita in comune» e non già la vita successiva alla cessazione della convivenza, non c'è ragione di escludere contenuti ulteriori se meritevoli di tutela secondo l'art. 1322, co. 2, c.c. Piuttosto va rimarcato come vi sia un contenuto tipico, ma non tassativo, dell'accordo di convivenza, accanto alla facoltà di inserirvi pattuizioni atipiche.

Questa impostazione induce a ritenere che il recesso unilaterale dal contratto di convivenza incida solo sul contenuto tipico e non anche su quello atipico (*contra* M. Tamponi, 131). Non vi è, infatti, un legame di dipendenza del contenuto attinente alla fase patologica del rapporto da quello che ne regola la fisiologia quale *proprium* del contratto di convivenza.

Riferimenti bibliografici.

Al Mureden E., *Assegno divorzile, parametro del tenore di vita coniugale e principio di autoresposabilità*, in *Fam. e dir.*, 2015, 6, 537 ss.; Balestra L., *Sulla rilevanza della convivenza more uxorio nell'ambito dell'impresa familiare*, in *Giur. it.*, 1995, 5 (versione in *Banca dati-Leggi d'Italia*); Balestra L., *La famiglia di fatto*, Padova, 2004; Barbanera R., *Ancora sulla tutela aquiliana dei rapporti di fatto*, in *Nuova giur. civ. comm.*, 2009, 5, 1147 ss.; Bonilini G., *Il beneficiario di amministrazione di sostegno ha, come regola, capacità di donare*, in *Fam. e dir.*, 2019, 8-9, 745 ss.; Branca G., *Morte di chi convive* «more uxorio» *e risarcimento*, in *Foro it.*, 1970, IV, 142; Bugetti M.N., *La Corte costituzione conferma la sussistenza della capacità di donare del beneficiario dell'amministrazione di sostegno*, in *Corriere giur.*, 2019, 7, 885 ss.; Busnelli F.D., *Sui criteri di determinazione della disciplina normativa della famiglia di fatto*, in Atti del Convegno Pontremoli, 27-30 maggio 1976, Montereggio-Parma, 1977, 133 ss.; BUSNELLI F.D., *La famiglia e l'arcipelago familiare*, in *Riv. dir. civ.*, 2002, 509 ss.; CAMPIONE R., *Stato vegetativo permanente e diritto all'identità personale in un'importante pronuncia della Suprema Corte*, in *Fam. e dir.*, 2008, 2 129 ss.; CICU A., *Il diritto di famiglia*, Roma, 1914; FALZEA A., *Problemi attuali della famiglia di fatto*, in *Una legislazione per la famiglia di fatto?*, Atti del Convegno Roma 3.12.1987, Napoli, 1988; FERRANDO G., *La famiglia di fatto: verso una svolta?*, in *Pol. dir.*, 1979, 237 ss.; FERRANDO G., *Convivere senza matrimonio: rapporti personali e patrimoniali nella famiglia di fatto*, in *Fam. e dir.*, 1998, 183 ss.; FRANZONI M., *Il danno patrimoniale e non patrimoniale da perdita delle relazioni parentali*, in *Resp. civ. e prev.*, 2003, 977 ss.; FURGIUELE G., *Libertà e famiglia*, Milano, 1979; GAZZONI F., *Dal concubinato alla famiglia di fatto*, Milano, 1983; GORGONI A., *La rilevanza giuridica della volontà sulla fine della vita non formalizzata nel testamento biologico*, in *Fam. pers. succ.*, 2008, 6, 508 ss.; GORGONI A., *Autodeterminazione nelle scelte di fine vita tra capacità e incapacità, disposizioni anticipate di trattamento e aiuto al suicidio*, in *Persona e mercato*, 2020, 3, 77 ss.; GROSSI P., *Oltre la legalità*, Bari-Roma, 2020; IRTI N., *Viaggio tra gli obbedienti*, Milano, 2021, 45, ricorda le parole di Pietro Piovani secondo le quali «[...] il precetto legislativo intanto è, infatti, sé medesimo in quanto riesca a regolare il rapporto di vita che vuole regolare e, quindi, non solo deve conoscere quel rapporto, ma adeguarvisi; *deve regolarlo come quello vuole essere regolato*: il regolato condiziona la regola da cui è disciplinato». Questa precondizione – si direbbe di affinità tra regolante e oggetto della regolazione – dell'obbedienza da parte dei consociati, se non si rispecchia adeguatamente nella disciplina delle unioni civili per le ragioni esposte nel capitolo precedente, è più presente nella disciplina della convivenza di fatto; LIPARI N., *La categoria giuridica della «famiglia di fatto» e il problema dei rapporti personali al suo interno*, in Atti del Convegno Pontremoli, 27-30 maggio 1976, Montereggio-Parma, 1977, 61 ss.; MASUCCI S.T., *Subordinazione e gratuità: quale tutela per il convivente di fatto nell'impresa familiare?*, in *Giur. it.*, 1995, 12 (versione in *Banca dati-Leggi d'Italia*); MAZZARIOL R., *Convivenze di fatto e autonomia privata: il contratto di convivenza*, Napoli, 2018; OBERTO G., *I regimi patrimoniali della famiglia di fatto*, Milano, 1991; PALMERINI E., *Cura degli incapaci e tutela dell'identità nelle decisioni mediche*, in *Riv. dir. civ.*, 2008, 3, 363 ss.; PARADISO M., *La comunità familiare*, Milano, 1984; PERLINGIERI P., *Il diritto civile nella legalità costituzionale*, Napoli, 2006, tomo II; PERLINGIERI P., *Persona e comunità familiare*, in *La persona e i suoi diritti*, Napoli, 2005, 387 ss., riproduce la relazione di sintesi svolta al Convegno su «Persona e comunità familiare», tenutosi a Salerno il 5-7/11/1982 (atti pubblicati in «*Atti del Convegno*», a cura di P. Stanzione, Napoli, 1985, 475 ss.). L'A. sottolinea il nesso tra comunità familiari e principi costituzionali quale bussola per la regolamentazione da parte del legislatore (ad es. in tema di effetti patrimoniali della crisi coniugale o quanto alla posizione soggettiva del minore). Da allora molti passi in avanti in questo senso sono stati compiuti; ivi PERLINGIERI P., *La famiglia senza matrimonio tra l'irrilevanza giuridica e l'equiparazione alla famigli legittima*, 483 ss., che in forza dell'inscindibile nesso che lega la Costituzione a quei fatti sociali in cui la persona sviluppa la propria personalità afferma che «sarebbe ambiguo affermare, relativamente alla famiglia c.d. di fatto, che la coppia appare "nuda", "spogliata delle costrizioni del matrimonio, degli obblighi familiari, dei doveri reciproci, dei modelli di comportamento", quasi un'entità pregiuridica e impermeabile ai principi della più ampia convivenza giuridica» (p. 491). Perlingieri, al tempo in cui scriveva, non auspicava un intervento legislativo, ritenendo che, attraverso l'ermeneutica costituzionalmente orientata, le lacune in materia fossero «in realtà più apparenti che reali» (p. 497). La ragione di questa impostazione era di spingere la dottrina a superare il pregiudizio dogmatico dell'inapplicabilità dei principi costituzionali ai rapporti intersoggettivi; PONZANELLI G., *Rivisitazione delle tabelle milanesi e prova del pregiudizio morale: il nuovo intervento della Cassazione*, in *Nuova giur. civ. comm.*, 2021, 1, 91 ss.; PROSPERI F., *La famiglia non «fondata sul matrimonio»*, Camerino-Napoli, 1980; QUADRI E., *Vicende dell'assegnazione della casa coniugale e interesse dei figli*, in *Corriere giur.*, 2008, 12, 1661 ss.; ROPPO V., *Come tutelare la famiglia di fatto?*, in *Pol. dir.*, 1980, 18 ss.; ROPPO V., *La famiglia senza matrimonio. Diritto e non diritto nella fenomenologia delle libere unioni*, in *Riv. trim. dir. e proc. civ.*, 1980, 707 ss.; SANTORO PASSARELLI F., *Matrimonio e famiglia*, in *Saggi di diritto civile*, Napoli, 1961, vol. I, 393 ss., derivava dai caratteri e delle finalità sovraindividuali del matrimonio (quale *seminarium reipublicae*) l'impossibilità di introdurre in Italia il divorzio e giudicava come «triste esperienza divorzistica» quella di alcuni paesi che avevano introdotto il divorzio; SBISÀ G., *Risarcimento di danni in seguito a morte di un «familiare di fatto»*, in *Riv. trim. dir. e proc. civ.*, 1965, 1254 ss.; TAMPONI M., *Del convivere. La società postfamiliare*, Milano, 2019, ritiene che la mancanza della previsione nell'art. 230-*ter* c.c. del diritto al mantenimento secondo le condizioni patrimoniali della famiglia dipende dalla ragione per cui «il reciproco sostegno materiale è già insito nella nozione di convivenza che egli stesso ha fornito» (p. 84); TOLA M., *Interesse familiare e convivenze*, in *Riv. dir. civ.*, 2019, 3, 705 ss., sostiene la tesi della natura extra-familiare dell'opera prestata ai sensi dell'art. 230-*ter* c.c. Di conseguenza, ogni forma di prestazione d'opera del convivente, diversa dal rapporto societario o dal lavoro subordinato si aggiunge a quella prevista da tale articolo; VENCHIARUTTI A., *Stati vegetativi permanenti: scelte di cura e incapacità*, in *Nuova giur. civ. comm.*, 2008, 1, 100 ss.; VENCHIARUTTI A, *Il dono del beneficiario di amministrazione di sostegno*, in *Nuova giur. civ. comm.*, 2019, 5, 973 ss.; VETTORI G., *Effettività tra legge e giudice*, Milano, 2020; VETTORI G., *La lunga marcia della Carta dei Diritti fondamentali dell'Unione europea*, in *Persona e mercato*, 2007, 1 ss.; VETTORI G., *Abuso del diritto: distingue frequenter*, in *Obbligaz. e contr.*, 2010, 3, 166 ss.; VILLANI R., *Assegnazione della casa familiare e cause della perdita del diritto al godimento dell'immobile: l'interpretazione dell'art. 155-quater c.c. operata dalla Corte costituzionale*, in *Nuova giur. civ. comm.*, 2008, 6, 1255 ss.; ZAPPATORE F., *La stabile inquietudine del danno non matrimoniale*, in *Danno e resp.*, 2021, 1, 32 ss.

Parte Seconda
LA FILIAZIONE

Capitolo Primo

FILIAZIONE E AZIONI DI STATO

1. *La filiazione nel tempo: dal codice civile del 1865 all'attuazione dell'art. 30 Cost.*

Interventi del legislatore e della giurisprudenza, durante un lungo arco temporale, hanno contribuito a conformare l'attuale disciplina della filiazione. Gli elementi propulsivi predominanti sono stati: il superamento della concezione pubblicistica del matrimonio, l'attuazione del principio di uguaglianza e del divieto di discriminazioni basate su «condizioni personali e sociali» (art. 3 Cost.) come la nascita in un certo contesto piuttosto che in un altro (genitori sposati o meno, orientamento sessuale), la crescente rilevanza della filiazione incentrata non già pressoché esclusivamente sul legame biologico ma anche sull'assunzione di responsabilità (c.d. genitore intenzionale)[1], l'incidenza del principio del preminente interesse del minore (art. 24, co. 2, CDFUE) e, non ultimo, la sempre maggiore pervasività nel diritto interno delle fonti e della giurisprudenza sovranazionale.

[1] Nelle fattispecie che danno origine alla genitorialità d'intenzione, ossia fondata non sul legame genetico con il nato, ma sull'assunzione di responsabilità della nascita, la Corte costituzionale, con la sentenza n. 32/2021 (Rel.: S. Sciarra), ha esattamente affermato che lo Stato parte della Cedu deve apprestare mezzi idonei a garantire la costituzione dello stato di figlio nei confronti del genitore non genetico. La problematica si è posta soprattutto con riferimento alla procreazione medicalmente assistita praticata all'estero da una coppia di donne italiane (cfr. § 16 lett. b) e *amplius* cap. III).

L'ordinamento giuridico si è progressivamente adeguato al lento e inarrestabile mutamento della sensibilità sociale, dei costumi e dei valori normativi di riferimento.

Se il codice civile del 1865 non attribuiva alcuna protezione ai figli adulterini (se non nel ristretto ambito alimentare di cui all'art. 193), il codice civile del 1942 avvia, sia pur timidamente, un percorso che condurrà all'unicità dello stato di figlio (cfr. *infra*, § 2). Si prevedeva nel 1942 il riconoscimento della «filiazione illegittima» (*id est*: nata fuori del matrimonio) in casi eccezionali. Inoltre, soltanto il marito poteva agire con l'azione di disconoscimento della paternità, a dimostrazione della prevalenza della legittimità dello stato di figlio (*id est*: nato nel matrimonio) sulla verità del rapporto di filiazione. Vi erano infine, sempre nel codice del 1942, forti restrizioni all'accertamento giudiziale della paternità e della maternità naturale (art. 269 c.c. abrogato).

La finalità di questo impianto normativo era non già di tutelare il figlio matrimoniale, ma di garantire la pace, l'onore familiare e la stabilità del matrimonio.

Si può dire che la normativa del 1942 rappresentava il precipitato di una configurazione del matrimonio quale istituzione sovraordinata ai coniugi. Soltanto il vincolo coniugale garantiva, nell'idea del tempo, un'ordinata vita sociale, perciò ad esso si riconosceva una funzione pubblica volta a salvaguardare l'ordine sociale e morale (matrimonio *quasi seminarium rei publicae*).

Da qui la netta distinzione tra lo stato giuridico del figlio nato in costanza di matrimonio (figlio legittimo) e quella del figlio nato da genitori non sposati fra loro (figlio illegittimo). Il sintagma legislativo «filiazione illegittima» – contenuto nella sez. I capo II titolo VII del libro I codice civile 1942 – postulava, con evidenza, la riprovazione dell'ordinamento verso i figli non matrimoniali e le convivenze tra soggetti non coniugati tra loro.

L'entrata in vigore il 1° gennaio 1948 della Costituzione ha determinato una frizione tra i nuovi principi dalla stessa accolti e le norme codicistiche sulla filiazione nata fuori del matrimonio. In particolare l'art. 30, co. 1, Cost., collegando i doveri e i diritti dei genitori al fatto in sé della generazione, mal si conciliava con i limiti normativi sopra accennati alla riconoscibilità dello stato di figlio.

Come pure l'art. 30, co. 3, Cost., stabilendo che «la legge assicura ai figli nati fuori dal matrimonio ogni tutela giuridica e sociale, compatibilmente con i diritti dei membri della famiglia legittima», faceva dubitare della costituzionalità di quelle disposizioni *mortis causa* volte a favorire, nella successione *ab intestato*, i figli legittimi rispetto a quelli illegittimi. L'art. 541 c.c., abrogato, prevedeva infatti che ogni figlio naturale conseguisse metà della porzione spettante a ciascuno dei figli legittimi, purché complessivamente la quota di questi ultimi non fosse inferiore al terzo del patrimonio.

Si rendeva pertanto necessaria una legge organica di riforma del diritto di famiglia; legge che si è fatta attendere non poco rispetto all'entrata in vigore della Costituzione. Nel frattempo, però, la Corte costituzionale aveva avviato una stagione di adeguamento della normativa familiare allora vigente ai nuovi principi costituzionali. Si possono ricordare alcune pronunce: quelle che hanno abrogato i reati di adulterio e concubinato e altre in tema di capacità a succedere, di quote ereditarie in caso di concorso[2] e di diritto di rappresentazione.

Le sentenze della Consulta, pur di portata storica, hanno inciso su singoli aspetti della filiazione e hanno accresciuto, al contempo, la consapevolezza dell'urgenza di una riforma complessiva del diritto di famiglia. Una riforma che invertisse la prevalenza (allora esistente) del valore dell'unità familiare (art. 29, co. 2, Cost.) su quello dell'uguaglianza tra i coniugi e tra i figli (artt. 3 e 30, co. 3, Cost.).

È solo con la legge n. 151/1975 («*Riforma del diritto di famiglia*») che, in ossequio agli artt. 30, co. 3, e 3 Cost., si dà vita a un nuovo statuto della filiazione denominata naturale (*id est*: nata fuori dal matrimonio) e non più illegittima.

Tre sono, in sintesi, le novità di rilievo: 1) attuazione del principio costituzionale dell'eguaglianza morale e giuridica dei coniugi (art. 29, co. 2, Cost.); 2) avvicinamento della condizione giuridica del figlio naturale a quella del figlio legittimo; 3) prevalenza, con riguardo all'accertamento della filiazione, del *favor veritatis* sul *favor legitimitatis*.

Il legislatore non ha inteso più garantire la stabilità del matrimonio attraverso l'incontestabilità della filiazione; egli ha voluto favorire, invece, l'eliminazione dello stato di figlio legittimo ove mancasse il legame genetico con i presunti genitori. È la verità dei legami il nuovo valore espresso dall'ordinamento giuridico. Stefano Rodotà sintetizza bene questo passaggio, scrivendo che «La logica della libertà e degli affetti prevale sulle chiusure gerarchiche e autoritarie».

Con la prima storica riforma del 1975, il legislatore ha sì posto il figlio naturale accanto a quello legittimo, togliendolo dalla netta subalternità, ma ha anche applicato il parametro costituzionale, di cui all'art. 30, co. 3, Cost., della compatibilità della tutela dei figli nati fuori del matrimonio con i diritti dei membri della famiglia legittima. Si può affermare che la legge n. 151/1975 ha reso la posizione del figlio naturale più aderente al dettato costituzionale, ma non del tutto sovrapponibile a quella del figlio legittimo (cfr. *infra*, § 2).

Successivamente al 1975 sono intervenute altre decisioni della Corte costituzionale che hanno integrato la disciplina della filiazione extra-matrimoniale. Nel 1979 i fratelli e le sorelle naturali sono stati ammessi alla successione legittima prima dello Stato e in mancanza di altri successibili[3]. Nel 2002 si è ricono-

[2] Corte cost., n. 50/1973 (Rel.: E. Volterra), dichiara l'illegittimità costituzionale della norma che non stabiliva una misura identica della quota spettante al figlio naturale rispetto a quella riservata al figlio legittimo, in assenza di famiglia legittima. Corte cost., n. 82/1974, dichiara l'illegittimità costituzionale della norma che ammetteva il concorso tra figli naturali e ascendenti del genitore, diversamente dall'ipotesi in cui fossero chiamati i figli legittimi, i quali non concorrevano con gli ascendenti.

[3] Corte cost., n. 55/1979 (Rel.: L. Amadei), dichiara costituzionalmente illegittimo l'art. 565 c.c. nella parte in cui non contemplava nella categoria dei chiamati alla successione legittima anche i fratelli e le sorelle naturali riconosciuti o dichiarati.

sciuto ai figli incestuosi l'azione volta alla dichiarazione giudiziale di paternità o di maternità[4]. Nel 2006 è stato dichiarato costituzionalmente illegittimo il giudizio preliminare di ammissibilità della dichiarazione giudiziale di genitorialità naturale[5].

Va riconosciuto che la giurisprudenza ha rappresentato una forza propulsiva incisiva dell'ordinamento prima e dopo il 1975. Il legislatore, pur meno tempestivo a tradurre i segni dei tempi, è stato anch'egli decisivo nell'opera di riscrittura dell'ordinamento; in particolare, come vedremo, più di recente.

Occorre allora continuare nella descrizione del «percorso verso l'unificazione dello stato di figlio» (G.B. Basini). Non solo: l'evoluzione giuridica non si è arrestata allo stato unico di figlio (art. 315 c.c.), essendo ancora incerto il giusto equilibrio tra verità e responsabilità quali fondamenti della filiazione[6]. Nuove fattispecie premono sempre più sul giudice, la cui attività ermeneutica, priva di appigli normativi di dettaglio, si impernia sul principio del preminente interesse del minore. È l'esistenza di questo principio che, in diverse occasioni, ha consentito di ampliare l'ordinamento rispetto alla mutevole realtà fattuale.

2. (Segue). *L'itinerario legislativo.*

Dopo la riforma del 1975 c'è stata una stasi del legislatore, il quale ha ripreso a intervenire significativamente sulla famiglia e sul rapporto tra genitori e figli soltanto dal 2001.

La legge n. 149/2001 («*Disciplina dell'adozione dell'affidamento dei minori*») ha novellato la legge n. 184/1983 modificandone anche il titolo: da «Disciplina dell'adozione e dell'affidamento dei minori» a «Diritto del minore ad una famiglia», centrando maggiormente l'intera normativa sulla protezione e sulla centralità del minore. Importante è anche la legge n. 47/2017 recante «Disposizioni in materia di misure di protezione dei minori stranieri non accompagnati».

---

[4] Corte cost., n. 494/2002 (Rel.: G. Zagrebelsky), dichiara l'illegittimità costituzionale dell'art. 278, co. 1, c.c. (oggi sostituito per effetto dell'art. 35, co. 1, d.lgs. n. 154/2013) nella parte in cui escludeva le indagini sulla genitorialità nella fattispecie di cui all'art. 251 c.c. (filiazione incestuosa).

[5] Corte cost., n. 50/2006 (Rel.: A. Finocchiaro), ritiene inutile la fase processuale preliminare dell'azione volta a far dichiarare giudizialmente la paternità/maternità, perché non più rispondente alle finalità ad essa originariamente sottese (di segretezza) e in contrasto con il diritto di azione e con la ragionevole durata del processo.

[6] Corte cost., n. 32/2021, cit., invoca un intervento legislativo a tutela del nato da procreazione medicalmente assistita effettuata all'estero da una coppia di donne italiane. Il problema riguarda la possibilità, attualmente non agevole, di costituire lo stato di figlio nei confronti del c.d. genitore d'intenzione. Non agevole perché, come vedremo, l'adozione in casi particolari non sempre è possibile e comunque dà luogo a un procedimento lungo che non si confà al preminente interesse del minore, che esige una rapida costituzione dello stato di figlio.

La legge n. 154/2001 sugli «*Ordini di protezione contro gli abusi familiari (titolo IX-bis libro I cod. civ.)*» ha apprestato strumenti di tutela del coniuge, del convivente *more uxorio* e dei figli, legittimi e naturali (cfr. *infra*, cap. V-§§ 9-10).

La legge n. 54/2006 («*Disposizioni in materia di separazione dei genitori e affidamento condiviso dei figli*») ha introdotto l'istituto dell'affido condiviso, le cui regole si applicano tanto alla filiazione legittima quanto a quella naturale (art. 4, co. 2, legge n. 54/2006). La crisi del rapporto tra i genitori, sposati o conviventi *more uxorio*, è pertanto governata da un'unica disciplina già dal 2006.

La filiazione naturale ha guadagnato sempre più terreno sul presupposto, maggiormente radicato nella coscienza sociale, della difficoltà di giustificare diversità di disciplina per l'uno e per l'altro tipo di filiazione. Rimaneva, tuttavia, un profilo rilevantissimo di distinzione tra le due categorie di figli che, nel tempo, ha alimentato una forte e persuasiva critica dottrinale. Il figlio riconosciuto o dichiarato giudizialmente, in forza della legge n. 151/1975, acquisiva il legame di parentela soltanto col genitore che lo aveva riconosciuto o che era rimasto soccombente nel giudizio di accertamento della genitorialità, non anche con i parenti di lui. Giuridicamente, quindi, il figlio naturale non aveva fratelli, nonni, zii, né cugini.

Quella che a primo acchito poteva apparire una discriminazione, è stata in più occasioni avallata dalla Corte costituzionale[7]. La quale ha difeso il primato della famiglia fondata sul matrimonio, affermando che l'equiparazione tra filiazione legittima e filiazione naturale (art. 30, co. 3, Cost.) riguarda soltanto il rapporto (e la sua regolamentazione) che s'instaura tra genitore e figli. Diverso è, invece, il piano del legame tra il figlio e i parenti del genitore che abbia effettuato il riconoscimento.

Secondo la Consulta, la Costituzione non imporrebbe un eguale trattamento dei figli legittimi e naturali con riguardo alla parentela. Soltanto il legislatore avrebbe potuto dettare una regola diversa da quella che conteneva l'ambito della parentela del figlio naturale a quella col genitore. Così è intervenuta la legge

---

[7] In questa sintetica ricostruzione storica è utile richiamare alcune pronunce della Corte costituzionale secondo le quali l'individuazione degli aventi diritto alla successione compete al legislatore (arg. *ex* art. 42, co. 4, Cost.). Esattamente: n. 363/1988 (Rel.: L. Mengoni) sulla manifesta infondatezza dell'illegittimità costituzionale dell'art. 565 c.c. nella parte in cui esclude dalla categoria dei chiamati alla successione legittima, in mancanza di altri successibili e prima dello Stato, gli zii naturali riconosciuti o dichiarati del *de cuius*; n. 184/1990 (Rel.: L. Mengoni) dichiara costituzionalmente illegittimo (perché irragionevole) l'art. 565 c.c. nella parte in cui, in mancanza di altri successibili all'infuori dello Stato, non prevede la successione legittima tra fratelli e sorelle naturali, dei quali sia accertato il rispettivo *status* di filiazione nei confronti del comune genitore; n. 377/1994 (Rel.: L. Mengoni) sull'incapacità a succedere dei fratelli e sorelle naturali del *de cuius* con precedenza sulla vocazione dei parenti legittimi dal terzo al sesto grado in linea collaterale. D'interesse è anche Corte cost., n. 532/2000 (Rel.: F. Santosuosso), secondo cui è costituzionalmente legittimo l'art. 276 c.c. nella parte in cui preclude al figlio naturale non riconosciuto di chiedere, al fine di agire per la dichiarazione giudiziale di genitorialità, la nomina del curatore speciale in caso di premorienza del genitore e dei suoi eredi (a ciò ha posto rimedio la legge n. 219/2012, cfr. *infra*, cap. II-§ 8).

n. 219/2012 («*Disposizioni in materia di riconoscimento dei figli naturali*») che ha previsto una parentela ampia – *id est*: nei confronti di tutti i parenti del genitore – anche per il figlio nato fuori del matrimonio.

L'idea forte alla base di questa legge è la mancanza di ogni fondamento giuridico dell'impostazione normativa precedente che, nella sostanza, faceva ricadere sui figli limitazioni giuridiche che originavano da una scelta dei genitori: se essere conviventi di fatto o coniugi. In base a questa logica è stata modificata anche la disciplina dell'incesto, ampliando i casi di possibile costituzione dello stato di figlio (cfr. *infra*, cap. II-§ 3). Come si accennava nel § 1, il contesto della nascita perde sempre più terreno quale elemento fondativo di distinzioni di disciplina.

Successivamente sono entrati in vigore altri provvedimenti legislativi che hanno inciso principalmente sulla famiglia, ma che interessano anche la filiazione.

Il primo è, come si è già rilevato nella parte prima, il d.l. n. 132/2014 («*Misure urgenti di degiurisdizionalizzazione ed altri interventi per la definizione dell'arretrato in materia di processo civile*»), convertito nella legge n. 162/2014. L'art. 6, d.l. cit. consente ai coniugi, in accordo tra loro, di addivenire alla separazione personale, alla cessazione degli effetti civili o allo scioglimento del matrimonio mediante un procedimento extragiudiziario. Questa facoltà sussiste anche in presenza di figli minorenni e senza che la posizione di questi ultimi risulti meno garantita.

Prima del decreto legge appena evocato, la tutela dei figli nella crisi coniugale era assicurata esclusivamente dal giudice (cfr. art. 158, co. 2, c.c.). Nel 2014, si è aggiunto un altro soggetto istituzionale e si è concepito l'intervento del giudice come eventuale. Ai sensi dell'art. 6, co. 2, d.l. cit., il Procuratore della Repubblica presso il tribunale competente ha il potere di verificare se l'accordo raggiunto dai coniugi (a seguito della convenzione di negoziazione assistita, cfr. art. 2, d.l. cit.) risponda all'interesse dei figli. In caso positivo l'accordo è autorizzato, altrimenti esso è trasmesso al Presidente del tribunale, che fissa l'udienza di comparizione delle parti, spostandosi così la garanzia della protezione dei figli minorenni (o maggiorenni non autosufficienti economicamente) sul piano giurisdizionale.

Particolarmente attesa è stata anche la legge n. 55/2015 («*Disposizioni in materia di scioglimento o di cessazione degli effetti civili del matrimonio nonché di comunione tra i coniugi*»), che ha introdotto il cosiddetto divorzio breve, riducendo da tre anni a sei o dodici mesi il termine di durata della separazione personale tra coniugi occorrente per sciogliere il matrimonio. Sei o dodici mesi dalla data di comparizione dei coniugi innanzi al presidente del tribunale, a seconda che la separazione sia stata rispettivamente consensuale o giudiziale.

Da richiamare è anche la legge n. 173/2015 intitolata «*Sul diritto alla continuità affettiva dei bambini e delle bambine in affido familiare*». Essa consente alla famiglia affidataria del minore di poterlo adottare, superando così un previgente divieto di adozione per gli affidatari che, nel caso di specie, rischiava di pregiudicare l'interesse concreto del minore. L'art. 4, co. 5-*bis*, legge n. 183/1984, introdotto proprio dalla legge n. 173/2015 stabilisce che «il tribunale per i minorenni, nel decidere sull'adozione, tiene conto dei *legami affettivi significativi* e del *rapporto stabile e duraturo* consolidatosi tra il minore e la famiglia affidataria».

Questa legge, di rilievo sistematico, attribuisce valore alla convivenza e al legame affettivo tra chi non è genitore (la famiglia affidataria) e il minore. Un tale dato assiologico, unitamente ad altre disposizioni di legge (cfr. *infra*, cap. III-§ 10), non soltanto amplia il discorso sul fondamento della filiazione, ma consente al giudice di valorizzare, attraverso gli strumenti giuridici che vedremo, il rapporto tra il cosiddetto genitore sociale e il figlio genetico del *partner* in seguito alla disgregazione della convivenza *more uxorio* (cfr. *amplius infra*, cap. III-§§ 10-11).

La rilevanza del rapporto tra genitore e figlio emerge anche dall'art. 448-*bis* c.c., aggiunto dalla legge n. 219/2012. In esso vi sono due disposizioni: la prima prevede che il figlio non sia tenuto a corrispondere gli alimenti al genitore nei confronti del quale è stata pronunciata la decadenza dalla responsabilità genitoriale ai sensi dell'art. 330 c.c.; la seconda consente al figlio di escludere dalla propria successione *mortis causa* quel genitore che abbia commesso «fatti che non integrano i casi di indegnità di cui all'art. 463 c.c.» [8].

Di grande utilità pratica è infine la legge n. 101/2015 di ratifica della Convenzione dell'Aja (19.10.1996) «*sulla competenza, la legge applicabile, il riconoscimento, l'esecuzione e la cooperazione in materia di responsabilità genitoriale e di misure di protezione dei minori*». Lo scopo di questo Trattato è di «rafforzare la protezione dei minori nelle situazioni a carattere internazionale», attraverso regole volte a individuare il giudice competente e la legge applicabile; regole che favoriscono il riconoscimento, l'esecuzione dei provvedimenti e la cooperazione tra Stati.

È utile rimarcare due aspetti della Convenzione dell'Aja: a) l'utilizzo del sintagma responsabilità genitoriale in luogo del lemma potestà (eliminato nel 2013 dal nostro ordinamento); b) la conferma «che il superiore interesse del minore è di rilevanza fondamentale».

Il susseguirsi delle fonti del diritto ha contribuito, come si accennava sopra, a delineare l'attuale disciplina della filiazione, soprattutto con riguardo allo stato di figlio, al fondamento della filiazione e alla responsabilità genitoriale.

Va rimarcato come il diritto, in modo particolare quello di famiglia, sia un fenomeno storicamente e socialmente condizionato; influenzato dai mutamenti

---

[8] Secondo la tesi più prudente, tali fatti andrebbero riferiti a quelli che determinano la decadenza dalla responsabilità genitoriale per ragioni diverse da quelle previste dall'art. 330 c.c. e che non comportano l'indegnità a succedere. È una decadenza, quindi, che interviene quale pena accessoria di certi reati.

della cultura, delle idee e della sensibilità dei consociati, come pure dai progressi della scienza e della tecnica e finanche dalla circolazione delle persone e dei modelli giuridici.

3. *Struttura della legge n. 219/2012, unicità dello stato di figlio e della parentela.*

La legge n. 219/2012, nonostante la sua intitolazione («*Disposizioni in materia di riconoscimento dei figli naturali*»), ha inciso significativamente non soltanto sulla parentela naturale, ma anche su più aspetti legati alla filiazione: la condizione del figlio «incestuoso» (art. 251 c.c.), l'inserimento del figlio nato fuori del matrimonio nella famiglia del genitore coniugato (art. 252 c.c.) e le azioni di stato. È utile ricordare la struttura della legge.

Essa consta di sei articoli e precisamente: a) l'art. 1, attraverso la tecnica della novellazione, ha apportato diverse modificazioni al codice civile; b) l'art. 2 contiene una delega al Governo a emanare «uno o più decreti legislativi di modifica delle disposizioni vigenti in materia di filiazione e di dichiarazione dello stato di adottabilità per eliminare ogni discriminazione tra i figli, anche adottivi, nel rispetto dell'art. 30 della Costituzione, osservando oltre ai principi di cui agli artt. 315 e 315-*bis* del codice civile, come rispettivamente sostituito e introdotto dalla presente legge», anche determinati principi e i criteri direttivi dettati dallo stesso art. 2. La delega è stata, poi, attuata dal d.lgs. n. 154/2013 («*Revisione delle disposizioni vigenti in materia di filiazione a norma dell'art. 2 della legge 10 dicembre 2012, n. 219*»); c) l'art. 3 ha modificato l'art. 38 disp. att. c.c., attraendo nella competenza del tribunale ordinario talune competenze prima proprie del tribunale per i minorenni, oltre ad aver previsto strumenti di tutela dei diritti dei figli agli alimenti e al mantenimento; d) gli artt. 4, 5 e 6 contengono rispettivamente disposizioni transitorie, norme regolamentari di modifica in materia di stato civile e la clausola di invarianza finanziaria.

Indubbiamente l'innovazione rivoluzionaria della legge n. 219/2012 è la statuizione contenuta nell'art. 315 c.c.: «*Tutti i figli hanno lo stesso stato giuridico*». È caduta così la previgente distinzione tra filiazione legittima e filiazione naturale (quest'ultima già di per sé un progresso), sintagmi, questi, cancellati dall'ordinamento giuridico.

Non si è trattato di un'operazione meramente lessicale, ma vi è stato un preciso guadagno giuridico. Il legislatore, in coerenza con il principio dell'unicità dello stato di figlio, ha esteso il concetto normativo di parentela anche alla filiazione nata fuori del matrimonio. L'art. 74 c.c. stabilisce, infatti, che: «La parentela è il vincolo tra le persone che discendono da uno stesso stipite, sia nel caso in cui la filiazione è avvenuta all'interno del matrimonio, *sia nel caso in cui è avvenuta fuori di esso*».

In altri termini, se due soggetti hanno uno stipite in comune (*id est*: una persona da cui origina la famiglia), sono *ipso facto* parenti, anche se uno di essi è nato fuori del matrimonio.

Sarebbero bastati questi due articoli – il 315 e il 74 c.c. – per attuare la volontà politica di prevedere un unico concetto di parentela che riguardasse tutti i figli, a prescindere dall'esistenza del rapporto di coniugio tra i genitori. Ma il legislatore del 2012 ha modificato anche l'art. 258, co. 1, c.c., aggiungendo un secondo complemento di termine. Letteralmente: «Il riconoscimento produce effetti riguardo al genitore da cui fu fatto *e riguardo ai parenti di esso*». Ciò comporta che il figlio riconosciuto o dichiarato giudizialmente diventi parente non solo del genitore, com'era prima della legge n. 219/2012, ma anche di tutti i parenti di quest'ultimo.

Abbiamo già ricordato al precedente § 1 che, secondo la Corte costituzionale, l'equiparazione dei figli naturali a quelli legittimi non era imposta dalla Carta fondamentale. Tuttavia, secondo una parte della dottrina, si può dubitare che fosse davvero così per una pluralità di ragioni: 1) l'art. 3 Cost. vieta ogni discriminazione basata su «condizioni personali e sociali», tra cui può annoverarsi il tipo di legame intercorrente tra i genitori; legame che non dovrebbe avere ricadute negative sui figli in punto di parentela; 2) il principio personalistico (art. 2 Cost.) subisce una forte limitazione a fronte di un ambito della parentela ristretto per i figli naturali; 3) risulterebbe non del tutto rispettato l'obbligo posto a carico del legislatore di assicurare ai nati fuori del matrimonio «ogni tutela giuridica e sociale».

In verità si può replicare che l'art. 29 Cost. riconosce un particolare rilievo costituzionale alla famiglia fondata sul matrimonio e che l'art. 30, co. 3, Cost. colloca in una posizione leggermente sovraordinata i figli legittimi rispetto a quelli nati fuori del matrimonio.

La questione della conformità alla Costituzione della previgente disciplina era indubbiamente difficile, poiché confliggevano tra loro principi e valori costituzionali diversi. Semmai si può ritenere che i tempi fossero maturi per una rilettura della Costituzione, anche perché il diritto sovranazionale imponeva, come si ricorda nella Relazione conclusiva della Commissione Bianca, di «rimuovere la persistente discriminazione a carico dei figli nati fuori del matrimonio». Una rilettura che la Consulta non ha ritenuto di dover effettuare, stante la scarsa nettezza della Costituzione sulla filiazione.

Le ambiguità della Costituzione sono state indubbiamente ridimensionate da altri articoli. L'art. 21 Carta dei diritti fondamentali UE stabilisce, *expressis verbis*, che è vietata «qualsiasi forma di discriminazione fondata, in particolare (…) sulla nascita». L'art. 8 CEDU sancisce il diritto di ogni persona «al rispetto della propria vita privata e familiare» e l'art. 14 CEDU (sul divieto di discriminazione) è in linea con l'art. 21 Carta UE appena ricordato.

L'unicità dello stato di figlio è dunque un principio legislativo necessario e coerente con queste disposizioni.

Rimane, però, il problema di delineare l'ambito applicativo del canone costituzionale di compatibilità della tutela della filiazione nata fuori del matrimonio con i diritti dei «membri» (non solo dei figli) della famiglia «legittima» (*rectius*: fondata sul matrimonio, cfr. *infra*, cap. II-§ 4). Un canone, questo, la cui portata applicativa concreta è difficile oggi da individuare, a tal punto da doverlo ritenere, con molta probabilità, non più consonante con il tempo presente.

Si aggiunga che, per effetto della legge n. 219/2012, il matrimonio ha perso la prerogativa di regolamentare in modo più completo la filiazione, rispetto alla condizione della prole nata da conviventi *more uxorio*. Il figlio acquista, infatti, lo stesso statuto giuridico a prescindere dal tipo di rapporto esistente tra i genitori.

Ciò ha determinato un rafforzamento di quel fenomeno sociale già in atto, che ha indotto una parte della dottrina a parlare di «pluralità dei modelli familiari», a voler sottolineare che la famiglia si costituisce anche al di fuori del matrimonio (*amplius* cap. VII-§ 8).

4. *Il problema della parentela nell'adozione in casi particolari.*

Un problema interpretativo piuttosto rilevante ha interessato l'art. 74 c.c., la cui soluzione ha diviso la dottrina.

Secondo la sua lettera, la nozione di parentela opera anche con riguardo al «figlio adottivo», mentre, invece, «il vincolo di parentela non sorge nei casi di adozione di persone maggiori di età, di cui agli artt. 291 e seguenti».

Non vi è alcun cenno all'istituto adozione in casi particolari (artt. 44 ss., l. n. 184/1983), pertanto non è chiaro se l'esclusione della parentela in senso ampio, prevista testualmente soltanto per l'adozione dei maggiorenni, debba estendersi anche all'adozione in casi particolari. I cui effetti in ordine proprio ai rapporti di parentela sono diversi da quelli dell'adozione piena, in cui l'adottato «acquista lo stato di figlio nato nel matrimonio» (art. 27, l. n. 184/1983).

Nell'adozione piena (artt. 25 ss., l. n. 184/1983), l'adottato entra *pleno iure* nella famiglia del genitore adottante e, contestualmente, «cessano i rapporti dell'adottato verso la famiglia d'origine, salvi i divieti matrimoniali». Invece, nell'adozione in casi particolari, per effetto del richiamo dell'art. 300 c.c. da parte dell'art. 55, l. n. 184/1983, vale la regola secondo cui «l'adozione [in casi particolari] non induce alcun rapporto civile tra l'adottante e la famiglia dell'adottato né tra l'adottato e i parenti dell'adottante (...)».

Accogliere una soluzione piuttosto che un'altra determina conseguenze successorie di non poco conto (cfr. *infra*, cap. VI-§ 2). Eppure sul punto si fronteggiano due tesi.

Secondo *la prima tesi*, il rinvio all'art. 300 c.c. contenuto nell'art. 55, legge n. 184/1983 è incompatibile con la nuova definizione dei vincoli di parentela di cui all'art. 74 c.c. Di conseguenza, tale rinvio è da ritenersi tacitamente abrogato.

A sostegno si fa leva sulla lettera dell'art. 74 c.c., che estende la parentela anche al caso in cui il figlio sia «adottivo». Ciò senza distinguere tra i diversi tipi di adozione, prevedendo l'esclusione dell'estensione soltanto in caso di adozione del maggiorenne. Ora poiché il figlio adottato consegue già, per espressa disposizione di legge, lo stato di figlio nato nel matrimonio (art. 27, l. n. 184/1983), si deve concludere che il sintagma «figlio adottivo» si riferisca proprio all'adozione in casi particolari.

È stato autorevolmente affermato (F. Prosperi) che la soluzione della tacita abrogazione del rinvio all'art. 330 c.c. da parte dell'art. 55, legge n. 184/1983 «supera una disparità tra le due forme di adozione dei minori [piena e in casi particolari] priva di qualunque motivazione razionale».

A questa tesi se ne contrappone *un'altra*, del pari autorevole (M. Sesta), che interpreta estensivamente l'ultimo periodo dell'art. 74 c.c. L'esclusione del vincolo di parentela opererebbe, oltre che nell'adozione dei maggiorenni (per espressa disposizione), anche nell'adozione in casi particolari. Sostenendo il contrario – si fa osservare – si determinerebbe l'abrogazione dell'art. 55, legge n. 184/1983 *in parte qua* di cui non v'è traccia né nella legge n. 219/2012 né nel d.lgs. n. 154/2013.

Insomma, la prima tesi stravolgerebbe l'adozione in casi particolari, facendola coincidere, quanto all'ampiezza dei rapporti di parentela, con l'adozione piena. Neppure è configurabile – si aggiunge – una terza via che faccia salvi i caratteri peculiari dell'adozione in casi particolari, ammettendo, contemporaneamente, la coesistenza di rapporti di parentela dell'adottato con gli stipiti dei genitori biologici e con quelli dei genitori adottivi. Ciò confliggerebbe con la struttura (legale) della società familiare cui l'adozione deve conformarsi.

V'è di più. Ritenere che la parentela operi pienamente anche nell'adozione in casi particolari finirebbe con il legittimare una generalizzata adozione piena da parte di chi è single (M. Sesta). Difatti, nei casi tassativi di cui all'art. 44, legge n. 184/1983, legittimato ad adottare è anche la persona non coniugata (art. 44, co. 3, l. n. 184/1983). La quale potrebbe adottare in casi particolari con gli stessi effetti dell'adozione piena, posto che l'adottato instaurerebbe un legame di parentela con i parenti dell'adottante.

Aggiunge infine la dottrina in parola un ultimo argomento di carattere sistematico. L'unicità delle regole in tema di responsabilità genitoriale, disposta dalla riforma 2012/2013, finisce con l'assegnare una posizione di spicco al principio di bigenitorialità (cfr. *infra*, cap. IV-§ 16). In quest'ottica l'adozione in casi particolari dovrebbe essere ritenuta eccezionale, in ragione degli specifici presupposti e dei limitati effetti sulla parentela che essa produce.

Non è facile prendere posizione su quale delle due tesi sopra sintetizzate sia più corretta, essendo entrambe sorrette da argomenti solidi.

La seconda tesi – quella che interpreta estensivamente l'ultimo periodo dell'art. 74 c.c. – si fa garante della coerenza sistematica dell'esito ermeneutico; la prima reinterpreta il sistema in modo da renderlo più armonico con il principio della unicità dello stato di figlio.

Va ricordato che la Relazione illustrativa allo schema di decreto legislativo ha accolto la seconda tesi. Lì si sottolinea l'analogia tra l'adozione dei maggiorenni e l'adozione in casi particolari. Due istituti, questi, che condividono quale elemento fondamentale la conservazione dei legami parentali tra adottato e famiglia d'origine. Inoltre, come si diceva, in nessuno dei due tipi di adozione si crea alcun rapporto civile tra l'adottato e i parenti dell'adottante.

Ebbene questa considerazione della Relazione illustrativa non ha tenuto conto della complessità delle relazioni familiari: in caso di nascita da procreazione medicalmente assistita non vi è un nucleo familiare ulteriore preesistente a quello che ha procreato. Appare, perciò, irragionevole limitare, almeno in tale fattispecie, l'ambito della parentela scaturente dall'adozione in casi particolari.

In quest'ottica si è posta un'interessante pronuncia del Tribunale per i minorenni di Bologna, la quale ha sostenuto l'abrogazione tacita dell'art. 55, legge n. 184/1983 nella parte in cui richiama l'art. 300 c.c., ma solo per quanto concerne il rapporto di fratellanza [9]. Nel caso di specie il tribunale ha consentito alla partner dello stesso sesso di adottare, ai sensi dell'art. 44, lett. d), legge n. 184/1983, la figlia della propria compagna, disponendo altresì la costituzione del vincolo di parentela tra l'adottato e le figlie dell'adottante stessa. Con la conseguenza che l'adottato ha acquisito il legame di parentela non solo nei confronti dell'adottante, ma anche dei figli di quest'ultima, nel presupposto che i tre minori già si percepivano come fratelli [10].

---

[9] Trib. per i min. Bologna 25.06.2020, osserva che nell'adozione in casi particolari da parte di coppie omosessuali non vi è l'esigenza di tutelare un nucleo familiare diverso da quello in cui il minore è stato inserito fin dalla nascita. Era, infatti, questo il dato di fatto che giustificava, da un lato, la permanenza del vincolo di parentela con i genitori naturali (art. 300, co. 1, c.c. richiamato dall'art. 55, l. n. 184/1983), dall'altro, l'insorgere della parentela solo nei confronti dell'adottante (art. 300, co. 2, c.c. richiamato dall'art. 55, l. n. 184/1983). Qualora nel caso concreto manchi la famiglia d'origine, sussistendo, invece, una sola figlia rispetto al quale il minore si è sempre rapportato, non vi è alcuna ragione giuridicamente rilevante che induca a escludere l'adottato dalla famiglia dell'adottante, anche perché, di fatto, verosimilmente, si instaureranno comunque rapporti tra l'adottato, i genitori e i fratelli dell'adottante.

[10] Il Trib. per i min. Bologna 25.06.2020, cit., aggiunge all'argomento della non necessità nel caso di specie di tutelare un nucleo familiare diverso, anche quello più pratico e non meno decisivo, di adeguare la situazione di fatto a quella di diritto quanto ciò esprima al meglio l'interesse del minore. Giustamente il Trib. afferma che qualora non si riconosca il rapporto di fratellanza, i minori coinvolti vivrebbero comunque una condizione familiare in cui «avrebbero il medesimo cognome e gli stessi legami affettivi, ma una condizione giuridica che li vedrebbe estranei gli uni agli altri». Per evitale questo esito contraddittorio, secondo l'interpretazione preferibile, occorre applicare la regola generale dell'art. 74 c.c. – l'insorgenza di un vincolo pieno di parentela – a ogni adozione salvo quella del maggiorenne. Ciò realizza il *best interest* del minore «il quale nella formazione della propria personalità e dell'identità personale vivrebbe, altrimenti, una distorsione tra realtà fattuale e giuridica che, oltre ad essere inammissibile, gli arrecherebbe pregiudizio».

5. *Tipi di filiazione e stato di figlio nell'unità dell'ordinamento.*

Si devono distinguere tre tipi di filiazione quanto alla loro genesi.

La filiazione, quale primo tipo, esiste giuridicamente per il fatto naturale della procreazione. I genitori attraverso i propri gameti e l'atto funzionale al concepimento danno vita a un nuovo soggetto (c.d. filiazione di sangue o biologica). In questo tipo di filiazione è irrilevante la volontà di procreare. I doveri e i diritti genitoriali sono direttamente collegati alla nascita (art. 30, co. 1, Cost.) e non già alla intenzione di chi abbia generato. Si parla a tal proposito di *genitorialità naturale*.

Diversamente, nella filiazione adottiva (o senza procreazione) – secondo tipo – assume centralità, ai fini della costituzione dello stato di figlio, l'assunzione di responsabilità da parte degli adottanti e la sentenza del tribunale che provvede all'adozione (art. 25, co. 1, l. n. 184/1983). L'adottato acquista lo stato di figlio nato nel matrimonio degli adottanti (art. 27, l. n. 184/1983).

Questo tipo di adozione è qualificata piena per distinguerla dall'adozione in casi particolari (artt. 44 ss., l. n. 184/1983) e dall'adozione di persone maggiorenni (artt. 291 ss.). Tali ultimi due tipi di adozione producono effetti in parte diversi da quella piena con riguardo all'estensione dell'ambito della parentela (cfr. *supra*, § 3).

Rispetto alla genitorialità naturale, si ha nei casi appena menzionati una *genitorialità da adozione legale* ai sensi della legge n. 184/1983, incentrata sull'assunzione di responsabilità e sull'accertamento delle capacità genitoriali (e di altri fattori) da parte del Tribunale per i minorenni attraverso i servizi socio-assistenziali (art. 22, co. 4, l. n. 184/1983).

Il terzo tipo di filiazione è quella che origina dalla procreazione medicalmente assistita (PMA), regolata dalla legge n. 40/2004. Qui l'elemento dell'accertamento della capacità genitoriale, essenziale nell'adozione, non figura, giacché l'applicabilità delle tecniche procreative dipende esclusivamente dalla sussistenza dei requisiti oggettivi e soggettivi previsti dalla legge (artt. 4 e 5).

Si distingue, sul piano delle tecniche, tra procreazione omologa, quando i gameti provengono dalla coppia desiderosa di avere un figlio, ed eterologa qualora sia necessaria una donazione di gameti, maschili o femminili, da parte di soggetti estranei alla coppia. Quest'ultimo tipo di procreazione è stato reso possibile dalla Corte costituzionale tramite da dichiarazione di incostituzionalità della disposizione che lo vietava (cfr. *infra*, cap. III-§ 4).

Anche la filiazione da PMA si basa sull'assunzione di responsabilità della nascita (artt. 8 e 9, l. n. 40/2004). Come nel caso della filiazione adottiva del minore d'età, i nati con le tecniche di PMA acquisiscono o lo stato di figli nati nel matrimonio, oppure, stante l'ampiezza dei requisiti soggettivi di accesso alla PMA (art. 5, l. n. 40/2004), quello di figli riconosciuti della coppia (art. 8, l. n. 40/2004). Viene qui in rilievo una *genitorialità da procreazione medicalmente assistita*.

Questa tripartizione tra le genitorialità (naturale, da adozione legale e da PMA), incentrata, come si diceva, sulla diversa genesi, non è meramente didattica; essa dà vita a sistemi di regole diverse, tenuti insieme dai principi dello stato unico di figlio e del preminente interesse del minore.

Questo punto della diversità delle filiazioni nell'unità dell'ordinamento è stato colto dalla giurisprudenza quando si è cimentata con alcuni delicati problemi. Uno è quello della configurabilità o meno dello stato di figlio nei confronti di una coppia dello stesso sesso che abbia fatto ricorso alla PMA in un altro Stato[11]. L'altro, scaturito dalla procreazione *post mortem*, riguarda la disciplina applicabile: se quella sulla procreazione naturale (art. 232 c.c.) o quella sulla PMA (art. 8, l. n. 40/2004).

Su tali problematiche torneremo in seguito (cap. III); per ora preme rilevare come le regole sulla costituzione dello stato di figlio mutino a seconda del tipo di filiazione: naturale, adottiva o da procreazione medicalmente assistita. Il quadro diventa ancora più articolato se si richiama anche la genitorialità sociale che attiene alla filiazione di fatto (*infra* cap. III-§ 13).

Insomma, la filiazione è diventata decisamente più complessa rispetto al precedente scenario dominato dalla procreazione naturale in costanza di matrimonio. La diversità di regole e, in certi casi, l'assenza di regole specifiche, non deve smarrire l'obiettivo primario delle soluzioni ermeneutiche: attuare l'interesse del minore, sciogliendo le tensioni originate da una lacuna o da un divieto nel contesto assiologico emergente dalle fonti sovraordinate. Ciò sarà evidente quando affronteremo la questione della genitorialità omossessuale o scaturente dalla surroga biologica di maternità.

Adesso occorre distinguere tra il momento in cui sorgono i diritti e i doveri dei genitori e l'acquisizione dello stato di figlio. Secondo un Autore (C.M. Bianca) «la *titolarità sostanziale* della posizione di figlio deriva dal fatto naturale della procreazione», mentre la *titolarità formale* dello stato di figlio necessita dell'intervento amministrativo dello stato civile. In altri termini, senza titolo non c'è *status filiationis*, pur sussistendo i doveri genitoriali (e quindi i diritti, sebbene non tutti, del figlio) di cui all'art. 30, co. 1, Cost.

La nascita è, dunque, un fatto da cui l'ordinamento fa discendere i diritti del nato nei confronti dei genitori; lo stato di figlio è, invece, legato alla formazione del titolo e all'esercizio dei diritti.

Quest'ultimo assunto trae argomento dall'art. 252 c.c., il quale subordina al riconoscimento del figlio nelle forme di cui all'art. 254 c.c. (a un atto, quindi, e non a un fatto) l'inserimento dello stesso nella famiglia matrimoniale di uno dei genitori. In coerenza con ciò, la rubrica dell'art. 279 c.c. non utilizza la parola figlio con riguardo ai diritti dei figli non riconoscibili. Inoltre questo stesso articolo non attribuisce ai medesimi il diritto di vivere in famiglia.

---

[11] Corte d'App. di Napoli, 4.7.2018, n. 165.

Anche l'art. 573 c.c., conservato dalla riforma 2102/2013, giustifica la distinzione tra titolarità sostanziale e titolarità formale dello stato di figlio. Esso, sotto il profilo ereditario, lega l'applicabilità delle disposizioni sulla successione dei figli nati fuori dal matrimonio al riconoscimento o alla dichiarazione giudiziale, salvo la disciplina di cui all'art. 580 c.c. sui diritti successori dei figli non riconoscibili (cfr. *infra*, cap. VI-§ 3).

Il piano dello stato di figlio è, dunque, diverso e ulteriore rispetto a quello dei diritti e dei doveri che scaturiscono dal fatto della procreazione. Ne consegue, ad esempio, che il genitore che abbia effettuato il riconoscimento del figlio ha diritto di ottenere dall'altro genitore, dichiarato tale giudizialmente (art. 269 c.c.), il rimborso della quota di mantenimento che avrebbe fatto carico a quest'ultimo fin dalla nascita e non dalla sentenza costitutiva dello stato di figlio [12].

Invece, l'assunzione del cognome del genitore si lega al riconoscimento (art. 262 c.c.).

6. (Segue). *L'individuazione dei genitori.*

La costituzione dello *status filiationis* postula l'individuazione dei genitori. A tal fine il legislatore ha previsto meccanismi diversi, confermati dalla riforma 2012/2013, a seconda che la nascita avvenga nel o fuori del matrimonio.

La madre è il genitore più facile da identificare, secondo l'antico brocardo latino «*mater semper certa est pater numquam*». La certezza si lega a eventi oggettivi quali la gravidanza e il parto. Il legislatore del codice civile del 1942 non poteva che codificare la regola espressa dall'art. 269, co. 3, c.c.: «La maternità è dimostrata provando l'identità di colui che si pretende essere figlio e di colui che fu partorito dalla donna, la quale si assume essere madre». Questa identità garantisce l'esistenza del legame genetico tra la donna che ha partorito e il nato.

Non va sottaciuto, tuttavia, che l'antico insegnamento della certezza materna, quanto meno su un piano fattuale, è stato intaccato da alcune pratiche: dalla *maternità surrogata* che consente una scissione tra parto e maternità (cfr. *infra*, cap. III-§ 8), senza escludere necessariamente il legame genetico tra la cosiddetta «madre committente» e il figlio partorito dalla madre surrogata; dallo *scambio di embrioni*, avvenuto in Italia per un errore del personale sanitario, dove gli embrioni di una coppia sono stati impiantati nell'utero di un'altra donna, con conseguente incertezza giuridica su chi debba essere reputata la madre del nato. (cfr. *infra*, cap. III-§ 7); infine dalla *procreazione eterologa* con ovuli femminili, consentita in Italia, la quale ha scisso il legame genetico con il nato dalla gravidanza.

---

[12] Cass., n. 26575/2007.

Emerge, dunque, una maternità più complessa, non più esaurita dalla coppia parto/legame genetico, preludio della verità della filiazione, ma arricchita dall'assunzione della responsabilità della nascita quale fondamento della filiazione [13].

Se la maternità è passata dalla certezza alla possibile incertezza, la paternità, per ovvie ragioni, è sempre stata verosimile ma non certa. Per favorirne la ricerca, il legislatore si è avvalso delle presunzioni che operano soltanto se i genitori sono sposati tra loro.

La prima presunzione è contenuta nell'art. 231 c.c., rubricato «paternità del marito», il quale stabilisce che «Il marito è padre del figlio concepito o nato durante il matrimonio» (presunzione di paternità). Questa regola è giustificata dalla presumibile osservanza da parte della donna dell'obbligo di fedeltà scaturente dal matrimonio. In coerenza con ciò, l'art. 8, d.lgs. n. 154/2013 ha aggiunto al testo previgente dell'art. 231 c.c. anche l'essere «nato» nel matrimonio.

Si tratta di una presunzione relativa (c.d. *iuris tantum*) che ammette la prova contraria attraverso l'azione di disconoscimento della paternità (art. 243-*bis* c.c.).

L'altra presunzione è quella di concepimento durante il matrimonio, che si ha quando «non sono ancora trascorsi trecento giorni dalla data dell'annullamento, dello scioglimento o della cessazione degli effetti civili del matrimonio» (art. 232, co. 1, c.c.). All'opposto, la presunzione non opera quando sono già trascorsi «trecento giorni dalla pronuncia di separazione giudiziale, o dalla omologazione di separazione consensuale, ovvero dalla data della comparizione dei coniugi avanti al giudice quando gli stessi sono stati autorizzati a vivere separatamente nelle more del giudizio di separazione o dei giudizi previsti nel comma precedente» (art. 231, co. 2, c.c.).

Si aggiunga che qualora la separazione personale si fondi su un accordo raggiunto a seguito della convenzione di negoziazione assistita tra coniugi (art. 6, d.l. n. 132/2014 convertito in l. n. 162/2014), il termine di trecento giorni decorre, invece, dalla data di sottoscrizione di detto accordo, la cui autografia è certificata dagli avvocati. È stato, infatti, chiarito dalla Circolare del Ministro dell'Interno n. 16/2014 che la data dalla quale decorreranno gli effetti degli accordi di cui all'art. 6, d.l. n. 132/2014 «è quella certificata negli accordi stessi» (ciò vale anzitutto per la decorrenza del termine di durata della separazione, necessario per proporre la domanda di scioglimento del matrimonio).

---

[13] Nella surroga biologica di maternità, la «madre committente», che sia o meno legata biologicamente al nato, si assume la responsabilità della nascita mediante l'adempimento dei doveri genitoriali nei confronti del nato dalla c.d. «madre surrogata» (*id est*: la donna che ha partorito). L'assunzione di responsabilità della nascita connota anche la procreazione eterologa, in cui la donna che ha ricevuto la donazione dei gameti femminili non è legata geneticamente al nato che lei stessa partorirà; parimenti per l'uomo destinatario della donazione di gameti maschili. Nell'eventualità dello scambio di embrioni si è posto il problema, come vedremo nel cap. III-§ 9, del fondamento della maternità: se quest'ultimo debba essere ravvisato nel legame genetico con il nato o nell'aver condotto a termine la gravidanza laddove la donna che ha partorito non è la madre biologica a causa proprio dello scambio degli embrioni per un errore di laboratorio.

Se sono trascorsi trecento giorni, è consentito ai coniugi o ai loro eredi di provare che il concepimento è comunque avvenuto nel matrimonio o durante la convivenza, in ragione della più lunga durata della gravidanza nel caso concreto (art. 234 c.c.).

La presunzione di paternità non deve ingannare sul momento in cui viene ad esistenza lo stato di figlio. Secondo un'autorevole dottrina (G. Bonilini), essa «presuppone ed è integrativa del titolo dello stato di figlio, senza il quale detto stato non si configura». È dalla formazione dell'atto di nascita (cfr. *infra*, § 7), redatto dall'ufficiale dello stato civile, che può dirsi esistente lo stato di figlio, sebbene fin dalla nascita sorgano, come si diceva, doveri i diritti in capo ai genitori (art. 30, co. 1, Cost.).

Se lo stato di figlio è legato al titolo, ne consegue che ove la madre (sposata) abbia dichiarato la nascita del figlio fuori del matrimonio, non possa operare la presunzione di paternità. Pertanto non sarà necessario agire con l'azione di disconoscimento della paternità, né è precluso il riconoscimento da parte del genitore biologico o la dichiarazione giudiziale di paternità. Del resto se così non fosse, verrebbe disapplicata la regola che ammette il riconoscimento da parte della madre sposata del figlio adulterino.

La madre ha diritto inoltre di chiedere di non essere nominata nell'atto di nascita (art. 30, co. 1, d.P.R. n. 396/2000, ord. stato civile); ciò preclude l'attribuzione della paternità in capo al marito della stessa. In definitiva, la madre, liberamente, condiziona l'attribuzione dello *status filiationis*. Un'attribuzione che, con riguardo alla filiazione nata nel matrimonio, è automatica, non dovendo i genitori compiere un atto specifico, ma solo rendere la dichiarazione di nascita per consentire all'ufficiale dello stato civile di redigere l'atto di nascita.

Diversamente, se la filiazione è nata fuori del matrimonio non opera alcuna presunzione. La ragione sta nell'assenza di un legame giuridico tra i genitori. Così la legge ha previsto l'atto di riconoscimento (art. 254 c.c.), essenziale per la costituzione dello stato di figlio.

Se nessuno dei genitori provvede al riconoscimento del figlio, questi è denunciato come «di ignoti» e l'ufficiale dello stato civile deve darne segnalazione entro dieci giorni al giudice tutelare per l'apertura della tutela (art. 343 c.c.).

7. *L'atto di nascita.*

L'atto di nascita (art. 236 c.c.) apre il capo II del titolo VII del libro I del codice civile. Il capo è intitolato «Delle prove della filiazione», ma questa intitolazione è un'iperbole, non svelando del tutto la funzione dell'atto di nascita. Il quale, come ha rilevato un'attenta dottrina (C.M. Bianca), non è soltanto un mezzo di prova legale – nella specie documentale – dello stato di figlio, ma costituisce un presupposto necessario per l'esistenza di quest'ultimo (che è cosa diversa dalla titolarità sostanziale) o, quanto meno, secondo altra impostazione, del godimento dello *status* che compete al nato.

Secondo la tesi prevalente, cosiddetta dell'autosufficienza, l'atto di nascita documenta tutti i requisiti dello stato di figlio nato nel matrimonio: 1) maternità, 2) matrimonio, 3) concepimento in costanza di matrimonio, 4) paternità. Diversamente, secondo un'altra tesi più risalente (nota come dell'integrazione), l'atto di nascita proverebbe solo la maternità, mentre la prova del matrimonio dovrebbe essere fornita con l'atto di celebrazione del matrimonio.

Se il figlio nasce fuori del matrimonio, l'atto di nascita, per costituire prova della filiazione, deve essere integrato dall'atto di riconoscimento (art. 254 c.c. e art. 29, co. 2, d.P.R. n. 396/2000, ord. stato civile).

La redazione dell'atto di nascita compete all'ufficiale dello stato civile, il quale deve aver ricevuto la dichiarazione di nascita (art. 29 ord. stato civile), resa generalmente da uno dei genitori, rispettando l'eventuale volontà della madre di non essere nominata (art. 30, co. 1, ord. stato civile). A tale dichiarazione si accompagna l'attestazione di avvenuta nascita, «contenente la generalità della puerpera, nonché le indicazioni del comune, ospedale, casa di cura o altra luogo ove è avvenuta la nascita, del giorno e dell'ora della nascita e del sesso del bambino» (art. 30, co. 2, ord. stato civile).

Si prevede una semplificazione qualora la dichiarazione *de qua* sia resa entro tre giorni dalla nascita: destinatario di essa può essere la direzione sanitaria dell'ospedale o della casa di cura in cui è avvenuto il parto, invece che il comune di nascita (in tale ultima ipotesi vige un termine più lungo di dieci giorni dalla nascita). Nel primo caso, quello semplificato, «la dichiarazione può contenere anche il riconoscimento contestuale di figlio [nato fuori del matrimonio] che, unitamente all'attestazione di nascita, è trasmessa, ai fini della trascrizione, dal direttore sanitario all'ufficiale dello stato civile del comune nel cui territorio è situato il centro di nascita o, su richiesta dei genitori, al comune di residenza (...)».

Se la dichiarazione è fatta in ritardo, ossia dopo più di 10 giorni dalla nascita, l'art. 31, d.P.R. n. 396/2000 prevede una specifica disciplina, così come nel caso di omessa dichiarazione (art. 32, d.P.R. n. 396/2000).

L'atto di nascita è parte dei registri dello stato civile, tenuti in ogni comune, attraverso i quali si attua la pubblicità-notizia delle principali vicende della vita umana: nascita, cittadinanza, matrimonio e morte. Questi registri sono pubblici (art. 450, co. 1, c.c.).

È bene ribadire che l'atto di nascita costituisce il titolo (formale) dello stato di figlio (arg. *ex* art. 236, co. 2, c.c.) opponibile *erga omnes*. La titolarità sostanziale della posizione di figlio deriva, invece, dalla procreazione.

Chi volesse contestare le risultanze dell'atto di nascita e ottenerne una modifica deve agire con le azioni di stato. Solo al passaggio in giudicato della sentenza è possibile chiedere la rettificazione dell'atto dello stato civile.

Nell'atto di nascita sono indicati diversi elementi, alcuni dei quali già contenuti nella dichiarazione di nascita: il luogo, l'anno, il mese, il giorno e l'ora della nascita, le generalità, la cittadinanza, la residenza dei genitori sposati e di quelli che hanno effettuato il riconoscimento o espresso in atto pubblico il proprio consenso ad essere nominati, il sesso del bambino e il nome che gli viene dato (art. 29, co. 2, ord. stato civile).

8. *Il nome e gli interventi della Corte costituzionale.*

Il nome è un diritto di ogni persona (art. 6 c.c.) che non può restare inattuato, tant'è che quando sono sconosciuti i genitori è l'ufficiale dello stato civile a imporre il nome e il cognome al nato (art. 29, co. 5, ord. stato civile).

L'art. 6, co. 2, c.c. stabilisce che «nel nome si comprendono il prenome e il cognome».

Vi sono taluni limiti all'attribuzione del nome quali, tra l'altro, il divieto di «imporre al bambino lo stesso nome del padre vivente, di un fratello o di una sorella viventi, un cognome come nome, nomi ridicoli o vergognosi» (art. 34, co. 1, ord. stato civile).

Un limite nuovo è stato introdotto dalla legge n. 219/2012, che ha sostituito l'art. 35 ord. stato civ. con il seguente nuovo testo: «Il nome imposto al bambino deve corrispondere al sesso e può essere costituito da un solo nome o da più nomi, anche separati, non superiori a tre» (comma 1). Qualora siano stati scelti più nomi, «negli estratti e nei certificati rilasciati dall'ufficiale dello stato civile e dall'ufficiale di anagrafe deve essere riportato il primo dei nomi» (art. 35, co. 2, ord. stato civile).

Mentre la scelta del prenome compete ad ambedue i genitori, i quali devono accordarsi, i figli la cui nascita sia avvenuta in costanza di matrimonio assumono automaticamente il cognome del padre. Ciò in forza di una norma di legge non già esplicita ma, come ha osservato la dottrina, di sistema, implicita.

Uno degli indici della prevalenza del patronimico è desumibile dall'art. 262, co. 1, c.c., secondo cui se i genitori hanno effettuato contemporaneamente il riconoscimento del figlio, questi assume il cognome del padre. Emblematico è anche il disposto dell'art. 299, co. 3, c.c. ai sensi del quale «Se l'adozione [di persona maggiore di età] è compiuta dai coniugi, l'adottato assume il cognome del marito». Un altro indice lo si ricava dal comma 2 dell'art. 262 c.c. da cui emerge, in ragione della sostituibilità del cognome paterno a quello materno, una maggiore rilevanza del primo.

Ci sarebbe, quindi, una preferenza per la trasmissione del cognome paterno.

Questo è l'impianto normativo, ma è ineludibile la sottolineatura secondo cui la regola del patronimico è oggi non più compatibile con l'attuale sistema delle fonti del diritto. Essa confligge con la tutela multilivello dei diritti, con la giurisprudenza interna ed europea e, non ultimo, con l'evoluzione della coscienza sociale.

Un ragionamento nuovo sul tema del cognome deve muovere dall'art. 29, co. 2, Cost., il quale consente, solo con legge, di limitare il principio dell'uguaglianza morale e giuridica dei coniugi a tutela dell'unità della famiglia.

La Corte costituzionale, in pronunce più remote [14], pur dichiarando inammissibile la questione di legittimità costituzionale di quelle disposizioni che precludono la scelta del doppio cognome, ha giudicato tale preclusione comunque in contrasto con il valore costituzionale dell'eguaglianza tra uomo e donna e col diritto europeo e internazionale. Ciononostante la Consulta non ha cancellato la normativa censurata, perché altrimenti si sarebbe creato un pericoloso «vuoto di regole». Per evitare il quale, la Corte avrebbe dovuto effettuare, a suo dire, un'«operazione manipolativa» esorbitante dai propri poteri.

Certo, i molteplici disegni di legge già presentati nelle passate legislature dimostrano come la regola del doppio cognome possa essere attuata in modi diversi, perciò è indispensabile un intervento del legislatore. Ma l'argomento della Consulta, tuttavia, non persuade del tutto, non essendo possibile ritagliare ambiti sottratti al giudizio di costituzionalità [15].

Il rilievo della violazione del principio di uguaglianza o – come si è espressa la Corte EDU [16] – della discriminazione sulla base del sesso è reale; ed infatti es-

---

[14] Corte cost., ord. n. 176/1988 (Rel.: L. Mengoni) e Corte cost., ord. n. 586/1988 (Rel.: L. Mengoni). Già in queste due pronunce di inammissibilità, si sottolineava come una regola diversa dall'attribuzione automatica del cognome paterno sarebbe più «consentane[a] all'evoluzione della coscienza sociale», «più rispettos[a] dell'autonomia dei coniugi» e maggiormente in grado di conciliare i due principi sanciti dall'art. 29, co. 2, Cost. (*id est*: l'uguaglianza morale e giuridica tra i coniugi e l'unità familiare). In un'altra pronuncia, Corte cost., n. 61/2006 (Rel.: A. Finocchiaro), sempre di inammissibilità, il giudice rimettente (la Cassazione) motiva adeguatamente la questione di legittimità costituzionale, invocando gli artt. 2, 3 e 29, co. 2, Cost., cui la Consulta aggiunge i riferimenti alla Convenzione sull'eliminazione di ogni forma di discriminazione nei confronti della donna, adottata a New York, il 18.12.1979 (in part. art. 16) e ratificata dall'Italia con legge n. 132/1985, a due Raccomandazioni del Consiglio d'Europa, a una Risoluzione sull'uguaglianza tra i genitori nell'attribuzione del cognome e ad alcune sentenze della Corte EDU. Nell'ordinanza della Corte cost. si riconosce che la regola del patronimico è un retaggio della concezione patriarcale della famiglia quale espressione della *patria potestas*. In termini analoghi si è pronunciata Corte cost., ord. n. 145/2007 (Rel.: A. Finocchiaro) sull'inammissibilità della questione di costituzionalità dell'art. 262, co. 1, secondo periodo c.c. La Consulta, quindi, aveva colto la nuova direzione sul nome impressa dalla Costituzione rispetto a quanto stabilito dalla normativa ordinaria, ma aveva lasciato spazio all'intervento legislativo senza modificare il contesto giuridico vigente con la dichiarazione di incostituzionalità.

[15] Corte cost., n. 78/2020 (Rel.: G. Amato) riafferma quanto già sostenuto in precedenti pronunce, ossia che «l'esigenza di garantire la legalità costituzionale deve, comunque sia, prevalere su quella di lasciare spazio alla discrezionalità del legislatore per la compiuta regolazione della materia».

[16] Corte EDU, 7.1.2014, causa *Cusan e Fazzo c. Italia*, ric. n. 77/07. Nel caso di specie una coppia di coniugi italiana lamentava di non aver potuto scegliere, all'atto di nascita, per la figlia il solo

so è stato valorizzato da una più recente sentenza della Corte costituzionale che ha, invece, accolto la questione di legittimità costituzionale dell'art. 262 c.c.[17]. Prima di accennare a questa pronuncia è utile su un piano diacronico aprire una finestra sul diritto europeo.

La Corte europea dei diritti dell'uomo ha svolto un ragionamento che coglie nel segno. Il punto di partenza è la considerazione secondo cui il cognome di una persona, «in quanto mezzo determinante di identificazione personale e di ricongiungimento ad una famiglia (...), ha a che fare con [il diritto alla] vita privata e familiare», sancito dall'art. 8 Cedu. Questo diritto, secondo l'art. 8, co. 2, Cedu, può essere limitato dalla legge solo nei casi espressamente indicati in tale comma.

Il legislatore, nel porre un limite al diritto alla vita privata e familiare, deve far sì che vi sia proporzione tra il mezzo impiegato (ad esempio un divieto normativo) e lo scopo perseguito. Ora, secondo la Corte EDU, l'impossibilità per i coniugi italiani di scegliere quale cognome attribuire al figlio, essendo obbligatoria la trasmissione del cognome paterno, non costituisce affatto una misura necessaria per tutelare gli interessi pubblici dell'unità della famiglia e dell'identificazione delle persone in relazione alla loro origine.

L'effetto che il sistema italiano realizza è quello di discriminare la donna in ragione del sesso, a beneficio del vero scopo perseguito: mantenere un privilegio per il padre quale specchio di una concezione patriarcale della famiglia che è, invero, tramontata. È, quindi, legittimo l'invito – ad oggi inascoltato – che la Corte EDU ha rivolto allo Stato italiano di adottare una nuova normativa sul cognome.

Il divieto del doppio cognome è apparso una disposizione sproporzionata, perciò non necessaria, in aperta violazione dell'art. 8, co. 2, Cedu.

La dottrina si è dichiarata d'accordo con questa impostazione, sottolineando l'incostituzionalità dell'attuale normativa, sotto il profilo della lesione del diritto fondamentale all'identità personale (art. 2 Cost.). Identità che si delinea testimoniando la discendenza di una persona da entrambi i genitori, attraverso l'attribuzione del doppio cognome. Il che, oltretutto, non solo attua il principio dell'uguaglianza tra i coniugi, ma concretizza, più efficacemente, proprio quel principio dell'unità familiare di cui fa menzione l'art. 29, co. 2, Cost. Come negare, infatti, che a tenere unita la famiglia sia la condivisione delle decisioni, non certo le imposizioni legislative su questioni di primaria importanza.

---

cognome materno, pur essendoci un accordo in tal senso tra i genitori. Soltanto dopo tredici anni dalla nascita, le autorità italiane hanno consentito alla madre, ai sensi dell'art. 84, d.P.R. n. 396/2000 (*ordinamento dello stato civile*), di aggiungere il proprio cognome a quello del marito. La coppia, pertanto, non ha potuto realizzare pienamente il proprio volere. Gli artt. 84-88 del citato d.P.R. sono stati abrogati dal d.P.R. n. 54/2012 e sostituiti con gli artt. 89-92. Il nuovo art. 89 consente di aggiungere al proprio un altro cognome, attraverso una domanda al prefetto corredata dalle ragioni che ne costituiscono il fondamento.

[17] Corte cost., n. 286/2016 (Rel.: G. Amato).

Non stupisce, quindi, se, come si accennava, nel 2016 è intervenuta nuovamente la Corte costituzionale, questa volta dichiarando l'illegittimità costituzionale dell'art. 262, co. 1, c.c. nella parte in cui non consente ai genitori conviventi di fatto, di comune accordo, di trasmettere al figlio, al momento della nascita anche il cognome materno. Tale facoltà, per effetto della sentenza *de qua*, è concessa anche ai coniugi [18].

Non sono però cessate le questioni di legittimità costituzionale, stante la formulazione dell'art. 262, co. 1, c.c. nella parte in cui stabilisce che «se il riconoscimento è stata effettuato contemporaneamente da entrambi i genitori il figlio assume il cognome del padre». Perciò, se per effetto della predetta sentenza della Corte costituzionale è legittimo attribuire al figlio entrambi i cognomi genitoriali, ai sensi di questa disposizione i conviventi non possono scegliere di attribuire al nato il cognome materno. Il che integra ancora una volta violazione del principio di uguaglianza, discriminando la madre rispetto al padre (art. 3 Cost.), oltre al ledere l'identità della prima (art. 2 Cost.).

La Corte costituzionale è intervenuta con un'ordinanza con la quale ha ampliato la questione di legittimità costituzionale sollevata dal giudice *a quo*. Rispetto a questa, secondo la Consulta, occorre preliminarmente pronunciarsi sulla costituzionalità o meno della regola di cui all'art. 262, co. 1, c.c., che impone l'acquisizione del solo cognome paterno in caso di riconoscimento contemporaneo [19].

In attesa di questa pronuncia, si può osservare come la disposizione appaia incostituzionale, poiché pone il padre in una posizione sovraordinata rispetto alla madre. Sono i genitori che dovrebbero poter accordarsi su quale cognome trasmettere al figlio, qualora essi intendano trasmettere un solo cognome.

Il problema si pone in caso disaccordo sul cognome da attribuire al figlio. Si applicherà l'art. 316 c.c. e, in assenza di circostanze particolari, il giudice suggerirà l'attribuzione del doppio cognome.

---

[18] La dichiarazione di incostituzionalità resa da Corte cost., n. 286/2016, cit., è, infatti, più estesa e riguarda anche quella norma, desumibile da diversi articoli del codice civile, nella parte in cui non consente ai coniugi, di comune accordo, di trasmettere ai figli, al momento della nascita, anche il cognome materno. Ugualmente incostituzionale è l'art. 299, co. 3, c.c. che, quanto all'adozione delle persone maggiorenni, stabilisce che se l'adozione è compiuta dai coniugi, l'adottato assume il cognome del marito, invece che, ove vi sia l'accordo dei medesimi, il cognome di entrambi.

[19] Corte cost., n. 18/2021. Il giudice *a quo* chiedeva di dichiarare l'illegittimità costituzionale dell'art. 262, co. 1, c.c. nella parte in cui non consente ai genitori di scegliere di attribuire al nato il solo cognome materno. Ma secondo la Consulta, tale questione è assorbita da un'altra più ampia questione pregiudiziale che la Corte stessa – a suo dire – ha il potere di trattare. Si afferma, infatti, nell'ordinanza che «il modo in cui occasionalmente sono poste le questioni incidentali di legittimità costituzionale non può impedire al giudice delle leggi l'esame pieno del sistema nel quale le norme denunciate sono inserite». L'ampiamento è consentito quando si determina un rapporto di «presupposizione e di continenza» tra la questione sollevata dal giudice *a quo* e quella più ampia di sistema sulla quale occorre preliminarmente pronunciarsi.

9. *Il possesso di stato.*

Stabilisce l'art. 236, co. 2, c.c. che se manca il titolo dell'atto di nascita, per provare la filiazione «basta (...) il *possesso continuo dello stato di figlio*» (c.d. possesso di stato).

Questa situazione di possesso continuo – *id est*: non interrotto – configura un rapporto di fatto ed è funzionale a «dimostrare le relazioni di filiazione e di parentela fra una persona e la famiglia a cui essa pretende di appartenere» (art. 237, co. 1, c.c.).

Solo due considerazioni preliminari prima di soffermarsi sugli elementi costitutivi del possesso di stato. La prima: l'atto di nascita manca perché la nascita non è stata registrata negli atti dello stato civile, ovvero perché esso è andato distrutto o è stato smarrito. La seconda è implicita nell'art. 236 c.c.: vi è un ordine gerarchico tra i mezzi di prova della filiazione. Primariamente va prodotto l'atto di nascita; in secondo luogo, ove tale atto non sussista, viene in rilievo il possesso di stato; infine, ai sensi dell'art. 241 c.c., nell'inesistenza di entrambi, è ammesso ogni mezzo di prova.

Il possesso di stato, per effetto della riforma 2012/2013, opera con riguardo non solo alla filiazione nata in costanza di matrimonio, ma anche a quella originata fuori da questo. Due sono i fatti costituitivi del possesso di stato: la *continuità* dello stato di figlio attestata da più fatti e la *complessità* (termine, questo, adoperato dall'art. 237, co. 1, c.c.) di questi ultimi.

Il primo richiama un periodo di manifestazione costante e non equivoca di tutti gli elementi specifici dell'istituto *de quo*. Il secondo allude al concorso di tali elementi, identificabili nel *tractatus* e nella *fama*.

Il *tractatus* indica la condotta del genitore consistente nell'aver sempre considerato la persona come figlio, mantenendolo, educandolo e tenendolo presso di sé. Ove si intenda provare che la filiazione è nata nel matrimonio, il *tractatus* deve sussistere con riguardo ad entrambi i coniugi-genitori.

La *fama*, invece, coinvolge soggetti diversi dal supposto genitore: da un lato i consociati con cui la persona che si ritiene figlio abbia avuto frequentazioni, dall'altro la famiglia in senso ampio del genitore di fatto. Sia i consociati che la famiglia devono aver pacificamente ritenuto che il rapporto fosse di filiazione [(notorietà dello stato di figlio), art. 237, co. 2, c.c.].

Vi era nel testo previgente dell'art. 237 c.c. un terzo fatto costitutivo del possesso di stato: il *nomen*, eliminato dal d.lgs. n. 154/2013. Si doveva provare di aver portato il cognome del padre di cui si pretendeva essere il figlio.

Secondo alcuni Autori, il *nomen* avrebbe potuto essere conservato, sia per la sua importanza nella prova del rapporto di filiazione, sia perché, sotto un profilo di coerenza sistematica, sarebbe stato sufficiente sostituire alla parola padre quella di genitore. Vero è che la delega, sul punto, lasciava ampi margini di intervento al Governo: «ridefini[re] la disciplina del possesso di stato e della prova della filiazione prevedendo che la filiazione fuori del matrimonio [possa] essere accertata con ogni mezzo» (art. 2, lett. c), l. n. 219/2012).

Corre l'obbligo di una precisazione. Il possesso di stato non è un mezzo di prova in senso tecnico, essendo caratterizzato da fatti che a loro volta devono essere provati. Ove ciò non sia possibile, ai sensi dell'art. 241 c.c., «la prova della filiazione può darsi in giudizio con ogni mezzo». Qui sì il riferimento è ai mezzi di prova (artt. 2697 ss. c.c.).

Il legislatore, diversamente da altri ambiti come quello contrattuale (cfr. artt. 1417, 2722, 2723 c.c.), non ha posto limiti alla prova della filiazione. La ragione sta nella particolare importanza per il figlio di conseguire la formalizzazione del proprio stato, strettamente legato all'identità personale.

Da questo punto di vista è da condividere l'abrogazione da parte del d.lgs. n. 154/2013 del comma 2 dell'art. 241 c.c. In precedenza, per l'ammissione della prova testimoniale si richiedeva che vi fosse «un principio di prova per iscritto», ovvero che le presunzioni e gli indizi fossero «abbastanza gravi». Solitamente la prova per iscritto era fornita mediante la produzione di documenti di famiglia; prova, quest'ultima, non più necessaria al fine di non ostacolare l'ammissione della prova testimoniale.

Così, di conseguenza, il legislatore ha mutato la rubrica dell'art. 241 c.c.: da «prova con testimoni» a «prova in giudizio».

10. *Le azioni di stato.*

Le risultanze dell'atto di nascita non conformi a verità sono modificabili con le azioni di stato. Lo stato di figlio può essere eliminato o costituito contro la volontà o nell'inerzia del genitore. Si suole perciò distinguere tra azioni che rimuovono o attribuiscono lo stato di figlio.

Rientrano nel *primo tipo*: 1) l'azione di disconoscimento della paternità (art. 243-*bis* c.c.), 2) l'azione di contestazione dello stato di figlio (art. 240 c.c.) e 3) le impugnazioni del riconoscimento per difetto di veridicità (art. 263 c.c.), per violenza (art. 265 c.c.) e per effetto di interdizione giudiziale (art. 266 c.c.). Sono, invece, riconducibili al *secondo tipo*: 1) l'azione di reclamo dello stato di figlio (art. 239 c.c.) e 2) la dichiarazione giudiziale di paternità o di maternità (art. 269 c.c.).

Queste azioni avviano un accertamento pubblico in un processo da svolgersi davanti a un tribunale, con la necessaria presenza del pubblico ministero (art. 70 c.p.c.). Stante il principio d'indisponibilità delle situazioni familiari, le controversie relative alle questioni di stato non possono essere compromesse in arbitri (artt. 806 e 819 c.p.c.), né possono essere oggetto di transazione (art. 1966 c.c.) o di confessione (art. 2733 c.c.).

Accanto all'interesse dell'individuo alla verità, vi è un interesse superiore dello Stato alla corretta formazione dello *status familiae* e segnatamente dello stato di figlio. Si anticipa però che tale superiorità non implica una primazia assoluta dell'interesse pubblico rispetto al principio del prevalente interesse del minore (cfr. *infra*, § 12 e cap. III-§§ 8-9). Non si tratta di una contrapposizione; piuttosto tale principio orienta il legislatore e l'interprete ad accogliere soluzioni conformi all'ordine pubblico interno e internazionale.

All'accertamento giudiziale, si contrappone l'accertamento privato della filiazione, cui si annovera il riconoscimento del figlio nato fuori dal matrimonio (art. 250 c.c.).

La dottrina non ha mancato di osservare che, nonostante l'introduzione del principio dell'unicità dello stato di figlio (art. 315 c.c.), il legislatore della riforma 2012/2013 ha mantenuto la distinzione tra le azioni esperibili in presenza della filiazione nata nel matrimonio (disconoscimento, contestazione e reclamo) e quelle riguardanti la filiazione extramatrimoniale (dichiarazione giudiziale e impugnazione del riconoscimento). Ciò rappresenta, per qualcuno, una grave incongruenza di sistema (L. Lenti).

Va rilevato, però, che l'eliminazione di questa distinzione tra le azioni sullo stato di figlio avrebbe richiesto un intervento legislativo più radicale: in primo luogo sulle presunzioni e sulla costituzione della filiazione nata fuori del matrimonio. Ma la delega al Governo non consentiva, neppure implicitamente, un tale rivolgimento. Le lett. f) e g) dell'art. 2, legge n. 219/2012 stabiliscono rispettivamente: 1) la «modificazione degli articoli 244, 264 e 273 del codice civile prevedendo l'abbassamento dell'età del minore dal sedicesimo al quattordicesimo anno di età»; 2) la «modificazione della disciplina dell'impugnazione del riconoscimento con la limitazione dell'imprescrittibilità dell'azione solo per il figlio e con l'introduzione di un termine di decadenza per l'esercizio dell'azione da parte degli altri legittimati».

Su questa previsione di decadenza, ricca di implicazioni ricostruttive, si tornerà in seguito, poiché essa è stata introdotta, per coerenza sistematica, anche con riguardo all'azione di disconoscimento della paternità (art. 244, co. 4, c.c.). Tali disposizioni hanno inciso sull'equilibrio tra *favor veritatis* e *favor legitimitatis*, rafforzando il *favor stabilitatis* in funzione di una tutela effettiva del figlio.

Solo una notazione metodologica prima di proseguire il discorso sulle singole azioni di stato: per ragioni di ordine espositivo non si seguirà la sistematica del codice civile, trattando, invece, in sequenza dapprima le azioni preposte a contestare le risultanze dell'atto di nascita, poi quelle volte a costituire lo stato di figlio.

11. *L'azione di disconoscimento della paternità. Prova e legittimazione.*

La presunzione legale di paternità del soggetto concepito o nato durante in matrimonio (art. 231 c.c.) si rimuove con l'azione di disconoscimento della paternità. L'attore in giudizio assume che il marito della donna che ha partorito, indicato nell'atto di nascita come padre, non è effettivamente tale, perché il concepimento è opera di un altro uomo.

Il d.lgs. n. 154/2013 ha inciso profondamente su quest'azione, innanzitutto abrogando l'art. 235 c.c. Il quale ammetteva il disconoscimento solo nei seguenti casi: mancata coabitazione, impotenza del marito anche soltanto di generare, adulterio della moglie o celamento della gravidanza o della nascita. Oggi l'azione non è più subordinata alla previa prova di uno di tali fatti, i quali continuano tuttavia a rilevare ai fini della decorrenza del *dies a quo* dell'azione (art. 244 c.c.).

La modifica si spiega con la volontà legislativa di rafforzare il principio del *favor veritatis*, in ossequio all'evoluzione giurisprudenziale giunta oramai ad attribuire assoluta centralità nelle azioni di stato alle prove ematologiche e genetiche. Sono queste ultime a dare certezza dell'inesistenza della filiazione, più di quanto possa svelare la prova dell'adulterio. Da qui l'inutilità della previa prova di tale fatto, essendo sufficiente allegarlo a corredo della domanda giudiziale.

Nel 2006 la Corte costituzionale ha dichiarato l'illegittimità dell'art. 235, co. 1, n. 3, c.c. nella parte in cui subordinava l'ammissibilità delle prove genetiche e del gruppo sanguigno alla preventiva dimostrazione dell'adulterio della moglie[20]. Adulterio, talvolta, nient'affatto semplice da provare. Si pensi al caso in cui il figlio maggiorenne, certo dell'adulterio della madre, non abbia alcun documento (ad es.: lettere) né alcun testimone del fatto da provare.

Si aggiunga che secondo una tesi particolarmente rigorosa, durante la vigenza dell'art. 235 c.c., doveva escludersi l'ammissibilità dell'azione di disconoscimento della paternità nell'ipotesi in cui la donna sposata fosse stata vittima di violenza sessuale. Questa ipotesi non era riconducibile ad alcuna delle fattispecie legali strettamente intese.

L'azione di disconoscimento di paternità poteva incontrare ostacoli così rilevanti da impedirne un efficace esercizio, in violazione dell'art. 24 Cost.

Oggi, invece, al fine di ottenere l'ordinanza di ammissione delle prove tecniche, è sufficiente descrivere i fatti da cui possa astrattamente evincersi che non vi sia legame biologico con il presunto padre. Stabilisce, infatti, l'art. 243-*bis*, co. 2, c.c. che «chi esercita l'azione è ammesso a provare che non sussiste rapporto di filiazione tra il figlio e il presunto padre».

Occorre chiedersi quali strumenti abbia l'attore in giudizio per superare il rifiuto del presunto padre di ottemperare all'ordine del giudice di sottoporsi al

---

[20] Corte cost., n. 266/2006 (Rel.: A. Finocchiaro), argomenta l'incostituzionalità dell'art. 235, n. 3, c.c. (art. abrogato) sotto il profilo dell'irragionevolezza della norma (canone costituzionale desunto dall'art. 3 Cost.) e dell'art. 24, co. 2, Cost. che non consente al legislatore di rendere estremamente difficile l'esercizio del diritto. E in effetti era proprio la prova a risultare estremamente difficile, trascorso molto tempo dall'adulterio. Con il risultato che il giudice, qualora non fosse stata fornita la dimostrazione dell'adulterio, non ammetteva la prova genetica/ematologica e l'attore (generalmente il figlio) vedeva respingersi la domanda di disconoscimento della paternità.

prelievo di sangue. Premesso che si tratta di un rifiuto del tutto legittimo ai sensi degli artt. 32, co. 2, Cost. e 118, co. 1, c.p.c., è evidente che l'esito dell'azione di disconoscimento non possa dipendere completamente dalla condotta non collaborativa del convenuto. Anzi da tale atteggiamento processuale di ostacolo alla verità, il giudice può desumere argomenti di prova (art. 116, co. 2, c.p.c.) da porre a fondamento della sentenza che elimina il rapporto di filiazione.

È bene sottolineare che l'assenza del legame genetico col presunto padre può essere provata anche senza ricorrere alle prove tecniche. Tuttavia la sola dichiarazione della madre secondo cui il proprio marito non è il padre non è sufficiente ad escludere la paternità (art. 243-*bis*, co. 3, c.c.).

Legittimato ad agire in giudizio non è soltanto il marito. La riforma del 1975, per favorire l'emersione della verità del rapporto di filiazione, ha aggiunto anche la madre e il figlio (art. 243-*bis*, co. 1, c.c.) che abbia raggiunto la maggiore età (art. 244, co. 5, c.c.).

Qualora il figlio sia minorenne, l'azione è ugualmente esperibile, secondo la disciplina contenuta nell'art. 244, ult. co., c.c. Il figlio quattordicenne rivolge un'istanza al giudice, il quale, assunte sommarie informazioni, nomina se del caso un curatore speciale che promuoverà l'azione. Se il figlio è infra-quattordicenne, l'istanza al giudice è rivolta dal pubblico ministero o, per effetto del d.lgs. n. 154/2013, dall'altro genitore.

Quanto alla *legittimazione passiva*, l'art. 247, co. 1, c.c. stabilisce che «il presunto padre, la madre e il figlio sono *litisconsorti necessari* nel giudizio di disconoscimento». Se uno di questi non ha capacità di agire, perché minore o interdetto, l'azione deve essere esperita in contraddittorio con un curatore nominato dallo stesso giudice davanti al quale il giudizio deve essere promosso (art. 247, co. 2, c.c.).

Se, invece, la capacità di agire di uno dei medesimi soggetti non è piena, come per il minore emancipato o per il maggiore inabilitato, l'azione va comunque rivolta contro questi ultimi, sebbene assistiti da un curatore nominato dal giudice competente a conoscere dell'azione di disconoscimento.

Infine, se uno dei legittimati passivi sia morto, l'azione si propone nei confronti delle persone indicate dall'art. 246 (cfr. *infra*, § 13) o, in loro mancanza, nei confronti di un curatore nominato, anche qui, come si è appena detto (art. 247, ult. co., c.c.).

12. (Segue). *I termini e il nuovo equilibrio tra* favor veritatis *e* favor stabilitatis.

Con riguardo ai termini entro cui esercitare l'azione, la riforma 2012-2013, da un lato, ha codificato le decisioni della Corte costituzionale che già avevano integrato il testo dell'art. 244 c.c., dall'altro, ha introdotto un nuovo termine di decadenza più lungo per il marito e per la moglie (comma 4); termine che ha suscitato contrapposte opinioni dottrinali sulla sua costituzionalità. Su questi due aspetti è bene soffermarsi.

Quanto ai commi 1, 2 e 3, i termini per proporre l'azione sono diversi a seconda che questa sia esercitata dall'uno o dall'altro legittimato attivo. Se ad agire è il marito, il termine è di un anno, ma il fatto da cui inizia la decorrenza cambia dipendendo dalla circostanza di trovarsi o meno nel luogo in cui è nato il (presunto) figlio il giorno della nascita: così avremo rispettivamente il decorso di un anno dalla nascita o di un anno «dal giorno del suo [del presunto padre] ritorno o dal giorno del ritorno nella residenza familiare se ne era lontano». La disposizione fa riferimento a due luoghi distinti in cui il presunto padre ritorna: quello della nascita e quello di residenza familiare, i quali possono divergere. Tuttavia, poiché non sempre il ritorno implica la conoscenza della nascita, il comma 3 aggiunge che «In ogni caso, se egli prova di non aver avuto notizia della nascita in detti giorni [quelli del ritorno], il termine decorre dal giorno in cui ne ha avuto notizia».

Se, invece, il marito ignorava la propria impotenza o l'adulterio della moglie, il termine decorre dal giorno in cui egli abbia avuto conoscenza di tali fatti (art. 244, co. 2, c.c.)[21].

Se ad agire è la madre, il termine di esercizio dell'azione è di sei mesi. E il *dies a quo* della decorrenza è la nascita del figlio o il giorno in cui ella venne a sapere dell'impotenza del marito al momento del concepimento.

In ragione di queste disposizioni va rilevato che già prima della riforma 2012/2013, l'ordinamento poneva un limite temporale all'esercizio dell'azione di disconoscimento. Di conseguenza, il rapporto di filiazione si consolidava sulla base non già del legame di sangue, ma della relazione con chi aveva comunque svolto il ruolo di padre o di madre, disinteressandosi consapevolmente di agire in giudizio. La decadenza, in queste ipotesi, si compiva solo se il legittimato attivo, a conoscenza del fatto legale – l'adulterio, l'impotenza – fosse rimasto inerte per un anno.

L'inerzia non imputabile non fa decorrere il termine di proponibilità dell'azione, pena la violazione dell'art. 24, co. 1, Cost. (cfr. anche art. 2935 c.c.). Ciò è senz'altro vero sebbene, come vedremo tra breve, quest'ultima considerazione vada integrata con la necessità di bilanciare diverse situazioni giuridiche soggettive di rilievo costituzionale.

Nel 2013, infatti, è stato introdotto, come si accennava sopra, un nuovo termine di decadenza. Ai sensi dell'art. 244, co. 4, c.c., *trascorsi 5 anni dal giorno della nascita* (*rectius*: dalla formazione del titolo di stato), *è «comunque» precluso*

---

[21] Corte cost., n. 134/1985 (Rel.: O. Reale), dichiara l'illegittimità costituzionale dell'art. 244, co. 2, c.c. nella parte in cui non disponeva che il termine dell'azione di disconoscimento decorresse dal giorno in cui il marito fosse venuto a conoscenza dell'adulterio della moglie. Corte cost., n. 170/1999 (Rel.: F. Contri), si pronuncia analogamente con riguardo all'impotenza del marito non conosciuta né da quest'ultimo né dalla moglie.

alla moglie e al marito l'esercizio dell'azione. L'avverbio comunque sta a significare che il termine decorre in ogni caso, anche se il marito non conosceva la propria impotenza, ignorata pure dalla moglie, né l'adulterio di quest'ultima.

Si noti che, ai sensi dell'art. 244, co. 4, c.c. l'improponibilità dell'azione vale solo con riguardo «ai casi previsti dal primo e dal secondo comma» del medesimo articolo. È stata giustamente lasciata fuori dall'ambito applicativo dell'art. 244, co. 4, c.c. la fattispecie del comma 3, in cui il marito non si trovava nel luogo in cui è nato il figlio il giorno della nascita. In tal caso, l'azione può essere esercitata anche decorsi 5 anni dalla nascita (purché entro un anno dal ritorno del marito), perché il marito, ignorando la nascita, non ha svolto il ruolo di padre. Manca perciò la *ratio* sottesa all'art. 244, co. 4, c.c. con riguardo alle fattispecie di cui ai commi 1 e 2 del medesimo articolo: tenere fermo il rapporto genitoriale che si è comunque svolto (c.d. *favor stabilitatis*). Nel caso di cui al comma 3 si è privilegiata la verità, non essendovi alcun rapporto genitore-figlio da conservare, data l'assenza del padre (*favor veritatis*).

La finalità dell'art. 244, co. 4, c.c. è di salvaguardare l'interesse del figlio alla conservazione del proprio *status* e del legame con il proprio genitore sulla base del quale egli ha progressivamente costruito la propria identità. Interrompere un tale vissuto, cancellando giuridicamente, dopo un certo tempo, una figura genitoriale è pregiudizievole per il figlio.

Ciò non è più possibile, salvo che ad agire in giudizio sia il figlio stesso, unico titolare del diritto di scegliere tra verità e stabilità. L'art. 244, co. 5 periodo II, c.c. stabilisce – è anche questa una novità della riforma 2012/2013 – che «L'azione è imprescrittibile riguardo al figlio».

L'art. 244, co. 4, c.c. è giustificato dall'esigenza di contemperare l'interesse del figlio alla stabilità del proprio *status* con l'interesse del genitore a non essere ritenuto tale in aperto contrasto con la verità e con la propria identità. Ma dopo 5 anni, l'interesse del genitore a recidere un legame avvertito come alieno da sé diventa recessivo. La norma esprime, insomma, un nuovo equilibrio tra *favor veritatis* e *favor stabilitatis*.

Un'autorevole dottrina (M. Sesta) ha dubitato della legittimità costituzionale dell'art. 244, co. 4, c.c., argomentando dalla tutela del diritto di azione, dal *favor veritatis* e dal diritto all'identità familiare del padre; dubbio condiviso da quella giurisprudenza che ha sollevato questione di legittimità costituzionale dell'art. 263, co. 3, c.c., nella parte in cui, analogamente all'art. 244, co. 4, c.c., prevede l'improponibilità dell'azione di impugnazione del riconoscimento per difetto di veridicità dopo 5 anni dall'annotazione del riconoscimento. Ad avviso del giudice rimettente tale regola violerebbe l'art. 117 Cost. in relazione all'art. 8 Cedu quale norma interposta.

Certo va ammesso che se l'azione per contestare la paternità fosse stata assoggettata a termini brevi che prescindono dalla consapevolezza di non essere genitore, si sarebbe violato, effettivamente, il diritto al rispetto della propria vita privata e familiare, giacché tale diritto composito sarebbe diventato un guscio vuoto. Questo aspetto è stato giustamente stigmatizzato dalla Corte europea dei diritti dell'uomo. Tuttavia le regole di cui agli artt. 244, co. 4, e 263, co. 3, c.c. sfuggono, come ha rilevato esattamente la Corte costituzionale[22], a tale censura da parte del Giudice sovranazionale.

L'art. 263, co. 3, c.c., come l'art. 244, co. 4, c.c., pone un termine sufficientemente lungo che, astrattamente, non preclude al padre non vero di agire in giudizio. Si obietterà che la preclusione c'è ove egli sia rimasto all'oscuro per 5 anni della propria impotenza *generandi* o dell'adulterio della moglie. È esatto, ma dopo quel lasso di tempo legale acquista preminenza l'interesse del figlio a conservare lo *status filiationis* a discapito dell'identità biologica che il padre vorrebbe tutelare. I 5 anni rappresentano il limite della tutela dell'adulto ignaro di non essere genitore; limite oltre il quale prevale il diritto del minore di conservare quella figura genitoriale che egli riteneva tale[23].

Del resto il diritto all'identità personale del figlio si salvaguarda, nel caso di specie della genitorialità non biologica, attraverso la conservazione dello stato di figlio dopo un certo tempo; un esito questo la cui effettività è giustificata e garantita dal principio del preminente interesse del minore.

Tale principio, in quanto di rilievo costituzionale, guida non solo il giudice[24], ma anche il legislatore. Così si è parlato efficacemente di interesse superiore del minore quale «valore apicale di sistema (...), principio sistematico organizzatore di tutto il diritto minorile e (...) dell'intero diritto di famiglia» (V. Scalisi).

13. (Segue). *Sospensione del termine, trasmissibilità ed effetti dell'azione.*

La sospensione del termine di esercizio dell'azione di disconoscimento della paternità (art. 245 c.c.) e la trasmissione dell'azione (art. 246 c.c.) sono due

---

[22] Corte cost., n. 133/2021 (Rel.: E. Navarretta), richiama, condividendola, la giurisprudenza della Corte EDU su cui il giudice rimettente ha basato la questione di legittimità costituzionale, ma sottolineando al contempo come tale giurisprudenza sia legata ai casi concreti sottostanti, laddove, invece, l'art. 263, co. 3, c.c. detta una regola equilibrata che non confligge con l'art. 8 Cedu.

[23] Corte cost., n. 133/2021, cit., § 8.1, afferma, efficacemente, che «un così lungo decorso del tempo (cinque anni dal riconoscimento) radica il legame familiare e *sposta il peso assiologico, nel bilanciamento attuato dalla norma, sul consolidamento dello status filiationis*, in una maniera tale da giustificare che la prevalenza di tale interesse sia risolta in via automatica dalla fattispecie normativa [corsivo mio]». Quindi vi è un bilanciamento legislativo «mobile», giacché dopo 5 anni dall'annotazione del riconoscimento nell'atto di nascita, l'interesse del figlio alla conservazione del proprio *status* si carica di un maggior valore e perciò prevale sull'interesse del genitore non biologico a far emergere la verità.

[24] Cfr. Cass., n. 8617/2017 sull'interesse alla conservazione della verità legale con riguardo all'azione di disconoscimento della paternità.

congegni tecnici importanti perché presidiano indirettamente il valore della verità della filiazione; su di essi intervenuto l'art. 19, d.lgs. n. 154/2013. Entrambi sono funzionali a consentire l'esercizio dell'azione di stato nonostante il verificarsi di certi fatti: interdizione giudiziale, incapacità naturale, morte del legittimato attivo.

La sospensione è un effetto legale necessario che si ha quando il legittimato ad agire abbia perso la capacità di intendere e di volere e non possa, perciò, avere consapevolezza del fatto costitutivo dell'azione. Il previgente art. 245 c.c. prevedeva solo il caso dell'interdizione per infermità di mente, a fronte del quale la decorrenza del termine indicato dall'art. 244 c.c. era sospesa nei confronti dell'interdetto sino a che durava lo *status* di incapace legale.

Prima dell'intervento legislativo appena richiamato, la Corte costituzionale è intervenuta equiparando alla condizione dell'interdetto giudiziale quella dell'incapace naturale che versi in condizione di abituale e grave infermità di mente[25]. Così il nuovo art. 245, co. 1, c.c. è stato riscritto dal d.lgs. n. 154/2013, proprio tenendo conto di questa pronuncia.

In forza della rinnovata disposizione, accanto all'ipotesi dell'interdizione giudiziale, compare quella del soggetto abituale e grave infermo di mente non interdetto (l'incapace naturale). La norma precisa che la sospensione dura fino a che permangano «le condizioni di abituale grave infermità di mente». Ora è evidente che rispetto all'interdizione giudiziale, la cui cessazione è attestata dal provvedimento di revoca dell'interdizione, l'incapacità naturale termina quando cessa la causa che l'ha determinata senza che vi sia un provvedimento giudiziale di accertamento. In caso di contestazione in giudizio riguardo al momento di cessazione dell'incapacità, spetterà al giudice, nel pronunciarsi sull'eccezione preliminare di merito, assumere i mezzi istruttori rilevanti ai fini dell'accertamento di tale momento.

Durante la sospensione, all'incapace legale (l'interdetto) o naturale non è precluso l'esercizio dell'azione. In nome e per conto del figlio potrà agire un curatore speciale «nominato dal giudice, assunte sommarie informazioni, su istanza del pubblico ministero, del tutore o dell'altro genitore» (art. 245, co. 2, c.c.).

---

[25] Corte cost., n. 322/2011 (Rel.: P. Grossi), dichiara l'art. 245 c.c. (nella formulazione previgente alla riforma 2012-2013) «costituzionalmente illegittimo nella parte in cui non prevede che la decorrenza del termine indicato dall'art. 244 c.c. è sospesa anche nei confronti di un soggetto che, sebbene non interdetto, versi in condizione di abituale grave infermità di mente, che lo renda incapace di provvedere ai propri interessi, sino a che duri lo stato di incapacità naturale». La Consulta, poiché l'incapacità naturale è una *condicio facti*, si è posta il problema di stabilire quando debba intendersi cessata la sospensione del termine; problema, questo, risolto dal previgente testo di legge solo in caso di interdizione. Secondo la Corte costituzionale la sospensione non ha più ragion d'essere a far data dal tempo in cui è venuto meno lo stato di incapacità naturale; fatto, questo, da provare.

Quanto agli altri legittimati attivi, l'art. 245, co. 2, c.c. prevede che l'azione di disconoscimento possa, invece, essere promossa dal «tutore o, in mancanza di questo, da un curatore speciale, previa autorizzazione del giudice».

La sospensione dell'azione tutela il soggetto del tutto privo della capacità di assumere determinazioni consapevoli, salvaguardando, in caso di ritorno della capacità, la facoltà di scegliere se eliminare o meno lo stato di figlio.

L'istituto della *trasmissione dell'azione* di disconoscimento della paternità garantisce l'affermazione della verità della filiazione, nell'interesse del trasmittente e soprattutto del trasmissario. Esso opera quando i legittimati ad agire siano deceduti senza aver agito e non sia ancora decorso il termine di decadenza dell'azione di cui all'art. 244 c.c. Il comma 1 e il comma 2 dettano una disciplina diversa a seconda del soggetto defunto.

Se a decedere è il presunto padre o la madre titolari dell'azione di disconoscimento della paternità, sono ammessi a esercitare tale azione, nella vece dei defunti, i loro discendenti o ascendenti (art. 246, co. 1, c.c.).

Presupposto della trasmissione è, dunque, il mancato decorso del termine di decadenza dall'azione al momento della morte del presunto padre, della madre o del figlio. In questa ipotesi decorrerà un nuovo termine «dalla morte del presunto padre o della madre, o dalla nascita del figlio se si tratta di figlio postumo o dal raggiungimento della maggiore età da parte di ciascuno dei discendenti».

Il comma 2 dell'art. 246 c.c. tratta, invece, specificamente della fattispecie in cui sia morto il figlio titolare dell'azione di disconoscimento della paternità. Ove ciò si verifichi, «sono ammessi ad esercitarla in sua vece il coniuge o i discendenti nel termine di un anno che decorre dalla morte del figlio o dal raggiungimento della maggiore età da parte di ciascuno dei discendenti».

Autorevole dottrina (C.M. Bianca) ha fatto notare che la trasmissione opera a favore non già degli eredi, ma soltanto dei congiunti indicati dall'art. 246 c.c. Il legislatore ha ritenuto eccessivo attribuire, per trasmissione, l'azione di disconoscimento anche a eredi estranei alle categorie della parentela più stretta e del coniugio. Si è voluto evitare che soggetti lontani nel grado di parentela (o estranei alla famiglia) potessero alterare i legami giuridici all'interno della famiglia nucleare, estesa anche agli ascendenti (i quali sono legittimati ai sensi del comma 1 e non del comma 2 dell'art. 246 c.c.).

La sentenza che accoglie la domanda di disconoscimento elimina il rapporto di filiazione con effetto retroattivo, ossia dal momento della nascita o, più esattamente, dalla formazione dell'atto di nascita a margine del quale va annota la pronuncia giudiziale. La retroattività, tuttavia, non fa sorgere in capo al presunto padre, non più tale per effetto dell'accoglimento dell'azione, il diritto di ripetere quanto corrisposto all'ex figlio a titolo di mantenimento. Vi è, infatti, un dovere morale di assistere chi, di fatto, faccia parte della famiglia, il quale, pertanto, ha diritto alla *soluti retentio* (art. 2034 c.c.).

La retroattività non comporta neppure, necessariamente, la perdita del cognome paterno, qualora questo sia divenuto segno distintivo della persona nell'ambiente sociale che ella frequenta[26] ed elemento inseparabile dalla propria identità.

La rimozione dello *status* di figlio nei confronti del presunto padre non determina, secondo la dottrina maggioritaria, la perdita del rapporto di filiazione anche nei confronti della madre. Secondo una tesi minoritaria, invece, la madre dovrebbe effettuare il riconoscimento per ricostituire il rapporto di filiazione.

In verità non vi è alcun bisogno di un atto di riconoscimento, poiché l'atto di nascita, irregolare nei confronti del presunto padre è, invece, regolare nei riguardi della madre. La quale è tale non in forza di una presunzione, né dell'essere il figlio nato in costanza di matrimonio, ma per aver partorito.

Solo dopo la pronuncia giudiziale che disconosca la paternità, il padre vero (che non è legittimato ad agire in disconoscimento) potrà o riconoscere il proprio figlio (art. 253, co. 1, c.c.), ovvero essere convenuto in giudizio con l'azione volta a ottenere la dichiarazione giudiziale di paternità (art. 269 c.c.).

14. *L'azione di contestazione dello stato di figlio.*

L'azione di contestazione della paternità, come quella di disconoscimento, è volta a eliminare lo *status filiationis* matrimoniale non veritiero. In comune tra le due azioni vi è l'indicazione nell'atto di nascita di genitori non legati geneticamente al nato; in più vi è il caso di chi è stato iscritto come figlio di ignoti (artt. 240 e 239, co. 2, c.c.)

La riforma del 2013 ha riformulato la denominazione dell'azione di contestazione, cancellando il riferimento alla filiazione legittima. Quindi oggi non si contesta più lo stato di figlio legittimo, ossia la mancanza dei presupposti della legittimità, ma semplicemente lo stato di figlio. Questa modifica, sebbene necessaria, ha reso incerto, come vedremo, il confine applicativo tra l'azione di contestazione e l'azione di impugnazione del riconoscimento per difetto di veridicità.

Sempre sul piano dei confini tra le azioni di stato, secondo la dottrina pressoché unanime, l'azione di contestazione non può sostituire quella di disconoscimento della paternità, qualora il termine per agire con quest'ultima sia decorso. Opinando diversamente si violerebbe il principio del superiore interesse del minore, poiché il rapporto di filiazione sarebbe attaccabile da chiunque vi abbia

---

[26] Corte cost., n. 13/1994 (Rel.: M. Ferri), pone in luce come il diritto al cognome abbia la funzione di rappresentare la discendenza familiare, ma anche di identificare la persona (viene in rilievo il diritto all'identità personale). Vi sono disposizioni che tutelano il diritto al cognome: il nuovo art. 262, co. 3, c.c., introdotto dal d.lgs. n. 154/2013, che consente al figlio riconosciuto di mantenere il cognome attribuitogli dall'ufficiale dello stato civile, «ove tale cognome sia divenuto autonomo segno della sua identità personale»; l'art. 5, co. 3, legge n. 898/1970 che consente alla donna che ne faccia richiesta di conservare il cognome del marito aggiunto al proprio «quando sussista un interesse suo o dei figli meritevole di tutela».

interesse (art. 248, co. 1, c.c.). Invece, come si è già visto, soltanto il presunto padre, la madre o il figlio sono legittimati ad agire con l'azione di disconoscimento della paternità per superare la presunzione di paternità del marito (art. 231 c.c.).

Si aggiunga che, ammettendo la contestazione, si aggirerebbe il termine di improponibilità prescritto dall'art. 244, co. 4, c.c.[27], a scapito del valore della salvaguardia della stabilità del rapporto di filiazione. Stabilità che costituisce, come già rilevato, un bene giuridico tutelato dal legislatore della riforma 2012/2013.

Quanto ai *presupposti dell'azione di contestazione*, l'art. 240 c.c., nel richiamare i commi 1 e 2 dell'art. 239 c.c., prevede che lo stato di figlio possa essere contestato nei seguenti casi: 1) supposizione di parto; 2) sostituzione di neonato; 3) nato nel matrimonio ma iscritto nei registri dello stato di civile come figlio di ignoti. Soltanto in queste ipotesi si può agire in contestazione; diversamente, prima della riforma 2012/2013, l'azione era volta a invocare la mancanza di uno dei presupposti della filiazione legittima: a) matrimonio valido; b) parto della donna indicata nell'atto di nascita; c) corrispondenza fra l'identità del nato e quella risultante dall'atto di nascita; d) concepimento in costanza di matrimonio.

La supposizione di parto si ha quando un soggetto è falsamente denunciato come figlio di una donna che, in verità, non lo ha partorito.

La sostituzione di neonato consiste, invece, nello scambio doloso o colposo di neonati, per cui il nato da una donna viene identificato come figlio di un'altra donna e viceversa. Entrambe sono fattispecie di reato (artt. 566-567 c.p.). Ma dalle stesse scaturisce anche una responsabilità civile per violazione del diritto del figlio di non essere distolto dalle proprie origini genetiche.

L'ambito applicativo dell'azione di contestazione, come si è accennato poco sopra, non è del tutto chiaro.

Secondo una tesi, essa può essere promossa anche per contestare lo stato di figlio riconosciuto da genitori non coniugati, qualora il riconoscimento abbia riguardato un figlio non partorito dalla donna indicata come madre. In tale ipotesi, pur trattandosi di un riconoscimento non veridico (che andrebbe pertanto eliminato tramite l'art. 263 c.c.), l'impugnativa – si sostiene – sarebbe riferita non tanto alla veridicità del riconoscimento quanto piuttosto al fatto naturale del parto (M. Sesta).

Effettivamente non si giustifica una disciplina diversa a seconda che la supposizione di parto o la sostituzione di neonato avvengano rispetto ad una coppia coniugata o convivente di fatto. Certamente, invece, l'azione di contestazione non è esperibile per contestare in generale la veridicità del riconoscimento, giacché in tali casi l'azione a ciò deputata è l'impugnazione del riconoscimento per difetto di veridicità.

---

[27] Secondo una risalente sentenza di legittimità – Cass., n. 25/1989 – il padre naturale non può superare la presunzione di paternità, agendo con l'azione di contestazione dello stato di figlio (al tempo) legittimo. Ciò è consentito solo ai legittimati attivi all'azione di disconoscimento della paternità.

Legittimati attivi all'esercizio dell'azione sono colui che dall'atto di nascita risulti essere genitore e chiunque vi abbia interesse (art. 248, co. 1, c.c.). Quest'ultima locuzione non allarga indiscriminatamente il campo degli attori, poiché vi dovrà essere un interesse ad agire apprezzabile e attuale (art. 100 c.p.c.). Di certo, il figlio può far valere il proprio interesse a rimuovere lo *status* falso. Se egli è stato interdetto o versi in condizioni di abituale e grave infermità mentale, l'azione può essere promossa da un curatore speciale (cfr. art. 245, co. 2, c.c. richiamato dall'art. 248, ult. co., c.c.).

È sempre il curatore speciale a dover promuovere l'azione nell'interesse del minore di età (art. 244, co. 6, c.c. richiamato dall'art. 248, ult. co., c.c.).

Legittimati ad agire, avendone interesse, sono anche quei soggetti che, ove permanesse la filiazione non veritiera, sarebbero tenuti a corrispondere gli alimenti o subirebbero una riduzione dei loro diritti successori.

Legittimati passivi dell'azione sono, invece, i genitori che risultano formalmente dall'atto di nascita (art. 248, co. 4, c.c.). Anche il presunto figlio deve essere chiamato nel giudizio. Ancora: l'azione promossa nei confronti «di persone premorte o minori o altrimenti incapaci» ha come contraddittore un curatore speciale (art. 248, co. 3, c.c.). L'azione può essere proposta contro il minore emancipato o contro l'inabilitato, purché assistiti da un curatore nominato dal giudice (art. 248, co. 3, c.c.).

L'azione è imprescrittibile nei confronti di tutti i legittimati attivi (art. 248, co. 2, c.c.); invece, come si è già constatato, l'azione di disconoscimento della paternità è imprescrittibile solo riguardo al figlio.

La pronuncia che accerti la fondatezza dell'azione deve essere pubblicizzata nel registro delle nascite.

15. *L'azione di reclamo dello stato di figlio.*

L'azione di reclamo, come quella di contestazione, ha perduto per effetto della riforma 2012/2013 il complemento di specificazione «della legittimità». La nuova rubrica dell'art. 239 c.c. recita semplicemente «Reclamo dello stato di figlio».

Questa modifica non ha ampliato l'ambito applicativo dell'azione in esame. Infatti, se due genitori non coniugati non abbiano riconosciuto il loro figlio, quest'ultimo non può agire con l'azione di reclamo, ma deve chiedere al tribunale la dichiarazione giudiziale di paternità e di maternità (artt. 269 ss. c.c.).

Il reclamo garantisce il diritto fondamentale allo stato di figlio (artt. 2 e 30 Cost.), attraverso l'accertamento formale del rapporto di filiazione con i propri genitori sposati tra loro. Pertanto, chi reclama lo stato di figlio nato nel matrimonio deve provare tutti i presupposti di tale condizione: maternità, matrimonio tra i genitori, concepimento in costanza di matrimonio e paternità.

Le fattispecie in cui si ammette l'azione *de qua* sono indicate dall'art. 239 c.c.

Il comma 1 menziona la supposizione di parto e la sostituzione di neonato; di entrambe si è già detto con riguardo all'azione di contestazione (cfr. *supra*, § 14).

Il comma 2 prevede l'ipotesi in cui il figlio, pur nato nel matrimonio, sia stato iscritto come figlio di ignoti. Ciò può accadere se vi è stato abbandono da parte dei genitori non identificati, ovvero se la madre si sia avvalsa della facoltà di non essere nominata nell'atto di nascita (art. 30, d.P.R. n. 396/2000). In quest'ultimo caso, l'atto di nascita non indica neppure l'identità del marito. Solo se la madre non si sia avvalsa del diritto di rimanere anonima, diventa praticabile il reclamo. Il quale, tuttavia, non può essere esperito da parte del figlio se, nel frattempo, egli è stato adottato con sentenza di adozione piena passata in giudicato (art. 27, l. n. 184/1983).

Il comma 3 indica due casi che hanno in comune la violazione della presunzione legale di paternità. Nel primo, il figlio concepito o nato nel matrimonio, prima della formazione dell'atto di nascita, viene falsamente riconosciuto in contrasto con la presunzione di paternità da parte di una persona diversa dal marito della madre. Qui occorrerà anzitutto accertare giudizialmente la non veridicità del riconoscimento (art. 263 c.c.); solo dopo, il figlio, nella permanenza della presunzione di paternità, potrà esercitare il reclamo, provando la nascita nel matrimonio.

Nel secondo caso, a fronte della concorrenza di due presunzioni di paternità, il nato viene iscritto come figlio del genitore che, in realtà, non è tale. Ciò accade quando la donna, in violazione del divieto temporaneo di nuove nozze (art. 89 c.c.), contrae un nuovo matrimonio. Nel corso di questo viene concepito un figlio e il parto avviene prima che siano trascorsi trecento giorni dall'annullamento, scioglimento o cessazione degli effetti civili del precedente matrimonio. Così il nato risulta presunto figlio tanto del primo quanto del secondo marito.

Prima di esperire l'azione di reclamo, occorrerà eliminare l'effetto costituivo della presunzione falsa attraverso l'esercizio dell'azione di disconoscimento della paternità. Successivamente potrà essere reclamato lo stato di figlio conforme all'altra presunzione di paternità.

L'ultimo comma dell'art. 239 c.c. contiene una disposizione di chiusura, secondo cui l'azione di reclamo è esperibile una volta rimosso il precedente stato.

A quest'ultima prescrizione sono riconducibili le seguenti situazioni: a) l'atto di nascita riporta correttamente i nomi dei genitori, ma il figlio risulta dall'atto stesso nato fuori anziché nel matrimonio; b) se il figlio nasce dopo trecento giorni dalla pronuncia di separazione giudiziale o dall'omologazione della separazione consensuale non opera la presunzione di paternità. Ove sia intervenuto un riconoscimento, è solo dopo aver eliminato lo stato di figlio riconosciuto che sarà possibile agire con l'azione di reclamo della nascita nel matrimonio, dimostrando che il concepimento è comunque avvenuto durante la convivenza dei coniugi separati e che la gravidanza ha avuto una durata eccezionale (art. 234 c.c.).

Per ragioni di economia processuale, l'azione di reclamo può essere proposta nel medesimo procedimento in cui si agisca per rimuovere il falso stato di figlio.

Legittimato a esercitare l'azione di reclamo è il figlio (art. 249, co. 1, c.c.); qualora egli non abbia agito prima di morire, la legittimazione spetta ai suoi discendenti. Se il figlio è minore di età, si applica l'art. 244, co. 6, c.c.; se, invece, è interdetto o incapace naturale, è richiamato l'art. 245, co. 2, c.c. (art. 249, ult. co., c.c.) su cui ci siamo già soffermati (cfr. *supra*, § 13).

Si discute, in ragione del diritto allo stato di genitore (art. 30, co. 1, Cost.), se quest'ultimo sia legittimato ad agire *nomine proprio* per l'accertamento della filiazione. La dottrina ha fornito una risposta tanto affermativa quanto negativa. La tesi favorevole risulta rafforzata da argomenti tratti dalla riforma 2012/2013, la quale ha accresciuto il grado di effettività del diritto allo stato di figlio. Ciò attraverso sia l'indicazione dei diritti del figlio (art. 315-*bis* c.c., cfr. cap. IV-§ 3), i quali postulano la costituzione dello *status filiationis*, sia la conservazione di quest'ultimo sebbene falso (artt. 244, co. 4, e 263, co. 3, c.c.)

Quanto alla *legittimazione passiva*, ai sensi dell'art. 249, co. 4, c.c., «nel giudizio devono essere chiamati entrambi i genitori». La norma allude, secondo una tesi, ai genitori veri; è stato però rilevato che, sebbene la norma non li menzioni, debbono ritenersi parti necessarie del processo anche i titolari del rapporto di filiazione messo in discussione perché falso o erroneamente accertato.

Se l'azione è proposta nei confronti di persone premorte, minori o altrimenti incapaci, si osservano le disposizioni dell'art. 247 c.c. [art. 249, co. 3 (cfr. *supra*, § 11)].

La prova della filiazione può essere data con ogni mezzo (art. 241 c.c.) se manca l'atto di nascita o non sussistono i fatti connotanti il possesso di stato; saranno utilizzabili la prova testimoniale e quella documentale (ad es.: le carte private del padre o della madre).

L'azione di reclamo è imprescrittibile (art. 249, co. 2, c.c.), ma ciò non significa che essa sia sempre proponibile. Difatti si è detto che la reclamabilità postula la rimozione dello stato di figlio risultante dall'atto di nascita. Perciò l'azione volta a rimuovere lo stato non deve essere prescritta, altrimenti anche il reclamo è precluso. Ebbene, poiché tutte le azioni funzionali a eliminare le risultanze dell'atto di nascita – disconoscimento, contestazione e impugnazione per difetto di veridicità – sono imprescrittibili solo per il figlio, quest'ultimo potrà sempre far valere le proprie origini biologiche, affermando la verità.

A diversa conclusione si perviene con riguardo ai genitori, ove ritenuti legittimati ad agire con il reclamo. Difatti per loro l'azione di disconoscimento e l'impugnazione del riconoscimento sono assoggettate a prescrizione. Il cui compimento preclude l'azione di reclamo.

16. *Il curatore speciale nelle azioni di stato.*

a) *Fattispecie e impostazione binaria.*

La normativa interna e sovranazionale garantisce l'autonomia dei diritti e degli interessi del minore anche nei procedimenti giurisdizionali (art. 24 CDFUE, artt. 3 § 1 e 12 § 2 Conv. New York 20.11.1989 resa esecutiva con l. n. 176/1991)[28]. Il minore, essendo soggetto di diritto e portatore di interessi propri, deve poter far valere in giudizio la sua posizione. La quale, da un lato, prevale rispetto a quella eventualmente contrastante del rappresentante legale, dall'altro, non è sostituibile acriticamente con la visione personale che ha il giudice dei fatti.

Il minore ha un ruolo sostanziale e uno spazio processuale autonomi[29]. Egli, tuttavia, non avendo capacità processuale, necessita di essere rappresentato. Svolgono questo ufficio di rappresentanza i genitori esercenti la responsabilità genitoriale, il tutore (art. 343 c.c.) e in ultima istanza il curatore speciale (art. 78, co. 1, c.p.c.).

Oltre alla mancanza del rappresentante legale, vi può essere il caso in cui il minore-rappresentato si trovi in conflitto di interessi con il rappresentante; in tale eventualità, il rappresentato ha diritto alla designazione di un «rappresentante speciale» (art. 4 Convenzione di Strasburgo del 25.01.1996 resa esecutiva dalla l. n. 77/2003) denominato curatore speciale, il quale, non essendo portatore di un interesse proprio, rappresenterà effettivamente il minore.

È proprio sul conflitto di interessi che si intende concentrare ora la trattazione.

Il legislatore lo ha regolato in diversi articoli in cui si prevede la nomina del curatore speciale. Nelle fattispecie che esamineremo egli ha ritenuto sempre esistente il conflitto di interessi, il quale è, perciò, *tipico*.

---

[28] Affinché il fanciullo capace di discernimento possa esprimere «liberamente la sua opinione», ossia senza condizionamenti, e affinché questa sia presa in considerazione, l'art.12 § 2 della Convenzione di New York stabilisce che «si darà in particolare al fanciullo la possibilità di essere ascoltato in ogni procedura giudiziaria o amministrativa che lo concerne, sia direttamente, *sia tramite un rappresentante* o un organo appropriato, in maniera compatibile con le regole di procedura della legislazione nazionale». Il rappresentante menzionato da questa disposizione deve veicolare – proprio a tal fine è nominato – al giudice una posizione che esprima realmente l'interesse del minore.

[29] Cass., n. 7281/2010, afferma che il minore non è «semplice destinatario di una decisione presa nel suo interesse da altri», ma è «parte necessaria sia *sostanziale*, in quanto titolare del rapporto sostanziale oggetto del processo, sia *processuale*, in quanto svolge un ruolo nella dinamica del processo in funzione del suo risultato giuridico e ne subisce gli effetti diretti e indiretti». Coerentemente, secondo la Cass., Sez. Un., n. 22238/2009 «costituisce violazione del principio del contraddittorio, quale connotato del giusto processo, il mancato ascolto del minore non sorretto da espressa motivazione sull'assenza di discernimento che possa giustificarne l'omissione. Ciò in quanto *il minore è portatore d'interessi contrapposti e diversi da quelli del genitore in sede di affidamento e diritto di visita*, e, per tale profilo, è qualificabile come parte in senso sostanziale [corsivo mio]».

L'art. 244, ult. co., c.c. prevede la nomina giudiziale del curatore speciale su istanza del figlio ultra-quattordicenne o del pubblico ministero in caso di figlio di età inferiore. Tale legittimazione è funzionale a superare la volontà contraria del presunto padre o dell'altro genitore a proporre l'azione di disconoscimento della paternità, maturata per ragioni contrapposte a quelle del figlio. Sarà il curatore speciale, ove nominato, ad agire in giudizio (cfr. anche l'art. 245, co. 2, c.c.).

Analogamente è previsto dalla disciplina dell'azione di impugnazione del riconoscimento per difetto di veridicità. Secondo l'art. 264 c.c. legittimato ad agire è il curatore speciale nominato dal giudice su istanza del figlio minore quattordicenne, ovvero, in caso di figlio infra-quattordicenne, del pubblico ministero o dell'altro genitore che abbia effettuato il riconoscimento. Va notato che se legittimata all'azione di disconoscimento della paternità è anche la madre, nell'impugnazione del riconoscimento per difetto di veridicità, l'altro genitore non è legittimato ad agire, potendo solo chiedere la nomina del curatore speciale.

Altre fattispecie sono contenute nell'art. 247 c.c. a proposito della legittimazione passiva all'esercizio dell'azione di disconoscimento della paternità. Il comma 2 prevede, quale contraddittore dell'azione, il curatore speciale, qualora una delle parti sia minore o interdetta. Qui il genitore attore in disconoscimento della paternità non può rappresentare il figlio con il quale si trova in evidente conflitto di interessi. Vi è inoltre conflitto tra il tutore e l'interdetto quando il primo sia un parente o un affine ai sensi dell'art. 348, co. 2, c.c. dell'interdetto stesso. Si aggiunga la necessità della nomina di un curatore speciale se il legittimato passivo, minore o interdetto, sia l'altro genitore.

Ai sensi del comma 3 dell'art. 247, la medesima esigenza di tutela del legittimato passivo si pone qualora esso sia un minore emancipato o un maggiore inabilitato. L'assistente dell'incapace legale non potrà essere il curatore nominato a seguito dell'emancipazione o dell'inabilitazione, essendo egli il genitore (art. 392, co. 2, c.c.) o un parente, ma occorre nominare un curatore speciale. Si noti che il curatore speciale, in questi due casi, svolge la funzione non già di rappresentante processuale ma di assistente dell'incapace legale, il quale sta in giudizio personalmente.

Proseguendo nella disamina dell'art. 247, il comma 4 persegue una finalità che esula dal conflitto di interessi, poiché è volto a consentire l'esercizio dell'azione a fronte del decesso di uno dei legittimati passivi dell'azione di disconoscimento della paternità. Qualora il presunto padre, la madre o il figlio siano morti «l'azione si propone nei confronti delle persone indicate nell'articolo precedente», ossia nell'art. 246 c.c. sulla trasmissibilità dell'azione. Tuttavia qualora anche tali persone manchino, l'azione di disconoscimento è proponibile nei confronti di un curatore nominato dal giudice (cfr. anche art. 246, co. 3, c.c.).

Ancora: se l'azione di contestazione dello stato di figlio va proposta nei confronti di persone premorte o minori o altrimenti incapaci, si osservano le disposizioni appena viste dell'art. 247 c.c. (art. 248, co. 3, c.c.). Inoltre, sono richiamati dall'art. 248, co. 5, c.c. l'art. 244, co. 6, c.c. sulla proponibilità dell'azione (di contestazione) da parte del curatore speciale nominato dal giudice e l'art. 245, co. 2, c.c. sempre sulla legittimazione attiva del curatore qualora il figlio sia interdetto o incapace naturale.

Questi stessi richiami normativi sono presenti nella disciplina dell'azione di reclamo dello stato di figlio (art. 249, coo. 3 e 5, c.c.).

Vi sono, andando ancora oltre, fattispecie in cui il conflitto di interessi è non già previsto espressamente dalla legge, ma desunto da un'interpretazione coordinata delle norme che regolano il giudizio. Siamo sempre nell'ambito della tipicità del conflitto di interessi. Il quale, ad esempio, è sempre presente nel procedimento di dichiarazione di adottabilità tra il figlio minore e i genitori (art. 8, l. n. 184/1983). La ragione è evidente: lo stato di abbandono, causato dall'inadempimento dei doveri genitoriali, determina una contrapposizione fisiologica (in re *ipsa*) tra la posizione dei genitori, indotti a negare l'inadempimento, e quella del figlio la cui tutela deve essere affidata a un soggetto che lo rappresenti in modo disinteressato: il curatore speciale, da nominare ai sensi dell'art. 78, co. 2, c.p.c.[30], il quale ha il compito di nominare un avvocato che assista il minore nel processo[31].

---

[30] Cass., n. 7281/2010, cit., conferma l'orientamento precedente secondo cui il conflitto di interessi tra il figlio minore e i genitori, a fronte dello stato di abbandono, rileva in ogni caso perché tra tali soggetti vi è un'incompatibilità, anche solo potenziale, di posizioni. Di conseguenza la verifica dell'esistenza del conflitto «va compiuta in astratto ed *ex ante*, in base alla stessa oggettiva esistenza della materia del contendere, anziché in concreto e a posteriori in seguito agli atteggiamenti assunti dalle parti in causa». Insomma è la natura e la funzione del giudizio dichiarativo dello stato di adottabilità a esigere la nomina del curatore speciale, qualora rappresentanti legali siano i genitori. Diversa è, invece, la conclusione quando al figlio minore sia stato nominato un *tutore*, in quanto i genitori siano decaduti dalla responsabilità genitoriale. In tal caso non vi è un'incompatibilità fisiologica tra la posizione del minore e quella del tutore, il quale è stato nominato proprio per dare voce al minore nel processo (arg. *ex* art. 15, coo. 2 e 3, l. n. 184/1983). Pertanto, in questa ipotesi in cui sia stato nominato il tutore, il curatore speciale diviene una figura non già necessaria come invece è nel caso in cui rappresentanti legali siano i genitori, ma meramente eventuale secondo una valutazione *ex post* compiuta dal giudice sulla base di deduzioni del pubblico ministero o di uno dei soggetti indicati dall'art. 10, legge n. 149/2001. Si aggiunga che al rappresentante legale del minore compete la nomina di un avvocato per la difesa tecnica (artt. 82-83 c.p.c.). Il rappresentante legale può anche cumulare con tale ufficio il ruolo di avvocato qualora abbia conseguito tale titolo; i due ruoli restano comunque distinti. Spetta al curatore speciale o al tutore – rappresentanti sostanziali – decidere se proporre i mezzi di impugnazione o rinunciarvi.

[31] Cass., n. 7281/2010, cit., esclude che «nel caso di ritardata costituzione del difensore del minore o di mancata assistenza da parte di costui ad uno o più atti processuali debba conseguire l'automatica declaratoria della nullità dell'intero processo e/o dell'atto nonché di quelli successivi; tale sanzione potendosi invocare dal P.M. o dalle altre parti, attesa la finalità della norma, soltanto previa allegazione e dimostrazione del *reale pregiudizio che la tardiva costituzione o la mancata partecipazione all'atto ha comportato per la tutela effettiva del minore* [corsivo mio]». La norma evocata è l'art. 10, co. 2, legge n. 184/1983, interpretata nel senso che l'invito ivi previsto deve essere inteso come riferito (*a fortiori*) anche al minore.

Vi è infine una disposizione di chiusura che consente al giudice di nominare un curatore speciale ogniqualvolta egli ravvisi, nel caso concreto, l'esistenza di un conflitto di interessi. Stabilisce l'art. 78, co. 2, c.p.c., già richiamato, che «si procede altresì alla nomina di un curatore speciale al rappresentato, quando vi è conflitto di interessi col rappresentante». Rileva, quindi, anche il *conflitto di interessi atipico*.

Si pensi ai procedimenti sulla responsabilità genitoriale di cui agli artt. 330 ss. c.c., dove il minore è parte processuale portatore di una posizione sostanziale autonoma rispetto a quella dei genitori (arg. *ex* art. 336, ult. co., c.c.). Di conseguenza, se del caso, si dovrà nominare un curatore speciale ai sensi dell'art. 78, co. 2, c.p.c. La nomina è indispensabile solo se il conflitto di interessi sia ritenuto dal giudice sussistente perché attuale e potenzialmente dannoso.

Ancora: in sede di giudizio di opposizione al riconoscimento del figlio nato fuori dal matrimonio (art. 250, co. 4, c.c.), il giudice, qualora ravvisi conflitto di interessi tra il figlio infra-quattordicenne e il genitore che si oppone, nomina al primo, anche d'ufficio, un curatore speciale[32]. In tal modo si garantisce la tutela effettiva della posizione del minore, il quale è un centro autonomo di imputazione giuridica.

Da quanto detto fin qui emerge come sul tema del conflitto di interessi vi sia un'impostazione binaria: da un lato vi sono casi di conflitto di interessi previsti espressamente dalla legge o desunti in via interpretativa, dall'altro, l'ordinamento apre a una serie indeterminata di fattispecie in cui spetta al giudice del merito verificare in concreto l'esistenza di una situazione potenziale di incompatibilità tra l'interesse del rappresentante e quello preminente del minore d'età rappresentato.

Qualora, in caso di conflitto di interessi, non venga nominato il curatore speciale quale rappresentante, si avrà la nullità del procedimento per violazione del principio costituzionale del giusto processo.

b) *Adozione in casi particolari e conflitto di interessi.*

L'adozione in casi particolari è un istituto che valorizza le relazioni affettive continuative e stabili instaurate con il minore (art. 44, l. n. 184/1983). Questa funzione opera anche in caso di relazione omosessuale, di tal che è possibile

---

[32] Corte cost., n. 83/2011 (Rel.: A. Criscuolo) fa leva sull'art. 9 della Convenzione europea sull'esercizio dei diritti dei minori del 25.01.1996 resa esecutiva con legge n. 77/2003 che attribuisce al giudice il potere di nominare un curatore speciale del minore quale rappresentante in caso di conflitto di interessi. Si afferma nella pronuncia che al «minore va riconosciuta la qualità di parte nel giudizio di opposizione di cui all'art. 250 c.c. E, se di regola la sua rappresentanza sostanziale e processuale è affidata al genitore che ha effettuato il riconoscimento (artt. 317-*bis* e 320 c.c.), qualora si prospettino situazioni di conflitto d'interessi, anche in via potenziale, spetta al giudice procedere alla nomina di un curatore speciale. Il che può avvenire su richiesta del pubblico ministero, di qualunque parte che vi abbia interesse (art. 79 c.p.c.) e anche di ufficio, avuto riguardo allo specifico potere attribuito in proposito all'autorità giudiziaria dall'art. 9, primo comma, della citata Convenzione di Strasburgo».

adottare, previo accertamento giudiziale dell'interesse del minore (art. 57, l. n. 184/1983), il figlio del partner dello stesso sesso (c.d. *step child adoption*).

Tale tipo di adozione è utilizzata, tra l'altro, dalle coppie omosessuali recatesi all'estero per avere un figlio tramite la procreazione medicalmente assistita. Accade, ad esempio nel caso di una coppia di donne, che una delle due accetti la fecondazione dei propri ovuli e partorisca; l'altra, invece, si assuma la responsabilità della nascita senza essere legata geneticamente al nato. Quest'ultima donna, partecipe del progetto procreativo, denominata «genitore d'intenzione», dopo qualche tempo, proprio in ragione del legame di tipo genitoriale instaurato con il nato, richiede al tribunale per i minorenni l'adozione in casi particolari ai sensi dell'art. 44, lett. d), legge n. 184/1983. L'aver condiviso il progetto genitoriale fa sì che anche la madre non biologica voglia ottenere la costituzione dello stato di figlio nei suoi confronti.

Con riguardo al procedimento adottivo, avviato con ricorso dal genitore d'intenzione, si è posto l'interrogativo se vi sia conflitto di interessi tra il minore e la madre biologica, legale rappresentante dello stesso in giudizio.

A sostegno della sussistenza del conflitto di interessi, si è rilevato che la condivisone da parte della due donne del progetto genitoriale implica l'aspirazione di entrambe a vivere la bigenitorialità nel rapporto di coppia; poiché anche la madre genetica desidera che la propria compagna assuma lo status di genitore, ella non sarà portavoce nel procedimento adottivo della posizione del figlio ma soltanto della propria. Pertanto la madre biologica presterà acriticamente l'assenso all'adozione, richiesto dall'art. 46, co. 1, legge n. 184/1983, coltivando esclusivamente un proprio interesse.

Vi sarebbe, a primo acchito, un conflitto di interessi potenziale che, ove non eliminato con la nomina del curatore speciale ai sensi dell'art. 78, co. 2, c.p.c., renderebbe il provvedimento di adozione nullo in quanto mutilato dell'interesse sostanziale del minore di età. Preverrebbe, in altri termini, una prospettiva «adultocentrica» in netto contrasto con il principio della preminenza dell'interesse del minore.

Questa tesi secondo cui il conflitto di interessi è connaturato alla fattispecie in esame presta il fianco ad alcune pregnanti obiezioni.

Si è osservato nel paragrafo precedente che è regola generale la rappresentanza sostanziale e processuale in capo al genitore. Tale regola è derogata da previsioni di legge che impongono, stante il conflitto di interessi valutato a monte dal legislatore, la nomina del curatore speciale. La regola generale è derogata, inoltre, ogniqualvolta sia il giudice e non il legislatore a ravvisare nel caso concreto il conflitto di interessi. Ove ciò accada, la normativa sovranazionale e l'art. 78 c.p.c. esigono la nomina di un curatore speciale quale rappresentante del minore.

Orbene, la disciplina dell'adozione in casi particolari non prevede la nomina del curatore speciale; inoltre non può dirsi che la domanda di adozione da parte del genitore d'intenzione rechi con sé un conflitto di interessi fisiologico con la madre biologica. Perché mai, infatti, l'interesse del minore dovrebbe in ogni caso confliggere con quello della madre giuridica, la quale acconsente alla doppia figura genitoriale? Piuttosto spetterà al giudice caso per caso stabilire se l'assenso all'adozione possa recare un danno al minore perché prestato in una situazione di conflitto di interessi[33].

Si consideri che l'art. 46, co. 2, legge n. 184/1983 prevede l'intervento del giudice solo per superare il mancato assenso del genitore, qualora il diniego sia contrario all'interesse del minore; salvo che esso provenga dal genitore esercente la responsabilità genitoriale.

Qualora, invece, l'assenso vi sia, non vi è per ciò solo conflitto di interessi. Anzi la previsione dell'assenso costituisce «un indice normativo contrario alla configurabilità, in via generale e astratta, di una situazione di conflitto d'interessi anche solo potenziale»[34]. Piuttosto il conflitto sussiste non già quando «l'interesse del rappresentante e del rappresentato è comune sia pure distinto e autonomo, ma quando i due interessi siano nel caso concreto incompatibili tra loro»[35].

Il conflitto di interessi, come ha chiarito la giurisprudenza, «deve essere concreto, diretto ed attuale, e sussiste se al vantaggio di un soggetto corrisponde il danno dell'altro»[36]. Questa configurazione non è presente, quale costante, nel caso qui esaminato dell'adozione in casi particolari e il danno non è certo determinato dall'orientamento sessuale della madre del minore e della richiedente l'adozione. Rilevano, piuttosto, in particolare, per decidere sull'adozione, le condizioni di cui all'art. 57, co. 2, legge n. 184/1983 tra cui si segnalano «l'idoneità affettiva e la capacità di educare e istruire il minore» e «i motivi per i quali l'adottante desidera adottare il minore». Tra questi avrà un peso particolare per il giudice il fatto che l'adottante, in ossequio al progetto genitoriale attuato all'estero con il proprio partner, abbia assunto completamente il ruolo di genitore.

Riferimenti bibliografici.

AL MUREDEN E., *Le famiglie ricomposte tra matrimonio, unione civile e convivenze*, in *Fam. e dir.*, 2016, 977 ss.; AL MUREDEN E., *L'attribuzione del cognome tra parità dei genitori e identità personale del figlio*, in *Fam. e dir.*, 2017, 3, 213 ss.; BARDARO L., *Persona*

---

[33] Cass., n. 12962/2016, cit., afferma che «l'appezzamento dell'esistenza di un potenziale conflitto di interessi, che non sia previsto normativamente in modo espresso (come ad esempio, nel disconoscimento della paternità, dall'art. 244, ult. co., c.c.) o non sia ricavabile dall'interpretazione coordinata delle norme che regolano il giudizio (come nel procedimento volto alla dichiarazione di adottabilità), è rimesso in via esclusiva al giudice del merito e non è sindacabile in sede di giudizio di legittimità».

[34] Cass., n. 12962/2016, cit., § 4.1.

[35] Cass., n. 5533/2001 e Cass., n. 21651/2011.

[36] Cass., n. 21651/2011, cit.

umana e diritto al nome, Napoli, 2020; BASINI G.F., *Lo stato di figlio*, in *Trattato di diritto di famiglia*, diretto da G. Bonilini, Milano, 2016, 3361 ss.; BIANCA C.M., *I parenti naturali non sono parenti?, La Corte costituzionale ha risposto: la discriminazione continua*, in *Giust. civ.*, 2001, 591 ss.; BIANCA C.M., *La legge italiana conosce solo figli*, in *Riv. dir. civ.*, 2013, 1, 1 ss.; BIANCA C.M., *L'uguaglianza dello stato giuridico dei figli nella recente L. n. 219 del 2012*, in *Giust. civ.*, 2013, 5-6, 205 ss.; BIANCA C.M., *La famiglia*, Milano, 2014, 359; BONILINI G., *Manuale di diritto di famiglia*, Torino, 2014, 297; BUCCIANTE A., *Filiazione, II) Filiazione legittima*, in *Enc. giur.*, 1989, 1 ss.; BUGETTI M.N.-PIZZETTI F.G., *(Quasi) al capolinea la regola della trasmissione automatica del patronimico ai figli*, in *Fam. e dir.*, 2021, 5, 461 ss.; BUSNELLI F.D., *La famiglia e l'arcipelago familiare*, in *Riv. dir. civ.*, 2002, I, 509 ss.; CAGGIA F., *Modelli e fonti del diritto di famiglia*, in *Tratt. di Diritto civile*, diretto da N. Lipari e P. Rescigno, coordinato da A. Zoppini, *Fonti, soggetti, famiglia*, Milano, 2009, II, 4 ss.; CAGGIA F., *Il linguaggio del «nuovo» diritto di filiazione*, in *Riv. crit. dir. priv.*, 2015, 2, 235 ss.; CARBONE V., *Paternità naturale: incostituzionale la fase preliminare del giudizio*, in *Corriere giur.*, 2006, 4, 497 ss.; CARBONE V., *Basta la prova del DNA e non più dell'adulterio per disconoscere la paternità*, in *Corriere giur.*, 2016, 10, 1367 ss.; CARBONE V., *Per la Corte costituzionale i figlio possono avere anche il cognome materno, se i genitori sono d'accordo*, in *Corriere giur.*, 2017, 2, 165 ss.; CICU A., *La filiazione*, Torino, 1951; CINQUE M., *Il minore è parte del procedimento ex art. 250, comma 4, c.c.: luci e ombre nella sentenza della Consulta*, in *Nuove leggi civ. comm.*, 2012, 1, 167 ss.; COSTANZA M., (voce) *Filiazione, III) Filiazione naturale*, in *Enc. dir.*, 1989, 1 ss.; DI PAOLA L., *Figli incestuosi: una connotazione giuridica destinata a scomparire*, in *Nuove leggi civ. comm.*, 2002, 6, 1209 ss.; DOGLIOTTI M., *La Corte costituzionale interviene a metà sulla filiazione incestuosa*, in *Fam. e dir.*, 2003, 2, 119 ss.; DOGLIOTTI M., *Due madri e due padri: qualcosa di nuovo alla Corte costituzionale, ma la via dell'inammissibilità è l'unica percorribile?*, in *Fam. e dir.*, 2021, 7, 677 ss.; FANTETTI F.R., *La facoltà di ascolto del minore e la Convenzione europea di Strasburgo*, in *Fam. pers. succ.*, 2010, 4, 254 ss.; FAVALE R., *Il cognome dei figli e il lungo sonno del legislatore*, in *Giur, it.*, 2017, 4, 815 ss.; FAVILLI C., *Il cognome tra parità dei genitori ed identità dei figli*, in *Giur. it.*, 2017, 815 ss.; FERRANDO G., (voce) *Filiazione, I) Rapporto di filiazione*, in *Enc. dir.*, 1989, 1 ss.; FERRANDO G., *Il divorzio breve: un'importante novità legislativa nel solco della tradizione*, in *Corr. giur.*, 2015, 8-9, 1041 ss.; FERRANDO G., *Stato unico di figlio e varietà dei modelli familiari*, in *Fam. e dir.*, 2015, 10, 952 ss.; FIGONE A., *La Corte costituzionale interviene ancora sulla chiamata alla successione dei fratelli naturali*, in *Fam. e dir.*, 1995, 1, 5 ss.; GRISI G., *Chi rappresenta e difende il minore infrasedicenne, parte nel giudizio di opposizione di cui all'art. 250 c.c.? Ombre e luci in una sentenza interpretativa di rigetto*, in *Giur. it.*, 2012, 2, 270 ss.; IANNONE R.F., *Le Sezioni unite danno voce ai figli contesi tra genitori separati*, in *Fam. pers. succ.*, 2010, 10, 652 ss.; LENTI L., (voce) *Nome e cognome*, in *Digesto* (versione in *Banca dati-Leggi d'Italia*), 2003; LENTI L., *La sedicente riforma della filiazione*, in *Nuova giur. civ. comm.*, 2016, 4, 201 ss.; LONG J., *Ascolto dei figli contesi e individuazione della giurisdizione nel caso di trasferimento all'estero dei figli da parte del genitore affidatario*, in *Nuova giur. civ. comm.*, 2013, 3, 1307 ss.; MANTOVANI M., *La filiazione legittima*, in *Il nuovo diritto di famiglia*, Trattato diretto da G. Ferrando, Bologna, 2007, 320 ss.; MENGONI L., *Ermeneutica e dogmatica giuridica*, Milano, 1996, 48 ss.; MOROZZO DELLA ROCCA P., *La Consulta e le azioni di stato: una pezza ben cucita su un vestito troppo vecchio*, in *Corriere giur.*, 2012, 4, 478 ss.; MOROZZO DELLA

ROCCA P., *Il nuovo status di figlio e le adozioni in casi particolari*, in *Fam. e dir.*, 2013, 838 ss.; OLIVERO L., *L'adozione del figlio del coniuge tra crisi coniugale e interesse del minore*, in *Nuova giur. civ. comm.*, 2012, 4, 1279 ss.; PALAZZO A., *La filiazione*, Milano, 2007, 568 ss.; PERLINGIERI P., *L'interpretazione della legge come sistematica ed assiologica. Il brocardo* in claris non fit interpretatio, *il ruolo dell'art. 12 disp. prel. c.c. e la nuova scuola dell'esegesi*, in *Rass. dir. civ.*, 1985, 4, 990 ss.; P. PERLINGIERI, *Interpretazione e legalità costituzionale. Antologia per una didattica progredita*, Napoli, 2012, 127 ss.; PORCELLI M., *La contestazione ed il reclamo dello status di figlio legittimo*, in *Dir. fam. e pers.*, 2012, 4, 1751 ss.; PROSPERI F., *Unicità dello* «status filiationis» *e rilevanza della famiglia non fondata sul matrimonio*, in *Riv. crit. dir. priv.*, 2013, 273 ss.; RIZZUTI M., *Azione di disconoscimento e incapacità*, in *Giur. it.*, 2012, 10, 2016 ss.; ROBLES M., *Paternità (ricerca biologica della)*, in *Digesto* (versione in *Banca dati-Leggi d'Italia*), 2018; RODOTÀ S., *Diritto d'amore*, Roma-Bari, 2015, 70; ROPPO E., *Il giudice nel conflitto coniugale*, Bologna, 1981, 293 ss.; RUSSO R., *Dichiarazione giudiziale di paternità: rimborsi e risarcimenti*, in *Fam. e dir.*, 2008, 6, 563 ss.; SCALISI V., *«Famiglia» e «famiglie» in Europa*, in *Riv. dir. civ.*, 2013, 1, 1007 ss.; SCALISI V. *Le stagioni del diritto di famiglia dall'unità d'Italia a oggi* (parte prima), in *Riv. dir. civ.*, 2013, 5, 11043 ss.; SCALISI V., *Il superiore interesse del minore ovvero il fatto come diritto*, in *Riv. dir. civ.*, 2018, 2, 405 ss.; SCHELSINGER P., *Il d.lgs. n. 154 del 2013 completa la riforma della filiazione*, in *Fam. e dir.*, 2014, 5, 443 ss.; SESTA M., *L'incostituzionalità dell'art. 274 c.c.: è ancora possibile la delibazione dell'interesse del minore?*, in *Fam. e dir.*, 2006, 3, 237 ss.; SESTA M., *L'accertamento dello stato di figlio dopo il decreto legislativo n. 154/2013*, in *Fam. e dir.*, 2014, 5, 454 ss.; TOMMASEO F., *La Corte costituzionale sul minore come parte nei processi della giustizia minorile*, in *Fam. e dir.*, 2011, 6, 545 ss.; TRIMARCHI M., *Il cognome dei figli: un'occasione perduta dalla riforma*, in *Fam. e dir.*, 2013, 3, 243 ss.; TROIANO S., *Il cognome dei figli ancora al vaglio della Consulta*, in *Nuova giur. civ. comm.*, 2021, 3, 598 ss.; VENCHIARUTTI A., *Esercizio dell'azione di disconoscimento della paternità e incapacità naturale*, in *Fam. pers. succ.*, 2012, 5, 362 ss.; WINKLER S., *Sull'attribuzione del cognome paterno nella recente sentenza della Corte europea dei diritti dell'uomo*, in *Giur. it.*, 2014, I, 524 ss.; ZATTI P., *Tradizione e innovazione nel diritto di famiglia*, in *Tratt. di diritto di famiglia*, diretto da P. Zatti, *Famiglia e matrimonio. Relazioni familiari-Matrimonio-Famiglia di fatto*, a cura di G. Ferrando, M. Fortino e F. Ruscello, Milano, 2011, I, 3 ss.

Capitolo Secondo

FILIAZIONE NATA FUORI DEL MATRIMONIO

1. *Il riconoscimento del figlio: natura, forma, effetti.*

La filiazione nata fuori del matrimonio, diversamente da quella sorta in costanza di matrimonio, si costituisce con un atto formale, il riconoscimento, da annotare nell'atto di nascita (art. 43 ord. stato civile). Essa non è interessata dalla presunzione di paternità, né da alcun automatismo al fine di individuare la madre, la quale resta libera di riconoscere o meno il figlio (c.d. principio volontaristico).

Non è così in altri ordinamenti dove la legge considera madre la donna che ha partorito, senza il medio di un atto formale di riconoscimento.

Tornando al nostro diritto, a causa del diverso meccanismo di costituzione dello *status filiationis*, il matrimonio conserva la prerogativa dell'attribuzione automatica dello stato di figlio a fronte della volontarietà della costituzione dello stato di figlio extramatrimoniale. Questa diversità mal si concilia con il principio dell'unicità dello stato di figlio (art. 315 c.c.).

Il riconoscimento consta di una dichiarazione della madre e del padre, resa congiuntamente o separatamente, con cui ciascuno assume di essere genitore di un determinato soggetto (art. 250, co. 1, c.c.). Con tale atto si ha un'esplicita assunzione di responsabilità, ammessa anche se il dichiarante è unito in matrimonio con altra persona (c.d. figlio adulterino).

È controverso in dottrina se il riconoscimento sia un negozio giuridico, quindi un atto di autonomia privata, oppure un atto non negoziale come la dichiarazione di scienza. La soluzione è influenzata dal profondo mutamento intervenuto nel sistema della filiazione con la legge di riforma del 1975.

Prima di questa normativa la quale, nel dare attuazione ai principi e ai valori costituzionali, ha segnato una rottura con il passato, soltanto il riconoscimento dava luogo alla costituzione dello stato di figlio, essendo la dichiarazione giudiziale di paternità limitata a pochi eccezionali casi (art. 269 del codice civile del 1865). L'instaurazione del rapporto di filiazione dipendeva pressoché esclusivamente, da un atto di autonomia privata.

Ebbene, la riforma del 1975 ha ribaltato siffatta impostazione, riconoscendo il diritto allo stato di figlio, ossia il diritto di veder accertato e dichiarato il rapporto di filiazione. Di conseguenza, la dichiarazione giudiziale di genitorialità perde il carattere di eccezionalità. Pertanto, qualora i genitori non procedano al riconoscimento, il figlio può in qualunque momento agire giudizialmente per imporre la costituzione dello *status filiationis* (art. 270, co. 1, c.c.). Ciò in conformità all'art. 30, co. 1, Cost., che obbliga i genitori a «mantenere, istruire ed educare i figli, anche se nati fuori del matrimonio» (art. 30, co. 1, Cost.).

Coerentemente la Cassazione, muovendo dal fondamento costituzionale del diritto allo stato di figlio, ha ammesso il risarcimento del danno non patrimoniale subito dal figlio a causa del mancato riconoscimento [1] (cfr. *infra*, cap. VII-§ 5).

L'esistenza di un vero e proprio diritto allo stato di figlio fa sì che la costituzione della filiazione non possa dipendere esclusivamente dalla volontà del genitore. Quest'ultima più che altro, se sussiste, ha l'effetto di rendere superfluo l'intervento del giudice. Ma allora, ritiene un'autorevole dottrina (C.M. Bianca), il riconoscimento va qualificato come negozio di accertamento (formale) della filiazione. Così si giustifica l'efficacia retroattiva (alla nascita) della sentenza dichiarativa dello stato di figlio [2].

La tesi che, invece, qualifica il riconoscimento quale atto dichiarativo espressivo dell'autonomia privata si espone a due obiezioni: 1) l'intento di colui che riconosce non penetra la disciplina dell'atto, modellandone gli effetti che sono prefissati dalla legge; 2) talvolta, il riconoscimento non produce il complesso degli effetti giuridici, come accade nell'ipotesi in cui la norma richiede l'assenso del figlio ultraquattordicenne (art. 250, co. 2, c.c.).

---

[1] Cass., n. 26205/2013, argomenta l'esistenza del diritto fondamentale di ricevere dai propri genitori assistenza morale e materiale dall'art. 30, co. 1, Cost. coordinato con gli artt. 2 Cost., 24, co. 3, Carta dei Diritti fondamentali UE e 7-8 Convenzione di New York 1989 ratificata dall'Italia. L'endiadi diritto a essere educato e mantenuto – si legge nella sentenza – «contiene e presuppone il diritto di condividere fin dalla nascita con il proprio genitore la relazione filiale, sia nella *sfera intima e affettiva*, di primario rilievo nella costituzione e sviluppo dell'equilibrio psicofisico di ogni persona, sia nella *sfera sociale*, mediante la condivisione e il riconoscimento esterno dello *status* conseguente alla procreazione». Cfr. anche Cass., n. 5652/2012.

[2] Cass., n. 15756/2006, riconosce un diritto di regresso *pro quota* al genitore che abbia assunto per intero l'onere di mantenimento del figlio. È dal momento della sentenza di accertamento della filiazione naturale (e non già dalla nascita) che decorre il termine (quinquennale) di prescrizione di tale diritto.

Il riconoscimento è un atto unilaterale. L'assenso (e non il consenso) del minore ultraquattordicenne è solo una condizione di efficacia di un atto che si è già perfezionato, come si evince dall'art. 250, co. 2, c.c. Il quale si esprime in termini di mancata produzione di effetto senza l'assenso. È vero che il comma 3 dell'art. 250 adopera sia il lemma «consenso» (e non assenso) dell'altro genitore sia l'espressione «non può avvenire», ma si tratta di una imperfezione della tecnica legislativa. Il riconoscimento è una fattispecie complessa e la giurisprudenza ne sottolinea la doverosità pena, come si diceva, la risarcibilità del danno non patrimoniale al nato per lesione di un diritto fondamentale[3].

La forma del riconoscimento è richiesta *ad substantiam*, ossia a pena di nullità dell'atto. Le ragioni del formalismo sono intuibili: richiamare l'attenzione sulle conseguenze dell'atto e precostituire una documentazione necessaria alla pubblicità nei registri dello stato civile.

Diversi e tassativi sono gli atti attraverso cui riconoscere. Secondo l'art. 254 c.c., il riconoscimento può essere effettuato nell'atto di nascita o con un'apposita dichiarazione, posteriore alla nascita o al concepimento, davanti ad un ufficiale dello stato civile, o in un atto pubblico redatto da un notaio o da un console o, infine, in un testamento qualunque sia la forma di questo.

L'espressione «qualunque sia la forma» significa che anche il testamento olografo (non solo quello per atto di notaio) può contenere il riconoscimento, la cui efficacia permane anche in caso di revoca del medesimo testamento (art. 256 c.c.). Naturalmente è solo dall'apertura della successione, ossia dal momento della morte del testatore (art. 456 c.c.), che il riconoscimento avrà efficacia.

Il riconoscimento è un *actus legitimus*, non tollerando né termini né condizioni (art. 257 c.c.).

Esso può riguardare anche il figlio già morto al solo scopo di favorire i suoi discendenti (art. 255 c.c.). Perciò se il riconosciuto premorto non ha lasciato discendenti, il riconoscimento è privo di effetti. Con questa disposizione si vuole evitare che il genitore riconosca al solo scopo di succedere al figlio. Se vi sono discendenti, questi succederanno per diritto di rappresentazione, subentrando nel luogo e nel grado del loro ascendente (di primo grado) che non ha potuto accettare l'eredità.

Quanto agli effetti del riconoscimento, la legge n. 219/2012 ha modificato l'art. 258, co. 1, c.c. in conseguenza della codificazione del principio dell'unicità dello stato di figlio. Il nuovo testo stabilisce che il riconoscimento produce effet-

---

[3] Cass., n. 26205/2013, cit., ammette la risarcibilità del danno non patrimoniale subito dal figlio per non essere stato riconosciuto dal padre, pur consapevole della concreta possibilità di essere genitore. Il diritto leso è quello di cui all'art. 30, co. 1, Cost., come interpretato dalla Suprema Corte (cfr. in senso conforme Cass., n. 5652/2012). La Cassazione ritiene, inoltre, per il principio di economia processuale, che la domanda risarcitoria possa essere proposta nello stesso giudizio in cui si chiede la dichiarazione giudiziale di paternità o di maternità.

ti riguardo non più soltanto al genitore da cui fu fatto, ma anche ai parenti di quest'ultimo.

Le conseguenze dell'ingresso del figlio riconosciuto nella famiglia del genitore sono molteplici. Si applicherà l'art. 316-*bis* c.c. sul concorso al mantenimento del figlio nato fuori del matrimonio da parte degli altri ascendenti, qualora i genitori che abbiano effettuato il riconoscimento non abbiano mezzi sufficienti.

È soprattutto con riguardo alla capacità a succedere che si apprezzano gli effetti più consistenti dell'unicità dello stato di figlio e della modifica dell'art. 258 c.c. Il figlio riconosciuto diviene soggetto chiamato ad eredità cui prima era estraneo e, al contempo, nuovi soggetti sono legittimati a succedergli. Su questi aspetti si rinvia la trattazione al cap. VI.

2. *Riconoscimento del figlio quattordicenne o di età inferiore e capacità di riconoscere.*

L'art. 1, legge n. 219/2012 ha introdotto due novità nell'art. 250 c.c. (rubricato «Riconoscimento»): 1) l'abbassamento da sedici a quattordici anni dell'età che attribuisce al figlio la capacità di dare il proprio assenso al riconoscimento; 2) la semplificazione del procedimento giudiziale in caso di opposizione al riconoscimento, rivolta dal genitore che abbia già riconosciuto a colui il quale intenda riconoscere.

Il primo aspetto non è di poco conto, poiché il diniego dell'assenso da parte del *minore che abbia compiuto 14 anni* non è superabile attraverso un provvedimento giudiziale. Pertanto, ove manchi l'assenso, il genitore si vedrà preclusa la possibilità del riconoscimento, il quale, se già intervenuto, è privo di effetto (art. 250, co. 2, c.c.). La disposizione è coerente con una più generale linea di politica del diritto che ha valorizzato sempre più la maturità del minore, diminuendo l'età richiesta per interloquire su questioni che lo riguardino (art. 4, co. 1, l. n. 184/1983) o per assumere iniziative (art. 244, ult. co., c.c.). Emblematico è l'art. 336-*bis* c.c. il quale, da un lato, attribuisce al diritto di essere ascoltato una portata generale, come si evince dal rifermento ai «procedimenti» di cui al comma 1, dall'altro, regola le modalità dell'ascolto affinché questo sia effettivamente utile al giudice in quanto veicolo dell'opinione autentica del minore.

Se il figlio ha meno di quattordici anni si applica, invece, un'altra disciplina. Secondo l'art. 250, co. 3, c.c., «il riconoscimento del figlio che non ha compiuto i quattordici anni non può avvenire senza il consenso dell'altro genitore che abbia già effettuato il riconoscimento». Chi riconosce per primo ha, dunque, il potere di impedire, non definitivamente, il secondo riconoscimento. Si tratta di un potere da esercitare con equilibrio nell'esclusivo interesse del minore. Difatti l'art. 250, co. 4, c.c. stabilisce che «il consenso non può essere rifiutato se risponde all'interesse del figlio».

Secondo l'orientamento consolidato della Cassazione, l'interesse del figlio non è un elemento che si pone in contrapposizione con il diritto di riconoscere di cui è titolare il genitore (art. 30, co. 1, Cost.), «ma ne costituisce misura ed elemento di definizione»[4]. Il diritto di essere genitore e il diritto del figlio alla bigenitorialità possono essere sacrificati solo in presenza di «*motivi gravi e irreversibili*», tali da far apparire come altamente probabile una compromissione dello sviluppo del minore, derivante dalla seconda genitorialità.

In sostanza, l'attuazione del diritto di riconoscere è legata non già alla positività dei suoi effetti[5], ma all'assenza di possibili gravi pregiudizi (che il genitore opponente deve allegare) sulla vita del figlio[6].

Se chi ha già riconosciuto nega il proprio consenso al secondo riconoscimento, al genitore che intenda comunque costituire formalmente il vincolo di filiazione non resta che rivolgersi al giudice. Il quale, a seguito della riforma 2012, non è più il tribunale per i minorenni ma il tribunale ordinario in composizione collegiale (art. 38, co. 2, disp. att. c.c.).

È opportuno a questo punto soffermarsi, sia pur in sintesi, sulla seconda novità cui si faceva cenno all'inizio del paragrafo: la semplificazione del procedimento che deve necessariamente intraprendere chi si sia visto negare il consenso al riconoscimento del figlio nato fuori del matrimonio.

Depositato il ricorso da parte del genitore che intenda riconoscere, il tribunale fissa un termine per la notifica del ricorso all'altro genitore che abbia già rico-

---

[4] Cass., n. 11949/2003; Cass., n. 21088/2004; Cass., n. 2878/2005; Cass., n. 12984/2009; Cass., n. 2645/2011; più di recente, nello stesso senso cfr. Trib. Bologna, 8.3.2018, n. 751.

[5] Trib. Bologna, 8.3.2018, n. 751, cit., ritiene che il giudice – «e prima ancora il genitore che si oppone al riconoscimento – non possa subordinare il consenso al previo accertamento che il secondo riconoscimento risulti in concreto *vantaggioso* per il minore; ciò comporterebbe l'inaccettabile conseguenza di ritenere legittimo il rifiuto ogniqualvolta non si ravvisi alcun vantaggio per figlio, creandosi, di fatto, una disparità di trattamento tra i due genitori in relazione al diverso momento in cui [essi] operano il riconoscimento».

[6] Afferma Cass., n. 21088/2004, cit., che «il mancato riscontro di un interesse effettivo e concreto del minore non costituisce ostacolo all'esercizio del genitore ad ottenere il riconoscimento, nel caso di opposizione del genitore che per primo ha proceduto al riconoscimento, in quanto detto interesse va valutato in termini di attitudine a sacrificare la genitorialità, riscontrabile soltanto qualora si accerti l'esistenza di *motivi gravi e irreversibili che inducano a ravvisare la forte probabilità di una compromissione dello sviluppo del minore*, che giustifichi il sacrificio totale del diritto alla genitorialità» (corsivo mio). Nel caso oggetto di questa pronuncia, la Cassazione ha confermato la sentenza della Corte d'Appello, secondo la quale aver preteso l'aborto durante la gravidanza e il disinteresse iniziale nei confronti della bambina non sono elementi sufficienti per desumere che dal riconoscimento possano derivare alla minore pregiudizi gravi e irreparabili. Neppure dal riconoscimento possono escludersi, almeno astrattamente, effetti vantaggiosi per la minore stessa. Legittimamente, quindi, la Corte d'Appello ha emesso una pronuncia sostitutiva del consenso mancante del genitore che aveva riconosciuto per primo. In altri termini l'opposizione al riconoscimento deve fondarsi sulla dannosità (grave e irreversibile) del riconoscimento e non sulla mancanza di vantaggi di quest'ultimo (la cui valutazione è oltretutto opinabile e fallace).

nosciuto. Successivamente alla notifica, si aprono *due scenari alternativi*: a) se non è proposta opposizione da parte del genitore che ha già riconosciuto entro trenta giorni dalla notifica, il giudice decide con sentenza che tiene luogo del consenso mancante. Il procedimento, pertanto, si chiude velocemente; b) se invece è fatta opposizione (trovando così conferma formale quella volontà contraria extra-processuale), il giudice, assunta ogni opportuna informazione, dispone l'audizione del figlio che abbia compiuto dodici anni o di età inferiore se capace di discernimento «e assume eventuali provvedimenti provvisori e urgenti al fine di instaurare la relazione, salvo che l'opposizione non sia palesemente fondata».

In sostanza al genitore che abbia già riconosciuto non spetta l'ultima parola sulla valutazione dell'interesse del figlio ad acquisire il legame di parentela anche con l'altro genitore. È il giudice il soggetto preposto a garantire l'interesse del minore. Il quale però, se dodicenne o comunque capace di discernimento, collabora, tramite la sua audizione, a conformare il contenuto della decisione giudiziaria.

Con la sentenza che tiene luogo del consenso mancante, il giudice assume i provvedimenti riguardanti l'affidamento e il mantenimento. Sia l'affido condiviso che esclusivo necessitano della regolamentazione dei tempi e delle modalità di permanenza del figlio presso ciascun genitore, nonché della misura del mantenimento del medesimo a carico del genitore secondo i criteri di cui all'art. 337-*ter*, co. 4, c.c.

Il giudice dovrà assumere anche i provvedimenti sul cognome ai sensi dell'art. 262 c.c., pertanto il figlio potrà acquisire il cognome del padre aggiungendolo, anteponendolo o sostituendolo a quello della madre.

La giurisprudenza si è divisa sul se la sentenza che tiene luogo del consenso mancante sia meramente autorizzativa del riconoscimento (in tal caso il genitore potrebbe anche non compiere l'atto o esserne impossibilitato), o sostitutiva del riconoscimento stesso, con conseguente annotazione, secondo quest'ultima impostazione, del nominativo del secondo genitore a margine dell'atto di nascita del figlio. È preferibile questo secondo orientamento, secondo il quale il riconoscimento è insito nello stesso esercizio dell'azione giudiziale *ex* art. 250, co. 4, c.c.[7]. Non solo: se ai sensi dell'art. 250, co. 4, c.c. il giudice, con la

---

[7] Trib. Bologna, 8.3.2018, n. 751, cit., rileva che la volontà di riconoscere la minore è stata espressa dal ricorrente più volte in udienza, come risulta dai relativi verbali. Ora, non va ignorato che «la formale dichiarazione fatta dalla parte dinanzi al giudice non può non avere, sussistendone i presupposti di legge, effetti costitutivi del riconoscimento stesso; dichiarazione che, pertanto, va ritenuta in sé sufficiente e non bisognosa di alcuna altra ripetizione davanti ad altro pubblico ufficiale». Il tribunale, di conseguenza, nel dispositivo della sentenza, ordina all'Ufficiale di stato civile del Comune di Bologna di annotare sull'atto di nascita della minore che il ricorrente è il padre.

L'altro orientamento giurisprudenziale reputa, invece, bifasico il procedimento di cui all'art. 250 c.c.: la prima fase termina con una previa pronuncia parziale di autorizzazione al riconoscimento, essendo necessario differire ogni altro provvedimento nell'interesse del minore al prosieguo del giudizio (seconda fase) subordinato alla prova dell'avvenuto riconoscimento secondo le forme indicate dall'art. 254 c.c.

sentenza che tiene luogo del consenso mancante, assume anche i provvedimenti sul mantenimento e sull'affidamento del minore, è evidente che ciò postula la costituzione dello stato di figlio nei confronti del ricorrente. Del resto è contrario al preminente interesse del minore consentire al ricorrente di cambiare idea sull'intenzione di riconoscere una volta emessa la sentenza che sostituisce il consenso mancante.

Quando alla *capacità di riconoscere*, la riforma del 2012 ha modificato il comma 2 dell'art. 250 c.c. Si è scelto non di abbassare l'età minima richiesta per il riconoscimento, rimasta ancorata al compimento del sedicesimo anno di età, ma di introdurre un elemento di flessibilità. Stabilisce l'art. 250, ult. co., c.c. che il giudice, valutate le circostanze, può autorizzare l'infra-sedicenne a riconoscere il proprio figlio[8].

Si tratta di una previsione apprezzabile se si considera, come si vedrà in altre situazioni (cfr. *infra*, cap. III-§ 7 e cap. IV-§ 12), che il principio della preminenza dell'interesse del minore spesso confligge con soluzioni normative rigide, scaturenti da norme precettive che, nella loro generalità ed astrattezza, talvolta non garantiscono una tutela effettiva del minore rispetto alla fattispecie concreta *sub judice*.

3. *Dal figlio incestuoso alla centralità del figlio.*

La legge n. 219/2012, rispetto alla riforma del 1975, ha introdotto una ulteriore significativa apertura alla costituzione dello *status filiationis*, pur se conseguente a un rapporto incestuoso (art. 251 c.c.). Essa consiste nell'attribuzione ai genitori di mala fede, ossia a conoscenza del legame di parentela o affinità rilevante, della facoltà di riconoscere il figlio «incestuoso».

Prima di esaminare questa novità, occorre riprendere alcuni punti della tematica della filiazione incestuosa in un'ottica diacronica.

Anzitutto va sottolineato che l'aggettivo incestuoso è stato eliminato dal codice civile in quanto lesivo della dignità del nato. Il codice penale, invece, intitola la rubrica dell'art. 564 «incesto» ed inserisce questa fattispecie criminosa nel capo II sui «Delitti contro la morale familiare».

L'art. 251 c.c. delimita l'incesto alle ipotesi in cui il figlio nasca da persone tra le quali vi è un vincolo di *parentela in linea retta all'infinito* (padre, figlio, nipoti) o *in linea collaterale di secondo grado* (fratelli), ovvero un vincolo di *affinità in linea retta* (coniuge, suocera). Questi rapporti tra persone legate da parentela stretta o

---

[8] Secondo il Trib. Milano, 2.12.2013, l'autorizzazione a riconoscere il proprio figlio può essere chiesta solo dal minore (che abbia procreato), non anche da altri soggetti come il Comune in persona dell'assistente sociale. Ciò in quanto le ipotesi di sostituzione processuale sono tassative (art. 81 c.p.c.), oltre al fatto che, ai sensi dell'art. 254 c.c., l'atto del riconoscimento spetta solo a chi riconosca, ossia a chi acquisti la qualifica di genitore.

affinità sono sempre stati avversati dal diritto. L'evoluzione che c'è stata è dipesa dalla volontà politica non già di attenuare il disvalore dell'incesto, ma di proteggere il nato da tale condotta.

Nel passaggio dal codice civile del 1865 a quello del 1942 vi è stato il superamento del divieto assoluto di riconoscimento del figlio incestuoso. L'art. 251 del codice civile del 1942, nel testo antecedente alla riforma del 1975, consentiva il riconoscimento soltanto al genitore in buona fede, ossia all'oscuro del vincolo esistente con l'altro futuro genitore al tempo del concepimento.

Di certo, il più risalente e radicale divieto penalizzava, senza una ragione né una finalità apprezzabile, il genitore inconsapevole della propria condizione di parente/affine e il figlio. Questa impostazione così rigida intendeva salvaguardare una concezione astratta di famiglia, la cui struttura sarebbe stata intollerabilmente alterata dalla costituzione di un rapporto di filiazione generato da un incesto. Ma già nel 1942 si registra un mutamento della coscienza sociale, che ha spinto la politica a valorizzare, come si diceva, la buona fede del genitore.

Successivamente, la riforma del 1975 è intervenuta sull'art. 251 c.c., introducendo due nuove disposizioni: si è prevista la riconoscibilità anche qualora sia intervenuta la dichiarazione di nullità del matrimonio da cui deriva l'affinità; si è aggiunto un comma secondo in cui si prevede l'autorizzazione giudiziale al riconoscimento, richiedibile solo dal genitore di buona fede, «avuto riguardo all'interesse del figlio ed alla necessità di evitare allo stesso qualsiasi pregiudizio».

Si può notare come l'art. 251 c.c., letto unitamente al previgente art. 278 c.c., non attribuisse al figlio incestuoso il diritto di chiedere l'accertamento giudiziale della paternità o della maternità, qualora il riconoscimento non fosse possibile a causa della mala fede dei genitori. In questa ipotesi, tuttavia, il figlio non riconoscibile minore d'età aveva diritto al mantenimento, all'istruzione e all'educazione; il maggiorenne aveva, invece, diritto agli alimenti qualora versasse in stato di bisogno (così l'art. 279 c.c. che verrà modificato dal d.lgs. n. 154/2013).

Prima della legge n. 219/2012, la dottrina aveva criticato l'equiparazione della condizione giuridica del figlio a quella dei genitori rei di incesto. Si è sottolineato che l'interesse del minore è diverso da quello dei genitori e si pone su un piano di superiorità, anche rispetto all'interesse pubblico. Il fatto che i genitori in mala fede non fossero legittimati a riconoscere il figlio incestuoso, non avrebbe dovuto precludere al figlio, quasi fosse una conseguenza necessitata, di agire per ottenere la dichiarazione di genitorialità. Perciò, correttamente, nel 2002, è intervenuta la Corte costituzionale che ha introdotto, attraverso la declaratoria di incostituzionalità, la dichiarazione di paternità o di maternità naturale richiesta dal figlio nato da un incesto [9].

---

[9] Corte cost., n. 494/2002 (Rel.: G. Zagrebelsky), cit., dichiara incostituzionale l'art. 278, co. 1, c.c. nella parte in cui escludeva la dichiarazione giudiziale della paternità e della maternità naturali e le relative indagini, nei casi in cui, a norma dell'art. 251, co. 1, c.c., era vietato il riconoscimento

Questa pronuncia è di grande rilievo perché, in attuazione del principio del preminente interesse del minore, ha infranto il parallelismo tra irriconoscibilità del figlio e inammissibilità della dichiarazione giudiziale di paternità/maternità.

Rimaneva ancora un passo da compiere, almeno secondo una certa impostazione fatta propria dalla legge n. 219/2012. La quale ha modificato l'art. 251 c.c., consentendo – come si diceva all'inizio del paragrafo – ai genitori di riconoscere il figlio incestuoso anche in caso di mala fede, cioè nella consapevolezza, già al concepimento, del vincolo di parentela o di affinità che li lega. Il riconoscimento diviene, dunque, legittimo a prescindere dall'elemento soggettivo. È questo un ulteriore progresso di civiltà che mostra la prerogativa del diritto di distinguere i diversi aspetti di un fatto, rifuggendo da penalizzanti generalizzazioni che pagano il prezzo del difetto di tutela di situazioni rilevanti, meritevoli di protezione.

Va precisato che i genitori non sono titolari del diritto di riconoscere; è il figlio che ha, in certi casi, l'interesse a essere riconosciuto dai genitori nonostante «l'incesto». L'art. 251 c.c. subordina il riconoscimento, anche in caso di mala fede, alla «*previa autorizzazione giudiziale* avuto riguardo all'interesse del figlio e alla necessità di evitare allo stesso qualsiasi pregiudizio». Il giudice basa la propria decisione esclusivamente sull'interesse del minore, valutando il contesto in cui si inserisce l'incesto e soprattutto il tipo di rapporto che si è sviluppato successivamente tra i soggetti coinvolti, come emerge da una prima applicazione giurisprudenziale in cui il Tribunale ha fatto leva sulla necessità di conservare la convivenza tra la madre biologica e la bambina, la quale, altrimenti, avrebbe perso il suo unico punto di riferimento [10].

Naturalmente il controllo del giudice è strumento necessario a tutela del minore di età ed è tanto più efficace se preventivo rispetto al riconoscimento. Così si deve ritenere che l'autorizzazione sia un requisito non già di efficacia ma di validità del riconoscimento; di conseguenza non è ammissibile, secondo una tesi [11], l'autorizzazione successiva.

---

dei figli incestuosi. Si tratta di una sentenza cosiddetta manipolativa che, in quanto tale, introduce una nuova regola nell'ordinamento (nel caso di specie l'ammissibilità dell'azione da parte del figlio incestuoso). La Consulta ha argomentato dagli artt. 2 e 3 Cost., ossia dai principi di uguaglianza, di «pari dignità sociale» e dal divieto di differenziare la disciplina sulla base di «condizioni personali e sociali».

[10] Trib. min. Caltanissetta, decr. 20.12.2013, autorizza la madre, oggetto di violenza sessuale da parte del di lei padre, a riconoscere la propria figlia. L'autorizzazione è giustificata dalle seguenti considerazioni: 1) la bambina «che ha sempre convissuto con la madre biologica può e deve continuare a ricevere dalla predetta ogni forma di tutela nell'esercizio della potestà [oggi responsabilità] genitoriale»; 2) vi è un palese interesse della minore ad essere riconosciuta, poiché «la madre costituisce [per la minore] da sempre l'unica figura parentale socialmente riconosciuta e accreditata».

[11] Trib. min. Caltanissetta, decr. 20.12.2013, cit.

È rimasto il dubbio che l'attribuzione ai genitori in mala fede della facoltà di riconoscere appaia contraddittoria rispetto alla rilevanza penale della condotta di incesto. È stato, infatti, rilevato come, nella sostanza, si sia legittimato l'incesto non senza una spiccata incoerenza sistematica, stante la natura delittuosa dell'atto (art. 564 c.c.).

Questa impostazione, all'apparenza piuttosto coerente, ha ceduto rispetto a un'analisi più rispettosa della scala dei valori in gioco. Anzitutto va ribadito che il diritto deve essere ragionevole prima ancora che del tutto coerente. Mentre la ragionevolezza si pone su un piano di equilibrio e di misura, la coerenza e la logica esigono assenza di contraddizioni. Tuttavia i due valori della coerenza e della ragionevolezza si armonizzano per mezzo del principio – quello del preminente interesse del minore – il quale riconduce il possibile conflitto ad unità.

Si può, infatti, rilevare come sia irragionevole far dipendere la condizione della prole dalla buona o mala fede dei genitori, giacché i figli non sono responsabili delle circostanze del loro concepimento. Ma v'è di più sotto un profilo di coerente sviluppo dell'ordinamento giuridico. Aver ammesso il riconoscimento da parte del genitore di mala fede, sia pur previa autorizzazione del giudice, ha contribuito a sviluppare quella linea già tracciata dalla Corte costituzionale con la sentenza n. 494/2002 ricordata sopra.

Questa pronuncia si è posta dal lato del nato, sottolineando che i limiti all'accertamento della filiazione nata da incesto si giustifica solo se posti nell'interesse del figlio. Di conseguenza è stata dichiarata incostituzionale quella disposizione che precludeva al nato di richiedere la dichiarazione giudiziale di genitorialità quando la filiazione non fosse riconoscibile.

Si arriva così al d.lgs. n. 154/2013 che ha eliminato la distinzione tra buona fede ai fini della riconoscibilità del figlio incestuoso. In entrambi i casi occorre «la previa autorizzazione [giudiziale] ai sensi dell'art. 251 c.c.» (art. 278 c.c.).

Se è il figlio a volere richiedere la dichiarazione giudiziale di paternità, è parimenti prevista la preventiva autorizzazione giudiziale (art. 278 c.c.). Qui occorre distinguere a seconda che il figlio sia minorenne o maggiorenne. Nel primo caso egli dovrà ottenere, tramite il rappresentante legale (art. 273 c.c.), la preventiva autorizzazione giudiziale. Nel secondo caso quest'ultima deve ritenersi non necessaria. Ciò in quanto la valutazione del giudice sull'opportunità di formalizzare lo stato di figlio non può prevalere su quella della persona maggiore di età, la quale è dotata della piena capacità di assumere per sé la decisione preferibile (G.F. Basini).

L'autorizzazione giudiziale, in definitiva, è uno strumento duttile che consente di realizzare volta per volta l'interesse del minore di età (non del maggiorenne), rifuggendo da ingiuste equiparazioni di singole e delicatissime vicende umane.

4. *L'inserimento del figlio nato fuori del matrimonio nella famiglia del genitore.*

La nascita di un figlio fuori del matrimonio può generare un conflitto tra il nato e la famiglia del genitore sposato. Si pensi al caso in cui chi è coniugato intenda inserire nella propria famiglia il figlio avuto con un'altra donna prima di sposarsi, oppure il figlio scoperto e riconosciuto dopo il matrimonio.

La Costituzione, all'art. 30, co. 3, subordina la tutela dei figli nati fuori dal matrimonio al canone della compatibilità con i diritti dei membri della «famiglia legittima» (*rectius*: fondata sul matrimonio). Di conseguenza, non è configurabile un diritto assoluto del nato fuori del matrimonio a essere inserito nella famiglia del genitore sposato. Non a caso l'art. 252 c.c. prevede diverse regole volte a contemperare i contrapposti interessi in rilievo.

La formulazione di quest'articolo è stata ritoccata nel 2013 in attuazione della delega al Governo contenuta nell'art. 2, lett. e), legge n. 219/2012. Il quale stabilisce che la disciplina dell'inserimento del figlio riconosciuto nella famiglia dell'uno o dell'altro genitore deve essere adeguata «al principio della unificazione dello stato di figlio, *demandando esclusivamente al giudice* la valutazione di compatibilità di cui all'art. 30, terzo comma, della Costituzione».

Anche in questo caso la modifica legislativa è stata preparata da un'evoluzione della coscienza sociale e dai suggerimenti della dottrina, consapevole del limite più evidente dell'art. 252: l'aver previsto una tutela eccessiva della filiazione legittima rispetto a quella naturale.

È bene ricordare che l'art. 252 c.c., nella stesura previgente, subordinava l'inserimento del figlio naturale nella famiglia legittima ai seguenti consensi: 1) dell'altro coniuge; 2) dei figli conviventi di sedici anni; 3) dell'altro genitore naturale che avesse effettuato il riconoscimento.

Non era chiaro se la mancanza di uno di questi consensi precludesse l'inserimento del figlio nella famiglia legittima. Secondo la giurisprudenza il rifiuto dei consensi di cui ai numeri 1) e 2) impediva assolutamente l'inserimento, invece il rifiuto del consenso di cui al numero 3) era superabile mediante l'intervento del giudice.

In sostanza tutti i membri della famiglia legittima dovevano approvare l'ingresso nella propria compagine dell'ulteriore figlio del genitore, salvo che (la regola è tutt'ora vigente) «il figlio fosse già convivente con il genitore all'atto del matrimonio o l'altro coniuge conoscesse l'esistenza del figlio». In altri termini, se il coniuge scopriva solo dopo essersi sposato di aver avuto un figlio, vi era una maggiore tutela della famiglia legittima e in particolare dei figli legittimi, i quali potevano opporsi all'inserimento del figlio naturale. Il legislatore, in sostanza, proteggeva la compagine familiare preesistente al matrimonio ma, in mancanza, attribuiva maggior rilievo all'assetto della famiglia matrimoniale.

La disposizione non convinceva soprattutto sotto il profilo della netta subordinazione della posizione dei figli naturali rispetto a quelli legittimi. Alcuni studiosi hanno sostenuto che l'art. 252, nella previgente versione, fosse sbilanciato a favore della famiglia legittima.

In questo quadro, pertanto, si giustifica la delega al Governo a riscrivere l'art. 252 c.c., le cui modifiche intervenute nel 2013 hanno rafforzato la tutela del figlio nato fuori del matrimonio.

Prima di soffermarsi su queste novità, si constata che il legislatore delegato ha confermato l'autorizzazione giudiziale all'inserimento del figlio nato fuori del matrimonio nella famiglia del genitore coniugato; autorizzazione subordinata alla verifica che non vi sia alcuna contrarietà all'interesse del minore (riconosciuto). Allo stesso tempo è stato tenuto fermo il consenso all'inserimento da parte dell'altro genitore che abbia effettuato il riconoscimento (art. 252, co. 4, c.c.).

Il primo elemento aggiunto dal legislatore delegato riguarda l'altro coniuge e consiste nell'aver subordinato la sua legittimazione a prestare il consenso all'essere convivente nella famiglia in cui inserire il minore (art. 252, co. 2, c.c.). Il coniuge che non sia convivente non può, invece, influire sulla decisione dell'altro di far vivere il figlio non matrimoniale nella propria famiglia basata sul matrimonio. Simmetricamente, anche il consenso dei figli nati nel matrimonio è richiesto solo in caso di loro convivenza col genitore intenzionato a inserire il figlio extramatrimoniale nella propria famiglia.

La *novità più significativa* è però rappresentata dall'attribuzione al giudice dell'ultima parola, qualora via sia «disaccordo tra i genitori, ovvero mancato consenso degli altri figli conviventi» (art. 252, ult. co., c.c.). Egli deve decidere tenendo conto dell'interesse di tutti i minori coinvolti. A questa valutazione contribuiscono gli stessi minori, i quali devono essere ascoltati qualora abbiano compiuto dodici anni e anche se di età inferiore ove capaci di discernimento.

Di certo la previsione di siffatto potere giudiziale esige che la ragione addotta contro l'inserimento debba essere seria e palesemente fondata, tale da mettere in pericolo la serenità della crescita del minore ove inserito nella famiglia fondata sul matrimonio e/o la tenuta di quest'ultima. Una spiccata ostilità da parte dei figli nati nel matrimonio o tra i genitori potrebbe indurre il giudice a negare l'inserimento.

Non può sfuggire, proseguendo nell'analisi della disciplina, che il mancato consenso da parte dell'altro coniuge, stante la lettera dell'art. 252, ult. co., c.c., impedisca irrimediabilmente l'inserimento del figlio extramatrimoniale nella famiglia fondata sul matrimonio. Qui il giudice non ha l'ultima parola.

Questa regola ha fondamento nella finalità di tutela dell'unità matrimoniale, la quale sarebbe pregiudicata se il giudice avesse il potere di far prevalere la propria volontà su quella del coniuge che si oppone all'inserimento. Del resto va rilevato in chiave sistematica che l'art. 145, co. 2, c.c., in caso di disaccordo tra i coniugi sulla fissazione della residenza o su altri affari essenziali, attribuisce al giudice il potere di adottare la soluzione più adeguata soltanto se «ne sia richiesto espressamente e *congiuntamente* dai coniugi».

La famiglia si regge sulla capacità dei coniugi di accordarsi e non sulle imposizioni giudiziali in caso di disaccordo. Pertanto, non aver attribuito al giudice, in occasione delle modifiche all'art. 252 c.c., il potere di superare il dissenso del coniuge all'inserimento rappresenta una scelta legislativa incentrata sulla garanzia costituzionale riservata al matrimonio (art. 29, co. 1, Cost.), tesa a proteggere la famiglia fondata sul matrimonio e a favorire la composizione spontanea dei dissidi.

Ad ogni modo la riforma 2012/2013 ha delineato un maggior equilibrio tra l'interesse della prole matrimoniale e quello della prole extramatrimoniale. Le modifiche all'art. 252 c.c. appaiono coerenti con il quadro normativo più generale. Si consideri che l'art. 315-*bis*, co. 2, c.c., nel sancire il diritto del figlio «di crescere in famiglia», sottolinea il valore della comunanza di vita senza alcuna distinzione tra figli nati nel e fuori dal matrimonio. Ancora: l'art. 24, co. 3, *Carta dei diritti fondamentali UE* prevede il diritto del minore «di intrattenere regolarmente relazioni personali e contatti diretti con i due genitori».

Le modifiche all'art. 252 c.c. e il principio della unicità dello stato di figlio inducono a chiedersi quale sia, oggi, il grado di effettività del limite costituzionale di compatibilità cui è assoggetta la tutela dei figli nati fuori del matrimonio rispetto «ai diritti dei membri della famiglia legittima» (art. 30, co. 3, Cost.). Una cosa è certa: tale limite ha visto attenuarsi significativamente la sua portata applicativa. Ciò in ragione anche dell'abrogazione del diritto di commutazione (art. 537, co. 3, c.c.) da parte dell'art. 71, lett. d), d.lgs. n. 154/2013, nonostante che la Corte costituzionale ne avesse affermato la compatibilità con il dettato costituzionale [12].

Si potrebbe ritenere che il limite costituzionale della compatibilità sia stato inverato proprio nell'art. 252, co. 2, c.c. Ma a ben guardare la regola secondo cui il coniuge ha il diritto assoluto (salvo che il figlio fosse già convivente con il genitore) di negare il consenso all'inserimento del figlio dell'altro nella propria famiglia non è espressione della prevalenza della filiazione matrimoniale su quella non matrimoniale. Tale diritto non è attuativo del canone costituzionale di cui all'art. 30, co. 3; piuttosto, come si accennava, esso tutela la compagine matrimoniale esistente e l'altro coniuge dal dover subire decisioni altrui che alterino la composizione della propria famiglia.

Questa regola ha il proprio fondamento non già nel limite di compatibilità, ma nella tutela della famiglia preesistente.

---

[12] Corte cost., n. 335/2009 (Rel.: P. Grossi). Si può osservare come la necessità di un bilanciamento tra la posizione del figlio riconosciuto e l'interesse alla stabilità della famiglia fondata sul matrimonio prescinda dall'esistenza del parametro costituzionale della compatibilità con i diritti dei membri della famiglia legittima. Anche se questo parametro non ci fosse stato, sarebbe stato comunque necessario un bilanciamento tra le due situazioni coinvolte. Sembra proprio che il parametro *de quo* abbia progressivamente perso gran parte, se non tutta, la sua portata precettiva.

5. *Difetto di veridicità e riconoscimento c.d. di compiacenza.*

L'accertamento volontario della filiazione fuori del matrimonio può essere contestato con l'impugnativa del riconoscimento in *tre casi*: 1) per difetto di veridicità (art. 263 c.c.); 2) per violenza (art. 265 c.c.); 3) per incapacità di agire (artt. 250, ult. co., e 266 c.c.).

Il riconoscimento non veridico, oltre a determinare una responsabilità penale (artt. 495 e 567 c.p. quando vi è coscienza e volontà di dichiarare il falso), è impugnabile ai sensi dell'art. 263 c.c. Quanto all'impugnabilità, la circostanza di non essere il genitore può essere già nota all'atto del riconoscimento (c.d. di compiacenza), ovvero emergere successivamente a tale momento.

Nella prima ipotesi è dubbio se il riconoscimento possa essere impugnato per difetto di veridicità dall'autore dello stesso. Più di recente, la giurisprudenza ha accolto la tesi negativa sulla base dell'evoluzione dell'ordinamento giuridico, dalla quale si è ritenuto emergesse un «concetto sociale di famiglia» [13]. Del resto più volte i giudici delle Corti interne e della Corte EDU hanno riconosciuto la rilevanza dell'interesse del figlio a conservare il rapporto genitoriale, dispiegatosi nel tempo, con un soggetto con cui non vi era alcun legame biologico e che si fosse comportato come genitore (cfr. *amplius* cap. III-§§ 7-8).

Se il rapporto di filiazione ha un valore a prescindere dal dato genetico, è condivisibile l'*obiter dictum* della Corte costituzionale secondo cui non è «irragionevole che il termine annuale [di cui all'art. 263, co. 3, c.c.] decorra dall'annotazione del riconoscimento per chi abbia posto in essere l'atto nella consapevolezza della non paternità biologica» [14].

Sul riconoscimento consapevolmente falso è bene soffermarsi ulteriormente, poiché dalla disciplina che lo regola emerge la preminenza dell'interesse del figlio rispetto all'interesse del genitore a far prevalere un'astratta verità.

---

[13] Secondo il Trib. Firenze, ord. 30.7.2015, l'azione di cui all'art. 263 c.c. non può essere esercitata dall'autore del riconoscimento consapevolmente non veridico, ma neanche dal coniuge e dai discendenti dello stesso. Nel caso di specie agiscono in giudizio (con un accertamento tecnico preventivo *ex* art. 696 c.p.c., propedeutico all'azione *ex* art. 263 c.c., volto ad accertare la non corrispondenza del DNA del defunto con la figlia naturale) la figlia legittima e la coniuge del *de cuius*. La convenuta, figlia naturale, eccepisce di aver convissuto per tanti anni col padre e con la di lui figlia legittima come una vera e propria famiglia. Il tribunale fiorentino, mosso dall'intento dichiarato di «riscoprire la fattualità del diritto» (riecheggiano qui le parole del Prof. Paolo Grossi), respinge il ricorso. Si afferma nell'ordinanza che consentire l'impugnazione *ex* art. 263 c.c. determinerebbe le seguenti lesioni: 1) dell'interesse della figlia naturale (maggiorenne) a conservare un rapporto che, di fatto, è stato quello tra un figlio e un genitore; 2) dell'identità personale e sociale acquisita attraverso il rapporto con la figura genitoriale di riferimento; 3) della dignità della persona. Oltretutto, rileva il tribunale, l'azione *ex* art. 263 c.c. che vorrebbe esercitare la figlia legittima, pure in passato convivente con la figlia naturale del *de cuius*, «contrasta con i criteri di buona fede, solidarietà e reciproco affidamento che connotano in modo particolare i rapporti di famiglia (Cass., n. 2315/1999)».

[14] Corte cost., n. 133/2021, cit., § 7.2.1.

Si consideri che il legislatore, tramite l'art. 74, legge n. 184/1983, ha cercato di contrastare il fenomeno del falso riconoscimento finalizzato a eludere la normativa sull'adozione. La disposizione contenuta in tale articolo prevede l'obbligo a carico dell'ufficiale dello stato civile di trasmettere al tribunale per i minorenni una comunicazione, sottoscritta dal dichiarante, che vi è stato il riconoscimento da parte di una persona coniugata di un figlio nato fuori del matrimonio e non riconosciuto dall'altro genitore. Il tribunale, se del caso, nominerà un curatore speciale per impugnare davanti al tribunale ordinario (art. 38 disp. att. c.c.) il riconoscimento per difetto di veridicità.

Un tale contrasto però incontra dei limiti. Va rilevato come, rispetto al testo previgente dell'art. 263 c.c. che prevedeva l'imprescrittibilità dell'azione per difetto di veridicità, il problema della disciplina applicabile al riconoscimento consapevolmente falso è stato attenuato dal legislatore. Il d.lgs. n. 154/2013 ha introdotto un termine di prescrizione annuale dell'azione; termine che decorre dal giorno dell'annotazione del riconoscimento sull'atto di nascita (art. 263, co. 3, c.c.). Quindi, chi ha inteso riconoscere falsamente il nato non può impugnare il riconoscimento dopo un anno da tale atto. Inoltre, per quanto sopra affermato, l'impugnazione non sarebbe ammissibile in ogni caso neppure durante la decorrenza dell'anno in forza del principio che fa divieto di *venire contra factum proprium*. Un principio, questo, che trae sostanza dal preminente interesse del minore che, secondo la Corte costituzionale, è «immanente nell'ambito delle azioni volte alla rimozione dello *status filiationis*» [15].

L'immanenza è desumibile da diverse disposizioni di legge dalle quali si trae la rilevanza della genitorialità basata sul rapporto affettivo stabile e non già sul legame genetico (artt. 244, co. 4, e 263, coo. 3 e 4, c.c.; art. 9, l. n. 40/2004, l. n. 173/2015 sul diritto alla continuità affettiva). Inoltre il legislatore, in certi casi, ha attribuito al giudice il potere di bilanciare in concreto l'interesse del minore con il pubblico interesse alla certezza dello status e con la verità. In tale senso

[15] Corte cost., n. 272/2017 (Rel.: G. Amato), dichiara infondata la questione di legittimità costituzionale dell'art. 263 c.c. nella parte in cui non consentirebbe al giudice di valutare quale sia il concreto interesse del minore rispetto a un'impugnazione del riconoscimento che risulti fondata a causa della mancanza del legame genetico. Secondo la Consulta, l'art. 263 c.c. va interpretato in modo costituzionalmente orientato, collegandolo con le disposizioni anche di fonte sovranazionale (come l'art. 3 *Convenzione dei diritti del fanciullo di New York* del 20.11.1989 ratificata e resa esecutiva in Italia con legge n. 176/1991, la Convezione di Strasburgo del 25.1.1996 ratificata e resa esecutiva con legge n. 77/2003, l'art. 24, co. 2, CDFUE) che impongono al giudice di valutare in ogni sua decisione l'interesse preminente del minore. Si tenga presente che l'art. 263 c.c. è stato censurato dal giudice rimettente nella versione, applicabile *ratione temporis*, antecedente rispetto alle modifiche in punto di decadenza apportate dal d.lgs. n. 154/2013. Secondo la disposizione precedentemente in vigore, l'azione era imprescrittibile per tutti i legittimati all'esercizio dell'azione. Cfr. anche Cass. n. 27140/2021, la quale, con riguardo all'azione di disconoscimento della paternità, afferma che il giudice deve bilanciare il diritto all'identità personale del presunto padre con il valore della stabilità dei rapporti familiari.

depongono l'art. 250 c.c. nella parte in cui devolve al giudice la valutazione della fondatezza dell'opposizione del genitore al secondo riconoscimento del figlio e l'art. 251 c.c. sull'autorizzazione al riconoscimento del figlio nato da incesto.

Sempre secondo la Corte costituzionale – sentenza n. 272/2017 – il giudice cui sia fatta richiesta di nomina del curatore speciale ai sensi dell'art. 264 c.c., affinché quest'ultimo promuova l'impugnazione del riconoscimento della paternità/maternità, dovrà «valutare, ancor prima dell'instaurazione dell'azione, l'interesse del minore all'assunzione di tale iniziativa giudiziale» [16].

Questa sentenza ha concorso a riconfigurare l'intero sistema delle azioni di stato volte a eliminare la filiazione, sul presupposto secondo cui il dato della provenienza genetica non costituisce un requisito imprescindibile della famiglia, non essendo un valore di rilevanza costituzionale assoluto. Ed è giusto che sia così, poiché l'identità personale del nato si lega non solo alla verità biologica, ma anche al rapporto sviluppatosi con la figura genitoriale di riferimento, pur non essendovi derivazione genetica tra i due soggetti.

In forza di quanto detto, si deve ammettere che i limiti legali alla ricerca della paternità, secondo il disposto dell'art. 30, co. 4, Cost., possono essere desunti oltre che da una specifica disposizione di legge (come ad esempio l'art. 244, co. 4, c.c.) anche dal principio del preminente interesse del minore. Il quale, caricato di significato dall'evoluzione ordinamentale, mostra come sia possibile, in certi casi, una divergenza tra identità genetica e identità legale.

Spetta al giudice, dunque, bilanciare l'interesse del soggetto riconosciuto e il *favor* per la verità del rapporto di filiazione, come ha ribadito la Corte costituzionale [17] in un caso di riconoscimento c.d. di compiacenza. In tale attività valu-

---

[16] Corte cost., n. 272/2017, cit., § 4.1.7. Il caso di specie riguardava una coppia italiana di conviventi che aveva fatto ricorso all'estero alla surroga biologica di maternità. Trascritto in Italia l'atto di nascita ed emersa la mancanza del legame genetico tra la madre committente e il nato, il curatore speciale, nominato ai sensi dell'art. 264 c.c., agiva in giudizio impugnando il riconoscimento della madre per difetto di veridicità.

[17] Corte cost., n. 127/2020, cit. Nel caso di specie il giudizio di appello è stato proposto dal curatore speciale contro la sentenza di primo grado che aveva accolto l'impugnazione del riconoscimento da parte del padre, consapevole della falsità del riconoscimento all'atto di compierlo. Di fronte all'eliminazione dello stato di figlio nei confronti del padre, la Corte d'Appello di Torino ha sollevato questione di legittimità costituzionale dell'art. 263 c.c. nella parte in cui non preclude l'azione a chi abbia effettuato il riconoscimento nella consapevolezza della sua falsità. La Corte costituzionale, pur dichiarando infondata la questione di legittimità, ha sottolineato alcuni punti in diritto molto significativi che confermano la centralità dell'interesse del minore nelle azioni di stato. Centralità che, anzitutto, si traduce nel doversi respingere ogni automatismo tra assenza del legame genetico ed eliminazione dello stato di figlio. Così in questa pronuncia si confermano quattro capisaldi della filiazione: 1) l'art. 30 Cost. non attribuisce valore indefettibilmente preminente alla verità biologica; 2) ci sono diverse fattispecie in cui la legge attribuisce prevalenza all'interesse del minore alla conservazione dello *status filiationis* rispetto all'interesse pubblico alla verità della filiazione (ad es. l'art. 9, l. n. 40/2004); 3) spetta al giudice bilanciare la verità del concepimento con l'interesse concreto del figlio alla conservazione della status acquisito; 4) il giudice adito con l'azione di cui all'art. 263 deve andare

tativa il giudice deve avere un orizzonte più ampio di quello costituito dalla semplice alternativa tra verità e falsità della filiazione, considerando piuttosto: 1) il legame del soggetto riconosciuto con l'altro genitore, quello genetico (in effetti se tale legame è blando e/o conflittuale può essere negativo per il minore perdere lo stato di figlio nei confronti dell'attore in giudizio; 2) la possibilità di instaurare il legame di filiazione nei confronti del genitore biologico (ove ciò non sia possibile il figlio vedrebbe diminuire senza rimedio le figure genitoriali di riferimento); 3) la durata del rapporto di filiazione con il genitore non genetico e il connesso livello di consolidamento della condizione identitaria acquisita per effetto del falso riconoscimento; 4) l'idoneità dell'autore del riconoscimento allo svolgimento del ruolo di genitore (l'essere stato un buon genitore rafforza la rilevanza giuridica del rapporto con il figlio, potendolo rendere ineliminabile).

Emerge come la disciplina delle azioni volte a eliminare lo stato di figlio, nonostante la finalità pubblica perseguita dalla certezza dello status, sia divenuta flessibile in attuazione del principio del preminente interesse del minore. Questa flessibilità non va reputata come un fattore di incertezza, ma come un valore aggiunto dell'ordinamento, perché consente ai giudici di offrire una risposta più coerente con i fatti che connotano la vita delle persone.

6. (Segue). *La disciplina dell'azione.*

Legittimati attivi all'esercizio dell'azione sono, ai sensi dell'art. 263, co. 1, c.c.: 1) chi ha riconosciuto falsamente; 2) chi è stato riconosciuto; 3) chiunque vi abbia interesse (ad es.: la madre, il padre biologico o un successibile del dichiarante a fini di successori).

Se il riconosciuto è minore di età, legittimato ad agire è il curatore speciale nominato dal giudice, assunte sommarie informazioni, su istanza dello stesso minore purché quattordicenne (e non più sedicenne per effetto del d.lgs. n. 154/2013), ovvero, quando si tratti di infra-quattordicenne, su istanza del pubblico ministero o dell'altro genitore che abbia validamente riconosciuto (art. 264 c.c.). L'interesse del minore all'affermazione della verità è, pertanto, fatto valere dal curatore speciale, il quale, nel ruolo di rappresentante, potrà dare l'incarico di agire in giudizio a un avvocato.

L'azione in parola, qualora non sia stata esercitata, si trasmette in caso di morte sia dell'autore del riconoscimento (art. 267, co. 2, c.c.) che del figlio riconosciuto (art. 267, co. 3, c.c.). Nella prima ipotesi, ove non sia decorso il

---

oltre l'alternativa verità/falsità dello stato di figlio, come indicato più ampiamente sopra nel testo. Cfr. in senso conforme Cass. n. 27140/2021, cit., in cui si sottolinea come il diritto all'identità personale non è correlato necessariamente alla verità biologica, ma anche ai legami affettivi sviluppatisi nella famiglia. Ciò comporta che l'azione volta a eliminare lo stato di figlio possa essere respinta pur in mancanza del legame genetico con il genitore.

termine di cui all'art. 263, co. 3, c.c., l'azione può essere proposta dai discendenti o dagli ascendenti dell'autore del riconoscimento entro un anno dalla morte di quest'ultimo «o dalla nascita del figlio se si tratta di figlio postumo o dal raggiungimento della maggiore età da parte di ciascuno dei discendenti» (art. 267, co. 2, c.c.).

Nella seconda ipotesi (morte del figlio riconosciuto), legittimati ad agire in sua vece sono il coniuge o i discendenti «nel termine di una anno che decorre dalla morte del figlio riconosciuto o dal raggiungimento della maggiore età da parte di ciascuno dei discendenti» (art. 267, co. 3, c.c.).

Nel giudizio occorrerà dimostrare che l'autore del riconoscimento non è il vero genitore, perché quest'ultimo era incapace di generare al momento del concepimento o perché genitore è un altro soggetto. Ora, poiché nel processo deve emergere l'oggettiva inesistenza del rapporto di filiazione, non è sufficiente l'*exceptio plurium concumbentium*. Inoltre, l'indisponibilità dello *status* di figlio esclude che abbia valore confessorio la dichiarazione del figlio (art. 2733, co. 2, c.c.). Decisiva è la prova scientifica che si distingue in genetica o ematologica (cfr. *infra*, § 10).

Quanto ai *termini dell'esercizio dell'azione*, il d.lgs. n. 154/2013 ha innovato profondamente, come si è accennato nel paragrafo precedente. Il previgente art. 263, co. 3, c.c., con riguardo a tutti i legittimati attivi, stabiliva che: «L'azione è imprescrittibile». Il decreto legislativo, invece, similmente a quando stabilito ai sensi dell'art. 244, co. 4, c.c., ha inteso bilanciare più adeguatamente l'interesse del figlio alla stabilità del rapporto di filiazione con l'interesse – pubblico (dello Stato) e privato (del genitore vero e di quello falso) – alla verità dello *status filiationis*.

A tal fine è stata sancita l'imprescrittibilità dell'azione solo con riguardo al figlio (art. 263, co. 2, c.c.) [18]. Il quale, sebbene sia trascorso un tempo anche lungo dall'avvenuto riconoscimento, può sempre eliminare lo stato (falso), agendo even-

---

[18] È utile ricordare che la Corte cost., n. 158/1991 (Rel.: F.P. Casavola) non ha ritenuto in contrasto con il principio di uguaglianza il previgente art. 263 c.c. che, nel prevedere l'imprescrittibilità dell'impugnazione per difetto di veridicità a fronte della decadenza dall'azione di disconoscimento della paternità (art. 244 c.c.), finiva col diversificare la condizione del figlio naturale rispetto a quella del figlio legittimo. Il figlio naturale, in caso di riconoscimento non veridico, non poteva mai beneficiare della incontestabilità del proprio stato, neppure se, come nel caso di specie, il genitore fosse consapevole fin dal riconoscimento della falsità di quest'ultimo e fosse trascorso molto tempo dal riconoscimento stesso. La Consulta ha escluso che fosse invocabile, quale motivo di illegittimità dell'art. 263 c.c., il parametro dei doveri inderogabili di solidarietà (art. 2 Cost.). Ciò in quanto le due condizioni di figlio naturale e di figlio legittimo non sono comparabili. Con riguardo alla prima, vale l'interesse oggettivo dell'ordinamento alla verità dello *status*; la seconda è dominata invece dalla presunzione di paternità, superabile solo con l'azione di disconoscimento nel breve termine di un anno. Alla Corte costituzionale non sfugge, tuttavia, che la imprescrittibilità dell'azione di impugnazione per difetto di veridicità «potrebbe apparire eccessivamente rigorosa». Si invoca, pertanto, un intervento legislativo volto a «bilanciare la incertezza della durata dello "status" del riconosciuto con *l'interesse sociale alla sua verità* [corsivo mio]». In gioco ci sono due importanti valori: la stabilità dei rapporti familiari (segnatamente del rapporto di filiazione) e la tutela dell'identità del genitore.

tualmente per la costituzione del legame di filiazione nei confronti del genitore vero (cfr. *infra*, § 8). Chi ottiene l'eliminazione dello stato di figlio ha diritto di conservare il cognome originario (magari in aggiunta a quello del genitore biologico), qualora esso caratterizzi la propria identità personale e la propria famiglia (art. 33 ord. stato civile.).

Per i soggetti diversi dal figlio, il d.lgs. n. 154/2013 ha introdotto due termini di improponibilità dell'azione: uno breve di anno, l'altro lungo di 5 anni.

Il *termine annuale* decorre dall'annotazione del riconoscimento sull'atto di nascita solo se l'autore dell'atto era consapevole della falsità del riconoscimento. Altrimenti, se il riconoscimento avviene nell'erronea convinzione di essere padre, l'esordio della decorrenza del termine si avrà, ai sensi dell'art. 263, co. 3 c.c., dal giorno in cui il padre ha avuto conoscenza della propria impotenza. Anche per la madre, l'anno decorre da quando ella acquisisca consapevolezza dell'impotenza del proprio compagno. Analogamente è previsto con riguardo all'azione di disconoscimento della paternità (art. 244, co. 2, c.c.).

È certamente conforme all'art. 24, co. 1, Cost. far decorrere il termine di improponibilità dell'azione dalla conoscenza del fatto giustificativo dell'azione. Si noterà, tuttavia, a tal proposito, che il legislatore ha selezionato solo l'impotenza quale fatto che procrastina la decorrenza del termine, tacendo su un'altra circostanza qual è la sopravvenuta conoscenza da parte di colui che ha riconosciuto di una ulteriore relazione affettiva della propria compagna all'epoca del concepimento.

In effetti si tratta di una lacuna, occorrendo equiparare la filiazione matrimoniale, laddove il presunto padre vede decorrere il termine dell'azione di disconoscimento dalla scoperta dell'adulterio della moglie, a quella nata fuori del matrimonio. È intervenuta la Corte costituzionale la quale, con una sentenza additiva, ha dichiarato l'illegittimità costituzionale dell'art. 263, co. 3, c.c. nella parte in cui non prevede che, per l'autore del riconoscimento, il termine annuale (di decadenza) per proporre l'azione di impugnazione decorra dal giorno in cui abbia avuto conoscenza della non paternità [19].

---

[19] Corte cost., n. 133/2021, cit. afferma che la mancata previsione di *altre cause della non paternità* di colui che abbia compiuto il riconoscimento determina una «irragionevole disparità di trattamento fra autori del riconoscimento, che possano provare l'impotenza, e autori del riconoscimento non affetti da tale patologia, che siano parimenti venuti a conoscenza della non veridicità della paternità biologica, quando oramai sia decorso il termine annuale conteggiato a partire dall'annotazione del riconoscimento» (art. 3 Cost). La Consulta si è posta in continuità con i suoi precedenti: n. 170/1999 (sulla conoscenza dell'impotenza quale momento di decorrenza dell'azione di disconoscimento della paternità), n. 134/1985 (sulla conoscenza dell'adulterio della moglie quale *dies a quo* sempre dell'azione di disconoscimento della paternità). Proprio in forza di questi precedenti, recepiti poi nell'art. 244 c.c., la Consulta sottolinea come il testo dell'art. 263, co. 3, c.c. determini una disparità di trattamento anche nel confronto tra la normativa del disconoscimento della paternità e quella dell'impugnazione del riconoscimento per difetto di veridicità. Da tale confronto emerge la maggiore stabilità dello status di figlio nato fuori del matrimonio rispetto a quello del figlio concepito o nato durante il matrimonio. Ciò che è da avversare in quanto privo di ogni fondamento.

Soffermiamoci adesso sul termine lungo di 5 anni. Il comma 3, all'ultimo periodo, prevede per il padre e per la madre un termine massimo di cinque anni entro cui agire. Il *dies a quo* della decorrenza è l'annotazione del riconoscimento nell'atto di nascita e il decorso del tempo prescinde dalla conoscenza del fatto preclusivo del legame genetico (*id est*: dell'*impotentia generandi* o, per effetto della sentenza della Corte costituzionale n. 133/2021 cit., della ulteriore relazione della madre al tempo del concepimento). Parimenti dispone il comma 4 con riguardo a chiunque via abbia interesse, prevedendo altresì la sospensione della decorrenza nei casi di cui all'art. 245 c.c. (interdizione, incapacità naturale). Il termine quinquennale vale anche con riguardo a coloro che hanno interesse ad agire per effetto della trasmissione dell'azione in caso di morte dell'autore del riconoscimento o del figlio riconosciuto (art. 267, co. 4, c.c.).

Queste disposizioni che impediscono l'impugnazione per difetto di veridicità dopo il quinquennio sono di particolare importanza sul piano sistematico. Esse, parallelamente a quanto stabilito con riguardo all'azione di disconoscimento della paternità all'art. 244, co. 4, c.c., valorizzano il legame concreto creatosi col figlio a dispetto della mancanza della derivazione genetica. Di conseguenza può dirsi che il fondamento del rapporto di filiazione non risieda esclusivamente nella generazione, ma anche, in talune ipotesi, nell'essersi preso cura del minore d'età per un certo tempo come se si fosse il vero genitore.

La sostanza del rapporto di filiazione prevale, pertanto, sulla verità biologica.

Solo una considerazione finale su un altro profilo del discorso. La previsione di un termine di improponibilità dell'azione indebolisce la tesi della nullità del riconoscimento non veridico, argomentata dalla previgente imprescrittibilità dell'azione e dalla legittimazione assoluta ad agire (che permane sia pur con il limite della prescrizione). Più convincente è la tesi che reputa il riconoscimento non veridico valido, efficace e suscettibile di diventare non impugnabile (salvo per il soggetto riconosciuto).

7. *Altri casi di impugnazione del riconoscimento.*

a) *Per violenza.*

Il riconoscimento effettuato a causa della violenza subita può essere impugnato soltanto dall'autore dell'atto di riconoscimento entro il termine di un anno dal giorno in cui la violenza è cessata. Se, invece, l'autore del riconoscimento è minore di età, l'anno decorre dal conseguimento della maggiore età (art. 265, co. 2, c.c.).

La violenza rileva se presenta i caratteri di cui agli artt. 1435 ss. c.c. Di conseguenza, secondo parte della dottrina, la minaccia da parte del figlio di agire con la dichiarazione giudiziale di paternità o di maternità non invalida per violenza il riconoscimento intervenuto da parte del genitore vero. Ciò in quanto la veridicità del riconoscimento, sia pur estorto con violenza – nella specie con la minaccia di far valere il diritto allo stato di figlio – esclude il conseguimento di un vantaggio ingiusto da parte del soggetto riconosciuto (cfr. art. 1438 c.c.).

Se la violenza non integra minaccia di far valere il predetto diritto, l'impugnazione del riconoscimento è ammissibile anche in caso di verità dello stesso.

La previsione dell'impugnativa per violenza riapre la questione già ricordata (cfr. *supra*, § 1) della natura giuridica dell'atto di riconoscimento. Ebbene, l'impugnabilità per violenza attesta la volontarietà dell'atto e non già una volontà dispositiva degli effetti. Di conseguenza si confermerebbe, anche da questo angolo di osservazione, la tesi del riconoscimento quale atto giuridico in senso stretto (nella specie del negozio di accertamento).

La normativa non prevede l'impugnazione per errore né per dolo, vizi del volere, questi, assorbiti dal difetto di veridicità della dichiarazione di riconoscimento. Il legislatore ha inteso contenere l'incertezza dello *status* di figlio, limitando la rilevanza dei vizi a quello più carico di disvalore (la violenza).

Per la stessa ragione, con riguardo al tempo dell'azione, è stato previsto il termine breve di un anno da intendersi, secondo una tesi, come di prescrizione e non di decadenza. Perciò si applicano gli istituti della sospensione e della interruzione del termine. Si fa leva sull'analogia disciplinare con l'annullabilità per violenza sotto i profili sia della legittimazione ad agire sia del *dies a quo* di decorrenza del termine (cfr. artt. 1441, co. 1, e 1442, co. 2, c.c.).

In verità non è agevole stabilire se il termine sia di decadenza o di prescrizione, considerando che sulla sospensione del termine vi è la disciplina *ad hoc* contenuta nell'art. 245 c.c. richiamato dall'art. 267, ult. co., c.c. Inoltre la sospensione non esclude che il termine sia di decadenza come stabilisce l'art. 2964 c.c.

b) *Per incapacità di agire.*

Oltre che per difetto di veridicità e per violenza, il riconoscimento può essere impugnato per incapacità di agire.

L'infra-sedicenne non ha l'età minima richiesta dalla legge per riconoscere il proprio figlio (art. 250, ult. co., c.c.). L'atto di riconoscimento ugualmente posto in essere dal minore di anni sedici è, secondo una tesi dottrinale più recente, non già nullo ma annullabile. Si argomenta, su un piano sistematico, dalla regola generale dell'annullabilità degli atti compiuti dall'incapace legale; più specificamente si fa leva sull'art. 266 c.c. che prevede l'impugnazione (*id est*: l'annullamento) del riconoscimento compiuto dall'interdetto giudiziale.

Il soggetto maggiorenne può impugnare il proprio atto di riconoscimento effettuato senza preventiva autorizzazione giudiziale quando ancora non erano stati compiuti sedici anni (art. 250, ult. co., c.c.). L'azione, in applicazione analogica dell'art. 265, co. 2, c.c., si prescrive entro un anno dal raggiungimento della maggiore età.

Se l'incapacità di agire è causata *dall'interdizione giudiziale*, legittimato ad agire è il tutore e, dopo la revoca dell'interdizione, lo è lo stesso autore del riconoscimento entro un anno dalla data della revoca (art. 266 c.c.).

È risalente la discussione dottrinale sull'impugnabilità del riconoscimento anche da parte *dell'incapace naturale*. La tesi affermativa muove dal carattere dispositivo del riconoscimento. La tesi negativa obietta che il codice civile detta una specifica e unica disposizione, quella contenuta nell'art. 266 c.c., che non dà alcun rilievo all'incapacità naturale. Se l'incapacità di intendere e di volere ha indotto a un riconoscimento non veritiero, vi è sempre la possibilità di impugnare l'atto per difetto di veridicità (art. 263 c.c.). Non vi sarebbe, quindi, alcun vuoto di tutela.

La tesi negativa si espone comunque a qualche rilievo. Intanto perché la fattispecie legale di cui all'art. 263 non riguarda l'ipotesi del vizio di mente, incentrandosi sul difetto di veridicità. Una circostanza, quest'ultima, che l'articolo sembra riferire alla persona capace di intendere e di volere; difatti solo la persona capace può provare di avere ignorato la propria impotenza o l'ulteriore relazione affettiva della propria compagna al tempo del concepimento (art. 263, co. 3, c.c.).

Si aggiunga che la Corte costituzionale, nella sentenza n. 322/2011, quanto alla sospensione del termine di decorrenza dell'azione di disconoscimento della paternità, ha equiparato alla condizione di interdetto giudiziale quella di incapace naturale che versi in condizioni di abituale e grave infermità di mente. Il che ha indotto il legislatore nel 2013 a integrare l'art. 245, co. 1, c.c. aggiungendo proprio la fattispecie dell'incapace naturale («abituale grave infermità di mente»).

È dunque preferibile l'impostazione che, con riguardo a certe fattispecie, accomuna, quanto alla disciplina applicabile, l'incapace naturale all'interdetto giudiziale. Anche perché il riconoscimento effettuato dall'incapace naturale potrebbe essere vero e, in tale eventualità, non vi è ragione di estendere la legittimazione attiva ad altri soggetti. Cosa che avverrebbe se si riconducesse il riconoscimento da parte dell'incapace naturale nell'art. 263 c.c.

Deve pertanto concludersi che, qualora l'autore del riconoscimento sia un incapace naturale, legittimato ad agire è non già chiunque vi abbia interesse (come vorrebbe la tesi che ritiene applicabile al caso *de quo* l'art. 263, co. 1, c.c.), ma solo l'incapace di intendere e di volere una volta cessata la causa dell'incapacità. Da tale momento decorrerà il termine annuale di improponibilità dell'azione.

Una considerazione a parte merita il *beneficiario dell'amministrazione di sostegno* (artt. 404 ss. c.c.). Egli tendenzialmente può riconoscere validamente il figlio nato fuori del matrimonio, in applicazione del principio della minore limitazione possibile della capacità di agire (art. 1, l. n. 6/2004, art. 405, co. 5, nn. 3 e 4, c.c.). Il giudice tutelare, tuttavia, ai sensi dell'art. 411, ult. co., c.c., ha il potere di estendere al beneficiario la limitazione di cui all'art. 266 c.c., precludendogli così il riconoscimento pena la sua invalidità.

8. *La dichiarazione giudiziale della paternità e della maternità: l'evoluzione normativa.*

Il figlio nato fuori del matrimonio e non riconosciuto dai propri genitori (o da uno di questi) può esercitare l'azione volta a ottenere la dichiarazione giudiziale di paternità o di maternità (artt. 269 ss. c.c.). Egli, ove vittorioso in giudizio, consegue l'accertamento formale dello stato di figlio.

La previsione di quest'azione con cui si costituisce coattivamente la genitorialità è coerente con la regola costituzionale che pone il dovere dei genitori di mantenere, istruire ed educare i figli (art. 30, co. 1, Cost.).

La disciplina dell'azione è mutata progressivamente negli ultimi due secoli, soprattutto, per quanto appena detto, in attuazione delle prescrizioni contenute nell'art. 30 Cost. Il comma 3 di quest'articolo riguarda specificamente i figli nati fuori del matrimonio e stabilisce che la legge assicura loro «ogni tutela giuridica e sociale», sia pur nei limiti della compatibilità con i membri della famiglia legittima. Ma tale limite, oramai dalla esigua valenza applicativa, non può tradursi nella violazione del principio di uguaglianza.

Queste disposizioni, lette congiuntamente, non tollerano limitazioni all'azione di accertamento della genitorialità, pena l'ineffettività dei diritti del nato corrispondenti a ciascun dovere genitoriale di cui all'art. 30, co. 1, Cost. La nettezza di tale affermazione è frutto, però, di una progressiva maturazione sociale e interpretativa. A dimostrazione che il significato della lettera della legge, anche di quella Fondamentale, muta per effetto dei cambiamenti socio-culturali.

Prima dell'entrata in vigore della Costituzione, l'ordinamento precludeva, a tutela della stabilità del matrimonio, l'emersione della filiazione naturale. L'art. 180 del codice civile del 1865 stabiliva che «non possono essere riconosciuti i figli nati da persone, di cui anche una soltanto fosse al tempo del concepimento legata in matrimonio con altra persona». Il figlio non era ammesso a fare indagini né sulla paternità né sulla maternità (art. 193 del codice civile del 1865). C'era (e rimarrà anche in seguito sia pur in modo sempre meno stringente) uno stretto rapporto di influenza tra il riconoscimento e la dichiarazione giudiziale: se era vietato il primo non era ammessa la seconda.

Il codice civile del 1942 ha eliminato il matrimonio quale condizione impeditiva dell'azione, ma non ha slegato il destino dei figli dal rapporto tra i genitori. L'art. 269 c.c., nella versione antecedente a quella riformata dalla legge n. 151/1975, limitava la proponibilità dell'azione a quattro casi tassativi: 1) quando la madre e il presunto padre hanno notoriamente convissuto come coniugi nel tempo a cui risale il concepimento; 2) quando la paternità risulta indirettamente da sentenza civile o penale ovvero da non equivoca dichiarazione scritta di colui al quale si attribuisce la paternità; 3) quando v'è stato ratto o violenza carnale nel tempo che corrisponde al tempo del concepimento; 4) quando v'è possesso di stato di figlio naturale.

Successivamente la legge di riforma del diritto di famiglia del 1975 ha rafforzato i diritti del figlio alla costituzione dello *status filiationis* e alla identità biologica, attraverso due modifiche: 1) l'eliminazione dei casi tassativi dell'azione giudiziale; 2) l'abrogazione della disposizione che prevedeva la prescrizione dell'azione in capo al figlio entro due anni dal raggiungimento della maggiore età.

Il legislatore del 1975 – secondo i commentatori – ha espresso un *favor veritatis* che rischiava, però, di essere ridimensionato dalla regola procedimentale che imponeva un preventivo giudizio di ammissibilità dell'azione. Giudizio diretto a verificare la concorrenza di «specifiche circostanze» tali da far apparire la fondatezza dell'azione (c.d. *fumus boni iuris*). Tra esse rilevavano, ad esempio, i caratteri somatici di chi assumeva di essere figlio o l'ammissione da parte del preteso padre di aver intrattenuto rapporti sessuali con la madre al tempo del concepimento. L'inchiesta sommaria, senza pubblicità e in segreto, terminava con decreto reclamabile alla Corte d'appello e, secondo la Cassazione, ricorribile in Cassazione.

Secondo alcuni studiosi, tale rito preliminare era giustificato dall'art. 30, co. 4, Cost. ai sensi del quale «La legge detta le norme e i limiti per la ricerca della paternità»; per altri, invece, il giudizio di ammissibilità era diventato un «ramo secco» dell'ordinamento. La Corte costituzionale ha accolto quest'ultima prospettazione, dichiarando l'illegittimità dell'art. 274 c.c. con conseguente abolizione del giudizio-filtro dell'azione[20].

Il procedimento, per come era regolato, non rispondeva più alle finalità iniziali (evitare lo *strepitus fori* e le azioni del tutto infondate), oltre a contrastare col diritto di azione (art. 24 Cost.) e con il principio della ragionevole durata del processo (art. 111 Cost.). Inoltre, scrive la Corte costituzionale, «l'evoluzione della tecnica consente oramai di pervenire alla decisione di merito, in termini di pressoché assoluta certezza, in tempi estremamente concentrati».

Si arriva così alla riforma 2012/2013 che ha proseguito nel solco del rafforzamento della posizione del figlio nato fuori del matrimonio, ampliando i soggetti legittimati passivi dell'azione, favorendo l'emersione della verità e la tutela del diritto allo stato di figlio (cfr. *infra*, § 9).

9. (Segue). *Legittimazione attiva e passiva ed effetti della sentenza.*

Legittimato attivo alla dichiarazione giudiziale è il figlio maggiorenne e l'azione è imprescrittibile (art. 270, co. 1, c.c.); pertanto la sentenza dichiarativa

---

[20] La Corte cost., n. 50/2006 (Rel.: A. Finocchiaro), cit. fa leva, tra l'altro, sulle modifiche normative che la legge n. 1047/1971 ha introdotto nell'art. 274 c.c. (obbligo di motivazione del decreto e reclamabilità); modifiche che hanno fatto venir meno il carattere di segretezza dell'azione, posto essenzialmente a difesa del preteso padre.

dello stato di figlio può essere pronunciata dopo molti anni dalla nascita e, come si dirà, finanche dopo la morte del supposto genitore (art. 276 c.c.).

L'imprescrittibilità, come rilevato in dottrina, fa sì che, sebbene siano decorsi dieci anni dall'apertura della successione del presunto padre, il figlio non riconosciuto possa acquisire diritti successori e agire in loro difesa, decorrendo il diritto di accettare l'eredità non già dall'apertura della successione, ma dal passaggio in giudicato della sentenza che dichiara la filiazione (cfr. art. 480, co. 2, c.c.). Si argomenta dall'art. 2935 c.c. che pone un principio generale in tema di prescrizione, secondo il quale il termine di estinzione di un diritto decorre dal giorno in cui si sia in grado di farlo valere. Ora, i diritti successori possono essere invocati soltanto a partire dalla costituzione formale dello *status filiationis* (art. 573 c.c.).

Naturalmente anche il figlio minorenne potrà agire in giudizio con la dichiarazione giudiziale, poiché è proprio durante la minore età che si ha più bisogno della figura genitoriale. In tal caso occorre distingue:

a) se si tratta di un *infra-quattordicenne*, l'azione per ottenere la dichiarazione giudiziale può essere promossa, nell'interesse dello stesso, dal genitore che esercita la responsabilità genitoriale o dal tutore il quale necessita di una previa autorizzazione giudiziale (art. 273, co. 1, c.c.). Il minore non ha il potere di impedire l'esercizio dell'azione, ma egli è titolare del diritto di essere ascoltato (art. 316-*bis*, co. 3, c.c.) se dodicenne o capace di discernimento, attraverso le modalità di cui all'art. 336-*bis* c.c.;

b) il *quattordicenne* ha invece il potere dispositivo dell'azione esercitata da altri, occorrendo il suo consenso sia per promuoverla che per proseguirla (art. 273, co. 2, c.c.). Un suo eventuale dissenso non è superabile con un intervento giudiziale. Ciò in coerenza con le regole secondo cui, da un lato, «il riconoscimento del figlio che ha compiuto i quattordici anni non produce effetto senza il suo assenso» (art. 250, co. 2, c.c.), dall'altro, la sentenza che dichiara l'adozione non può essere pronunciata qualora non sia stato espresso il consenso all'adozione nei confronti della coppia prescelta da parte del minore che abbia compiuto i quattordici anni (art. 25, co. 1, l. n. 184/1983).

Qualora sia intervenuto il consenso ai sensi dell'art. 273, co. 2, c.c., l'azione dovrà essere comunque esercitata dal rappresentante legale.

Dopo la morte del figlio, l'azione spetta non già ai suoi eredi, ma più limitatamente ai suoi discendenti entro due anni dalla morte (art. 270, co. 2, c.c.). Tale termine non è incostituzionale, ma si giustifica in ragione del valore della certezza dei rapporti giuridici che è alla base dell'istituto della decadenza.

L'azione deve essere rivolta contro determinati soggetti. Legittimato passivo è, in primo luogo, colui il quale si ritenga essere il genitore o, in sua mancanza gli eredi dello stesso. Quanto a questi ultimi, il legislatore non ha ristretto la *legi-*

timatio successiva ai soli discendenti; ciò al fine di favorire al massimo il diritto allo stato di figlio. A tal proposito vi è stata un'importante (e attesa) innovazione introdotta nell'art. 276 dall'art. 1, co. 5, legge n. 219/2012. Si tratta della proponibilità dell'azione nei confronti di un curatore speciale, nominato dal giudice davanti al quale il giudizio deve essere promosso, qualora non vi siano eredi del soggetto ritenuto genitore.

La nuova disposizione si è resa necessaria per superare l'impasse che coinvolgeva chi voleva vedere affermato il proprio stato di figlio, ma incontrava l'ostacolo tecnico della mancanza dei legittimati passivi quali il supposto genitore (perché deceduto) e i suoi eredi (perché inesistenti o deceduti anch'essi). In questa ipotesi, l'azione per la dichiarazione giudiziale, pur essendo imprescrittibile, non poteva essere proposta [21].

Dal 1° gennaio 2013, invece, chi ritiene di essere figlio di un soggetto deceduto senza eredi ha facoltà di agire contro il curatore speciale. Egli, in caso di vittoria in giudizio, potrà succedere *mortis causa* al genitore defunto, salvo il limite costituito dal giudicato formatosi prima dell'1/1/2013 [22]. In definitiva è stata adottata una soluzione normativa analoga a quella già prevista in caso di azione di disconoscimento della paternità (art. 247, ult. co., c.c.).

Gli effetti della sentenza che dichiara lo stato di figlio sono gli stessi del riconoscimento (art. 277, co. 1, c.c.) ed essi retroagiscono al momento della nascita. Si è già osservato, però, che tali effetti dipendono dall'accertamento formale dello stato di figlio, la cui costituzione soltanto consente al minore di esercitare i propri diritti. Ciononostante i doveri genitoriali (ossia il rapporto di filiazione) scaturiscono dal fatto della nascita. Ne consegue che se l'obbligazione di mantenimento del figlio sorge fin dalla nascita, il genitore che abbia assolto a tale obbligazione in via esclusiva ha azione di regresso nei confronti dell'altro geni-

---

[21] La Cass., Sez. Un., n. 21287/2005, ha escluso che l'azione per la dichiarazione giudiziale della genitorialità potesse essere esercitata contro gli eredi degli eredi (arg. *ex* artt. 30, co. 4, e 42, co. 4, Cost.), pur riconoscendo che l'art. 276 c.c., sul punto, dovesse essere rivisto a tutela dell'identità personale del figlio. Neppure la Corte costituzionale ha risolto il problema, rigettando, con la pronuncia n. 278/2009 (Rel.: A. Finocchiaro), la questione di legittimità costituzionale dell'art. 276 c.c. nella parte in cui non prevedeva che l'azione in parola potesse essere rivolta contro gli eredi degli eredi o contro il curatore speciale. Secondo la Consulta spettava al potere discrezionale del legislatore disciplinare la materia della legittimazione passiva.

[22] Cass., n. 19790/2014, chiarisce che l'art. 276 c.c., nella parte in cui prevede la nomina del curatore, è applicabile anche ai giudizi pendenti alla data dell'1.1.2013. Si argomenta dalla legge n. 219/2012 e dall'art. 104, d.lgs. n. 154/2013, per affermare che il legislatore della riforma 2012/2013 ha voluto «rimuovere gli ostacoli, i limiti e i pregressi divieti all'accertamento della filiazione, in ossequio all'opzione legislativa di dare preminenza all'interesse del figlio verso la propria discendenza biologica, indipendentemente dalla natura del rapporto dal quale la filiazione è sorta e dal tempo trascorso dalla nascita o dal concepimento». Ciò con il limite del giudicato. Il giudice deputato a nominare il curatore speciale è quello di primo grado, pertanto, in caso di nullità del giudizio, la causa deve essere rimessa a detto giudice.

tore dichiarato tale giudizialmente[23]. L'obbligo di rimborso non è, tuttavia, un effetto della sentenza dichiarativa dello stato di figlio, occorrendo un'apposita domanda giudiziale.

Il giudice che dichiara lo stato di figlio può assumere i provvedimenti che ritiene «utili per l'affidamento, il mantenimento [quelli *ex* artt. 337-*ter*, 337-*quater* c.c.], l'istruzione e l'educazione del figlio e per la tutela degli interessi patrimoniali di lui» (art. 277, co. 2, c.c.).

Qualora attore in giudizio sia il rappresentante legale del minore, competente a decidere è non più il tribunale per i minorenni ma il tribunale ordinario, stante la modifica dell'art. 38 disp. att. c.c. ad opera della legge n. 219/2012.

È importante sottolineare che l'azione per la dichiarazione giudiziale non può essere esperita in presenza di uno stato di figlio formalmente accertato (cfr. artt. 253 e 269, co. 1, c.c.). In tal caso occorre prima rimuovere lo stato di figlio risultante dall'atto di nascita con l'azione a ciò preposta.

Si aggiunga che la dichiarazione di adottabilità impedisce il riconoscimento e sospende il giudizio per la dichiarazione giudiziale; giudizio che si estingue ove segua la pronuncia di adozione divenuta definitiva (art. 11, ult. co., l. n. 184/1983). La *ratio* è di evitare che si costituisca un rapporto di filiazione nei confronti di chi ha abbandonato il proprio figlio.

Solo un cenno a un caso in cui, stante il disposto di cui all'art. 269, co. 1, c.c., non vi può essere dichiarazione giudiziale di genitorialità se è precluso il riconoscimento. Se l'irriconoscibilità è una condizione decisamente meno diffusa rispetto al passato, essa sussiste in certi casi come, ad esempio, qualora il tribunale per i minorenni non abbia autorizzato il riconoscimento del figlio «incestuoso». Il quale, pur non potendo agire con la dichiarazione giudiziale, non rimane senza tutela, avendo diritto al mantenimento, all'istruzione e all'educazione ai sensi dell'art. 279 c.c. Tale diritto dovrà essere fatto valere con un'azione giudiziale. Si tratta di un caso di figlio irriconoscibile e indichiarabile.

Resterebbe ferma la facoltà per il figlio maggiorenne nato da incesto di richiedere, nonostante il tenore letterale dell'art. 278 c.c., la dichiarazione giudiziale di genitorialità, ove si accolga la tesi preferibile della non necessità dell'autorizzazione giudiziale in tal caso.

---

[23] Cass., n. 22506/2010, sotto il profilo del *quantum* dell'assegno mensile da porre a carico del genitore dichiarato tale giudizialmente, ammonisce di distinguere *due periodi di tempo*: quello che intercorre tra la domanda giudiziale di rimborso e la nascita e quello che esordisce dalla domanda stessa. Difatti la misura dell'assegno individuata per il tempo seguente alla domanda giudiziale non può valere, *sic et simpliciter*, a partire dalla nascita. Secondo la Suprema Corte non si può prescindere dalla molteplicità e variabilità nel tempo delle esigenze di un figlio, dalle sostanze e dai redditi di ciascun genitore e dal tenore di vita di cui il figlio ha diritto di fruire comparato con quello dei suoi genitori.

10. *La prova della maternità e della paternità.*

L'art. 269, co. 2, c.c. pone il principio generale secondo cui «La prova della paternità e della maternità può essere data con ogni mezzo» (cfr. anche l'art. 243-*bis*, co. 2, c.c.). Ma si distingue l'una prova dall'altra.

Quella della *maternità*, secondo la regola di natura, si raggiunge dimostrando «l'identità di colui che si pretende essere figlio e di colui che fu partorito dalla donna, la quale si assume essere madre» (art. 269, co. 3, c.c.). Dimostrare con qualunque mezzo di prova (ad es. con la dichiarazione di nascita resa dal medico) che quel soggetto è stato partorito da quella donna dà certezza circa l'esistenza del legame genetico e della maternità. Quindi la donna che partorisce è la madre, la quale è al contempo legata geneticamente al nato.

Questi nessi, come si accennava sopra, hanno perduto il tratto dell'ineluttabilità grazie alla tecnica; colei che ha partorito può non essere legata geneticamente al nato. La pratica della surroga biologica c.d. portante (dove i gameti provengono dalla coppia committente) consente di scindere le figure della madre-genetica (quella committente che fornisce gli ovuli) dalla donna che conduce a termine la gravidanza. Quest'ultima donna non è legata geneticamente al nato e, in forza delle leggi che ammettono la surroga di maternità, non può assumere la responsabilità della crescita, la quale responsabilità viene assunta, per contratto, dalla madre committente.

Di questa fattispecie, l'art. 269, comma 3 non è in grado di cogliere la realtà fattuale. Ove si applicasse tale articolo alla surroga biologica di maternità, si dovrebbe concludere che madre è colei che ha partorito. Ma tale esito interpretativo, come vedremo meglio in seguito (*infra* cap. III-§ 10-11), genera dubbi e frizioni interne all'ordinamento con riguardo alla surroga di maternità effettuata in quei paesi che l'ammettono e rispetto a una richiesta di riconoscimento dello stato di figlio in Italia.

La surroga di maternità, sebbene sia vietata dalla legge n. 40/2004 in tutte le sue declinazioni, ha determinato ugualmente il problema della disciplina giuridica applicabile ai figli nati mediante tale tecnica. Il fenomeno del turismo procreativo ha fatto sì che persone abbienti si siano recate in paesi che ammettono tale pratica, per poi ritornare in Italia e chiedere il riconoscimento del rapporto di filiazione validamente costituitosi all'estero.

Vero è che l'interprete è in difficoltà quando si confronta con una normativa inadatta a disciplinare il caso concreto, perché le acquisizioni scientifiche che ne costituiscono il sostrato risultano superate dai progressi della scienza e della tecnica. Quando ciò accade, la legge deve essere duttile, altrimenti vi è il rischio che essa si scolli dalla fattispecie concreta, determinando soluzioni incongrue e tensioni sociali (*infra* cap. III-§ 9 cfr. lo scambio di embrioni).

La norma, secondo un autorevole storico del diritto (P. Grossi), deve essere disponibile a «farsi permeare da quanto avviene nel magma sociale ed economico». Il fatto condiziona e plasma il diritto attraverso la mediazione della dottrina e della giurisprudenza. Il giudice, di fronte a casi non sussumibili in una determinata fattispecie legislativa, sempre più spesso applica i principi, non già come tecnica ermeneutica residuale secondo il dettato dell'art. 12, co. 2, disp. prel. c.c., ma quale veicolo imprescindibile di giustizia, determinante per ricostruire «l'ordinamento del caso concreto» (P. Perlingieri).

Si diceva sopra che il parto non è garanzia di sussistenza del legame genetico tra il nato e colei che ha partorito. La procreazione eterologa, consentita da una pronuncia della Corte costituzionale (n. 162/2014), ha arricchito il fondamento della filiazione, incentrato non più soltanto sulla derivazione genetica, ma anche sull'assunzione della responsabilità della nascita (cfr. *infra*, cap. III-§ 4). L'uomo o la donna destinatari della donazione di gameti altrui divengono genitori in forza di un consapevole atto di volontà, irrevocabile una volta formatosi l'embrione (art. 6, co. 3, l. n. 40/2004).

La maternità è, dunque, una realtà fenomenica che non si esaurisce nell'aver partorito, né nella coincidenza del parto con la trasmissione del patrimonio genetico. La maternità può scindersi dal parto e/o dalla derivazione genetica e legarsi all'assunzione della responsabilità della nascita; come avviene rispettivamente nella surroga biologica portante e nella procreazione eterologa.

Va rilevato, quindi, che la regola di cui all'art. 269, co. 3, c.c. non indica l'unico criterio per accertare la maternità: oltre il parto vi è l'assunzione della maternità da parte di una donna diversa da colei che ha partorito o della donna che ha ricevuto una donazione anonima di ovuli. La prima fattispecie incontra però forti ostacoli normativi nel nostro ordinamento.

Quanto alla *prova della paternità* del figlio nato fuori del matrimonio, non opera la presunzione di cui all'art. 231 c.c. La prova principe è quella tecnica – biologica o genetica – stante anche il disposto dell'art. 269, ult. co., c.c. secondo cui «la sola dichiarazione della madre e la sola esistenza di rapporti tra la madre e il preteso padre all'epoca del concepimento non costituiscono prova della paternità». Emerge da questa disposizione l'indisponibilità dello stato di figlio.

Se è spesso necessario ricorrere alla prova scientifica, non vi è certo un obbligo a sottoporvisi (art. 32, co. 2, Cost.). Ma ciò non determina un ostacolo insuperabile a vedere riconosciuto il rapporto di filiazione. L'art. 116, co. 2, c.p.c. consente al giudice di desumere argomenti di prova da diverse circostanze, quali il contegno processuale delle parti. E in effetti, secondo la Cassazione, il giudice potrebbe ritenere fondata la domanda volta ad ottenere la dichiarazione giudiziale dello *status* di figlio «anche soltanto dal rifiuto ingiustificato a sottoporsi all'esame ematologico del [preteso] padre, posto in opportuna correlazione con le dichiarazioni della madre»[24].

---

[24] Cass., n. 12971/2012 e Cass., n. 30122/2017.

Sempre secondo la Suprema Corte, non vi è alcuna gerarchia tra i mezzi di prova, di conseguenza non si deve dar corso preliminarmente all'istruttoria orale, potendosi assumere subito la prova ematologica o genetica.

11. *Diritto all'anonimato della madre e diritto del nato di conoscere le proprie origini.*

Vi è, sotto altro profilo, un elemento che impedisce la costituzione formale dello stato di figlio nei confronti della donna che ha partorito. Si tratta del diritto di quest'ultima di non essere nominata nell'atto di nascita, quindi di rimanere anonima (art. 30, co. 1, ord. stato civile). Questa dichiarazione, resa dalla madre dopo il parto, consente alla medesima di non assumere i doveri genitoriali, abbandonando il figlio, il quale verrà avviato al procedimento di adozione.

Il diritto della madre all'anonimato persegue la finalità di tutelare la salute della stessa e la vita del nascituro: difatti la consapevolezza di poter legittimamente abbandonare il nato, disincentiva la gestante dal compiere atti pericolosi per sé e letali per il nascituro. È un diritto, questo della madre naturale di restare anonima, che prevale sul diritto del figlio sia di essere mantenuto, educato ed istruito dal genitore che l'ha procreato, sia di conoscere le proprie origini, ossia di sapere quali siano le generalità e la storia di colei che l'ha generato.

I riferimenti normativi sono i seguenti: art. 30, co. 1, d.P.R. n. 396/2000 (*ord. dello stato civile*) che attribuisce alla madre il diritto di esprimere la volontà di non essere nominata nell'atto di nascita; art. 29, co. 7, l. n. 184/1983 («*Diritto del minore ad una famiglia*»), il quale, in coerenza con il precedente articolo, stabilisce che l'accesso alle informazioni sulle origini (ad es. quelle cui ha diritto l'adottato venticinquenne ai sensi del comma 5 dell'art. 29) «non è consentito nei confronti della madre che abbia dichiarato alla nascita di non volere essere nominata ai sensi dell'art. 30, co. 1, del d.P.R. n. 396/2000»; art. 93, co. 2, d.lgs. n. 196/2003 (*Codice sulla protezione dei dati personali*) prevede che il certificato di assistenza al parto o la cartella clinica della madre naturale, la quale si sia avvalsa dell'anonimato, possano essere rilasciati in copia integrale a chi via abbia interesse «*decorsi cento anni dalla formazione del documento*».

Tutto ciò fa sì che la madre anonima abbia la certezza di non essere raggiunta dal figlio finché ella è in vita.

Stando a siffatta cornice normativa, si dovrebbe concludere che il diritto del nato di conoscere le proprie origini sia stato piuttosto compresso se non svilito dalla legge.

Questa segretezza così ampia e presidiata, giustificata dal fine di non affievolire la tutela dei beni sottesi all'anonimato, non è più irreversibile dopo l'intervento della Corte costituzionale[25], la quale, con una pronuncia additiva di incostituzionalità dell'art. 28, co. 7, legge n. 184/1983, ha introdotto la *facoltà di interpello*. In forza di quest'ultima, il figlio maggiorenne, a tutela del diritto fondamentale di conoscere le proprie origini, chiede al giudice di interpellare segretamente la madre anonima per verificare l'esistenza di una sua eventuale volontà di revocare il proprio anonimato[26]. Il quale da assoluto è divenuto relativo.

In caso di revoca da parte della madre naturale, il figlio adottato potrà conoscere l'identità della stessa. L'interpello apre la possibilità di uno spazio affinché possa svilupparsi una «*genitorialità naturale*»[27], ferma restando la genitorialità adottiva. Qualora, invece, la madre naturale confermi il proprio anonimato, il figlio adottato non potrà conoscerne l'identità se non dopo il decorso di cento anni dalla formazione del certificato di assistenza al parto o della cartella clinica (contenenti i dati identificati della madre), ai sensi del sopracitato art. 93, co. 2, d.lgs. n. 196/2003.

Se a seguito dell'interpello dovesse emergere l'*avvenuto decesso della madre naturale*, il giudice, secondo la Cassazione, comunicherà all'interpellante le generalità della madre defunta, avendo cura di garantire «la protezione dell'identità sociale» di quest'ultima[28]. In sostanza, a fronte della morte della madre naturale, venute meno le ragioni giustificatrici dell'anonimato, si riespande il diritto di conoscere le proprie origini.

Sempre la Cassazione, con una sentenza innovativa, ha ammesso, in un caso particolare, che il figlio possa agire con l'azione di dichiarazione giudiziale di maternità (art. 269 c.c.) nei confronti della madre che si sia avvalsa dell'anonimato. Occorre che la madre naturale, «con la propria inequivocabile condotta», abbia dimostrato di volere revocare l'anonimato, come avviene ove risulti – così è stato nel caso di specie – che ella abbia accolto nella propria casa il figlio (a suo tempo abbandonato)[29].

Essenziale ai fini dell'ammissibilità dell'accertamento giudiziale della maternità è il fatto che la madre naturale abbia già instaurato un rapporto con il pro-

---

[25] Corte cost., n. 278/2013 (Rel.: P. Grossi).

[26] Secondo la Cass., Sez. Un., n. 1946/2017, spetta al giudice, in attesa dell'intervento del legislatore invocato dalla Corte costituzionale nella sentenza appena richiamata, reperire dal sistema normativo le regole procedimentali che egli stesso dovrà seguire nell'attuazione dell'interpello.

[27] Così Corte cost., n. 278/2013, cit., nel senso che il figlio adottato e la madre naturale potranno avviare un percorso di conoscenza reciproca foriero di un arricchimento per entrambi.

[28] Cass., n. 22838/2016, ha ritenuto inapplicabile l'art. 93, co. 2, d.lgs. n. 196/2003; di conseguenza anche se la madre naturale non ha revocato, prima della propria morte, la volontà di restare anonima, non le si applica la regola dei 100 giorni dalla formazione del certificato di assistenza al parto o della cartella clinica. Ciò in quanto con il decesso vengono meno le ragioni a fondamento dell'anonimato salvo, come si diceva sopra nel testo, l'esigenza di tutelare l'identità sociale della madre legata alla consapevolezza altrui della situazione familiare delle stessa.

[29] Cass., n. 24321/2020.

prio figlio. Pertanto, qualora manchi la madre adottiva, il figlio è legittimato ad agire in giudizio per ottenere la costituzione dello stato di figlio nei confronti della propria madre naturale, la quale, dopo il parto, pur si era avvalsa del diritto di restare anonima.

La pronuncia è condivisibile poiché rispetta i principi fondamentali in materia di filiazione, bilanciandoli con equilibrio per concludere che i doveri di cui all'art. 30, co. 1, Cost. arretrano solo a fronte della necessità attuale di tutelare la salute e la vita del nascituro. È evidente che se la madre anonima si riveli al figlio, dimostrandogli la volontà di prendersi cura di lui, non ci si può più sottrarre a detti doveri. Di conseguenza, in caso di morte della medesima, è legittimo agire con l'azione di cui all'art. 269 c.c.[30] nei confronti dei legittimati passivi rispetto alla defunta come previsto dall'art. 276 c.c.

In quest'ottica di bilanciamento tra beni giuridici diversi, si deve ammettere, ad avviso di chi scrive, la dichiarazione giudiziale di maternità anche qualora la madre naturale, la quale abbia accolto nella propria casa il figlio, sia ancora viva. Non è, infatti, coerente con il dovere di essere genitore consentire alla donna che si sia avvalsa dell'anonimato di rientrare e uscire nuovamente a piacimento dall'anonimato. La madre che si palesi al figlio, finanche accogliendolo nella sua casa con continuità e assumendo di fatto i doveri genitoriali, non merita più di essere esclusa dalla genitorialità; dunque diventa legittima la dichiarazione giudiziale di maternità in attuazione dell'art. 30, co. 1, Cost.

Riferimenti bibliografici.

ALPA G., *Status e capacità*, Roma-Bari, 1993; AMRAM D., *Il danno intra-familiare e la sua quantificazione: conferme per l'adozione di una tabella?*, in *Danno e resp.*, 2014, 7, 716 ss.; AULETTA T., *Sul diritto dell'adottato di conoscere la propria storia: un'occasione per ripensare alla disciplina della materia*, in *Corriere giur.*, 2014, 4, 471 ss.; BASINI G.F., *«Braut und schwester bist du dem bruder – so blühe denn, wälsungen –blut!». Considerazioni critiche rigurado alla rinnovata disciplina sul riconoscimento dei figli, così detti, incestuosi*, in *Fam. e dir.*, 2015, 1, 81 ss.; BUGETTI M.N., *Sul difficile equilibrio tra anonimato materno e diritto alla conoscenza delle proprie origini: l'intervento delle Sezioni unite*, in *Corriere giur.*, 2017, 5, 618 ss.; CARBONE V., *Paternità naturale: incostituzionale la fase preliminare del giudizio*, in *Corr. giur.*, 2006, 497 ss.; CARBONE V., *Un passo avanti del diritto del figlio, abbandonato e adottato, di conoscere le sue origini rispetto all'anonimato*

[30] Cass., n. 22321/2020, cit., afferma che «l'azione di accertamento giudiziale della maternità proposta [da chi assume essere il figlio] dopo il decesso della madre è pienamente ammissibile per due ordini di ragioni: – è stata proposta dopo che il diritto della madre premorta a mantener l'anonimato si era (…) indebolito», essendo venute meno le ragioni della sua esistenza; – «in ogni caso, è stata proposta per ottenere l'accertamento della maternità nei confronti di una donna che aveva dimostrato nei fatti (…) di aver superato essa stessa l'originaria scelta dell'anonimato, trattando l'odierno ricorrente come uno dei suoi figli».

materno, in *Fam. e dir.*, 2014, 1, 11 ss.; CAREDDA V., *Spunti evolutivi sull'art. 258 c.c.: il riconoscimento, la parentela, la famiglia*, in *Riv. trim. dir. proc. civ.*, 2015, 2, 383 ss.; CARRARO L., *Sub. artt. 250-155 c.c.*, in *Commentario al diritto italiano della famiglia*, diretto da G. Cian, G. Oppo e A. Trabucchi, Padova, 1992, 80 ss.; CATTANEO G., *Della filiazione legittima*, in *Comm. Scialoja e Branca*, Bologna-Roma, 1988, 208; DE CUPIS A., *Sub. artt. 269-279*, in *Commentario al diritto italiano della famiglia*, diretto da G. Cian, G. Oppo e A. Trabucchi, Padova, 1992, 165 ss.; DI MARZIO P., *Parto anonimo e diritto alla conoscenza delle origini*, in *Fam. e dir.*, 2017, 8-9, 740 ss.; DI MAURO E.W., *L'applicabilità del diritto transitorio nella riforma della filiazione e sue conseguenze. Profili di illegittimità costituzionale*, in *Fam. e dir.*, 2015, 5, 437 ss.; FALLETTI E., *Filiazione a riconoscimento di atto di nascita straniero. Il riconoscimento i Italia dello status di figlio nato da surrogacy straniera*, in *Giur. it.*, 2018, 8-9, 1830 ss.; FAROLFI F., *Riconoscimento per compiacenza e legittimità dell'impugnazione*, in *Fam. e dir.*, 2013, 10, 909 ss.; FERRANDO G., *La filiazione naturale*, in *Tratt. dir. priv.*, diretto da P. Rescigno. Torino, 1997, 196 ss.; FERRANDO G., *Diritto allo status e legittimazione passiva nella dichiarazione giudiziale di paternità*, in *Corriere giur.*, 2006, 350 ss.; FERRANDO G., *La filiazione legittima e la filiazione naturale*, in *Tratt. di diritto civile*, diretto da N. Lipari e P. Rescigno, coordinato da A. Zoppini, *Fonti, soggetti, famiglia*, Milano, 2009, II, 404 ss.; FERRANDO G., *Gestazione per altri, impugnativa del riconoscimento e interesse del minore*, in *Fam. e dir.*, 2018, 4, 446 ss.; FIGONE A., *Ricerca della paternità e impugnazione del riconoscimento dopo la riforma della filiazione*, in *Fam. e dir.*, 2019, 4, 402 ss.; GORGONI A., *La commutazione e la compatibilità con i membri della famiglia legittima*, in *Nuova giur. civ. comm.*, 2010, 5, 1567 ss.; GORGONI A., *Art. 263 cod. civ.: tra verità e conservazione dello stato di figlio*, in *Nuova giur. civ. comm.*, 2018, 4, 540 ss.; GRANELLI C., *Il c.d. «parto anonimo» ed il diritto del figlio alla conoscenza delle proprie origini: un caso emblematico di «dialogo» fra Corti*, in *Jus civile*, 2016, 6, 564 ss.; GRASSETTI C., (voce) *Famiglia (dir. priv.)*, in *Noviss. Dig. it.*, VII, Torino, 1961, 49 ss.; GROSSI P., *Ritorno al diritto*, Roma-Bari, 2015; LAI P., *La rappresentanza del minore nel giudizio ex art. 250 c.c., tra discutibili orientamenti della corte e poco rassicuranti interventi del legislatore*, in *Fam. e dir.*, 2014, 10, 909 ss.; LANDINI S., *Incostituzionalità dei limiti alle indagini sulla maternità e paternità ex art. 278 e posizione giuridica del figlio incestuoso*, in *Familia*, 2003, 841 ss.; LISELLA G., *Dichiarazione giudiziale di maternità e di paternità di figlio nato da relazione incestuosa e autorizzazione giudiziale*, in *Fam. e dir.*, 2014, 8-9, 846 ss.; LONG J., *Adozione e segreti: costituzionalmente illegittima l'irreversibilità dell'anonimato del parto*, in *Nuova giur. civ. comm.*, 2014, 289 ss.; LONG J., *L'adottato adulto ha diritto di conoscere l'identità dei fratelli biologici, se essi vi consentono*, in *Nuova giur. civ. comm.*, 2018, 1227 ss.; MARCENÒ V., *Quando da un dipositivo di incostituzionalità possono derivare incertezze* (commento a Corte cost., n. 278/2013), in *Nuova giur. civ. comm.*, 2014, 285 ss.; PALAZZO A., *Atto di nascita e riconoscimento nel sistema di accertamento della filiazione*, in *Riv. dir. civ.*, 2006, I, 149 ss.; PALAZZO A., *Atto di nascita e riconoscimento per la certezza degli status*, in *Tratt. di diritto civile e commerciale*, continuato da P. Schlesinger, *La filiazione*, Milano, 2007, 239 ss.; PALAZZO A., *Concepimento e nascita fuori del matrimonio*, in *Tratt. di diritto civile e commerciale*, continuato da P. Schlesinger, *La filiazione*, Milano, 2007, 332-510; PERLINGIERI G., *Profili applicativi della ragionevolezza nel diritto civile*, Napoli, 2015; RESCIGNO P., *Situazioni e status nell'esperienza del diritto*, in *Riv. dir. civ.*, 1973, I, 209 ss.; RO-

MANO F., *Sub. Artt. 280-290 c.c.*, in *Commentario al diritto italiano della famiglia*, diretto da G. Cian, G. Oppo e A. Trabucchi, Padova, 1992, 165 ss.; SAN GIORGIO M.R., *Il criterio della «compatibilità» della tutela dei figli naturali con i diritti della famiglia legittima nelle successioni ereditarie*, in *Corriere giur.*, 2010, 7, 899 ss.; SESTA M., *L'accertamento dello stato di figlio dopo il decreto legislativo*, in *Fam. e dir.*, 2014, 5, 454 ss.; SGOBBO C., *Il diritto di commutazione nel rispetto del principio di uguaglianza e del divieto di differenziazioni basate su condizioni personali e sociali*, in *Giur. it.*, 2010, 4, 784 ss.; TARRICONE S., *Legittimazione passiva nell'azione di dichiarazione giudiziale di genitorialità naturale in caso dio morte del reteso genitore: il contrasto di giurisprudenza e l'intervento delle Sezioni unite*, in *Fam. pers. succ.*, 2006, 12, 975 ss.; TASSONE B., *Mancato riconoscimento del figlio naturale e danno non patrimoniale*, in *Giur. it.*, 2014, 7, 1593 ss.; VIGNUDELLI L.-ARCERI A., *La Corte costituzionale e la dinamica evolutiva dei rapporti sociali: il diritto di commutazione non sarebbe anacronistico. Il diritto di commutazione tra tradizione ed evoluzione: i figli naturali sono ancora lontani da una iena ed effettiva equiparazione*, in *Fam. e dir.*, 2010, 4, 339 ss.

CAPITOLO TERZO

PROCREAZIONE ASSISTITA E STATO DI FIGLIO

1. *Progresso tecnologico e diritto.*

Lo sviluppo dell'umanità è strettamente legato al progresso tecnologico, il cui scopo è di migliorare le condizioni di vita attraverso l'offerta di opzioni prima precluse. Un ambito dove ciò è emerso con evidenza è quello della bioetica, il cui oggetto di studio è diventato sempre più ampio in ragione delle nuove conquiste della biologia.

La fecondazione *in vitro* dell'embrione ha permesso alle coppie sterili di avere un figlio generato dall'unione dei propri gameti [(ovuli e spermatozoi) fecondazione omologa], oppure attraverso la donazione di questi ultimi da parte un soggetto terzo (così nella procreazione eterologa, cfr. *infra*, § 4). Sempre attraverso le tecniche di procreazione medicalmente assistita (d'ora in poi PMA) è divenuta da tempo praticabile la surroga di maternità, operazione in cui una donna assume l'obbligo sia di portare a termine la gravidanza per conto di una coppia committente infertile sia di consegnare a quest'ultima il nato.

Gli Stati sono chiamati ad affrontare nuovi problemi, etici e giuridici, determinati dalla disponibilità di queste tecniche. Per il giurista diventa primaria la questione dell'ammissibilità e dei limiti delle tecniche disponibili: la procreazione eterologa, la surroga biologica, la sperimentazione sugli embrioni e la diagnosi preimpianto. Ciascuna di esse impatta su istituti, principi e diritti diversi, talvolta, in opposizione tra loro. Non solo: si vedrà come la regolamentazione giuridica della procreazione naturale non si attagli a quella della PMA. L'interprete deve rifuggire da indebite generalizzazioni, facendosi guidare, in chiave unitaria, dal principio del preminente interesse del minore.

L'interrogativo che stimolerà adesso il discorso è se alla disponibilità di una nuova tecnica che risolva un problema della persona debba seguire una disciplina di favore da parte del legislatore.

È stato stigmatizzato il rischio di considerare la tecnica come oggetto di libertà assoluta, non assoggettata ai limiti naturali che le cose racchiudono sé. Si è parlato, per avversarlo, di «orizzonte culturale tecnocratico», a significare che il fondamento di ogni decisione dell'uomo è tutto interno alle possibilità schiuse dalla tecnica. Così il vero coincide con il fattibile e «l'organizzazione della società e quindi della scienza stessa è oggi tanto più efficace – tanto più potente – quanto più i criteri che regolano l'organizzazione sociale vengono a coincidere con i criteri della razionalità scientifica» (E. Severino, 14). La domanda che involge il presente e il futuro è se altre forze, tra cui il diritto, siano davvero impotenti di fronte alla propensione al dominio della scienza. Le società sono dunque asservite alla scienza?

Altre prospettive culturali hanno reagito a questa impostazione scientista, replicando che non tutto il fattibile è giustificabile. Esse spostano la discussione sul criterio di senso e di valore idoneo a costituire un freno alla vocazione assolutistica della tecnica. Nella Lettera Enciclica «*Caritas in veritate*», si invita a contrastare il puro fare tecnico centrato su se stesso, attraverso la responsabilità etica dell'uso della tecnica, la coerenza morale e la promozione della dignità dell'uomo.

Il diritto, la cui funzione essenziale è ordinare i fenomeni sociali, è protagonista nel delineare e difendere l'orizzonte dei valori e dei principi da porre a fondamento delle scelte legislative e giudiziali. Se, come è stato scritto da Natalino Irti, la tecnica ambisce a «utilizzare il mondo, a manipolare la natura organica e inorganica, a perseguire, secondo leggi e procedure, infiniti scopi», la volontà giuridica, per sua intrinseca vocazione, sceglie e persegue determinati scopi. Pertanto la tecnica, che di per sé sola «non conosce confini e limiti di spazio (...), essendo generica forza di raggiungere risultati», è condizionata dal diritto e dagli obiettivi di quest'ultimo.

Non a caso il legislatore ha voluto regolare tutte le tematiche più rilevanti e urgenti di biodiritto con la legge n. 40/2004 («*Norme di procreazione medicalmente assistita*»). Una legge che, nel testo entrato in vigore, essendo fortemente ideologica, non ha resistito all'urto dei principi e dei diritti costituzionali che la Consulta ha ritenuto violati (cfr. *infra*, §§ 4 e 6).

Nonostante gli interventi della Corte costituzionale, la dottrina discute di problemi ancora aperti, prodotti dalla circolazione delle persone, che non trovano adeguata soluzione in una regola precisa, né si prestano ad essere risolti con l'analogia. Qui il giurista vive tutta la difficoltà di non poter adoperare il metro della conformità del fatto a una regola. Difficoltà sì ma non impasse.

Si è aperto da tempo uno scenario contrassegnato dall'impiego di nuove tecniche argomentative che applicano le norme costituzionali anche di principio, il diritto europeo, la normativa internazionale e gli orientamenti consolidati delle pronunce delle Corti interne, della Corte EDU e della Corte di Giustizia. Il giurista trae la giuridicità del fatto da una pluralità di fonti (dove l'art. 117 Cost. ha superato l'art. 12 Preleggi al c.c.) per costruire la regola mancante o superarne un'altra inadeguata alla luce anche del principio di effettività della tutela (artt. 24 Cost., 47 Carta dei diritti fondamentali UE, 6 e 13 Cedu). Emblematica al riguardo è la problematica della diagnosi preimpianto su cui ci soffermeremo (cfr. *infra*, § 6).

Il nuovo ordine giuridico, espressione del rinnovamento post-moderno, esige che l'interprete si avvalga dei principi e dei criteri di correttezza, ragionevolezza e proporzionalità per affrontare i problemi del presente, non risolvibili col metodo della sussunzione e dell'analogia. Il terreno della PMA, estremamente delicato perché coinvolge la dimensione immateriale dell'essere umano, è caratterizzato da incertezze applicative con riguardo ai requisiti di accesso alle tecniche di PMA (cfr. *infra*, §§ 3 e 8), alla surroga di maternità nonostante il divieto (cfr. *infra*, § 8) e alla procreazione eterologa (cfr. *infra*, § 4).

Vedremo come certe questioni siano state risolte dal giudice applicando proprio il canone della ragionevolezza, il principio del preminente interesse del minore e talune disposizioni della Cedu (in part. gli artt. 8 e 14). Tutto ciò – è bene insistere – adottando nuovi (e ampiamenti diffusi) percorsi dell'argomentazione giuridica, ben oltre il metodo analogico e tipologico (P. Perlingieri), dove l'interprete è decisivo nella invenzione (nell'accezione dell'*inventio* latina) della norma da applicare al caso concreto.

A tal proposito illuminante è stata quella dottrina che ha parlato di «crisi della fattispecie» (N. Irti). Una locuzione, questa, che, adoperando le parole di Massimo Vogliotti, segna nel tempo post-moderno il passaggio «dalla centralità della legge alla centralità dell'uomo di legge». Come ha più volte segnalato Paolo Grossi, «l'interpretazione, ieri [*id est*: nell'epoca della modernità giuridica] concepita come un'appendice esterna ed estranea al procedimento di formazione della norma, si trasforma non solo in momento interno ma addirittura nel momento più rilevante, giacché è quello che determina il disciplinamento della fattispecie».

L'attività ermeneutica del giurista è, dunque, essenziale per l'individuazione della norma da applicare al caso concreto, nel senso che l'interprete concorre, senza porsi *contra legem*, con il legislatore a governare il mondo dei fatti (M. Fioravanti).

2. *Procreazione, diritti contrapposti e tecniche legislative.*

Gli sviluppi delle scienze e delle tecnologie investono il diritto di un compito assai delicato: coniugare le nuove scelte individuali rese disponibili su tematiche cruciali come il fine vita, la salute, la privacy, il mondo digitale e la procreazione (di cui ci occuperemo) con la tutela dei diritti della persona. La tecnica, forza inarrestabile della storia che sposta sempre più in là le frontiere della vita, può, da un lato, favorire la proclamazione di diritti sconosciuti o l'estensione di situazioni giuridiche soggettive già esistenti, dall'altro, ledere certi diritti. Ciò esige di rivedere acquisizioni che si credevano ferme.

Si pongono almeno due problemi legati tra loro. Il primo consiste nella necessità di verificare se un'istanza sociale, sollecitata dal progresso scientifico, assurga a diritto fondamentale della persona (si pensi alla procreazione eterologa o al tema dei rapporti di filiazione sorti dall'impiego di una tecnica vietata dalla legge su cui cfr. *infra*, § 8). Il secondo esige di bilanciare il diritto che viene in rilievo con altre posizioni giuridiche soggettive o valori di fondo, al fine di individuare la regola ragionevole e coerente col sistema normativo che cambia.

La reazione del legislatore alle conquiste della tecnica e alle possibilità che queste schiudono può essere di forte contenimento quando non di chiusura; con l'effetto di irrigidire oltremisura il quadro normativo.

Entrambi questi atteggiamenti si sono concretizzati, come si accennava sopra, nella legge n. 40/2004 («*Norme in materia di procreazione medicalmente assistita*»), il cui contenuto è stato in parte avversato sia dalla dottrina che dalla giurisprudenza. Ci sono state reazioni forti dei consociati e di una parte del ceto dei giuristi; reazioni che hanno aperto la via non solo a referendum abrogativi, ma anche a interventi demolitivi/manipolativi della Corte costituzionale di cui si dirà.

La legge n. 40 rappresenta un tentativo organico di attuare e di contemperare i diritti e gli interessi coinvolti dalla PMA che hanno un fondamento costituzionale: il diritto di procreare, il diritto di avere due genitori, la salute, la ricerca scientifica per la cura delle malattie, la tutela del concepito e del nato. Di più: la legge n. 40 costituisce una «legge costituzionalmente necessaria», cioè un provvedimento che non può essere abrogato *in toto* senza essere contestualmente sostituito da un'altra regolamentazione normativa [1].

La scelta di avere figli è una libertà costituzionalmente garantita, essendo legata all'identità e allo sviluppo della personalità di ogni individuo. La Corte EDU ha ritenuto che l'art. 8 Cedu, nel sancire il diritto al rispetto della vita privata e

---

[1] Corte cost., n. 45/2005 (Rel.: F. Bile), chiarisce che la legge è costituzionalmente necessaria quando, tra l'altro, la sua eliminazione con referendum sopprimerebbe la tutela minima pretesa dai diritti fondamentali della persona.

familiare, esige, per la sua stessa esistenza, il riconoscimento della libertà di decidere se avere figli[2]. Non si tratta, però, di una libertà assoluta.

A seguito dei progressi della tecnica, è emerso il problema dei limiti da contrapporre al diritto di procreare. In passato – rileva Stefano Rodotà – non si è esitato a respingere, nel nome di questo diritto, «la tentazione degli Stati di pianificare rigidamente le nascite, di imporre la sterilizzazione» o la contraccezione e di «sanzionare penalmente il superamento di un certo numero di figli per famiglia o per persona».

Oggi più di ieri il diritto di procreare si confronta con altre situazioni giuridiche soggettive costituzionalmente garantite. Tra queste vi è il diritto di avere due genitori che, nell'impostazione della legge n. 40/2004, fonda l'impedimento all'accesso alla PMA per la donna sola (art. 5) e il divieto della fecondazione *post mortem* (art. 12, co. 2). Inoltre, la preoccupazione per la salute del nato e della gestante, nonché per lo sfruttamento delle donne disagiate hanno indotto il legislatore a vietare la surrogazione di maternità (art. 14, co. 6), ossia il ricorso da parte di una coppia cosiddetta committente a una donna che sia disposta a condurre la gravidanza e a consegnare il nato alla coppia stessa, senza poter rivendicare alcun diritto (c.d. utero in affitto). Ancora: la protezione dell'embrione ha richiesto regole che contenessero la sperimentazione e che avversassero ogni forma di selezione di esso a scopo eugenetico (art. 13, co. 3, lett. c).

La legge n. 40/2004, nella sua versione originaria aveva previsto anche altri divieti piuttosto discutibili come quello della PMA di tipo eterologo o della diagnosi preimpianto. Una criticità della legge era rappresentata da una tutela eccessiva dell'embrione rispetto alla protezione della salute della donna.

Il legislatore nel 2004 – lo si sarà intuito – ha scelto di intervenire con una disciplina non già «elastica, leggera, sobria, aperta», come gli aveva suggerito un'illuminata dottrina (P. Zatti), ma di *hard law*. L'dea è stata quella di regolamentare tutto, prevalentemente in modo netto, ammettendo e vietando nel nome di una procreazione *ad naturae imitationem*, della bigenitorialità e della tutela dell'embrione. Col risultato di imporre una visione della procreazione e della filiazione che ha delegittimato altre situazioni giuridiche soggettive rilevanti a livello costituzionale. Si pensi a due disposizioni su cui ci soffermeremo: 1) quella dell'art. 4, co. 3, legge n. 40/2004 che vietava la fecondazione eterologa, posto che per il legislatore era inconcepibile che nella procreazione fosse coinvolto un terzo sia pur in forma anonima; 2) l'altra, contenuta nell'art. 12, co. 2, che sanziona la fecondazione *post mortem*.

Sarebbe stato preferibile attuare, di più e meglio, la tecnica del bilanciamento degli interessi, la quale è stata adoperata dalla Cassazione e dalla Corte costituzionale per riscrivere, attraverso complesse operazioni ermeneutiche e dichiara-

---

[2] Corte EDU, 22.1.2008, *caso E.B. c. Francia*, ric. n. 43546/2008; Corte EDU, 1.4.2010, *caso S.H. e altri c. Austria*, ric. n. 57813/00.

zioni di incostituzionalità, parti fondamentali della legge n. 40. È soprattutto l'impiego di tale tecnica ermeneutica a garantire il rispetto del pluralismo dei valori, carattere essenziale della Costituzione, e a evitare l'ineffettività di disposizioni di legge reputate oppressive dai consociati.

3. *Requisiti di accesso alla procreazione assistita e principi generali.*

L'esame dei requisiti occorrenti per accedere alla PMA svela la concezione di famiglia accolta dal legislatore. Essi si distinguono in oggettivi (art. 4, l. n. 40/2004) e soggettivi (art. 5, l. n. 40/2004).

Dal loro esame emerge una preferenza politica per la nozione di famiglia consolidata nella nostra tradizione socio-culturale; famiglia caratterizzata da due genitori, entrambi viventi, di sesso di diverso. Il legislatore ha ribadito l'importanza della presenza del padre e della madre, precludendo l'accesso non solo alle coppie omosessuali, ma anche alla donna sola.

L'apertura vi è stata, invece, con riguardo alle coppie di fatto, le quali, se impossibilitate a procreare a causa di una patologia, sono legittimate a ricorrere alla PMA.

Alcune esclusioni, tuttavia, hanno ingenerato dubbi rispetto sia al diritto di procreare – esattamente se esso debba essere riconosciuto anche alla coppia omosessuale – sia al principio di uguaglianza e di non discriminazione basata sull'orientamento sessuale. Quanto alla donna sola, se è insindacabile la scelta di politica del diritto di garantire al nato due genitori, non si è tenuto in adeguato conto dell'eventualità in cui sia necessario congelare i gameti maschili, i quali vorrebbero essere adoperati dalla donna rimasta sola a causa della sopravvenuta morte del marito (cfr. *amplius*, §§ 7-8).

È evidente che alla base dell'art. 5, legge n. 40/2004 vi è l'idea secondo cui è preferibile che un bambino cresca con due genitori di sesso diverso non necessariamente sposati tra loro.

L'art. 4, legge n. 40/2004, inoltre, postula la preferenza per la procreazione naturale, poiché a quella medicalmente assistita si accede solo per superare una condizione di sterilità/infertilità.

Nella parte che segue oltre a trattare più da vicino i requisiti soggettivi e oggettivi, si ripercorreranno le questioni di costituzionalità che hanno determinato una vera e propria riscrittura della legge n. 40 e si esamineranno le conseguenze sullo stato di figlio rispetto a una nascita frutto di una tecnica procreativa vietata in Italia ed effettuata all'estero.

a) *Soggettivi.*

Il legislatore, nel disciplinare i requisiti soggettivi di accesso alla PMA, è stato molto accorto nel garantire un certo equilibrio tra contrapposti diritti. L'art. 5, legge n. 40/2004 stabilisce che hanno titolo: 1) le coppie di maggiorenni (coniugate o conviventi); 2) di sesso diverso; 3) «in età potenzialmente fertile»; 4) entrambi viventi.

Questa disposizione palesa tutto il «peso» del diritto del nato di avere due genitori. I quali devono essere relativamente giovani (in età potenzialmente fertile) ed entrambi viventi.

Si è voluto, da un lato, avversare il fenomeno dei genitori-nonni, ossia di chi, forzando le leggi naturali, decida di procreare in tarda età pretendendo di accedere alla PMA, dall'altro, garantire al nato la presenza della doppia figura genitoriale. Tant'è che se il marito o il compagno decede, la donna non potrà accedere alla PMA né, eventualmente, utilizzare il seme preventivamente congelato (almeno in Italia).

Va aggiunto, tuttavia, con riguardo alla fecondazione *post mortem*, che se l'embrione è stato già formato e crioconservato per ragioni di salute della donna (art. 14, co. 3, l. n. 40/2004), e nel frattempo sia intervenuto il decesso dell'uomo, la donna potrà ugualmente chiedere l'inserimento nel proprio corpo dell'embrione. Ciò si evince dall'art. 6, co. 3, legge n. 40/2004, secondo cui la volontà di accedere alla fecondazione assistita può essere revocata da ciascun soggetto «fino al momento della fecondazione dell'ovulo». Qui la tutela della vita umana, sia pur embrionale, prevale sul diritto del nato ad avere due genitori, ma anche su una eventuale volontà contraria dell'uomo che si opponga all'impianto.

Sempre con riguardo ai requisiti soggettivi, va sottolineato che l'indicazione normativa «di sesso diverso» di cui all'art. 5, legge n. 40/2004 impedisce ai soggetti in unione civile (l. n. 76/2016) e ai conviventi di fatto omosessuali di accedere alla PMA; diversa è la regola in altri paesi in cui si consente, soprattutto alle coppie di donne lesbiche, l'accesso alla PMA (Belgio, Danimarca, Finlandia, Gran Bretagna, Spagna).

Questa limitazione italiana per le coppie dello stesso sesso, secondo la Corte costituzionale, non dà luogo a una violazione né dell'art. 2 Cost., sotto il profilo della rilevanza giuridica delle unioni omoaffettive, né dell'art. 3 Cost. in ordine al principio di uguaglianza[3].

Sotto il primo profilo è stato rilevato come la riconduzione delle unioni civili e delle convivenze di fatto all'art. 2 Cost. non imponga di garantire loro tutti i diritti della coppia eterosessuale con riguardo alla procreazione. Il legislatore, secondo la Consulta, è libero di assegnare la prevalenza alle dinamiche naturalistiche, preferendo confermare – come ha fatto con la legge n. 40/2004 – la nozione di filiazione basata sulla procreazione da parte della coppia eterosessuale.

---

[3] Corte cost., n. 221/2019 (Rel.: F. Modugno), dichiara infondata la questione di legittimità costituzionale dell'art. 5, legge n. 40/2004 nella parte in cui non consente alla coppia dello stesso sesso di accedere alla PMA.

Siffatta soluzione, se ragionevole, non può essere sconfessata dalla Corte costituzionale con la dichiarazione di incostituzionalità. E la ragionevolezza effettivamente sussiste, poiché rientra nella discrezionalità del legislatore stabilire che la diversità dei sessi rappresenti la situazione più propizia per garantire lo sviluppo della personalità del nato[4].

La Corte costituzionale è, tuttavia, consapevole che la scelta di precludere l'accesso alla PMA alla coppia omosessuale non è costituzionalmente imposta, onde essa potrà essere modificata «in parallelo all'evolversi dell'apprezzamento sociale della fenomenologia considerata»[5].

Quanto al secondo profilo sopra indicato – dell'uguaglianza – la sentenza in esame della Corte costituzionale esclude che il divieto di accesso alla PMA realizzi una discriminazione fondata sull'orientamento sessuale. Non è equiparabile l'infertilità «fisiologica» della coppia omosessuale all'infertilità assoluta e irreversibile della coppia eterosessuale originata da una patologia. Parimenti vale rispetto alla condizione della donna sola o della coppia eterosessuale in età non più potenzialmente fertile, entrambe escluse dalla PMA.

La Corte EDU ha offerto una solida base al *decisum* della Consulta, escludendo che possa essere censurata la legge nazionale che riservi le tecniche procreative alle coppie eterosessuali sterili, ove tali tecniche perseguono una finalità esclusivamente terapeutica[6].

b) *Oggettivi.*

Ai requisiti appena ricordati, se ne aggiungono altri di tipo oggettivo.

Secondo l'art. 4, legge n. 40/2004, la PMA è secondaria all'accertamento con atto medico della sterilità o dell'infertilità e dell'impossibilità di rimuovere altrimenti le cause impeditive della procreazione. Questa disposizione non fa altro che specificare il principio generale contenuto nell'art. 1, co. 2, legge n. 40/2004 che consente il ricorso alla PMA «qualora non vi siano altri metodi terapeutici» efficaci per rimuovere le cause di sterilità o infertilità.

L'*infertilità* si ha quando la donna non è in grado di condurre la gravidanza fino all'epoca di vitalità fetale, ovvero, secondo un'altra definizione, quando una coppia non ottiene una gravidanza dopo un anno di rapporti sessuali non protetti. La *sterilità* riguarda, invece, la coppia nella quale uno o entrambi i compo-

[4] Corte cost., n. 221/2019, cit., § 13.1, afferma che «di certo, non può considerarsi irrazionale e ingiustificata, in termini generali, la preoccupazione legislativa di garantire, a fronte delle nuove tecniche procreative, il rispetto delle condizioni ritenute migliori per lo sviluppo della personalità del nuovo nato».

[5] Corte cost., n. 221/2019, cit., § 13.1.

[6] Corte EDU, 15.3.2012, ric. n. 25951/17, *caso Gas e Dubois c. Francia*, su un caso di adozione, ha escluso che il divieto legislativo per la convivente di adottare la figlia della partner integri una discriminazione basata sull'orientamento sessuale rispetto alla situazione delle coppie sposate.

nenti siano affetti da una condizione fisica permanente che rende impossibile la procreazione.

In queste situazioni la legge n. 40, nonostante la finalità proclamata nell'art. 1 di «favorire la soluzione dei problemi riproduttivi derivanti dalla sterilità o dalla infertilità», consentiva, nella formulazione originaria, soltanto la PMA di tipo omologo. Pertanto i gameti (gli ovuli e il liquido seminale) dovevano provenire dalla stessa coppia che aveva accesso alla fecondazione assistita.

Era vietata, quindi, la procreazione eterologa, tecnica, questa, che consente di superare il problema della sterilità attraverso una donazione di gameti maschili o femminili (a seconda del membro sterile della coppia) provenienti da un soggetto estraneo alla coppia. L'eliminazione di tale divieto normativo, avvenuto per effetto di una coraggiosa sentenza della Corte costituzionale[7] (cfr. *infra*, § 4), permette di superare le patologie procreative più gravi e fa sì che la coppia possa avere un figlio legato geneticamente almeno a uno dei componenti di essa.

Più in generale, la fecondazione può avvenire «*in vivo*» o «*in vitro*». In estrema sintesi nella prima, il liquido seminale, dopo essere stato adeguatamente trattato, viene depositato direttamente nella cavità uterina della donna (IUI-Inseminazione Intrauterina); oppure l'inserimento può riguardare spermatozoi e ovociti insieme (GIFT-Gamete Intra-Fallopian Transfer). Nella seconda, invece, l'ovulo, dopo essere stato fecondato fuori dal corpo della donna, viene inserto nell'utero di questa (FIVET).

Secondo il disposto dell'art. 4, co. 2, legge n. 40/2004, le tecniche di PMA sono applicate sulla base di due principi generali della legge n. 40: 1) la *gradualità* delle tecniche, «al fine di evitare il ricorso a interventi aventi un grado di invasività tecnico e psicologico più gravoso per i destinatari» (lett. a); 2) il «*consenso informato*, da realizzare ai sensi dell'art. 6». Quest'ultimo articolo pone a carico del medico, prima che egli attui pratiche procreative e in ogni fase di applicazione delle stesse, un articolato obbligo informativo della coppia riguardante: metodi, problemi bioetici, possibili effetti collaterali sanitari e psicologici conseguenti all'applicazione medica, probabilità di successo, rischi e conseguenze giuridiche per la donna, per l'uomo e per in nascituro.

In particolare gli effetti giuridici della PMA devono essere esplicati con chiarezza alla coppia, la quale deve sottoscriverli (art. 6, co. 5). Esattamente si ha di-

[7] Aver dichiarato l'illegittimità costituzionale dell'art. 4, co. 3, legge n. 40/2004 non era scontato, poiché bisognava confrontarsi con il dato culturale secondo cui la filiazione postula un atto d'amore tra i due componenti della coppia nel quale non può entrare un terzo attraverso la donazione del seme. In realtà, da un punto di vista strettamente laico, la scelta condivisa di avere un figlio con la PMA eterologa non tradisce questa intima unità. Il donatario dei gameti si assume la responsabilità della nascita pur non essendo legato geneticamente al nato, consentendo al contempo al partner di avere un figlio che derivi dai propri geni. Si amplia così il fondamento della filiazione senza introdurre un elemento ontologicamente incompatibile con quell'intimità spirituale connotante il rapporto di coppia.

ritto di sapere che: a) il nato avrà lo stato di figlio nato nel matrimonio o di figlio riconosciuto della coppia; b) è preclusa ogni azione volta a contestare, in caso di eterologa, la mancanza del legame genetico *ex uno latere*; c) la madre non potrà avvalersi della facoltà di non essere nominata nell'atto di nascita; d) il donatore di gameti non sarà parente né acquisirà diritti o obblighi nei confronti del nato.

Vi sono altre informazioni da comunicare: che esiste l'adozione e l'affidamento come alternativa alla PMA e quali sono «i costi economici dell'intera procedura qualora si tratti di strutture private autorizzate».

È evidente che la delicatezza della PMA e delle sue implicazioni sotto più profili hanno indotto il legislatore a procedimentalizzare, come egli stesso si esprime, «il formarsi di una volontà consapevole e consapevolmente espressa» (art. 6, co. 1).

In coerenza con tale obiettivo, la legge n. 40 ha disciplinato la forma del contratto con la struttura sanitaria. L'art. 6, comma 3 stabilisce che «la volontà di entrambi i soggetti di accedere alle tecniche di procreazione medicalmente assistita è espressa per iscritto congiuntamente al medico responsabile della struttura», secondo le modalità previste con decreto dei Ministri della giustizia e della salute adottato ai sensi dell'art. 17, co. 3, legge n. 400/1988.

4. *L'illegittimità costituzionale del divieto della procreazione eterologa.*

Le ragioni poste a fondamento del divieto della procreazione eterologa si sono rivelate inesatte e ingiustificatamente compressive di libertà e diritti costituzionalmente protetti. Ciò è emerso da alcuni studi dottrinali prima e da una sentenza della Corte costituzionale poi, la quale, con una motivazione articolata e convincente, ha dichiarato l'illegittimità costituzionale dell'art. 4, co. 3, legge n. 40/2004 e di altre disposizioni a questo articolo collegate[8].

La Consulta ha sottolineato come, secondo le risultanze della scienza medica, l'eterologa non comporti rischi particolari né per il soggetto donatore dei gameti né per i donatari, se non quello connaturato a qualsiasi pratica terapeutica. Non vi è, inoltre, un rischio psicologico comprovato per il nato, correlato alla genitorialità non naturale. Ancora: le possibili controversie tra il genitore cosiddetto sociale (chi riceve i gameti altrui) e quello genetico (il donante) sono prevenibili con un'apposita regolazione normativa, peraltro già esistente nella legge n. 40/2004 come si vedrà meglio in seguito.

[8] Corte cost., n. 162/2014 (Rel.: G. Tesauro), dichiara l'illegittimità costituzionale anche degli artt. 9, co. 1, e 9, co. 3, legge n. 40/2004, limitatamente alle parole «in violazione del divieto di cui all'art. 4, comma 3» e dell'art. 12, co. 1, legge n. 40/2004 che prevedeva una sanzione amministrativa pecuniaria a carico di chi utilizzava gameti di soggetti estranei alla coppia. Il riferimento era al medico, poiché non erano punibili i coniugi o i conviventi *more uxorio* che ricevevano la donazione dei gameti (art. 12, co. 8, l. n. 40/2004).

Infine, secondo i tribunali che hanno sollevato la questione di legittimità costituzionale, esiste già, tramite l'adozione, la possibilità di avere, come nell'eterologa, una scissione tra la genitorialità genetica e quella basata su un'assunzione di responsabilità. L'adozione, come la procreazione eterologa, si basa sulla scelta di assumere il ruolo di genitore, pur mancando il legame genetico col nato.

A quest'ultimo rilievo[9], ripreso dalla Corte costituzionale, può aggiungersi, a conferma della separazione tra genitorialità e legame genetico, la sottolineatura che il d.lgs. n. 154/2013 ha valorizzato la durata del rapporto quale fondamento del rapporto di filiazione. È stato, infatti, introdotto, come si è già rilevato in precedenza, un termine di improponibilità dell'azione di disconoscimento della paternità di 5 anni decorrente «comunque» dal giorno della nascita, cioè a prescindere dalla conoscenza dell'adulterio o dell'*impotentia generandi* [(art. 244, co. 4, c.c.), cfr. *supra*, cap. I-§ 10].

La vicenda dell'eterologa si comprende più compiutamente se la si esamina nel suo sviluppo storico.

Prima della dichiarazione di incostituzionalità sono intervenute due pronunce della Corte EDU[10] sulla disciplina austriaca dell'eterologa. Di esse i tribunali italiani si sono avvalsi per rafforzare l'argomentazione sull'incostituzionalità dell'art. 4, co. 3, legge n. 40/2004 sottoposta alla Corte costituzionale. In particolare la sentenza della Grande Camera della Corte EDU (giudice del riesame rispetto alla Camera) ha indotto la Corte costituzionale alla restituzione degli atti ai giudici remittenti, affinché riformulassero la questione di legittimità costituzionale[11]. A seguito di questa riformulazione è stata dichiarata l'incostituzionalità dell'art. 4, co. 3, utilizzando soltanto parametri interni alla Costituzione, senza alcun riferimento agli artt. 8 e 14 Cedu.

Il percorso argomentativo è piuttosto articolato: 1) si muove dai diritti fondamentali della coppia, incisi irreversibilmente dal divieto di eterologa; 2) si dimostra come la dichiarazione di incostituzionalità non lascerebbe un vuoto normativo lesivo di diritti fondamentali del nato; 3) si ribadisce che il diritto all'identità genetica del nato, lungi dal precludere l'eterologa, ha modo di esplicarsi entro i limiti già fissati dalla legge e dalla stessa Corte costituzionale; 4) si considera il divieto *de quo* manifestamente irragionevole; 5) si individua una violazio-

---

[9] Alcuni studiosi ritengono incongruo questo parallelismo tra adozione a procreazione eterologa, essendo diversa la funzione dell'una e dell'altra. In realtà, sebbene la prima sia volta a offrire una famiglia al minore che ne sia privo, essa ha in comune con la seconda la prerogativa di attuare (sia pur indirettamente) il desiderio di avere un figlio.

[10] Corte EDU, 1.4.2010, *caso S.H. e altri c. Austria*, ric. n. 57813/00, cit.; Corte EDU-Grande Camera, 3.11.2011, *caso S.H. e altri c. Austria*, ric. n. 57813/00. All'epoca dei fatti, la legge austriaca non vietava del tutto l'eterologa, ammettendo solo la donazione di sperma da utilizzarsi esclusivamente per la fecondazione *in vivo* e non anche *in vitro*. Vietata in assoluto era la donazione di ovuli.

[11] Corte cost., n. 150/2012 (Rel.: G. Tesauro).

ne del principio di uguaglianza causata dal cosiddetto «turismo procreativo», alimentato dal divieto dell'eterologa, poiché soltanto le famiglie abbienti sono in grado di ricorrere a tale tipo di procreazione recandosi in un altro Paese.

Sul primo punto è indubbio, secondo la Consulta, che la libertà fondamentale della coppia di formare una famiglia con figli sia riconducibile alla più generale libertà di autodeterminarsi, desumibile dagli artt. 2, 3 e 31 Cost. Certo, tale libertà non è senza limiti, sebbene questi non possano spingersi fino a sopprimerla, come accadeva, invece, col divieto di eterologa. La compressione della libertà in parola si giustifica quando la misura soppressiva sia l'unico mezzo per tutelare altri interessi di rango parimenti costituzionale. Ma se l'unicità del mezzo non è sostenibile – afferma la Consulta – il divieto di eterologa è manifestamente irrazionale e sproporzionato, sacrificando ingiustificatamente diritti fondamentali: il diritto di procreare e quello alla salute della coppia, soprattutto della donna costretta a trattamenti terapeutici più invasivi pur di concepire un figlio.

Vediamo più da vicino da cosa emerge la sproporzione.

A ben vedere il donante, il donatario e il nato non subiscono pregiudizi dall'eterologa. Il nato acquista lo stato di figlio nato nel matrimonio o di figlio riconosciuto della coppia che ha espresso la volontà di ricorrere alla PMA, tra cui vi rientra anche la procreazione eterologa (art. 8, l. n. 40/2004). Tale *status* è inattaccabile poiché il donatario non potrà agire con l'azione di disconoscimento della paternità, né impugnare il riconoscimento (automatico) per difetto di veridicità, facendo valere l'assenza del legame genetico (art. 9, co. 1, l. n. 40/2004).

La madre, da parte sua, perde la facoltà di non essere nominata nell'atto di nascita (art. 9, co. 2, l. n. 40/2004). Inoltre l'art. 9, co. 3, legge n. 40 stabilisce che «il donatore di gameti non acquisisce alcuna relazione giuridica parentale con il nato e non può far valere nei suoi confronti alcun diritto né essere titolare di obblighi». È questa una regola che oltre a favorire la donazione dei gameti, rispecchia il reale intento di ciascuno dei soggetti coinvolti nella PMA eterologa.

Sempre con riguardo alla posizione giuridica del nato, il divieto della procreazione eterologa non si giustifica neppure invocando il diritto di conoscere le proprie origini biologiche (o all'identità genetica). Tale diritto, pur di rilievo costituzionale essendo strettamente connesso con l'identità personale e con lo sviluppo della personalità umana (art. 2 Cost.), può essere limitato (non soppresso) a tutela di altre posizioni costituzionalmente protette.

L'art. 28, legge n. 184/1983 coniuga, infatti, il diritto dell'adottato di conoscere le proprie origini con la segretezza dell'identità dei genitori biologici posta a tutela della stabilità della famiglia adottiva. A tal proposito, la Corte costituzionale, come si è già rilevato (*supra*, cap. II-§ 11) [12], ha ampliato ulteriormente il

---

[12] Corte cost., n. 278/2013, cit., dichiara l'illegittimità costituzionale dell'art. 28, co. 5, legge n. 184/1983 nella parte in cui non prevede che il giudice interpelli, su richiesta del figlio, la madre biologica per verificare se ella intenda revocare la propria decisione, a suo tempo assunta, di restare anonima.

diritto di conoscere le proprie origini, attribuendo al figlio adottivo la facoltà di interpellare, attraverso il giudice, la madre biologica, per verificare se vi sia la disponibilità di quest'ultima a revocare la dichiarazione di restare anonima.

Naturalmente anche il nato con la procreazione eterologa ha diritto di conoscere le proprie origini e, quindi, di sapere quantomeno di essere nato con l'impiego di tale tecnica procreativa.

Oltre ad essere sproporzionato, il divieto di eterologa era affetto anche dal vizio di manifesta irrazionalità con riguardo allo scopo perseguito dalla legge n. 40/2004 di «favorire la soluzione dei problemi riproduttivi derivanti dalla sterilità o dalla infertilità umana». È contraddittorio vietare una pratica funzionale al superamento dalle patologie di coppia più gravi, quando lo scopo della legge è proprio quello di mettere a disposizione, quale *extrema ratio*, strumenti alternativi alla procreazione naturale.

L'ultimo argomento accolto dalla Corte costituzionale a sostegno dell'incostituzionalità dell'art. 4, co. 3, legge cit. si incentra sulla violazione del principio di uguaglianza, determinata dalla concorrenza di due fattori: uno di fatto e uno giuridico. Con il primo si allude al fenomeno del turismo procreativo che fa assurgere la condizione economica a requisito dell'esercizio di un diritto fondamentale.

Il secondo fattore attiene alla costituzione dello stato di figlio che l'ordinamento italiano riconosceva, comunque, in caso di violazione del divieto di eterologa (cfr. art. 9, co. 1, l. n. 40/2004 prima di essere modificato dalla Consulta). Non è questo, si legge nella sentenza, «un mero inconveniente di fatto, bensì un diretto effetto delle disposizioni in esame, conseguente ad un bilanciamento degli interessi manifestamente irragionevole».

Oggi possono accedere alla PMA di tipo eterologo, in ossequio agli artt. 1, co. 2, e 4, co. 1, legge n. 40/2004, solo le coppie, coniugate o conviventi (eterosessuali), affette da sterilità irreversibile o da infertilità inspiegate documentate da un atto medico.

La certificazione di infertilità o sterilità, essenziale per l'accesso alle tecniche di PMA, è disciplinata dettagliatamente dalle Linee guida 2015 emanate, ai sensi dell'art. 7, legge n. 40/2004, dal Ministro della Salute con proprio decreto. In esse si afferma anche, in attuazione del divieto di selezione degli embrioni e dei gameti a scopo eugenetico (art. 13, co. 3, legge cit.), che «non è possibile per le coppie scegliere caratteristiche fenotipiche del donatore». Ciò naturalmente costituisce un limite legittimo all'eterologa.

Vi è un altro limite riguardante l'età della donna donataria degli ovuli. Occorre muovere da un'affermazione della Corte costituzionale. La dichiarazione di incostituzionalità dell'art. 4, co. 3, legge n. 40 cit. non produce un vuoto normativo quanto alla disciplina della procreazione eterologa. Ciò in quanto, quest'ultima, è riconducibile al medesimo *genus* della procreazione omologa, pur non essendo assimilabile a quest'ultima. Entrambe queste tecniche mirano, infatti, a superare le difficoltà procreative della coppia.

Di conseguenza, stante l'analogia tra le due tecniche di PMA, in applicazione dell'art. 5, legge n. 40 cit., la donna può ricevere in donazione ovuli solo se è «in età potenzialmente fertile». Questa prescrizione è funzionale ad evitare il fenomeno delle mamme nonne [13].

È interessante notare come l'apparente contrasto tra diritti e libertà fondamentali si ricomponga tramite il bilanciamento quale fattore di coesistenza. Il legislatore e il giudice svolgono il delicato compito di promuovere diritti e libertà senza assolutismi e con equilibrio.

5. *Tutela dell'embrione e della salute della donna.*

Un altro profilo che la legge n. 40/2004 non ha regolato in conformità ai principi generali dell'ordinamento è quello del bilanciamento della tutela dell'embrione con altre posizioni giuridiche soggettive contrapposte. Tra queste ne vengono in rilievo almeno due: la salute della donna e la ricerca clinica e sperimentale per la cura di gravi malattie.

Il legislatore era consapevole della necessità di dover trovare un punto di equilibrio, tant'è che nell'art. 1, legge n. 40/2004 esplicita l'intenzione di assicurare i diritti di tutti i soggetti coinvolti nella PMA, compreso il concepito, la cui tutela trova un fondamento costituzionale negli artt. 2 e 31, co. 2, Cost. [14]. Ma le soluzioni normative accolte, sbilanciate a favore dell'embrione, non hanno retto alla verifica di costituzionalità.

L'art. 14, co. 3, legge n. 40, nella sua formulazione originaria, poneva un limite numerico alla formazione degli embrioni, i quali, una volta creati, dovevano essere tutti impiantati contemporaneamente. La disposizione vietava di «creare un numero di embrioni superiore a quello necessario ad un unico e contemporaneo impianto, comunque non superiore a tre». La *ratio* era di proteggere la vita e la dignità umana fin dal concepimento, beni, questi, entrambi messi in pericolo da una sovra-produzione di embrioni. Quelli in eccesso sarebbero stati destinati inevitabilmente alla distruzione o alla sperimentazione; ciò che il legislatore voleva evitare.

Da un lato, quindi, si tutelava fortemente l'embrione, dall'altro si consentiva di mettere in pericolo la salute della donna, impedendo al medico di decidere,

---

[13] Tar Veneto, 8.5.2015, n. 501, dispone l'annullamento di una delibera della Regione Veneto nella parte in cui ha ritenuto di applicare solo alla procreazione eterologa il limite di età di 43 anni per la donna, a fronte del limite meno stringente per l'omologa di anni 50. Il Tar chiarisce che il limite di età deve essere il medesimo per entrambe le tecniche di PMA.

[14] La Corte costituzionale già nella sentenza n. 27/1975 (Rel.: P. Rossi) riconosce che la tutela del concepito, già presente nel codice civile (artt. 320, 339 nel frattempo abrogato e art. 687 c.c.), ha un fondamento costituzionale; esattamente nell'art. 31, co. 2, Cost, che impone la «protezione della maternità» e, più in generale, nell'art. 2 Cost. che «riconosce e garantisce i diritti inviolabili dell'uomo, fra i quali non può non collocarsi, sia pur con le caratteristiche sue proprie, la situazione giuridica del concepito».

tenuto conto della patologia specifica, quale fosse il numero di embrioni ottimale da produrre e da inserire nell'utero. Così la donna era costretta a sottoporsi a plurime stimolazioni ovariche e a più tentativi di impianto, tutte le volte in cui il numero di tre embrioni fosse palesemente insufficiente a garantire una gravidanza al primo tentativo.

Al profilo della salute si aggiungeva la violazione del principio di uguaglianza, poiché situazioni diverse venivano trattate in modo uguale: a prescindere dal problema di sterilità/infertilità che affliggeva una donna rispetto ad un'altra, il numero massimo di embrioni producibili era sempre pari a tre.

Correttamente la Corte costituzionale ha dichiarato l'illegittimità costituzionale dell'art. 14, co. 2, legge n. 40 limitatamente alle parole «ad un unico e contemporaneo impianto e comunque non superiore a tre» [15]. Di conseguenza il medico può scegliere, con riferimento alla specifica situazione clinica del paziente, quanti embrioni produrre e inserire nel corpo della donna. Quelli non utilizzati dovranno essere crioconservati, non potendo essere distrutto un bene giuridico – l'embrione – protetto dall'ordinamento (cfr. art. 1, co. 1, l. n. 194/1978 e art. 1, co. 1, l. n. 40/2004).

La Consulta, con la stessa sentenza, ha altresì dichiarato l'illegittimità costituzionale dell'art. 14, co. 3, legge n. 40 «nella parte in cui non prevede che il trasferimento degli embrioni da realizzare non appena possibile (...) debba essere effettuato senza pregiudizio per la salute della donna». Dunque, sebbene siano stati già formati gli embrioni, non si potrà costringere la donna a riceverli nel proprio corpo contro la sua volontà, qualunque sia la ragione del rifiuto.

È evidente come la Corte costituzionale abbia ridimensionato la tutela dell'embrione, in consonanza con un principio espresso in un risalente, illuminato, precedente giurisprudenziale, in cui si è affermato quanto segue [16]: «non esiste equivalenza fra il diritto non solo alla vita ma anche alla salute proprio di chi è già persona [la donna] rispetto a chi persona deve ancora diventare [l'embrione]». La legge sull'interruzione volontaria della gravidanza, la n. 194/1978, ruota intorno a questo principio di non equivalenza.

L'embrione non è una persona che vive, ma non è neppure una *res materialis*; la sua protezione, certamente elevata, si affievolisce, secondo gradazione diverse, soltanto quando viene in rilievo la salute o la vita della donna (cfr. artt. 4 e 6, l. n. 194/1978).

---

[15] Corte cost., n. 151/2009 (Rel.: A. Finocchiaro).

[16] Corte cost., n. 27/1975, cit., dichiara costituzionalmente illegittimo, per violazione degli artt. 31, co. 2, e 32, co. 1, Cost., l'art. 546 c.p. che punisce l'aborto di donna consenziente, nella parte in cui non prevede che la gravidanza possa venir interrotta lecitamente quando l'ulteriore gestazione implichi danno o pericolo grave, medicalmente accertato e non altrimenti evitabile, per la salute della donna.

6. *Diagnosi preimpianto e dichiarazione di incostituzionalità dell'art. 4, co. 1, legge n. 40/2004.*

La diagnosi preimpianto consiste in un esame clinico e diagnostico dell'embrione fuori dall'utero, effettuato per accertare se esso sia affetto dalla stessa malattia genetica di cui sono portatori uno o entrambi i genitori (ad es. le talassemie). La finalità dell'accertamento è di salvaguardare la salute della donna, evitando gravidanze che, con elevato grado di probabilità, verrebbero interrotte ai sensi dell'art. 6, lett. b), legge n. 194/1978 a causa della diagnosi *in utero* della presenza proprio di quella malattia già nota alla coppia.

Questa tecnica non è contemplata dalla legge n. 40/2004, anzi, secondo una tesi, vi sarebbero indici normativi che deporrebbero in senso contrario alla sua ammissibilità.

In un primo periodo di tempo si è imposta, soprattutto tra i giudici, un'interpretazione contraria alla legittimità della diagnosi preimpianto. Si argomentava dall'art. 13, co. 2, legge n. 40/2004 che consente la ricerca clinica e sperimentale solo nei limiti in cui questa tuteli la salute e lo sviluppo dell'embrione. La diagnosi preimpianto, non perseguendo questi scopi, anzi potendo ledere l'integrità dell'embrione, doveva ritenersi impraticabile.

L'errore ermeneutico è evidente: l'art. 13, legge n. 40/2004 riguarda, a ben vedere, il conflitto tra l'interesse pubblico a che la scienza, tramite la ricerca e la sperimentazione, sconfigga gravi malattie e l'interesse dell'embrione a svilupparsi verso la nascita[17].

La diagnosi preimpianto evoca, invece, il contrasto tra la rilevanza giuridica del concepito, da un lato, la salute della donna e il suo diritto ad una procreazione cosciente e responsabile, dall'altro. Questa contrapposizione, di cui si fa carico l'art. 14, legge n. 40, del tutto diversa da quella tra benessere collettivo e tutela dell'embrione, viene risolta dal principio di prevalenza della salute della donna.

---

[17] La rilevanza giuridica dell'embrione ha indotto il nostro legislatore a vietare qualsiasi sperimentazione su di esso (art. 13). A livello delle fonti europee, la direttiva 98/44/CE, 6.7.1998, sulla *protezione giuridica delle invenzioni biotecnologiche*, stabilisce che non sono considerati brevettabili le utilizzazioni di embrioni umani a fini industriali o commerciali (art. 6, lett. c). Secondo la Corte di Giustizia UE, 18.10.2011, *Brustle c. Greenpeace e V.*, (rinvio pregiudiziale da parte del *Bundesgerichtshof*) «fin dalla fase della sua fecondazione qualsiasi ovulo umano deve essere considerato un embrione umano». Ne consegue che un'invenzione biotecnologica non è brevettabile neppure qualora non utilizzi direttamente embrioni umani, ma un prodotto di questi ultimi come le cellule staminali, il cui utilizzo ne comporta la soppressione. Il *discrimen* tra liceità e illiceità del brevetto, osserva la Corte di Giustizia, dipende dal suo oggetto: se viene o no in rilievo «un organismo tale da dare avvio al processo di sviluppo di un essere umano come l'embrione creato mediante fecondazione di un ovulo». Principio, questo, confermato dalla Corte di Giustizia UE, 18.12.2014, *International Stem Cell Corporation c. Comptroller General of Patents, Designs and Trades Marks* (rinvio pregiudiziale da parte della *High Court of Justice*), secondo cui è ammissibile il brevetto sull'utilizzo di partenoti umani, solo se sia accertato dal giudice del rinvio che questi ultimi non si sviluppino oltre lo stadio della blastocisti (privi quindi della capacità intrinseca di svilupparsi in un essere umano).

Una prevalenza effettiva grazie al disposto di cui all'art. 14, co. 5, legge n. 40/2004 che attribuisce alla coppia il diritto di essere informata «sullo stato di salute degli embrioni prodotti e da trasferire in utero». Su questo diritto si è innestata la sentenza con cui la Corte costituzionale ha cancellato l'obbligo normativo dell'unico e contemporaneo impianto (cfr. *supra*, § 5); con conseguente possibilità per il medico di utilizzare soltanto gli embrioni sani, scartando quelli malati.

La giurisprudenza di merito ha fatto leva proprio sul diverso oggetto degli artt. 13 e 14, legge n. 40 e sul diritto a una procreazione cosciente e responsabile. Così argomentando, il giudice ha ordinato la diagnosi preimpianto tutte le volte in cui nella coppia vi fosse un portatore di una grave malattia genetica. Ciò non solo nei casi di infertilità o di sterilità [18], ma anche a prescindere da questi requisiti oggettivi di accesso alle tecniche di PMA (art. 4, l. n. 40) [19].

Rimaneva però molto dubbia questa tesi giurisprudenziale, secondo cui la coppia, né sterile né infertile, affetta da una malattia genetica trasmissibile al concepito, potesse accedere alla PMA. Soprattutto perché la tesi opposta vantava un solido fondamento nell'art. 4, co. 1, legge n. 40/2004: chi può procreare naturalmente non può accedere alla PMA, salvo nei casi di malattie virali sessualmente (e non già geneticamente) trasmissibili.

Nel caso di malattie trasmissibili per via sessuale, il rischio di infezione per l'altro *partner* e per il feto ha indotto le Linee Guida ministeriali del 2015 ad ammettere l'esistenza di «una condizione di infecondità, da farsi rientrare tra i casi di infertilità severa da causa accertata e certificata da atto medico, di cui all'art. 4, comma 1 della legge n. 40 del 2004» [20]. Quindi, la situazione era la seguente: se un soggetto fosse stato portatore di una delle malattie virali trasmissibili al *partner*, indicate dalle Linee Guida, la coppia poteva (e può) accedere alla PMA; se, invece, si fosse trattato di una gravissima patologia genetica trasmissibile solo al concepito, non si avrebbe avuto diritto di accedere alla PMA.

È intervenuta la Corte costituzionale che ha dichiarato l'illegittimità costituzionale degli artt. 1, commi 1 e 2 e 4, co. 1, legge n. 40/2004 nella parte in cui non consentono il ricorso alla PMA alle coppie fertili portatrici di malattie genetiche trasmissibili, rispondenti ai criteri di gravità di cui all'art. 6, co. 1, lett. b), legge n. 194/1978 [21].

---

[18] Cfr.: Trib. Cagliari, 9.11.2012; Trib. Bologna, 29.6.2009; Trib. Firenze, 17.12.2007; Trib. Cagliari, 22.9.2007, i quali effettuano un'interpretazione costituzionalmente orientata degli artt. 13 e 14, legge n. 40/2004.

[19] Il Trib. Salerno, 13.1.2010, ammette alla procreazione medicalmente assistita la coppia, non sterile né infertile, portatrice di una malattia genetica trasmissibile al nascituro.

[20] In questo senso si erano già espresse le Linee Guida in materia di procreazione medicalmente assistita predisposte dal Ministero della Salute (con decreto 11.4.2008). Le malattie virali sessualmente trasmissibili di cui si fa menzione sono l'HIV, la HBV, o HCV. Analogo sul punto è il contenuto delle più recenti Linee Guida 2015, adottate ai sensi dell'art. 7, legge n. 40/2004.

[21] Corte cost., n. 96/2015 (Rel.: M.R. Morelli).

La Consulta ha condiviso l'impostazione del giudice rimettente sull'impraticabilità di un'interpretazione estensiva delle disposizioni in questione o di una loro disapplicazione[22]. La costruzione argomentativa dell'incostituzionalità, che si lascia apprezzare, si basa sulle riscontrate violazioni dei seguenti parametri costituzionali: 1) dell'art. 3 Cost. per la palese irragionevolezza del divieto di accesso alla PMA per le coppie feritili portatrici di una malattia genetica. Come già rilevato dalla Corte EDU[23], l'irragionevolezza sta nel non consentire alla donna di conoscere lo stato di salute dell'embrione fuori dall'utero e, allo stesso tempo, ammettere l'aborto – potenzialmente lesivo della salute della gestante – a fronte della presenza nel feto proprio di quella malattia genetica del genitore; 2) dell'art. 32 Cost., poiché il divieto della diagnosi preimpianto costringe la donna ad accettare il rischio del pregiudizio per la propria salute, senza che ciò persegua una vera tutela del nascituro, il quale è comunque esposto all'aborto. Ne consegue la violazione anche di un altro canone: 3) di razionalità dell'ordinamento.

Non sfugge alla Consulta la delicatezza della selezione delle malattie genetiche che dovrebbero giustificare l'accesso alla PMA e la diagnosi preimpianto. Essa ritiene che spetti al legislatore «introdurre apposite disposizioni al fine dell'auspicabile individuazione (anche periodica, sulla base dell'evoluzione tecnico-scientifica) delle patologie che possano giustificare l'accesso alla PMA di coppie fertili e delle correlative procedure di accertamento (...) e di una opportuna previsione di forme di autorizzazione e di controllo delle strutture abilitate ad effettuarle (...)».

Aggiunge la Corte costituzionale che la patologia genetica deve essere accertata «da apposita struttura pubblica specializzata».

È, dunque, legittimo selezionare gli embrioni sani da impiantare nell'utero della donna, qualora nella coppia via sia un soggetto affetto da una grave malattia genetica trasmissibile al nascituro. Di conseguenza tale selezione non può più essere attratta nella sfera del penalmente rilevante, così come avveniva nell'impianto originario della legge n. 40/2004. Così si è espressa la Corte costituzionale in una sentenza – successiva alla n. 96/2015 sopra ricordata – con la quale è stato censurato il disposto dell'art. 13, co. 3, lett. b) e co. 4[24].

---

[22] Corte cost., n. 96/2015, cit., conferma l'orientamento giurisprudenziale secondo cui non è ammissibile la disapplicazione di una norma interna che contrasti con una disposizione della Cedu (Corte cost., nn. 348-349/2007). Ciò vale nonostante il disposto di cui all'art. 6 § 3 TUE, secondo cui i diritti fondamentali garantiti dalla Cedu «fanno parte integrante del diritto dell'Unione in quanto principi generali». Detti principi – soggiunge la Consulta – vengono in rilievo soltanto con riguardo a fattispecie cui si applica il diritto dell'Unione; e non è il caso dell'accesso alla PMA. La disapplicazione è una tecnica disponibile solo nei casi in cui il diritto comunitario sia dotato di effetti diretti nello Stato dell'Unione.

[23] Secondo la Corte EDU, 28.8.2012, *Costa e Pavan c. Italia*, ric. n. 5470/10, vietare la diagnosi preimpianto rappresenta un'ingerenza sproporzionata da parte del legislatore italiano nel diritto al rispetto della vita privata e familiare, in violazione dell'art. 8, co. 2, Cedu.

[24] Corte cost., n. 229/2015 (Rel.: M.R. Morelli), dichiara l'illegittimità costituzionale dell'art. 13, co. 3, lett. b), e co. 4, legge n. 40/2004, nella parte in cui qualifica come reato la condotta di

È bene chiarire che ammettere la diagnosi preimpianto, sia pur in certi casi, non postula il riconoscimento del diritto di avere un figlio sano né, dal lato del nato, del diritto di non nascere se non sano. La legge n. 194/1978 (sull'interruzione volontaria della gravidanza), nel regolamentare l'aborto anche in caso di malformazione del nascituro (art. 6, lett. b), contrappone al diritto alla vita di quest'ultimo il diritto alla salute della gestante e non il diritto ad avere un figlio sano[25], né il diritto di non nascere se non sano.

Ne consegue, secondo le Sezioni Unite della Cassazione, che il nato con gravi malformazioni genetiche non possa chiedere al medico, colpevole di omessa o errata valutazione della diagnosi prenatale, il risarcimento del danno non patrimoniale per lesione della salute e per la vita atroce che egli stesso dovrà sopportare[26].

La diagnostica fuori dall'utero è, come si diceva, funzionale a tutelare esclusivamente il diritto alla salute e il diritto alla procreazione cosciente e responsabile della donna; diritti, questi, legati tra loro, che, sia pur con dei contemperamenti (cfr. in part. art. 7, ult. co., l. n. 194/1978), prevalgono sulla tutela della vita del concepito. È pacifico, in giurisprudenza, che qualora il medico, pur po-

---

selezione degli embrioni anche nei casi in cui questa sia esclusivamente finalizzata a evitare l'impianto nell'utero della donna di embrioni affetti da malattie genetiche trasmissibili, rispondenti ai criteri di gravità di cui all'art. 6, co. 1, legge n. 194/1978 (*id est*: deve trattarsi di malattie genetiche che determinano rilevanti anomalie o malformazioni del nascituro). La Corte dichiara, invece, non fondata l'altra questione di legittimità costituzionale sottopostale riguardante l'art. 14, commi 1 e 6, legge n. 40/2004, in cui si sanziona penalmente la condotta soppressiva anche di quegli embrioni che, all'esito della diagnosi preimpianto, risultino affetti da grave malattia genetica. Si lègge nella sentenza che vi è «l'esigenza di tutelare la dignità dell'embrione, alla quale non può parimenti darsi, allo stato, altra risposta che quella della procedura di crioconservazione. L'embrione, infatti, quale che ne sia il, più o meno ampio, riconoscibile grado di soggettività correlato alla genesi della vita, non è certamente riducibile a mero materiale biologico».

[25] Sostanzialmente simile è, sul punto, la posizione della Corte EDU. Secondo la sentenza *Costa e Pavan* del 2012 cit., il diritto al rispetto della vita privata e familiare di cui all'art. 8 Cedu «include il desiderio della coppia di generare un figlio non affetto da malattia genetica». Si parla di desiderio e non di diritto, e comunque la posizione giuridica soggettiva cui viene ancorato tale desiderio è pur sempre la salute della donna.

[26] Ha fatto discutere in dottrina il riconoscimento, da parte di Cass., n. 16754/2012, del danno non patrimoniale al nato con una malattia congenita non rilevata dal medico. Questa sentenza ha ribaltato il precedente orientamento negativo, pur non riuscendo a superare almeno due argomenti della tesi contraria prevalente: 1) l'inesistenza del diritto a non nascere se non sano; diritto che la pronuncia in esame, sebbene ritenga il contrario, finisce con il postularne l'esistenza; 2) l'insussistenza del nesso di causalità tra la condotta omissiva del medico (che non informa la gestante delle malformazioni) e il danno lamentato dal nato, essendo la compromissione dell'integrità fisica imputabile a fattori genetici e non alla negligenza del medico. Così Cass., Sez. Un., n. 25767/2015, ha negato che il nato abbia legittimazione ad agire per chiedere i danni da malattia congenita non rilevata dal medico durante la gravidanza. Opinando diversamente – affermano le Sezioni Unite – si darebbe rilevanza, non senza una inestricabile contraddizione, alla non vita, finendo con l'ammettere il risarcimento senza che vi sia danno-conseguenza. Difatti, se si va valere la non vita, non è possibile effettuare quella comparazione che l'art. 1223 c.c. richiede tra la qualità della vita prima e dopo e la nascita. Insomma, se in giudizio si va valere la non vita, come si possono valutare i danni che affliggono la vita?

tendo, non informi la gestante delle gravi malformazioni portate dal nascituro, egli dovrà risarcire alla medesima (e anche all'altro genitore) i danni patrimoniali e non patrimoniali cagionati da una nascita indesiderata (*wrongful birth*)[27].

Infine, deve essere respinta quella tesi di matrice ideologica secondo cui la diagnosi preimpianto sarebbe funzionale all'eugenetica, ossia a quella pratica, vietata dal diritto interno e sovranazionale [art. 3, lett. b), Carta dei Diritti fondamentali UE], volta a eliminare le persone malate, selezionando quelle con i geni migliori. Da un lato l'eugenetica è evocata a sproposito, dall'altro la Corte costituzionale è sempre stata accorta nel riconoscere la rilevanza giuridica dell'embrione. In una recente pronuncia, essa ha affermato che la dignità dell'embrione tutelata dall'art. 2 Cost. vieta di avviare alla sperimentazione finanche gli embrioni malati[28].

La diagnosi preimpianto è uno strumento volto non già a selezionare l'embrione più sano, ma a tutelare la salute della donna a fronte di una malattia genetica presente nella coppia.

7. *Fecondazione* post mortem *e assunzione della responsabilità della nascita.*

L'art. 5, legge n. 40/2004 prevede, tra i requisiti soggettivi, che entrambi i membri della coppia siano viventi. A presidio di questa prescrizione si prevede una sanzione amministrativa pecuniaria a carico di chiunque abbia applicato tecniche di PMA «a coppie i cui componenti non siano entrambi viventi (art. 12, co. 2, l. n. 40/2004)». La sanzione è rivolta essenzialmente al personale sanitario, poiché, ai sensi dell'art. 12, co. 8, legge n. 40/2004, non sono punibili l'uomo o la donna ai quali siano state applicate le tecniche nei casi, tra gli altri, di cui al comma 2 del medesimo articolo.

Queste disposizioni impediscono alla donna, rimasta sola per la morte del marito o del convivente di fatto, di utilizzare il liquido seminale congelato prima del decesso. Il congelamento può dipendere dalla necessità di sottoporsi a cure oncologiche che possano determinare la sterilità. Se, però, sopraggiunge la morte, i gameti maschili non sono utilizzabili, neppure se l'uomo aveva dato il consenso alla moglie (o convivente di fatto) di adoperarlo per avere un figlio che fosse di entrambi.

In questo caso di genitorialità oltre la morte accade che la donna si rechi in un altro paese che ammette la fecondazione *post mortem* e, iniziata la gravidanza, ritorni in Italia dove nasce il figlio. Il problema che si è posto è se l'ufficiale dello stato civile debba indicare nell'atto di nascita il nome del genitore genetico defunto prima dell'avvio della PMA.

---

[27] Cass., n. 14488/2004; Cass., n. 21619/2007; Cass., n. 13/2010 e Cass., n. 16754/2012, cit.

[28] Corte cost., n. 84/2016 (Rel.: M.R. Morelli).

Nel caso deciso dalla Cassazione nel 2019 si trattava di una coppia di coniugi con riguardo alla quale l'ufficiale dello stato civile, in applicazione dell'art. 232, co. 1, c.c., aveva escluso che la paternità potesse essere ricondotta all'uomo defunto. La Cassazione è di avviso contrario: l'ufficiale dello stato civile avrebbe dovuto riconoscere la paternità dell'uomo per diverse ragioni che mostrano come la filiazione sia assoggettata a regole diverse a seconda della sua origine: naturale o medicalmente assistita[29].

La filiazione da PMA non è assoggettabile alla medesima disciplina della filiazione naturale. Il caso sopra ricordato palesa l'inapplicabilità della regola della presunzione di concepimento in costanza di matrimonio (art. 232, co. 1, c.c.) alla fecondazione *post mortem*. È incongruo applicare a quest'ultima il termine di trecento giorni dalla morte, non essendovi dubbi sull'esistenza del legame genetico tra il nato e il genitore defunto.

La soluzione in ordine alla legittimità dell'attribuzione del cognome paterno è da ricercare muovendo dal caso concreto, il quale va valutato rispetto alla cornice normativa data dalla legge n. 40/2004[30].

Due sono i tratti caratterizzanti la normativa sulla PMA: 1) il consenso informato e l'assunzione di responsabilità costituiscono il fondamento della filiazione. Anche nella procreazione omologa, a ben vedere, sebbene vi sia il legame genetico con entrambi i genitori, la nascita origina comunque dalla volontà di procreare mediante la tecnica medica. Tant'è che l'art. 6, co. 3, legge n. 40/2004 stabilisce l'irrevocabilità del consenso dal momento della fecondazione dell'ovulo; 2) sebbene l'art. 1, legge n. 40/2004 assicuri «i diritti di tutti i soggetti coinvolti», il nato dalla PMA è destinatario di una normativa di favore in consonanza, tra l'altro, con il principio del preminente interesse del minore.

Assunzione della responsabilità del nato – ma anche della formazione dell'embrione come si vedrà nel paragrafo successivo – e garanzia della costituzione dello stato di figlio costituiscono le architravi della PMA, giacché la nascita è pianificata e attuata tramite la tecnica. Così dal combinato disposto degli artt. 8 e 9 della legge n. 40 si desume che, sebbene la nascita sia avvenuta in applicazione di una tecnica vietata dalla legge stessa, deve essere garantito lo *status filiationis*. Ciò era ancora più evidente in vigenza del divieto della procreazione eterologa. Ma il *favor* per la costituzione dello stato di figlio emerge con forza dal disposto dell'art. 9, co. 2, legge n. 40/2004 che prevede il divieto dell'anonimato materno.

Rispetto alla fecondazione *post mortem*, la Cassazione ha esattamente affermato che «l'interesse del nato, nella specie, è quello di acquisire rapidamente la

---

[29] Cass., n. 13000/2019.

[30] Cass., n. 13000/2019, cit., § 7.8.7, afferma, come si vedrà meglio proseguendo il discorso, che «la disciplina di attribuzione dello status nella procreazione medicalmente assistita configura un sistema alternativo, speciale, e non possono, di conseguenza, trovare applicazione i meccanismi di prova presuntiva del codice civile riferibili alla generazione naturale».

certezza della propria discendenza bi-genitoriale, elemento di primaria rilevanza nella costruzione della propria identità»[31]. Così l'espressione contenuta nell'art. 8 della legge n. 40 «applicazione delle tecniche di procreazione medicalmente assistita» va riferita anche alle tecniche illegittimamente poste in essere.

Questo interesse del nato non viene offuscato dalla fuorviante considerazione secondo cui l'attribuzione del cognome paterno lederebbe il diritto del nato ad avere due genitori. Anzitutto va rilevato che sul diritto alla bigenitorialità il legislatore ha fatto leva per escludere la donna sola dalla PMA, mentre nel caso *de quo* si discute del regime applicabile a un soggetto già nato. Inoltre, aggiunge la Cassazione, «l'affermazione che nascere e crescere con un solo genitore integri una condizione esistenziale negativa non sembra potersi enfatizzare al punto tale da preferire alla non vita»[32]. Non solo: la Suprema Corte invita l'interprete a cogliere i tratti della contemporaneità, sapendosi distaccare dai modelli familiari tradizionali[33].

Decisiva è la tutela dell'identità del nato dalla PMA[34] e nel perseguirla l'interprete deve guardare al fatto e alle fonti di riferimento, senza trarre conclusioni semplicistiche dalla struttura «naturale» della famiglia né dal diritto astratto di avere due genitori. L'ufficiale dello stato civile è tenuto a riconoscere il cognome paterno non solo rispetto alla fecondazione *post mortem* effettuata all'estero con nascita in Italia, ma anche, ad avviso di scrive, qualora tale pratica sia stata attuata nel nostro paese.

In prospettiva *de jure condendo*, il legislatore dovrebbe prevedere la fecondazione *post mortem* nel caso di morte del coniuge o del convivente durante il

---

[31] Cass., n. 13000/2019, cit.

[32] Cass., n. 13000/2019, cit.

[33] Cass., n. 13000/2019, cit., § 7.8.6.3, si mostra consapevole dell'inadeguatezza delle regole del codice civile per governare la complessità della procreazione e della filiazione, così afferma che «in uno scenario nel quale (...) *la genitorialità spesso va staccandosi dal nesso col matrimonio e dalla famiglia*, declinandosi in una molteplicità di contesti prima ritenuti inediti, è, allora, necessario, porsi in un'altra prospettiva, dove il rapporto familiare non si pone più in termini convenzionali, in cui nuove ipotesi di relazioni intersoggettive calcano la scena della famiglia, che non può più essere solo quella che il codice civile ha previsto nel 1942. Il fenomeno dell'emersione di diverse relazioni intersoggettive nelle relazioni affettive è, del resto, in progressiva evoluzione, così da richiedere una tutela sistematica (e non più occasionale) dei fenomeni prima sconosciuti o ritenuti minoritari, imponendo *soluzioni capaci di emanciparsi da quei modelli tradizionali* che rischiano, oramai, di rilevarsi inadeguati rispetto ai primi [corsivo mio]».

[34] Cass., n. 13000/2019, cit., insiste sul ruolo del consenso nella PMA e fa l'esempio della procreazione eterologa dove l'interesse del minore costituisce un limite al principio della verità biologica, tant'è che nessuno dei membri della coppia può dismettere lo status di genitore (art. 9, co. 1, l. n. 40/2004). La centralità del consenso è confermato, secondo la Cass., «anche in caso di fecondazione *post mortem*, con riferimento alla quale, non essendo in alcun caso ipotizzabile un contrasto tra *favor veritatis* e *favor minoris*, coincidendo quest'ultimo con il diritto del minore alla propria identità, il consenso prestato dai coniugi o conviventi appare elemento qualificante la disciplina in materia di accertamento della filiazione in funzione di una effettiva tutela della personalità del minore».

congelamento degli embrioni. La scelta di chi ha perso il compagno di vita di voler utilizzare gli embrioni congelati per avere un figlio è di alto valore morale e non deve essere mortificata dal legislatore. Se, prima della morte, l'uomo ha acconsentito a tale pratica, occorre che la legge stabilisca un termine massimo – due anni – entro cui la donna possa chiedere l'impianto degli embrioni. Ciò per esigenze di certezza legate alla successione *mortis causa* del genitore defunto.

8. *Congelamento degli embrioni, crisi di coppia e revocabilità del consenso alla PMA.*

Il bilanciamento di situazioni giuridiche soggettive contrapposte ha contrassegnato la legge n. 40/2004; talvolta, come abbiamo visto, in modo incostituzionale.

Anche l'art. 6, co. 3, ult. cpv., nel prevedere che «la volontà può essere revocata da ciascuno dei soggetti indicati dal presente comma [*id est* dai membri della coppia che hanno avuto accesso alla PMA] fino al momento della fecondazione dell'ovulo», esprime un bilanciamento tra la libertà di procreare e la rilevanza giuridica dell'embrione.

Tale libertà può esprimersi in senso positivo o negativo fino alla formazione dell'embrione, dopodiché il consenso di entrambi i soggetti, espresso per accedere alla PMA, diviene irrevocabile.

L'irrevocabilità scaturisce dal fondamento costituzionale della tutela dell'embrione e dalla sua dignità; ne consegue non solo il divieto di fare dell'embrione oggetto di sperimentazione (art. 13, co. 1, l. n. 40/2004) o di ricerca clinica e sperimentale se non per le finalità di cui all'art. 13, co. 2, legge n. 40/2004, ma anche, più in generale, la necessità di non trattarlo come una semplice *res* di proprietà di chi l'ha formato.

Nella logica del dominio, il proprietario potrebbe disinteressarsi della cosa sua o destinarla all'uso che più lo aggradi[35]. Ma l'embrione non è equiparabile a una *res materialis*, non fosse altro perché, come ha dimostrato la scienza, il genoma umano, presente nello zigote, governa lo sviluppo del corpo umano embrionale fin da subito, senza attendere stadi di sviluppo successivi che precedono l'impianto nell'endometrio dell'utero materno.

L'esistenza della vita *in nuce* esige che le si debba rispetto, perciò è stata prevista la regola dell'irrevocabilità della volontà di accedere alla PMA ai sensi dell'art. 6, co. 3, ult. cpv., legge n. 40/2004.

Tale regola ha suscitato perplessità nel caso oggetto di due ordinanze del Tribunale di S. Maria Capua Vetere. Si è trattato di una coppia di coniugi, la

[35] Secondo Corte cost., n. 84/2016, cit., la coppia che ha formato gli embrioni, risultati non impiantabili perché affetti da tare genetiche, non ne ha la disponibilità, pertanto essa non può destinarli alla ricerca scientifica.

quale, dopo il congelamento degli embrioni resosi necessario per superare un problema di salute della donna (art. 14, co. 3), addiveniva alla separazione personale. Nonostante la sopravvenuta crisi di coppia, la donna chiedeva l'impianto degli embrioni; il marito, invece, si opponeva al loro utilizzo, invocando il rispetto del proprio diritto di non procreare[36].

Ci si è chiesti quale posizione soggettiva dovesse prevalere: se il diritto di procreare o quello di non procreare a fronte della dissoluzione della coppia.

Se l'opposizione del marito all'utilizzo degli embrioni fosse preminente, essa, da un lato, inciderebbe sulla salute della donna – la quale dovrebbe sottoporsi ad altri trattamenti di stimolazione ovarica (dopo aver avviato un'altra relazione affettiva) – dall'altro, lederebbe il diritto della stessa di diventare genitore. Si obietterà che, valorizzando il diritto della moglie, il marito vedrebbe sacrificata la propria libertà di non procreare, ma, a ben vedere, tale libertà, stante il disposto di cui all'art. 6, co. 3, ult. cpv., «si è esaurita con la fecondazione»[37], ossia con la formazione degli embrioni.

Il momento fissato dalla legge in cui si consuma la libertà di non voler procreare – individuato nella fecondazione dell'ovulo – è coerente con il diritto dell'embrione a nascere; un diritto, questo, che scaturisce non tanto dalla soggettività/capacità giuridica, quanto dall'essere, l'embrione, oggetto di una protezione necessaria in quanto primo segno di vita umana[38] (P. Zatti). Proprio la riconosciuta rilevanza giuridica dell'embrione e la sua dignità hanno indotto il legislatore a consentirne il sacrificio solo al fine di tutelare la salute o la vita della donna (cfr. artt. 4 e 6, l. n. 194/1978), ossia altri beni di pari rilievo costituzionale.

In questo scenario è difficile sostenere che, rispetto alla possibilità di vita dell'embrione, favorita dalla scelta della donna di riceverne l'impianto, possa prevalere la revoca del consenso alla PMA del marito separato. La finalità di tutelare e di favorire la vita non può soccombere rispetto all'interesse, dettato dalle circostanze, di non volere più essere genitore. Il primo valore è superiore al secondo nel momento in cui esiste l'embrione.

Per rafforzare la posizione del marito si adducono due considerazioni centrate su diritti fondamentali: 1) ammettere l'utilizzo degli embrioni da parte della donna lederebbe il diritto del nascituro alla doppia figura genitoriale; 2) l'art. 6,

---

[36] Trib. S. Maria C.V., 11.10.2020, all'esito di un ricorso da parte della donna ai sensi dell'art. 700 c.p.c., dà ragione alla ricorrente che chiedeva di poter ricevere l'impianto degli embrioni congelati nonostante l'opposizione del marito separato. In sede di reclamo, il Trib. S. Maria C.V., 27.01.2021, conferma la pronuncia di primo grado.

[37] Così Trib. S, Maria C.V., 11.10.2020, cit.

[38] Cass., n. 16754/2012, cit., accoglie la tesi dell'irrilevanza della soggettività del nascituro ai fini della configurabilità della sua tutela. Sebbene essa manchi, l'embrione, in quanto protetto dalla Costituzione, è oggetto di tutela da parte dell'ordinamento (la pronuncia riguarda la questione della risarcibilità del danno al nato malformato a seguito di omessa informazione alla madre da parte del medico di una malattia congenita del nascituro).

co. 3, ult. cpv., legge n. 40/2004 contrasterebbe con l'art. 3 Cost. poiché impedisce al marito (o al convivente di fatto) di esercitare il diritto di non diventare padre; solo la donna avrebbe il potere assoluto di decidere sulla sorte degli embrioni congelati e ciò contrasterebbe con il principio di uguaglianza.

In realtà questi due argomenti non colgono nel segno. Il primo non è esatto e, ancora una volta, inverte la gerarchia dei valori. Il nato avrà comunque due genitori, sebbene non uniti da un rapporto di coppia, poiché il marito separato sarà titolare della responsabilità genitoriale e perciò tenuto a garantire l'attuazione dei diritti del figlio previsti dall'art. 315-*bis* c.c. Inoltre, come ha rilevato la Cassazione con riguardo alla fattispecie già esaminata della fecondazione *post mortem*, «l'affermazione che nascere e crescere con un solo genitore integri una condizione esistenziale negativa non sembra potersi enfatizzare al punto tale da preferire la non vita»[39]. Di conseguenza, a maggior ragione, aggiunge il Trib. di S. Maria di C.V., «nell'alternativa tra il non nascere e il nascere in famiglia di genitori separati (ma pur sempre genitori) deve ritenersi prevalente la seconda opzione»[40].

Improprio è anche l'argomento, collegato al precedente, secondo cui la revoca del consenso, giustificata dalla separazione personale, farebbe venir meno il presupposto soggettivo di cui all'art. 5, legge n. 40/2004 dato dall'esistenza della coppia nella PMA. In verità la separazione non elide tale presupposto, il quale deve sussistere al momento dell'accesso alla PMA e non dell'inserimento degli embrioni nell'utero della donna[41]. Ricevute tutte le informazioni di cui all'art. 6 e formati gli embrioni, si è oltre l'ambito applicativo dell'art. 5.

Neppure il secondo argomento sopra indicato – l'ingiustificato trattamento giuridico della donna e dell'uomo separati – è esatto. La posizione dell'una e dell'altro è diversa per natura; non c'è un'uguaglianza di genere nella gravidanza (cfr. art. 5, co. 2, l. n. 194/1978). Se fosse stata la donna a non voler ricevere gli embrioni, il marito (o convivente di fatto) non avrebbe potuto opporsi pretendendo l'impianto, né egli ha il potere di imporre l'aborto o la continuazione della gravidanza.

Si aggiunga che la donna percepisce l'embrione come una parte del suo corpo e che ella ripone affidamento sul consenso legittimamente manifestato dal

---

[39] Cass., n. 13000/2019, cit.

[40] Trib. S. Maria C.V., 11.10.2020, cit., riprende un passaggio di Cass., n. 13000/2019 in cui si afferma che «*la genitorialità è oramai concetto* e *situazione di fatto* spessa staccata dal nesso col matrimonio e dalla famiglia [corsivo mio]». In effetti, la genitorialità è valorizzata dall'ordinamento a prescindere dal tipo di rapporto tra i genitori. Si potrebbe affermare, come si vedrà meglio in seguito, che vi è stato un più recente percorso evolutivo che va dalla legge sull'affidamento condiviso (l. n. 54/2006) alla rilevanza della filiazione di fatto attraverso la figura del cosiddetto genitore sociale.

[41] Trib. S. Maria C.V., 27.01.2021, cit., afferma che «lo stato di separazione dei coniugi non può porsi, infatti, sullo stesso piano di quello del genitore single o della coppia omosessuale, che danno vita a modelli di famiglia che si allontano da quello tradizionale».

marito (o convivente di fatto) alla PMA; un consenso, come abbiamo visto, disciplinato in modo puntuale su diversi profili. L'uomo, quindi, stante l'attuale normativa, non può pretendere di arginare/revocare gli effetti del suo consenso una volta che sia stato formato l'embrione. Questo evento segna un punto di non ritorno (solo) per l'uomo.

Emerge, tuttavia, l'irragionevolezza della soggezione *sine die* dell'uomo alla volontà della donna di proseguire il progetto procreativo. Se ha senso che egli resti vincolato agli effetti del suo consenso per il tempo strettamente necessario a superare la ragione che ha determinato la crioconservazione, non è accettabile che, cessata tale ragione, la donna sia libera di imporre la paternità *ad libitum*. La legge n. 40/2004 non si è posta tale eventualità.

De jure condendo, il legislatore, al fine di contemperare le posizioni della donna e dell'uomo con la dignità dell'embrione, potrebbe prevedere il diritto dell'uomo di non essere nominato nell'atto di nascita[42]. Si introdurrebbe così la facoltà di restare anonimo sulla scorta di quanto previsto per la madre nella filiazione naturale. Questo nuovo caso di anonimato avrebbe la finalità di non farsi imporre la paternità qualora il decorso del tempo dalla crioconservazione degli embrioni renda la revoca del consenso alla PMA meritevole di tutela.

9. *Scambio di embrioni e stato di figlio.*

La formazione di embrioni *in vitro* reca con sé il pericolo del loro scambio durante il procedimento procreativo.

In un ospedale romano si è verificato proprio tale fatto, oggetto di un contenzioso giudiziale, che ha messo in rilievo l'inadeguatezza della normativa di riferimento. È utile il caso concreto.

Due coppie accedono alla PMA e il medico, per un tragico errore, inserisce nell'utero delle due donne gli embrioni formati con i gameti dell'altra coppia. Ciascuna donna, quindi, porta in grembo il figlio che, geneticamente, appartiene non a sé e al proprio coniuge, ma all'altra coppia e viceversa.

Solo una delle due donne porta a termine la gravidanza, dando alla luce un figlio che possiede il patrimonio genetico dell'altra coppia. I genitori genetici chiedono la consegna del figlio; la madre-gestante rifiuta di separarsi dal nato e si attiva per la formazione dell'atto di nascita in costanza di matrimonio.

Si ingenera così un conflitto tra i genitori legati geneticamente al figlio e i genitori cosiddetti sociali, cioè quelli che, pur non avendo concepito, hanno vissuto la gravidanza e si sono comunque assunti la responsabilità del nato.

---

[42] Questo diritto, però, dovrebbe essere previsto solo dopo un certo tempo dalla cessazione della causa che ha giustificato il congelamento degli embrioni, altrimenti si introdurrebbe la facoltà di revocare il consenso in ragione della sola crisi di coppia.

È intervenuta una decisione giudiziale[43] che, pur rigorosa nell'argomentazione, non lascia del tutto persuasi, quanto meno sotto il profilo dell'adeguatezza della normativa vigente. I principi e le regole applicati dal giudice sono corretti, ma essi non si attagliano alla fattispecie concreta. Il tribunale di Roma ha ritenuto che madre sia la donna che ha partorito e padre sia il di lei marito.

Viene da chiedersi se sia giusto negare (almeno in prospettiva *de iure condendo*) ogni rilievo giuridico alla posizione dei genitori genetici, facendo prevalere, al fine della costituzione dello stato di figlio, la coppia che ha ricevuto un embrione prodotto con i gameti di un'altra coppia.

Il codice civile, nel caso appena descritto, indurrebbe ad attribuire la maternità a colei che ha partorito per tre ordini di ragioni: 1) l'art. 269, co. 3, c.c. reputa madre colei che ha partorito, 2) l'art. 239, co. 1, c.c. prevede, quali casi di reclamo, la supposizione di parto o la sostituzione di neonato; parimenti vale per l'azione di contestazione dello stato di figlio (art. 240 c.c.). E lo scambio di embrioni, di per sé, non rientra né nell'una né nell'altra ipotesi; 3) l'art. 243-*bis* c.c. non indica il padre naturale tra i soggetti legittimati ad agire con l'azione di disconoscimento della paternità. Questa limitazione, tra l'altro, è stata ritenuta legittima dalla Corte costituzionale, la quale ha sottolineato come l'individuazione del punto di equilibrio tra verità legale e verità biologica spetti al legislatore.

Alla luce di tale quadro normativo, non rimaneva che verificare se esso fosse contrario alla Costituzione nella parte in cui preclude, nella fattispecie *de qua*, ai genitori genetici di far emergere la verità attraverso la costituzione dello stato di figlio nei loro confronti. Il tribunale romano, su domanda dei ricorrenti, ha effettuato tale controllo, fornendo però, attraverso argomenti di non poca pregnanza, una risposta negativa.

Decisiva è stata la seguente affermazione: la derivazione genetica del nato da determinati soggetti non è l'unico principio posto a fondamento della filiazione. Questo assunto trova riscontro nella riforma 2012/2013. La quale, come si è già rilevato, ha introdotto un termine finale di cinque anni decorso il quale nessuno (tranne il figlio) può agire con l'azione di disconoscimento della paternità (art. 244, co. 4, c.c.) o con l'impugnazione del disconoscimento per difetto di veridicità (art. 263, co. 3, c.c.).

Si aggiunga che la giurisprudenza ha più volte sottolineato la centralità dell'interesse del minore nelle azioni di stato[44] e in tutte le fattispecie in cui si di-

---

[43] Trib. Roma, ord. 8.8.2014. I genitori genetici depositano un ricorso ai sensi dell'art. 700 c.p.c., chiedendo: a) *in via principale* di separare i gemelli dai resistenti o di garantire il diritto di visita ai ricorrenti, in attesa della definizione del giudizio; b) *in via subordinata* di sollevare questione di legittimità costituzionale di quelle disposizioni che, nel caso concreto, non lasciano spazio ai genitori genetici di veder riconosciuto il rapporto di filiazione.

[44] Corte cost., n. 50/2006 (Rel.: A. Finocchiaro), cit., dichiara l'illegittimità costituzionale del giudizio di ammissibilità dell'azione di dichiarazione giudiziale della paternità o maternità naturale previsto dell'art. 274 c.c. Cfr. soprattutto, più di recente, Corte cost., n. 272/2017, cit.

scuta di responsabilità genitoriale. In due pronunce[45] la Corte costituzionale ha negato che possa operare automaticamente la pena accessoria della decadenza dalla potestà (oggi responsabilità) genitoriale, quale conseguenza dei reati di alterazione o di soppressione dello stato. È stata così dichiarata la parziale incostituzionalità dell'art. 569 c.p., sostenendo la necessità di una valutazione giudiziale caso per caso sull'applicabilità della pena accessoria. La *ratio decidendi* è ravvisabile non tanto nella presenza del legame genetico con la madre, quanto piuttosto nell'esistenza di un rapporto madre-figlio sano e proficuo, consolidatosi nel tempo. È questo l'elemento di fatto che deve impedire, secondo la Corte costituzionale, la decadenza dalla responsabilità genitoriale.

Vi sono altri indici, anche sovranazionali, da cui trarre la rilevanza del rapporto (con certe caratteristiche) quale fondamento dello stato di figlio.

L'abrogazione del divieto della PMA eterologa sottende il rilievo dell'assunzione della responsabilità quale fondamento del rapporto di filiazione. Va ricordato che già nel 1999, in assenza di una normativa specifica sulla procreazione assistita, la Cassazione aveva negato il disconoscimento della paternità da parte di chi aveva prestato il consenso all'eterologa[46].

Anche la giurisprudenza europea (cfr. *infra*, § 10), nel dirimere conflitti relativi al rapporto di filiazione, ha fatto leva non tanto sul legame genetico, quanto sull'intensità della relazione affettiva familiare in atto col nato.

Devono essere richiamate tre fonti sovranazionali: 1) la *Convenzione sui diritti del fanciullo* (New York, 20.11.1989), ratificata e resa esecutiva con legge n. 176/1991, il cui art. 3 stabilisce che «In tutte le decisioni relative a fanciulli, di competenza sia delle istituzioni pubbliche o private di assistenza sociale, dei tribunali, delle autorità amministrative o degli organi legislativi, l'interesse superiore del fanciullo deve avere una considerazione preminente»; 2) la *Convenzione europea sull'esercizio dei Diritti dei fanciulli*, adottata dal Consiglio d'Europa a Strasburgo il 25.1.1996, ratificata e resa esecutiva con legge n. 77/2003, prevede, al-

---

[45] Corte cost., n. 31/2012 (Rel.: A. Criscuolo), dichiara «l'illegittimità costituzionale dell'art. 569 c.p., nella parte in cui prevede che, in caso di condanna pronunciata contro il genitore per il delitto di alterazione di stato di cui all'art. 567, co. 2, c.p., debba conseguire necessariamente la perdita della potestà genitoriale» (oggi responsabilità genitoriale). La Corte ha voluto escludere l'automatismo della sanzione accessoria, per dare spazio a una valutazione giudiziale caso per caso del miglior interesse del minore. Tre in sintesi gli argomenti a sostegno della pronuncia. L'automatismo: 1) viola il principio di ragionevolezza (art. 3 Cost.), perché fa scaturire ineluttabilmente dal reato l'incapacità di svolgere il ruolo genitoriale (nel caso di specie la figlia era stata dichiarata come naturale, invece che nata in costanza di matrimonio; ma ciò era stato fatto al fine di proteggerla dal padre detenuto); 2) lede il diritto del minore di crescere e di essere educato nella sua famiglia naturale [artt. 2, 30 e 31 Cost (nella specie, la figlia aveva sviluppato un solido rapporto relazionale con la madre)]; 3) viola il principio della funzione rieducativa della pena (art. 27, co. 3, Cost.). Analogamente argomenta Corte cost., n. 7/2013 (Rel.: P. Grossi) con riguardo all'automatismo della pena accessoria riferito, questa volta, al reato di soppressione dello stato (art. 566, co. 2, c.p.), anch'esso dichiarato costituzionalmente illegittimo.

[46] Cass., n. 2315/1999, sulla scorta di Corte cost., n. 347/1998 (Rel.: F. Santosuosso).

l'art. 6, che l'autorità giudiziaria deve acquisire «informazioni sufficienti al fine di prendere una decisione nell'interesse superiore del minore»; 3) la *Carta dei diritti fondamentali dell'UE* del 7.12.2000, adottata il 12.12.2007 a Strasburgo, ribadisce all'art. 24, comma 2 che in tutte le decisioni prese dalle autorità pubbliche o da istituzioni private, «l'interesse superiore del minore deve essere considerato preminente», mentre al comma 3 dello stesso articolo si afferma che «il minore ha diritto di intrattenere regolarmente relazioni personali e contatti diretti coi due genitori, salvo qualora ciò sia contrario al suo interesse».

È piuttosto evidente, allora, che se l'interesse del minore è superiore a ogni altra posizione giuridica rilevante, non può escludersi che, in certi casi, il giudice riconosca prevalenza al genitore sociale piuttosto che a quello genetico.

Certo, nel caso dello scambio di embrioni, la figura del padre genetico è stata del tutto sacrificata a vantaggio di chi si è assunto la responsabilità della nascita (il padre sociale)[47]. Decisiva è stata l'instaurazione di un significativo rapporto simbiotico tra i genitori (sociali) e i nati, instauratosi fin dai primi giorni di vita e, con la madre, fin dalla gravidanza[48].

In astratto, è da condividere l'affermazione di tribunale romano secondo cui «la tutela del diritto allo *status* ed alla identità personale può non identificarsi [sempre e comunque] con la prevalenza della verità genetica». L'interesse pubblico alla verità del rapporto di filiazione talvolta indietreggia di fronte alla necessità di identificare le figure genitoriali in quei soggetti che abbiano instaurato un rapporto con il nato. In concreto, però, va sottolineato come non sia stata offerta alcuna possibilità ai genitori genetici di coltivare un rapporto con il figlio immediatamente dopo la nascita.

Insomma il sacrificio della posizione dei genitori genetici appare eccessivo[49], proprio perché essa non ha avuto alcuna opportunità di prevalere, sebbene fin da subito fosse stata espressa la volontà di avere con sé il figlio. La sensazione è che questa vicenda non sia stata governata applicando regole e principi consoni;

---

[47] In ragione dell'assunzione di responsabilità da parte del padre sociale, palesata dal suo consenso alla gravidanza e all'iscrizione anagrafica del figlio come proprio, il Trib. Roma, 8.8.2014, cit., ritiene preclusa l'azione di disconoscimento della paternità da parte dello stesso. Detta preclusione – si può aggiungere – deve valere anche per la donna che ha partorito e, sia pur con qualche incertezza, per il figlio.

[48] Così Trib. Roma, 8.8.2014, cit., il quale, sul punto, richiama la letteratura medico-scientifica.

[49] Secondo Trib. Roma, 8.8.2014, cit., non vi è alcun profilo di illegittimità costituzionale nella normativa attuale, la quale, ai fini della costituzione della filiazione, privilegia la donna che ha partorito, negando al contempo legittimazione ad agire al padre genetico, il quale non ha azione per superare la presunzione di paternità; potrebbe soltanto sollecitare l'attenzione del pubblico ministero ai sensi dell'art. 244, ult. co., c.c. Se da un lato si può osservare che, stando alla volontà dei soggetti coinvolti nella vicenda *de qua*, si poteva immaginare un obbligo di consegna del nato ai genitori genetici, dall'altro, così disponendo, si sarebbe trasformato la donna che ha partorito in una madre surrogata, il che non era nelle intenzioni delle parti. Vero è che il caso in parola ha favorito una scelta tragica da parte del giudice e non una decisione giuridica impeccabile.

piuttosto la si è lasciata evolvere fino al punto in cui la decisione giudiziale è divenuta pressoché obbligata.

Tra l'altro va rilevato come l'esito in punto di diritto sarebbe stato diverso se solo i genitori non genetici non fossero stati sposati tra loro, poiché, in tale caso, il padre genetico avrebbe potuto agire con l'impugnazione del riconoscimento per difetto di veridicità (art. 263, co. 1, c.c.).

Non è facile ipotizzare un intervento del legislatore che dètti criteri per governare la fattispecie dello scambio di embrioni, anche perché è radicata nella nostra cultura l'idea che madre sia in ogni caso la donna che ha partorito. Tuttavia l'estromissione dei genitori genetici dalla vita del figlio non è stata e non sarà, qualora il caso dovesse ripetersi, una soluzione giusta rispetto a tutti gli interessi coinvolti.

10. *Surroga biologica di maternità: fattispecie e ordine pubblico.*

La surroga biologica di maternità è un'altra tecnica di PMA che consente alla donna infertile (eventualmente anche sterile) di farsi sostituire nella gravidanza da un'altra donna (la c.d. madre surrogata). Il nato, secondo gli accordi, dovrà essere consegnato alla coppia committente da colei che ha partorito, la quale non ha alcun diritto sullo stesso.

La Roma tardo-repubblicana conosceva questa pratica, sia pur nelle forme della «cessione della moglie incinta» a un altro uomo o della «cessione del ventre» da parte di una donna cui veniva delegata la funzione riproduttiva. Lo scopo era non tanto favorire l'appagamento del desiderio intimo di avere un figlio, quanto essenzialmente politico (mancanza di eredi, creazione/rafforzamento di vincoli, di alleanze tra famiglie).

Nel nostro tempo la finalità della surroga è, invece, tutta legata all'attuazione del diritto di avere un figlio (art. 1, l. n. 194/1978, art. 2 Cost.); diritto che si scontra con altre posizioni giuridiche soggettive (della donna surrogata e del nato), su cui torneremo dopo aver completato la descrizione delle diverse fattispecie di surroga di maternità.

Si distingue tra surroga biologica materna e surroga biologica portante (o gestativa).

Nella prima, una donna si obbliga a farsi fecondare con il seme di un uomo (coniugato o convivente *more uxorio*), a portare a termine la gravidanza e a consegnare alla coppia committente il nato. Il quale è legato geneticamente alla madre surrogata e a un soggetto unito in matrimonio o convivente con un'altra donna che si è assunta la responsabilità della nascita. Si consideri che in questa ipotesi la donna (committente) è non solo sterile ma anche impossibilitata a condurre la gravidanza, altrimenti ella avrebbe potuto ricorrere alla procreazione eterologa. Invece per il di lei coniuge o convivente di fatto non sterile, l'unica possibilità di avere un figlio legato geneticamente a sé è proprio la surroga biologica materna.

Alla seconda fattispecie (la surroga biologica portante) sono riconducibili due casi: 1) i gameti provengono dalla coppia committente, così la gestante è solo madre-portante, non essendo legata geneticamente al concepito; 2) l'ovulo proviene da una datrice diversa sia dalla donna committente che da quella gestante.

La surroga può essere a titolo gratuito o oneroso, secondo che la madre surrogata sia mossa da spirito di solidarietà o da un fine di lucro. Il diritto europeo e internazionale vietano, però, di fare del corpo umano e delle sue parti una fonte di guadagno [art. 3, lett. c), CDFUE e art. 21 Convezione di Oviedo]. Deve perciò escludersi la legittimità della surroga di maternità a titolo oneroso, non di quella a titolo gratuito.

Mentre alcuni Paesi (tra cui Ucraina, Russia, Grecia, Albania, Georgia, Paesi Bassi, Regno Unito, Stati Uniti), sia pur con diversità nelle rispettive discipline, hanno ammesso la surroga di maternità, la legge n. 40/2004 ha adottato una soluzione radicale. L'art. 16, comma 6 punisce con la reclusione e con la multa «chiunque, in qualsiasi forma, *realizza*, *organizza* o *pubblicizza* la commercializzazione di gameti o di embrioni o la surrogazione di maternità (...)». La sanzione colpisce non solo i medici, ma anche i protagonisti dell'operazione di surroga (cfr. art. 12, co. 8, l. n. 40/2004 che non richiama, ai fini dell'esclusione della punibilità, il comma 6).

Di certo la surroga di maternità non può essere assimilata alla PMA eterologa. Ne è consapevole la Corte costituzionale, la quale ha avuto cura di precisare che l'incostituzionalità dell'art. 4, co. 3, legge n. 40 (cfr. *supra*, § 4) non intacca il divieto di surroga di maternità, che continua a conservare validità ed efficacia nel nostro ordinamento.

Le due pratiche procreative non sono accostabili, tuttavia, la surroga, come l'eterologa e la fecondazione *post mortem*, ha posto il problema della regolamentazione della filiazione nata in spregio al divieto legale. Con la differenza che la legge n. 40 non ha previsto, come per l'eterologa, una disposizione analoga a quella contenuta nell'art. 9, comma 3. Così la giurisprudenza ha applicato i principi fondamentali vigenti in materia di filiazione e di adozione per risolvere casi complessi.

Occorre distinguere, almeno secondo quanto è emerso in giurisprudenza, *due fattispecie*.

La prima, oggetto di una pronuncia della Cassazione[50], si caratterizza per la mancanza del legame genetico tra i committenti e il nato dalla madre surrogata. La coppia di coniugi committenti, dopo aver ricevuto in consegna il nato in Ucraina, si è vista negare dai giudici italiani lo stato di figlio nato in costanza di matrimonio. La Suprema Corte ha confermato la sentenza della Corte d'appello se-

[50] Cass., n. 24001/2014, afferma che, non potendosi riconoscere alcun effetto all'atto di nascita straniero, il minore risulta figlio di ignoti e dunque in stato di abbandono.

condo cui il minore deve essere dichiarato in stato di adottabilità ai sensi dell'art. 8, legge n. 184/1983. Ciò soprattutto perché – si osserva – nel nostro ordinamento soltanto l'adozione (e non l'accordo tra le parti) può consentire di realizzare progetti di genitorialità in cui non vi sia alcun legame biologico col nato[51].

Questa soluzione non convince in termini generali, perché nella fattispecie appena descritta, qualora dovesse emergere l'esistenza di un rapporto duraturo tra chi si è comportato come genitore e il nato, non può escludersi che vi possa essere la necessità di salvaguardare siffatto rapporto nell'interesse del minore (com'è accaduto nella vicenda dello scambio di embrioni di cui *supra*, § 9).

Tale prospettiva interpretativa emerge, con maggiore evidenza, nella seconda fattispecie, caratterizzata dal legame genetico tra uno solo dei committenti e il nato. Qui la madre surrogata accetta di portare a compimento la gravidanza per conto di una coppia dove l'uomo fornisce il proprio seme. Al ritorno in Italia, l'uomo vorrà procedere al riconoscimento e la di lui moglie (o convivente *more uxorio*), non legata geneticamente al nato, potrebbe chiedere l'adozione in casi particolari.

La Corte EDU, con riguardo al caso appena riportato, ha condannato la Francia per aver rifiutato la registrazione dell'atto di nascita di minori nati negli Stati Uniti, adducendo la contrarietà all'ordine pubblico interno della surroga di maternità. Secondo la Corte Europea, la Francia, negando la registrazione, ha violato il diritto alla vita privata e all'identità personale dei minori (art. 8 Cedu)[52].

L'ordine pubblico interno, quindi, deve confrontarsi con i diritti fondamentali del nato, quali il diritto all'identità personale e il diritto alla continuità dello *status filiationis*.

Il discorso è delicato perché sembra abnorme sostenere che una norma imperativa di diritto nazionale possa essere aggirata da una pratica di PMA svolta all'estero, con la pretesa di beneficiare in Italia di effetti giuridici riprovati. Tuttavia, in tali casi, viene in rilievo non già l'ordine pubblico interno ma l'ordine pubblico internazionale, il quale – secondo la Cassazione più recente[53] – non

---

[51] La Cass., n. 24001/2014, cit. aggiunge che il divieto di surrogazione di maternità è di ordine pubblico, stante la previsione di una sanzione penale, ed è posto a tutela della dignità umana della gestante. Di conseguenza, il contratto di surroga è nullo per frode alla legge (in questo senso già Trib. Monza, 27.10.1989, *contra* Trib. Roma, 14.2.2000, criticata però dalla dottrina) e per illiceità dell'oggetto.

[52] Corte EDU, 26.6.2014, *caso Mennesson c. France*, ric. n. 65192/11; Corte EDU, 26.5.2014, *caso Labassee c. France*, ric. n. 65941/11. In queste pronunce si afferma che l'ampio margine di discrezionalità degli Stati nel disciplinare la surroga di maternità si riduce quando vengono in rilievo le origini del nato e la costruzione della sua identità.

[53] Cass., n. 19599/2016, cit., afferma il seguente principio di diritto: «il giudice italiano, chiamato a valutare la compatibilità con l'ordine pubblico dell'atto di stato civile straniero (nella specie, dell'atto di nascita), i cui effetti si chiede di riconoscere in Italia, a norma della legge n. 218/1995, artt. 16, 64 e 65, e d.P.R. n. 396/2000, art. 18, deve verificare non già se l'atto straniero applichi una disciplina della materia conforme o difforme rispetto a una o più norme interne (seppure im-

coincide con le norme imperative nazionali, ma con i principi e i diritti fondamentali dell'uomo, desumibili dalla Costituzione, dai Trattati fondativi dell'Unione europea, dalla Carta dei diritti fondamentali dell'Unione europea e dalla Convenzione europea dei diritti dell'uomo.

Quest'orientamento è stato confermato e affinato dalla Cassazione a Sezioni Unite nel 2019 nel senso che, fermo restando il riferimento ai principi e ai diritti fondamentali contenuti nella Costituzione e nella normativa europea e internazionale, occorre dare rilievo anche alla normativa ordinaria qualora questa sia «strumento di attuazione dei valori consacrati nella Costituzione»[54]. Ciò comporta che il giudice interno, richiesto di delibare un provvedimento straniero, dovrà considerare, quale componente dell'ordine pubblico internazionale, anche l'interpretazione della legge ordinaria proveniente dalla giurisprudenza costituzionale e di legittimità che «dà forma a quel diritto vivente» espressivo dei valori fondanti l'ordinamento in un determinato momento storico[55].

Tale concezione più ristretta di ordine pubblico internazionale è funzionale non già a una riduzione del controllo nei confronti degli atti stranieri rispetto alla coerenza ordinamentale interna, ma a una fondamentale opera «promozionale dei valori tutelati, che mira ad armonizzare il rispetto di questi valori, essenziali per la vita e la crescita dell'Unione»[56]. La conseguenza è una maggiore apertura dell'Italia nei confronti degli ordinamenti esterni in aderenza alla Costituzione (artt. 10, 11 e 117, co. 1). Un provvedimento straniero, come una sentenza o un atto di nascita, può essere rifiutato dalle autorità italiane soltanto se esso violi non già una norma imperativa interna, ma valori essenziali dell'ordinamento.

---

perative o inderogabili), ma se *esso contrasti con le esigenze di tutela dei diritti fondamentali dell'uomo*, desumibili dalla Carta costituzionale, dai Trattati fondativi e dalla Carta dei diritti fondamentali dell'Unione Europea, nonché dalla Convenzione Europea dei diritti dell'uomo [corsivo mio]». Questa concezione più ristretta di ordine pubblico internazionale è stata confermata da Cass., Sez. Un., n. 16601/2017, cit., la quale sottolinea come il maggior guadagno di tale nuovo orientamento è di aver privato le tradizioni giuridiche diverse da paese a paese da «venature egoistiche» insite nella singola disposizione di legge sganciata dalla Costituzione e dalle fonti europee.

[54] Cass., Sez. Un., n. 12193/2019, proprio su un caso di surroga biologica di maternità effettuata in Canada da una coppia di uomini, uno solo dei quali legato geneticamente al nato. Al giudice italiano è stata chiesta la delibazione della sentenza canadese nella quale si riconosceva anche il genitore non genetico quale genitore giuridico del nato.

[55] Cass., Sez. Un., n. 12193/2019, cit., pone così il seguente principio di diritto: «In tema di riconoscimento dell'efficacia del provvedimento giurisdizionale straniero, la compatibilità con l'ordine pubblico, richiesta dagli artt. 64 ss. della legge n. 218/1995, dev'essere valutata alla stregua non solo dei principi fondamentali della nostra Costituzione e di quelli consacrati nelle fonti internazionali e sovranazionali, ma anche *del modo in cui gli stessi si sono incarnati nella disciplina ordinaria dei singoli istituti, nonché dell'interpretazione fornitane dalla giurisprudenza costituzionale e orinaria*, la cui opera di sintesi e di ricomposizione dà forma a quel diritto vivente dal quale non può prescindersi nella ricostruzione della nozione di ordine pubblico, quale insieme dei valori fondanti dell'ordinamento in un determinati momento storico [corsivo mio]».

[56] Cass., Sez. Un., n. 16601/17, cit.

Applicando quest'orientamento, la Cassazione ha legittimato la trascrivibilità in Italia di un atto di nascita spagnolo dal quale risultava che il nato aveva due madri, sebbene non si fosse trattato di una surroga biologica di maternità[57].

Va ricordato che l'Italia è stata condannata dalla Corte EDU. Nella relativa pronuncia è stata ammessa la rilevanza del rapporto di filiazione in ragione non già del legame genetico con uno dei genitori committenti (insussistente nel caso di specie), ma della durata – pur relativamente breve – della convivenza col minore[58]. Questa pronuncia è stata riformata dalla Grande Camera, la quale ha tuttavia confermato la rilevanza giuridica del «legame affettivo significativo»[59].

Non bisogna perciò assolutizzare il dato giuridico secondo cui nel nostro sistema procreazione e parto sarebbero indissociabili (arg. *ex* artt. 30 Cost., 240, 239 c.c.). In scritti recenti si insiste sul primato della genitorialità biologica, quale modello accolto dalla Costituzione e si stigmatizza quella visione del fenomeno familiare e procreativo ridotto a mero desiderio di avere un figlio.

---

[57] Cass., n. 19599/2016, cit. Il caso ha riguardato una coppia di donne sposate in Spagna che, a seguito dell'accesso alla PMA, ha un figlio. Una delle due donne aveva fornito i propri ovuli, fecondati da un donatore di seme; l'altra donna aveva portato a termine la gravidanza. È stato, quindi, condiviso un progetto di genitorialità, consentito in Spagna, che ha portato alla formazione di un legittimo atto di nascita dal quale risultavano due madri. Successivamente, la coppia di coniugi si trasferisce in Italia, ma l'Ufficiale di stato civile si rifiuta di trascrivere l'atto di nascita spagnolo, ritenendolo contrastante con il principio di ordine pubblico in base al quale nell'ordinamento italiano è madre soltanto colei che ha partorito. La Cassazione, invece, applicando il concetto di ordine pubblico internazionale sopra esposto, ha ritenuto che il fatto di avere due madri non lede alcun diritto fondamentale dell'uomo. Si afferma nella sentenza che le regole secondo cui nel nostro ordinamento è madre solo colei che ha partorito e che, di conseguenza, le coppie dello steso sesso non possono generare né allevare un figlio non sono a «rime costituzionali obbligate»; cioè esse sono frutto di scelte discrezionali del legislatore che potrebbero cambiare in futuro senza perciò violare la Costituzione. Va segnalato che questa posizione non è unanimemente condivisa in dottrina. Secondo la Cassazione, l'atto di nascita spagnolo doveva essere trascritto in Italia.

[58] Corte EDU, 27.1.2015, *caso Paradiso e Campanelli c. Italia*, ric. n. 25358/12, condanna l'Italia a risarcire il danno morale alla coppia italiana che, in Russia, aveva legittimamente dato alla luce un figlio con la surroga di maternità. In conseguenza del rifiuto da parte delle autorità italiane di trascrivere l'atto di nascita russo, i giudici nazionali hanno disposto l'allontanamento del minore dal suo ambiente familiare, dichiarando l'adottabilità dello stesso. Ma secondo la Corte EDU, la legge italiana (sul diritto internazionale privato e sull'adozione internazionale) è squilibrata nel prevedere l'allontanamento a fronte di sei mesi di convivenza tra i (falsi) genitori e il nato. La legge non ha garantito un giusto equilibrio tra l'interesse pubblico (alla «difesa dell'ordine») e gli interessi privati in gioco (del minore e dei genitori) basati sul diritto al rispetto della vita privata e familiare.

[59] Corte EDU-Grande Camera, 24.1.2017, *Paradiso e Campanelli c. Italia*, ric. n. 25358/12. La Corte europea in più pronunce ha tenuto conto dei legami familiari *de facto*, in particolare del legame affettivo creatosi col minore a prescindere dal vincolo di parentela con lo stesso (Corte EDU, 28.6.2007, *Wagner e J.M.W.L. c. Lussemburgo*, ric. n. 76240/01; Corte EDU, 27.4.2010, *Moretti e Benedetti c. Italia*, ric. n. 16318/2007; Corte EDU, 26.2.2002, *Kutzner c. Germania*, ric. n. 46544/1999).

In certi casi, tuttavia, non si tratta tanto di discutere quel primato (pure incrinato dalla legittimità dell'eterologa e dai nuovi termini di improponibilità delle azioni di stato introdotti dalla riforma 2012/2013)[60], né di esaltare il diritto di procreare o l'autodeterminazione individuale, quanto piuttosto di garantire il concreto e preminente interesse del minore. Preminenza che può anche esigere, ad avviso chi scrive, in ragione del trascorrere del tempo, il riconoscimento da parte dell'Italia del vincolo di filiazione con i genitori committenti, anche dello stesso sesso[61], che si siano avvalsi della surroga di maternità in un altro Paese. Ne va dell'identità del minore che si costruisce e si consolida nel rapporto con chi, a prescindere dal legame genetico, sia percepito come genitore. A questa situazione di fatto dovrebbe corrispondere la situazione di diritto data dal riconoscimento dello stato di genitore.

La Cassazione a Sezioni Unite ha, invece, escluso che possa essere delibato un provvedimento straniero da cui risulti un genitore non genetico rispetto a un nato

---

[60] Trib. Roma, 17.10.2012, ha affermato già prima della riforma 2102/2013 che, «nell'evoluzione del diritto positivo e della sua interpretazione giurisprudenziale, *sempre meno rilievo assume il dato formale del rapporto familiare [fondato] sul legame meramente biologico* [corsivo mio]». La verità biologica può essere recessiva a fronte della tutela del diritto allo *status* e del diritto alla identità personale. Il tribunale argomenta: a) dall'art. 256 c.c. che stabilisce l'irrevocabilità del riconoscimento; b) dall'art. 9, legge n. 40/2004 che vieta, con riguardo alla PMA eterologa, il disconoscimento della paternità e la dichiarazione di non essere nominata nell'atto di nascita; c) dai doveri di buona fede, correttezza e lealtà che – secondo Corte cost., n. 347/1998 e Cass., n. 2315/1999 – nei rapporti di famiglia, «assumono il significato della solidarietà e del reciproco affidamento»; d) dalla pronuncia della Corte cost., n. 31/2012, cit. (sulla parziale incostituzionalità della pena accessoria al reato di alterazione di stato) secondo cui la centralità degli interessi del minore fa sì che essi prevalgano anche sulla pretesa punitiva dello Stato. Perciò chi ha riconosciuto falsamente può rimanere genitore e non decadere dalla responsabilità genitoriale. Questa pronuncia del tribunale di Roma ha ricevuto critiche da una parte della dottrina, la quale attribuisce al difetto di veridicità carattere obiettivo; tuttavia si può ritenere che gli sviluppi normativi successivi abbiano rafforzato la soluzione del tribunale romano.

[61] Cass., ord. n. 4382/2018, rimette gli atti al Primo Presidente della Cassazione per l'eventuale assegnazione alle Sezioni Unite Civili della questione della nozione di ordine pubblico. Secondo questa ordinanza, la nozione ristretta di ordine pubblico, accolta da Cass., n. 19599/2016, cit., sarebbe stata in parte corretta da Cass., Sez. Un., n. 16601/2017, cit. Da qui la necessità di una parola definitiva da parte delle Sezioni Unite che, come si vedrà nel § successivo, sono intervenute nel 2019. Nel caso di specie, una coppia di uomini accedeva in Canada alla PMA, avvalendosi della donazione di ovociti e della disponibilità di una donna a condurre la gravidanza per conto della coppia committente. Nascevano due bambini, legati biologicamente solo a uno dei due committenti. L'atto di nascita formato in Canada riporta l'indicazione del solo nominativo del genitore biologico e così veniva trascritto in Italia. Successivamente, la *Superior Court of Justice* Ontario ordinava all'Ufficiale dello Stato civile dell'Ontario di emendare l'atto di nascita, indicando quale genitore anche l'altro committente non legato geneticamente ai nati. In tale senso si procedeva. L'Ufficiale dello Stato civile del Comune di Trento rifiutava, però, l'integrazione dell'atto di nascita, reputando l'aggiunta contraria all'ordine pubblico interno. La Corte d'appello sconfessa la decisione dell'autorità italiana e ordina l'integrazione dell'atto di nascita, riconoscendo perciò effetto alla pronuncia della Corte dell'Ontario.

da surroga biologica di maternità [62]. Rimane però, come vedremo nel prosieguo, il problema di garantire una tutela effettiva del nato da tale pratica procreativa.

11. (Segue). *L'intervento della Cassazione a Sezioni Unite e il preminente interesse del minore.*

Le Sezioni Unite della Cassazione si sono pronunciate sul caso di due uomini, i quali, ottenuta in Canada una pronuncia giudiziale che attribuiva la paternità anche all'uomo non legato geneticamente al nato da surroga biologica di maternità, si sono visti rifiutare dall'ufficiale dello stato civile italiano l'integrazione dell'atto di nascita con il nome del secondo padre (quello non biologico).

Se la Corte d'Appello di Trento aveva riconosciuto il provvedimento del giudice dell'Ontario e ordinato all'ufficiale dello stato civile l'integrazione dell'atto di nascita, le Sezioni Unite hanno invece escluso la legittimità della delibazione di tale pronuncia straniera, poiché contraria all'ordine pubblico internazionale. In sostanza, secondo le Sezioni Unite, il divieto di surroga di maternità (art. 12, co. 6, l. n. 40/2004), per come è stato interpretato dalla giurisprudenza costituzionale e di legittimità, presidia valori e beni di rilevanza costituzionale. Di conseguenza chi realizza la surroga all'estero non si vedrà riconoscere in Italia gli effetti sullo stato di figlio. Più esattamente soltanto il genitore genetico sarà indicato come padre in forza non già della surroga, bensì del fondamento genetico della filiazione (art. 30, co. 1, Cost.).

Le Sezioni Unite hanno incentrato la *ratio decidendi* della pronuncia sui valori fondamentali ritenuti lesi dalla surroga; il ragionamento è, tuttavia, limitato, non tenendo conto del principio del preminente interesse del minore (se non in prospettiva ideale) e dei diritti fondamentali di quest'ultimo, parimenti coinvolti dalla tecnica procreativa avversata dal legislatore italiano.

Questi valori sono, secondo la Sezioni Unite, la *dignità della madre surrogata*, offesa in modo intollerabile – come affermato anche dalla Corte costituzionale [63] – da una pratica che «mina nel profondo le relazioni umane» e la *tutela del nato rispetto a chi non abbia procreato* [64].

Nella sentenza in parola si individua comunque una soluzione che consente di costituire lo stato di figlio nei confronti del genitore d'intenzione: l'adozione in

---

[62] Cass., Sez. Un., n. 12193/2019, cit.

[63] Corte cost., n. 272/2017, cit.

[64] La Cassazione a Sezioni Unite intende sottolineare che, ove manchi il legame biologico con il genitore – ciò che fonda lo stato di figlio – non è consentita l'insorgenza della filiazione per mera volontà di chi intenda diventare genitore. In tal caso la genitorialità deve passare necessariamente attraverso il procedimento adottivo, durante il quale il giudice effettua un controllo su diversi profili attinenti alla sfera dell'adottante. La surroga di maternità non può assurgere, quindi, nell'impostazione delle Sezioni Unite, a strumento per aggirare l'adozione quale tipologia legale della filiazione.

casi particolari (artt. 44 ss., l. n. 184/1983)[65]. Altro non sarebbe ammissibile poiché, per i Supremi giudici, con il divieto di surroga di maternità il legislatore ha effettuato un bilanciamento, indiscutibile da parte del giudice, tra l'interesse del minore alla conservazione dello stato di figlio e il principio della verità della filiazione, attribuendo la prevalenza a quest'ultimo.

Il ragionamento delle Sezioni Unite, da un lato, pecca di astrattezza, dall'altro, non tiene in adeguato conto né il principio del preminente interesse del minore da valutarsi in concreto, né quella linea di politica del diritto – di cui si è già detto – che distingue il piano del divieto di una tecnica di PMA da quello della tutela del nato mediante la medesima tecnica (cfr. artt. 8 e 9, l. n. 40/2004).

Proprio così, astrattezza, perché negare lo stato di figlio nei confronti del genitore d'intenzione non tutela affatto la dignità della madre surrogata, la quale vive in un altro paese e può essersi prestata – poco importa *ex post* – per spirito di solidarietà o verso un corrispettivo; ma in entrambi i casi non è certo la negazione dello stato di figlio a tutelare la dignità della donna. Il giurista dovrebbe preoccuparsi del nato in carne e ossa e non di una madre surrogata le cui motivazioni alla surroga neppure si conoscono.

Ciò è tanto più vero se si applica effettivamente il principio del preminente interesse del minore; un principio da cui discende, secondo l'*Advisory opinion* reso dalla Corte europea dei diritti dell'uomo (Grande Camera) ai sensi del protocollo 16 della Cedu, un dovere degli Stati di adottare soluzioni che salvaguardino, in modo compiuto e rapido, la relazione con il c.d. genitore d'intenzione[66].

Ebbene, la soluzione prospettata dalle Sezioni Unite dell'adozione in casi particolari è inadeguata per almeno quattro ragioni: 1) nel caso della surroga di maternità vi è non già un rapporto di filiazione sorto dopo la nascita, bensì un progetto di genitorialità condiviso fin dall'inizio; 2) il procedimento di adozione in casi particolari non è rapido e questo dato è stato stigmatizzato dalla Corte EDU; 3) gli effetti dell'adozione in casi particolari sono più limitati quanto alla parentela rispetto a quelli dell'adozione piena (cfr. art. 55, l. n.

---

[65] Cass., Sez. Un., n. 12193/2019, cit., § 13.1.

[66] Corte EDU, 10.04.2019, *Advisory opinion concerning the recognition in domestic law of a legal parent-child relationship between a child born through a gestational surrogacy arrangement abroad and the intended mother*. Si afferma in questa opinione che: «What is important is that at the latest when, according to the assessment of the circumstances of each case, *the relationship between the child and the intended mother has become a practical reality* (see paragraph 52 above), an effective mechanism should exist enabling that relationship to be recognised. Adoption may satisfy this requirement provided that the conditions which govern it are appropriate and the procedure enables a decision *to be taken rapidly*, so that the child is not kept for a lengthy period in a position of legal uncertainty as regards the relationship. It is self-evident that these conditions must include an assessment by the courts of the child's best interests in the light of the circumstances of the case». Dunque, importante è anche la rapidità della decisione da assumere.

184/1983 nella parte in cui richiama l'art. 300 c.c.) e non vi è ragione che sia così anche nel caso della surroga in cui non vi è una famiglia di origine; 4) se subentra la crisi di coppia, il genitore giuridico potrebbe negare l'assenso all'adozione in casi particolari, condizione, questa dell'assenso, imprescindibile affinché possa perfezionarsi tale tipo di adozione (art. 46, co. 2, l. n. 184/1983)[67]. Di conseguenza il minore, nato in forza di un progetto comune, si troverebbe con un solo genitore.

Ciò che non si condivide dell'impostazione delle Sezioni Unite è l'aver anteposto un supposto bilanciamento effettuato dal legislatore al principio del preminente interesse del minore o meglio l'aver pensato che tale interesse sia stato preventivamente e adeguatamente valorizzato da quel bilanciamento. Non è stato così nel caso di specie e comunque il giudice, nelle soluzioni che individua, deve sempre farsi guidare dall'interesse del minore.

Un'autorevole dottrina (V. Scalisi), trattando di alcune pronunce della Corte EDU (in part. *Paradiso e Campanelli c. Italia*), ha affermato che «il superiore interesse del minore può risultare anche *fondativo di un vero e proprio rapporto di filiazione*, del tutto prescindente da ogni correlativa genitorialità biologica, ed invece esclusivamente basato su un corrispondente legame affettivo di tipo familiare dotato dei caratteri della effettività e della stabilità (...)». È questa l'impostazione idonea a tutelare effettivamente la posizione del minore.

Non si deve pensare, come pure qualcuno ha rilevato, che dal principio del preminente interesse del minore si finisca per dedurre ciò che si vuole, in violazione della regola costituzionale della soggezione del giudice soltanto alla legge (art. 101, co. 2, Cost.). Certo, questo è un esito da cui rifuggire, ma non può essere l'argomento che azzera la forza precettiva del principio. Il quale illumina nella ricerca della soluzione ed è al contempo illuminato dal contesto normativo in cui esso stesso opera.

Così la Corte costituzionale ha ribadito che l'art. 9 della legge n. 40/2004 «dimostra la volontà di tutelare gli interessi del figlio», garantendo il consolidamento in capo a quest'ultimo «di una propria identità affettiva, relazionale e sociale, da cui deriva l'interesse a mantenere il legame genitoriale acquisito, anche eventualmente in contrasto con la verità biologica della procreazione»[68]. Non solo: la Consulta ha richiamato la giurisprudenza della Corte EDU e la normativa internazionale da cui si evince il diritto del minore di stare con i suoi genitori in quanto tali, pur in assenza di un legame biologico[69].

---

[67] Proprio questo elemento della disciplina dell'adozione in casi particolari ha indotto la Corte cost., n. 32/2021 (Rel.: S. Sciarra) a formulare un invito al legislatore a intervenire per garantire la costituzione dello stato di figlio nei confronti del genitore d'intenzione.

[68] Corte cost., n. 32/2021, cit. richiama Corte cost., n. 127/2020, cit., sul riconoscimento di compiacenza (cfr. *supra*, cap. II-§ 5).

[69] Corte cost., n. 32/2021, cit., § 2.4.1.2.

Nel caso della surroga e, come si vedrà *infra* (§ 12-lett. a), nella procreazione eterologa estera con nascita in Italia, l'adozione in casi particolari non è adeguata, non garantendo la pienezza del legame di filiazione[70].

C'è un dato oramai pacifico: quando vi sono legami affettivi di filiazione nel contesto di una famiglia, essi, sebbene non biologici, vanno tendenzialmente garantiti «al fine di conferire certezza nella costruzione dell'identità personale»[71].

Insomma tra principi e diritti c'è un gioco di vasi comunicanti, dove il principio non è il *deus ex machina* del tutto, perché l'esito ermeneutico deve essere coerente con l'ordinamento e semmai spingerlo oltre purché in attuazione dei suoi valori di fondo. Non è un'anomalia questa; è un tratto della giuridicità del nostro tempo, dove principi, valori e concetti elastici sono indispensabili per governare la complessità del vivere e delle dinamiche sociali.

In definitiva, il concetto restrittivo di ordine pubblico internazionale, il principio del preminente interesse del minore[72] e la crescente rilevanza dei legami affettivi non parentali[73] inducono il giurista, di fronte a problemi non risolvibili con una norma di fattispecie, a ricostruire la regola del caso concreto. In quest'operazione, egli non si fa irretire dalla disposizione di dettaglio, ma alza lo sguardo ai valori e ai principi fondamentali che si rinnovano continuamente per effetto di nuove leggi e dei contributi dottrinali e giurisprudenziali. Inoltre, co-

---

[70] Corte cost., n. 33/2021 (Rel.: F. Viganò) afferma, con riguardo a un caso di surroga di maternità (due uomini i genitori committenti), che la tutela del diritto del nato a rendere giuridico il rapporto di fatto con chi abbia assunto il ruolo di genitore «dovrà essere assicurata attraverso un procedimento di adozione effettivo e celere, che riconosca la pienezza del legame di filiazione tra adottante e adottato, allorché ne sia stata accertata in concreto la corrispondenza agli interessi del bambino (...). L'adozione in casi particolari (...) costituisce una forma di tutela degli interessi del minore certo significativa, ma ancora non del tutto adeguata al metro dei principi costituzionali e sovranazionali» rilevanti in tale questione.

[71] Corte cost., n. 32/2021, cit., § 2.4.1.3.

[72] L'art. 23, lett. d) della Convezione dell'Aja del 19 ottobre 1996 (*sulla competenza, legge applicabile, riconoscimento, esecuzione e cooperazione in materia di responsabilità genitoriale e di misure di protezione dei minori*), ratificata con legge n. 101/2015, stabilisce che il riconoscimento delle misure adottate dalle autorità di uno Stato contraente può essere negato da un altro Stato per ragioni di ordine pubblico dello Stato richiesto «tenuto conto dell'interesse superiore del minore». Quindi, l'interesse (concreto) del minore potrebbe giustificare la soccombenza dell'ordine pubblico di uno Stato. Si legge in Corte EDU, 27.1.2015, *Paradiso e Campanelli c. Italia*, cit., che «il riferimento all'ordine pubblico non può essere preso come una carta bianca che giustifichi qualsiasi misura, in quanto l'obbligo di tenere in considerazione l'interesse superiore del minore incombe allo Stato indipendentemente dalla natura del legame genitoriale, genetico o di altro tipo».

[73] Cass., n. 19599/2016, cit. afferma che «la famiglia è sempre più intesa come comunità di affetti, incentrata sui rapporti concreti che si instaurano tra i suoi componenti: al diritto spetta di tutelare proprio tali rapporti, ricercando un equilibrio che permetta di contemperare gli interessi eventualmente in conflitto, avendo sempre come riferimento, ove ricorra, il prevalente interesse dei minori».

me ci ricorda un autorevole studioso (P. Perlingieri), l'interprete non deve creare artificiose separazioni tra ordine pubblico interno e internazionale, ma piuttosto rendere palese l'unitarietà dell'ordine pubblico[74].

12. *PMA effettuata all'estero, famiglie omogenitoriali provenienti da altri paesi e* status filiationis.

Analizziamo due fattispecie. Una scaturisce dal desiderio di diventare genitore realizzato in un altro paese rispetto a quello di residenza; l'altra promana dalla libera circolazione delle famiglie.

Quanto alla prima va rilevato che la diversità delle legislazioni sulla PMA in punto di requisiti di accesso ha incentivato il c.d. «turismo procreativo». Un sintagma, quest'ultimo, adoperato solitamente in un'accezione spregiativa, sebbene l'intento di avere un figlio non possa essere connotato banalmente da un'aura di negatività.

Accade che, una volta iniziata la gravidanza, la coppia torni in Italia dove avviene la nascita. Qui si pone il problema della riconoscibilità dello stato di figlio nei confronti del genitore cosiddetto d'intenzione, ossia nei cui riguardi non vi sia un legame genetico. Coinvolte sono coppie dello stesso sesso le quali, non potendo accedere in Italia alla PMA, realizzano il loro progetto genitoriale in un altro paese più permissivo quanto ai presupposti soggettivi della procreazione assistita.

A questo fenomeno si aggiunge la seconda fattispecie data dalla fisiologica circolazione delle famiglie, la cui struttura origina da un provvedimento vietato in Italia ma ammesso altrove, qual è l'adozione piena ottenuta da una coppia dello stesso sesso. Questa famiglia chiede all'ufficiale dello stato civile italiano di riconoscere la doppia genitorialità. I problemi giuridici sollevati da questa fattispecie sono stati affrontati e risolti lucidamente da una pronuncia della Cassazione a Sezioni Unite[75].

È vero che in quest'ultima ipotesi non si tratta di una filiazione nata da PMA, ma è utile parlarne in tale capitolo poiché essa evoca principi applicati dalla giurisprudenza sulla procreazione assistita e orientamenti consolidati, a dimostrazione della tensione dell'ordinamento all'unità.

Iniziamo, però, dalla PMA effettuata all'estero.

---

[74] Cass., Sez. Un., n. 16601/2017, cit., afferma che «il rapporto tra l'ordine pubblico dell'Unione e quello di fonte nazionale non è di sostituzione, ma di autonomia e coesistenza, [cosicché] la sentenza straniera che sia applicativa di un istituto non regolato dall'ordinamento nazionale, quand'anche non ostacolata dalla disciplina Europea, deve misurarsi con il portato della Costituzione e di quelle leggi che, come nervature sensibili, fibre dell'apparato sensoriale e delle parti vitali di un organismo, inverano l'ordinamento costituzionale».

[75] Cass., Sez. Un., n. 9006/2021.

a) *PMA eterologa all'estero di una coppia omosessuale, nascita in Italia e stato di figlio.*

Il divieto per le coppie di fatto omosessuali (art. 6, l. n. 184/1993) e per gli uniti civili (art. 1, co. 2, l. n. 76/2016) di presentare domanda di adozione piena e il divieto per i medesimi di accedere alla procreazione medicalmente assistita (art. 5, l. n. 40/2004) favorisce i viaggi all'estero al fine di avere un figlio attraverso le tecniche procreative.

Abbiamo esaminato in precedenza il caso della coppia di uomini che si avvalga della surroga biologica di maternità in un paese europeo o extraeuropeo che la consenta.

Si intende riferirsi adesso alla fattispecie in cui due donne, unite civilmente o conviventi di fatto, ricorrano alla procreazione eterologa in un altro paese, laddove una delle due, ricevuta la donazione di gameti maschili e fecondati i suoi ovuli, inizi la gravidanza. La nascita avviene in Italia. Il nato è legato geneticamente soltanto alla donna che ha partorito; l'altra donna si assume la responsabilità della nascita e si impegna – nel progetto procreativo condiviso – a svolgere il ruolo di seconda madre.

Il problema che si è posto è se proprio quest'ultima donna, non legata geneticamente al nato, abbia diritto di essere nominata nell'atto di nascita, con la conseguenza, in caso affermativo, della doppia genitorialità femminile.

La tesi negativa adduce i seguenti argomenti. La legge italiana sulla PMA consente l'accesso alle tecniche procreative soltanto in ragione della sterilità o infertilità (art. 4) e al fine di superare i problemi riproduttivi (art. 1). La coppia di donne non è né sterile né infertile. Si aggiunga che, a conferma dell'intento legislativo di offrire strumenti tecnici per far fronte a un limite procreativo patologico, l'art. 5 richiede che i membri della coppia siano di sesso diverso. L'unica eccezione al requisito oggettivo della sterilità/infertilità è data, come si è già visto, dall'essere la coppia, pur fertile, portatrice di malattie genetiche trasmissibili[76].

C'è di più. L'esclusione delle coppie omosessuali dalla PMA è dipesa dalla volontà legislativa di difendere la nozione naturale di filiazione, che esige due generanti di sesso diverso. La politica ha, quindi, ritenuto preferibile che il nato, di regola, cresca con un padre e una madre.

Da questo angolo di osservazione dovrebbe concludersi che la condotta della coppia omosessuale sopradescritta, avendo aggirato la legge e la concezione di filiazione accolta dall'ordinamento italiano, non sia meritevole di tutela. Di conseguenza, lo stato di figlio potrà essere riconosciuto soltanto rispetto alla donna che ha partorito. L'altra donna, sebbene abbia condiviso il progetto procreativo assumendosi la responsabilità della nascita, non sarebbe da considerare una seconda madre. Del resto, il fondamento della filiazione – insiste una parte della

---

[76] Corte cost., n. 96/2015, cit.

dottrina e della giurisprudenza[77] – alberga nel legame genetico e non nell'assunzione della responsabilità, ad eccezione dei casi di adozione e di procreazione eterologa da parte di una coppia di maggiorenni di sesso diverso.

A questo si aggiunge l'argomento della non riconducibiltà della fattispecie in esame all'ambito del diritto internazionale privato, non essendovi elementi di estraneità rispetto al diritto nazionale, con conseguente inapplicabilità della nozione di ordine pubblico internazionale[78]. Perciò se, secondo la Cassazione, gli unici riferimenti normativi pertinenti sono di diritto interno, dovendosi applicare le coordinate di fondo della legge n. 40/2004, non è possibile riconoscere una doppia maternità da PMA[79].

In verità l'impostazione della Cassazione si espone a qualche obiezione. La prima: la legge n. 40/2004 protegge soprattutto i nati, come si evince dal combinato disposto degli artt. 8 e 9. Tale protezione si sostanzia nel divieto per i membri della coppia di *venire contra factum proprium*, dismettendo o rifiutando l'acquisizione della genitorialità. Tale regola si rafforza attraverso la distinzione tra il piano dell'illiceità di una pratica procreativa e il piano dello *status filiationis*. Sovrapponendo questi piani, ne risente la posizione del nato. Ciò è stato evidente quando,

[77] Cass., n. 8029/2020, afferma che dall'art. 9, legge n. 40/2004 non può trarsi «un principio generale in virtù del quale, ai fini dell'instaurazione del rapporto [di filiazione] può considerarsi sufficiente il mero dato volontaristico o intenzionale, rappresentato dal consenso prestato alla procreazione o comunque dall'adesione a un comune progetto genitoriale». L'art. 9 non è estrapolabile dal contesto in cui si trova, pertanto il divieto di disconoscimento della paternità, dell'impugnazione per difetto di veridicità e l'impossibilità per la donna di avvalersi dell'anonimato ivi previsti postulano la legittimità della tecnica di PMA. La Cassazione continua sottolineando che «se è vero (...) che lo sviluppo scientifico e tecnologico ha reso possibili forme di procreazione svincolate dall'atto sessuale, è anche vero però che l'intera disciplina del rapporto di filiazione, così come delineata dal codice civile, rimane tuttora saldamente ancorata alla necessità di un rapporto biologico tra il nato e i genitori, la cui esclusione richiederebbe, a pena di inevitabili squilibri, radicali modifiche di sistema, non realizzabili attraverso un intervento episodico del giudice».

[78] Cass., n. 8029/2020, cit., § 5.

[79] Cass., n. 8029/2020, cit., § 5.3, al fine di riconoscere la doppia maternità, ritiene non pertinente l'argomento che fa leva su quella giurisprudenza di legittimità che ha ammesso la c.d. *step child adoption* ai sensi dell'art. 44, lett. d), legge n. 184/1983. La finalità di questo tipo di adozione – *id est* di valorizzare legami di filiazione di fatto – non implica, a dire della Suprema Corte, il più ampio «sganciamento della filiazione dal dato biologico, né giustifica la prospettazione di un meccanismo di instaurazione del relativo rapporto alternativo a quello fondato su tale dato, non dovendo la predetta genitorialità esprimersi necessariamente nelle medesime forme giuridiche previste per il figlio nato dal matrimonio o riconosciuto, a condizione, ovviamente, che al minore accolto dalla coppia omosessuale sia assicurata una tutela comparabile a quella garantita a quest'ultimo». Non è un caso, continua sempre la Suprema Corte, che l'art. 1, co. 2, legge n. 76/2016 si sia limitato a far salvo «quanto previsto e consentito in materia di adozione dalle norme vigenti, senza richiamare in alcun modo la disciplina della PMA (...)». Si è voluto in sostanza sottolineare che non vi è alcuna disposizione che consenta alla coppia omosessuale di diventare genitore se non l'art. 44, lett. d), legge n. 184/1983, la cui disposizione, tuttavia, secondo l'interpretazione offerta dalla giurisprudenza di legittimità, legittimerebbe la singola persona ad adottare il figlio del convivente di fatto o dell'unito civilmente.

pur in vigenza del divieto dell'eterologa (prima della sentenza della Corte cost., n. 162/2014), era comunque preclusa l'azione di disconoscimento della paternità.

Più in generale, sia il legislatore che la giurisprudenza hanno posto in secondo piano l'ordine pubblico interno rispetto alla tutela del minore; basti pensare all'art. 251 c.c. che, diversamente dal passato, ammette, previa autorizzazione giudiziale, il riconoscimento del figlio incestuoso sebbene i genitori fossero consapevoli del vincolo di parentela o affinità. Rilevano anche quelle sentenze della Corte costituzionale, già ricordate, contrarie all'applicazione automatica della decadenza dalla responsabilità genitoriale a fronte dei certi reati [80].

Sia l'art. 251 c.c. che la giurisprudenza costituzionale appena richiamati consentono al giudice di adottare il provvedimento più rispondente al concreto interesse del minore. Va osservato che più la disposizione di legge e la sua interpretazione sono rigidi e più cresce il rischio dell'inattuazione del principio del preminente e concreto interesse del minore.

Certo, non sfugge che riconoscendo lo stato di figlio nei confronti delle due madri recatesi all'estero si consentirebbe di aggirare il divieto interno di procreazione eterologa omosessuale. Tuttavia, rispetto all'ordine pubblico interno, deve prevalere l'interesse del minore alla bigenitorialità, anche rispetto a due persone dello stesso sesso. Anzi, più correttamente, è l'interesse del minore a delineare l'ordine pubblico.

Si aggiunga una considerazione improntata alla ragionevolezza. Quand'anche non si riconosca la seconda madre, comunque il nato si rapporterebbe ad entrambe le donne come madri, perciò avrebbe poco senso non far corrispondere alla situazione di fatto quella di diritto. Da questo punto di vista, l'adozione in casi particolari, cui potrebbe far ricorso la seconda madre, non è, come ha rilevato la Corte costituzionale, la soluzione più adeguata per il minore [81].

Ancora: dal principio del preminente interesse del minore la giurisprudenza ha desunto il criterio guida secondo cui non si possono addossare ai figli le conseguenze negative delle condotte dei genitori riprovate dall'ordinamento [82]. Ora, è vero che il principio della tutela prevalente del minore non si sottrae al bilanciamento con i diritti fondamentali tutelati dalla Costituzione secondo un'inte-

---

[80] Oltre alle pronunce sui reati di status (Corte cost., n. 31/2012, cit. e Corte cost., n. 7/2013, cit.), più di recente, nello stesso solco di tutela del diritto alla bigenitorialità, si è aggiunta Corte cost., n. 102/2020 (Rel.: F. Viganò) secondo la quale «è costituzionalmente illegittimo l'art. 574-*bis*, comma 3, c.p. nella parte in cui prevede che la condanna pronunciata contro il genitore per il delitto di sottrazione e mantenimento di minore all'estero ai danni del figlio minore comporta la sospensione dell'esercizio della responsabilità genitoriale, anziché la possibilità per il giudice di disporre la sospensione dall'esercizio della responsabilità genitoriale».

[81] Corte cost., n. 32/2021, cit. e Corte cost., n. 33/2021, cit. Cfr. anche Corte cost., n. 11/1981 (Rel.: L. Elia), in cui si invita il giudice a ricercare «la soluzione ottimale in concreto per l'interesse del minore» (artt. 30, coo. 1 e 2, e 31, co. 2, Cost.).

[82] Corte cost., n. 494/2002, cit.

grazione reciproca[83], ma è anche vero che negare *sic et simpliciter* la seconda genitorialità si atteggia più a sanzione nei confronti dei figli che a strumento di tutela di un diritto fondamentale contrapposto.

Vi sarebbe spazio per un'interpretazione costituzionalmente orientata degli artt. 8 e 9, legge n. 40/2004, in forza della quale lo stato di figlio deve essere riconosciuto tendenzialmente a tutti i figli nati da PMA a prescindere dalla legittimità o meno della tecnica adoperata. Qualora non si accolga tale impostazione, dovrà intervenire il legislatore a tutela dei figli nati dalla PMA, come ha richiesto la Corte costituzionale[84]. Se lo strumento è l'adozione, dovrà essere un'adozione «effettiv[a] e celere, che riconosca la pienezza del legame di filiazione tra adottante e adottato, allorché ne sia stata accertata in concreto la corrispondenza agli interessi del bambino».

b) *Adozione omogenitoriale estera e delibazione.*

Nel nostro ordinamento la diversità dei sessi è il presupposto dell'adozione piena. L'art. 6, co. 1, legge n. 184/1983 consente solo ai coniugi di presentare la relativa domanda.

Alla coppia unita civilmente non è stata attribuita tale facoltà, come si evince dall'art. 1, co. 20, legge n. 76/2016 («*Regolamentazione delle unioni civili tra persone dello stesso sesso e disciplina delle convivenze*»), secondo cui alla parola coniuge non può sostituirsi quella di «parti in unione civile» con riguardo alla disciplina dell'adozione. Pertanto, la cosiddetta clausola di equivalenza, contenuta nell'articolo appena citato, incontra un'eccezione nella disciplina dell'adozione, salvo quanto si è già rilevato sopra a proposito della *step child adoption*.

La diversità di sessi, tuttavia, non è un principio fondamentale in materia di adozione né di filiazione, com'è emerso dalla giurisprudenza prima di merito[85] poi di legittimità[86], ma esprime solo una scelta discrezionale del legislatore; scel-

---

[83] Corte cost., n. 33/2021, cit., § 5.5.

[84] Corte cost., n. 32/2021, cit. e Corte cost., n. 33/2021, cit.

[85] Trib. per i minorenni di Roma, n. 299/2014; Trib. per i minorenni di Roma, n. 4580/2015; Trib. per i minorenni di Roma, 30.12.2015.

[86] Cass., n. 12962/2016, riguardante non già l'adozione piena, ma l'adozione in casi particolari (art. 44, l. n. 184/1983). Invece Cass., n. 9006/2021, cit., di cui ci occuperemo in questo paragrafo, concerne un'adozione piena disposta nello Stato di New York. Nella pronuncia n. 12962/2016, la Cassazione ha confermato l'orientamento, già diffuso nei tribunali per i minorenni, secondo cui l'adozione in casi particolari, nella fattispecie di cui all'art. 44, co. 1, lett. d), legge n. 184/1983, può essere disposta anche nei confronti del *partner* omosessuale del genitore. Ciò in quanto l'espressione contenuta in tale disposizione – «constatata impossibilità di affidamento preadottivo» – deve intendersi riferita *non soltanto a un impedimento di fatto* (all'affidamento preadottivo), *ma anche di diritto* (qual è l'insussistenza dello stato di abbandono). E, nel caso che ci occupa in cui il figlio era accudito dal genitore giuridico, vi era proprio un impedimento di diritto all'affidamento preadottivo, dato appunto dall'insussistenza dello stato di abbandono del minore. Alcuni degli ar-

ta che, in prospettiva *de jure condendo*, potrebbe essere rivista, nel senso di ammettere le adozioni piene omogenitoriali anche in Italia. Quest'affermazione, consolidata in giurisprudenza, si è rivelata decisiva in sede di delibazione delle pronunce straniere di adozione omogenitoriale.

Se l'avere due genitori dello stesso sesso non è in contrasto con la Costituzione, non vi alcuna ragione di ordine pubblico internazionale che impedisca al giudice italiano di delibare la pronuncia straniera di adozione disposta a favore di una coppia omosessuale. La conseguenza sotto il profilo dell'antropologia familiare è significativa: se famiglie con genitori di sesso diverso convivono nel nostro territorio con famiglie omogenitoriali si rafforzerà pian piano la cultura dell'inclusione e del rispetto dell'altro. Inoltre si accresce l'ambito della condivisione e valorizzazione tra più Stati di alcuni diritti fondamentali del minore di età.

Abbiamo già notato come siano stati proprio i diritti fondamentali il motore degli sviluppi del diritto della filiazione. Su di essi la Cassazione più recente [87] ha fatto leva per garantire al nato la conservazione dello stato di figlio acquisita, tramite adozione, in un altro Paese.

Prima di soffermarsi su questi diritti e, in definitiva, sulla preminenza dell'interesse del minore, occorrono alcune precisazioni attinenti alla demarcazione tra istituti e procedimenti diversi.

Il caso deciso dalle Sezioni Unite della Cassazione nel 2021 ha riguardato due uomini – un cittadino italiano naturalizzato americano e un americano – residenti negli Stati Uniti, sposati, divenuti genitori in base a un provvedimento adottivo emesso dalla Corte dello Stato di New York. La coppia si era vista rifiutare dall'ufficiale dello stato civile italiano la trascrizione dell'atto straniero da cui entrambi risultavano genitori.

Secondo la Cassazione, al caso di specie, non è applicabile la disciplina dell'adozione internazionale (artt. 29 ss., l. n. 184/1983), poiché i due soggetti non risiedono in Italia, né sono cittadini italiani residenti all'estero, come richiesto dall'art. 29-*bis*, coo. 1 e 2, legge n. 184/1983 (nel caso *de quo* solo uno dei due lo è, sebbene sia al contempo cittadino americano) [88].

Neppure sono applicabili – per contrastare il rifiuto dell'ufficiale dello stato civile italiano – gli artt. 95-96, d.P.R. n. 396/2000, perché il procedimento qui previsto attiene agli atti formati in Italia. Invece, agli atti formati all'estero, riguardanti cittadini ivi residenti, di cui si chieda il riconoscimento in Italia, si ap-

---

gomenti addotti a sostegno di questa conclusione – che sintetizzeremo sopra nel testo – sono stati ripresi e sviluppati proprio della giurisprudenza sulla legittimità della delibazione della pronuncia straniera di adozione piena omogenitoriale.

[87] Cass., Sez. Un., n. 9006/2021, cit.

[88] Cass., Sez. Un., n. 9006/2021, cit., § 10.2, conclude che «difettano, di conseguenza, radicalmente le condizioni soggettive di applicabilità del regime giuridico dell'adozione internazionale al provvedimento adottivo estero oggetto del presente giudizio». Va esclusa, quindi, la competenza del Tribunale per i minorenni.

plica l'art. 41, legge n. 218/1995 che richiama gli artt. 64, 65 e 66 della medesima legge. Di conseguenza la Corte d'appello, giudice competente in materia di efficacia di sentenze e di atti stranieri, deve verificare la conformità degli effetti dell'atto – non della legge – dello Stato estero al nostro ordinamento. In particolare, quanto alle condizioni per delibare tale atto, rileva il limite dell'ordine pubblico internazionale [art. 64, lett. g), l. n. 218/1995].

Nella valutazione giudiziale di non contrarietà degli effetti dell'atto straniero ai principi e ai diritti fondamentali, le Sezioni Unite hanno posto l'accento sull'evoluzione dell'ordinamento. La quale si rispecchia non solo nelle disposizioni di legge, ma anche e soprattutto nella loro interpretazione da parte della Corti interne ed europee. Sono molte le pronunce della Cassazione e della Corte costituzionale richiamate dalle Sezioni Unite, dalle quali si ricava la necessità di distinguere tra fattispecie diverse, rispetto alle quali l'ordine pubblico rilevante è volta a volta diverso [89].

La motivazione sviluppata dalle Sezioni Unite è convincente nell'approdare alla trascrivibilità del provvedimento straniero di adozione omogenitoriale. Ripercorriamola svolgendo qualche considerazione.

Nel nostro caso di adozione omogenitoriale estera rileva non già un divieto presidiato da una sanzione penale, come invece nella surroga biologica di maternità (art. 12, co. 6, l. n. 40/2004), né i limiti soggettivi di accesso alla PMA legati all'eterosessualità (art. 5, l. n. 40/2004) e neppure il principio del *favor veritatis*, ma unicamente l'art. 6, co. 1, legge n. 184/1983 che limita ai soli coniugi l'accessibilità all'adozione piena.

Come si diceva, il divieto delle coppie, anche unite civilmente, di proporre domanda di adozione piena non è funzionale alla tutela di alcun diritto o valore di rilevanza costituzionale. Piuttosto, nel caso di adozione estera disposta a favore di una coppia di uomini, il preminente interesse del minore coincide con il diritto di quest'ultimo alla stabilità della vita familiare, consolidatasi con entrambi i genitori. A ciò si aggiunga che l'orientamento sessuale non incide sull'idoneità dell'individuo all'assunzione della responsabilità genitoriale, né è stato elevato in nessuna pronuncia al rango di principio di ordine pubblico internazionale [90].

---

[89] Cass., Sez. Un., n. 9006/2021, cit., ribadisce la distinzione, quanto alla PMA, tra il caso del bambino nato all'estero in forza di una tecnica di procreazione assistita vietata in Italia con successivo trasferimento in Italia della famiglia e il caso della nascita in Italia rispetto alla medesima tecnica. In quest'ultima ipotesi la giurisprudenza tende ad applicare il principio del *favor veritatis*, valorizzando così solo il genitore con il quale il nato ha un legame biologico. Si veda infatti il paragrafo precedente (lett. a) a proposito della procreazione eterologa tra due donne o quella giurisprudenza già ricordata sulla surroga biologica di maternità, laddove i giudici italiani non riconoscono lo stato di figlio, attribuito all'estero, nei confronti del genitore d'intenzione.

[90] Cass., Sez. Un., n. 9006/2021, cit., § 17.3, richiama anche Corte cost., n. 221/2019, cit. in cui si afferma che la limitazione alle coppie eterosessuali dell'accesso alla PMA non è incostituzionale, ma non è espressione di un valore fondante l'ordinamento.

Queste sottolineature delle Sezioni Unite del 2021 si agganciano a una precedente sentenza della Cassazione, in cui è stata ammessa la trascrizione di una sentenza straniera francese che ha pronunciato l'adozione piena incrociata dei figli minori biologici di due donne sposate in Francia, cittadine francesi e residenti in Italia[91]. Un ulteriore riferimento giurisprudenziale è alla sentenza della Corte cost., n. 272/2017 sull'art. 263 c.c., nella quale si è dato rilievo al consenso nella determinazione consapevole della genitorialità (il tema sotteso è quello del riconoscimento di compiacenza) e si è ammessa la comparazione giudiziale tra l'interesse effettivo del minore alla conservazione dello *status filiationis* e la verità della derivazione biologica.

Ebbene se l'assunzione di responsabilità può fondare lo stato di figlio al di fuori dell'adozione, non c'è alcuna incompatibilità tra l'adozione piena straniera pronunciata rispetto a una coppia dello stesso sesso e l'ordine pubblico internazionale di riferimento.

In definitiva, se la diversità di sesso dei genitori è stata la scelta del legislatore italiano (art. 6, l. n. 184/1983; art. 5, l. n. 40/2004 e art. 1, co. 20, l. n. 76/2016), sebbene essa – è un punto decisivo – non sia a rime costituzionali obbligate[92], se l'identità del minore si tutela conservando lo *status filiationis* acquisito all'estero e se non vi è alcuna evidenza scientifica sulla pericolosità della genitorialità omosessuale, si deve concludere quanto segue. La delibazione della pronuncia straniera di adozione omosessuale deve essere ammessa perché non contrasta con l'ordine pubblico internazionale, anzi attua un diritto fondamentale del minore in conformità al fondamento (anche) consensualistico della filiazione.

Emerge come l'istituto del matrimonio non è più predominante nell'influenzare la disciplina della filiazione. La sua centralità nell'ordinamento (art. 29 Cost.)

---

[91] Cass., n. 14007/2018. Anche nel caso di specie è stata esclusa l'applicabilità dell'adozione internazionale da parte di cittadini italiani, seppur residenti all'estero, trattandosi di adozione pronunciata all'estero a favore di un soggetto che, solo successivamente alla pronuncia di adozione, aveva conseguito la cittadinanza italiana. In questa pronuncia la Cassazione richiama l'art. 24 della Convenzione dell'Aja del 1993 (tutela dei minori e cooperazione in materia di adozione internazionale), ratificata dall'Italia con legge n. 476/1998, in cui si stabilisce che «il riconoscimento dell'adozione può essere rifiutato da uno Stato contraente solo se esso è manifestamente contrario all'ordine pubblico, tenuto conto dell'interesse superiore del minore». Nel caso di specie, secondo la Cassazione, non vi è solo la non contrarietà all'ordine pubblico internazionale dell'adozione omosessuale straniera, piuttosto, in positivo, il preminente interesse del minore coincidente con il diritto dello stesso «a vivere in modo stabile in un ambiente domestico armonioso e a essere educato e assistito nella crescita con equilibrio e rispetto dei suoi diritti fondamentali, vale (...) a integrare lo stesso concetto di ordine pubblico nella materia specifica».

[92] Cass., Sez. Un., n. 9006/2021, cit., § 19, afferma che né le condizioni di accesso alla genitorialità adottiva legittimante di cui all'art. 6, legge n. 184/1983, né il divieto per gli uniti civilmente di adottare in modo pieno (art. 1, co. 20, l. n. 76/2016) e neppure il divieto per le coppie omosessuali di accedere alla PMA (art. 5, l. n. 40/2004) possono essere ascritti ai principi di ordine pubblico internazionale.

è da riferire alla relazione familiare di coppia ma, come hanno affermato le Sezioni Unite, «in relazione agli status genitoriali non costituisce più, soprattutto dopo la riforma della filiazione, il modello unico o quello ritenuto esclusivamente adeguato per la nascita e la crescita dei figli minori»[93]. Da qui la compatibilità con la Costituzione della genitorialità omoaffettiva e, concludono le Sezioni Unite, la non contrarietà ai principi fondamentali dell'ordinamento del modello consensuale di adozione, diffuso in altri paesi e comunque diverso dal modello adottivo meramente privato[94].

13. *Sul fondamento del rapporto di filiazione. Il genitore sociale.*

La più recente evoluzione normativa e giurisprudenziale della filiazione induce ad affermare che il fondamento di quest'ultima possa essere ravvisato non soltanto nel legame genetico tra generante e generato (art. 30 Cost.), ma anche nell'assunzione della responsabilità della nascita, avvenuta per mezzo delle tecniche di PMA.

A sostegno di quest'affermazione, sul piano legislativo, sono da richiamare i nuovi termini di improponibilità dell'azione di disconoscimento della paternità (art. 244, co. 3, c.c.) e dell'impugnazione del riconoscimento per difetto di veridicità (art. 263, co. 3, c.c.), introdotti dalla riforma 2012/2013. Si è già rilevato come, attraverso tali articoli, l'intento sia stato quello di assicurare la stabilità dello stato di figlio, sacrificando, dopo un certo tempo, il principio del *favor veritatis* (cfr. *supra*, cap. I-§ 12 e cap. II-§ 5).

Questa operazione legislativa sottende l'idea che la relazione genitore-figlio, protrattasi per un certo tempo, sia giuridicamente rilevante.

Da ultimo la legge n. 173/2015 ha valorizzato la significatività, la stabilità e la durata del legame affettivo, non soltanto ai fini della domanda di adozione da parte dei coniugi affidatari, ammessa da questa legge (art. 5-*bis*, l. n. 184/1983), ma anche della conservazione di tale legame qualora il minore abbia fatto ritorno nella famiglia d'origine. Stabilisce l'art. 5-*ter*, legge n. 184/1983 che, terminato il periodo di affidamento, qualora «il minore faccia ritorno nella famiglia di origine o sia dato in affidamento ad altra famiglia o sia adottato da altra famiglia, è

---

[93] Cass., Sez. Un., n. 9006/2021, cit., § 19.3.

[94] Cass., Sez. Un., n. 9006/2021, cit., § 20.3. Nel caso di specie, l'adozione straniera è stata disposta dopo aver acquisito il consenso dei genitori biologici. Secondo le Sezioni Unite, «non vi è un'aprioristica contrarietà di tale modello adottivo [diffuso nei paesi extraeuropei ed europei] ai principi fondamentali dell'ordinamento». Piuttosto il controllo giurisdizionale si dovrà concentrare «sul provvedimento con il quale la procedura adottiva si chiude». Nel caso di specie vi era stato anche l'intervento dei Servizi Sociali, nonché l'accertamento dell'idoneità genitoriale della coppia adottante. Sono le convenzioni adottive meramente private a non essere previste dall'ordinamento italiano.

comunque tutelata, se rispondente all'interesse del minore, *la continuità delle positive relazioni socio-affettive consolidatesi durante l'affidamento*» (nuovo co. 5-*ter* introdotto nell'art. 4, l. n. 184/1983).

Sul versante della giurisprudenza, si può constare una spiccata sensibilità dei giudici nel valorizzare i predetti indici normativi, al fine di ampliare il fondamento della filiazione oltre il principio della generazione. Emblematica è la dichiarazione di incostituzionalità dell'art. 4, co. 3, legge n. 40/2004, che ha legittimato la procreazione eterologa (cfr. *supra* § 4).

Vi è un'altra pronuncia consonante con gli sviluppi del fondamento della filiazione. Il tribunale di Palermo ha esteso l'ambito applicativo dell'art. 337-*ter* c.c. al cosiddetto *genitore sociale*[95], ossia a quel soggetto che, di fatto, si sia comportato come padre o madre, pur non essendo legato geneticamente al minore. Ciò accade nelle famiglie ricomposte, in cui chi ha già un figlio inizia una nuova relazione affettiva, magari formalizzata nel matrimonio o nell'unione civile, dove il nuovo partner assume, di fatto, tutti i doveri genitoriali rispetto al figlio dell'altro.

Se la rilevanza giuridica della famiglia di fatto è emersa più agevolmente nel nostro ordinamento giuridico (art. 2 Cost. e art. 8 Cedu come interpretato dalla Corte EDU), maggiori problematiche ha incontrato la figura del genitore sociale. Il quale non è stato ancora oggetto di una specifica disciplina, diversamente da altri paesi come la Francia.

I giudici si sono, pertanto, trovati in difficoltà ad attribuire una veste giuridica a un rapporto, sì di fatto, ma con una evidente carica di giuridicità. Così il tribunale palermitano, come si accennava, ha riconosciuto il diritto dei figli minorenni di frequentare, secondo un calendario indicato nel provvedimento giudiziale, la madre sociale con la quale avevano convissuto, insieme con la loro madre genetica, dando vita a una vera e propria famiglia[96]. Non si è trattato, però, di un provvedimento di affido condiviso, ma di una decisione che ha valorizzato

---

[95] Trib. Palermo, decr. 6.4.2015.

[96] Trib. Palermo, decr. 6.4.2015, cit. Nel caso di specie i gemelli, nati dalla procreazione medicalmente assistita di tipo eterologo, si erano legati affettivamente alla compagna della loro madre genetica durante la convivenza durata sei anni. Dalla consulenza tecnica d'ufficio era emerso che i minori avevano perfettamente elaborato la loro storia familiare (parlavano, infatti, di due madri parimenti importanti nella loro vita) e anche il modo in cui erano stati generati. Il tribunale applica l'art. 337-*ter* c.c., ritenendo che il lemma «genitori» di cui al comma 1 possa essere riferito anche al genitore sociale e che il potere del giudice di «adottare ogni altro provvedimento relativo alla prole» contempli anche la regolazione giudiziale dei tempi di frequenza tra il minore e il cosiddetto genitore sociale. La motivazione è piuttosto articolata e si fonda su una interpretazione conforme dell'art. 337-*ter* all'interpretazione fornita dalla Corte EDU dell'art. 8 Cedu. In sintesi: 1) si ricorda che il diritto al rispetto della propria vita privata e familiare di cui all'art. 8 Cedu contempla, secondo la Corte EDU, anche il diritto dei genitori e dei figli di mantenere stabili relazioni in caso di crisi di coppia; ciò vale anche per i soggetti uniti da relazioni familiari di fatto; 2) si richiama il principio interno e sovranazionale del superiore interesse del minore e una serie di pronunce della Corte EDU che hanno riconosciuto valore giuridico al rapporto tra un *partner* i figli biologici dell'altro; 3) si fa leva sul diritto all'identità personale della prole.

l'interesse dei minori a conservare il rapporto con la cosiddetta «madre di fatto» con la quale vi era un legame affettivo importante.

Il tribunale tiene a sottolineare che, con la propria decisione, ha inteso non già riconoscere un nuovo diritto ai minori, ma assicurare tutela giuridica a uno stato di fatto nell'interesse dei minori stessi. Chi si comporta come fosse genitore non acquisisce alcun diritto; è il perseguimento dell'interesse del minore che esige di conservare quel rapporto di tipo genitoriale, divenuto giuridicamente rilevante.

La soluzione del tribunale di Palermo, apprezzabile nel propendere per un'accezione ampia del termine «genitore» di cui all'art. 337-*ter*, co. 1, c.c., si espone a una critica. La disciplina contenuta nel capo II del titolo IX del libro I del codice civile ruota intorno alla regolazione dell'esercizio della responsabilità genitoriale, di cui è titolare il genitore giuridico non già quello di fatto. È tutelato esclusivamente il rapporto di parentela, come si evince dall'art. 337-*ter*, co. 1, c.c. nella parte in cui menziona anche gli ascendenti e i parenti di ciascun ramo genitoriale (cfr. anche l'art. 317-*bis* c.c.).

Neppure la soluzione accolta dalla Corte costituzionale di fare applicazione dell'art. 333 c.c. appare però del tutto soddisfacente[97]. Il giudice, nell'«adottare i provvedimenti convenienti», secondo la Consulta, potrebbe stabilire un calendario di incontri tra il minore e il genitore sociale, qualora il genitore giuridico precluda ogni contatto tra essi. Tuttavia, da un lato, il genitore sociale non è tra i legittimati all'esercizio dell'azione (art. 336 c.c.), giacché egli potrebbe soltanto sollecitare il pubblico ministero ad agire; dall'altro, non viene risolto il problema dell'esercizio della responsabilità genitoriale del tutto mancante nel genitore sociale. Eppure la genitorialità non può dirsi veramente tale se non reca con sé la titolarità della responsabilità genitoriale.

Si attende sul punto un intervento legislativo magari sul modello francese di genitorialità sociale (M. Cinque). Non è possibile sviluppare qui un discorso *de jure condendo*; preme piuttosto sottolineare come la qualifica di genitore derivi non soltanto dalla derivazione biologica, ma soprattutto dall'accudimento costante del nato e dall'assunzione dei doveri di cui all'art. 30, co. 1, Cost. E ciò vale anche qualora il genitore di fatto sia dello stesso sesso del genitore giuridico.

Vero è che il fondamento della filiazione è diventato più complesso, come dimostra quella giurisprudenza su cui ci siamo soffermati. La quale ha riconosciuto, sia pur attraverso l'adozione in casi particolari, la rilevanza del rapporto di filiazione con il nato dalla surroga biologica di maternità e ha ammesso sia l'adozio-

---

[97] Corte cost., n. 225/2016, dichiara non fondata la questione di legittimità costituzionale dell'art. 337-*ter* c.c. nella parte in cui non consente al giudice di valutare, nel caso concreto, se risponda all'interesse del minore conservare rapporti significativi con l'ex *partner* del genitore biologico. In sostanza la Consulta, pur respingendo l'intervento additivo richiesto dal giudice *a quo*, indica la soluzione interpretativa appropriata per valorizzare la relazione di tipo genitoriale.

ne in casi particolari da parte del coniuge o del compagno del genitore omosessuale, sia la trascrivibilità dell'atto di nascita regolarmente formato in un altro paese, atto dal quale risultino due genitori dello stesso sesso.

Insomma è ineludibile la relazione personale con il minore quando questa sia divenuta essenziale per l'equilibrio psico-fisico dello stesso. Il che può accadere in un legame non soltanto di tipo genitoriale sociale, ma anche parentale di fatto come nel caso del nonno sociale, il quale, secondo la Cassazione, è legittimato ad agire ai sensi dell'art. 317-*bis* c.c.[98].

È da notare che è stato l'interprete a far emergere, nelle diverse fattispecie esaminate, la rilevanza giuridica del rapporto di filiazione o, come si è appena detto, del rapporto con l'ascendente di fatto. Egli ha ricercato la regola del caso concreto, mancandone una esplicitata in un testo di legge. Il giurista entra, perciò, nel circolo produttivo della norma, ponendosi accanto al (e non al di sopra del) legislatore.

Questo dato è storicamente significativo e richiama la riflessione di Paolo Grossi che ha parlato di «ripensamento ermeneutico», quale considerevole novità del Novecento. L'autorevole giurista vuol sottolineare come si sia passati da un interprete troppo sacrificato rispetto al testo normativo – così era nel diritto borghese nato dalla rivoluzione francese – ad una dimensione di assoluta centralità dello stesso nel procedimento normativo.

Afferma l'Autore che il testo di legge «reca in sé una *normatività potenziale* che attende – per compiersi – di intrecciarsi con i fatti di vita degli utenti. Ed emerge in tutta la sua vitalità giuridica quel momento interpretativo/applicativo», espunto dal processo formativo del diritto dalla dogmatica costituzionale borghese. Invece è proprio l'interpretazione/applicazione «il vero momento perfezionativo» del procedimento di formazione della norma (pp. 479-480).

Solo un'ultima considerazione in chiave europea. Le tematiche appena affrontate dovrebbero indurre i Paesi dell'Unione ad avvicinare le normative sulla famiglia o quanto meno ad accogliere interpretazioni che facilitino il riconoscimento di certi assetti familiari. Proprio in questa direzione si è mossa la Cassazione adottando, come già rilevato, un'accezione ristretta della nozione di ordine pubblico internazionale, la quale agevola la tutela dei diritti fondamentali e così la circolazione delle famiglie.

Alcuni punti di arrivo costituiscono già un patrimonio giuridico comune a diversi Paesi: 1) non è solo il matrimonio a dare origine alla famiglia, come, invece, si affermava ben oltre la seconda metà del secolo scorso; 2) il matrimonio non è il presupposto indispensabile per la costituzione di un rapporto di filiazione *pleno iure*, stante il principio dell'unicità dello stato di figlio; 3) l'assunzione della responsabilità della nascita può essere, in certi casi, elemento sufficiente a costituire il rapporto di filiazione e/o lo stato di figlio, sebbene manchi il legame geneti-

---

[98] Cass., n. 19780/2018.

co con il nato; 4) la diversità di sesso non è condizione di esistenza del matrimonio, né è indispensabile per essere una coppia di genitori.

14. *Sul significato giuridico dell'effettività e sul ruolo dell'interprete.*

Le pronunce richiamate in questo capitolo evocano un tema di grande fascino, del quale si può solo svolgere qualche considerazione. La giuridicità dei fatti e la genesi del diritto si legano inscindibilmente al ruolo del giurista. Sia concessa una parentesi, non avulsa dal nostro tema, con la quale si intende, non tanto dimostrare quanto sottolineare come la capacità dell'ordinamento di evolversi dipenda da una sinergia virtuosa e necessaria tra disposizioni di legge e interpretazione.

Gli studiosi si interrogano da molto tempo su come l'effettività storica, cioè l'accadere dei fatti voluti dall'uomo, possa diventare diritto. Il tema è enorme, difficile ed esigerebbe un confronto imprescindibile almeno (ma non solo) con Hans Kelsen, Carl Schmitt, Santi Romano, Emilio Betti, Gunther Teubner, Angelo Falzea, Pietro Perlingieri, Aurelio Gentili e Nicola Lipari. Confronto impossibile in questa sede; si cercherà soltanto di offrire qualche suggestione, attingendo da alcuni Maestri che, di recente, si sono espressi nitidamente sull'argomento.

Secondo Natalino Irti la giuridicizzazione del fatto non sta nel fatto in sé, di conseguenza il diritto non può identificarsi col fatto. Il diritto è frutto della «coscienza normativa», cioè dell'attività intellettuale dell'uomo che misura i fatti accaduti «in base a un criterio [la c.d. norma fondamentale], che sta prima e fuori di essi». Così – continua l'Autore – al fatto com'è, l'uomo «sovrappone un significato giuridico, un predicato derivante dal raffronto tra essere e dover essere, tra azione accaduta e azione attesa. E non propriamente *il* significato giuridico, ma un significato giuridico, o, se si vuole, tanti significati giuridici quanti sono i criteri di valutazione», tutti esterni al fatto.

Nella *lectio magistralis* del 19 maggio 2009 tenuta nell'Università degli Studi Suor Orsola Benincasa, Irti conclude che «il significato giuridico dell'effettività non sta, dunque, dentro l'effettività, ma piuttosto in noi, che giudichiamo i fatti dall'esterno e li commisuriamo ad un criterio da noi prescelto (prescelto in solitudine o accanto ad altri)». In altri termini, ancora con le parole di Irti, «l'effettività non basta a se stessa, ma viene piegata al confronto con un criterio di approvazione o disapprovazione, di corrispondenza o discordanza». Diamo ancora voce al nostro Autore in un altro scritto: «Il problema sta nella scelta della propria norma fondamentale, sicché il significato giuridico dei fatti è tutt'uno con il significato complessivo della nostra vita».

La visione di Irti è chiara: il diritto è interamente frutto della volontà di potenza degli uomini, che scelgono scopi singoli e specifici. Esso esiste attraverso le procedure, le quali soltanto sono in grado di superare il conflitto tra contrapposti interessi e tra diverse ipotesi di soluzione che si profilano nella società. «Ogni *posizione* di diritto è *im-posizione*».

L'essenza del diritto è tecnica, poiché i suoi tratti sono l'artificialità, la macchinalità e la proceduralità. Le norme, prodotte dalle procedure nell'indifferenza dei contenuti, assoggettate al divenire, sono «tratte dal nulla o ricacciate nel nulla».

Il fatto insomma non si giuridicizza da sé, ma necessita della volontà giuridica che nasce e si impone attraverso la tecnica normativa.

Soltanto nella consuetudine essere e dover essere coincidono, quindi qui la coscienza normativa è interna al fatto, dura quanto l'agire, e non serve ad approvare o disapprovare l'accaduto. Ma – soggiunge Irti – neppure questo fenomeno è estraneo a un giudizio di disapprovazione da parte della coscienza del singolo che, diversamente dalla coscienza normativa collettiva, aderisce a un'altra norma fondamentale.

Irti, conseguentemente, sebbene ritenga che «vi [siano] tanti mondi giuridici quanti individui e norme fondamentali», non esclude che ampie cerchie di soggetti possano condividere la scelta di una comune norma fondamentale che governi il vivere sociale più a lungo possibile (ad es.: la Costituzione).

Diversa è la posizione di Paolo Grossi. Egli afferma che «Il sottostante ordine naturale sociale economico diviene *per sua intrinseca capacità* ordine giuridico, congiungendo e saldando la divisione per piani – il sociale, l'economico, il giuridico – in una struttura complessa ma assolutamente unitaria». L'Autore è vicino all'impostazione di Santi Romano, insigne giuspubblicista nato a Palermo nel 1875 e morto nel 1947, secondo cui il diritto è ordinamento giuridico, cioè strumento che, in quanto chiamato a ordinare i fatti sociali, è da questi permeato e giustificato. Un diritto, quindi, che, nelle parole di Grossi, «trova la sua genesi non nei palazzi alti del potere ma nel basso della società, la quale si salva dal caos appunto auto-ordinandosi».

Grossi – è bene chiarire – non ritiene inutili le leggi. Il problema è un altro: è capire da dove nasca il diritto. E la risposta dell'Autore è cristallina: dalla società. Pertanto il legislatore deve saper leggere nelle dinamiche sociali, senza imporre qualcosa di avulso da esse. Un esempio mirabile di lettura fedele ai tratti della società del tempo, e al contempo prospettica, è stata quella dei Padri costituenti della Costituzione italiana del 1948.

Se la cifra essenziale del diritto è, dunque, l'essere specchio dei tempi, degli interessi e delle istanze circolanti, non sempre il testo normativo prodotto dalla politica può essere considerato diritto autentico. Le leggi razziali emanate nel 1938, ad esempio, pur essendo state vigenti, del diritto mostrano soltanto l'aspetto della cogenza, ma tradiscono la sua vera essenza e funzione, ossia di rappresentare ciò che la società esprime, secondo un'idea di giusto. Qui il discorso si complica. È noto il brocardo «*dura lex sed lex*», ma la ribellione di Antigone a Creonte e alla sua legge dimostra che ci può essere uno scarto tra le leggi del potere politico e il diritto.

Irti riconduce questo scarto alla volontà di Antigone di collocarsi in un altro ordinamento, disobbedendo a quello costituito, diversamente dalla scelta di Socrate che accetta, obbligandosi ad obbedire, la sua condanna a morte. La ricostruzione dell'Autore è tutta incentrata sul giudizio dell'uomo che sceglie il diritto.

Leggiamo ancora Grossi: «Il diritto può attuarsi concretamente in *ordinamento* soltanto a una condizione: che, nell'effettività, si facciano i conti con valori ed interessi circolanti in una determinata società, che si abbiano occhi e orecchi attenti verso il basso, pronti a un adeguamento in relazione a quanto in basso avviene». Qualora ciò non accadesse, si avrebbe una violenza da parte del potere politico e, talvolta (e di conseguenza), ineffettività della norma positiva. Si pensi al fenomeno del turismo procreativo in risposta a divieti non condivisi da una larga parte dei consociati.

Al tema dell'effettività si lega quello dell'interpretazione, ancora di più nel nostro tempo dove l'ermeneutica è parte indispensabile del processo formativo della norma. Rispetto all'epoca in cui imperava il positivismo giuridico, oggi la scienza giuridica ha perso, come ha sottolineato Giuseppe Benedetti, il tratto della neutralità. L'interprete, nel risolvere un problema concreto, deve confrontarsi con la legalità costituzionale, estesa al diritto sovranazionale (art. 117, co. 1 Cost.), deve applicare principi e clausole generali, tener conto della giurisprudenza delle Corti superiori, in un quadro di valori che si rinnova nel tempo.

Si aggiunga che l'accresciuta mobilità delle persone e la conseguente circolazione dei modelli giuridici, i rapidi sviluppi della scienza e della tecnica e l'emersione di nuove istanze hanno fanno sì che, tra i giuristi, sia il giudice ad essere chiamato, ancor prima del legislatore, a fornire risposte a problemi inediti non attratti da una specifica disposizione di legge. Egli, nello *ius dicere*, deve saper leggere i nuovi approdi, giuridici e scientifici, della storia dell'umanità.

Questo collegamento tra esito ermeneutico e attualità emerge dalle parole di Benedetti, il quale sottolinea come l'interpretazione «non si esaurisce nel descrivere, ma svolge, dimensiona, scopre valori inverandoli nell'essere positivo, secondo il divenire incessante della storia». Un bell'esempio di queste parole si può riscontrare in una sentenza della *Supreme Court* degli Stati Uniti d'America sul diritto delle coppie dello stesso sesso di contrarre matrimonio[99] (cfr. *amplius* cap. VII-§ 8). Nel nostro ordinamento si può richiamare, quale ulteriore esempio, quella giurisprudenza che ha ampliato il fondamento della filiazione, dando rilevanza, come già visto, alla figura del genitore sociale.

Credo si sia intuito come dottrina e giurisprudenza siano chiamate a un compito assai difficile, ma stimolante e decisivo: rispondere ai problemi del nostro

---

[99] La nostra Corte costituzionale, con la sentenza n. 138/2010, cit., ha, invece, respinto la questione di legittimità costituzionale della norma, desumibile da diverse disposizioni del codice civile, secondo cui le coppie omosessuali non possono accedere il matrimonio.

tempo entrando da protagonisti nella creazione della norma da applicare al caso concreto. È ancora Benedetti a sintetizzare benissimo questo ruolo: l'interprete non è più «mero esegeta di una regola pre-posta, ma creatore della stessa, personalmente coinvolto con la propria cultura e la propria conoscenza nel quotidiano farsi dell'ordinamento. Se l'interpretazione costituisce il cammino della stessa positività della norma, l'interprete ne è l'artefice».

Risultati di grande rilievo con riguardo alla tutela del minore e dello stato di figlio sono stati raggiungi proprio grazie all'attività ermeneutica del giurista. Ma, allora, è l'uomo che attribuisce un significato al fatto o è il fatto a porgere la regola? Forse sono entrambe le cose a determinare la giuridicità in una commistione inestricabile.

Riferimenti bibliografici.

AA.VV., *Questioni di bioetica*, a cura di S. Rodotà, Roma-Bari, 1997.; ANDREOLA E., *Il principio di verità nella filiazione*, in *Fam. e dir.*, 2015, 1, 88 ss.; ARDIZZONE A., *La convivenza omosessuale e il ruolo del genitore sociale in caso di PMA*, in *Fam. e dir.*, 2016, 1, 40 ss.; ASTONE A., *Omosessualiotà e filiazione tra tentativi di sovranismo e oscillanti aperture*, in *Nuova giur. civ. comm.*, 2020, 5, 1169; BALDINI G., *Riflessioni di biodiritto*, Padova, 2012; BALESTRA L., *Inseminazione eterologa e status del nato*, in *Giur. it.*, 1999, 3 ss.; BARONE I., *Fecondazione eterologa e coppia di donne: per la Consulta il divieto è legittimo*, in *Nuova giur. civ. comm.*, 2020, 3, 548 ss.; BARUFFI M.C., *Gli effetti della maternità surrogata al vaglio della Cassazione italiane e di altre Corti*, in *Riv. dir. inter. priv. e proc.*, 2020, 290 ss.; BENEDETTI G., *Ermeneutica e diritto si rincorrono*, in *Oggettività esistenziale dell'interpretazione*, Torino, 2014, 3-32; BENEDETTI G., *Fattispecie e altre figure di certezza*, in *Persona e mercato*, 2015, 3, 67 ss.; BENEDETTO XVI, *Caritas in veritate*, Libreria editrice vaticana, 2009; BUGETTI M.N., *Scambio di embrioni e attribuzione della genitorialità*, in *Fam. e dir.*, 2014, 10, 949 ss.; BUSNELLI F.D., *Fecondazione assistita: la proposta della Commissione ministeriale*, in *Corr. giur.*, 1997, 501 ss.; BUSNELLI F.D., *L'inizio della vita umana*, in *Riv. dir. civ.*, 2004, 533 ss.; BUSNELLI F.D., *Nascere (o anche «morire») con dignità: un traguardo problematico per l'embrione*, in *Nuova giur. civ. comm.*, 2017, 3, 393 ss.; CACACE S., *L'insostenibile vantaggio di non essere nato e la contraddizione che nol consente*, in *Danno e resp.*, 2016, 4, 349 ss.; CAGGIA F., *La filiazione da procreazione assistita*, in *Tratt. di diritto civile*, diretto da N. Lipari e P. Rescigno, coordinato da A. Zoppini, *Fonti, soggetti, famiglia*, Milano, 2009, II, 526 ss.; CAPPUCCIO S., *La rilevanza del rapporto affettivo con il nonno sociale: la lettura evolutiva dell'art. 317-bis*, in *Fam. e dir.*, 2019, 4, 378 ss.; CARBONE V., *Sterilità della coppia. Fecondazione eterologa anche in Italia*, in *Fam. e dir.*, 2014, 8-9, 751 ss.; CARUSI D., *L'ordine naturale delle cose*, Torino, 2011; CARUSI D., *Omessa diagnosi prenatale: un contrordine ... e mezzo delle Sezioni unite*, in *Giur. it.*, 2016, 3, 543 ss.; CARUSI D., *La Corte costituzionale e lo statuto dell'embrione*, in *Giur. it.*, 2017, 2, 307 ss. (ivi cfr. anche RIVERA I., *La Corte costituzionale torna sulla sperimentazione sugli embrioni*, 310 ss.); CHECCHINI B., *L'«omogenitorialità ancora al vaglio della Corte costituzionale»*, in *Nuova giur. civ. comm.*, 2021,

3, 609 ss.; CHICCO D., *Se proteggere un figlio diventa una condanna: la Corte costituzionale esclude l'automatismo della perdita della potestà genitoriale*, in *Fam. e dir.*, 2012, 5, 437 ss.; CINQUE M., *Quale statuto per il «genitore sociale»?*, in *Riv. dir. civ.* 2017, 6, 1475 ss.; COSTANZA M., *Legislazione e fecondazione artificiale*, in *Riv. dir. fam.*, 1987, 1021 ss.; DE MARZO G., *Sul diritto del minore a conservare rapporti significativi con l'ex compagna della genitrice biologica*, in *Corriere giur.*, 2017, 2, 175 ss.; DI ROSA G., *Vita e diritto: cellule staminali e statuto dell'embrione umano*, in *Persona, famiglia e successioni*, a cura di S. Mazzarese e A. Sassi, Torino, 2009, 257 ss.; DOGLIOTTI M., (voce) *Famiglia di fatto*, in *Digesto*, 1992, 188 ss.; DOGLIOTTI M., *Verità biologica, legale, affettiva nel rapporto di filiazione*, in *Fam. e dir.*, 2004, 90 ss.; DOGLIOTTI M., *La Corte costituzionale interviene sulla produzione e sul trasferimento degli embrioni a tutela della salute della donna*, in *Fam. e dir.*, 2009, 8-9, 761 ss.; FACCI G., *Wrongful life: a chi spetta il risarcimento del danno*, in *Fam. e dir.*, 2004, 6, 559 ss.; FACCIOLI M., (voce) *Procreazione medicalmente assistita*, in *Digesto*, 2007 (versione in *Banca dati-Leggi d'Italia*); FACCIOLI M., *La condizione giuridica del soggetto nato da procreazione assistita post mortem*, in *Nuova giur. civ. comm.*, 2019, 6, 1282 ss.; FACCIOLI M., *Procreazione assistita omologa, separazione dei coniugi e revoca del consenso da parte dell'uomo*, in *Persona e mercato*, 2021, 2, 361 ss.; FAROLFI F., *Riconoscimento per compiacenza e legittimità dell'impugnazione*, in *Fam. e dir.*, 2013, 10, 909 ss.; FEOLA M., *Essere o non essere: la Corte di Cassazione e il danno prenatale*, in *Danno e resp.*, 2005, 4, 379 ss.; FERRANDO G., *Diritto alla salute della donna e tutela degli embrioni: la Consulta fissa nuovi equilibri*, in *Fam.e dir.*, 2009, 12, 1213 ss.; FERRANDO G., *Autonomia delle persone e intervento pubblico nella riproduzione assistita. Illegittimo il divieto di fecondazione eterologa*, in *Nuova giur. civ. comm.*, 2014, 9, 802 ss.; FERRANDO G., *La riproduzione assistita nuovamente al vaglio della Corte costituzionale: l'illegittimità del divieto di fecondazione eterologa*, in *Corriere giur.*, 2014, 8-9, 1062 ss.; FERRANDO G., *I bambini prima di tutto. Gestazione per altri, limiti alla discrezionalità del legislatore, ordine pubblico*, in *Nuova giur. civ. comm.*, 2019, 4, 815 ss.; FERRANDO G., *La Corte costituzionale riconosce il diritto dei figli di due mamme o di due papà ad avere due genitori*, in *Fam. e dir.*, 2021, 7, 704 ss.; FIORAVANTI M., *La Corte e la costruzione della democrazia costituzionale, Per i sessant'anni della Corte costituzionale*, in *www.cortecostituzionale.it*; FLAMIGNI C., *Il libro della procreazione. La maternità come scelta: fisiologia, contraccezione, fecondazione assistita*, Milano, 1998; FURGIUELE G., *La fecondazione artificiale: quali principi per il giurista?*, in *Quadrimestre*, 1989, 265 ss.; GATTO A., *Surrogazione di maternità e diritto del minore al rispetto della propria vita privata e familiare*, in *Dir. fam. e pers.*, 2015, 3, 1091 ss.; GIUNCHEDI D., *La procreazione assistita post mortem tra responsabilità procreativa e favor stabilitatis*, in *Fam. e dir.*, 2020, 1, 27 ss.; GIUNTI P., *… Per te tamen haberem … Modelli antichi e moderni tra maternità biologica e maternità sociale*, in *Modelli teorici e metodologici nella storia del diritto privato*, a cura di R. Fiori, Jovene, 2011, 243 ss.; GORGONI A., *I danni da malattia congenita non diagnosticata*, in *Persona e mercato*, 2014, 3, 143 ss.; GROSSI P., *Il diritto civile italiano alle soglie del terzo millennio (una pos-fazione)*, Estratto dal volume *Quaderni fiorentini per la storia del pensiero giuridico moderno*, 2010, 39, 465 ss. (in part. 479-480); GROSSI P., *Sulla odierna fattualità del diritto*, in *Ritorno al diritto* (di P. Grossi), Bari, 2015, 33 ss.; GROSSI P., *Il diritto civile in Italia fra moderno e posmoderno*, Milano, 2021; IANNICELLI M.A., *Diagnosi genetica preimpianto: battute finali delle «riscrittura costituzionale» della legge 40/2004*, in *Corriere giur.*, 2016,

2, 186 ss.; IMBRUGLIA D., *Il giudice comune e il principio di effettività della tutela giurisdizionale: note a margine di Cassazione 21255/2103*, in *Persona e mercato*, 2014, 1, 55 ss.; IRTI N., *Nichilismo giuridico*, Bari, 2005 (in part. cfr. il saggio *L'essenza tecnica del diritto (terzo dialogo con Emanuele Severino)*; IRTI N., *Significato giuridico dell'effettività*, Università degli Studi Suor Orsola Benincasa, Lezioni Magistrali, collana diretta da F. De Sanctis e F. Fichera, 2009; IRTI N., *Il mondo e lo sguardo giuridificante*, in *Diritto senza verità*, Roma-Bari, 2011, 52 ss.; IRTI N., *Calcolabilità Weberiana e crisi della fattispecie*, in *Riv. dir. civ.*, 2014, 5, 987 ss.; IRTI N., *La crisi della fattispecie*, in *Riv. dir. proc. civ.*, 2014, 1, 38 ss.; IRTI N., *Viaggio tra gli obbedienti*, Milano, 2021, 74, afferma, sulla questione della genesi del diritto, che «il diritto non nega i fatti (e come potrebbe se esso è destinato a regolarli?), ma anzi li prende dentro di sé, li assume sotto proprie forme e categorie, li valuta e qualifica. Ai fatti si nega la capacità di esprimere, come tali e perché tali, un qualsiasi diritto, e così vengono piegati a oggetto di norme, e rivestiti di quegli abiti che altrimenti non avrebbero. Altro è il fatto – ha dichiarato Kelsen fin dai primi saggi – altro il suo "significato giuridico": significato, che l'evento storico o naturale non reca in sé, ma riceve dalla norma». Di grande interesse solo le pagine di irti sulla scelta di Socrate di obbedire (p. 96 ss.) e di Antigone di disobbedire (p. 53 ss.); LANZILLO R., *Fecondazione artificiale, «locazione di utero», diritti dell'embrione*, in *Corr. giur.*, 1984, 635ss.; LENTI L., *La procreazione artificiale. Genoma della persona e attribuzione della paternità*, Padova, 1993; LIPARI N., *Il diritto civile tra legge e giudizio*, Milano, 2017; LIPARI N., *Diritto civile e ragione*, Milano, 2019; LIPARI N., *Elogio della giustizia*, Bologna, 2021; LOCATELLO D.M., *L'attribuzione della status filiationis al nato da fecondazione omologa eseguita post mortem*, in *Corriere giur.*, 2020, 6, 748 ss.; MENDOLA A., *Tutela della vita prenatale e limiti all'autodeterminazione procreativa nella crisi coniugale*, in *Corriere giur.*, 2021, 7, 937 ss.; NICOLUSSI A.-RENDA A., *Fecondazione eterologa: il pendolo fra Corte costituzionale e Corte EDU*, in *Europa e dir. priv.*, 2013, 1, 195 ss.; OPPO G., *Diritto di famiglia e procreazione assistita*, in *Riv. dir. civ.*, 2005, 4, 329 ss.; PATTI S., *Venire contra factum proprium: principio antico per nuovi problemi della filiazione*, in *Nuova giur. civ. comm.*, 2000, 4, 20347; PATTI S., *Il principio famiglia e il diritto europeo della famiglia*, in *Tratt. di diritto di famiglia*, diretto da P. Zatti, *Famiglia e matrimonio. Relazioni familiari-Matrimonio-Famiglia di fatto*, a cura di G. Ferrando, M. Fortino e F. Ruscello, Milano, 2011, tomo I, 71 ss.; PERLINGIERI P., *Complessità e unitarietà dell'ordinamento giuridico vigente*, in *Rass. dir. civ.*, 2005, 188 ss.; PERLINGIERI P., *La tutela dell'embrione*, in *La persona e i suoi diritti. Problemi del diritto civile*, Napoli, 2005, 324 ss.; PERLINGIERI P., *Il principio di legalità nel diritto civile*, in *Rass. dir. civ.*, 2010, 164 ss.; PERLINGIERI P., *Libertà religiosa, principio di differenziazione e ordine pubblico*, in *Dir. delle succ. e della fam.*, 2017, 1, 183 ss.; PERLINGIERI P., *I principi giuridici tra pregiudizi, diffidenza e conservatorismo*, in *Annali SISDiC*, 2017, 1, 1ss.; PIRAINO F., *I confini della responsabilità civile e la controversia sulle malformazioni genetiche del nascituro: il rifiuto del c.d. danno da nascita indesiderata*, in *Nuova giur. civ. comm.*, 2016, 1, 3 450 ss.; PROTO PISANI A., *Brevi note in tema di regole e principi*, in *Persona e mercato*, 2015, 3, 73 ss.; RAZZANO G., *L'essere umano allo stato embrionale e i contrappesi alla sua tutela. In margine alla sentenza della Corte costituzionale n. 151/2009 e all'ordinanza del tribunale di Bologna del 29 giugno 2009*, in *Giur. it.,* 2010, 2, 281 ss. (ivi cfr. anche le note di T. Lara e di D. Chinni); RECINTO G.,

La legittimità per le coppie same sex di accedere alla PMA: la Consulta tra qualche chiarimento e alcuni «revirement», in *Corriere giur.*, 2019, 12 1460 ss.; RENDA A., *La surrogazione di maternità ed il diritto della famiglia al bivio*, in *Europa e dir. priv.*, 2015, 2, 415 ss.; RENDA A., *La surrogazione di maternità tra principi costituzionali e interesse del minore,* in *Corriere giur.*, 2015, 4, 471 ss.; RENDA A., *Lo scambio di embrioni e il dilemma della maternità divisa (nota a Trib. Roma, ord. 8-8.2014)*, in *Diritto delle successioni e delle famiglia*, 2015, 230 ss.; SALANITRO U., *Principi e regole, contrasti e silenzi: gli equilibri legislativi e gli interventi giudiziari in tema di procreazione assistita*, in *Fam. pers. succ.*, 2010, 2, 86 ss.; SALANITRO U., *Il dialogo tra Corte di Strasburgo e Corte costituzionale in materia di fecondazione eterologa*, in *Nuova giur. civ. comm.*, 2012, 10, 637 ss.; SALANITRO U., *Ordine pubblico internazionale, filiazione omossessuale e surrogazione di maternità*, in *Nuova giur. civ. comm.*, 2019, 4, 737 ss.; SALVI G., *Gestazione per altri e ordine pubblico: le Sezioni unite contro la trascrizione dell'atto di nascita straniero*, in *Giur. it.*, 2020, 7, 1623 ss.; SCALISI V., *Per una ermeneutica giuridica «veritativa» orientata a giustizia*, in *Riv. dir. civ.*, 2014, 6, 11249 ss.; SCALISI V., *Il superiore interesse del minore ovvero il fatto come diritto*, in *Riv. dir. civ.*, 2018, 2, 405 ss.; SENIGAGLIA R., *Genitorialità tra biologia e volontà. Tra fatto e diritto, essere e dover-essere*, in *Eur. e dir. priv.*, 2017, 3, 953 ss.; SESTA M., *Fecondazione assistita: la Cassazione anticipa il legislatore*, in *Fam. e dir.*, 1999, 3, 233 ss.; SEVERINO E., *Legge e caso*, Milano, 1979, rist. 2020; SHALEV C., *Nascere per contratto*, Milano, 1993; SICCHIERO G., *La nozione di interesse del minore*, in *Fam. e dir.*, 2015, 1, 72 ss.; TOMMASEO F., *La Corte costituzionale sulla tutela degli affetti extrafamiliari del fanciullo*, in *Fam. e dir.*, 2017, 4, 305 ss.; VALLAURI L.L., *Terre*, Vita e Pensiero, 1999; VALONGO A., *La c.d. «filiazione omogenitoriale» al vaglio della Cassazione a sezioni unite*, in *Giur. it.*, 2020, 3, 543 ss.; VENUTI M.C., *Coppie sterili o infertili e coppie «same-sex». La genitorialità negata come problema giuridico*, in *Riv. crit. dir. priv.*, 2015, 2, 259 ss.; VETTORI G., *Il contratto europeo fra regole e principi*, Torino, 2015, in part. pp. 149-175 sul mutamento del metodo e delle tecniche giuridiche dal positivismo al post-moderno con riguardo al diritto dei contratti; VETTORI G., *Regole e principi. Un decalogo*, in *Persona e mercato*, 2015, 2, 51 ss.; ZATTI P., *Artificio e «natura» nella procreazione*, in *Riv. crit. dir. priv.*, 1986, 671 ss.; ZATTI P., *Quale statuto per l'embrione?*, in *Riv. crit. dir. priv.*, 1990, 489 ss.; ZATTI P., *Verso un diritto per la bioetica: risorse e limiti del discorso giuridico*, in *Riv. dir. civ.*, 1994, 43 ss.; ZATTI P., *Diritti dell'embrione e capacità giuridica del nato*, *Riv. dir. fam.*, 1997, 107 ss.; ZATTI P., *La tutela della vita prenatale: i limiti del diritto*, in *Nuova giur. civ. comm.*, 2001, 2, 158 ss.

CAPITOLO QUARTO

DIRITTI DEL FIGLIO E RESPONSABILITÀ GENITORIALE

SOMMARIO: 1. Dalla patria potestà alla responsabilità genitoriale: dal 1865 alla riforma del 1975. – 2. Dalla normativa sovranazionale alla nuova stagione di riforme. – 3. Nuova struttura del titolo IX: diritti del figlio e responsabilità genitoriale. – 4. I diritti del figlio. – 5. Il diritto del minore di essere ascoltato. – 6. La rilevanza delle dichiarazioni del minore. – 7. Concorso nel mantenimento della prole e solidarietà familiare. – 8. Il mantenimento del figlio nella crisi di coppia. – 9. Titolarità ed esercizio della responsabilità genitoriale. Contrasto e impedimento. – 10. Rappresentanza legale e amministrazione dei beni. – 11. L'annullabilità: *a*) fattispecie. – *b*) ... disciplina. – 12. (*Segue*). Applicazioni giurisprudenziali dell'art. 322 c.c. – 13. Il conflitto di interessi. – 14. (*Segue*). La donazione al figlio minore. – 15. L'usufrutto legale. – 16. Affidamento condiviso e riduzione della conflittualità. Il Coordinatore genitoriale. – 17. L'affidamento c.d. super-esclusivo. – 18. Affidamento ai Servizi sociali e affidamento familiare (rinvio). – 19. L'art. 709-*ter* c.p.c.: misure a tutela della bigenitorialità e della genitorialità.

1. *Dalla patria potestà alla responsabilità genitoriale: dal 1865 alla riforma del 1975.*

La riforma della filiazione 2012/2013 è intervenuta sull'istituto della potestà, mutandone la denominazione in responsabilità genitoriale. Per comprendere questo cambiamento, che non è solo terminologico, è utile ripercorrere, sia pur in sintesi, alcune tappe dell'evoluzione del più antico istituto della potestà.

Il codice civile non ha mai definito la potestà. La quale, secondo la dottrina, è un complesso di poteri strumentali all'attuazione dei doveri genitoriali di mantenere, istruire ed educare i figli (art. 30, co. 1, Cost.). I doveri costituiscono al contempo il presupposto e il fondamento dei poteri esercitati dai genitori nell'interesse dei figli.

Occorre distinguere, come si vedrà meglio in seguito, tra *poteri personali*, attinenti ai doveri di cui all'art. 147 c.c. e *patrimoniali* da esercitarsi tramite la rappresentanza legale e la gestione degli interessi economici della prole (art. 320 c.c.).

Ciò che è mutato nel tempo è stato soprattutto il modo in cui si esercita la potestà (oggi la responsabilità) e il rilievo che il figlio assume nella dialettica con i genitori. Si può affermare che vi è stato il passaggio dalla subordinazione alla valorizzazione della capacità di autodeterminarsi del figlio. Di quest'ultimo i genitori hanno il compito di far emergere la personalità, non già di plasmarla a immagine della propria.

Il termine responsabilità esprime più adeguatamente il tratto fondamentale della relazione genitori-figli: l'essere basata non già sull'autorità e sugli ordini indiscutibili di un capo, ma sul rispetto dell'indole della prole e sulla condivisione delle decisioni. La responsabilità genitoriale è un ufficio di diritto privato di cui sono titolari i genitori (art. 316, co. 1, c.c.), da esercitare nell'esclusivo interesse della prole.

Se si guarda al passato, il codice civile del 1865 non riconosceva alcun rilievo alla personalità e alla volontà del figlio nel rapporto con i genitori. L'art. 138 del codice civile del 1865 si limitava a porre l'obbligo dei coniugi di mantenere, istruire ed educare la prole, senza alcun'altra precisazione; c'era la libertà di imporre ideali, valori e obiettivi in un flusso comunicativo unidirezionale.

Il fatto di essere «soggetto alla potestà dei genitori» (art. 220 del codice civile del 1865) esprimeva la soggezione del figlio all'autorità genitoriale. Solo il padre era titolare dell'esercizio della potestà durante il matrimonio (art. 220, co. 3, del codice civile del 1865) ed egli, qualora ravvisasse «traviamenti del figlio» e previo ricorso al Presidente del tribunale, era legittimato finanche a collocarlo presso un istituto di educazione o di correzione (art. 222 del codice civile del 1865).

Il codice civile del 1942 non ha mutato, nella sostanza, la posizione del figlio nei confronti dei genitori. Alla crescente maturità del minorenne, il legislatore del tempo non riconosceva alcun rilievo. Il figlio era sempre «soggetto alla potestà dei genitori» (art. 316, co. 1, c.c.), i quali dovevano educarlo ed istruirlo in «conformità ai principi della morale» (art. 147, co. 2, c.c.) e, durante il regime totalitario, in accordo «al sentimento nazionale fascista». La filiazione era dominata da parametri esterni che orientavano il potere genitoriale nei confronti della prole, ritenuta subordinata e non interlocutrice dialogante sulla base della propria interiorità e capacità di discernimento.

Nel 1942 veniva confermata la patria potestà e il suo esercizio esclusivo da parte del padre. Il quale continuava ad avere penetranti poteri educativi per contrastare la «cattiva condotta del figlio» (art. 319 c.c.).

È solo con la legge di riforma del 1975, in attuazione del principio personalistico espresso dalla Costituzione (art. 2 Cost.), che il figlio minore acquista una posizione preminente rispetto alla potestà, tanto da conformarne l'esercizio. Il nuovo art. 147 c.c. (ancora in vigore con modifiche) non si limita a obbligare i genitori a mantenere, istruire ed educare la prole, ma impone loro di adempire a tali obblighi «tenendo conto delle *capacità*, dell'*inclinazione naturale* e delle *aspirazioni dei figli*».

Per la prima volta il legislatore inquadra la relazione genitori figli in una dimensione dialogica biunivoca, estranea a una concezione assolutistica del potere. Non c'è più un ordine proveniente dal superiore gerarchico (il padre); si dà piuttosto rilievo al processo di maturazione e alle scelte coerenti e consapevoli della prole. Del resto gli studi di Maria Montessori avevano già posto in rilievo che il genitore deve aiutare il bambino a esprimere sé stesso, nella consapevolezza che non siamo noi i creatori dell'uomo o della donna che verrà.

Non è sfuggito a un'attenta dottrina che il sostantivo «aspirazioni», adoperato dal legislatore, ancor più del riferimento alle capacità e alle inclinazioni naturali, attribuisce inequivocabilmente «rilevanza alla volontà del figlio ed alla *sua* valutazione dei propri interessi».

La prole, sotto il profilo del proprio esserci nel mondo, divenendo persona di fronte al potere dei genitori, non è più mera destinataria di un'autorità onnipotente, ma è chiamata a dialogare e a influenzare l'esercizio – divenuto comune ai genitori – della potestà. Un potere, quest'ultimo, che deve non più conformarsi a modelli valoriali astratti e costringenti, ma favorire il manifestarsi dell'unicità del figlio in ossequio al principio costituzionale della centralità di ogni persona.

L'art. 147 c.c., secondo un autorevole studioso (C.M. Bianca), è «parte integrante della nozione della potestà genitoriale». Ciò significa che il genitore deve saper cogliere e favorire i desideri, le inclinazioni e i convincimenti del figlio.

Nonostante la profonda innovazione normativa del 1975, alcuni autori hanno rilevato come la potestà fosse ancora sbilanciata dal lato dei genitori. La normativa continuava a dare spazio alla costruzione della figura del minore come destinatario di decisioni altrui, invece che come persona concreta in grado di interloquire (quando possibile) per attuare i propri interessi. Nei procedimenti giudiziari, infatti, il minore, pur dotato di sufficiente maturità, spesso non riusciva a veicolare efficacemente il proprio pensiero, entrando da protagonista nel giudizio.

Questo è un punto decisivo che evoca il problema dell'attuazione delle posizioni giuridiche soggettive che, altrimenti, rimangono sulla carta. La riforma 2012/2013, come si vedrà in questo capitolo, ha contribuito a inverare l'effettività dei diritti dei figli, consentendo loro di assumere centralità nei procedimenti che li riguardano.

2. *Dalla normativa sovranazionale alla nuova stagione di riforme.*

Dopo il 1975 la normativa si è evoluta soprattutto a livello sovranazionale con l'attribuzione di una centralità sempre più evidente al minore, non solo nel rapporto con i genitori, ma anche con i pubblici poteri. Sono da richiamare due fonti del diritto: la Convenzione dell'ONU sui diritti dell'infanzia del 20 novembre 1989, ratificata con legge n. 176/1991 e la Convenzione europea sull'esercizio dei diritti dei minori adottata a Strasburgo il 25 gennaio 1996, ratificata con legge n. 77/2003.

La prima pone principi e regole che hanno contribuito a riconfigurare contenuto e funzione della potestà genitoriale già prima della riforma 2012/2013. In sintesi, si riportano alcuni punti essenziali della Convenzione: 1) la preminenza dell'interesse superiore del fanciullo in tutte le decisioni che lo riguardino; 2) l'impiego del termine «responsabilità» (e non potestà) genitoriale al fine di valorizzare, anche lessicalmente, la pari dignità di tutti i membri della famiglia, piuttosto che la soggezione dell'uno all'altro (così il preambolo e gli artt. 3, 5 e 18); 3) il diritto del minore di esprimere liberamente la propria opinione su ogni questione che lo interessi; opinione di cui tener conto in ogni procedura giudiziaria o amministrativa a seconda dell'età e del grado di maturità (art. 12); 4) la previsione dello sviluppo della personalità del fanciullo quale scopo dell'educazione, la quale deve veicolare «il rispetto dei diritti dell'uomo e delle libertà fondamentali e dei principi consacrati nella Carta delle Nazioni Unite» (art. 29).

Si tratta di una rivoluzione rispetto alla situazione ante 1975. Non ci sono più principi e modelli da inculcare al figlio per plasmarne la personalità, ma solo principi, diritti e libertà che esigono rispetto. Anzi l'obiettivo principale dei genitori è di far emergere la personalità del figlio in ossequio a quanto stabilisce la Costituzione agli artt. 2 e 3, comma 2, i quali pongono l'accento sullo sviluppo della personalità umana; esito, questo, che la Repubblica deve favorire. Ancora: il principio del preminente interesse del minore, stella polare della materia, si attua sia col sacrificio, ove occorra, di contrapposti interessi privati o pubblici, sia valorizzando la capacità di autodeterminarsi del minore stesso.

La seconda Convenzione sopra citata (sull'esercizio dei diritti del minore) adotta strumenti e regole processuali per garantire l'attuazione dei diritti del minore quali: 1) il diritto di ricevere informazioni sul procedimento che lo riguarda e sulle sue conseguenze (art. 3); 2) il diritto di essere ascoltato dall'autorità giudiziaria ove egli «abbia una capacità di discernimento sufficiente»; 3) il diritto di essere rappresentato adeguatamente (da un rappresentante speciale in caso di conflitto di interessi con i genitori) e il diritto di essere assistito da un avvocato (artt. 5, 10 e 14).

Oltre alla predetta normativa, cui deve aggiungersi la legge n. 149/2001 (di modifica della legge n. 184/1983), che ha rafforzato lo statuto giuridico del minore, vi è stato un significativo apporto giurisprudenziale nell'attuazione del diritto del minore di essere ascoltato. La Cassazione ha affermato a chiare lettere che il minore è parte sostanziale di ogni procedimento che lo riguardi [1].

Con riguardo alla potestà genitoriale, va segnalata la legge n. 154/2006 («*Disposizioni in materia di separazione dei genitori e affidamento condiviso dei figli*»)

---

[1] Cass., n. 6899/1997, già rilevava che l'esigenza di ascoltare il minore «costituisce un comune denominatore della legge sull'adozione (artt. 7, co. 3; 25; 10, co. 5; 15, co. 2; 22, co. 6; 23, co. 1). Questo trend normativo intende attribuire alla personalità e alla volontà del minore un ruolo non indifferente in relazione all'adozione di provvedimenti che, nell'interesse del minore, trovano la loro ragion d'essere». Cfr. anche Corte cost., n. 1/2002, cit. (Rel.: F. Bile) e Cass., Sez. Un., n. 22238/2009, cit., secondo cui è nullo il provvedimento decisorio assunto senza aver ascoltato il minore nei casi in cui l'ascolto sia legalmente previsto (si argomenta dall'art. 6 Convenzione di Strasburgo).

che ha previsto il diritto del figlio minore di ricevere cura da parte dei genitori «anche» in caso di separazione personale (così l'art. 155, co. 1, c.c. il cui testo è stato sostituito dal d.lgs. n. 154/2013). L'uso dell'avverbio «anche» lasciava intendere che, in primo luogo, i genitori fossero tenuti alla cura anzitutto nella fase fisiologica del rapporto coniugale. Qui l'esercizio della potestà attiene più strettamente alla sfera personale, non già patrimoniale, del figlio.

La legge n. 154/2006 ha introdotto altresì il diritto del minore di «conservare rapporti significativi con gli ascendenti e con i parenti di ciascun ramo genitoriale» (art. 155, comma 1 il cui testo è stato trasfuso dal d.lgs. n. 154/2013 nell'art. 337-*ter*, co. 1, c.c.); diritto questo che limita l'esercizio della potestà genitoriale, non potendo i genitori precludere la frequentazione dei nonni se non per ragioni di tutela del minore (cfr. anche l'art. 315-*bis*, co. 2, c.c.).

Quanto appena esposto mette in luce come il legislatore abbia avvertito la necessità di specificare i diritti del minore. È un approccio nuovo, poiché l'art. 147 c.c. nella versione della legge di riforma del 1975 non sanciva diritti, limitandosi a funzionalizzare l'esercizio della potestà genitoriale. Lo statuto del minore era ancora frammentato in diverse fonti del diritto. Pertanto si giustifica e si apprezza l'intervento normativo del 2012/2013, il quale ha una finalità non solo di riordino, ma anche di previsione e raggruppamento dei nuovi diritti del figlio (art. 315-*bis* c.c.).

Il legislatore, insomma, non si è limitato a sostituire il sintagma potestà genitoriale con quello di responsabilità genitoriale. È stata modificata la struttura del Titolo IX, dedicando l'art. 315-*bis* c.c. ai diritti del figlio al fine di rafforzarne lo statuto giuridico. Sono significative talune modifiche in tema di affidamento condiviso (cfr. *infra*, §§ 16-17).

3. *Nuova struttura del titolo IX: diritti del figlio e responsabilità genitoriale.*

La legge n. 219/2012, all'art. 2, lett. h), ha delegato il governo a realizzare l'«unificazione delle disposizioni che disciplinano i diritti e i doveri dei genitori nei confronti dei figli nati nel matrimonio e dei figli nati fuori del matrimonio, delineando la nozione di responsabilità genitoriale quale *aspetto dell'esercizio della potestà genitoriale*».

Indubbiamente tale unificazione consegue al principio dell'unicità dello stato di figlio.

Quanto, invece, all'intervento normativo sulla potestà, a dire il vero, il legislatore, nella delega, stando alla sua lettera, non ne aveva previsto la soppressione. Così qualche autore ha sostenuto l'eccesso di delega da parte del legislatore delegato, il quale non avrebbe dovuto eliminare il lemma potestà. La questione è delicata.

Va rilevato anzitutto che il legislatore delegante ha assegnato un compito difficile al legislatore delegato, forse foriero di confusione; non era, infatti, del tutto chiaro il senso dell'espressione «responsabilità quale aspetto della potestà». Ha prevalso la soluzione di sostituire alla potestà la locuzione responsabilità genitoriale, senza considerare quest'ultima un aspetto della prima come esigeva la delega.

Il d.lgs. n. 154/2013, in attuazione della delega, è intervenuto sul titolo IX del libro primo del codice civile, modificandone l'intitolazione: da «Della potestà dei genitori» a «Della responsabilità genitoriale e dei diritti e doveri del figlio». Sono stati anche introdotti due nuovi capi: il capo I («*Dei diritti e doveri del figlio*») e il capo II («*Esercizio della responsabilità genitoriale a seguito di separazione, scioglimento, cessazione degli effetti civili, annullamento, nullità del matrimonio ovvero all'esito di procedimenti relativi ai figli nati fuori del matrimonio*»).

Il capo I prevede un vero e proprio statuto dei diritti del figlio, oltre a regolamentare la responsabilità genitoriale. La relativa disciplina si applica ai figli a prescindere dall'essere i genitori coniugati o meno (ecco l'unificazione). Il capo II ha, invece, unificato la normativa con riguardo all'esercizio della responsabilità genitoriale nella crisi di coppia e a seguito dell'invalidità del matrimonio (cfr. *infra*, §§ 16 e 17).

È opportuno, per ragioni di ordine espositivo, tornare alla responsabilità genitoriale nella fase cosiddetta fisiologica del rapporto tra i genitori.

Si scrive nella Relazione illustrativa al d.lgs. n. 154/2013 che, con il capo I, si è inteso superare una «discriminazione sistematica a carico dei figli nati fuori del matrimonio», poiché la normativa non era omogenea. Difatti l'art. 317-*bis* c.c. (abrogato) disciplinava appositamente l'esercizio della potestà sui figli naturali, dettando regole in parte diverse da quelle vigenti per la filiazione nata nel matrimonio.

Oggi la disciplina sulla responsabilità genitoriale è unitaria. Si è resa di conseguenza necessaria una modifica dell'art. 147 c.c., il quale stabilisce che l'obbligo dei genitori di mantenere, istruire, educare e – quale nuova previsione – di assistere moralmente i figli deve essere adempiuto, oltre che rispettando la personalità del minore, «*secondo quanto previsto dall'art. 315-bis*», rubricato «Diritti e doveri del figlio».

L'aggiunta ad opera della riforma 2012/2013 delle parole «secondo quanto previsto dall'art. 315-*bis*» è significativa sotto il profilo funzionale della responsabilità genitoriale, perché l'articolo richiamato elenca i diritti del minore. Se questi diritti orientano l'esercizio della responsabilità, essi non possono che essere un *prius* rispetto al potere genitoriale.

Non è un caso che la sequenza delle disposizioni del capo I è diversa rispetto a quella del titolo IX nella versione antecedente alla riforma 2012-2013. Prima il titolo IX iniziava con un articolo sui doveri del figlio verso i genitori (art. 315 c.c.), cui seguiva un articolo sull'esercizio della potestà dei genitori (art. 316 c.c.). La riforma 2012/2013 mantiene naturalmente i doveri, collocandoli però all'ultimo comma dell'art. 315-*bis* c.c. Nei commi precedenti si elencano prioritariamente i diritti del figlio, quasi a voler sottolineare che i doveri conseguono all'effettività di quei diritti.

Il capo I presenta dunque una struttura precisa, specchio della centralità del minore nel rapporto con i genitori: prima si disciplinano i diritti, poi i doveri, quindi si regola la responsabilità genitoriale (art. 316 c.c.), protesa all'attuazione dei diritti del figlio.

4. *I diritti del figlio.*

La responsabilità genitoriale è lo strumento di attuazione dei diritti del figlio (art. 147 c.c.). La cui importanza induce a elencarli e a illustrarli separatamente.

Essi sono:

a) il *diritto di essere mantenuto*. È previsto dalla Costituzione come dovere dei genitori e scaturisce dal fatto della procreazione, non già dalla costituzione dello stato di figlio (cfr. art. 30, co. 1, Cost.).

Il mantenimento riguarda il soddisfacimento non solo dei bisogni ordinari della vita, ma anche di ciò che contribuisce ad arricchire la personalità del figlio secondo le sue inclinazioni. Vi rientrano, pertanto, oltre alle spese per il vestiario, scolastiche e sanitarie, anche quelle occorrenti per l'apprendimento di certe discipline e per lo svolgimento di un'attività sportiva[2].

Il mantenimento postula l'esercizio della responsabilità, anche se esso esiste a prescindere da quest'ultima, continuando a gravare i genitori nonostante il raggiungimento della maggiore età del figlio. L'art. 315-*bis*, co. 1, c.c. stabilisce che «il figlio [senza specificazioni sull'età] ha diritto di essere mantenuto». L'obbligo dei genitori perdura fino al raggiungimento dell'indipendenza economica del figlio[3], salvo che la mancata produzione di un reddito da lavoro dipenda da una colpa dello stesso[4] o «esclusivamente da fattori oggettivi contingenti o struttura-

[2] Cfr. Trib. Milano, 15.4.2015, con riguardo al mantenimento della prole in conseguenza della separazione personale.

[3] Cass., n. 21993/2021, afferma che la Corte d'Appello, investita della domanda di aumento dell'assegno di mantenimento della figlia maggiorenne non autosufficiente, deve tener conto anche «dei sopravvenuti mutamenti delle situazioni reddituali delle parti». Viene rigettata le tesi secondo cui i fatti nuovi tra il primo e il secondo grado debbano essere fatti valere ai sensi dell'art. 9, legge n. 898/1970.

[4] Cass., n. 15767/2006 e Cass., n. 21615/2017. Si afferma nella sentenza del 2006 che l'obbligo del mantenimento del figlio non cessa «*ipso facto*» con il raggiungimento della maggiore età, «ma perdura, immutato, finché il genitore interessato alla declaratoria della cessazione dell'obbligo stesso non dia la prova che il figlio ha raggiunto l'indipendenza economica, ovvero che il mancato svolgimento di un'attività economica dipende da un atteggiamento di inerzia ovvero di rifiuto ingiustificato [da parte del figlio], il cui accertamento non può che ispirarsi a *criteri di relatività*, in quanto necessariamente ancorato alle aspirazioni, al percorso scolastico, universitario e post-

li legati all'andamento dell'occupazione e del mercato del lavoro», qualora manchi un progetto educativo e formativo che possa giustificare il perdurare del mantenimento[5].

Si aggiunga che con riguardo alla categoria dei figli irriconoscibili, l'art. 279 c.c. slega il mantenimento dalla costituzione formale dello *status filiationis*.

Gli alimenti hanno un contenuto diverso rispetto al mantenimento, limitandosi a soddisfare i bisogni primari della vita (art. 438 c.c.), non già ad arricchire la personalità del beneficiario. Inoltre, mentre il mantenimento è un effetto immediato della filiazione, l'obbligo alimentare è subordinato allo stato di bisogno di uno dei soggetti elencati nell'art. 433 c.c. (art. 438 c.c.). La misura degli alimenti è, dunque, inferiore a quella corrispondente al mantenimento dei figli.

Ancora: mentre l'obbligo di mantenere si protrae oltre la maggiore età del figlio, fino a che quest'ultimo raggiunga, come si diceva, l'indipendenza economica, l'obbligo alimentare è legato allo stato di bisogno (artt. 438-439 c.c.) e ad altri fattori (art. 440 c.c.).

Il diritto al mantenimento oltre la maggiore età è garantito anche in caso di separazione o di divorzio (cfr. art. 337-*septies* c.c.), con il limite già sopra indicato. Vedremo che i genitori sono tenuti al mantenimento «in proporzione alle rispettive sostanza e secondo la loro capacità di lavoro professionale o casalingo» (art. 316-*bis*, co. 1, c.c.);

b) il *diritto di essere istruito*. L'istruzione della prole è un dovere dei genitori (art. 30, co. 1, Cost.), ma è soprattutto un impegno dello Stato nel renderla possibile per tutti (art. 34 Cost.). L'istruzione si attua per lo più fuori dalle mura

---

universitario del soggetto ed alla situazione attuale del mercato del lavoro, con specifico riguardo al settore nel quale il soggetto abbia indirizzato la propria formazione e specializzazione». Se nella normalità dei casi un certo percorso universitario deve ritenersi concluso, qualora non lo sia e in mancanza di contingenze personali (ad es. motivi di salute), si ha un indicatore forte di inerzia colpevole. La sentenza del 2017 conferma la pronuncia della Corte d'Appello che aveva ritenuto estinto l'obbligo di mantenimento del figlio, in quanto quest'ultimo, pur non economicamente autosufficiente, aveva abbandonato ingiustificatamente l'attività in passato intrapresa, bocciando ripetutamente agli esami della scuola privata pagata dal padre. Cass., n. 5883/2018 afferma che il figlio trentenne non ha diritto al mantenimento, non avendo egli eccepito l'esistenza di ostacoli nella ricerca del lavoro. La Corte d'appello ha parlato di una «capacità lavorativa potenziale cui non aveva fatto riscontro una concreta ricerca del lavoro».

[5] Cass., n. 18785/2021, chiarisce quando il dovere di mantenimento venga meno, lasciando spazio all'obbligo alimentare. Si afferma nella sentenza che «la strutturale impossibilità di acquisire una capacità reddituale idonea a garantire almeno il grado minimo di autosufficienza economica, ove disancorato dai requisiti sopra illustrati [*id est*: mancanza di un progetto educativo e di un percorso formativo], sui cui poggia l'assegno di mantenimento per i figli maggiorenni non autosufficienti, confluisce negli obblighi alimentari». Il giudice deve fondare la pronuncia di cessazione dell'obbligo di mantenimento sulle seguenti circostanze «l'età, l'effettivo conseguimento di un livello di competenza professionale e tecnica, *l'impegno rivolto verso la ricerca di un'occupazione lavorativa* nonché, in particolare, la complessiva condotta personale tenuta, il raggiungimento della maggiore età da parte dell'avente diritto [corsivo mio]».

domestiche. Nella scelta del percorso scolastico, eventualmente anche universitario, i genitori devono rispettare le inclinazioni e le aspirazioni del figlio.

Il *quantum* della spesa cui i genitori sono tenuti è orientato da un criterio di normalità. Difatti l'art. 742 c.c. se da un lato esclude dalla collazione le spese per l'istruzione (a conferma del dovere genitoriale), dall'altro, pone un'eccezione per quanto le spese «eccedano notevolmente la misura ordinaria, tenuto conto delle condizioni economiche del defunto».

Alle spese si collega il problema, discusso in dottrina e oggetto di interventi giurisprudenziali, della solidarietà o meno dell'obbligazione assunta da un solo genitore nel nome del figlio. Qualche autore, come già rilevato sopra nella Parte prima, ha sostenuto la tesi (preferibile) della rilevanza esterna del dovere di contribuzione (art. 143, co. 3, c.c.). Ciò significa che dell'adempimento dell'obbligazione assunta da un coniuge per soddisfare i bisogni della famiglia risponde anche l'altro coniuge. La giurisprudenza non è univoca e distingue a seconda che l'obbligazione sia volta a soddisfare esigenze primarie o meno della famiglia; nel primo caso, viene evocato, non senza ambiguità, il mandato tacito, il principio dell'apparenza giuridica o la gestione d'affari altrui[6].

Qualora la famiglia non sia in grado di pagare gli studi del figlio, lo Stato garantisce ai «capaci e meritevoli» la possibilità di raggiungere i gradi più alti degli studi (art. 34, coo. 2 e 3, Cost.).

Va ricordato che il codice penale sanziona il genitore che ometta, senza giusto motivo, di far impartire l'istruzione obbligatoria al figlio (art. 731 c.p.);

c) il *diritto di essere educato*. Come si è accennato, diversamente dal passato, i genitori nell'educare i figli non sono vincolati da criteri esterni alla famiglia. Tuttavia dalle disposizioni costituzionali, dalle Carte sovranazionali e dalla legislazione penale si desume almeno un minimo etico imprescindibile per una convivenza civile.

Un aspetto decisivo dell'educazione è senz'altro quello per cui il figlio minore, con la crescita e la progressiva maturazione, diventa sempre più parte attiva nel rapporto con i genitori e sempre meno mero recettore di regole e di scelte altrui. Se per un verso i genitori sono liberi di educare seguendo il modello che

---

[6] Cass., n. 25026/2008, esclude la solidarietà passiva dell'obbligazione assunta da un genitore nei confronti di una scuola privata. La cui frequentazione non costituisce un bisogno primario della persona (solo in tal caso avrebbe operato la solidarietà passiva, artt. 1292, 1294 c.c.), poiché l'istruzione può essere assolta dalla scuola pubblica. Cass., n. 3471/2007, nega parimenti, in caso di restituzione del mutuo, che l'altro coniuge sia debitore solidale. Secondo Cass., n. 12021/2002, ove si tratti «di obbligazioni derivanti dal soddisfacimento di esigenze primarie della famiglia, quali in particolare la cura della salute (nella specie: prestazioni sanitarie erogate da un professionista ai figli minorenni) deve riconoscersi il potere dell'uno o dell'altro coniuge di fronte ai terzi, in virtù di un *mandato tacito*, di compiere gli atti occorrenti e di assumere le correlative obbligazioni con effetti vincolanti per entrambi, in deroga al *principio secondo cui soltanto il coniuge che ha personalmente stipulato l'obbligazione risponde del debito contratto* [corsivo mio]».

preferiscono, dall'altro essi vedono conformato il proprio potere (*rectius*: responsabilità) da due doveri: 1) rispettare capacità, inclinazioni naturali e aspirazioni del figlio; 2) non ledere libertà fondamentali e diritti inviolabili di cui anche il figlio, in quanto persona, è titolare (artt. 2 e 3 Cost.).

La dialettica genitori-figli, con l'avanzare dell'età di questi ultimi, vede spostarsi progressivamente l'asse verso il punto di vista del figlio. Essere convinti dell'offerta formativa di una determinata scuola, di seguire un certo orientamento politico, un credo religioso o le idee professate da un'associazione sono tutte scelte che, tendenzialmente, non possono essere avversate dai genitori, pretendendo altro dal proprio figlio. Del resto la Carta costituzionale intende la famiglia come comunità di eguali, in cui ciascuno possa sviluppare la propria personalità attraverso scelte individuali.

Il passaggio dalla potestà alla responsabilità genitoriale implica che l'educazione debba far acquisire al minore la capacità di scegliere ciò che è in armonia con il proprio essere e con le proprie spinte motivazionali. L'imposizione, talvolta subdola, di idee e modelli non si confà alla funzione della responsabilità genitoriale per come si caratterizza oggi.

Particolarmente delicato è il profilo della trasmissione da parte dei genitori (o di uno di essi) di una fede religiosa con punte di estremismo o dei valori di una civiltà divergenti da quelli dei paesi occidentali. In linea generale ciò è legittimo, ma deve avvenire nel rispetto dei diritti e delle libertà fondamentali del figlio cittadino italiano. È precluso perciò ogni integralismo o fanatismo religioso che, di per sé solo, metta in pericolo lo sviluppo psico-fisico del minore e ne conculchi i diritti[7].

Il genitore non può insistere nel voler condurre il figlio agli incontri organizzati dalla propria religione (i Testimoni di Geova), quando il figlio abbia manifestato, in sede di ascolto giudiziale, il proprio disagio e se, al contempo, gli venga inibito di partecipare alle manifestazioni della religione cattolica condivisa, invece, con gli amici[8].

Se il figlio è in grado di scegliere, di tenere ferma una posizione, i genitori interloquiscono con lui ma non possono imporgli la propria volontà. Il tema è de-

---

[7] Cass., n. 12077/1999, afferma il principio secondo cui «la mera diversità culturale, di origini, di etnia e di religione non può di per sé costituire elemento significativo ai fini dell'esclusione dell'interesse del minore» a vedersi riconosciuto anche dal padre, arabo e di religione musulmana. Tuttavia se il padre, dopo il riconoscimento, «dovesse porre in essere concrete iniziative prevaricatorie o pregiudizievoli per l'interesse della minore, sarebbero azionabili i procedimenti e i provvedimenti previsti dalla legge a tutela della minore medesima» (sui cui cfr. *infra*, cap. V-sez. I-§§ 2-5).

[8] Cass., n. 12954/2018, conferma il provvedimento della Corte d'Appello che ha censurato la condotta del padre volta a coartare la volontà della figlia nel coinvolgerla nella propria scelta religiosa. Decisiva è stata la conclusione del consulente tecnico d'ufficio, secondo la quale il coinvolgimento nella pratica dei Testimoni di Geova è pregiudizievole per la minore.

licato perché il minore non sempre ha ragione, né è conscio delle conseguenze delle proprie decisioni. Vero è che, in punto di diritto, il c.d. grande minore (nella fascia di età 12-17), a causa della sua crescente maturità, vede accrescere il rilievo delle proprie opinioni. Si pensi alla scelta di vaccinarsi per proteggersi dal virus Covid-19, qualora l'ultra-dodicenne sia favorevole e un genitore o entrambi siano contrari. In tali casi la volontà del minore deve prevalere poiché, come ha rilevato il Comitato Nazionale per la Bioetica, il vaccino, «secondo le attuali indicazioni scientifiche e salvo situazioni di salute particolari che sconsigliano la vaccinazione», coincide con il miglior interesse della salute psicofisica del minore stesso e della salute pubblica[9].

Qualora i genitori, nonostante il colloquio con il personale medico non si persuadano dell'opportunità di vaccinare il proprio figlio e il dissenso con quest'ultimo permanga, è possibile rivolgersi al giudice tutelare ai sensi dell'art. 3, co. 5, legge n. 219/2017 («*Norme in materia di consenso informato e dichiarazioni anticipate di trattamento*»), ad istanza non solo dei genitori (i quali verosimilmente non agiranno), ma anche del minore stesso, dei parenti entro il quarto grado e del pubblico ministero[10]. Questa disposizione è applicabile, tuttavia, solo ove si intenda il termine «cure» ivi previsto in senso ampio, comprensivo anche di quei trattamenti preventivi quali sono i vaccini.

È dubbio se si possa agire ai sensi dell'art. 321 c.c., il quale prevede la nomina giudiziale di un curatore speciale, su richiesta del figlio stesso o del pubblico ministero, «in tutti i casi» i cui i genitori esercenti la responsabilità genitoriale «non vogliano compiere uno o più atti nell'interesse del figlio, eccedenti l'ordinaria amministrazione». Dovrebbe ammettersi che i concetti di ordinaria e di straordinaria amministrazione siano riferibili, come si evince dal principio personalistico, anche agli atti di natura non patrimoniale.

Se, invece, uno solo dei genitori si oppone alla vaccinazione, l'altro potrà agire ai sensi dell'art. 316, co. 2, c.c.[11], oppure ai sensi dell'art. 333 c.c., incontran-

---

[9] Il Comitato Nazionale per la Bioetica, nel parere del 29 luglio 2021 intitolato «*Vaccini e adolescenti*», rileva come sia fondamentale informare adeguatamente il minore con un linguaggio semplificato e consono alla sua età. Occorre altresì un'informativa accurata anche ai genitori su una serie di profili che il parere illustra; informativa volta ad aiutare i genitori a non assumere posizioni irragionevoli. Vi potrebbe essere anche il caso opposto in cui sia l'adolescente a rifiutare la vaccinazione, voluta, invece, dai genitori. Se il dissenso permane, la vaccinazione non potrà essere imposta; occorrerà, come ha sottolineato il Comitato Nazionale per la Bioetica, che vi sia un'appropriata informativa da parte del personale medico rivolta al minore sull'importanza della vaccinazione per la salute individuale e pubblica.

[10] Il Comitato Nazionale di Bioetica rileva giustamente che prima del ricorso al giudice, cui rivolgersi come *extrema ratio*, sarebbe auspicabile potersi rivolgere «ad un comitato di etica clinica, che offra una consulenza per la chiarificazione e possibilmente la risoluzione delle divergenze. Un'altra opportunità potrebbe essere la discussione delle diverse opinioni da parte dei soggetti coinvolti con esperti, all'interno di uno spazio etico».

[11] Trib. ord. Parma, 11.10.2021, attribuisce al padre, su ricorso presentato da quest'ultimo ai

do una competenza diversa rispettivamente del tribunale ordinario e del tribunale per i minorenni (art. 38, co. 1, disp. att. c.c.). In caso di separazione o divorzio, i genitori sono legittimati ad agire ai sensi dell'art. 709-*ter* c.p.c. [12].

Un altro oggetto del disaccordo tra genitori separati riguarda l'iscrizione a una scuola privata. In tal caso l'affidamento condiviso non impedisce al genitore favorevole di iscrivere comunque il figlio a tale scuola nonostante l'opposizione dell'altro. Opinando diversamente verrebbe paralizzata ogni iniziativa a beneficio del figlio. Naturalmente competerà al giudice, «ove ne sia richiesto, verificare se la scelta adottata corrisponde effettivamente all'interesse del minore» [13].

L'educazione non deve avvalersi dell'uso della violenza. Il codice penale prevede diversi reati che contemplano la violenza nei confronti del figlio. Di recente, l'uso abituale della violenza a scopi educativi è stato ricondotto alla fattispecie criminosa più grave dei maltrattamenti in famiglia (art. 572 c.p.) e non già a quella dell'abuso dei mezzi di correzione (art. 571 c.p.); ciò a prescindere dall'esistenza o meno dell'*animus corrigendi* [14].

---

sensi dell'art. 316, co. 2, c.c, il potere di decidere da solo senza il consenso della madre sulla somministrazione del vaccino anti Covid-19 ai figli di anni 14, i quali si erano dichiarati favorevoli alla vaccinazione. Il Tribunale chiarisce inoltre come, in tal caso, non sia competente il tribunale per i minorenni, poiché non è stato incardinato un procedimento ai sensi dell'art. 333 c.c. (si trae argomento dall'art. 38, co. 1, disp. att. c.c.).

[12] Trib. Monza, 22.07.2021, n. 3686, su un caso in cui la madre e il figlio quindicenne erano favorevoli alla vaccinazione contro il Covid 19, mentre il padre si opponeva. Secondo il tribunale, in assenza di controindicazioni per il minore alla vaccinazione certificate dal medico curante, stante la volontà positiva manifestata dal minore stesso e in considerazione dell'elevata efficacia del vaccino nel proteggere dalla malattia grave sia i singoli che la collettività secondo quanto attestato dalla comunità scientifica nazionale e internazionale, il giudice è autorizzato a sospendere la responsabilità genitoriale del genitore che si oppone all'atto di questione. Spetterà, secondo il provvedimento del giudice, esclusivamente al genitore favorevole alla vaccinazione accompagnare il minore in un centro vaccinale e sottoscrivere il consenso informato.

Cfr. anche Trib. Milano, 2.09.2021, n. 6041, adito ai sensi dell'art. 709-*ter* c.p.c., il quale autorizza il padre, estromettendo la madre (*no vax* e *no mask*), non solo a prestare il consenso alla somministrazione dei vaccini obbligatori per legge osteggiati dalla madre, ma anche a «valutare, in autonomia, senza l'accordo della madre, visti gli approdi della scienza, le autorizzazioni degli enti regolatori le norme di legge, le raccomandazioni del pediatra che segua la minore, se sia necessario o anche solo opportuno somministrare il vaccino anti Covid 19 alla figlia minore, provvedendo di conseguenza». Nel caso di specie il tribunale ha ritenuto non necessario ascoltare la minorenne stante l'obbligatorietà dei vaccini non eseguiti per l'opposizione antiscientifica della madre. Naturalmente, quando si dovrà valutare l'opportunità della vaccinazione anti Covid-19 – questione su cui solo il padre ha l'esercizio della responsabilità genitoriale – l'opinione della minore dovrà essere raccolta e tenuta in considerazione.

[13] Cass., n. 4060/2017.

[14] Così Cass. pen., n. 30436/2015. Ma cfr. anche Cass., n. 34674/2007, la quale riporta l'opinione comune nella letteratura scientifico-psicologica secondo cui «metodi di educazione rigidi ed autoritari, che utilizzino comportamenti punitivi violenti o costrittivi (...) siano non soltanto pericolosi, ma anche dannosi per la salute psichica, così da essere responsabili di una serie di disturbi variegati e complessi: dallo stato d'ansia all'insonnia e alla depressione, fino – quando il trauma si è verificato nei primi anni di vita – a veri e propri disturbi caratteriali e comportamentali nell'età adulta».

Sotto altro profilo, non è stato ritenuto pregiudizievole per l'equilibrato sviluppo del bambino il fatto di vivere e di essere educato in una famiglia in cui la madre conviva con un'altra donna con la quale abbia una relazione sentimentale [15];

d) *il diritto di essere assistito moralmente dai genitori*. La riforma 2012/2013 ha incrementato gli obblighi derivanti dal matrimonio, imponendo a entrambi i coniugi di assistere moralmente i figli (art. 147 c.c.), i quali, specularmente, sono titolari del diritto di essere assistiti (art. 315-*bis*, co. 1, c.c.).

L'importanza del diritto all'assistenza morale è tale che il legislatore ne ha ribadito l'esistenza anche nei casi di separazione personale e di divorzio (art. 337-*ter*, co. 1, c.c.). Perciò la crisi del rapporto tra i genitori non incide sull'obbligo di essere solidali nei confronti del figlio, di sostenerlo nelle proprie scelte, spronandolo e confortandolo durante la crescita. Si tratta, com'è ovvio, di un aspetto del tutto diverso dal mantenimento, dall'educazione e dall'istruzione.

L'assistenza morale, prima prevista soltanto tra i coniugi (art. 143, co. 2, c.c.), è diventata un elemento di sistema: essa connota tanto il rapporto coniugale quanto quello filiale. Contribuisce a questa lettura una disposizione in tema di adozione. La dichiarazione di adottabilità può essere pronunciata previo accertamento della situazione di abbandono, ossia dell'essere il minore «privo di *assistenza morale* e materiale da parte dei genitori» (artt. 8, co. 1, e 15, co. 1, lett. b), l. n. 184/1983).

Va ricordato, però, che la Cassazione aveva già ricondotto all'art. 30, co. 1, Cost. l'obbligo del genitore di costruire un rapporto solidale col figlio, incentrato sul dialogo costante fin dalla nascita. Mantenere ed educare – ha rilevato la Suprema Corte – esigono che il genitore coltivi un'abitudine alla discussione col figlio, dove l'esperienza del primo sia partecipata dal secondo. Ne consegue che ove siffatta relazione dialogica sia mancata perché il genitore non abbia riconosciuto il proprio figlio (art. 250 c.c.), quest'ultimo subisce non solo un danno patrimoniale (per mancato mantenimento), ma anche e soprattutto un danno non patrimoniale per essere stato privato del sostegno morale [16] (cfr. *infra*, cap. VII-§ 5). Ancora una volta, quindi, il giudice ha anticipato il legislatore.

Aver privato il figlio dell'assistenza morale, essere un genitore anaffettivo è

---

[15] Cass., n. 601/2013. Nel caso di specie viene confermata la pronuncia d'appello che aveva disposto l'affido esclusivo a favore della madre lesbica e convivente con un'altra donna, in ragione delle manifestazioni di violenza del padre avvenute alla presenza del figlio. Secondo la Corte non esistono dati scientifici secondo cui è dannoso per il minore crescere con una coppia omosessuale.

[16] Secondo Cass., n. 26205/2013, l'endiadi diritto a essere educato e mantenuto di cui all'art. 30, co. 1, Cost. postula che vi sia un rapporto tra figli e genitori. Si tratta di un'espressione che «contiene e presuppone il diritto di condividere fin dalla nascita con il proprio genitore la relazione filiale, sia nella *sfera intima e affettiva*, di primario rilievo nella costituzione e sviluppo dell'equilibrio psicofisico di ogni persona, sia nella *sfera sociale*, mediante la condivisione e il riconoscimento esterno dello *status* conseguente alla procreazione [corsivo mio]».

motivo sufficiente a giustificare il provvedimento di affidamento esclusivo o, se del caso, super-esclusivo (art. 337-*quater*, co. 1, c.c.);

e) il *diritto di crescere in famiglia e di mantenere rapporti significativi con i parenti*. Il diritto di crescere in famiglia segnala l'importanza di vivere a diretto e costante contatto con i propri genitori nella medesima abitazione. Qualora il rapporto tra i genitori entri in crisi, occorre salvaguardare il più possibile quella consuetudine di vita che il minore aveva con ciascun genitore. A tal fine l'art. 337-*ter*, co. 1, c.c. stabilisce che «il figlio minore ha diritto di mantenere un rapporto *equilibrato e continuativo con ciascuno dei genitori*».

Questa disposizione era già contenuta nell'art. 155, co. 1, c.c. (modificato dalla riforma 2012/2013) introdotto dalla legge n. 54/2006, la quale, al fine di garantire l'attuazione del diritto in parola, ha previsto l'affidamento condiviso quale (nuovo) istituto la cui applicabilità deve essere valutata dal giudice «prioritariamente». Dal 2013 l'articolo di riferimento è il 337-*ter*, co. 2, c.c.

Che il diritto di crescere in famiglia, ossia con i genitori, i fratelli e le sorelle, sia essenziale per il benessere psico-fisico di un minore trova conferma nella legge sull'adozione (n. 184/1983). La quale esordisce con la previsione del diritto del minore di «*crescere* ed essere educato nell'ambito della *propria famiglia*» di origine (art. 1, co. 1, l. n. 184/1983 come modificato dalla l. n. 149/2001). Ciò comporta, come chiariscono le disposizioni successive della legge n. 184/1983 (cfr. artt. 1, co. 2, e 21), che l'adozione sia da considerarsi una *extrema ratio* [17] pena la

---

[17] Cass., n. 7391/2016; Cass., n. 782/2017 e Cass., n. 1476/2021. Quest'ultima pronuncia riconosce rilevanza alla situazione di «semiabbandono del minore», in cui quest'ultimo ha interesse – spetta al giudice verificarlo – a conservare un rapporto con uno o con entrambi i genitori biologici. In tal caso è applicabile l'adozione c.d. mite, ossia in casi particolari, la cui prerogativa è proprio quella di non elidere, diversamente dall'adozione piena, i rapporti con la famiglia di origine. Rileva, però, nel caso di semiabbandono anche la posizione dei genitori. Afferma, infatti, la Cassazione che, in forza dell'art. 8 Cedu, «vi è un obbligo delle autorità italiane, prima di rompere il legame familiare, di adoperarsi per far rispettare il diritto [nel caso di specie] della madre di vivere con il figlio». Si può dire che la distinzione tra abbandono e semi-abbandono, talvolta non facile da ravvisarsi in concreto, sia necessaria proprio per garantire sia il diritto del figlio di crescere nella propria famiglia, sia il diritto dei genitori di esercitare le loro prerogative.

Cfr. anche Cass., n. 23797/2021 la quale sottolinea come «il diritto di crescere (...) nell'ambito della propria famiglia» comporta che la dichiarazione di adottabilità possa essere pronunciata solo a fronte di un'acclarata irreversibilità dell'incapacità dei genitori e dei parenti di allevare e di curare il minore «per la loro totale inadeguatezza». In altri termini, il minore può essere sottratto alla famiglia di origine solo se siano state «rigorosamente accertate e provate le gravi ragioni» che impediscono a tale famiglia «di garantir[gli] una normale crescita ed adeguati riferimenti educativi». Insomma il «duplice presupposto» dell'adozione come *extrama ratio* e della presenza di modelli di adozione che consentono di conservare il rapporto con la famiglia di origine fa sì che quest'ultima non possa essere esclusa radicalmente dalla vita del minore pur se «deficitaria nelle capacità di educazione e di crescita». Nel caso di specie, la Cassazione ha cassato la sentenza della Corte d'Appello (che aveva confermato lo stato di adottabilità) per non aver valutato adeguatamente la posizione della nonna, affidataria della nipote, la quale era riuscita a instaurare un rapporto significativo con

violazione di tale diritto o, secondo la Corte europea dei diritti dell'uomo, del diritto al rispetto della vita familiare (art. 8 Cedu).

Il figlio ha inoltre diritto di mantenere rapporti significativi con i parenti dei propri genitori. Se la frequentazione dei parenti (nonni, zii, cugini) ha creato legami affettivi importanti, facendo acquisire figure di rilievo per la propria crescita, sorge in capo al figlio minore il diritto di conservare siffatte relazioni. La dimensione giuridica si insinua, dunque, oltre la rilevanza della famiglia nucleare.

Va precisato che, dal lato dei parenti, soltanto agli ascendenti è stato riconosciuto dal d.lgs. n. 154/2013 il diritto «di mantenere rapporti significativi con i nipoti minorenni» (art. 317-*bis* c.c.). Tale diritto, tuttavia, non attribuisce una prerogativa assoluta ai nonni, giacché può essere loro precluso il diritto di visita dei nipoti in ragione del preminente interesse di questi ultimi [18].

Il diritto degli ascendenti, quindi, è subordinato all'interesse dei nipoti a frequentare i nonni. La sussistenza di tale interesse limita o, più propriamente, funzionalizzata l'esercizio della responsabilità genitoriale. I genitori non possono ostacolare immotivatamente i contatti tra il figlio e parenti di ciascun ramo genitoriale. Una tale condotta sarebbe illegittima in quanto lesiva del diritto sia dei figli che degli ascendenti di frequentarsi.

Questi due diritti valgono anche in caso di separazione e di scioglimento del matrimonio (art. 337-*ter*, co. 1, c.c.);

f) *il diritto di essere ascoltato*. Questo diritto attiene a una situazione soggettiva del minore di grande rilievo che modella, con incisività, l'esercizio della responsabilità genitoriale e il rapporto con altri soggetti privati (ad es.: il medico) o con i poteri pubblici (ad es.: la magistratura) (cfr. *amplius infra*, § 5). Se i genitori, nell'adempimento dei loro doveri, devono tener conto delle capacità, delle inclinazioni naturali e delle aspirazioni del figlio, essi sono tenuti anzitutto ad ascoltare (artt. 147 315-*bis* e 316, co. 1, c.c.). Lo stesso vale per il medico, il quale, con riguardo a un prospettato intervento chirurgico, deve tener conto della volontà espressa dal minore; ciò vale anche per il giudice chiamato ad assumere un provvedimento che inciderà sulla vita di un minorenne.

Può accadere che i genitori abbiano idee opposte su una scelta di particolare importanza, ipotizzata da uno dei due o dal figlio. Il contrasto si risolve attraverso il procedimento giudiziale disciplinato dall'art. 316, coo. 2-3, c.c., dove si prevede l'ascolto del minore dodicenne o anche di età inferiore se capace di discernimento.

Se, invece, entrambi i genitori antepongono sistematicamente il proprio volere alle decisioni consapevoli del figlio, è applicabile l'art. 333 c.c. affinché il giudice adotti i «provvedimenti convenienti» (su cui *infra*, cap. V-§ 6).

---

quest'ultima. Anche in questo caso la c.d. «adozione mite» avrebbe consentito, a fronte di una situazione di «semiabbandono», di conservare un legame familiare significativo.

[18] Cass., n. 762/2015.

La previsione dei predetti diritti e il principio del preminente interesse del minore configurano uno statuto giuridico che, a prima lettura, si pone in posizione di superiorità rispetto a ogni altra posizione soggettiva contrapposta. C'è del vero, ma secondo un'accurata prospettazione dottrinale (R. Senigaglia), il punto decisivo è un altro: comprendere a cosa tenda l'attuazione dei diritti del minore.

Secondo la tesi in parola, i diritti del figlio devono essere qualificati in termini di diritti relazionali, come dimostrano diversi indici normativi, incrementati dalla riforma 2012/2013. Si pensi al diritto di crescere in famiglia e al diritto di essere ascoltato in ogni questione. Sono entrambi diritti espressivi di un'idea ben precisa: gli interessi del figlio nascono e si inverano nel rapporto con i genitori. La rottura o l'affievolimento di questo legame deve essere inteso in chiave di eccezionalità.

Il giudice chiamato a dirimere la crisi tra i genitori o col figlio ha un compito ben preciso: non tanto far prevalere una posizione sull'altra, quanto piuttosto favorire la costruzione o il ripristino della corretta relazione tra le parti, salvaguardando il più possibile la frequentazione e il dialogo genitore-figlio (a tale ultimo proposito cfr. il nuovo art. 337-*quater*, ult. co., c.c. su cui *amplius infra*, § 17, ma anche l'art. 337-*octies*, ult. co., sulla mediazione familiare).

Troveremo riscontri di questa tesi nel capitolo V dedicato agli strumenti di tutela del minore.

5. *Il diritto del minore di essere ascoltato.*

Il diritto del minore di essere ascoltato esige una trattazione più approfondita. Non fosse altro perché si tratta di un diritto strettamente legato alla tutela della personalità, al principio del preminente interesse del minore e all'effettività dei diritti di cui egli è titolare (art. 315-*bis* c.c.). L'attuazione dell'ascolto è un elemento decisivo della realizzazione di altre posizioni giuridiche soggettive. Siamo al cuore dello statuto giuridico del minorenne.

Il legislatore, affinché il diritto in esame non sia un *flatus vocis*, si è concentrato su alcuni aspetti di grande rilievo: chi è tenuto all'ascolto, quando si ascolta e con quali modalità attuative. Adesso è prioritario soffermarsi su questi profili nella consapevolezza che un altro aspetto significativo, che tratteremo nel paragrafo successivo, è quello della rilevanza delle dichiarazioni del minore.

A dover ascoltare non sono solo i genitori, ma anche i giudici o altre autorità pubbliche o private. Ciò emerge con chiarezza dall'art. 315-*bis*, co. 3, c.c., secondo cui il diritto all'ascolto del minore rileva «in tutte le *questioni* e le *procedure* [ad es.: giudiziali o amministrative] che lo riguardano».

A dire il vero, non è, questa, una regola nuova, introdotta per la prima volta nell'ordinamento dalla legge n. 219/2012 con l'art. 315-*bis*. Alcune fonti internazionali, da tempo, riconoscono al minore il diritto di esprimere liberamente la propria opinione, preservando così la propria identità. L'art. 6 della Convenzione ONU sui diritti dell'infanzia (ratificata con l. n. 176/1991) e l'art. 12 della Convenzione europea sull'esercizio dei diritti dei minori (ratificata con l. n. 77/2003) impongono al giudice nazionale, prima di assumere il provvedimento, di ascoltare il fanciullo capace di discernimento, secondo le regole del diritto interno.

Va anche ricordato il Regolamento (CE) n. 2201/2003 del Consiglio (*sul riconoscimento e l'esecuzione delle decisioni in materia matrimoniale e di responsabilità genitoriale*), dove all'art. 23, lett. b) si stabilisce che le decisioni sulla responsabilità genitoriale non sono riconosciute nello Stato membro qualora siano state assunte senza che il minore abbia avuto la possibilità di essere ascoltato. E ancora: l'art. 24 della Carta dei diritti fondamentali dell'Unione europea ribadisce il diritto del minore di esprimere la propria opinione e di essere ascoltato.

Anche la normativa interna più risalente prevede, nell'ambito dell'adozione, il diritto del minore di essere ascoltato in tutte le fasi del relativo procedimento (cfr.: artt. 2, co. 4; 6, co. 3; 10, co. 5; 22, co. 6 e 25, l. n. 184/1983 come novellata dalla l. n. 149/2001). Di più: nell'adozione in casi particolari, l'art. 45, co. 1, legge n. 184/1983 richiede il consenso dell'adottando che abbia compiuto il quattordicesimo anno di età (cfr. anche art. 250, co. 3, c.c.).

Affinché il diritto di essere ascoltato non sia eluso o appaia scarsamente effettivo, il d.lgs. n. 154/2013, in attuazione della delega contenuta nell'art. 2, lett. i), legge n. 219/2012, ha inserito nel codice civile un nuovo articolo, il 336-*bis*.

Il quale prevede disposizioni volte a garantire proprio l'effettività del diritto all'ascolto, chiarendo al contempo che l'ascolto non è un mezzo di prova alla cui assunzione le parti processuali abbiano diritto di partecipare[19].

Il comma 1 dell'art. 336-*bis* c.c. stabilisce che il minore di anni dodici o di età inferiore ma capace di discernimento deve essere ascoltato dal presidente del tribunale o dal giudice delegato, salvo in due casi: 1) l'ascolto in contrasto con l'interesse del minore; 2) l'ascolto manifestamente superfluo.

Dell'esistenza dell'uno o dell'altro caso, il giudice deve dare atto con un provvedimento motivato. L'obbligo di motivazione presidia l'effettività del diritto

---

[19] In questo senso già Cass., n. 7282/2010, secondo la quale «l'audizione del minore, non rappresentando una testimonianza o un altro atto istruttorio rivolto ad acquisire una risultanza favorevole all'una o all'altra soluzione, bensì [essendo] un momento formale del procedimento deputato a raccogliere le opinioni ed i bisogni rappresentati dal minore in merito alla vicenda in cui è coinvolto, deve svolgersi in modo tale da garantire l'esercizio effettivo del diritto del minore di esprimere liberamente la propria opinione, e quindi *con tutte le cautele e le modalità atte ad evitare interferenze, turbamenti e condizionamenti, ivi compresa la facoltà di vietare l'interlocuzione con i genitori e/o con i difensori*, nonché di sentire il minore da solo, o ancora quella di delegare l'audizione ad un organo più appropriato e professionalmente più attrezzato [corsivo mio]».

all'ascolto. Qualora la motivazione manchi o sia carente o contraddittoria, la decisione giudiziale potrà essere impugnata.

Il comma 2 dell'art. 336-*bis* c.c., sempre nella logica di garanzia dell'effettività del diritto all'ascolto, prevede regole procedurali di svolgimento dell'audizione. Regole la cui finalità è di assicurare le condizioni affinché il minore si senta libero di rispondere il vero, senza alcun condizionamento.

In sintesi tali regole sono: a) soltanto il giudice (o l'esperto o l'ausiliare) può rivolgere domande al minore; b) i genitori, anche quando sono parti processuali, i difensori delle parti, il curatore speciale del minore e il pubblico ministero non hanno diritto di partecipare all'ascolto. Vi parteciperanno solo se autorizzati dal giudice; c) i soggetti di cui al punto b), se autorizzati a intervenire all'udienza, possono proporre al giudice questioni da approfondire prima dell'inizio dell'ascolto; d) prima di iniziare l'ascolto, il giudice deve informare il minore «della natura del procedimento e degli effetti dell'ascolto».

Il giudice deve redigere un verbale in cui *descrive il contegno del minore* (può essere disposta una registrazione audio-video). Questa descrizione è fondamentale per stabilire e documentare il grado di rilevanza delle risposte del minore. Su tale profilo torneremo del paragrafo successivo, non prima di aver richiamato un altro articolo che regola l'ascolto del minore.

Si tratta dell'art. 337-*octies* c.c., collocato nel capo II del titolo IX del libro primo che regola l'esercizio della responsabilità in casi particolari, quali la separazione personale tra coniugi, il divorzio, l'invalidità del matrimonio e all'esito dei procedimenti relativi ai figli nati fuori del matrimonio. Il comma 1 stabilisce che, prima dell'assunzione dei provvedimenti di cui all'art. 337-*ter* c.c. (*id est*: l'affidamento e il mantenimento del minore), «il giudice *dispone, inoltre, l'ascolto del figlio minore* che abbia compiuto gli anni dodici e anche di età inferiore ove capace di discernimento». Tale comma non prevede, diversamente dall'art. 336-*bis* c.c., l'obbligo per il giudice di motivare il mancato ascolto. Così, secondo una tesi dottrinale, l'art. 337-*octies*, co. 1, c.c. sarebbe costruito sulla base di un «canone inverso» rispetto all'art. 336-*bis*: qui la regola è l'ascolto, lì, invece, l'ascolto è un'eventualità limitata alla sola ipotesi in cui il giudice lo ritenga necessario.

Il giudice, continua la tesi in parola, non è obbligato a motivare la decisione di non ascoltare il minore. Di conseguenza, se nel provvedimento giudiziale di separazione o di divorzio, di *natura contenziosa* (a questi si riferisce il primo e il secondo periodo del comma 1), non vi è alcuna menzione dell'ascolto, significa che il giudice non lo ha ritenuto indispensabile. In tal caso non vi potrà essere impugnazione, proprio in ragione della non obbligatorietà della motivazione.

Il comma 1 dell'art. 337-*octies* al terzo periodo, con riguardo alla *separazione consensuale* o al caso in cui vi sia un accordo dei genitori sull'affidamento dei figli, stabilisce che «il giudice non procede all'ascolto se in contrasto con l'interesse del minore o manifestamente superfluo». Anche qui non vi sarebbe, secondo la tesi in parola, l'obbligo di motivare il mancato ascolto.

In verità la tesi che esclude l'obbligo di motivazione dell'omessa audizione del minore nelle fattispecie di cui all'art. 337-*octies* c.c. non convince. Se il minore ha diritto di essere ascoltato in tutte le questioni e le procedure che lo riguardano (art. 315-*bis*, co. 3, c.c.), non gli si può precludere di partecipare al procedimento giudiziario senza esplicitarne le ragioni, pena, secondo la Cassazione, la nullità della pronuncia[20]. Ragioni che, peraltro, devono risultare anche in caso di rigetto della richiesta di rinnovo dell'audizione[21].

Il giudice, quindi, in ogni procedimento che riguardi il minore deve sempre motivare le ragioni del mancato ascolto dello stesso, altrimenti viene disatteso il diritto di essere ascoltato e il provvedimento si espone ai mezzi di impugnazione[22].

6. *La rilevanza delle dichiarazioni del minore.*

Centrale è la questione della rilevanza delle dichiarazioni rese dal minore in sede di audizione giudiziale. Dal grado di essa dipende l'effettività del diritto di

---

[20] Dalla giurisprudenza emerge la centralità dell'ascolto e delle ragioni del mancato ascolto. Si confronti: Cass., n. 21101/2014, la quale, con riguardo a un procedimento di opposizione al riconoscimento del figlio (*ex* art. 250, co. 4, c.c.), cassa la sentenza della Corte d'Appello in quanto affetta da nullità, poiché non è stata disposta l'audizione del minore che ne aveva i requisiti, senza aver addotto alcuna motivazione; Cass., n. 6645/2013, conferma la pronuncia d'Appello che aveva ben motivato la scelta di non disporre l'ascolto del minore in un procedimento di affidamento; Cass., n. 15365/2015, secondo cui nel procedimento volto a dichiarare lo stato di adottabilità, il minore deve essere sentito qualora compia il dodicesimo anno di età dopo l'esaurimento del giudizio di primo grado.

[21] Vi sono due significative pronunce sulla rinnovazione dell'audizione: 1) Cass., n. 6129/2015, cassa il decreto della Corte d'Appello (che aveva disposto l'affidamento condiviso, ribaltando la pronuncia di primo grado), perché questa non aveva esplicitato le ragioni della superfluità della reiterazione dell'ascolto del minore già effettuato in primo grado; 2) Cass., n. 19202/2014. Qui la rinnovazione dell'audizione del minore era stata chiesta dai genitori già nel primo grado dopo la sospensione del procedimento (per la dichiarazione di adottabilità) ai sensi dell'art. 14, legge n. 184/1983; sospensione volta a verificare, nel caso di specie, la disponibilità dello zio paterno a crescere il minore. Secondo i genitori, il tempo trascorso (tre anni dall'emissione della sentenza di adottabilità) imponeva una nuova audizione; il tribunale non l'ha disposta e la Corte d'appello ha confermato la decisione di primo grado. La Cassazione cassa la pronuncia d'appello, ritenendo che i genitori avevano fondato la richiesta su argomenti logici. Il giudice del gravame avrebbe dovuto motivare il diniego della rinnovazione dell'audizione di un adolescente (16 anni), il quale «sarebbe stato pienamente in grado di valutare gli effetti e la stessa convenienza della dichiarazione del suo stato di adottabilità».

[22] Cass., n. 19327/2015, argomentando dagli artt. 315-*bis*, 336-*bis* c.c. e 38-*bis* disp. att. c.c., ritenuti «doverosa espressione di rilevantissimi documenti internazionali (...convenzioni di New York e Strasburgo)», conclude per l'esistenza dell'«obbligo dell'ascolto [del minore] in tutti i procedimenti in cui si assumono provvedimenti che riguardano il fanciullo, salvo che l'audizione sia manifestamente superflua o si ponga in contrasto con il suo interesse, ma di ciò il giudice deve dar atto con provvedimento motivato».

esprimere la propria opinione e, in definitiva, l'attuazione del diritto allo sviluppo della propria personalità.

Fondamentale è stabilire se quanto riferito dal minore vincoli il giudice nel suo decidere.

La risposta va modulata.

La rilevanza del dichiarato certamente esiste, stante il dettato dell'art. 12 della Convenzione ONU sui diritti dell'infanzia, degli artt. 3 e 6 della Convenzione europea sull'esercizio dei diritti dei minori, fonti entrambe ratificate dall'Italia e dell'art. 24, co. 1, Carta dei diritti fondamentali dell'UE. Questi articoli prevedono espressamente che le opinioni del fanciullo debbano essere tenute in debita considerazione dall'organo decisore, prima di adottare qualsiasi decisione, tenuto conto dell'età e del grado di maturità.

Ciò si desume anche dal codice civile, stante la previsione, da un lato, del diritto del minore di essere ascoltato (art. 315-*bis*, co. 3, c.c.), dall'altro, di modalità processuali attuative dell'ascolto medesimo. Tutto questo prelude indiscutibilmente al rilevo delle dichiarazioni rese secondo le modalità previste dalla legge.

Considerare l'opinione del minore non significa attuarne acriticamente il volere[23]; il giudice deve valutare quanto ascoltato al fine di realizzare il superiore interesse del minore. È evidente che il convincimento dell'organo giudiziale possa divergere dalle opinioni del dichiarante[24]. Ma in questo caso è ineludibile una puntuale e articolata giustificazione del provvedimento assunto in contrasto con la posizione espressa dal minore[25].

Vero è che diventa difficile per l'organo giudiziario, onerato della motivazione, discostarsi dalla volontà del minore manifestata in modo netto, con convinzione, lucidità e consapevolezza delle conseguenze del proprio dire[26]. Il provvedimento giudiziale che adotti una soluzione diversa da quella prospettata dal minore, senza motivare o con motivazione irragionevole o illogica, è senz'altro

---

[23] Secondo Cass., n. 15365/2015, cit., «l'obbligo dell'audizione del minore ultra-dodicenne, o anche infra-dodicenne se capace di discernimento, riflette una nuova considerazione del minore quale portatore di bisogni e interessi che, se consapevolmente espressi, pur non vincolando il giudice, non possono essere da lui ignorati».

[24] Cass., n. 21101/2014.

[25] Cass., n. 6129/2015, cassa la pronuncia della Corte d'appello, la quale avrebbe dovuto spiegare le ragioni della propria scelta di collocare (in modo prevalente) il minore presso la madre contro la volontà espressa dal minore stesso nel procedimento di primo grado. La Corte d'appello avrebbe potuto assumere una decisione del genere, ma solo dopo aver rinnovato l'audizione del minore e verificato l'attendibilità delle sue dichiarazioni di preferenza della figura paterna.

[26] Cass., n. 5237/2014, cassa la sentenza impugnata che, in materia di sottrazione internazionale di minori – nonostante l'atto illegittimo del padre che aveva condotto la figlia da New York dove viveva con la madre all'Italia – avrebbe dovuto tener conto della «netta preferenza» espressa dalla minore (tredicenne) di voler rimanere in Italia con il padre e col suo nuovo nucleo familiare.

impugnabile[27]. Lo è per violazione del diritto del minore di esprimere un'opinione che sia tenuta in conto da chi deve decidere, salvo l'esistenza di ragioni (da esplicitare) che inducano a propendere per una soluzione diversa nell'interesse del minore.

Insomma, deve sussistere una ragione congrua, orientata alla tutela del minore, affinché il giudice possa discostarsi da quanto avrebbe voluto il minore stesso.

Non vi è alcun automatismo nel giudizio di rilevanza delle dichiarazioni del minorenne. Come non si può ritenere che, in forza dell'obbligo di ascoltare il dodicenne, il giudice sia sempre tenuto a recepirne il volere, allo stesso modo deve escludersi l'irrilevanza pressoché scontata di quanto riferito dall'infra-dodicenne. In un recente provvedimento, il tribunale di Roma ha confermato l'affidamento esclusivo del figlio alla madre, con riduzione degli incontri col padre, sulla base delle sole dichiarazioni rese dal figlio undicenne[28].

Da quanto detto si desume che l'audizione del minore non è una fase processuale per assumere un mezzo di prova; in un procedimento riguardante un minore, questi giammai potrà assumere la veste di testimone. Qualora egli venga indicato come tale, il giudice dichiarerà la prova inammissibile (art. 183, co. 7, c.p.c.)[29]. La ragione è piuttosto evidente: l'audizione del minore è volta a conoscerne le opinioni e i bisogni[30], non già ad acquisire risultanze favorevoli all'una o all'altra parte. Ecco perché altri soggetti non hanno diritto di parteciparvi, salvo che essi siano stati autorizzati dal giudice (art. 336-*bis*, co. 2, c.c.).

L'organo giudicante ha un compito delicatissimo: valutare, mediante un'au-

---

[27] Cass., n. 11890/2015, cassa la sentenza della Corte d'appello che, nel revocare lo stato di adottabilità, non ha tenuto in alcuna considerazione quanto dichiarato dalla minorenne durante l'audizione effettuata in sede di gravame. Ella aveva espresso una chiara volontà contraria a recarsi dalla zia, la quale aveva manifestato disponibilità ad accoglierla. È dunque viziato il provvedimento giudiziale che dà sì atto dell'intervenuta audizione, del cui esito il dispositivo non tiene conto.

[28] Trib. Roma, decr. 27.11.2015 (r.g. 1791/2015). Come si può desumere dai passaggi del decreto di seguito riportati, il tribunale, dopo aver descritto il contegno del minore (secondo quanto imposto dall'art. 336-*bis*, ult. co., c.c.) e preso atto del desiderio dello stesso di ridurre gli incontri col padre, conferma l'affido esclusivo respingendo la domanda riconvenzionale del padre volta a ottenere l'affido condiviso. Scrive il tribunale: «il figlio… ha manifestato un vissuto di reale e concreto disagio nei confronti della condotta paterna, vissuta in taluni casi come prevaricante e scarsamente attenta ai suoi bisogni emotivi. Il bambino, che è parso sufficientemente sereno e consapevole, in relazione all'età, di undici anni, ha manifestato un timore rispetto a condotte aggressive del padre (…). In questa fase il bambino vive come un peso la frequentazione con il padre e, sebbene sollecitato dal giudice delegato a cogliere gli aspetti comunque positivi del rapporto con il padre, ha chiesto di poter diminuire le visite».

[29] Cass., Sez. Un., n. 22238/2009; Cass., n. 7282/2010; Trib. Milano, 11.12.2013.

[30] Cass., n. 5097/2014. È censurabile la condotta del padre che ostacoli l'audizione del figlio minorenne, arrogandosi il potere di vietargli la frequentazione dei parenti del ramo materno. Il procedimento, secondo la Cassazione, deve arricchirsi della voce del minore. L'impedimento senza ragione dei rapporti con i nonni integra una condotta pregiudizievole per il figlio secondo la previsione dell'art. 333 c.c.

dizione anche indiretta del minore[31], la capacità di discernimento e la maturità di quest'ultimo nell'esprimere la propria posizione. Se l'esito è positivo, il provvedimento giudiziale dovrà tendenzialmente corrispondere al volere del minorenne, soprattutto se questi è un grande minore.

L'ascolto è, come ha affermato la Cassazione[32], «elemento di primaria importanza nella valutazione dell'interesse» del minore. Il quale non è l'oggetto di una decisione altrui, essendo chiamato a decidere per sé. È ovvio che più ci si avvicini alla maggiore età, più difficile è per il giudice motivare una soluzione diversa da quella emersa nel processo direttamente dalla voce del minore.

Il diritto all'ascolto del minore ha rivoluzionato il modo di intendere la sfera soggettiva di quest'ultimo rispetto non solo ai genitori e agli organi pubblici o privati, ma anche alla capacità contrattuale. Proprio questo diritto ha consentito a un attento studioso (R. Senigaglia) – se ne può solo accennare – di rivedere la regola dell'incapacità legale a contrarre del minore (art. 1425, co. 1, c.c.). Egli ha classificato alcune operazioni economiche del minore come «atti identitari di natura patrimoniale» (acquisti *on line*), i quali sarebbero validi ed efficaci, a voler dimostrare che il minore ha capacità di concludere certi contratti.

Più in generale si può rilevare come l'impianto personalistico della Costituzione abbia pervaso la categoria dell'incapacità legale, rendendola meno astratta e più funzionale ad esprimere le capacità della persona. È un cambio di prospettiva: si pensi alla legge n. 6/2004 che ha introdotto l'amministrazione di sostegno, ribaltando l'idea della incapacità per muovere dalla capacità del beneficiario (art. 1).

7. *Concorso nel mantenimento della prole e solidarietà familiare.*

L'art. 316-*bis*, co. 1, c.c. stabilisce che i genitori devono adempiere i loro obblighi – quelli di cui all'art. 147 c.c. – nei confronti dei figli «in *proporzione* alle rispettive *sostanze* e secondo le loro *capacità di lavoro professionale e casalingo*» (cfr. anche art. 148 c.c.).

Il criterio della proporzionalità risponde a una esigenza di equità; chi ha di più è tenuto a un impegno economico maggiore.

Il termine «sostanze» è così indefinito da ricomprendere i beni non produttivi di reddito, le partecipazioni societarie e il ricavato di investimenti monetari. Anche l'art. 337-*ter*, co. 4, c.c. distingue, con riguardo al mantenimento dei figli

[31] L'audizione indiretta del minore, ossia da parte di soggetti diversi dal giudice, quali sono gli operatori dei servizi sociali o un consulente, è legittima purché sia stata espressamente delegata dal giudice stesso (cfr. Cass., n. 15365/2105, cit. e Cass., n. 19327/2015).

[32] Cass., n. 11890/2015, cit.

nella crisi di coppia, tra il reddito e le «risorse economiche» di ciascun genitore. Entrambe queste voci devono essere considerate nella quantificazione della somma da corrispondere a titolo di mantenimento dei figli.

Nell'art. 316-*bis*, co. 1, c.c. il legislatore ha dato rilievo al lavoro casalingo. Perciò il genitore che non svolga una professione né abbia un reddito da lavoro dipendente contribuirà ugualmente al mantenimento del figlio, occupandosi della casa così da assicurare un ambiente domestico adeguato per la crescita della prole. Questa disposizione è stata introdotta nel 1975 e, prima del suo spostamento nell'art. 316-*bis* c.c., era contenuta nell'art. 148 c.c., a sua volta sostituito da un nuovo testo per effetto del d.lgs. n. 154/2013.

Sempre nel 1975 – lo si ricorda incidentalmente – il lavoro casalingo ha ricevuto un riconoscimento anche con riguardo all'impresa familiare, attraverso l'attribuzione al familiare (il coniuge) che si occupi della casa («lavoro nella famiglia») di taluni diritti economici (art. 230-*bis*, co. 1, c.c.).

In attuazione del principio costituzionale di solidarietà, l'art. 316-*bis*, co. 1 c.c., qualora i genitori non abbiano i mezzi sufficienti, obbliga gli altri ascendenti a mantenere i nipoti. Questi sono tenuti «in ordine di prossimità», ossia il più vicino in grado di parentela esclude il più lontano. È un obbligo sussidiario che sorge quando *entrambi i genitori* non siano in grado di mantenere la prole. Pertanto, se dei due genitori soltanto uno sia in grado di mantenere il proprio figlio, tale genitore non potrà rivolgersi ai suoceri per un aiuto economico[33].

Se, invece, entrambi i genitori si trovino nell'impossibilità di mantenere il proprio figlio, gli ascendenti devono fornire «ai genitori stessi i mezzi necessari affinché possano adempiere i loro doveri nei confronti dei figli».

Solo due notazioni su questa disposizione. La prima: i mezzi devono essere resi disponibili ai genitori e non direttamente ai nipoti (così il co. 1: «fornire ai genitori»). Si è inteso evitare ogni ingerenza degli ascendenti nell'esercizio della responsabilità genitoriale, la quale non può essere delegata né influenzata da altri soggetti. La seconda: la contribuzione degli ascendenti non è limitata agli alimenti. Infatti, da un lato, la norma fa riferimento ai «mezzi» per adempiere quei doveri genitoriali previsti dall'art. 147 c.c. nell'accezione già sopra esplicata. Dall'altro, l'art. 316-*bis* è rubricato «concorso nel *mantenimento*».

Gli obblighi dei genitori e degli ascendenti sono coercibili. Qualora un genito-

[33] Cass., n. 10419/2018, conferma la pronuncia della Corte d'App. di Catanzaro che ha rigettato la domanda del genitore contro i suoceri, poiché l'attore non aveva provato la propria incapacità di mantenere il figlio. Secondo la Cassazione «l'obbligo degli ascendenti di fornire ai genitori i mezzi necessari affinché possano adempiere i loro doveri nei confronti dei figli – che investe contemporaneamente tutti gli ascendenti di pari grado di entrambi i genitori – va inteso non solo nel senso che l'obbligazione degli ascendenti è subordinata e, quindi, sussidiaria rispetto a quella, primaria, dei genitori, ma anche nel senso che agli ascendenti non ci si possa rivolgere per un aiuto economico per il solo fatto che uno dei due genitori non dia il proprio contributo al mantenimento dei figli, se l'altro genitore è in grado di mantenerli (...)».

re o gli ascendenti non adempiano, chiunque vi abbia interesse può rivolgersi al presidente del tribunale. Il quale, «sentito l'inadempiente ed assunte informazioni, può ordinare con decreto che una quota dei redditi dell'obbligato, in proporzione agli stessi, sia versata direttamente all'altro genitore o a chi sopporta le spese per il mantenimento, l'istruzione e l'educazione della prole» (cfr. *infra*, cap. V-§ 1).

Il decreto è titolo esecutivo, ma le parti e il terzo debitore possono proporre opposizione nel termine di venti giorni dalla notifica dello stesso (art. 316-*bis*, co. 3, c.c.). Il decreto, inoltre, può essere modificato o revocato su richiesta delle parti o del terzo debitore, secondo le forme del processo ordinario (art. 316-*bis*, ult. co., c.c.).

8. *Il mantenimento del figlio nella crisi di coppia.*

L'art. 147 c.c. si applica nonostante la separazione o il divorzio; come pure i diritti dei figli permangono in caso di cessazione della convivenza di fatto tra i genitori.

La prole ha diritto a un mantenimento tale da garantirle un tenore di vita corrispondente alle risorse economiche della famiglia e analogo, per quanto possibile, a quello goduto prima della crisi del rapporto tra i genitori.

Va sottolineato che l'introduzione dell'affidamento condiviso (l. n. 54/2006) ha reso necessaria una disciplina più articolata del mantenimento dei figli. La legge, da un lato, ha ribadito la regola, già vigente con riguardo alla fisiologia del rapporto di coppia, secondo cui «ciascuno dei genitori provvede al mantenimento dei figli in misura proporzionale al proprio reddito» (art. 337-*ter*, co. 4, c.c.); dall'altro, ha aggiunto altre disposizioni strettamente dipendenti dalle caratteristiche dell'affidamento condiviso.

Generalmente tale istituto comporta che il minore, in attuazione del diritto di cui all'art. 337-*ter*, co. 1, c.c., viva con entrambi i genitori nelle rispettive abitazioni, secondo tempi stabiliti (in via sussidiaria) dal giudice o dalle parti d'accordo tra loro (art. 337-*ter*, co. 2, c.c.)[34]. In coerenza con l'essenza dell'affido condiviso, si cerca di dividere in modo paritario il tempo di permanenza del figlio presso l'uno o l'altro genitore. Qualora il tempo non possa essere il medesimo, vi sarà un genitore cosiddetto collocatario (o domiciliatario), in ragione del maggior tempo di permanenza del figlio presso di sé[35].

---

[34] Secondo Corte App. Catania, decr. 16.10.2013, qualora i coniugi non raggiungano un accordo sui tempi di permanenza dei figli presso ciascun genitore, il giudice fissa la «cornice minima» di tali tempi. Egli deve garantire una certa continuità di vita nei periodi stabiliti in modo da conservare al contempo «l'habitat principale dei minori presso il genitore domiciliatario».

[35] Cass., n. 18131/2013, afferma che l'affidamento condiviso non esclude che il minore sia col-

Nel periodo di convivenza del figlio con l'uno e con l'altro genitore si ha, di regola, quando i tempi sono partitari, un mantenimento diretto dello stesso. Altrimenti, il genitore non collocatario, in ragione del minor tempo trascorso con la prole, è solitamente obbligato dal giudice a corrisponde all'altro genitore un assegno di mantenimento del figlio al fine di realizzare il principio di proporzionalità[36]. Ma l'assegno perequativo si giustifica anche in ragione di altri fattori indicati dall'art. 337-*ter*, co. 4, c.c., sebbene il tempo di permanenza del figlio presso ciascun genitore sia il medesimo.

La necessità di riequilibrare gli esborsi economici è sì una mera eventualità, ma frequentissima nella prassi, come lascia intendere l'art. 337-*ter*, co. 4, c.c. Secondo il tenore letterale della disposizione «il giudice stabilisce, ove necessario, la corresponsione di un assegno periodico al fine di realizzare il principio di proporzionalità, da determinare» considerando i seguenti elementi: «1) le attuali esigenze del figlio. 2) il tenore di vita goduto dal figlio in costanza di convivenza con entrambi i genitori. 3) i tempi di permanenza presso ciascun genitore. 4) le risorse economiche di entrambi i genitori. 5) la valenza economica dei compiti domestici e di cura assunti da ciascun genitore».

Tendenzialmente il genitore collocatario, cioè quello che trascorre più tempo con il figlio, riceve dall'altro l'assegno di mantenimento della prole. Ma ciò non è sempre vero. La giurisprudenza pratica ha ammesso l'ipotesi contraria, in cui è il genitore collocatario a dover corrispondere all'altro genitore l'assegno – detto perequativo – per il mantenimento del figlio, qualora i rispettivi redditi siano particolarmente sperequati.

La motivazione è convincente. Negare l'assegno di mantenimento disincentiverebbe il figlio dal frequentare il genitore non collocatario economicamente debole, con conseguente lesione del diritto del minore alla bigenitorialità[37]. È evi-

---

locato presso uno dei genitori e che, conseguentemente, sia regolato un regime di visita per l'altro genitore. Nel caso di specie, la Corte d'Appello aveva tenuto conto dei diversi luoghi di residenza e domicilio delle parti e dell'attività di insegnante del padre presso una scuola di Catania.

[36] Cass., n. 13504/2015, afferma che «la previsione di un assegno si rivela quanto mai opportuna, se non necessaria, quando, come nella specie, l'affidamento condiviso preveda un collocamento prevalente presso uno dei genitori: assegno da porsi a carico del genitore non collocatario». Così anche Cass., n. 22502/2010.

[37] Trib. Milano, decr. 3.11.2014. Nel caso di specie il tribunale, in modifica delle condizioni di separazione consensuale (art. 710 c.p.c.), dispone la collocazione prevalente del minore presso il padre e, per l'effetto, revoca il provvedimento di assegnazione della casa coniugale alla madre. In questa vicenda la madre, priva di una «utilità minima» come la casa di abitazione, non può né incontrare il figlio né far fronte alle sue esigenze. Così il tribunale pone a carico del padre un assegno di euro 200,00 (quale contributo locativo per 12 mensilità), a favore del figlio, da corrispondere in mani della madre. Cfr. anche: App. Milano, 11.8.2014; Trib. Milano, 11-15.5.2015 che, in un caso di «evidente sproporzione reddituale tra i coniugi», obbliga il coniuge non collocatario a corrispondere all'altro coniuge (la madre) euro 300,00 mensili, in modo che la figlia non si trovi in difficoltà quando è presso la madre, al punto da incrinarsi il rapporto genitore figlio; Trib. Mila-

dente che il bambino è meno stimolato a frequentare il genitore con minori disponibilità monetarie, identificando il suo maggior benessere nel contesto abitativo del genitore collocatario più abbiente.

In questo caso la tutela del diritto alla bigenitorialità giova indirettamente al genitore non collocatario, il quale è comunque titolare del diritto di mantenere un rapporto significativo con il proprio figlio (arg. *ex* art. 30, co. 1, Cost.) e dunque a non vedersi ridotto, di fatto, il tempo di frequentazione con lo stesso.

9. *Titolarità ed esercizio della responsabilità genitoriale. Contrasto e impedimento.*

Titolarità ed esercizio della responsabilità genitoriale sono concetti diversi.

Titolare è colui che vanta una posizione giuridica soggettiva. Ai sensi dell'art. 316, co. 1, c.c. «Entrambi i genitori *hanno* [*id est*: sono *titolari* della] la responsabilità genitoriale».

L'esercizio consente, invece, di svolgere la titolarità, realizzando il diritto o l'interesse a questa sotteso di cui è titolare il figlio minorenne. Sempre secondo l'art. 316, co. 1, c.c. la responsabilità genitoriale «è *esercitata* di comune accordo».

La regola dell'esercizio comune opera anche con riguardo al figlio nato fuori del matrimonio. Il d.lgs. n. 154/2013 ha abrogato quella disposizione, contenuta nel vecchio testo dell'art. 317-*bis* c.c., secondo cui se i genitori non coniugati non convivono tra loro, l'esercizio della potestà spetta soltanto al genitore con il quale il figlio convive. È evidente che il principio della unicità dello stato di figlio non poteva consentire la conferma di una siffatta disposizione. Così il nuovo art. 316, co. 4, c.c. stabilisce, omettendo ogni riferimento alla convivenza genitore-figli, che l'esercizio della responsabilità del figlio nato fuori del matrimonio spetta ad entrambi i genitori che abbiano effettuato il riconoscimento.

Titolarità ed esercizio sono due profili diversi ma legati. Il legame non è biunivoco. Se manca la prima non vi può essere il secondo. Non vale viceversa: vi sono cause che incidono solo sull'esercizio della responsabilità, limitandolo in tutto o in parte, ferma la titolarità. È l'ipotesi in cui il tribunale rimuova un genitore dall'amministrazione del patrimonio del minore o lo privi, in tutto o in parte, dell'usufrutto legale (art. 334 c.c.).

L'esercizio della responsabilità può anche essere completamente eliminato tramite l'affido c.d. super esclusivo (cfr. *infra*, § 17). In tal caso il genitore privato dell'esercizio rimane pur sempre titolare della responsabilità. Egli, pertanto, ha il diritto e il dovere di vigilare sull'istruzione e sull'educazione dei figli e potrà ricorrere al giudice qualora ritenga che siano state assunte (dal genitore che

---

no, 15.7.2015, richiama Cass., n. 18538/2013 e afferma che l'assegno perequativo decorre dalla pubblicazione della sentenza (determinativa) che lo dispone.

ha l'esercizio esclusivo della responsabilità) decisioni pregiudizievoli per il figlio (art. 337-*quater*, ult. co., c.c.).

Si diceva che la responsabilità è esercitata di comune accordo. Ciò non significa che tutte le decisioni debbano essere assunte congiuntamente, pena l'invalidità dell'atto. Dall'art. 316, co. 2, c.c. si desume, *a contrario*, che ciascun genitore è legittimato a esercitare da solo la responsabilità con riguardo alle questioni di minor importanza (quali, ad esempio, comprare giocattoli, libri, capi di abbigliamento o materiale scolastico).

È soltanto sulle questioni di particolare importanza che vige la regola del comune accordo. Ad esse va ricondotta la scelta della residenza abituale del minore (art. 316, co. 1, c.c. ma cfr. anche l'art. 337-*ter*, co. 3, c.c.).

In mancanza di accordo su tali ultime questioni, il genitore non può compiere l'atto esercitando la responsabilità. L'art. 316, co. 2, c.c. prevede un apposito procedimento per comporre il disaccordo. Ciascun genitore può ricorrere «senza formalità» (*id est*: senza l'assistenza obbligatoria di un avvocato) al tribunale ordinario (non più al tribunale per i minorenni giusta modifica dell'art. 38 disp. att. c.c. apportata dalla l. n. 219/2012).

Il tribunale adito non impone la propria soluzione, ma svolge una funzione conciliativa. Esso, sentiti i genitori e disposto l'ascolto del figlio dodicenne o anche di età inferiore ove capace di discernimento, «suggerisce le determinazioni che ritiene più utili nell'interesse del figlio e dell'unità familiare».

Il suggerimento può discostarsi dalle posizioni di entrambi i genitori per cercare un compromesso. Nel formularlo, il tribunale deve contemperare l'interesse del figlio con l'unità familiare. Espressione quest'ultima che sembra alludere, come ha rilevato la dottrina, «all'eventualità che anche gli interessi di altri membri della famiglia siano coinvolti nella decisione» (F. Ruscello).

Se il contrasto tra i genitori permane nonostante il suggerimento giudiziale, il giudice attribuisce il potere di decisione a quello dei genitori che, nella vicenda portata alla sua attenzione, «rit[enga] il più idoneo a curare l'interesse del figlio». Su tale genitore si concentra pertanto l'esercizio della responsabilità, sia pur con riguardo alla sola specifica questione, di particolare importanza, oggetto del procedimento appena descritto di volontaria giurisdizione.

Secondo l'orientamento giurisprudenziale consolidato, l'art. 316, co. 2, c.c. si applica solo quando il nucleo familiare non sia disgregato, non essendo intervenuto un provvedimento di separazione o di divorzio (o non sia in corso uno di questi procedimenti). In questi ultimi casi, invece, qualora via sia un contrasto tra i genitori su questioni di particolare importanza, vengono in rilievo gli artt. 337-*ter*, co. 3, c.c. (cfr. *infra*, § 16) e 709-*ter* c.p.c. che attribuiscono al giudice un potere più penetrante (cfr. *infra*, § 18)[38].

---

[38] Cass., n. 9339/1997; Cass., n. 4945/2013; Trib. Milano, 17.11.2014.

Vi sono altre ipotesi in cui un genitore è chiamato a esercitare, in via esclusiva, la responsabilità: sono quelle indicate dall'art. 317 c.c. Rispetto alla fattispecie di cui all'art. 316, co. 2, c.c., l'art. 317 c.c. attribuisce un potere non già limitato a uno specifico atto ma generalizzato all'esercizio della responsabilità genitoriale. Ai sensi del co. 1 dell'art. 317, «Nel caso di *lontananza*, di *incapacità* o di *altro impedimento* che renda impossibile ad uno dei genitori l'esercizio della responsabilità genitoriale, questa è esercitata in modo esclusivo dall'altro».

La norma prevede un effetto *ex lege* di concentrazione automatica dell'esercizio della responsabilità genitoriale al verificarsi di uno dei fatti indicati. Non occorre, quindi, come ai sensi dell'art. 316, co. 2, c.c., l'intervento del giudice.

Un ulteriore ipotesi di esercizio della responsabilità spettante a un solo genitore si ha a fronte del conflitto di interessi, variamente articolato e disciplinato dall'art. 320, ult. co., c.c. (cfr. *infra*, §§ 13-14).

Le disposizioni appena esaminate sollecitano una notazione di carattere sistematico: il legislatore della riforma del 1975 ha voluto contenere il potere del giudice nella famiglia. Ciò emerge anche dall'art. 145 c.c., che prevede un procedimento volto a superare il disaccordo tra coniugi su aspetti dell'indirizzo della vita familiare. Anche qui il giudice, primariamente, tenta di raggiungere una soluzione concordata. Ove non vi riesca «e il disaccordo concerna la fissazione della residenza o altri affari essenziali», egli ha il potere, non già di imporre una propria soluzione, ma di decidere soltanto «qualora ne sia richiesto espressamente e congiuntamente dai coniugi» (art. 145, co. 2, c.c.). Solo i coniugi, dunque, d'accordo tra loro, possono chiedere al giudice di adottare egli stesso «la soluzione che ritiene più adeguata alle esigenze dell'unità e della vita della famiglia».

È sempre l'accordo, per espressa scelta del legislatore del 2006 (confermata nel 2013), a governare la separazione e il divorzio con riguardo all'affidamento e al mantenimento dei figli. L'art. 337-*ter*, co. 2, c.c. stabilisce che il giudice «prende atto, se non contrari all'interesse dei figli, degli accordi intervenuti tra i genitori» sull'affidamento. Ed è ancora una volta l'accordo ad essere stato preferito dal legislatore con riguardo al mantenimento della prole (art. 337-*ter*, co. 4, c.c.).

Riassumendo in modo più schematico: a) se il disaccordo riguarda l'indirizzo della vita familiare, il giudice nel decidere può sostituirsi ai coniugi solo se questi ultimi gli attribuiscano congiuntamente un potere in tal senso (art. 145 c.c.); b) se il contrasto riguarda i figli, occorre distinguere: b1) se non è stato incardinato un procedimento di separazione/divorzio e il contrasto permane, il giudice attribuisce il potere di decidere a quel genitore che, nel singolo caso, ritenga più idoneo a curare l'interesse del figlio (art. 316, co. 3, c.c.); b2) durante la crisi coniugale (o della coppia di fatto), l'accordo eventualmente raggiunto è valido solo se, secondo il giudice, non sia contrario all'interesse dei figli (art. 337-*ter*, co. 2, c.c.); b3) se il contrasto coinvolge genitori separati o divorziati è applicabile, come si vedrà, l'art. 709-*ter* c.c.

Il giudice, quindi, svolge una funzione delicatissima: è l'organo deputato non tanto a stabilire quale sia la soluzione astrattamente migliore per i figli, ma piuttosto a verificare che, in certe situazioni previste dalla legge, quanto pattuito dai genitori non contrasti con l'interesse della prole.

10. *Rappresentanza legale e amministrazione dei beni.*

Alcuni studiosi hanno isolato un lato «interno» della potestà e questa terminologia è utilizzabile anche con riguardo al nuovo sintagma «responsabilità genitoriale».

È un lato, quello interno, che comprende quegli atti rilevanti solo nel rapporto genitore-figlio. Esempi sono la scelta della residenza abituale del minore, dalla quale quest'ultimo non può allontanarsi senza il permesso dei genitori (artt. 316, co. 1, e 318 c.c.), le regole di comportamento imposte dai genitori inerenti lo stile di vita e il potere disciplinare esercitato per educare.

Quando invece occorre spendere il nome del figlio nel rapporto con i terzi, i genitori, congiuntamente, sono titolari del potere rappresentativo del figlio, nato e nascituro (art. 320, co. 1, c.c.). Si tratta di una rappresentanza di tipo legale (cfr. art. 1387 c.c.), attraverso la quale vengono curati gli interessi patrimoniali e non patrimoniali della prole minorenne.

Il minore viene perciò sostituito dai genitori nel compimento degli atti giuridici, salvo quelli per i quali la legge gli attribuisca una capacità di agire speciale (art. 2, co. 2, c.c.), come con riguardo al contratto di lavoro. Se, però, si pensa a quanto già detto sulla funzione della responsabilità genitoriale, la sostituzione non va intesa come un potere egemone sul minore, la cui volontà ha un rilievo giuridico direttamente proporzionale al grado di maturità. Non solo: si è già accennato a quella tesi dottrinale secondo cui vi è una vera e propria capacità di agire del minore rispetto a quegli atti di natura patrimoniale attraverso cui si palesa la propria identità.

Particolarmente delicato è il versante della *salute del minore*, dove, talvolta responsabilità genitoriale e volontà del figlio minorenne devono fondersi in una visione unica, poiché il minore di età «ha diritto alla valorizzazione delle proprie capacità di comprensione e di decisione» (art. 3, co. 1, l. n. 219/2017 contenente «*Norme in materia di consenso informato e di disposizioni anticipate di trattamento*»). L'art. 3, comma 2 di tale legge stabilisce che «Il consenso informato al trattamento sanitario del minore *è espresso o rifiutato dagli esercenti la responsabilità genitoriale o dal tutore tenendo conto della volontà del minore*, in relazione alla sua età e al suo grado di maturità, e avendo come scopo la tutela della salute psicofisica e della vita del minore nel pieno rispetto della sua dignità».

Se vi è dissenso tra i genitori e il figlio su un trattamento sanitario, la posizione di quest'ultimo, se è matura e adeguatamente informata, deve essere presa in considerazione e potrà prevalere su quella dei genitori. In caso di rifiuto delle cure, invece, espresso dal rappresentante legale del minore in dissenso con il medico, l'ultima parola spetta al giudice tutelare come stabilisce l'art. 3, co. 5, legge n. 2019/2017.

È dubbio, invece, se l'intervento giudiziale sia necessario qualora il rifiuto delle cure sia condiviso dai genitori e dal medico. I primi sono titolari del potere rappresentativo in ambito sanitario (art. 3, co. 2, l. n. 219/2017), tuttavia, a fronte di cure che appaiano necessarie o opportune, i soggetti indicati dall'art. 406 c.c., come stabilisce l'art. 3, co. 5, legge n. 219/2017, possono adire il giudice tutelare, il quale deciderà a tutela della vita e della dignità del malato (art. 1, co. 1, l. n. 219/2017).

Il potere rappresentativo cessa alla maggiore età o all'emancipazione del figlio (art. 390 c.c.). Con riguardo all'emancipazione, il curatore dell'emancipato, che in un determinato caso è il suo genitore (art. 392, co. 2, c.c.), ha un potere non già rappresentativo ma di mera assistenza per il compimento degli atti di straordinaria amministrazione (art. art. 394, coo. 2 e 3, c.c.).

Spetta ai genitori amministrare i beni del figlio (art. 320, co. 1, c.c.), cioè assumere decisioni che incidano sul suo patrimonio. L'amministrazione è un potere diverso ma collegato a quello rappresentativo, sebbene non vi sia un collegamento necessario. Vi sono infatti atti di amministrazione, utili al minore, non suscettibili di effetti rappresentativi, come le attività materiali sulle cose o la custodia.

Se *manca il potere di amministrare certi beni*, i genitori, con riguardo a questi, non possono modificare il patrimonio del minore spendendone il nome. Un esempio è contenuto nell'art. 465 c.c.: se un genitore è indegno a succedere *mortis causa* a un proprio parente, egli, sui beni che gli sarebbero spettati e che vengono devoluti per rappresentazione ai suoi figli, non ha il diritto di amministrazione. La *ratio* è di evitare che, attraverso l'istituto della rappresentazione (art. 467 c.c.), il genitore disponga dei beni da cui è stato escluso a causa di una condotta spregevole compiuta direttamente o indirettamente nei confronti del *de cuius* (cfr. art. 463 c.c.).

In modo del tutto speculare, vi può essere *rappresentanza senza amministrazione*, come si evince dall'art. 320, co. 1, c.c. che riferisce il potere rappresentativo a «tutti gli atti civili», menzionando a parte l'amministrazione.

Con riguardo a quest'ultima, l'art. 320 c.c. distingue due categorie di atti: quelli di ordinaria e quelli di straordinaria amministrazione. Stabilire quale atto appartenga all'una o all'altra categoria non è sempre agevole. In dottrina sono state elaborate diverse teorie, in parte agganciate al codice civile, il quale, sebbene non definisca né l'una né l'altra categoria, non è muto sul punto.

È utile muovere da alcune disposizioni codicistiche, per ricavare un criterio funzionale all'attribuzione di un determinato atto alla categoria dell'ordinaria o della straordinaria amministrazione.

L'art. 320, co 1 secondo periodo, c.c. stabilisce la regola secondo cui gli atti di ordinaria amministrazione possono essere compiuti disgiuntamente da ciascun coniuge. Tra essi devono escludersi, per espressa previsione normativa, «i contratti con i quali si concedono o si acquistano diritti personali di godimento» (ad es.: locazione/affitto/comodato). Questi contratti, modificando in modo rilevante il patrimonio del minore, non sono stati assoggettati al regime dell'ordinaria amministrazione.

Il comma 3 del medesimo articolo contiene un elenco di atti qualificati di straordinaria amministrazione, come l'alienazione, l'accettazione dell'eredità (da farsi con beneficio di inventario ai sensi dell'art. 471 c.c.) o la rinuncia all'eredità, l'accettazione delle donazioni o la conclusione di un contratto di mutuo. È da notare che l'alienazione dei frutti non è stata considerata dall'art. 375, n. 1, c.c. atto di straordinaria amministrazione. A quest'ultima categoria possono aggiungersi i beni mobili facilmente deteriorabili, naturalmente destinati all'alienazione.

L'elencazione di cui all'art. 320, co. 3, c.c. qui solo in parte riportata, non è tassativa, giacché essa fa riferimento al compimento di «*altri* atti eccedenti l'ordinaria amministrazione». Dove l'aggettivo «altri» lascia chiaramente intendere che gli atti appena prima elencati sono di straordinaria amministrazione.

Ancora, dall'art. 374, nn. 1 e 2, c.c. si ricavano precise indicazioni: la riscossione delle rendite, l'acquisto di beni mobili necessari per l'uso del minore, per l'economia domestica e per l'amministrazione del patrimonio, nonché l'assunzione di obbligazioni per spese necessarie al mantenimento del minore stesso devono essere considerati atti di ordinaria amministrazione.

Da tutte queste disposizioni si può desumere quanto affermato da due autorevoli studiosi della volontaria giurisdizione (A. Jannuzzi-P. Lorefice): la distinzione tra ordinaria e straordinaria amministrazione «risulta improntata oltre che a un criterio giuridico desunto dalla natura di ogni singolo atto compiuto dall'amministratore (custodia dei beni, acquisto, obbligazioni, atti di disposizione), anche a un criterio economico, che impone di tener conto del risultato economico dell'atto in sé e riferito al complesso dei beni (conservazione, fruttificazione, miglioramento, trasformazione e modificazione strutturale dei beni, esposizione a rischio di dispersione o di depauperamento del valore intrinseco), nonché dell'incidenza dell'atto sul reddito ovvero sulla sostanza del patrimonio» (ad es. con la sostituzione di un bene all'altro).

Solo gli atti di straordinaria amministrazione sono assoggettati ad un procedimento volto a ottenere l'autorizzazione giudiziale (preventiva) al loro compimento. Il giudice tutelare, con riguardo alla filiazione, è chiamato a valutare, secondo la lettera dell'art. 320, co. 3, c.c., la «*necessità*» (ad es.: ragioni di salute del minore) o l'«*utilità evidente*» (ad es.: incremento del patrimonio del figlio) dell'atto per il figlio.

L'autorizzazione giudiziale deve essere richiesta anche per riscuotere capitali – il giudice tutelare dovrà determinarne l'impiego (art. 320, co. 4, c.c.) – e per la continuazione da parte del minore dell'esercizio di un'impresa commerciale (art.

320, co. 5, c.c.). Mentre in quest'ultimo caso competente ad autorizzare è il tribunale ordinario in composizione collegiale, nelle ipotesi di cui all'art. 320, commi 3 e 4, c.c. competente è il giudice tutelare (*id est*: il tribunale in composizione monocratica).

Se il minore è assoggettato alla tutela perché i genitori sono morti o per altre cause (art. 343 c.c.), l'autorizzazione resa al tutore a compiere atti patrimoniali nel nome e per conto del minore è di competenza, per certi atti, del giudice tutelare (art. 374 c.c.), per altri, quelli potenzialmente più pericolosi (art. 375 c.c.), del tribunale in composizione collegiale.

Infine, se il minore è emancipato (art. 390 c.c.), l'art. 394, co. 3, c.c. stabilisce che competente ad autorizzare il compimento degli atti di cui all'art. 375 c.c. è il tribunale in composizione collegiale (su parere del giudice tutelare) solo se curatore non sia il genitore; altrimenti se curatore è il genitore, anche per l'autorizzazione degli atti indicati nell'art. 375 c.c., competente è il giudice tutelare. La *ratio* di questa diversità nella competenza è dovuta alla considerazione che la presenza del genitore quale curatore del figlio emancipato giustifica minori garanzie procedurali; così è sufficiente il giudice tutelare in luogo del tribunale in composizione collegiale.

11. *L'annullabilità:* a) *fattispecie.*

Per compiere validamente atti di amministrazione del patrimonio del minore, i genitori, rappresentanti legali di quest'ultimo, devono rispettare alcune regole. Qualora ciò non avvenga, l'atto ugualmente posto in essere può essere annullato su istanza dei genitori esercenti la responsabilità genitoriale, del figlio, dei suoi eredi o aventi causa. L'art. 322 c.c. stabilisce che «gli atti compiuti *senza osservare le norme dei precedenti articoli* sono annullati».

Tra le «norme precedenti» vi è l'art. 320 c.c.; pertanto le fattispecie cui allude l'art. 322 sono le seguenti: 1) atti di straordinaria amministrazione compiuti dai genitori senza la preventiva autorizzazione giudiziale o – va da sé – in difformità rispetto alle prescrizioni contenute in quest'ultima (ad es.: il giudice autorizza la vendita ad un determinato prezzo, ma il bene è venduto ad un prezzo inferiore)[39]; 2) atti posti in essere da un genitore senza la necessaria partecipa-

[39] Occorre aggiungere, applicando il principio di ragionevolezza, che non ogni difformità dell'atto compiuto da quello autorizzato giustifica l'annullamento. Se un bene immobile di proprietà del minore venga venduto a un corrispettivo inferiore di euro 5.000 rispetto a quello indicato nel provvedimento autorizzativo, la valutazione sull'annullabilità dell'atto deve essere più articolata rispetto alla semplice constatazione della discordanza. Secondo una risalente sentenza, Cass., n. 2723/1982, «quando il contratto posto in essere dalle parti non è identico a quello autorizzato a norma dell'art. 320 c.c., il giudice del merito deve accertare se tale contratto corrisponda oggettivamente come schema tipico, o, almeno come risultato concreto, all'autorizzazione stessa, secon-

zione o con l'opposizione dell'altro (cfr. artt. 320, co. 1, e 3 c.c.). Si consideri che il disaccordo tra i genitori sulla necessità o utilità di un atto deve essere superato con l'apposito procedimento giudiziale previsto dall'art. 316 richiamato dall'art. 320, co. 2, c.c.; 3) gli atti effettuati dai genitori in conflitto di interessi con i figli (art. 320, ult. co., c.c., ma cfr. *amplius infra*, §§ 13-14).

Si discute in dottrina se l'annullabilità disposta dall'art. 322 c.c. si applichi anche agli atti compiuti personalmente dal minore. Alcuni autori hanno risposto negativamente, ritenendo che l'annullabilità dell'atto posto in essere dal minorenne sia da ricondurre agli artt. 1425, co. 1, e 1442, co. 2, c.c., ossia all'incapacità legale del minore, condizione, questa, che impedisce al medesimo di contrarre validamente.

Secondo altri autori, invece, è sempre l'art. 322 c.c. a tutelare il minore che abbia compiuto atti spendendo il proprio nome. Effettivamente, si può ritenere che i «precedenti articoli», di cui fa menzione l'art. 322 c.c., possano ricomprendere anche siffatta ipotesi. Se, ai sensi dell'art. 320, co. 1, c.c., il potere rappresentativo e amministrativo spetta ai genitori, il minore che contrae di persona compie un atto «senza osservare le norme dei precedenti articoli». Del resto, l'art. 322 c.c. non specifica, ai fini dell'annullabilità, da chi sia stato posto in essere l'atto. Da qui l'annullabilità del medesimo in ogni caso di inosservanza delle regole poste a presidio di una contrattazione valida e sicura da parte dell'incapace legale.

Secondo quest'ultima impostazione, l'art. 1425, co. 1, c.c. è una norma generale che, in definitiva, allude a tutti gli articoli che sanciscono l'annullabilità per incapacità legale (artt. 322, 377, 396, 427, coo. 2 e 3, c.c.) e che chiarisce, come vedremo tra poco, quale sia la disciplina applicabile all'azione di annullamento.

C'è però una fattispecie in cui l'atto compiuto personalmente dal minore non è annullabile: quando egli abbia con raggiri occultato la sua età (art. 1426 c.c.). Se il minore di età è in grado di ingannare la controparte mediante una dolosa macchinazione, ossia tramite un'articolata condotta commissiva, viene meno la *ratio* della sua protezione, che risiede nella presunta immaturità e inesperienza dell'infra-diciottenne.

L'atto, tuttavia, secondo l'art. 1426 c.c., continua a essere invalido se il minore abbia semplicemente dichiarato di essere maggiorenne, ovvero, secondo un autore (M. Franzoni), se egli si sia semplicemente limitato a restare in silenzio quanto alla circostanza della sua età. Entrambe queste condotte non esprimono il tratto inequivoco del raggiro. Se in forza dell'art. 1426 c.c. la semplice dichia-

do criteri di normalità, pertinenza e adeguatezza». La questione è delicata. Sostenere che l'atto è valido nonostante la diversità del corrispettivo, evoca l'autorizzazione successiva, come tale vietata dalla Cassazione. A ben vedere, si tratterebbe piuttosto della constatazione da parte del giudice della *conformità sostanziale* dell'atto rispetto all'autorizzazione resa.

razione di essere maggiorenne non è idonea a raggirare, *a fortiori* non lo è il mero silenzio sulla propria età che è un *minus* rispetto alla menzogna.

L'azione di annullamento *ex* art. 322 c.c. è subordinata, ai sensi dell'art. 320, co. 3, c.c. laddove nell'elenco degli atti di straordinaria amministrazione si prevede anche la promozione di giudizi, alla preventiva autorizzazione del giudice, al quale devono essere illustrate, mediante apposito ricorso, le ragioni da porre a fondamento della domanda.

b) ... *disciplina.*

Veniamo ora alla disciplina dell'azione. Innanzitutto: a) poiché la fattispecie di cui all'art. 322 c.c. è di annullabilità per incapacità legale (art. 1425, co. 1, c.c.), l'atto invalido produce effetti finché non intervenga una sentenza costitutiva di annullamento; b) l'invalidità non può essere fatta valere dalla controparte del negozio[40], da soggetti diversi da quelli di cui all'art. 322 c.c.[41], né potrebbe essere rilevata d'ufficio dal giudice.

Trova applicazione l'art. 1443 c.c. che, in caso di accoglimento della domanda di annullamento, pone un limite, nell'interesse dell'incapace, alla restituzione di quanto dallo stesso ricevuto in esecuzione del contratto. Egli, secondo il dettato letterale, «non è tenuto a restituire all'altro la prestazione ricevuta se non nei limiti in cui è stata rivolta a suo vantaggio». La disposizione muove dalla presunzione che l'incapace, a causa della sua immaturità (il minore) o infermità mentale/psichica (l'interdetto, l'inabilitato, il beneficiario dell'amministrazione di sostegno) non sia stato in grado di amministrare razionalmente la cosa ricevuta. Pertanto, la previsione di un obbligo assoluto di restituzione, lo avrebbe esposto a un probabile impoverimento patrimoniale.

La presunzione è relativa (*iuris tantum*), perciò il *solvens* può provare che la prestazione da egli effettuata abbia avvantaggiato l'incapace, il quale, in tal caso, deve restituire l'intero.

Si discute quale sia l'arco temporale entro cui valutare se il vantaggio patrimoniale vi sia stato o meno. Se si debba considerare il vantaggio inizialmente conseguito e non conservato o, come sembra preferibile, il tempo in cui vi sia stata la possibilità oggettiva di utilizzo del bene.

È da notare che l'art. 1443 c.c., non qualificando l'incapacità, sarebbe applicabile sia a quella legale (minore età, interdizione, inabilitazione, amministrazione di sostegno) che naturale.

Un altro articolo che esprime il *favor* del diritto civile per gli incapaci (A. De Cupis) è il 1445 c.c. sugli effetti dell'annullamento nei confronti dei terzi. La fat-

---

[40] Cass., n. 7044/1988.

[41] Cass., n. 7495/1996 ritiene che non possano agire i coeredi allo scopo di accrescere la loro quota dell'asse ereditario.

tispecie che viene in rilievo è quella di un contratto annullabile tra i soggetti A (alienante-incapace) e B (acquirente), dove B, prima dell'annullamento, aliena il bene ricevuto a C (terzo rispetto al contratto invalido tra A e B). Il problema affrontato dal legislatore è quello degli effetti dell'annullamento del contratto tra A e B sul contratto tra B e C.

L'art. 1445 c.c. prevede una regola generale di favore per i terzi se vi sono determinati presupposti; favore che viene meno se l'annullamento del primo contratto dipenda da incapacità legale. Così il tenore letterale della disposizione: «L'annullamento che non dipende da incapacità legale non pregiudica i diritti acquistati a titolo oneroso dai terzi di buona fede». Ciò significa *a contrario* che se l'annullamento è stato pronunciato a causa dell'incapacità legale, il terzo di buona fede (*id est* ignaro del vizio del titolo del proprio dante causa) che abbia acquistato a titolo oneroso vede comunque travolto il suo acquisto.

L'art. 1445 c.c. continua, tuttavia, facendo salvi gli effetti della trascrizione della domanda di annullamento. Occorre allora spostare l'attenzione sulla disciplina della trascrizione delle domande giudiziali (art. 2652 c.c.), per stabilire quando la trascrizione della domanda di annullamento impedisca al terzo di buona fede di far salvo il suo acquisto a titolo oneroso e – cosa che ci interessa di più – all'incapace legale di vedersi preferito nel conflitto con il terzo.

Interessa esaminare l'art. 2652, n. 6, c.c. che, in caso di annullamento per incapacità legale, prevede l'applicazione della stessa disciplina stabilita per la trascrizione della domanda di nullità. In tal modo si è inteso realizzare una maggiore protezione del soggetto incapace rispetto a quella del terzo sub-acquirente, il quale gode di una posizione più forte se la domanda di annullamento è per cause diverse dall'incapacità legale.

Può dirsi che, per effetto della lettura dei due commi del n. 6, in caso di trascrizione della domanda di annullamento per incapacità legale, il terzo fa salvo il suo acquisto alle *seguenti condizioni*: 1) che egli sia in buona fede; 2) che egli abbia trascritto il suo titolo valido e che sia stato trascritto anche il titolo invalido del suo dante causa; 3) che la trascrizione dell'atto del terzo sia anteriore alla trascrizione della domanda giudiziale di annullamento; 4) che siano decorsi 5 anni dalla trascrizione dell'atto annullabile impugnato.

Si osservi, quindi, che durante i cinque anni dalla trascrizione dell'atto impugnato, il terzo sub-acquirente non conserva il suo acquisto anche se abbia trascritto il proprio atto anteriormente alla trascrizione della domanda di annullamento per incapacità legale (accade, invece, il contrario se la domanda di annullamento è per causa diversa dall'incapacità legale; quindi, in quest'ultimo caso, nei cinque anni dalla trascrizione dell'atto impugnato prevale il terzo acquirente che abbia acquistato in buona fede e a titolo oneroso e trascritto l'acquisto prima della trascrizione della domanda giudiziale).

Si può ritenere che l'art. 1445 c.c. e l'art. 2652, n. 6, c.c., nelle parti in cui riguardano l'incapacità legale, esprimono un netto *favor* del diritto civile per gli incapaci.

Quanto alla *sanabilità*, in linea generale il contratto annullabile può essere convalidato dal contraente al quale spetta l'azione di annullamento (art. 1444 c.c.). La convalida può essere espressa (co. 1) o tacita (co. 2). Secondo la dottrina maggioritaria, anche il contratto annullabile per incapacità legale può essere convalidato. Occorre però chiedere al giudice l'autorizzazione a convalidare, ponendo in luce, nel ricorso, la necessità o l'utilità evidente dell'atto sanante (*rectius*: dell'atto che stabilizza gli effetti del contratto). Nonostante l'autorizzazione giudiziale alla convalida, il rappresentante legale del minore (genitori o tutore) non è obbligato a convalidare.

Un'altra precisazione: l'atto annullabile per incapacità legale in ragione della mancata richiesta dell'autorizzazione preventiva (art. 320, co. 3, c.c.) può essere sanato solo attraverso la convalida, essendo stata esclusa dalla Cassazione l'autorizzazione giudiziale successiva[42].

L'azione di annullamento per incapacità legale si prescrive in cinque anni (art. 1442, co. 1, c.c.). Il termine inizia decorre dal giorno in cui il minore raggiunge la maggiore età (art. 1442, co. 2, c.c.); tempo, questo, in cui egli potrà agire personalmente. Tuttavia, il minore, prima del compimento del diciottesimo anno d'età, nell'inerzia dei genitori, può chiedere al giudice di nominare un curatore speciale e di autorizzarlo all'esercizio dell'azione di annullamento (art. 321 c.c.). Legittimati a tale richiesta sono anche il pubblico ministero e uno dei parenti che vi abbia interesse.

Se l'azione di annullamento è prescritta, la parte convenuta per l'esecuzione del contratto può sempre opporre l'annullabilità dello stesso in via di eccezione (art. 1442, co. 4, c.c.).

Se, invece, è richiesto l'annullamento, il giudice, secondo la dottrina maggioritaria, accertata l'inosservanza di disposizioni sulla rappresentanza del minore, deve necessariamente accogliere la domanda. Di diverso avviso è un autore (F. Ruscello) secondo cui il giudice non è tenuto ad annullare l'atto non previamente autorizzato, ove lo ritenga necessario o di utilità evidente.

Questa affermazione è da condividere. Vediamo perché. Certo, da un lato suscita perplessità che il giudice abbia un siffatto potere discrezionale. Difatti se egli non può imporre l'atto autorizzato *ex* art. 320, co. 3, c.c., perché, come si diceva, il rappresentante legale resta libero di compierlo o meno (o di convalidarlo o no), da un lato, verrebbe da concludere che non dovrebbe ammettersi alcuna va-

---

[42] Si legge in Cass., n. 2235/1990: «l'autorizzazione di cui all'art. 320 c.c. non è diretta a conferire efficacia ad un negozio giuridico già formato, ma rappresenta un elemento costitutivo dello stesso, e pertanto deve sussistere al momento della sua conclusione e non può essere supplito da un'autorizzazione successiva». L'autorizzazione preventiva è dunque requisito di validità dell'atto.

lutazione da parte del giudice sull'opportunità di non annullare l'atto invalido; dall'altro lato si impone una riflessione che tenga conto del rafforzamento dello statuto giuridico del minore cui ha dato luogo, da ultimo, la riforma 2012/2013.

Il giudice, ai sensi degli artt. 315-*bis*, co. 3, 336-*ter*, c.c. e della legge di ratifica della Convenzione di Strasburgo sull'esercizio dei diritti dei minori (cui si aggiunge una comunicazione ministeriale dove si elencano i procedimenti cui si applica la Convenzione tra cui gli artt. 322-323 c.c.), deve ascoltare il minore, al fine di consentirgli di curare da sé i propri interessi. Ma allora non può escludersi il rigetto dell'azione di annullamento sulla base delle dichiarazioni rese dal minore stesso, il quale, esplicitamente e convintamente, abbia accettato e voglia conservare l'atto compiuto in violazione del procedimento di cui all'art. 320, co. 3, c.c. Del resto l'interesse sostanziale perseguito dall'azione di annullamento per incapacità legale è del minore a non compiere atti non voluti e pregiudizievoli. Ma se l'atto dovesse soddisfare un interesse proprio del minore, magari attuativo di un aspetto fondamentale della sua personalità, il giudice, a fronte della volontà conservativa espressagli dal minore, non potrà annullare il contratto.

12. (Segue). *Applicazioni giurisprudenziali dell'art. 322 c.c.*

Secondo una diffusa tesi dottrinale, condivisa da una risalente giurisprudenza[43], l'art. 322 c.c. si applica soltanto quando il rappresentante legale del minore eserciti, sia pur illegittimamente, il potere rappresentativo (ossia spenda nell'atto il nome del minorenne rappresentato). Perciò se vi è stata la *contemplatio domini*[44], pur mancando l'autorizzazione giudiziale o in caso di inosservanza delle prescrizioni in essa contenute, l'atto è annullabile. Qualora, invece, i genitori agiscano in nome proprio, disponendo di un bene del figlio, saremmo fuori dal disposto dell'art. 322 c.c.

---

[43] Cass., n. 1341/1981, con riferimento a un caso di vendita da parte del genitore, in nome proprio, di un bene in comproprietà con il figlio minore, afferma che l'atto, quanto alla parte di spettanza del minore, non è annullabile *ex* art. 322 c.c. Si tratta di una vendita di cosa parzialmente altrui, la quale non è nulla, producendo gli effetti obbligatori di cui all'art. 1478 c.c. (disposizione, questa, ritenuta applicabile anche alla vendita di cosa parzialmente altrui). Cfr. analogamente Cass., n. 2299/1978, su un caso di vendita da parte del genitore, in nome proprio, di beni mobili di proprietà del figlio minore. Qui non si pone un problema di difetto di capacità di agire dell'autore del negozio, ma di difetto del presupposto della legittimazione al negozio stesso, vertendosi pertanto in un'ipotesi di acquisto *a non domino*.

[44] Secondo Cass., n. 5371/1987, l'espressa spendita del nome del rappresentato non è necessaria nella rappresentanza legale. In quest'ultima è sufficiente «da un lato la volontà, anche se tacita, di agire come rappresentante dell'incapace e, dall'altro, la consapevolezza [della controparte] di trattare con chi ha quella veste». Il genitore deve, nel corso della trattativa, dichiarare o fare intendere alla controparte che il bene di cui intende disporre è di proprietà del figlio.

In un'interessante sentenza, la Cassazione ha respinto tale tesi, ritenendo applicabile l'art. 322 c.c. anche qualora il genitore (esercente la responsabilità), in spregio al contenuto dell'autorizzazione giudiziale resa ai sensi dell'art. 320, coo. 3 e 4, c.c., abbia compiuto un acquisto non già in nome del figlio (come avrebbe dovuto), ma in nome proprio[45].

La motivazione, innovativa sotto più profili, merita di essere sintetizzata nei seguenti punti: 1) l'art. 322 c.c. non limita l'annullabilità alle ipotesi di esercizio illegittimo del potere rappresentativo, ricomprendendo, invece, tutti i casi di mancato rispetto «dei precedenti articoli». Dunque, anche la fattispecie in cui il genitore agisca in nome proprio, impiegando il denaro della figlia difformemente dall'autorizzazione giudiziale e segnatamente come corrispettivo dell'acquisto di un immobile intestato a sé invece che alla figlia; 2) non vi sono problemi di tutela del terzo acquirente (figura quest'ultima che, in verità, nel caso di specie non viene in rilievo) sia perché, ai sensi dell'art. 1445 c.c., gli effetti dell'annullamento per incapacità legale sono opponibili ai terzi, sia perché il venditore non ha alcun interesse a che il fondo alienato sia intestato alla controparte in proprio o alla stessa quale rappresentante legale della figlia (avendo egli solo interesse a ricevere il corrispettivo); 3) non vi sono principi inderogabili che ostacolino il riconoscimento dell'annullabilità parziale.

È sulla configurabilità dell'annullabilità parziale che la Suprema Corte spende qualche parola in più. Sebbene tale rimedio non sia stato espressamente previsto dal codice civile, l'istituto del mantenimento del contratto rettificato (art. 1432 c.c.) deve ritenersi applicabile analogicamente all'annullamento per incapacità legale, «ed anche al caso in cui sia la stessa parte [non più incapace] a farne richiesta [invece che, come di regola, la parte non in errore], ritenendo la soluzione conforme ai propri interessi, e non ne derivi alcun pregiudizio per la controparte».

La Cassazione conclude che la Corte d'Appello, cui è stata rinviata la causa, dovrà conformarsi ai predetti principi, dichiarando l'annullamento parziale del contratto di compravendita nella parte in cui indica come acquirente il padre e non la figlia.

Alcuni autori hanno criticato la pronuncia. In particolare viene difesa l'inter-

---

[45] Cass., n. 12117/2014. Il caso è il seguente. Il giudice tutelare disponeva che il denaro ricevuto dalla minorenne a titolo di risarcimento del danno per un grave incidente stradale da ella subito dovesse essere utilizzato per l'acquisto di un fondo ad uso commerciale da intestare alla minore stessa. Il genitore disattendeva il provvedimento giudiziale, facendo intestare a sé stesso l'immobile. La figlia, divenuta nel frattempo maggiorenne, domanda l'annullamento del contratto di compravendita ai sensi dell'art. 322 c.c., specificando – e qui sta la particolarità – di volerne limitare gli effetti alla parte dell'atto che indica come acquirente il padre e non ella stessa. In sostanza l'attrice chiede che, attraverso l'annullamento parziale, si giunga a una correzione del contratto nel senso di attribuire alla medesima la proprietà dell'immobile. I giudici del merito rigettano la domanda in ragione dell'accoglimento della tesi maggioritaria sull'ambito applicativo dell'art. 322 c.c. Secondo la Corte d'Appello di Genova, unici rimedi esperibili sarebbero stati quelli di natura penale e l'azione civile per danni contro il genitore.

pretazione restrittiva dell'art. 322 c.c., la quale, in verità, suscita perplessità. Non solo in ragione dell'interpretazione letterale, ma anche perché tale articolo vuole colpire, a difesa del soggetto debole, non solo l'esercizio illegittimo della responsabilità genitoriale, ma anche gli atti posti in essere in violazione del provvedimento giudiziale autorizzatorio. A fronte di tale violazione, non ha alcun rilievo, rispetto allo scopo della legge, il fatto di aver agito nel nome del minore o in nome proprio. Opinando diversamente, verrebbe irragionevolmente affievolita la tutela dell'incapace legale.

Sotto questo aspetto, quindi, la pronuncia della Suprema Corte è da condividere.

Le critiche più penetranti si sono concentrate su *altri due aspetti*: a) la Cassazione avrebbe forzato il rimedio dell'annullabilità parziale; b) sarebbe stato stravolto l'istituto del mantenimento del contratto rettificato.

Su punto a), alcuni autori hanno osservato che la Cassazione avrebbe implementato l'ambito dell'annullabilità parziale, tradizionalmente ammessa con riguardo a singole clausole invalide, le quali, non incidendo in modo rilevante sull'equilibrio contrattuale, possono essere espunte dal contratto, analogamente a quanto previsto per la nullità parziale (art. 1419, co. 1, c.c.). A ben vedere, prosegue la dottrina in parola, il giudice del rinvio non si limiterà a eliminare una parte invalida, ma riscriverà il contratto sostituendo la parte acquirente: al padre la figlia. La legittimità di quest'operazione ermeneutica sarebbe discutibile sebbene la Cassazione la sostenga senza esitazioni, argomentando dall'annullabilità parziale, ammissibile sul piano della teoria generale, e dall'art. 1432 c.c.

Quanto al punto b), le critiche muovono dalla lettera dell'art. 1432 c.c., in base alla quale spetta alla parte non in errore offrire di eseguire il contratto in modo conforme al contenuto che l'altra parte credeva di aver convenuto. La Cassazione, invece, rilevano i critici, da un lato ha reputato pacifico che l'art. 1432 c.c. si applicasse anche all'annullabilità per incapacità legale, dall'altro, ha affermato che l'offerta di modifica del contratto potesse provenire anche dalla parte lesa, ossia, per quanto ci interessa, dal soggetto divenuto maggiore d'età, il quale, però, non è stato neppure parte del contratto.

Vi sono altre criticità. Il mantenimento del contratto rettificato è un istituto che, stando alla lettera della legge, si applica soltanto all'errore; si discute se esso sia estensibile analogicamente alla violenza e al dolo. Ebbene non può sfuggire che, nel nostro caso, non vi è stato alcun errore (né propriamente un dolo), ma la preordinata volontà da parte del genitore di disattendere l'autorizzazione giudiziale al fine di soddisfare un proprio interesse.

In definitiva la Cassazione ha accordato una tutela in forma specifica, consistente nel far ottenere al soggetto divenuto capace esattamente ciò di cui aveva bisogno e che era stato regolarmente autorizzato (*id est*: la proprietà di un fondo a uso commerciale). Ancora una volta i giudici di legittimità hanno dimostrato una spiccata sensibilità per l'interesse sostanziale dell'attore, cercando di soddisfarlo attraverso un approccio rimediale proteso alla costruzione di un rimedio effettivo.

Indubbiamente, vi è stato un impiego innovativo o, se si vuole, piuttosto spinto degli istituti coinvolti nella fattispecie concreta. Ciononostante la sentenza è apprezzabile. Non costituisce un azzardo giuridico l'applicazione al caso *de quo* dell'annullabilità parziale, sebbene quest'ultima abbia determinato la riscrittura di una parte del contratto. Tale esito del resto è connaturato, su un piano sistematico, alla nullità parziale (art. 1419 c.c.) e alle nullità di protezione (art. 36, d.lgs. n. 206/2005).

In difesa della sentenza della Cassazione può aggiungersi che la soluzione ermeneutica accolta ha attuato non solo il principio della preminenza dell'interesse del minore in tutti gli atti compiuti da autorità pubbliche (dunque anche dai giudici), come dispone l'art. 24, co. 2, Carta dei diritti fondamentali UE, ma anche il principio di effettività della tutela (S. Pagliantini).

Il riferimento a tale principio è entrato nell'argomentare dei giudici e nel loro approccio al problema giuridico. Autorevole dottrina (G. Vettori) ha legato la giustizia del provvedimento giudiziale all'effettività della tutela (e non solo). Nella sentenza Cir/Fininvest [46] si qualifica il principio di effettività quale «regola cardine dell'ordinamento costituzionale» (artt. 24 Cost., 8 Dichiarazione universale dei diritti dell'uomo, 13 Cedu e 47 Carta diritti fondamentali UE).

Sempre nella Cir/Fininvest si afferma che effettività della tutela significa «diritto ad un rimedio adeguato al soddisfacimento del bisogno di tutela di quella specifica, unica, talvolta irripetibile situazione sostanziale di interesse giuridicamente tutelato» [47]. Se il rimedio deve saper cogliere la particolarità della posizione giuridica soggettiva che viene in rilievo, realizzando così pienamente l'interesse fatto valere, è evidente che, nel caso deciso dalla Cassazione, solo il cambio di intestazione della titolarità dell'immobile avrebbe raggiunto lo scopo rimediale. L'alternativa (suggerita dai giudici del merito) del risarcimento del danno (oltre al profilo penalistico integrato dal caso *de quo*) avrebbe rappresentato una tutela solo parziale e inadeguata rispetto all'interesse da tutelare, in violazione del principio di effettività della tutela.

Ovviamente, l'ossequio al principio di effettività non autorizza il giudice né l'interprete ad aggirare il dettato normativo, attuando la propria idea di giustizia e di equità. La sola dimensione soggettiva dell'interpretazione tradisce il diritto e la professione di giurista. La regola va ricostruita nell'oggettività del sistema giuridico (G. Benedetti).

Piuttosto, l'effettività della tutela deve essere perseguita attraverso una motivazione rigorosa e convincente, che si iscriva nel contesto della legalità costituzionale, aperta a un sistema delle fonti complesso e multilivello (art. 117 Cost.).

---

[46] Cass., n. 21255/2013.

[47] Cass., n. 21255/2013, cit., indica le diverse sfaccettature del diritto di agire in giudizio per la tutela dei propri diritti (art. 24, co. 1, Cost.). È un diritto che implica non solo il diritto di accesso al giudizio e di esercizio in esso di un determinato potere processuale, ma anche il diritto alla «misura appropriata alla soddisfazione del bisogno di tutela».

Si richiede un'ermeneutica che muova dalle disposizioni di legge, per poi spostarsi sul piano dei valori e dei principi costituzionali, della dimensione europea e internazionale del diritto, avendo ben presenti le pronunce della Corte EDU e della Corte di Giustizia rilevanti nel problema specifico che si ha di fronte. Infine, l'interprete ritorna alla disposizione di legge chiarendone il significato o indicando, qualora manchi, una nuova fattispecie legale (F. Addis).

13. *Il conflitto di interessi.*

I genitori, nell'esercizio della responsabilità genitoriale, devono perseguire l'interesse del figlio. La realizzazione dell'interesse del rappresentato (o dell'assistito) è coessenziale a tutti gli uffici di diritto privato volti a proteggere gli incapaci legali. Non è consentito ai titolari dell'ufficio compiere (o approvare) quell'atto in cui si manifesti, anche solo a livello di pericolo, un conflitto di interessi tra il rappresentante (o l'assistente) e il rappresentato (o l'assistito).

Il conflitto di interessi può sussistere in modo *diretto* o *indiretto*.

Si ha conflitto di interessi diretto quando, relativamente all'atto da compiere, il rappresentante perseguirà verosimilmente un interesse patrimoniale proprio che sia anche solo potenzialmente in contrasto con quello del rappresentato. Qui il conflitto è frontale tra il rappresentante e il rappresentato.

Il conflitto di interessi è, invece, indiretto qualora coinvolga il rappresentato e una persona (fisica o giuridica) legata affettivamente o economicamente al rappresentante. Questo legame fa sì che il conflitto si estenda (sia pur indirettamente) al rappresentante, il quale, nell'operazione da compiere, ha un interesse economico o affettivo che lo indurrà ad avvantaggiare la controparte. L'esempio classico è quello della vendita di un bene di proprietà del minore che il rappresentante intende concludere con una società della quale egli stesso è socio. Vi è rischio concreto che il rappresentante legale del minore preferisca attuare gli interessi della società rispetto a quelli del rappresentato.

Il conflitto di interessi deve essere *attuale*. Si discute quando vi sia attualità.

Secondo una tesi, affinché il conflitto sia attuale, è sufficiente il pericolo di danno per il rappresentato, originato dall'atto prospettato dal rappresentante legale. In altri termini l'incompatibilità delle posizioni del rappresentante e del rappresentato rileva anche se meramente potenziale a prescindere, quindi, dalla sua effettività. Ne consegue, secondo la Cassazione, che la verifica giudiziale della sussistenza del conflitto di interessi debba essere compiuta «in astratto ed *ex ante*, secondo la oggettiva consistenza della materia del contendere dedotta in giudizio, anziché in concreto e a posteriori» [48].

---

[48] Cfr. Cass., n. 13507/2002, sulla rappresentanza processuale di un minorenne, illegittimamente assunta dai genitori invece che dal curatore speciale. Cfr. anche Cass., n. 14216/2010, se-

Secondo una tesi più recente accolta dalla Cassazione, il conflitto di interessi va accertato in concreto e non in astratto *ex ante*; non basta, quindi, un'incompatibilità solo potenziale, occorrendo l'effettività del conflitto[49].

L'accoglimento dell'una o dell'altra tesi ha conseguenze in punto di annullabilità. Nell'ottica della prima tesi, rilevando il conflitto di interessi potenziale (valutazione *ex ante*), l'atto compiuto dal rappresentante col rappresentato è annullabile sebbene, nella vicenda concreta, quell'atto non abbia danneggiato il rappresentato (artt. 322 e 320, ult. co., c.c. in combinato disposto). In base alla seconda tesi, invece, l'annullamento dell'atto potrà aversi solo in presenza di un danno effettivo per il rappresentato (valutazione *ex post*).

Si aggiunga sotto un altro profilo che, ai fini dell'annullabilità dell'atto, non è sufficiente che vi siano due distinti interessi; occorre che il perseguimento di uno dei due mal si concili con l'altro. Quindi non vi è conflitto di interessi quando il compimento dell'atto da parte del rappresentante realizzi un interesse al contempo proprio e del rappresentato. La concorrenza e la compatibilità di due interessi esclude il conflitto tra i medesimi e ogni possibile danno per il rappresentato[50].

Quando vi è conflitto di interessi, si prevede, quale regola vigente per tutti gli uffici di diritto privato riguardanti gli incapaci, la nomina di un curatore speciale in sostituzione del titolare dell'ufficio o del protutore (cfr. artt. 360, co. 2; 347; 394, ult. co.; 424, coo. 1 e 2).

Tornando alla responsabilità genitoriale, l'art. 320, ult. co., c.c. regola diverse ipotesi di conflitto di interessi e segnatamente quelle tra: 1) i figli soggetti alla stessa responsabilità genitoriale; 2) tra i figli, da un lato, e i genitori, dall'altro; 3) tra i figli, da un lato, e l'unico genitore esercente la responsabilità genitoriale. In tutte queste ipotesi, l'art. 320, ult. co., c.c. prescrive la nomina del curatore speciale da parte del giudice tutelare.

Lo stesso articolo precisa altresì che ove il conflitto sorga «tra i figli e uno so-

---

condo cui condizione imprescindibile della nomina del curatore speciale è la semplice «possibilità che il potere rappresentativo sia esercitato [nel caso di specie dal tutore del minore dichiarato in stato di adottabilità] in contrasto con l'interesse del minore». Cass., n. 3805/2010, con riguardo alla nomina da parte del tutore del difensore del minore nel procedimento di adottabilità (art. 8, ult. co., l. n. 184/1983), ribadisce l'orientamento per cui la verifica del conflitto di interessi tra tutore (nominato dal tribunale per i minorenni) e minore va svolta *ex ante* e non a posteriori in relazione agli atteggiamenti assunti dalle parti in causa.

[49] Cass., n. 8437/2018, richiama l'orientamento già espresso da Cass., n. 1721/2016, dichiarando di volervi dare continuità.

[50] Cass., n. 8437/2018, cit., afferma che «il conflitto ... non si configura quando, pur avendo tali soggetti [nel caso di specie: il padre e il figlio minorenne] un interesse proprio e distinto al compimento dell'atto, questo corrisponda al *vantaggio comune di entrambi*, per cui i due interessi, secondo l'apprezzamento del giudice del merito, incensurabile in sede di legittimità se congruamente motivato, siano tra loro concorrenti e compatibili». La Cassazione rileva anche che, pur volendo accogliere l'orientamento rigettato dalla sentenza in esame, della valutazione *ex ante*, il conflitto avrebbe dovuto ugualmente essere escluso nel caso concreto.

lo dei genitori esercenti la responsabilità genitoriale, la rappresentanza dei figli spetta esclusivamente all'altro genitore». Anche qui, come ai sensi dell'art. 317 c.c., si ha un effetto legale di concentrazione automatica del potere di rappresentanza e di amministrazione in capo a un solo genitore.

Il curatore speciale, ove nominato, deve valutare se l'atto che si vorrebbe compiere, così come è stato congegnato, sia pienamente rispondente all'interesse del rappresentato (*id est*: utile o necessario). Se si tratta di una vendita o di un acquisto, il curatore è tenuto a richiedere l'autorizzazione giudiziale ai sensi dell'art. 320, ult. co., c.c. Nel ricorso dovranno essere forniti al giudice tutti gli elementi che gli consentano di escludere un pregiudizio per il minore (se l'oggetto è un immobile, occorre allegare la perizia di stima dello stesso).

Secondo una tesi, per ragioni di economia processuale, è possibile chiedere al giudice la nomina del curatore speciale e la contestuale autorizzazione a compiere l'atto già impostato negli elementi essenziali. È necessario però che il curatore, proposto dallo stesso ricorrente, sottoscriva il ricorso dopo aver espresso nel ricorso medesimo la propria valutazione positiva sulla necessità o utilità evidente dell'atto di cui si richiede l'autorizzazione.

Secondo un'altra tesi, invece, occorrono due ricorsi: uno per la nomina del curatore speciale, l'altro, successivo, presentato da quest'ultimo per ottenere l'autorizzazione al compimento dell'atto. Si argomenta dall'art. 321 c.c., unica disposizione in cui si prevede la nomina del curatore speciale e la contestuale autorizzazione a porre in essere l'atto. In verità – si può replicare – questo articolo non ha quale contraltare un principio da cui possa desumersi che il curatore speciale debba egli stesso presentare il ricorso per l'autorizzazione. Pertanto, l'art. 321 c.c. è una norma non già eccezionale, ma meramente indicativa di una fattispecie a cui possono aggiungersene analogicamente altre.

Piuttosto il punto è un altro: è se il curatore nominato dal giudice abbia o meno valutato l'utilità dell'atto. Se così è stato, come è corretto desumere dalla sottoscrizione anche da parte sua del ricorso giudiziale, non vi è alcuna ragione per esigere due procedimenti. Quindi, a fronte di un unico ricorso firmato anche dal soggetto che si propone come curatore speciale, il giudice tutelare potrà sia effettuare la nomina di quest'ultimo sia autorizzarlo al compimento dell'atto.

L'atto compiuto nonostante il conflitto di interessi è annullabile su istanza dei genitori esercenti la responsabilità genitoriale o del figlio o dei suoi eredi o aventi causa. L'art. 322 c.c. prevede questo tipo di invalidità qualora il rappresentante abbia violato «le norme dei precedenti articoli», ossia, nel caso di specie, l'art. 320, ult. co., c.c. che impone, come si è appena visto, la nomina del curatore speciale.

L'annullabilità è sancita anche con riguardo a specifici atti vietati ai genitori. Il divieto, assoluto, è volto a prevenire un possibile conflitto di interessi a tutela del figlio. L'art. 323 c.c. preclude ai genitori esercenti la responsabilità di: 1) acquistare, direttamente o per interposta persona, anche all'asta pubblica, beni o diritti del minore; 2) diventare cessionari di alcuna ragione o credito verso il minore.

Si può notare con riguardo all'art. 323 c.c. come, rispetto alla disciplina generale della rappresentanza volontaria (artt. 1387 ss. c.c.), il legislatore abbia tutelato maggiormente l'incapace legale rispetto al soggetto capace che abbia conferito la procura ad acquistare. L'art. 1395 c.c., infatti, consente il contratto con sé stesso a determinate condizioni tra le quali figura quella secondo cui «il contenuto del contratto sia determinato in modo tale da escludere la possibilità di conflitto di interessi». Il titolare dell'ufficio di diritto privato, invece, non può mai acquistare validamente un bene del soggetto di cui amministra i beni (art. 1471, n. 3, c.c.).

14. (Segue). *La donazione al figlio minore.*

Un caso particolarmente discusso, frequente nella pratica, di possibile conflitto di interessi è quello della donazione da parte di un solo genitore al proprio figlio. Come si diceva, la donazione è un atto che, ai sensi dell'art. 320, co. 3, c.c., esige l'autorizzazione del giudice tutelare.

Secondo una tesi sostenuta non di recente dalla Cassazione[51], l'altro genitore – quello non donante – non può accettare la donazione in nome del figlio, trovandosi in conflitto di interessi con quest'ultimo. Gli argomenti addotti a fondamento sono due: 1) l'art. 320, co. 3, c.c., nell'imporre l'autorizzazione giudiziale per accettare la donazione, postulerebbe la configurabilità di un potenziale contrasto tra la posizione del donante e quella del donatario; 2) la donazione altera l'ordine dei soggetti tenuti agli alimenti (art. 437 c.c.). Di conseguenza, il genitore non donante potrebbe non essere obiettivo nel perseguire l'interesse del figlio, stretto com'è tra l'interesse ad arricchire il patrimonio del figlio e quello contrapposto a non depauperare il patrimonio del donante cui è legato (conflitto di interessi indiretto).

Un'ulteriore ragione di conflitto di interessi è stata aggiunta dalla giurisprudenza di merito: la donazione al figlio altererebbe i diritti successori che possono spettare al coniuge non donante quale soggetto legittimario (artt. 536 ss. c.c.).

La tesi enunciata si espone a critiche. Secondo un'autorevole dottrina (A. Jannuzzi-P. Lorefice) va escluso il conflitto di interesse quando, come nella fattispecie in esame, il rappresentante e il rappresentato perseguano un proprio distinto interesse che, realizzandosi, avvantaggia entrambi. L'argomento, condiviso dalla Cassazione più recente[52], è perspicuo come già rilevato nel paragrafo pre-

[51] Cass., n. 439/1981.

[52] Cass., n. 2869/1988.

cedente, essendo il conflitto di interessi una situazione che viene in rilievo quando l'interesse proprio del rappresentante è in opposizione o mal si concili con quello del rappresentato. Ove ciò non accada, come nel caso della donazione da parte di un genitore al figlio, è inapplicabile la disciplina del conflitto di interessi.

Si aggiunga come non sia pertinente l'argomento della Cassazione più risalente che fa leva sulla necessità, ai sensi dell'art. 320, co. 3, c.c., dell'autorizzazione giudiziale della donazione quale segno del possibile conflitto di interessi tra donante e donatario. Ma in verità l'autorizzazione è prescritta al fine di valutare la necessità o l'utilità evidente dell'operazione; dunque è solo in questa ottica che essa si giustifica. Del resto una donazione può rivelarsi priva di tali caratteri, i quali, tra l'altro, alludono a qualcosa di più della semplice mancanza del pregiudizio per il donatario.

Anche l'argomento basato sugli alimenti e sui diritti dei legittimari è fuori fuoco, perché attribuisce rilievo a mere aspettative future, di fatto, qual è quella dei legittimari o addirittura a situazioni ipotetiche com'è per lo stato di bisogno a fini alimentari (art. 438 c.c.). Dunque non solo non c'è conflitto di interessi tra donante e donatario, ma neppure tra il donatario e l'altro genitore.

Se va escluso il conflitto di interessi con riguardo all'accettazione della donazione, l'operazione si perfeziona secondo la seguente disciplina. Posto che vi è un imprescindibile dualismo dei soggetti nella donazione (da qui l'inutilizzabilità dello schema del contratto con sé stesso *ex* art. 1395 c.c.), occorre che sia chiamato ad accettarla un soggetto diverso dal donante[53]. Questo soggetto è proprio l'altro genitore (art. 317 c.c.). Non va sottaciuto, tuttavia, che la tesi dell'inapplicabilità alla donazione dell'autocontratto, sebbene largamente e autorevolmente sostenuta, non gode dell'unanimità in dottrina.

È solo se l'altro genitore dovesse rifiutarsi di accettare (perché magari ritiene di essere avvantaggiato dalla permanenza del bene nel patrimonio del donante) che si farà luogo alla nomina del curatore speciale su istanza del figlio, del pubblico ministero o di uno dei parenti che vi abbia interesse (art. 321 c.c.). La medesima disciplina si applica anche se il donante è l'unico genitore a esercitare la responsabilità genitoriale.

15. *L'usufrutto legale.*

L'art. 324, co. 1, c.c. attribuisce ai genitori esercenti la responsabilità genitoriale, in comune tra loro, l'usufrutto legale sui beni figlio. Questo istituto, conservato dalla riforma del 1975, attiene ai rapporti patrimoniali tra genitori e figli.

Secondo una risalente dottrina, a rigore, l'usufrutto legale non rientra nel-

---

[53] Secondo il Trib. Roma (giudice tutelare), 22.7.1992, la donazione effettuata da entrambi i genitori al figlio può essere accettata solo dal curatore speciale.

l'ambito della potestà (oggi della responsabilità), perché esso non è unicamente funzionale alla tutela dell'interesse della prole. Stabilisce infatti l'art. 324, co. 2, c.c. che i frutti dei beni dei figli sono destinati non solo all'istruzione e all'educazione degli stessi, ma, più in generale, al mantenimento della famiglia. Non vi è, quindi, una posizione di privilegio del figlio.

É stato anche rilevato come l'usufrutto legale costituisca lo strumento attraverso cui il figlio adempie al proprio dovere di contribuire, con il suo reddito, al mantenimento della famiglia, finché convive con essa (art. 315-*bis*, ult. co., c.c.).

Altra dottrina ha, invece, osservato che l'art. 324, co. 1, c.c. istituisce un collegamento tra l'usufrutto legale e la responsabilità genitoriale. Non solo: la destinazione dei frutti a vantaggio dei diversi componenti della famiglia conferma il rapporto tra la responsabilità e i poteri di indirizzo della vita familiare (art. 144 c.c.). Dunque l'usufrutto legale appare uno strumento (come pure la rappresentanza e l'amministrazione dei beni) attraverso cui i genitori esercitano la responsabilità, anche se i beneficiari non sono soltanto i figli ma tutti i membri della famiglia.

L'usufrutto legale dà luogo a un vincolo di destinazione dei frutti dei beni al mantenimento della famiglia e all'istruzione ed educazione dei figli. L'effetto tipico della destinazione è la separazione dei patrimoni. Nella fattispecie dell'usufrutto legale si separa il patrimonio dei genitori da quello del figlio. Ciò si evince sia dal comma 1 dell'art. 326 c.c., secondo cui l'usufrutto legale è inalienabile, non assoggettabile a pegno, a ipoteca né ad esecuzione da parte dei creditori, sia dal comma 2 dello stesso articolo, secondo cui l'esecuzione sui frutti dei beni del figlio «non può aver luogo per debiti che il creditore conosceva essere stati contratti per scopi estranei ai bisogni della famiglia».

Quest'ultima disposizione implica che se i genitori assumono obbligazioni per soddisfare interessi non pertinenti allo svolgimento della vita familiare, i creditori non possono agire esecutivamente sui frutti dei beni del minore. La prova della conoscenza dell'estraneità ai bisogni familiari grava su chi si opponga all'esecuzione.

I frutti divengono oggetto di esecuzione forzata solo in caso di inadempimento di obbligazioni sorte per far fronte a bisogni della famiglia o del figlio.

Una regola analoga a quella di cui all'art. 326, co. 2, c.c. è prevista dall'art. 170 c.c. con riguardo ai beni oggetto del fondo patrimoniale, dall'art. 490 c.c. sugli effetti dell'accettazione dell'eredità con beneficio di inventario e, più in generale, dall'art. 2645-*ter* c.c. sull'atto di destinazione.

Che i redditi dei beni del figlio non possano essere destinati a vantaggio di persone diverse dai membri della famiglia, è desumibile anche dall'art. 328 c.c. Il genitore che si risposa conserva l'usufrutto legale, ma ha l'obbligo di accantonare a favore del figlio quanto risulti in eccesso rispetto alle spese per il mantenimento, l'istruzione e l'educazione dello stesso. Si crea, secondo la dottrina, «una situazione analoga all'inesistenza dell'usufrutto legale, almeno per quanto riguarda i rapporti tra il figlio ed il genitore» (si veda la somiglianza con l'art. 48, co. 3, l. n. 184/1983).

L'art. 328 c.c. dimostra come i genitori titolari dell'usufrutto legale possano disporre liberamente dell'eccedenza dei frutti dei beni del figlio finché non si risposino.

Non tutti i beni del figlio costituiscono oggetto dell'usufrutto legale; alcuni ne sono esclusi secondo quanto dispone l'art. 324, co. 3, c.c. Esattamente: i beni acquistati dal figlio con i proventi del proprio lavoro; quelli trasferiti *mortis causa* o con donazione al figlio per intraprendere una carriera, un'arte o una professione; i beni trasferiti sempre *mortis causa* o con donazione con la condizione che i genitori esercenti la responsabilità o uno di essi non ne abbiano l'usufrutto (la condizione però non è efficace per i beni spettanti a titolo di legittima); i beni pervenuti al figlio per eredità o per donazione e accettati nell'interesse del figlio contro la volontà dei genitori esercenti la responsabilità genitoriale (qui l'accettazione può avvenire ad opera di un curatore speciale ai sensi dell'art. 321 c.c.).

L'usufrutto legale ha lo stesso contenuto del diritto di usufrutto stabilito dall'art. 981 c.c.: diritto di godere della cosa nel rispetto della destinazione economica.

Vi sono altri punti di contatto tra i due usufrutti. L'art. 325 c.c. grava l'usufrutto legale degli obblighi propri dell'usufruttuario. Vengono così in rilievo gli artt. 1001 ss. che disciplinano soprattutto i costi e le spese a carico dell'usufruttuario.

Quanto alle differenze, l'art. 1002, co. 3, c.c. detta una regola particolare per l'usufrutto legale, dispensando i genitori dall'obbligo di dare idonea garanzia. Essi non sono obbligati neppure al rendiconto, diversamente dai titolari degli uffici di diritto privato a tutela degli incapaci (artt. 380, 385, 405, co. 5, n. 6, c.c.).

Vi sono altre differenze tra i due usufrutti. I genitori, come si è già detto, non possono alienare l'usufrutto legale, né renderlo oggetto di pegno, di ipoteca né di esecuzione da parte dei creditori, diversamente da quanto stabilisce l'art. 980 c.c. Qualora sia disposta la vendita di un bene oggetto dell'usufrutto legale, l'acquirente acquista la piena proprietà, non sussistendo il diritto di seguito.

L'usufrutto legale *cessa* al compimento della maggiore età o dell'emancipazione del figlio (art. 324, co. 1, c.c.). Tuttavia se il figlio continua a convivere con i propri genitori, questi possono continuare a impiegare nell'interesse della famiglia i frutti dei beni del figlio. Ciò a condizione che il figlio convivente o non abbia fatto opposizione all'utilizzo dei frutti, oppure abbia autorizzato i genitori con procura all'utilizzo dei frutti senza l'obbligo di renderne conto. In questi casi, secondo l'art. 329 c.c., i genitori o i loro eredi sono tenuti a consegnare solo i frutti esistenti al momento della domanda.

La cessazione dell'usufrutto legale non incide sull'obbligo di mantenimento del figlio, che continua fino al raggiungimento dell'indipendenza economica dello stesso. Permane anche l'obbligo a carico del figlio di contribuzione al mantenimento della propria famiglia (anche ricomposta) con la quale conviva (art. 315-*bis*, ult. co., c.c.).

C'è un punto della disciplina appena illustrata che ha sollevato le critiche di una parte della dottrina. È stato osservato che appare difficilmente giustificabile, nonostante la finalità solidaristica dell'istituto, che i genitori possano liberamente disporre dell'eccedenza rispetto alle finalità di cui all'art. 324, co. 2, c.c. dei frutti dei beni dei figli. Effettivamente questo profilo della disciplina meriterebbe un ripensamento.

16. *Affidamento condiviso e riduzione della conflittualità. Il Coordinatore genitoriale.*

La separazione personale tra coniugi, il divorzio o la cessazione della convivenza di fatto sono situazioni che rischiano di svilire i diritti dei figli (art. 315-*bis* c.c.) e dei genitori (art. 30, co. 1, Cost.). Al fine di rafforzare le posizioni giuridiche di entrambi questi soggetti, è intervenuta prima la legge n. 54/2006 che ha introdotto l'affidamento condiviso; successivamente, come vedremo, la riforma 2012/2013 ha reso elastico l'istituto dell'affido esclusivo, al fine di assicurare il coinvolgimento nella vita dei figli anche del genitore non affidatario (cfr. *infra*, § 17).

Prima di soffermarsi sull'affido condiviso, va segnalata una significativa modifica della struttura del codice civile. L'art. 7, d.lgs. n. 154/2013 ha introdotto, all'interno del titolo IX del libro I, un nuovo capo II intitolato «Esercizio della responsabilità genitoriale a seguito di separazione, scioglimento, cessazione degli effetti civili, annullamento, nullità del matrimonio ovvero all'esito di procedimenti relativi ai figli nati fuori dal matrimonio».

L'aver codificato il principio dell'unicità dello stato di figlio (art. 315 c.c.) ha imposto di unificare, in una parte delimitata del codice civile, la disciplina dell'esercizio della responsabilità genitoriale in particolari fattispecie, incidenti sul rapporto di filiazione. Si è resa necessaria l'abrogazione degli artt. da 155 a 155-*sexies* e la loro riscrittura, con qualche significativa modifica e aggiunta, negli artt. 337-*bis* ss. c.c.

Il nuovo articolato normativo, dopo una iniziale disposizione sull'ambito applicativo (cfr. art. 337-*bis* c.c.), chiarisce subito quali sono i diritti dei figli che devono essere salvaguardati, nonostante la crisi del rapporto genitoriale. L'art. 337-*ter*, co. 1, c.c. prevede: il diritto di mantenere un rapporto equilibrato e continuativo con ciascuno dei genitori; il diritto di ricevere cura, educazione, istruzione e – quale novità rispetto al previgente art. 155 c.c. – assistenza morale da entrambi i genitori; il diritto di conservare rapporti significativi con gli ascendenti e con i parenti di ciascun ramo genitoriale.

Vi è poi una disposizione strettamente connessa all'elencazione dei diritti, funzionale a garantirne l'effettività. Il giudice, nell'adottare i provvedimenti relativi alla prole, deve far esclusivo riferimento all'interesse morale e materiale di essa [(art. 337-*ter*, co. 2, c.c.), emerge la preminenza della posizione del minorenne]. Nel fare ciò egli deve valutare prioritariamente la possibilità che la prole resti affidata a entrambi i genitori.

Tra i diversi provvedimenti giudiziali viene, pertanto, in rilievo, come prima soluzione da ponderare, l'istituto dell'affidamento condiviso. Il cui elemento caratterizzante non sta tanto nella tendenziale paritaria divisione del tempo di permanenza del figlio presso l'abitazione di ciascun genitore. Come si è osservato nel § 8, a seconda delle circostanze, vi potrà essere anche un genitore cosiddetto collocatario. L'elemento fondamentale dell'affido condiviso è piuttosto l'esercizio congiunto della responsabilità genitoriale; il che postula un'adeguata capacità collaborativa da parte dei genitori[54]. In altri termini, ciascun genitore deve essere capace di scindere gli interessi della prole rispetto ai motivi di risentimento che spesso caratterizzano il rapporto con l'altro.

In ordine all'esercizio della responsabilità genitoriale nell'affido condiviso, occorre distinguere tra le decisioni di maggior interesse per i figli e quelle attinenti a questioni di ordinaria amministrazione. Le prime, quali sono quelle relative all'istruzione, all'educazione, alla salute, alla scelta della residenza abituale del minore e alle attività ricreative, devono essere assunte di comune accordo, tenendo conto delle capacità, dell'inclinazione naturale e delle aspirazioni dei figli (artt. 316, co. 1, e 337-*ter*, co. 3, c.c.).

Con riguardo alle seconde, il giudice può stabilire che i genitori esercitino la responsabilità genitoriale separatamente; ciò solitamente viene disposto, poiché in tal modo si agevola il rapporto con il figlio e tra i genitori, i quali, altrimenti, dovrebbero sentirsi continuamente per concordare su ogni aspetto, anche di minore importanza, della vita del figlio.

Se i genitori dovessero trovarsi in disaccordo su una decisione di maggior interesse, essa è rimessa la giudice (così l'art. 337-*ter*, co. 3, c.c.).

È evidente che l'affidamento condiviso, quale istituto che, nella sua attuazione, esprime la condivisione genitoriale dell'esercizio della responsabilità, garantisce più efficacemente il diritto del figlio di mantenere un rapporto equilibrato e continuativo con ciascuno dei genitori. La concentrazione dell'esercizio in capo a un solo genitore allenterebbe, invece, quasi inevitabilmente, il rapporto con l'altro genitore a detrimento della qualità di vita del figlio.

Non a caso il legislatore del 2006, da un lato, ha previsto un presupposto stringente dell'affido esclusivo, dall'altro, ha posto a carico del giudice l'obbligo

---

[54] Secondo il Trib. Reggio Emilia, 11.6.2015, qualora si ravvisi che i genitori abbiano consistenti difficoltà a sviluppare un minimo di dialogo su una questione importante come la salute del figlio (nel caso di specie affetto da autismo), è possibile disporre ugualmente l'affido condiviso, prevedendo però al contempo che le decisioni di maggior interesse relative alla salute del figlio siano assunte da un soggetto terzo (nel caso di specie dal responsabile della Neuropsichiatria infantile e da quello del Centro autismo). Il tribunale argomenta dall'art. 337-*ter*, co. 2, c.c., che attribuisce al giudice un ampio potere discrezionale in ordine all'individuazione dei provvedimenti da assumere nell'interesse della prole.

della motivazione. Esattamente, ai sensi dell'art. 337-*quater*, co. 1, c.c. il giudice può disporre l'affidamento a uno solo dei genitori solo qualora ritenga, con *provvedimento motivato*, che l'affidamento anche all'altro «sia *contrario all'interesse del minore*». L'affido condiviso è, dunque, da escludere qualora appaia pregiudizievole per il minore.

La giurisprudenza ha riconosciuto l'esistenza di tale pregiudizio con molta parsimonia: solo a fronte di condotte particolarmente gravi, commissive o omissive, tali da impedire, senza alcun dubbio, una crescita serena e armoniosa del minore[55]. Generalmente pesa negativamente sul genitore escluso dall'affidamento sia l'omessa contribuzione al mantenimento del figlio, unitamente alla cessazione degli incontri con quest'ultimo[56], sia la mancata partecipazione al percorso di recupero della genitorialità predisposto dai Servizi sociali per incarico del giudice[57].

Solo un cambio di passo da parte del genitore escluso dall'affidamento, da compiersi in collaborazione con i Servizi territoriali, può indurre il tribunale a modellare l'affido esclusivo (art. 333-*quater*, co. 3, c.c.), oppure a disporre l'affidamento condiviso, revocando quello esclusivo.

---

[55] Nella casistica si trovano i seguenti casi: il genitore che ha usato violenza nei confronti della moglie [(o della convivente *more uxorio*), Trib. Milano, 13.1.2014, Cass., n. 8548/2011]; il genitore con gravi precedenti penali che non abbia offerto alcun segno di ravvedimento o che sia tossicodipendente o alcolista con frequentazioni malavitose; il genitore che non provvede all'assistenza morale e materiale del figlio, disinteressandosene (Cass., n. 17990/2013); il genitore che scredita sistematicamente l'altro durante i colloqui col figlio.

[56] Cass., n. 16738/2018, ribadisce l'orientamento prevalente secondo cui «il giudizio prognostico che il giudice, nell'esclusivo interesse morale e materiale della prole, deve operare circa la capacità dei genitori di crescere ed educare il figlio nella nuova situazione determinata dalla disgregazione dell'unione, va formulato tenendo conto, in base ad elementi concreti, del modo in cui i genitori hanno precedentemente svolto i propri compiti, delle rispettive capacità di relazione affettiva, attenzione, comprensione, educazione e disponibilità ad un assiduo rapporto, nonché della personalità del genitore, delle sue consuetudini di vita e dell'ambiente sociale e familiare che è in grado di offrire al minore». Nel caso di specie, il padre, ritenuto aggressivo durante la vita coniugale, aveva tenuto durante la crisi coniugale, sfociata nella sentenza di separazione, una condotta di disinteresse nei confronti della figlia.

[57] Cass., n. 16738/2018, cit. Dai fatti provati nei giudizi di merito è emerso che il padre non ha mai seguito il programma dei Servizi sociali funzionale al recupero di una «genitorialità responsabile», rifiutandosi di incontrare la figlia in uno spazio neutro alla presenza di educatori. È evidente che un atteggiamento non collaborativo, elusivo di quanto suggerito dai giudici sulla base della consulenza tecnica d'ufficio, non giova ai fini della pronuncia di affidamento condiviso (né di revoca dell'affidamento esclusivo). È interessante notare che, nonostante il provvedimento di affido esclusivo, la Corte d'Appello di Milano abbia cercato comunque di tenere viva la possibilità di un ritorno alla bigenitorialità a tutela della figlia minorenne. Rispetto alla pronuncia di primo grado, è stata revocata la sospensione della facoltà di visita del padre, disponendo però che «la ripresa dei rapporti [padre-figlia] possa attuarsi solo su richiesta del padre e previa valutazione, da parte di operatori specializzati e terzi rispetto alle parti, individuati dai servizi territoriali della città ..., della serietà degli intenti e della capacità di tenuta dei compiti genitoriali da parte del [padre]». Qualora il padre si attivi in questa direzione, non può escludersi una modificazione del provvedimento di affido esclusivo nel senso dell'affidamento condiviso.

Il diritto alla bigenitorialità è, dunque, di primario rilievo per la vita del figlio minorenne; pertanto, quando è possibile, i giudici devono indicare la strada verso il recupero della genitorialità e dell'esercizio condiviso della responsabilità genitoriale. È il sistema normativo a spingere i giudici, gli operatori qualificati e i genitori verso l'affidamento condiviso e un approccio collaborativo nell'interesse del minore. Si pensi alle seguenti disposizioni, ma anche ad alcuni significativi interventi della giurisprudenza.

Quanto alle *disposizioni di legge*, il legislatore ha scoraggiato la domanda di affido esclusivo. Ai sensi dell'art. 337-*quater*, co. 2, c.c. se tale domanda risulta manifestamente infondata, il giudice può, da un lato, considerare il comportamento del genitore istante nell'emettere i provvedimenti da adottare nell'interesse dei figli, dall'altro, applicare l'art. 96 c.p.c. sulla responsabilità aggravata che comporta una condanna al risarcimento del danno a carico della parte soccombente in giudizio.

Un altro articolo è il 337-*octies*, co. 2, c.c. che legittima il giudice, con il consenso dei «coniugi» (o dei genitori non sposati tra loro), a differire i provvedimenti di cui all'art. 337-*ter* c.c. per consentire ai medesimi di raggiungere un accordo attraverso la mediazione familiare guidata da esperti. Ancora: l'art. 337-*quater*, co. 3, c.c. ha reso elastico l'affidamento esclusivo, rendendolo compatibile con l'esercizio della responsabilità genitoriale (cfr. *infra*, § 17).

Quanto *alla giurisprudenza*, in alcune pronunce si è cercato di garantire il corretto esercizio dell'affidamento condiviso, qualora sia emersa un'elevata conflittualità tra le parti. Occorre una premessa.

Si è già rilevato come l'affidamento condiviso, per essere efficace, necessiti dello spirito collaborativo dei genitori. Tra l'altro, secondo la Cassazione, l'esistenza della conflittualità non è di per sé motivo sufficiente per disporre l'affidamento esclusivo, occorrendo che essa sia pregiudizievole per il minore[58]. Però non c'è dubbio che la propensione alla litigiosità dei genitori sia un elemento negativo da ridurre significativamente nell'interesse della prole.

Ultimamente i giudici si sono dimostrati sensibili su questo punto, adottando

---

[58] Cass., n. 27/2017, ricorda che, secondo l'orientamento costante, l'affidamento condiviso «*non è impedito dall'esistenza di una conflittualità tra i coniugi*, che spesso connota i procedimenti di separazione, tranne quando tale regime sia pregiudiziale per l'interesse dei figli, alterando e ponendo in serio pericolo il loro equilibrio e sviluppo psico-fisico. In tal caso la pronuncia di affidamento esclusivo deve essere sorretta da una puntuale motivazione in ordine, non solo, al pregiudizio potenzialmente arrecato ai figli da un affidamento condiviso, ma anche all'idoneità del genitore affidatario [accertamento in positivo] e all'inidoneità educativa, alla manifesta carenza dell'altro genitore [accertamento in negativo]». Il giudice, per giustificare l'affidamento esclusivo, non può pertanto limitarsi a evidenziare che la litigiosità non assicura rapidità nelle decisioni da assumere per i figli. L'equivalenza litigiosità = affidamento esclusivo deresponsabilizza il genitore non affidatario in contrasto con il dovere di cui all'art. 30, co. 1, Cost. e lede al contempo il diritto alla bigenitorialità, poiché un genitore privo dell'esercizio della responsabilità genitoriale finisce con l'allontanarsi dalla vita del figlio.

soluzioni volte a favorire il funzionamento dell'affido condiviso. Essi hanno adoperato la figura, nota soprattutto negli Stati Uniti come *Parenting Coordination*, del *Coordinatore genitoriale*. Al quale, se vi è accordo tra i genitori, il giudice affida il compito di aiutarli a esercitare la responsabilità genitoriale nell'affidamento condiviso. Si tratta di un professionista che favorisce l'assunzione di scelte condivise in ordine agli aspetti più significati della vita del figlio (scuola, formazione extrascolastica, salute, vacanze, gestione del tempo libero) e, ove necessario, induce a concordare su talune modifiche al calendario che scandisce la permanenza del figlio presso l'uno e l'altro genitore[59]. Ciò in funzione deflattiva del contenzioso e soprattutto di una più pronta attuazione degli interessi del figlio.

Il Coordinatore genitoriale, diversamente dal mediatore familiare che interviene per un tempo limitato durante il procedimento, è chiamato a sostenere i genitori per un lasso di tempo significativo, predeterminato dal giudice (ad es. per due anni); egli attua un piano genitoriale ben preciso, individuato solitamente dal Consulente tecnico d'ufficio.

Il Coordinatore genitoriale è una figura non espressamente prevista dal codice civile; tuttavia essa è riconducibile all'art. 337-*ter*, co. 2, c.c. nella parte in cui legittima il giudice non soltanto a disporre l'affidamento condiviso o esclusivo (misure tipiche), ma anche ad adottare «ogni altro provvedimento relativo alla prole» (misure atipiche).

È bene rilevare che mentre nel caso appena descritto del Coordinatore genitoriale, i genitori, pur in difficoltà nell'attuare efficacemente l'affido condiviso, sono comunque disposti a superare le loro problematiche caratteriali, vi è anche il caso in cui essi siano completamente dominati dalla litigiosità. Qui la situazione si complica perché se, da un lato, non si può imporre alle parti di seguire un programma di sostegno alla genitorialità, dall'altro, occorre pur sempre tutelare l'interesse del minore. Si è affermato in giurisprudenza che il tribunale propenso a disporre ugualmente l'affidamento condiviso può disporre che genitori si sottopongano però a un percorso terapeutico[60].

---

[59] Trib. Milano, decr. 7-29.7.2016. Nel caso di specie, il tribunale ha attribuito specifici compiti al Coordinatore genitoriale, il quale, in definitiva, funge da mediatore e suggeritore imparziale dei genitori, al fine di favorire un dialogo costruttivo, prevenire liti giudiziarie e di garantire una crescita quanto più possibile serena del minore. Tra tali compiti si segnalano i seguenti: «salvaguardare e preservare la relazione tra i genitori [e la figlia] fornendo le opportune indicazioni (sulla base della CTU) eventualmente "correttive" dei comportamenti disfunzionali dei genitori rispetto al progetto di crescita, autonomizzazione e distacco della minore dalle figure genitoriali»; coadiuvare i genitori, con possibilità di effettuare raccomandazioni, nella scelte in tema di salute, educazione (la scuola) e formazione della minore, di osservanza del rispetto del calendario relativo alle modalità di esercizio del diritto di visita del genitore non collocatario (il padre), «in particolare aiutando e suggerendo ai genitori le opportune riflessioni in punto di opportunità/inopportunità di apportare modifiche e deroghe al calendario di frequentazione della minore». Spetta ai genitori individuare concordemente il professionista di fiducia, i cui costi dovranno essere ripartiti al 50% tra di loro.

[60] Così ha disposto il Trib. Roma, 26.11.2015, n. 13506, secondo il quale l'indicazione da parte

Questa disposizione giudiziale è legittima, configurandosi non già quale trattamento sanitario obbligatorio posto in violazione della riserva di legge (art. 32, co. 2, Cost.) o misura lesiva della libertà personale[61], ma quale onere a carico delle parti. La cui inosservanza può avere ricadute sul regime dell'affidamento applicabile. Nel senso che se, ad esempio, un genitore compia un percorso terapeutico e l'altro no, preferendo ostacolare sistematicamente l'attuazione dell'affido condiviso, il giudice, in sede di revisione dei provvedimenti emessi, disporrà l'affidamento esclusivo ove il mantenimento dell'affidamento condiviso arrechi pregiudizio al minore (art. 337-*quinquies* c.c., art. 710 c.p.c. e art. 9, l. n. 898/1970).

In sintesi l'ordinamento spinge i genitori a collaborare nell'interesse del figlio; chi si mostra intransigente e litigioso rischia di non vedersi attribuito l'esercizio della responsabilità genitoriale o di perderlo.

17. *L'affidamento c.d. super-esclusivo.*

Il d.lgs. n. 154/2013 ha modificato l'istituto dell'affidamento esclusivo, rendendolo elastico, diversamente da come lo aveva concepito la legge n. 54/2006 che lo connotava rigidamente. Secondo l'interpretazione giurisprudenziale prevalente, il genitore cui non erano affidati i figli perdeva completamente l'esercizio della potestà, la quale spettava esclusivamente al genitore affidatario. L'affidamento condiviso e quello esclusivo erano perciò i due poli opposti che attraevano la potestà (oggi responsabilità), senza che vi potesse essere una situazione intermedia.

Il nuovo art. 337-*quater*, ult. co., c.c. accoglie una logica diversa: cerca di avvicinare l'affido esclusivo all'affido condiviso, al fine di garantire una maggiore attuazione dei diritti del figlio di cui all'art. 337-*ter*, co. 1, c.c. Il testo ora in esame stabilisce che «il genitore cui sono affidati i figli, *salva diversa disposizione del giudice*, ha l'esercizio esclusivo della responsabilità genitoriale su di essi». L'articolo continua: «*Salvo che non sia diversamente stabilito*, le decisioni di maggior interesse per i figli sono adottate da entrambi e genitori».

---

del giudice ai genitori di sottoporsi a un percorso di sostegno alla genitorialità, la cui osservanza sarà monitorata dai Servizi sociali, non costituisce una violazione della libertà personale delle parti. A sostegno della legittimità di tale disposizione, il tribunale romano adduce tre argomenti: 1) è un onere e non un obbligo posto a vantaggio dello steso soggetto onerato; 2) non è suscettibile di esecuzione coattiva, ma è soltanto una misura volta al «raggiungimento della pienezza dei pariteti-ci poteri genitoriali nei confronti dei figli introdotta dalla novella 54/2006»; 3) è uno strumento funzionale a tutelare l'interesse del minore, perciò nella disponibilità del giudice.

[61] Così Cass., n. 13505/2015, la quale ritiene che la prescrizione ai genitori di sottoporsi a un percorso terapeutico individuale e di sostegno alla genitorialità da seguire insieme, poiché determina comunque un condizionamento dei genitori, è lesiva di regole costituzionali. Si aggiunge che tale prescrizione esulerebbe dai poteri del giudice. In verità, come abbiamo già sottolineato, l'art. 337-*ter*, co. 2, c.c. non elenca in modo tassativo i poteri del giudice, aprendo, invece, alla atipicità degli stessi essi.

Queste disposizioni riconfigurano il ruolo del genitore non affidatario, il quale non è più estromesso sempre e comunque dall'esercizio delle responsabilità. È stata così superata quell'impostazione normativa che dava luogo a due situazioni contrapposte: il genitore affidatario con l'esercizio esclusivo della responsabilità genitoriale, il genitore non affidatario escluso da quest'ultima.

Il superamento si fonda sull'esigenza, avvertita dal legislatore, di rafforzare il diritto alla bigenitorialità del figlio; diritto che si dispiega soprattutto attraverso un coinvolgimento, quanto più ampio possibile, di entrambi i genitori nelle decisioni attinenti alla vita della prole. Se un genitore non ha più alcuna voce in tali decisioni, egli finisce col perdere definitivamente ogni rapporto col figlio.

Così i poteri del genitore non affidatario possono, se del caso, essere modulati, distinguendo tra questioni di ordinaria amministrazione e decisioni di maggior interesse per il figlio.

Con riguardo a queste ultime, la lettera dell'articolo lascia chiaramente intendere che, *di regola*, nonostante l'affidamento esclusivo, le decisioni di maggior interesse devono essere adottate di comune accordo tra i genitori. A dire il vero non si tratta di una novità assoluta, perché l'art. 6, co. 4, legge n. 898/1970 (divorzio) prevedeva già una diposizione analoga. La riforma 2012/2013 non ha fatto altro che estendere la predetta regola anche ad altri istituti diversi dal divorzio (*id est*: a quelli menzionati dall'art. 337-*bis* c.c.).

La disposizione è apprezzabile, sebbene non sia stata immune da dubbi di costituzionalità adombrati dal tribunale di Milano[62] sotto il profilo dell'eccesso di delega.

Ad ogni modo, al giudice è stato attribuito un potere molto delicato, difficile da esercitare in concreto: valutare se, in un contesto in cui non vi sono le condizioni per disporre l'affidamento condiviso, il genitore non affidatario abbia la capacità di collaborare con l'altro genitore per assumere, prontamente, le decisioni sugli aspetti più importanti della vita del figlio. La difficoltà scaturisce dal fatto che il provvedimento di affido esclusivo postula l'inidoneità (caratteriale/comportamentale) di un genitore alla proficua interazione con l'altro per attuare l'interesse del figlio.

Non stupisce, quindi, che, in giurisprudenza, si riscontrino casi in cui il giudice si sia avvalso proprio del potere di decidere diversamente, affidando il minore in via esclusiva a un genitore, privando al contempo l'altro dell'esercizio della responsabilità per le decisioni di maggior interesse. Quando ciò accade si utilizza l'espressione *affidamento super-esclusivo o rafforzato*, ad indicare un incremento, per disposizione giudiziale, del potere di esercizio della responsabilità in capo al genitore affidatario in via esclusiva. Si tratta di un incremento perché il genitore affidatario, in forza dell'art. 337-*quater*, ult. co., I° periodo, è già tito-

---

[62] Trib. min. Milano, 24.2.2014.

lare, salvo diversa disposizione del giudice, dell'esercizio esclusivo della responsabilità genitoriale con riguardo agli atti di ordinaria amministrazione. Quindi se il giudice dispone l'affidamento super-esclusivo, il genitore affidatario diviene titolare dell'esercizio esclusivo della responsabilità genitoriale, restando in capo all'altro genitore solo un dovere di controllo sul modo in cui un potere così ampio sia attuato.

Brevi cenni alla casistica giurisprudenziale aiutano a comprendere meglio l'ambito di applicabilità dell'affido super-esclusivo.

Il caso più ricorrente è quello del genitore non affidatario in ragione del disinteresse da egli manifestato nei confronti del figlio. Qui l'affidamento super-esclusivo previene quegli atteggiamenti ostruzionistici sulle questioni di maggior interesse che rischiano di danneggiare gravemente il figlio[63]. Questi atteggiamenti, qualora non sia disposto l'affido super-esclusivo, andrebbero superati proponendo un ricorso al giudice ai sensi dell'art. 337-*ter*, co. 3, c.c., con costi da sostenere e con il rischio di pregiudicare il figlio a causa del tempo necessario per dirimere il contrasto tra i genitori.

Particolarmente delicate sono le problematiche generate dalla residenza abituale del minore[64] a seguito della volontà del genitore collocatario di trasferirsi in un'altra città. Il trasferimento in altro luogo può determinare due problemi: 1) difficoltà per il genitore affidatario-non collocatario di esercitare il proprio diritto di visita; 2) sradicamento del minore dai rapporti affettivi, ambientali e scolastici costruiti nel tempo.

V'è da dire che, da un lato, esiste il diritto fondamentale di ogni persona di trasferirsi in un'altra città (art. 16 Cost.). Il giudice può sindacare non già l'esercizio di tale diritto, ma soltanto se il trasferimento esiga, a tutela del minore, di modificare la collocazione prevalente, fissandola presso l'altro genitore (quello

---

[63] Trib. min. Milano, 24.2.2014, cit., dichiara giudizialmente la paternità (provvedimento, questo, oggi di competenza del tribunale ordinario) e dispone l'affido super-esclusivo alla madre.

[64] Cass., n. 21285/2015, sul problema della competenza per territorio del tribunale a seguito dello spostamento della residenza del figlio, si sofferma sulla *nozione di residenza abituale*. La Suprema Corte rigetta ogni criterio formale, accogliendone uno sostanziale di individuazione della residenza abituale. La quale – si afferma – «è il luogo dove il minore ha consolidato, consolida ovvero potrà consolidare una rete di affetti e relazioni, tale da assicurargli un armonico sviluppo psicofisico. Non può farsi riferimento, alla data della domanda [giudiziale], ad un dato meramente quantitativo (prossimità temporale del trasferimento; maggior durata del soggiorno ecc.) ma soprattutto, in casi, come nella specie, di recente trasferimento del minore, sarà necessaria una prognosi sulla possibilità che la nuova dimora diventi l'effettivo, stabile e duraturo centro di affetti e di interessi del minore». Naturalmente, continua la Corte, il trasferimento non deve configurarsi «come mero espediente per sottrarre il minore alla vicinanza dell'altro genitore o alla disciplina generale della competenza territoriale». Si ha cura anche di precisare che quanto affermato da Cass., Sez. Un., n. 11915/2014 (*id est* che il trasferimento del minore non è idoneo a radicare la competenza del tribunale di destinazione, quando non sia trascorso un tempo minimo apprezzabile) «non esclude certo la valutazione del luogo, come centro di relazioni ed interessi del minore, anche in prospettiva futura, purché probabile».

che rimane)[65]. È una valutazione delicata, che deve tener conto di tutte le circostanze del caso concreto (età dei figli, maggiore attaccamento all'uno o all'altro genitore, capacità dei bambini – in astratto esistente – di adattarsi a nuovi contesti, ricostruendo una nuova rete di conoscenze e relazioni sociali).

Un altro caso di affido super-esclusivo si ha quando un genitore, attraverso condotte distorcenti la realtà, impedisca al figlio di valutare liberamente l'altra figura genitoriale, fino al punto da turbarne la relazione con quest'ultimo. In tale ipotesi può tra l'altro venire in rilievo anche l'art. 709-*ter* c.p.c. con il suo corredo di rimedi e sanzioni[66] (cfr. *infra*, § 19).

L'affido super-esclusivo viene disposto solo ove si dimostri la totale inadeguatezza del genitore non affidatario all'esercizio della responsabilità genitoriale[67]. Può non essere sufficiente la contrarietà dei figli, espressa dagli stessi durante l'ascolto, a rimanere soli con quel genitore con cui il rapporto si sia deteriorato (ciò è semmai motivo per disporre incontri protetti alla presenza del personale educativo). Essenziale è il convincimento del giudice sulla necessità dell'affido super-esclusivo per attuare l'interesse prevalente del minore.

Non bisogna confondere il piano dell'affidamento super-esclusivo con quello della frequentazione tra il minore e il genitore non affidatario. Quest'ultimo, sebbene completamente privato dell'esercizio della responsabilità genitoriale, conserva il diritto di visita del figlio. Un diritto le cui modalità di attuazione sono stabilite dal giudice, il quale deve, pur nelle situazioni più difficili, adottare mi-

---

[65] Cass., n. 9633/2015, afferma che «di fronte alle scelte insindacabili sulla propria residenza compiute dai coniugi separati, i quali non perdono, per il solo fatto che intendono trasferire la propria residenza lontano da quella dell'altro coniuge, l'idoneità ad essere collocatari dei figli minori, il giudice ha esclusivamente il dovere di valutare se sia più funzionale al preminente interesse della prole il collocamento presso l'uno o presso l'altro dei genitori, per quanto ciò incide negativamente sulla quotidianità dei rapporti con il genitore non collocatario: conseguenza, questa, comunque ineluttabile, sia nel caso di collocamento presso il genitore che si trasferisce, sia nel caso di collocamento presso il genitore che resta». Cfr. anche Cass., n. 18087/2016 che dà continuità al proprio precedente (nel caso di specie viene confermata la pronuncia d'appello che aveva autorizzato il trasferimento della madre in un'altra città con i due figli in tenera età). Il Trib. Torino, decr. 5.6.2015, dimostra come la libertà della madre di trasferirsi in un'altra città si coniughi con la posizione giuridica delle figlie; così ne autorizza il trasferimento con la prole da Torino, dove vive il padre, a Livorno. Di conseguenza, il tribunale rimodula le modalità di visita delle minori, riducendo gli incontri settimanali con il padre e aumentando il tempo da trascorrere con lo stesso durante le vacanze scolastiche.

[66] Trib. Pavia, 29.12.2014, dispone – all'esito della c.t.u. – il collocamento abitativo prevalente del minore presso il padre e l'affidamento super-esclusivo a quest'ultimo. Il tribunale, ai sensi dell'art. 709-*ter* c.p.c., ammonisce altresì la madre dal porre in essere condotte che possano alterare la relazione col padre, condannandola sia a corrispondere al padre euro 5.000,00 a titolo di risarcimento del danno non patrimoniale sia a pagare euro 1.000 a favore della Cassa delle Ammende.

[67] Trib. Torino, 22.1.2015, rigetta la domanda di affido super-esclusivo perché, sebbene la madre abbia palesato carenze genitoriali, gli incontri tra lei e figli alla presenza dei Servizi sociali avevano evidenziato un miglioramento del rapporto.

sure appropriate volte a recuperare un rapporto equilibrato e continuativo col genitore non affidatario[68].

Spostando ora l'attenzione sul primo periodo dell'art. 337-*quater*, co. 3, c.c., è agevole osservare come esso sia costruito lessicalmente all'apposto rispetto alla disposizione appena esaminata. Di regola, infatti, con riguardo alle decisioni che non sono di maggiore interesse (*id est*: a quelle di ordinaria amministrazione), l'esercizio della responsabilità genitoriale spetta esclusivamente al genitore affidatario. In deroga a tale prescrizione il giudice può disporre diversamente.

Gli scenari prospettabili sono i seguenti: a) il giudice dispone l'affidamento esclusivo senza alcuna precisazione. Di conseguenza, per effetto dell'art. 337-*quater*, ult. co., c.c., il genitore affidatario ha, con riguardo agli atti di ordinaria amministrazione, l'esercizio esclusivo della responsabilità genitoriale. Per le decisioni di maggior interesse, egli, invece, condividerà l'esercizio della responsabilità con l'altro genitore non affidatario; b) il giudice, nel disporre l'affido esclusivo, decide di dettare regole particolari per le decisioni che non sono di maggiore interesse, disponendo così diversamente ai sensi del comma 3, I° periodo. Occorre in questo caso chiedersi cosa il giudice possa prevedere disponendo diversamente.

Non sembra tecnicamente possibile stabilire che tutte le decisioni di minor interesse debbano essere assunte congiuntamente dai genitori. Opinando diversamente, non si avrebbe più alcuna differenza tra l'affido condiviso e l'affido esclusivo, perché il genitore non affidatario, da un lato, eserciterebbe la responsabilità genitoriale, quanto alle decisioni di minor interesse, in forza dell'attribuzione giudiziale, dall'altro, per quelle di maggior interesse, eserciterebbe ugualmente la responsabilità genitoriale in conseguenza dell'effetto legale attributivo del potere.

Piuttosto è ipotizzabile che il giudice preveda l'esercizio congiunto della responsabilità genitoriale soltanto con riguardo ad *alcune* questioni di minore importanza (ma pur sempre di un certo rilievo).

---

[68] Corte EDU, *caso Bondavalli c. Italia*, 17.11.2015, ric. n. 35532/12, condanna l'Italia per non aver garantito in modo appropriato il diritto di visita del genitore-ricorrente. Il quale, in tal modo, ha subito una violazione del diritto al rispetto della sua vita familiare previsto dall'art. 8 Cedu. Secondo la Corte, questa disposizione non si limita soltanto a proteggere l'individuo dalle ingerenze arbitrarie dei pubblici poteri (*obblighi negativi*), ma impone allo Stato di adottare quelle «misure volte al rispetto della vita familiare fin nelle relazioni tra gli individui» (*obblighi positivi*). Nel caso di specie, poiché la madre, affidataria esclusiva del minore, aveva rapporti professionali con i servizi sociali incaricati e in passato con il consulente tecnico d'ufficio, le giurisdizioni interne avrebbero dovuto sia incaricare un altro consulente di redigere una nuova perizia, sia affidare ai Servizi sociali di un altro Comune il compito di seguire e valutare gli incontri tra padre e figlio. Sono mancate, pertanto, quelle misure protese a unire il genitore non affidatario al proprio figlio. In senso conforme Corte EDU, *caso Giorgioni c. Italia*, 15.9.2016, ric., n. 43299/12, la quale afferma che, in forza dell'art. 8 Cedu, lo Stato deve «adottare misure idonee a riunire genitore e figlio, anche in presenza di conflitti tra i genitori». Tali misure, soggiunge la Corte europea, «devono essere attuate *rapidamente*, in quanto il trascorrere del tempo può avere conseguenze irrimediabili per le relazioni tra il minore e il genitore che non vive con lui».

Vi è anche un'altra possibilità: il giudice potrebbe precludere al genitore non affidatario l'esercizio della responsabilità con riferimento alle decisioni di maggior interesse, consentendogli, invece, l'esercizio della stessa nell'assunzione delle decisioni di minore importanza.

18. *Affidamento ai Servizi sociali e affidamento familiare (rinvio).*

Un'altra misura utilizzata dal tribunale ordinario nei procedimenti di separazione, divorzio e di cessazione della convivenza di fatto con prole è l'affidamento del figlio ai Servizi sociali.

Vi si ricorre quando il figlio minorenne viva una situazione familiare connotata da aspri conflitti tra i genitori che lo abbiano profondamente segnato. L'accesa conflittualità impedisce agli stessi di essere sufficientemente collaborativi, finendo così con l'anteporre all'interesse del figlio astio e recriminazioni reciproche.

Lo scopo dell'affidamento ai Servizi è, dunque, sia di supportare la genitorialità facendole ritrovare un equilibrio comportamentale, sia, di conseguenza, di far ritrovare al minore quella serenità essenziale per una crescita ordinata senza traumi continui. Nel fare ciò i Servizi devono rimanere equidistanti dai genitori, cercando di attuare efficacemente le prescrizioni impartite dal giudice, affinché il minore mantenga un rapporto significativo con entrambe le figure genitoriali.

La misura *de qua* non comporta l'allontanamento del minore dalla famiglia; egli rimane domiciliato presso uno dei due genitori [69]. Il tribunale deve avere cura di precisare i compiti e i poteri del Servizio sociale in ordine all'esercizio della responsabilità genitoriale [70]. Questo è un aspetto centrale per le sue ricadute pratiche. Tendenzialmente, l'esercizio della responsabilità genitoriale resta in capo a uno o a entrambi i genitori; il Servizio si limita a fornire un sostegno per favorire la giusta decisione e per attenuare le divergenze (nel caso di esercizio congiunto della responsabilità).

La base giuridica di questo provvedimento non è chiarissima. L'art. 337-*ter*, al comma 2 adopera, come si è già sottolineato, la seguente espressione: il giudi-

---

[69] Cass., n. 4413/2014, afferma che «l'affidamento ai servizi sociali non si pone affatto in antagonismo con il ruolo genitoriale ma è inteso a supportarlo e a reintegrarlo attraverso il percorso di recupero inteso alla riacquisizione da parte dei minori di un equilibrio psicologico ed emozionale gravemente compromesso dal conflitto familiare vissuto». Nel caso di specie, i figli minorenni sono rimasti domiciliati presso la madre e al Servizio sociale è stato attribuito il compito di fissare le modalità di esercizio del diritto di visita da parte del padre.

[70] Cass., n. 3192/2017, conferma la pronuncia della Corte d'App. di Milano che aveva disposto l'affidamento della minore al Comune e, tramite esso, ai Servizi sociali territorialmente competenti, la conservazione del collocamento della minore presso la madre e l'attribuzione all'ente affidatario del potere di assumere le decisioni di maggiore interesse per la minore. La Cassazione, sotto il profilo processuale, conferma l'orientamento prevalente favorevole alla ricorribilità in Cassazione del decreto della Corte d'Appello di affidamento di Servizi sociali.

ce «adotta *ogni altro provvedimento* relativo alla prole». Un'espressione riferibile senz'altro all'esercizio della responsabilità, ma la genericità del suo testo potrebbe giustificare, oltre la nomina come si diceva del Coordinatore genitoriale, anche l'affidamento ai Servizi sociali. Si aggiunga, ove non si sia convinti di questa soluzione, che l'art. 38, co. 1, disp. att. c.c. attribuisce al giudice della separazione o del divorzio o al giudice adito ai sensi dell'art. 316 c.c. il potere di adottare i «provvedimenti convenienti» di cui all'art. 333 c.c., tra i quali vi può essere proprio l'affidamento ai Servizi sociali.

Secondo un Autore (L. Lenti), l'affidamento in parola non è ascrivibile all'affidamento amministrativo nella specie dell'affido al Servizio sociale di cui si tratterà nel cap. V-§ 7: semplicemente «il servizio deve svolgere il compito assegnatogli dal giudice, in collaborazione con i genitori». Ciò rende questa misura giudiziale, assunta nel procedimento di separazione e di divorzio, diversa da quella prevista dalla legge n. 888/1956 (di modifica del r.d.l. n. 1404/1934), denominata affidamento ai Servizi sociali.

Occorre adesso accennare a un'altra misura a disposizione del giudice della separazione, del divorzio o della dissoluzione della coppia di fatto con prole. Si tratta di una misura più incisiva della precedente, in quanto il figlio si trova in una condizione più delicata foriera di pregiudizi: egli è privo di un ambiente familiare idoneo a garantirgli una crescita che non sia a sé pregiudizievole. Stabilisce l'art. 337-*ter*, co. 2, c.c. che, in caso di impossibilità temporanea di affidare il minore anche a uno solo dei genitori, il tribunale potrà disporre *l'affidamento familiare*, istituto disciplinato dagli artt. 2 ss., legge n. 184/1983.

In tal caso, diversamente dall'affidamento ai Servizi sociali di cui si è appena trattato, il minore viene tolto dalla famiglia e affidato, per un tempo limitato, a un'altra famiglia o a una comunità di tipo familiare, nell'attesa che la famiglia d'origine superi, debitamente assistita, le problematiche psichiche e relazionali pregiudizievoli per il minore (cfr. *amplius* cap. V-§ 7).

19. *L'art. 709-*ter *c.p.c.: misure a tutela della bigenitorialità e della genitorialità.*

Abbiamo constatato come i diritti del figlio minore previsti dall'art. 315-*bis*, coo. 1 e 2, c.c. rischino di attenuarsi in conseguenza della separazione personale, del divorzio o della crisi tra i genitori non sposati. Per contrastare questo rischio, in presenza di tali accadimenti, il legislatore ha adottato istituti e strumenti a tutela del diritto della prole minorenne «di mantenere un rapporto equilibrato e continuativo con entrambi i genitori, di ricevere cura, educazione, istruzione e assistenza morale da entrambi» (art. 337-*ter*, co. 1, c.c.).

L'affidamento condiviso (art. 337-*ter*, coo. 2 e 3, c.c.) e l'affido esclusivo con esercizio congiunto della responsabilità genitoriale per le decisioni di maggior interesse (art. 337-*quater*, co. 3, c.c.) esigono collaborazione da parte dei genitori. Ciascuno di essi deve rispettare i tempi e le modalità di permanenza presso di sé del figlio, oltre ad essere costruttivo nel rapporto con l'altro per l'attuazione degli atti più significativi della vita del figlio.

In caso di affido esclusivo, il genitore affidatario deve permettere e agevolare il diritto di visita dell'altro, secondo quanto previsto dal provvedimento giudiziale. Sono illegittimi atteggiamenti ostruzionisti volti a impedire gli incontri con l'altro genitore. Ancor più grave è quella condotta duratura e pervicace con cui la madre o il padre induca deliberatamente il figlio ad avversare l'altra figura genitoriale al punto a fargli maturare – quella che per alcuni è una patologia – la sindrome di alienazione parentale.

La Cassazione ha affermato che esiste «un dovere morale e giuridico di promuovere attivamente e costantemente il ravvicinamento dei figli al genitore non affidatario» [71], atteso che la capacità genitoriale si valuta anche sulla base dell'attitudine a favorire, finanche attraverso uno sforzo di recupero di un rapporto deteriorato, le frequentazioni con l'altro genitore.

L'ordinamento, insomma, tutela la bigenitorialità nell'interesse del minore. Non si deve però dimenticare che, specularmente, esiste anche un diritto alla genitorialità (art. 30, co. 1, Cost.) o, come altri ritengono preferibile, al rispetto della vita familiare (art. 8 Cedu), nel senso – per quanto qui rileva – di poter continuare a svolgere il ruolo genitoriale nonostante la crisi di coppia. Impedire o ostacolare i rapporti tra un genitore e la prole lede una posizione giuridica soggettiva sia dell'uno che dell'altro [72].

Ebbene, a garanzia di entrambe queste posizioni giuridiche soggettive, la legge n. 54/2006 ha introdotto nel codice di procedura civile l'art. 709-*ter*. Il comma 1 delimita l'ambito applicativo delle diverse misure previste e individua il giudice competente. Vi deve essere una controversia tra i genitori sull'«*esercizio della responsabilità genitoriale*» o sulle «*modalità dell'affidamento*». Rilevano, quindi, due diversi profili del rapporto genitori-prole: responsabilità e affidamento.

I rimedi sono diversi. Il legislatore, se la condotta è meno grave, ha attribuito al giudice il potere di scegliere quale provvedimento adottare, altrimenti, in caso di maggiore gravità, si apre un ventaglio di possibilità precostituite dalla legge. Nella prima ipotesi il giudice è libero di adottare i «provvedimenti opportuni», in modo da pervenire alla soluzione più appropriata al caso concreto.

---

[71] Cass., n. 4176/2014.

[72] Trib. min. Trieste, 23.8.2013, afferma che la carcerazione del genitore non è, di per sé sola, motivo sufficiente a precludere la frequentazione col figlio.

Questa discrezionalità cessa a fronte di condotte più serie e pericolose, quali «*gravi inadempienze* o atti che comunque arrechino pregiudizio al minore o ostacolino il corretto svolgimento delle *modalità di affidamento*». In tali casi, a fronte dell'inosservanza dei provvedimenti giudiziali sull'affidamento, il giudice adito può non solo modificare questi ultimi, ma anche e congiuntamente avvalersi di uno degli *strumenti tipici* previsti dall'art. 709-*ter*, co. 2, c.p.c.

Questi ultimi sono: 1) l'ammonimento del genitore inadempiente; 2) il risarcimento del danno nei confronti dell'altro genitore o del minore; 3) la sanzione amministrativa pecuniaria da un minimo di 75 euro a un massimo di 5.000 euro a favore della Cassa delle ammende.

Tali misure postulano, come si diceva, l'elusione da parte di uno dei genitori di un provvedimento giudiziale sull'affidamento, il che può avere anche rilevanza penale[73].

Dal lato civilistico è stato chiarito che le misure di cui all'art. 709-*ter*, comma 2, costituiscono un intervento estremo, sia quanto all'assunzione dei provvedimenti opportuni, sia quanto alle misure tipiche[74].

Con riguardo ai provvedimenti opportuni, l'art. 709-*ter*, co. 2, c.p.c., unitamente all'art. 337-*ter*, co. 3, c.c., si applica quando i genitori separati, divorziati o disgregati quali conviventi *more uxorio* siano in contrasto su questioni di particolare importanza riguardanti la prole[75]. In tali casi, diversamente dalla fatti-

---

[73] Il reato di elusione del provvedimento del giudice è previsto dall'art. 388, co. 2, c.p. Cass. pen., n. 33452/2014, conferma (salvo una riduzione della pena) la condanna della madre per i reati di sottrazione di minore (art. 574 c.p.) e di elusione di un provvedimento del giudice di cui all'art. 388, co. 2, c.p., per avere la stessa, all'insaputa del marito, allontanato il figlio dal suo luogo abituale di residenza (portandolo a oltre 600 km in un'altra città).

[74] Il Trib. Milano, 5.12.2012, chiarisce che il giudice può intervenire con gli opportuni provvedimenti solo quando i genitori, a causa dell'aspra conflittualità esistente tra loro, paralizzino la vita del figlio su decisioni importanti. In questo caso, il giudice ha il potere di intervenire, privando i genitori dell'esercizio della responsabilità genitoriale con riguardo a taluni atti. Nel dispositivo si legge che il tribunale «delega i Servizi Sociali del Comune di Milano (…) ad assumere, previa consultazione ed in contraddittorio con entrambi i genitori, le decisioni finali riguardanti i minori con riferimento alle *scelte terapeutiche*, *ricreative*, di *sostegno scolastico* e circa gli eventuali *corsi parascolastici nel prevalente e superiore interessi dei figli minori* [corsivo mio]».

[75] Trib. Milano, 4.2.2015, accertata la persistenza del conflitto tra i genitori e chiarita la distinzione tra l'ambito applicativo dell'art. 316, co. 3, c.c. e dell'art. 709-*ter* c.p.c., stabilisce che la minore deve essere iscritta alla scuola pubblica e non a quella privata internazionale. Ciò in applicazione del seguente principio giurisprudenziale: «laddove non esista, o non persista, un'intesa tra i genitori a favore di un qualsivoglia istituto scolastico privato e non emergano evidenti controindicazioni all'interesse del minore (in particolare riconducibili a sue insite difficoltà di apprendimento, a particolari fragilità di inserimento nel contesto dei coetanei, a esigenze di coltivare studi in sintonia con la dotazione culturale o l'estrazione nazionale dei genitori ecc.), la decisione dell'Ufficio giudiziario – in sé sostitutiva di quella della coppia genitoriale – non può che essere a favore dell'istruzione pubblica, secondo i canoni dell'ordinamento riconosciuti come idonei allo sviluppo culturale di qualsiasi soggetto minore residente nel territorio». Il tribunale richiama Cass., n. 10174/2012 e Cass., n. 14360/2000. La preferenza per la scuola pubblica è

specie di cui all'art. 316, co. 3, c.c. che presuppone un nucleo familiare ancora unito, il giudice non si limita ad attribuire il potere di decidere al genitore che, nel caso concreto, ritenga più idoneo, ma decide egli stesso nell'interesse del minore. La decisione, come si diceva, non è stata precostituita dal legislatore, potendosi adottare il provvedimento ritenuto più efficace.

Spostando il discorso sulle misure tipiche di cui all'art. 709-*ter*, co. 2, c.p.c., preme soffermarsi sul problema della funzione del risarcimento del danno previsto dal n. 2 e dal n. 3 di tale articolo. Essa, secondo la tesi prevalente in giurisprudenza e condivisa da una parte della dottrina, non è compensativa né solidaristico-satisfattiva, ma punitiva e deterrente[76].

Si argomenta dal fatto che il legislatore abbia inteso, da un lato, sanzionare il responsabile, inducendolo a non commettere più l'illecito, dall'altro, in funzione general-preventiva, dissuadere i genitori dal tenere comportamenti analoghi[77].

La finalità dell'art. 709-*ter* c.c. è di garantire l'attuazione dei provvedimenti di affidamento, esercitando una coazione indiretta sugli obbligati, analogamente a quanto è stato previsto per gli obblighi di *facere* infungibili (art. 614-*bis* c.p.c.). Coerentemente, l'art. 709-*ter* c.p.c. si concentra sulla condotta del danneggiante, senza rivolgere alcun cenno alla sfera giuridica del danneggiato né a un eventuale pregiudizio da questi subito (il che farebbe propendere per la funzione solidaristico-satisfattiva).

Oramai si deve ammettere che la funzione punitiva non è più un corpo estraneo nell'ordinamento, essendo essa compatibile con i principi generali di quest'ultimo, in quanto sono state progressivamente introdotte numerose di-

---

motivata sulla base del fatto che tale tipo di scuola è «espressione primaria e diretta del sistema nazionale di istruzione (art. 1, l. n. 62/2000), nonché esplicazione principale del diritto costituzionale all'istruzione (art. 33, co. 2, Cost.)».

[76] Trib. Messina, 8.10.2012, condanna la madre a corrispondere euro 2.500,00 in favore della Cassa delle Ammende ed euro 4.000,00 in favore del minore a titolo di risarcimento del danno *ex* art. 709-*ter*, co. 2, n. 2 (da versare in un libretto bancario intestato al minore). Le condotte della madre censurate dal tribunale sono: il trasferimento in altra città con il figlio senza aver preventivamente avvisato l'altro genitore, il mancato inserimento scolastico del figlio e l'interruzione della comunicazione con l'altro genitore, ciò che ha ostacolato i rapporti genitore/figlio. Trib. Treviso, 21.10.2014, provate le violenze fisiche e psichiche ai danni della moglie e dei figli, condanna il marito a corrispondere euro 5.000,00 alla moglie ed euro 5.000 ad un figlio, dopo aver osservato che «il risarcimento del danno [ex art. 709-*ter*] ha natura sanzionatoria e non compensativa». Cfr. anche Corte App. Firenze, 29.8.2007, in cui si prevede un risarcimento del danno al minore poiché la madre aveva ostacolato la frequentazione del padre, nonché un risarcimento a favore di quest'ultimo.

[77] Cass., Sez. Un., n. 16601/2017, cit., nell'ammettere la possibilità di delibare, entro certi limiti, le pronunce straniere contenenti una condanna al risarcimento del danno c.d. punitivo, annovera l'art. 709-*ter*, n. 4, c.p.c. tra quelle disposizioni che prevedono un risarcimento del danno avente una funzione punitiva. Questa sentenza, di grande rilievo perché espande l'ordinamento, supera l'orientamento precedente che ha rigettato la richiesta di delibazione di quelle sentenze straniere (solitamente pronunciate negli Stati Uniti) di condanna a pagare ingenti somme a titolo di danno punitivo, poiché contrarie *sic et simpliciter* all'ordine pubblico (così Cass., n. 1183/2007).

sposizioni che hanno attribuito un connotato sanzionatorio al risarcimento[78]. Così la Cassazione a Sezioni Unite ha potuto di recente affermare che «accanto alla preponderante e primaria funzione compensativo-riparatoria [della responsabilità civile] (che immancabilmente lambisce la deterrenza) è emersa una natura polifunzionale (...) che si proietta verso più aree, tra cui sicuramente principali sono quella preventiva (o deterrente o dissuasiva) e quella sanzionatorio-punitiva»[79].

Ritenere che la funzione del risarcimento *ex* art. 709-*ter*, nn. 2 e 3, c.p.c. sia punitiva ha ricadute di carattere sostanziale e processuale ben precise. Il ricorrente non deve provare di aver subito un danno, perché questo è in *re ipsa* nell'elusione del provvedimento giudiziale. Di più: il danno può anche mancare in concreto, poiché l'ordinamento non vuole reagire a un pregiudizio, bensì punire quelle condotte lesive della sfera giuridica del minore o dell'altro genitore al fine di garantire un corretto esercizio della responsabilità genitoriale.

Lo scopo dell'art. 709-*ter* c.c.p. è, pertanto, favorire l'attuazione del principio di bigenitorialità, attraverso misure coercitive indirette di tipo sanzionatorio. Non si tratterebbe, peraltro, di una novità assoluta, essendo la funzione punitiva già presente nell'ambito dei rimedi gius-familiari. Si possono ricordare, tra gli altri, gli ordini di protezione contro gli abusi familiari (art. 342-*bis* c.c.) e l'obbligo a carico del coniuge di mala fede, in caso di matrimonio putativo, di corrispondere una congrua indennità all'altro, anche in mancanza di prova del danno sofferto (art. 129-*bis* c.c.).

È bene puntualizzare che la domanda di risarcimento del danno *ex* art. 709-*ter*, co. 2, nn. 2 e 3, c.p.c. è diversa da quella di riparazione monetaria del danno non patrimoniale per lesione di un diritto fondamentale avvenuta nell'ambito familiare. Mentre quest'ultima è volta a riparare il pregiudizio subito dal coniuge, dal figlio o dal genitore sociale (cfr. *infra*, cap. VII-§§ 5 e 7), la prima, come si diceva, punisce una determinata condotta disinteressandosi del pregiudizio. Di conseguenza, secondo un orientamento giurisprudenziale, mentre il risarcimento del danno *ex* art. 709-*ter* può essere chiesto nello stesso giudizio di separazione/divorzio dopo i provvedimenti presidenziali e a causa dell'inosservanza di questi ultimi, il danno non patrimoniale, per sua stessa natura, deve essere trattato e deciso con rito ordinario di cognizione[80].

Sotto il profilo applicativo, rispetto alla finalità punitiva e alla lettera dell'art. 709-*ter* c.p.c. (in part.: «atti che comunque arrechino pregiudizio al minore»), è,

---

[78] Cass., Sez. Un., n. 16601/2017, cit., ne riporta un lungo elenco che comprende le più diverse materie, tra le quali, ad esempio: marchi e brevetti (d.lgs. n. 30/2005 e d.lgs. n. 206/2005), nel processo civile (artt. 614-*bis* e 96, co. 3, c.p.c.), nella proprietà industriale (art. 125, d.lgs. n. 30/2005) e in funzione antidiscriminatoria (art. 28, d.lgs. n. 150/2011).

[79] Cass., Sez. Un., n. 16601/2017, cit.

[80] Trib. Treviso, 21.10.2014, cit. e Cass., n. 18870/2014.

infine, coerente ritenere che le sanzioni ivi previste siano applicabili anche nel caso di inosservanza da parte di un genitore delle prescrizioni di ordine economico[81].

Quanto ai mezzi di impugnazione, secondo la giurisprudenza teorica, il provvedimento che disponga il risarcimento del danno o che irroghi la sanzione amministrativa pecuniaria è ricorribile in Cassazione[82].

Riferimenti bibliografici.

AA.VV., *Diritto privato delle persone minori di età*, a cura di E. Battelli, Torino, 2021; ADDIS F., *Sulla distinzione tra norme e principi*, in *Europa e dir. priv.*, 2014, 4, 1053; AL MUREDEN E., *La responsabilità genitoriale tra condizione unica del figlio e pluralità di modelli familiari*, in *Fam. e dir.*, 2014, 5, 466 ss.; AMATO C., *L'obbligo di vaccinazione tra libertà di scelta dei genitori e interesse del figlio*, in *Fam. e dir.*, 2014, 4, 371 ss.; AMBROSINI L., *Dalla «potestà» alla «responsabilità»: la rinnovata valenza dell'impegno genitoriale*, in *Dir. fam. e pers.*, 2015, 2, 687 ss.; ANDREOLA E., *Minori e incapaci in Internet*, Napoli, 2021; ARCERI A., *L'affidamento condiviso. Nuovi diritti e nuove responsabilità nella famiglia in crisi*, Milano, 2007; ATTADAMO L., *La collocazione prevalente del minore nell'affido condiviso*, in *Il corriere del merito*, 2013, 5, 495 ss.; AULETTA T., *Sub artt. 155, 155-bis, 155-ter, 155-quater, 155-quinquies, 155-sexies*, in *Commentario del codice civile*, diretto da E. Gabrielli, *Della famiglia*, a cura di L. Balestra, Milano, 2010, 663 ss.; BALLARANI G., *Sub art. 155 c.c., L'affidamento condiviso e l'interesse del minore*, in *Comm. Scialoja-Branca, Provvedimenti riguardo ai figli*, a cura di S. Patti e L.R. Carleo, Bologna-Roma, 2010, 20 ss.; BALLARANI G., *Diritti e doveri del figlio, in Filiazione. Commento al decreto attuativo. Le novità introdotte dal d.lgs. 28 dicembre 2013, n. 154*, a cura di M. Bianca, Milano, 2014, 127 ss.; BARONCINI V., *Ammonizione ex art. 709-ter c.p.c. e potere officiosi del giudice*, in *Fam. e dir.*, 2013, 4, 373 ss.; BELVEDERE A., *Potestà dei genitori* (voce), in *Enc. dir.*, 1990, 1 ss.; BENEDETTI G., *Oggettività esistenziale dell'interpretazione. Studi su ermeneutica e diritto*, Torino, 2014; BET E., *Affidamento condiviso, genitore biologico e «figura genitoriale di riferimento»*, in *Fam. e dir.*, 2013, 1, 101 ss.; CASONATO M., *Conflitti familiari e sindrome da alienazione parentale: note su una discussa patologia*, in *Fam. e dir.*, 2013, 8-9, 758 ss.; CHECCHI M., *Annullamento del contratto ex art. 322 c.c. e poter di rettifica*, in *Fam. e dir.*, 2015, 5, 455-456 ss.; CICERO

---

[81] Ma Trib. Nocera Inferiore, 22.5.2013 nega l'applicabilità dell'art. 709-*ter* c.p.c. con riguardo a un caso di mantenimento del minore in misura inferiore rispetto al dovuto.

[82] Cass., n. 4176/2014, cit. e Cass., n. 18977/2013 motivano la ricorribilità in Cassazione in ragione dei caratteri della decisorietà e della definitività del provvedimento giudiziale all'esito del reclamo. Di contro è inammissibile il ricorso in Cassazione contro il provvedimento di ammonimento (art. 709-*ter*, n. 1, c.p.c.) «attesa la natura meramente esortativa della misura e la mancanza di decisorietà e definitività della stessa».

C., (voce) *Filiazione (riforma della)*, in *Digesto*, 2016 (versione in banca dati-Leggi d'Italia); COCCO M., *Annullamento del contratto e rimedi a tutela dell'incapace*, in *Giur. it.*, 2014, 2680 ss.; D'ANGELO A., *Il risarcimento del danno come sanzione? Alcune riflessioni sul nuovo art. 709-ter c.p.c.*, in *Familia*, 2006, 1043 ss.; DE CUPIS A., *Il favor del diritto civile per gli incapaci*, in *Riv. dir. civ.*, 1984, II, 253 ss.; DE MEO R., *Annullamento parziale della compravendita stipulata dal genitore del figlio minore ed eterointegrazione della parte acquirente*, in *Contratti*, 2015, 1, 5 ss.; DI CRISTO R., *L'obbligazione contratta, nell'interesse della famiglia, da uno solo dei coniugi*, in *Fam. pers. e succ.*, 2009, 626 ss.; FERRANDO G., *Responsabilità civile e rapporti familiari alla luce della l. n. 54/2006*, in *Fam. pers. succ.*, 2007, 590 ss.; FRANZONI M., *Dell'annullabilità del contratto. Artt. 1425-1426*, in *Il codice civile. Commentario Schelsinger*, Milano, 2005, 207; GIARDINA F., *La condizione giuridica del minore*, Napoli, 1984; GIORGIANNI M., *Sub artt. 315-318 c.c.*, in *Commentario al diritto italiano della famiglia*, diretto da G. Cian, G. Oppo e A. Trabucchi, Padova, 1992, 285 ss.; GIORGIANNI L., *Separazione e divorzio: l'ascolto del minore e il problema dell'assegno al coniuge*, in *Fam. e dir.*, 2018, 6, 571 ss.; IRTI C., *Sub art. 155-bis c.c., L'affidamento esclusivo*, in *Comm. Scialoja-Branca*, *Provvedimenti riguardo ai figli*, a cura di S. Patti e L.R. Carleo, Bologna-Roma, 2010, 224 ss.; JANNUZZI A.-LOREFICE P., *Manuale della volontaria giurisdizione*, Milano, 2002; LENTI L., *Gli affidamenti a servizi sociali*, in *Fam. e dir.*, 2018, 1, 99 ss.; LISELLA G., *Usufrutto legale e contribuzione filiale al mantenimento della famiglia*, Napoli, 2003; LO GIACO M.L., *Il superiore interesse del minore come limite alla libertà religiosa dei genitori*, in *Giur. it.*, 2019, 4, 780 ss.; MANTOVANI M., *Fragilità dei genitori e affidamento dei figli: sul lettino di Freud*, in *Nuova giur. civ. comm.*, 2016, 1, 18 ss.; MURGO C., *Affidamento del figlio naturale e convivenza omosessuale dell'affidatario: l'interesse del minore come criterio esclusivo*, in *Nuova giur. civ. comm.*, 2013, 5, 432 ss.; NAPOLI G.E., *Affidamento a un solo genitore e opposizione all'affido condiviso*, in *Filiazione. Commento al decreto attuativo. Le novità introdotte dal d.lgs. 28 dicembre 2013, n. 154*, a cura di M. Bianca, Milano, 2014, 185 ss.; OLIVERO L., *La scelta della scuola e l'interesse del minore*, in *Giur. it.*, 2017, 1534 ss.; PAGLIANTINI S., *Diritto giurisprudenziale e principio di effettività*, in *Persona e mercato*, 2015, 4, 135 ss.; PALAZZO A., *L'era della cura e dell'ascolto del minore*, in *Tratt. di diritto civile e commerciale*, continuato da P. Schlesinger, *La filiazione*, Milano, 2007, 527 ss.; PASCUCCI L., *Le obbligazioni contratte da un coniuge nell'interesse della famiglia tra diritto giurisprudenziale e possibile evoluzione legislativa*, in *Fam. e dir.*, 2007, 6, 557 ss.; PELOSI A.C., *Sub artt. 320-327*, in *Commentario al diritto italiano della famiglia*, diretto da G. Cian, G. Oppo e A. Trabucchi, Padova, 1992, 342 ss.; PELOSI A.C., *Potestà dei genitori* (I Agg.), in *Digesto*, 2012 (versione in banca dati – Leggi d'Italia on line); PESCE R., *L'ascolto del minore tra riforme legislative e recenti applicazioni giurisprudenziali*, in *Fam. e dir.*, 2015, 3, 242 ss.; ROMANO M., *Sub art. 155-sexies, le peculiarità della norma e l'ascolto del minore*, in *Comm. Scialoja-Branca*, *Provvedimenti riguardo ai figli*, a cura di S. Patti e L.R. Carleo, Bologna-Roma, 2010, 366 ss.; ROPPO E., *Il giudice nel conflitto coniugale*, Bologna, 1981; RUSCELLO F., *La potestà dei genitori*, in *Codice civile Commentario*, diretto da P. Schlesinger, Milano, 1996; RUSCELLO F., *La potestà dei genitori. Usufrutto legale*, in *Commentario. Il codice civile*, diretto da Busnelli F.D., Milano, 2010; RUSCELLO F., *Quando il pregiudizio ... è nella valutazione del pregiudizio! A proposito dell'affidamento della prole alla madre omosessuale*, in *Fam. e dir.*, 2013, 6, 570 ss.; SENIGALLIA R., *Status filiationis e dimensione relazionale dei rapporti di famiglia*, Napoli, 2013, in particolare sulla tesi della natura relazionale dei diritti del minore, tesi che si contrappone alla prospettiva liberazionista e liberale, cfr. p. 126 ss. Per un'attenta lettura del principio del prevalente interesse del minore cfr. p. 154 ss.; SENIGALLIA R., *Minore età e contratto. Contributo alla teoria della capacità*, Torino, 2020; STANZIONE P.-SCIANCALEPORE G., *Minori e diritti fondamentali*, Milano, 2006; TASSONE B., *Mancato riconoscimento del figlio naturale e danno non patrimoniale*, in *Giur. it.*, 2014, 7, 1593 ss.; TOMMASINI R.-SORACI S., *Sub art. 147 c.c., Doveri verso i figli*, in *Commentario del codice civile*, diretto da E. Gabrielli, *Della famiglia*, a cura di L. Balestra, Milano, 2010, 476 ss.; VETTORI G.-GORGONI A., *Il dovere coniugale di contribuzione*, in *Tratt. dir. fam.*, diretto da G. Bonilini, vol. II, *Il regime patrimoniale della famiglia*, Torino, 2015, 1135 ss.; VETTORI G., *Effettività delle tutele (diritto civile)*, voce, in *Enc. dir.*, Milano, 2017, 381 ss.; WINKLER M.M., *La Cassazione e le famiglie ricomposte: il caso del genitore convivente con persona dello stesso sesso*, in *Giur. it.*, 2013, 5, 1036 ss.; ZANOVELLO F., *Semiabbandono e interesse del minore alla conservazione dei legami familiari: la Cassazione ribadisce il ricorso all'adozione «mite»*, in *Fam. e dir.*, 2021, 6, 586 ss.

Capitolo Quinto

TUTELE

SOMMARIO: 1. Strumenti di tutela dei diritti dei figli. La distrazione dei redditi. – 2. La decadenza dalla responsabilità genitoriale: presupposti e interesse del minore. – 3. (*Segue*). La competenza. – 4. (*Segue*). Effetti della decadenza, indegnità a succedere e reintegrazione. – 5. Allontanamento del figlio e affidamento familiare. – 6. Condotta pregiudizievole per il figlio. – 7. L'affidamento ai Servizi sociali. – 8. Misure a tutela del patrimonio del figlio. – 9. (*Segue*). Il procedimento: legittimati, curatore e impugnazione. – 10. Ordini di protezione contro gli abusi familiari: destinatari e nozione di abuso. – 11. (*Segue*). Contenuto degli ordini di protezione. – 12. (*Segue*). Il procedimento: cenni.

1. *Strumenti di tutela dei diritti dei figli. La distrazione dei redditi.*

I diritti dei figli, rafforzati e ampliati dalla riforma 2012/2013, sono garantiti da un sistema protettivo sul quale il legislatore non ha ritenuto di intervenire, salvo su qualche profilo di cui si dirà. Esso si compone di disposizioni di diritto penale e di diversi strumenti di natura privatistica.

Quanto alle prime, è sufficiente limitarsi a un elenco: violazione degli obblighi di assistenza familiare (art. 570 c.p.); abuso dei mezzi di correzione o di disciplina (art. 571 c.p.); maltrattamento dei fanciulli (art. 572 c.p.), con pena aumentata se dal fatto deriva una lesione personale grave o gravissima; abbandono di un minore di anni quattordici o di una persona incapace per malattia di mente o di corpo (art. 591 c.p.).

Sono articoli che, oltre a produrre un effetto deterrente, svolgono una funzione afflittiva e repressiva del soggetto autore dei comportamenti criminosi.

I *rimedi privatistici*, invece, sono volti non tanto a punire i genitori, ma essenzialmente a proteggere il minore di età, anche in via preventiva rispetto a un pericolo di danno. Non rileva perciò l'elemento soggettivo del dolo o della colpa, bensì il fatto obiettivo del pregiudizio (cfr. *infra*, § 2).

Si distingue tra i rimedi risarcitori e cautelativi, da un lato, e i rimedi contro l'esercizio abusivo o pregiudizievole della responsabilità genitoriale, dall'altro.

Afferiscono a questi ultimi la decadenza dalla responsabilità genitoriale (art. 330 c.c., cfr. *infra*, §§ 2-4), i provvedimenti atipici a tutela del minore (art. 333 c.c., cfr. *infra*, § 6) e la rimozione dall'amministrazione del patrimonio del minore (art. 334 c.c., cfr. *infra*, § 8).

La tutela risarcitoria del minore è stata ammessa dalla giurisprudenza non molti anni addietro. La Cassazione con la sentenza n. 7713/2000 ha riconosciuto il danno esistenziale subito dal minore a causa della noncuranza del padre, il quale, per un verso, non aveva compiuto il riconoscimento e per l'altro, nonostante la costituzione della filiazione tramite la dichiarazione giudiziale, aveva continuato ostinatamente a non corrispondere il mantenimento al proprio figlio (cfr. *amplius infra*, cap. VII-§ 5).

I *rimedi cautelari*, diversamente dal risarcimento del danno, si collocano per così dire a monte della fattispecie concreta. Essi consentono di attuare una cautela, appunto, o in funzione preventiva di una condotta pregiudizievole o finalizzata a precluderne la reiterazione. Afferiscono a tale categoria gli strumenti di tutela di seguito indicati.

In caso di fondato timore di perdere la garanzia del proprio credito per il mantenimento del figlio, il genitore adempiente può chiedere il sequestro conservativo (artt. 2905-2906 c.c.) dei beni dell'altro genitore che, invece, non ha adempiuto al mantenimento del figlio (art. 671 c.p.c.). L'art. 8, co. 1, legge n. 898/1970 a tutela dei diritti economici del figlio (e del coniuge) prevede che il tribunale possa imporre all'obbligato di prestare «idonea garanzia reale o personale», qualora vi sia il pericolo che egli possa sottrarsi ai suoi obblighi patrimoniali.

Vi è inoltre uno strumento, di *natura non cautelare*, particolarmente efficace a tutela del diritto del figlio di essere mantenuto: è l'ordine di distrazione dei redditi dell'obbligato. L'art. 156, co. 6, c.c., con una disposizione ritenuta dalla giurisprudenza di legittimità applicabile anche al caso di mancato pagamento di somme dovute per il mantenimento dei figli minori [1], stabilisce che il giudice può ordinare a terzi «tenuti a corrispondere anche periodicamente somme di danaro all'obbligato, che una parte di esse venga versata direttamente agli aventi diritto». Il presupposto della corresponsione da parte del terzo è l'inadempimento dell'obbligato al mantenimento.

La distrazione consta di un ordine giudiziale impartito al terzo debitore del genitore tenuto al mantenimento (ma inadempiente) di pagare all'altro genitore (l'assegnatario) una parte del debito. L'assegnatario diviene titolare di una propria pretesa creditoria in funzione di garanzia del diritto del minore di essere mantenuto.

Generalmente i terzi (*debitores debitoris*) cui allude la disposizione sono il datore di lavoro dell'obbligato, il conduttore di un immobile di proprietà sempre dell'obbligato, ma anche, secondo la dottrina, il debitore di una somma determinata, non necessariamente a prestazioni periodiche (si argomenta dall'espressione «anche periodicamente» di cui al comma 6).

L'art. 156, co. 6, c.c. è chiaro nello stabilire che può essere distratta soltanto

---

[1] Cass., n. 10813/1996 e Cass., n. 6557/1997. Si è reso necessario un intervento della giurisprudenza in senso estensivo dell'ambito applicativo dell'art. 156, c. 6, c.c., perché, letteralmente, l'inadempienza cui si riferisce il co. 6 riguarda soltanto l'obbligo di corrispondere l'assegno di mantenimento al coniuge (e non già al figlio).

una «parte» del credito e non già l'intero reddito vantato dal coniuge debitore. Questa regola è frutto di un bilanciamento tra la pretesa del coniuge e del figlio al mantenimento, da un lato, e le esigenze della famiglia comprese quelle del genitore obbligato (ma inadempiente), dall'altro.

Rileva la dottrina che la necessaria parzialità della distrazione non esclude che, in presenza di più cespiti produttori di reddito, la distrazione possa avere a oggetto un intero credito. È dubbio, invece, se all'istituto della distrazione siano applicabili i limiti di espropriabilità previsti dal codice di rito per i crediti di lavoro (cfr. art. 545 c.p.c.).

Il decreto di distrazione, da notificare agli interessati e al terzo *debitor debitoris*, costituisce titolo esecutivo. Esso può essere opposto nel termine di venti giorni dalla notifica, nelle forme dell'opposizione a decreto ingiuntivo, atto quest'ultimo che instaura un giudizio ordinario di cognizione (art. 316-*bis*, coo. 3 e 4, c.c.).

Stabilisce, infine, l'ultimo comma dell'art. 316-*bis* c.c. che «Le parti e il terzo possono sempre chiedere, con le forme del processo ordinario, la modificazione e la revoca» del decreto di distrazione.

Anche la legge sul divorzio (come novellata nel 1987), all'art. 8, comma 3, prevede lo strumento della distrazione a tutela dei diritti economici sia del coniuge che del figlio; strumento tuttavia disciplinato diversamente. Manca l'ordine del giudice. Questi i diversi passaggi attuativi della distrazione: 1) l'avvio spetta al coniuge creditore, il quale costituisce in mora il coniuge debitore a mezzo raccomandata con avviso di ricevimento. Presupposto è l'inadempimento che deve riguardare un periodo di almeno trenta giorni (perciò il mancato pagamento di una rata dell'assegno); 2) notifica al terzo del provvedimento in cui è stabilita la misura dell'assegno (la pronuncia di divorzio, il decreto *ex* art. 9, legge n. 898/1970 di modifica delle condizioni di divorzio o, in corso di causa, l'ordinanza presidenziale) con l'invito a versare direttamente al coniuge creditore le somme dovute.

Si presti attenzione al fatto che il terzo *debitor debitoris* deve essere tenuto a corrispondere somme periodiche (ad es.: un datore di lavoro), il che esclude l'applicabilità dello strumento nei confronti di un terzo debitore di una somma *una tantum*. Questa limitazione (difficile da giustificare) non è prevista, come si è già rilevato, nell'ordine di distrazione disciplinato dall'art. 156, co. 6, c.c., dove si lascia intendere, mediante l'espressione «anche periodicamente», che può trattarsi di somma dovuta dal terzo in unica soluzione.

Non è possibile soffermarsi adeguatamente in questa sede sull'eventualità che il terzo non adempia, né sulla tutela del debitore (che potrebbe non essere inadempiente) qualora il terzo ottemperi all'invito rivoltogli. Su quest'ultimo punto è d'obbligo, tuttavia, osservare che la mancata previsione dell'ordine giudiziale, da un lato, rende più snella la misura, dall'altro, diminuisce le garanzie per il coniuge obbligato. L'insussistenza di un preventivo vaglio giudiziale sull'*an* e sul *quantum* dell'inadempimento espone il coniuge debitore a un ingiustificato depauperamento del proprio reddito, cui rimediare attraverso un'azione di accertamento nei confronti del creditore e del terzo sull'insussistenza dell'inadempimento o sull'inesatto adempimento.

L'ordine di distrazione può essere disposto anche al di fuori dei procedimenti relativi alla separazione e al divorzio. L'art. 316-*bis*, co. 2, c.c. stabilisce che in caso di inadempimento dell'obbligo di mantenere i figli, il Presidente del tribunale «può ordinare con decreto che una quota dei redditi dell'obbligato, in proporzione degli stessi, sia versata direttamente all'altro genitore o a chi sopporta le spese per il mantenimento, l'istruzione e l'educazione della prole».

È da osservare che mentre l'art. 156 c.c. postula un provvedimento di separazione personale inosservato nella parte riguardante il mantenimento del figlio, l'art. 316-*bis* c.c., da un lato, prescinde dalla separazione, dall'altro, consente l'esperibilità del rimedio al genitore (non solo al coniuge); quindi anche all'interno della convivenza *more uxorio*, in caso di inadempienza da parte di uno dei genitori conviventi dell'obbligo di mantenere il figlio.

2. *La decadenza dalla responsabilità genitoriale: presupposti e interesse del minore.*

I figli – lo si è già rilevato – vedono attuarsi i propri diritti attraverso la dialettica con i genitori, la quale si svolge tramite l'esercizio della responsabilità genitoriale. Specularmente la responsabilità genitoriale è strumentale all'adempimento dei doveri dei genitori; essa, se correttamente esercitata, garantisce la crescita in un ambiente familiare sereno, il rispetto delle aspirazioni, l'assistenza morale e la tutela della salute della prole. In definitiva l'esercizio della responsabilità genitoriale è un mezzo funzionale allo sviluppo della personalità del figlio.

Viceversa, un cattivo esercizio della stessa lede i diritti del figlio e rischia di pregiudicarne il formarsi di una personalità solida, autentica ed equilibrata.

In forza del legame esistente tra effettività dei diritti, adempimento dei doveri ed esercizio della responsabilità genitoriale, il legislatore ha apprestato diversi strumenti di tutela della prole, incidenti sulla responsabilità genitoriale (artt. 330, 333, 334 c.c.).

L'art. 330 c.c. prevede la decadenza dalla responsabilità genitoriale. È una misura estrema, ablativa della titolarità, che postula una valutazione giudiziale di inadeguatezza del genitore a far crescere il figlio in un ambiente familiare idoneo, nel rispetto della sua dignità e personalità.

Dalla decadenza vanno tenuti distinti i provvedimenti limitativi della responsabilità, che possono interessare anche un singolo atto (art. 333 c.c.) e l'istituto della rimozione dall'amministrazione, in cui il genitore rimosso perde l'esercizio (non la titolarità) della responsabilità con riguardo agli atti patrimoniali (art. 334 c.c.).

I presupposti della decadenza, di per sé, alludono agli aspetti appena sopra sottolineati: il collegamento tra diritti del figlio e doveri dei genitori e l'*extrema ratio* della misura protettiva. Secondo l'art. 330, co. 1, c.c. occorre in via concorrente: a) che i genitori abbiano *violato* o *trascurato* i doveri inerenti alla responsabilità genitoriale ovvero *abusato* dei relativi poteri; b) il verificarsi di un grave pregiudizio del figlio.

Violare e trascurare può dipendere da condotte sia commissive che omissive del genitore. L'oggetto di tali condotte riguarda i doveri attinenti alla responsabilità genitoriale, ossia mantenere, istruire, educare e assistere moralmente la prole, tenendo sempre conto delle capacità, inclinazioni naturali e aspirazioni della stessa.

L'abuso è una fattispecie più sottile, ma talvolta non del tutto diversa dalla violazione dei doveri. Accade che il genitore osservi solo formalmente il dovere, sviandolo dal perseguimento dell'interesse esclusivo del minore. Si pensi all'imposizione, in modo subdolo, di scelte esistenziali con conseguente violazione del dovere di rispettare la personalità del figlio. Qui il pregiudizio attiene alla sfera morale del minore[2], ma anche fisica qualora, per educare, si adoperi la violenza.

Secondo la dottrina maggioritaria il pregiudizio deve essere oltre che grave, presente e attuale. Altri autori ritengono, invece, sufficiente l'elevata probabilità del pregiudizio ipotizzabile.

Gli studiosi sono concordi, invece, nel sostenere che la decadenza abbia non tanto la funzione di punire i genitori, quanto piuttosto di evitare che il minore subisca in futuro altri gravi pregiudizi. Ne consegue l'irrilevanza dell'elemento soggettivo del dolo o della colpa, essendo determinate solo l'obiettiva lesione del diritto e la produzione del grave pregiudizio.

Dalla casistica emerge come la decadenza sia pronunciata a fronte di situazioni fortemente pregiudizievoli per la prole. Vengono censurati comportamenti violenti e minacciosi nei confronti del figlio, ma anche soltanto nei riguardi del coniuge (o del convivente *more uxorio*), quando siano tali da alterare l'atmosfera familiare nel suo complesso[3]. Rilevano altresì l'incapacità di capire i bisogni del figlio, unita alla coartazione psicologica, l'abbandono del figlio sia pur per accudire il marito[4], l'abuso di sostanze stupefacenti e il disinteresse nei confronti del figlio[5] che può inverarsi anche attraverso l'assoluta incapacità di comprenderlo in frangenti importanti della vita.

---

[2] È illegittima quella condotta reiterata del genitore consistente in frasi pronunciate anche incidentalmente che lascino intendere il proprio disprezzo verso quella professione cui il figlio aspira. In questo caso l'esercizio della responsabilità genitoriale è sviato dalla sua funzione di tener conto delle aspirazioni e delle inclinazioni naturali del figlio (art. 316, co. 1, c.c.).

[3] Trib. min. l'Aquila, 15.6.2007. Il caso riguarda maltrattamenti indiretti nei confronti del minore, il quale assisteva spesso ad aggressioni e violenze da parte del padre nei confronti della madre.

[4] Cass., n. 21537/2020.

[5] Cass., n. 12763/2021, afferma che i «soventi scoppi collerici costituiscono una motivazione certamente insufficiente a giustificare una sospensione della responsabilità genitoriale». La pronuncia d'appello è stata cassata per motivazione apparente, poiché in essa non è stata indicata alcuna «fonte (Servizi Sociali, consulenze, testimonianze, ecc.) del convincimento del giudicante, in ordine a un provvedimento incidente su diritti di natura personalissima e di primario rango costituzionale».

Si diceva poco sopra che, ai fini della decadenza, possono essere determinanti anche le condotte omissive. Si pensi ai seguenti casi: 1) genitori consapevoli, seppur dissenzienti ma inerti, della violenza sessuale subita dalla figlia; 2) genitore che non sporge denuncia a fronte della violenza sessuale o delle violenze subite dalla figlia da parte dall'altro genitore; 3) genitori di una minorenne affetta da una minorazione psichica che si disinteressano del comportamento irregolare della figlia che intrattiene plurime relazioni sessuali senza capacità di porvi un freno.

Vi è un ultimo profilo da trattare che richiama alcune condotte di rilevanza penale, quali i delitti di alterazione di stato (art. 567 c.p.) e di soppressione dello stato (art. 566 c.p.), a fronte delle quali l'art. 569 c.c. prevedeva, quale pena accessoria automatica, la decadenza dalla potestà (oggi responsabilità) genitoriale. Soffermiamoci su questo tema della pena accessoria.

Osservavamo che la decadenza dalla responsabilità genitoriale è una *extrema ratio* che esige una valutazione giudiziale dell'incapacità del genitore di adempiere ai doveri previsti dalla legge, con grave pregiudizio del figlio. Ora l'operatività *ipso iure* della sanzione accessoria della decadenza impedisce al giudice proprio di valutare se, nonostante la commissione di quel determinato reato da parte di un genitore, quest'ultimo possa ugualmente conservare la titolarità e l'esercizio della responsabilità genitoriale. Eppure questa valutazione caso per caso sarebbe necessaria perché titolarità ed esercizio sono funzionali, come ha affermato la Corte costituzionale[6], ad «assicurare ai figli un completo percorso educativo, garantendo loro il benessere, la salute e la crescita anche spirituali, secondo le possibilità socio-economiche dei genitori stessi».

Sulla base di queste considerazioni, cui deve aggiungersi il diritto del figlio a vivere e crescere nell'ambito della propria famiglia, mantenendo un rapporto equilibrato e continuativo con ciascuno dei genitori e il principio del preminente interesse del minore, la Corte costituzionale, con due pronunce di incostituzionalità, ha eliminato l'automaticità della sanzione accessoria che operava a fronte del reato di alterazione[7] e di soppressione dello stato di figlio[8].

---

[6] Corte cost., n. 31/2012, cit.

[7] Corte cost., n. 31/2012, cit., dichiara «l'illegittimità costituzionale dell'art. 569 c.p. nella parte in cui prevede che, in caso di condanna pronunciata contro il genitore per il delitto di alterazione di stato di cui all'art. 567, co. 2, c.p., debba conseguire automaticamente la perdita della potestà [oggi responsabilità] genitoriale, così precludendo al giudice ogni possibilità di valutazione dell'interesse del minore nel caso concreto». Nel caso di specie, nel giudizio di merito, era emerso che la madre aveva posto in essere la condotta di *alterazione di stato* (consistita nel dichiarare la figlia come naturale invece che nata in costanza di matrimonio) al fine di proteggere la figlia da un pregiudizio che poteva esserle arrecato dall'altro genitore (che sarebbe stata considerato padre per via della presunzione di paternità). La Consulta ha sottolineato giustamente che il delitto di cui all'art. 567, co. 2, c.p., «diversamente da altre ipotesi criminose in danno dei minori, non reca in sé una presunzione assoluta di pregiudizio per i loro interessi morali e materiali, tale da indurre a ravvisare sempre l'inidoneità del genitore all'esercizio della potestà genitoriale».

[8] Corte cost., n. 7/2013, cit., allo stesso modo e per le stesse ragioni già contenute in Corte

Perciò il giudice penale dovrà, di volta in volta, bilanciare l'interesse del minore a conservare un rapporto pieno con il genitore autore del reato, tenendo ferma la titolarità della responsabilità genitoriale, con «la necessità di applicare comunque la pena accessoria in ragione della natura e delle caratteristiche dell'episodio criminoso» a tutela dell'interesse dello Stato all'esercizio della potestà punitiva, nonché «dell'interesse dell'imputato e delle altre eventuali parti processuali alla celebrazione di un giusto processo» [9].

Se il bilanciamento è una tecnica che «pesa» i contrapposti interessi, cercando di trovare un punto di equilibrio, non deve dimenticarsi che l'interesse del minore, sul piano assiologico, parte da una situazione di vantaggio: la preminenza. È proprio in forza di tale carattere che la Corte costituzionale ha eliminato l'automatismo della sanzione accessoria.

3. (Segue). *La competenza.*

La competenza a disporre la decadenza dalla responsabilità genitoriale è del tribunale per i minorenni, salvo in alcune ipotesi introdotte dalla legge n. 219/2012 con una modifica dell'art. 38 disp. att. c.c. Vediamole.

La nuova disposizione attribuisce al tribunale ordinario la competenza a emettere i provvedimenti di cui all'art. 333 c.c. e quelli «contemplati dalle disposizioni richiamate nel primo periodo» [tra cui, secondo la Cassazione, vanno ricompresi anche i provvedimenti *ex* art. 330 c.c.] [10] qualora sia stato instaurato

cost., n. 31/2012, cit., dichiara «l'illegittimità costituzionale dell'art. 569 c.p., nella parte in cui stabilisce che, in caso di condanna pronunciata contro il genitore per il delitto di *soppressione di stato*, consegua di diritto la perdita della potestà [oggi responsabilità] genitoriale, così precludendo al giudice ogni possibilità di valutazione dell'interesse del minore nel caso concreto». Nel caso di specie, i genitori sono stati dichiarati colpevoli del delitto di cui all'art. 566, co. 2, c.p. per aver omesso di dichiarare la nascita della loro figlia (il 13.10.2000) nel termine previsto dal d.P.R. n. 396/2000, sopprimendone così lo stato civile fine al 2005. La Corte cost. rileva che la fissità della pena accessoria entra in conflitto frontale con «la salvaguardia delle esigenze educative ed affettive del minore», le quali non possono essere interrotte senza ragione. Ciò che si verificherebbe nel caso di specie, poiché nei giudizi di merito era emerso che i genitori non avevano mai fatto mancare alla figlia attenzioni materiali, affetto e assistenza. In entrambe le pronunce, la Consulta reputa l'automatismo irragionevole (art. 3) e in contrasto con la normativa sovranazionale (art. 117, co. 1, Cost.) a tutela del minore (art. 3, co. 1, Conv. sui diritti del fanciullo di New York e art. 6 Conv. europea sull'esercizio dei diritti dei fanciulli).

[9] Corte cost., n. 31/2012, cit.

[10] Cass., n. 1349/2015, rigetta la tesi che limita la competenza funzionale per attrazione del tribunale ordinario (che giudica sulla separazione, sul divorzio o ai sensi dell'art. 316 c.c.) solo all'art. 333 c.c. e non anche all'art. 330 c.c. La Cassazione ritiene integrato il requisito «delle stesse parti» solo se nel giudizio sull'affidamento del figlio minore e nell'azione *ex* artt. 330 e/o 333 c.c. siano parti i genitori. La Cassazione argomenta dal principio della concentrazione delle tutele e dal principio della «preminenza del diritto del minore a poter condurre la propria esistenza sulla base di provvedimenti giudiziali non equivoci e fondati su un unico accertamento dei fatti rilevanti per la decisione».

«tra le stesse parti, giudizio di separazione o divorzio o giudizio ai sensi dell'art. 316 del codice civile».

Ciò significa che se il tribunale ordinario è stato investito di un procedimento di separazione (o di divorzio o *ex* art. 316 c.c.), esso acquisisce la competenza a decidere anche della limitazione (art. 333) o dell'ablazione della responsabilità genitoriale (art. 330 c.c.)[11]. Qualora sia ancora in corso il giudizio di primo grado, la competenza spetta al tribunale già investito; se pende il termine per l'impugnazione o sia stato già proposto appello, la competenza è propria della Corte d'Appello in composizione ordinaria[12].

Il fenomeno descritto è denominato *competenza funzionale per attrazione*, la quale opera solo se il procedimento di separazione, divorzio o *ex* art. 316 c.c. sia già iniziato[13]. Una competenza questa che – si noti – non opera qualora sia stato violato il diritto degli ascendenti di mantenere rapporti significativi con i nipoti minorenni (art. 317-*bis* c.c.). In tale ipotesi, competente a decidere è, per espressa previsione dell'art. 38, co. 1, disp. att. c.c., esclusivamente il tribunale per i minorenni. Il quale adotta «i provvedimenti più idonei nell'esclusivo interesse del minore».

Questa competenza del giudice specializzato di cui all'art. 38, co. 1, cit., che non contempla il cumulo processuale, è stata ritenuta costituzionalmente legittima dalla Corte costituzionale[14]. Pertanto quand'anche sia stato instaurato un

---

[11] Secondo il Trib. Milano, 3.10.2013, non si può instaurare in via autonoma davanti al giudice ordinario «un giudizio riconducibile al quadro normativo dell'art. 317-*bis* c.c. [oggi art. 316 c.c.] quando sia ancora pendente innanzi al tribunale per i minorenni un procedimento *ex* art. 330 c.c., la cui naturale estensione applicativa e potenzialità decisoria sono tali da ricomprendere anche l'oggetto della domanda che al giudice ordinario viene (posteriormente) proposta».

[12] Afferma Cass., n. 1349/2015 che la locuzione «per tutta la durata del processo», contenuta nell'art. 38, co. 1, disp. att. c.c. esclude la competenza del tribunale per i minorenni nelle fasi di quiescenza del processo (di separazione, di divorzio o *ex* art. 316 c.c.) dovute alla pendenza dei termini per l'impugnazione o all'insorgenza di cause interruttive (artt. 295 ss. c.p.c.). Pertanto, se successivamente all'instaurazione di un giudizio di separazione o di divorzio o del giudizio *ex* art. 316 c.c. vengano proposte azioni *ex* artt. 333 e/o 330 quando sia pendente il termine per l'impugnazione o sia stato interposto appello avverso la decisione di primo grado, la competenza a conoscere è attribuita alla corte d'appello in composizione ordinaria.

[13] Cass., n. 3490/2021 conclude che «Il p.m. [può] iniziare un procedimento *ex* artt. 330 ovvero 333 c.c. prima del formalizzarsi della crisi familiare. In questo caso, il tribunale per i minorenni resta competente a conoscere della domanda diretta a ottenere la declaratoria di decadenza o la limitazione della potestà [responsabilità] dei genitori ancorché, nel corso del giudizio, sia stata proposta, innanzi al tribunale ordinario, domanda di separazione personale dei coniugi o di divorzio, trattandosi di interpretazione aderente al dato letterale della norma, rispettosa del principio della «*perpetuatio jurisdictionis*» di cui all'art. 5 c.p.c.

[14] La Corte cost., n. 194/2015 (Rel.: P. Grossi), dichiara non fondata la questione di legittimità costituzionale dell'art. 38, co. 1, disp. att. c.c. sia sotto il profilo dell'eccesso di delega (artt. 76 77 Cost.), che con riguardo alla ragionevole durata del processo (artt. 3 e 111 Cost.). Secondo la Consulta, la concentrazione processuale espressamente prevista dall'art. 38 cit. si basa sulla circostanza che le parti coinvolte in giudizio siano le stesse e sull'opportunità di consentire al giudice della

procedimento di separazione, di divorzio o ai sensi dell'art. 316, co. 2, c.c., i nonni dovranno comunque adire il tribunale per i minorenni per far valere il loro diritto di mantenere rapporti significativi con i nipoti.

4. (Segue). *Effetti della decadenza, indegnità a succedere e reintegrazione.*

Il genitore destinatario del provvedimento di decadenza perde non solo l'esercizio, ma ancor prima la titolarità della responsabilità genitoriale. Rimangono i doveri sia di natura economica come il mantenimento[15] che morali nei confronti del figlio.

Se a decadere sono entrambi i genitori, si apre la tutela del minore; istituto quest'ultimo applicabile oltre che in caso di morte dei genitori anche per «altre cause», come la decadenza, in cui i genitori non possono esercitare la responsabilità genitoriale (art. 343 c.c.).

Il genitore decaduto vede estinguersi il diritto di usufrutto legale sui beni del figlio. Ciò si desume dall'art. 324, co. 1, c.c. che collega, inscindibilmente, la titolarità di tale diritto all'esercizio della responsabilità genitoriale. Occorre sottolineare, tuttavia, che la responsabilità non è un potere unico e indivisibile. È ben possibile che la decadenza sia pronunciata nei riguardi di un solo figlio e non anche dell'altro.

Chi è dichiarato decaduto ai sensi dell'art. 330 c.c. diventa indegno a succedere *mortis causa* al figlio. Così stabilisce il n. 3-*bis*) dell'art. 463 c.c. introdotto dalla legge n. 137/2005. Questo effetto della decadenza, di natura sanzionatoria, è coerente con la finalità dell'indegnità a succedere: escludere dalla successione chi abbia commesso atti gravissimi nei confronti del *de cuius*. Ma affinché si abbia un tale effetto, occorre un'ulteriore sentenza che pronunci l'indegnità ai sensi del n. 3-*bis* dell'art. 463 c.c.

Non è sufficiente, quindi, per essere indegni a succedere la pronuncia di decadenza dalla responsabilità, ma è richiesta un'ulteriore e specifica pronuncia di indegnità. La ragione sta nel fatto che l'indegnità costituisce una causa di esclusione dalla successione e non già di incapacità a succedere; pertanto, secondo la tesi accolta dalla Cassazione[16], un soggetto è indegno a succedere solo se sia in-

crisi di coppia di adottare le misure più opportune per la migliore tutela dei figli. Inoltre – soggiunge la Corte – l'ascolto del minore avrebbe una finalità diversa nelle due fattispecie: da un lato consentire al giudice di valutare a quale genitore affidare il minore stesso, dall'altro far verificare dal tribunale per i minorenni se l'interesse della prole «possa essere contemperato con l'autonomo diritto degli ascendenti» (si parla di prospettiva «strabica»).

[15] Cfr. Cass. pen., n. 16559/2007, secondo cui il genitore decaduto dalla potestà genitoriale risponde del delitto previsto dall'art. 570 c.p., consistente nell'aver fatto mancare i mezzi di sussistenza al figlio.

[16] Cass., n. 5402/2009.

tervenuta una sentenza costitutiva dell'indegnità, secondo l'antico brocardo «*indignus potest capere sed non potest retinere*».

Vi sono alcuni problemi applicativi. Si può osservare come un effetto così rilevante qual è l'indegnità a succedere dovrebbe indurre a ritenere ammissibile la domanda di decadenza dalla responsabilità genitoriale anche se i figli siano già maggiorenni o se lo diventino nel corso del procedimento. Ciò non tradisce affatto la funzione protettiva della decadenza, anzi la conserva, liberando l'effetto dell'esclusione del genitore (legittimario) dalla successione del figlio. Il genitore che ha esercitato la responsabilità genitoriale arrecando gravi pregiudizi al figlio non merita di succedergli *mortis causa*, nella sfortunata ipotesi che egli gli sopravviva. La maggiore età è una mera circostanza sopravvenuta che non elimina l'interesse giuridicamente rilevante del figlio ad agire per la decadenza dalla responsabilità genitoriale.

Diverso è il caso in cui dopo il provvedimento di primo grado di decadenza dalla responsabilità genitoriale, in pendenza del termine di reclamo, intervenga la maggiore età del figlio. È dubbio se il genitore decaduto possa proporre il mezzo di impugnazione o se questo sia inammissibile per difetto di interesse. Secondo la Cassazione il gravame è inammissibile perché il raggiungimento della maggiore età impone la cessazione della materia del contendere, «cui consegue la caducazione dei provvedimenti eventualmente pronunciati» [17] (*ergo* quello di primo grado). Di tal ché, venendo meno il provvedimento di primo grado, il genitore non è più decaduto e non incorre così negli effetti negativi della decadenza dalla responsabilità genitoriale (qual è ad es., come vedremo subito, quello previsto dall'art. 448-*bis* c.c.).

La cessazione della materia del contendere non è condivisibile, poiché permane, diversamente da quanto ritenuto dalla Cassazione, l'interesse del figlio a ottenere una pronuncia di decadenza della responsabilità che passi in giudicato. L'interesse esiste sia sul piano morale – vedere sanzionato il proprio genitore che ha tradito la sua funzione – si su quello giuridico quanto ai profili della legittimazione a richiedere la pronuncia di indegnità a succedere (art. 463 n. 3 *bis* c.c.) e del venire meno dell'obbligo alimentare nei confronti del genitore decaduto (art. 448-*bis* c.c.).

Difatti un altro effetto della decadenza, introdotto dalla legge n. 219/2012, è l'estinzione dell'obbligo di prestare gli alimenti a carico del figlio nei confronti del genitore decaduto. Non era chiaro, prima che venisse introdotta questa disposizione, se il figlio fosse tenuto a sollevare il proprio genitore decaduto dallo stato di bisogno. L'art. 448-*bis* c.c., invece, è netto: il grave pregiudizio subito

---

[17] Secondo Cass., n. 23019/2019 «nessun rilievo può assumere, ai fini della prosecuzione del procedimento, l'interesse del genitore all'accertamento negativo dei fatti allegati a sostegno della domanda, dal momento che, come si evince dall'art. 330 c.c., *la dichiarazione di decadenza risponde esclusivamente a finalità di tutela dell'interesse del minore* nei confronti dei comportamenti pregiudizievoli posti in essere dai genitori investiti della responsabilità genitoriale [corsivo mio]».

dal minore e la conseguente decadenza dalla responsabilità genitoriale elide ogni dovere del figlio, finanche quello di essere solidale nei confronti di un genitore in difficoltà economica.

L'art. 448-*bis* c.c. contiene un'altra disposizione innovativa che legittima il figlio, attraverso un'apposita disposizione testamentaria, a escludere dalla propria successione – facoltà che spetta anche ai suoi discendenti prossimi – il genitore autore di «*fatti che non integrano i casi di indegnità di cui all'art. 463 c.c.*». La disposizione non precisa di quali fatti debba trattarsi. Secondo la dottrina più accorta (M. Paradiso), verrebbero in rilievo quei casi di decadenza diversi da quelli di cui all'art. 330 c.c.; esattamente quelli determinati dalla commissione di taluni reati che implicano la condanna all'ergastolo, il delitto di mutilazione degli organi genitali femminili (art. 583-*bis* c.p.) e i delitti contro lo stato di famiglia.

Si avrebbe, pertanto, un doppio regine dell'esclusione dalla successione per fatti che determinano la decadenza. Per le fattispecie riconducibili all'art. 330 c.c., l'esclusione dalla successione necessita, oltre naturalmente di una sentenza che dichiari la decadenza dalla responsabilità genitoriale, anche di una pronuncia costitutiva dell'indegnità. A fronte di quest'ultima, l'esclusione dall'eredità del figlio opererà anche se la successione si sia aperta per legge.

Diversamente, se viene in rilievo una fattispecie di decadenza dalla responsabilità genitoriale conseguente, quale sanzione accessoria, a un fatto di reato, l'esclusione dalla successione necessiterà di una espressa clausola testamentaria ai sensi dell'art. 448-*bis* c.c. Cioè qui l'indegnità a succedere è frutto di una iniziativa del *de cuius* che, nel proprio testamento, diseredi il genitore che abbia commesso un certo reato (cfr. *amplius* cap. VI-§ 4).

La decadenza dalla responsabilità genitoriale non è irreversibile. Il genitore decaduto può essere reintegrato nel suo ufficio con un provvedimento giudiziale. Il tribunale, ai sensi dell'art. 332 c.c., dovrà verificare due fatti concorrenti: 1) che siano cessate le ragioni per le quali la decadenza è stata pronunciata; 2) che sia escluso ogni pericolo di pregiudizio per il figlio.

Non è sufficiente, quindi, ai fini della reintegrazione, che sia cessata la condotta pregiudizievole; occorre, in ragione del secondo presupposto sopraindicato, che il genitore sia reputato persona affidabile a curare gli interessi del figlio. Ne consegue, ad esempio, che di per sé può non essere decisivo aver cessato l'assunzione di droghe o l'abuso di bevande alcooliche. Questa circostanza potrebbe, da sola, non escludere ogni pericolo di pregiudizio per il figlio; si pensi alle ipotesi in cui il genitore sia più volte uscito dalla dipendenza dalla droga o permanga un lato violento del suo carattere. Non è decisiva la dimostrazione di trovarsi in un periodo di indipendenza dalla droga o di maggiore equilibrio interiore; occorre fornire al giudice un quadro articolato e coerente da cui evincere l'insussistenza del pericolo di pregiudizio per il figlio.

5. *Allontanamento del figlio e affidamento familiare.*

La decadenza dalla responsabilità genitoriale può, talvolta, non garantire un'adeguata protezione del figlio. Quando ciò accade il tribunale per i minorenni, oltre alla decadenza, assume, se sussistono gravi motivi, i seguenti provvedimenti: a) allontanamento del figlio dalla residenza familiare, oppure; b) l'allontanamento del genitore o del convivente che maltratta o abusa del minore (art. 330, co. 2, c.c.).

Decadenza e allontanamento sono due misure emesse col medesimo provvedimento che pronuncia la prima. L'art. 330, co. 2, c.c. esordisce con l'espressione «in tal caso», a voler richiamare quanto disposto dal comma 1. Pertanto se la domanda di decadenza è rigettata o non è proposta, non si potrà ottenere il provvedimento giudiziale di allontanamento.

Allontanare il figlio dalla casa familiare è una misura estrema che necessita di gravi motivi. Uno di essi è lo stato di abbandono del minore, determinato non già dalle condizioni di indigenza dei genitori (cfr. art. 31 Cost.), ma dall'essere lo stesso privo di assistenza morale e materiale (cfr. art. 8, l. n. 184/1983). Anche il maltrattamento del figlio giustifica la misura in parola. Si noti che l'allontanamento del figlio è legato non già a fattispecie tipiche, ma alle ragioni che hanno determinato la decadenza dalla responsabilità. Esse devono essere così gravi da esigere anche l'allontanamento dalla propria famiglia.

L'art. 330, co. 2, c.c. prevede la possibilità di allontanare il genitore o il convivente che maltratti o abusi del minore. Queste due ipotesi sono state opportunamente introdotte dalla legge n. 149/2001. È evidente che la conservazione della casa di abitazione evita al minore l'ulteriore pregiudizio di dover abituarsi a una nuova sistemazione.

Il convivente di cui fa menzione il comma 2 non è ovviamente il genitore, ma è un soggetto che vive con il minorenne (generalmente il *partner*). Pertanto, il suo allontanamento non può presupporre un provvedimento di decadenza dalla responsabilità genitoriale. Deve perciò ammettersi, ameno in questa ipotesi, l'ammissibilità della sola domanda di allontanamento del convivente rivolta al tribunale per i minorenni.

Il maltrattamento richiama la fattispecie penalistica dell'art. 572 c.p. (maltrattamento dei fanciulli), ma è dubbio se debba esserci perfetta coincidenza con la fattispecie civilistica. Sembra più coerente con il principio del preminente interesse del minore non appiattire la fattispecie civile su quella penale, così da poter ricomprendere nel fatto del maltrattamento ogni condotta che, secondo la valutazione del giudice, abbia provocato un danno fisico o morale al figlio (o al minorenne qualora autore della condotta sia il convivente non genitore).

L'abuso del minore di cui all'art. 330, co. 2, c.c. allude all'abuso sessuale, ma anche – secondo la dottrina – agli abusi familiari di cui all'art. 342-*bis* c.c. o all'abuso dei mezzi di correzione (art. 571 c.p.).

Sul problema del rapporto tra l'allontanamento di cui agli artt. 330, co. 2, c.c. e 333, co. 1, c.c. e l'istituto degli ordini di protezione contro gli abusi familiari (artt. 342-*bis* e *ter* c.c.) si tornerà *infra* al § 10.

È utile adesso rilevare che l'allontanamento è una misura prevista anche dall'art. 333 c.c. e riguarda sia il genitore che il convivente, autori di maltrattamento o di abusi nei confronti del minore. In questa disposizione il maltrattamento è una misura autonoma che costituisce una esemplificazione normativa dei «provvedimenti convenienti» che il tribunale per i minorenni può adottare. Il legislatore, quindi, nell'art. 333 c.c., da un lato, prevede misure atipiche che il tribunale è chiamato a individuare volta per volta a seconda dello specifico interesse del minore, dall'altro, ripropone l'allontanamento dell'adulto, ma quale misura singola.

Rispetto all'art. 330 c.c., l'art. 333 c.c. fa riferimento a condotte, tenute da entrambi i genitori o da uno soltanto, non così gravi da giustificare la decadenza dalla responsabilità genitoriale, ma che appaiono comunque pregiudizievoli al figlio (cfr. *infra*, § 6).

L'allontanamento del genitore o del figlio dalla casa familiare postula l'inadeguatezza a svolgere il ruolo di padre e/o di madre, quando non addirittura la pericolosità per l'incolumità fisica del figlio della condotta genitoriale.

Vi è un altro istituto denominato affidamento familiare che, sempre attraverso l'allontanamento, protegge il minore temporaneamente privo di un ambiente familiare idoneo alla sua crescita. La temporanea mancanza di un tale ambiente è il presupposto per l'applicabilità dell'istituto; ove tale condizione fosse definitiva, vi sarà la pronuncia che dichiara lo stato di adottabilità (art. 8, co. 1, l. n. 184/1983). L'adottabilità postula che gli interventi di sostegno e aiuto alla famiglia, previsti dall'art. 1, legge n. 184/1983 al fine di attuare il diritto del minore di crescere ed essere educato nella propria famiglia, non abbiano prodotto i risultati attesi.

L'affidamento familiare, com'è stato osservato (G. Bonilini), costituisce una risposta alla prescrizione costituzionale che impone al legislatore, in caso di incapacità dei genitori, di «provvede[re] a che siano assolti i loro compiti» (art. 30, co. 2, Cost.). È «una forma di assistenza alla famiglia» (G. Ferrando).

Mediante l'affidamento familiare il minore viene allontanato dalla casa familiare e affidato a un'altra famiglia o a una persona singola «in grado di assicurargli il mantenimento, l'educazione, l'istruzione e le relazioni affettive di cui egli ha bisogno» (art. 2, co. 1, l. n. 184/1983). Qualora ciò non sia possibile, è consentito l'inserimento del minore in una comunità di tipo familiare (l'art. 2, co. 4, l. n. 184/1983 ha imposto il superamento del ricovero in un istituto di assistenza pubblico o privato entro il 31.12.2006).

Secondo un'autorevole dottrina (L. Lenti), l'inserimento del minore in una comunità di tipo familiare, si sostanzia in un affidamento all'ente locale, ossia al suo Servizio sociale, con collocazione in comunità. La quale, mera collocataria del minore, è subordinata al Servizio sociale che è l'affidatario del minore.

L'affidamento familiare non è volto a punire condotte censurabili tenute dai genitori, né è un primo passaggio verso l'adozione (*extrema ratio*); al contrario esso è volto a recuperare la famiglia di origine che si trova in una situazione di difficoltà temporanea. Nel relativo provvedimento va indicato «il periodo di presumibile durata dell'affidamento che deve essere rapportabile al complesso di *interventi volti al* recupero *della famiglia di origine*». La durata non può superare 24 mesi, ma è consentita la proroga disposta dal tribunale per i minorenni soltanto quando la sospensione della misura «rechi pregiudizio al minore» (art. 4, co. 4, l. n. 184/1983).

Durante il decorso di questo tempo, i genitori non sono estromessi dalla vita del figlio. Se lo fossero, difficilmente l'affidamento realizzerebbe il proprio scopo, poiché genitori e figli si allontanerebbero ancora di più. Ma le modalità attraverso cui i genitori e gli altri componenti della famiglia mantengono rapporti con il minore sono stabilite nel provvedimento di affido familiare (art. 4, co. 3, l. n. 184/1983).

C'è poi un altro importante profilo che attiene ai tempi e i modi dell'esercizio dei poteri riconosciuti all'affidatario, soprattutto in punto di responsabilità genitoriale. A tale ultimo proposito, si applicano, se ne ricorrono i presupposti, gli artt. 330 ss. c.c. Quindi, come regola generale, i genitori restano titolari della responsabilità genitoriale; tuttavia l'art. 5, co. 1, legge n. 184/1983 stabilisce che «in ogni caso l'affidatario esercita i poteri connessi con la responsabilità genitoriale in relazione agli ordinari rapporti con la istituzione scolastica e con le autorità sanitarie». L'affidatario, quindi, deve dialogare costruttivamente con i genitori, ma è titolare del potere rappresentativo con la scuola e con il personale sanitario.

Nell'affidamento i Servizi sociali sono l'altro soggetto chiave, poiché svolgono una funzione essenziale e delicatissima: hanno «la responsabilità del programma di assistenza, nonché la vigilanza durante l'affidamento [e] devono riferire al giudice tutelare o al tribunale per i minorenni del luogo in cui il minore si trova», a seconda, come vedremo tra breve, di chi abbia emesso il provvedimento di affido familiare, «ogni evento di particolare rilevanza». Non solo: essi devono «presentare una relazione semestrale sull'andamento del programma di assistenza, sulla presumibile ulteriore durata e sull'evoluzione delle condizioni di difficoltà del nucleo familiare di provenienza» (art. 4, co. 3, l. n. 184/1983).

Ancora: il Servizio sociale «svolge opera di sostegno educativo e psicologico, agevola i rapporti con la famiglia di provenienza ed il rientro nella stessa del minore secondo le modalità più idonee, avvalendosi anche delle competenze professionali delle altre strutture del territorio e dell'opera delle associazioni familiari eventualmente indicate dagli affidatari» (art. 5, co. 2, l. n. 184/1983).

Si diceva che nel procedimento di affidamento familiare possono entrare tanto il giudice tutelare quanto il tribunale per i minorenni. Ciò dipende dall'atteggiamento collaborativo o meno della famiglia di origine nella fase in cui viene prospettato l'affidamento familiare. Infatti, qualora via sia collaborazione, competente a disporre l'affidamento familiare è il Servizio sociale, previo consenso manifestato dai genitori o dal genitore esercente la responsabilità (o dal tutore). In tal caso l'intervento del giudice tutelare del luogo ove si trova il minore è successivo: egli è chiamato soltanto a rendere esecutivo, mediante un decreto, il provvedimento di affidamento familiare già assunto (art. 4, co. 1, l. n. 184/1983).

Se, invece, i genitori (o il tutore) non prestano il consenso, competente a provvedere è il tribunale per i minorenni [(art. 4, co. 2, l. n. 184/1983), c.d. affidamento contenzioso].

Va sottolineato che l'esigenza di protezione del minore potrebbe emergere anche nello specifico contesto della separazione personale tra coniugi, del divorzio o della crisi della coppia di fatto. In tali casi, la riforma della filiazione 2012/2013 ha attribuito al giudice competente per tali provvedimenti – il tribunale ordinario – il potere di disporre l'affidamento familiare «in caso di temporanea impossibilità di affidare il minore ad uno dei genitori» (art. 337-*ter*, co. 2, c.c.). Così se neppure l'affidamento esclusivo dovesse risultare praticabile, essendo entrambi i genitori incapaci di crescere il proprio figlio, il giudice ha a disposizione uno strumento in più a tutela del minore.

6. *Condotta pregiudizievole per il figlio.*

La condotta di uno o di entrambi i genitori, pur non così grave da giustificare la decadenza dalla responsabilità genitoriale, può apparire «comunque pregiudizievole» per la prole. Ove ciò accada, si applica l'art. 333 c.c. che attribuisce al prudente apprezzamento del giudice l'individuazione della misura protettiva più adeguata al caso concreto. Il comma 1 stabilisce che «il giudice, secondo le circostanze, può adottare i *provvedimenti convenienti*».

Il legislatore, al fine di garantire una tutela più efficiente, ha rinunciato a tipizzare le misure protettive, salvo quanto si dirà sull'allontanamento previsto sempre dall'art. 333, co. 1, c.c. La scelta è stata quella di preferire uno strumento duttile dal contenuto atipico.

La differenza tra gli artt. 333 e 330 c.c. è, quindi, netta, apprezzandosi con riguardo sia alla strategia difensiva, come appena visto, sia agli effetti. I quali sono molto diversi, perché mentre l'art. 330 c.c. prevede la perdita (non necessariamente definitiva) della titolarità della responsabilità genitoriale, l'art. 333 incide solo sull'esercizio della medesima con riguardo a un singolo atto o a un più generale affievolimento dei poteri genitoriali.

La casistica in cui è stato applicato l'art. 333 c.c. è piuttosto articolata. Il tribunale può: 1) imporre ai genitori di sottoporre il figlio alle vaccinazioni obbligatorie[18], a una terapia, a un intervento medico-chirurgico rifiutato dai genitori

[18] Corte d'App. Napoli, decr. 30.8.2017, afferma che «deve essere affievolita la responsabilità

(quanto alla vaccinazione da Covid-19 cfr. *supra* cap. IV-§ 4 lett. c); 2) autorizzare il figlio a fare ciò che è stato vietato dai genitori (ad es.: l'iscrizione a una associazione); 3) impartire ai genitori istruzioni sul modo in cui allevare, educare e istruire il figlio; 4) ordinare ai genitori di non impedire il rapporto della prole con i nonni (stante l'art. 315-*bis* c.c. che attribuisce al figlio il diritto di mantenere rapporti significativi con i parenti); 5) vietare al genitore di trasmettere al figlio i principi integralisti di una determinata religione e di precludergli la scelta di una diversa fede religiosa[19]; 6) disporre l'affidamento del minore al Servizio sociale quando nessuno dei genitori sia in grado di crescere il figlio con equilibrio[20] (cfr. *infra*, § 7).

È stato, invece, escluso che debba ritenersi dannoso per il minore crescere con il genitore omosessuale e con la sua compagna, perché, secondo la Cassazione, non vi sono certezze scientifiche né dati di esperienza che dimostrino essere pregiudizievole vivere in una famiglia incentrata su una coppia omosessuale[21].

L'art. 333, co. 1, c.c. prevede il provvedimento tipico dell'allontanamento del figlio, ma anche, per effetto della legge n. 149/2001, del genitore o del convivente che maltratti o abusi del minore. Per convivente deve intendersi sia il compagno/a del genitore sia il nuovo coniuge di quest'ultimo; quindi un soggetto non

---

genitoriale della madre che si opponga ingiustificatamente alla somministrazione in favore del figlio di dosi di vaccino esavalente e trivalente; conseguentemente, spettando l'ultima decisione al padre (sotto la sua responsabilità), questi ha facoltà di sottoporre il bambino alle vaccinazioni senza il consenso della madre, così come, ha facoltà di rimandarle ovvero di cambiare idea». Sull'impugnabilità cfr. *infra*, § 8.

[19] Secondo il Trib min. Venezia, 10.5.1990, è legittimo trasmettere, senza l'intento di coartare la volontà del figlio, i principi integralisti dei Testimoni di Geova. Ma cfr. anche Cass., n. 12954/2018, che ha confermato la pronuncia della Corte d'App. di Firenze, la quale aveva inibito a un genitore di condurre con sé la figlia agli incontri e alle manifestazioni che si tenevano il sabato sera presso il Tempio dei Testimoni di Geova, poiché la bambina aveva manifestato, in sede di ascolto davanti al giudice di primo grado (adito per decidere sull'affido della minore), il proprio disagio. Secondo Cass., n. 21916/2019 «la possibilità da parte del giudice di adottare provvedimenti contenitivi o restrittivi dei diritti individuali di libertà dei genitori in tema di libertà religiosa e di esercizio del ruolo educativo è strettamente connessa e può dipendere esclusivamente *dall'accertamento in concreto di conseguenze pregiudizievoli per il figlio che ne compromettano la salute psico-fisica* e lo sviluppo e tale accertamento non può che *basarsi sull'osservazione e sull'ascolto del minore* in quanto solo attraverso di esse tale accertamento può essere compiuto [corsivo mio]». Cfr. anche Cass., n. 1401/1995, secondo la quale «Il comportamento di un coniuge consistente nel mutamento di fede religiosa (nella specie da religione cattolica a testimoni di Geova), rispetto a quella praticata al momento della celebrazione del matrimonio, si ricollega all'esercizio dei diritti garantiti dall'art. 19 Cost. e non può avere rilevanza come motivo di addebito della separazione, o come ragione incidente nell'affidamento dei figli, se ed in quanto non superi i limiti di compatibilità con i concorrenti doveri di coniuge o di genitore per le forme del comportamento adottate».

[20] Cass., n. 11412/2014, conferma la pronuncia d'appello che aveva accertato l'inidoneità anche della madre all'esercizio della responsabilità genitoriale, in ragione della sua significativa contribuzione alla maturazione nel figlio di un rifiuto a relazionarsi col padre.

[21] Cass., n. 601/2013, cit., conferma l'affidamento esclusivo alla madre omosessuale disposto dalla Corte d'Appello.

esercente la responsabilità genitoriale. L'ambito applicativo dell'art. 333 c.c. riguarda, dunque, al pari di quanto già rilevato a proposito dell'art. 330, co. 2, c.c., anche fattispecie slegate dall'esercizio della responsabilità genitoriale.

È bene infine sottolineare che il tribunale, ai sensi dell'art. 333 c.c., valuta l'idoneità del genitore a esercitare la responsabilità con riferimento alla sfera personale del minore. Se il pregiudizio interessa, invece, la sfera patrimoniale, si applica l'art. 334 c.c. rubricato «Rimozione dall'amministrazione».

7. *L'affidamento ai Servizi sociali.*

Nel capitolo IV al § 18 si è trattato dell'affidamento ai Servizi sociali, quale misura che il giudice della separazione, del divorzio o dei procedimenti relativi alla prole nata fuori del matrimonio può disporre a tutela del minore e a sostegno della genitorialità. È una misura senz'altro utile, desunta da una normativa non specifica (art. 337-*ter*, co. 2, e art. 333 c.c. richiamato dall'art. 38 disp. att. c.c.).

Occorre adesso soffermarsi nuovamente sull'affidamento al Servizio sociale, quale misura questa volta espressamente prevista dalla legge n. 888/1956. La quale ha modificato il Regio decreto legge n. 1404/1934 convertito in legge n. 835/1935. È questa una misura diversa rispetto a quella precedentemente esaminata, avendo, in tutti i casi che vedremo, carattere amministrativo (L. Lenti).

Il Regio decreto prevedeva un provvedimento espressione della concezione patriarcale del tempo: l'internamento del figlio minore di anni diciotto in «una casa di rieducazione [il c.d. riformatorio] o in un istituto medico-psico-pedagogico». L'internamento presupponeva che il figlio, «per abitudini contratte», avesse dato «manifeste prove di traviamento» e apparisse «bisognevole di correzione morale». Un presupposto, dunque, molto ampio, a presidio dell'indiscutibilità dei precetti educativi del genitore.

La legge n. 888/1956 ha affiancato a questo provvedimento (mai formalmente abrogato ma inattuabile stante la soppressione delle case di rieducazione con d.P.R. n. 616/1977), l'«affidamento del minore al Servizio sociale minorile».

I casi in cui quest'ultimo può essere disposto sono diversi e previsti dagli artt. 25, 25-*bis* e 26, legge n. 888/1956. Esattamente: 1) il minore di anni diciotto dà «manifeste prove di irregolarità della condotta o del carattere», come accade, ad esempio, al giovane tossicodipendente qualora i genitori, pur non privi di capacità educative, non riescano in alcun modo ad aiutarlo; 2) il minorenne esercita la prostituzione. Qui il pubblico ufficiale o l'incaricato di un pubblico servizio che ne viene a conoscenza ne dà immediata notizia alla Procura della Repubblica presso il tribunale per i minorenni; 3) il minorenne straniero privo di assistenza in Italia è vittima di uno dei delitti di cui agli artt. 600-*bis* (prostituzione minorile), 600-*ter* (pornografia minorile) e 601, co. 2 (tratta di persone), c.p.; 4) il minorenne si trova «nella condizione prevista dall'art. 333 del codice civile», quindi è vittima di condotte a sé pregiudizievoli tenute dai genitori.

Competente a disporre l'affidamento al Servizio sociale è il tribunale per i minorenni, il quale, a mezzo di uno dei suoi componenti all'uopo designato dal presidente, decide, con decreto motivato, dopo aver compiuto «approfondite indagini sulla personalità del minore» (art. 25, co. 1, l. n. 888/1956).

Il tribunale per i minorenni, qualora sia stato investito di una sospetta prostituzione minorile, «adotta i provvedimenti utili all'assistenza, anche di carattere psicologico, al recupero e al reinserimento del minore» e, nei casi di urgenza, procede d'ufficio (art. 25-*bis*, co. 1, l. n. 888/1956).

In tutti i casi di affidamento al Servizio sociale, all'atto dell'affidamento, viene redatto un verbale da parte di un componente del tribunale all'uopo designato dal presidente. Esso contiene prescrizioni impartite direttamente al minore riguardanti la sua istruzione, la preparazione professionale, il lavoro, l'utilizzazione del tempo libero ed eventuali terapie, nonché le linee direttive dell'assistenza, alle quali egli deve essere sottoposto (art. 27, co. 1, l. n. 888/1956). Siffatte prescrizioni – ha affermato un Autore (L. Lenti) – devono essere sempre dettate dal tribunale, sia nel caso del minore irregolare e incontrollabile da parte dei genitori, sia nel caso in cui questi ultimi abbiano tenute condotte a lui pregiudizievoli.

Nel medesimo verbale può essere disposto anche «l'allontanamento del minore dalla casa paterna. In tal caso va indicato il luogo in cui il minore deve vivere e la persona o l'ente che si prende cura del suo mantenimento e della sua educazione» (art. 27, co. 2, l. n. 888/1956).

Sull'ufficio di servizio sociale minorile gravano obblighi di grande rilievo: controllare la condotta del minore e aiutarlo a superare le difficoltà che gli hanno impedito una normale vita sociale, a tal fine mettendosi «in relazione con la sua famiglia e con gli altri suoi ambienti di vita» (art. 27, co. 4, l. n. 888/1956). Il Servizio deve dare conto per iscritto o a voce della propria attività al componente del tribunale designato, «fornendogli dettagliate notizie sul comportamento del minore, delle persone che si sono prese cura di lui e sull'osservanza da parte di essi delle prescrizioni stabilite» (art. 27, ult. co., l. n. 888/1956).

La funzione dell'affidamento al Servizio sociale è duplice: da un lato proteggere soprattutto il minore, favorendo il suo reinserimento sociale (artt. 25-*bis*, co. 1, e art. 27, ult. co., l. cit.), dall'altro, sostenere la genitorialità attraverso indicazioni educative utili a farne riacquisire la pienezza.

La normativa appena sintetizzata ha pregi e difetti. È sicuramente pregevole il fatto che il Servizio sociale si adoperi, sotto la guida del tribunale, in primo luogo a proteggere il minore da ulteriori pregiudizi e a recuperarne la socialità. Significativi sono l'art. 27, co. 1, legge n. 888/1956 che attribuisce al tribunale il potere di dettare le linee direttive dell'assistenza e l'art. 25-*bis*, co. 1, legge n. 888/1956 che, con riguardo alla prostituzione minorile e all'essere stato il minore vittima di reati a carattere sessuale, prevede che il tribunale per i minorenni possa adottare «i provvedimenti utili all'assistenza, anche di carattere psicologico, al recupero e al reinserimento del minore». In secondo luogo, l'obiettivo della legge *de qua* è anche quello, come si diceva, di recuperare la famiglia del minore.

È stato tuttavia segnalato (L. Lenti) che i difetti sarebbero piuttosto gravi. Uno di questi attiene all'eccessiva genericità della normativa, la quale finisce col consentire una «delega in bianco» al Sevizio sociale (cioè a un'autorità amministrativa), il quale ha il potere di conculcare diritti soggettivi sia del minore che dei suoi familiari. Ciò accade quando il provvedimento di affidamento ai Servizi attribuisca loro il potere di regolare l'esercizio della responsabilità genitoriale (se non è stata sospesa) e/o di scegliere la collocazione del minore all'interno della famiglia formata da uno dei suoi parenti o in altra famiglia, sebbene, ai sensi dell'art. 27, co. 2, legge n. 888/1956 quest'ultima scelta spetterebbe al tribunale.

Il fatto di non precisare adeguatamente i poteri dei Servizi confligge, da un lato, con il principio desumibile dalla disciplina di cui al titolo I-*bis* della legge n. 184/1983, secondo la quale, qualora i genitori non collaborino con il Servizio sociale, qualunque imposizione deve avvenire con la garanzia giurisdizione; dall'altro, con l'art. 8, co. 2, Cedu che pone una riserva di legge e impone al legislatore il perseguimento di fini ben precisi per poter limitare legittimamente il diritto al rispetto della propria vita familiare.

Restando inalterata la normativa dovrebbero diffondersi prassi virtuose secondo le quali, ad esempio, l'allontanamento del minore con affidamento al Servizio sociale dovrebbe essere disposta sulla base di un progetto di intervento sociale già valutato dal giudice.

Rispetto all'affidamento ai Servizi sociali esaminato nel capitolo precedente, si nota come quello previsto dalla legge n. 888/1935, da un lato, si appunti su casi specifici particolarmente gravi, dall'altro, sia regolato da più compiute prescrizioni procedimentali finalizzate all'efficienza della misura e alla tutela delle posizioni soggettive coinvolte.

Occorrerebbe, però, un intervento legislativo che razionalizzasse l'affidamento al Servizio sociale, essendo questa una misura imprescindibile per proteggere il minore e recuperare la genitorialità, posto che il tribunale per i minorenni non entra nelle case e non «tocca con mano» le diverse e spesso tragiche realtà.

8. *Misure a tutela del patrimonio del figlio.*

Se i genitori (o uno soltanto di essi) hanno male amministrato il patrimonio del minore, il tribunale per i minorenni (cfr. art. 38 disp. att. c.c.) può adottare i provvedimenti previsti dall'art. 334 c.c.

Questo articolo prevede diverse misure protettive, tra le quali vi è una graduazione a seconda della gravità della cattiva amministrazione. Qualora un genitore si sia dimostrato del tutto inadeguato ad amministrare, il tribunale per i minorenni può rimuoverlo dall'amministrazione. È questa la misura più radicale tra quelle indicate dall'art. 334 c.c., che comporta la perdita del potere rappresentativo e amministrativo per tutti gli atti di contenuto economico.

La rimozione ha lo scopo di impedire al genitore che abbia già dato prova di essere un cattivo amministratore di arrecare ulteriori pregiudizi al minore.

Se è un solo genitore a essere stato rimosso dall'amministrazione, il relativo potere, unitamente a quello di rappresentanza, si concentra nell'altro. Ove anche quest'ultimo sia stato destinatario del medesimo provvedimento ablativo (oppure si trovi nelle condizioni di cui all'art. 317 c.c.), l'amministrazione è affidata a un curatore speciale (art. 334, co. 2, c.c.). Al quale, secondo la dottrina, compete anche la rappresentanza processuale del minore relativamente alle controversie sui rapporti patrimoniali che a lui facciano capo.

Si discute in dottrina se la rimozione possa essere disposta per evitare un pregiudizio futuro. Si pensi al caso in cui i genitori abbiano annunciato ai parenti uno o più atti che appaiano, all'evidenza, ingiustificati e rovinosi per il patrimonio del minore. La lettera dell'art. 334 c.c. non aiuta a sciogliere il dubbio. Anzi l'esordio della norma – «Quando il patrimonio del minore è male amministrato» – farebbe propendere per la tesi negativa, poiché la cattiva amministrazione si misurerebbe sugli effetti degli atti compiuti.

In verità il principio sovranazionale del preminente interesse del minore costituisce la base giuridica a sostegno della tesi positiva. Pertanto, chi annuncia il compimento di atti assolutamente irragionevoli e pregiudizievoli per il figlio minore potrebbe essere cautelativamente rimosso dall'amministrazione. Sarebbe irrazionale dovere attendere impotenti un pregiudizio futuro pressoché certo al minore, posto che, come abbiamo rilevato, esistono rimedi cautelari da non ritenersi tassativi. Non solo: il legislatore, in più occasioni, ha attribuito al giudice il potere di emettere «ogni altro provvedimento» (art. 337-*ter*, co. 3, c.c.) o «provvedimenti convenienti» (art. 333 c.c.), a sottolineare il valore dell'atipicità degli interventi protettivi del minore in ossequio al principio del *best interest of the child*.

Un'altra misura meno incidente sulla responsabilità genitoriale viene in rilievo qualora il genitore, privo di competenze con riguardo a certi profili della gestione patrimoniale, assuma decisioni errate e/o tenga condotte omissive. Qui il tribunale per i minorenni può «stabilire le *condizioni a cui i genitori devono attenersi nell'amministrazione*». Tra queste vi può essere l'imposizione di avvalersi di un esperto del mercato mobiliare o immobiliare o di un altro professionista a seconda delle competenze richieste dal caso concreto.

A fronte dei predetti ordini giudiziali, i genitori, diversamente dalla rimozione dall'amministrazione, conservano il potere di amministrazione e di rappresentanza. Potere condizionato però dalle istruzioni e direttive che l'organo giudiziario ha disposto, sulla cui osservanza il giudice tutelare deve vigilare.

L'ultima misura protettiva degli interessi economici del minore prevista dall'art. 334 c.c. è la privazione, in tutto o in parte, dell'usufrutto legale. Questa sembrerebbe non essere una misura autonoma, aggiungendosi alla rimozione dall'amministrazione, poiché il comma 1 utilizza la congiunzione «e» («rimuovere ... e privarli, in tutto o in parte, dell'usufrutto legale»).

È discusso, infatti, se la misura in parola possa essere assunta autonomamente. Non è agevole rispondere argomentando solo dalla lettera della legge. Vero è che tale possibilità appare opportuna, come ha rilevato la dottrina, almeno quando i genitori si limitino a distrarre i frutti dei beni del minore dal mantenimento della famiglia e/o dall'istruzione e dall'educazione del medesimo. Anche qui il principio del preminente interesse del minore e il principio di proporzionalità della misura incidente sulla responsabilità genitoriale indurrebbero ad accogliere l'impostazione più ampia.

Va comunque constatato che l'art. 334 c.c. è stato applicato pochissimo dalla giurisprudenza.

Solo un cenno finale ai mezzi di impugnazione. Premesso che il provvedimento giudiziale è dotato di un'efficacia *rebus sic stantibus*, poiché il genitore rimosso dall'amministrazione e privato dell'usufrutto legale può sempre essere riammesso nella pienezza dei propri poteri (art. 335 c.c.), esso è impugnabile con reclamo dinanzi alla sezione della Corte d'appello per i minorenni nei termini stabiliti in via generale per i procedimenti di volontaria giurisdizione.

9. (Segue). *Il procedimento: legittimati, curatore e impugnazione.*

Gli artt. 336 e 336-*bis* c.c. dettano regole processuali comuni alle fattispecie ablative e limitative della responsabilità genitoriale (artt. 330-334 c.c.). Delle modalità di ascolto del minore, disciplinate dall'art. 336-*bis* c.c., si è già dato conto nel cap. IV-§ 5. Rimangono da indicare gli aspetti salienti di un procedimento che ha natura di volontaria giurisdizione.

Come si è già rilevato, l'art. 38 disp. att. c.c. prevede una competenza funzionale del tribunale per i minorenni, derogata dalla competenza per attrazione del giudice ordinario, il quale sia stato preventivamente adito con una domanda di separazione, divorzio o volta a risolvere un contrasto ai sensi dell'art. 316 c.c.

Quanto alla competenza per territorio, secondo la giurisprudenza di legittimità, occorre far riferimento, in forza dell'art. 1 della Convenzione dell'Aja resa esecutiva con legge n. 742/1980, unicamente alla residenza abituale del minore[22]. Quest'ultima è intesa come il centro dei legami affettivi dello stesso, pertanto non rilevano né spostamenti contingenti, né l'eventuale residenza anagra-

[22] Cass., Sez. Un., n. 11915/2014 e Cass., n. 2171/2006.

fica. Tuttavia, come si è già ricordato, secondo la Cassazione, dal fatto di aver spostato da poco la residenza del minore non può desumersi *sic et simpliciter* l'intento di distogliere il minore dal giudice naturale[23].

Legittimati attivi a richiedere le misure sopra esaminate sono, ai sensi dell'art. 336, co. 1, c.c., «l'altro genitore» (*id est*: quello la cui condotta non è censurabile ai sensi degli artt. 330 ss. c.c.), i parenti (sia dei genitori che del figlio entro il sesto grado) e il pubblico ministero. Inoltre, legittimato alla domanda di reintegrazione nella responsabilità genitoriale (art. 332 c.c.) o di riammissione all'esercizio dell'amministrazione (art. 335 c.c.) è anche il genitore destinatario del provvedimento ablativo o limitativo della responsabilità (cfr. art. 336, co. 1, c.c. ai sensi del quale «quando si tratta di revocare deliberazioni anteriori» è legittimato a presentare ricorso anche il «genitore interessato»).

Nell'applicazione pratica delle misure di cui agli artt. 330 ss. c.c., accade più spesso che siano i Servizi sociali a segnalare al pubblico ministero presso la Procura del tribunale per i minorenni quelle situazioni familiari più critiche che necessitano di un intervento della magistratura.

L'istanza *ex* artt. 330, 333, 334 va proposta con *ricorso* ai sensi dell'art. 737 c.p.c. Il tribunale per i minorenni provvede in camera di consiglio, assunte informazioni, sentito il pubblico ministero e nel contraddittorio delle parti. Deve essere ascoltato il genitore contro cui è chiesto il provvedimento, ma anche il minore dodicenne o capace di discernimento, il quale è da ritenersi parte processuale (art. 336, co. 2, c.c.).

Sia il genitore che il minore devono essere assistiti da un difensore (art. 336, ult. co., c.c.). È stata la legge n. 149/2001 a introdurre tale disposizione e a prevedere la medesima prescrizione con riguardo al procedimento di adottabilità (art. 8, co. 4, legge n. 184/1983). L'obbligo della difesa tecnica, da cui si evince che il minore è parte processuale, garantisce al minore una maggiore tutela dei propri diritti[24].

Ora, se il minore è parte processuale necessaria dei procedimenti c.d. *de potestate*, deve essere osservato il principio del contraddittorio nei suoi confronti, pena la nullità del procedimento. Di conseguenza, il minore dovrà essere adeguatamente rappresentato. Ma in tali giudizi la rappresentanza non può spettare ai genitori, neppure quando il provvedimento venga richiesto nei confronti di uno solo di essi. In quest'ultimo caso, secondo la Cassazione, non si può «stabilire *ex ante* la coincidenza e l'omogeneità dell'interesse del

---

[23] Cass., n. 21285/2015. Il giudice è chiamato a effettuare una prognosi sulla possibilità che la nuova dimora diventi l'effettivo, stabile e duraturo centro di affetti e di interessi del minore.

[24] Cass., n. 8100/2015 chiarisce che l'art. 336, ult. co., c.c. (nomina del difensore) «si applica solo ai provvedimenti limitativi o eliminativi [della responsabilità] genitoriale ove vi sia un concreto profilo di conflitto di interessi tra genitori e minore, e non anche alle controversie relative al regime di affidamento e di visita del minore nelle quali la partecipazione [dello stesso] si esprime [se ne ricorrono le condizioni] mediante l'ascolto». Cfr. anche Cass., n. 7478/2014.

minore con quello dell'altro genitore»[25], la cui condotta processuale non è prevedibile.

Occorre, quindi, che il giudice adito ai sensi degli artt. 330 ss., nomini al minore, se sprovvisto di un tutore provvisorio, un curatore speciale (art. 78 c.p.c.), al quale spetta di esaminare gli atti processuali e di formulare le conclusioni che egli ritenga più opportune nell'interesse del minore. Il quale è parte non già formale ma sostanziale del processo, essendo titolare del diritto di essere ascoltato ai fini del merito. Il minore è «soggetto portatore di interessi comunque diversi, quando non in certi casi anche contrapposti, da quelli dei genitori»[26].

Se vi è l'urgenza di provvedere, il tribunale può adottare, anche d'ufficio, *inaudita altera parte*, i provvedimenti temporanei nell'interesse del figlio. In tal caso però, come ha affermato la Corte costituzionale[27], detti provvedimenti devono essere confermati, modificati o revocati nel contraddittorio delle parti in una udienza di comparizione da fissarsi entro un termine non superiore a quindici giorni.

Il tribunale per i minorenni assume la propria decisione con decreto motivato che deve essere annotato nel registro delle tutele (art. 51 disp. att. c.c.). Il decreto è reclamabile davanti alla Corte d'appello ai sensi dell'art. 739, co. 1, c.p.c., nei termini di cui al comma 2 del medesimo articolo.

Contro il provvedimento emesso ai sensi degli artt. 330 e 333 c.c. in sede di reclamo, secondo l'orientamento maggioritario della Cassazione, non è ammesso il ricorso straordinario in Cassazione ai sensi dell'art. 111, co. 7, Cost., stante il suo carattere di non decisorietà e di non definitività in senso sostanziale[28].

Due più recenti pronunce[29], tuttavia, hanno preso – a ragione – le distanze da

---

[25] Cass., n. 5256/2018.

[26] Cass., n. 16410/2020.

[27] Corte cost., n. 1/2002 (Rel.: F. Bile).

[28] Cass., n. 9203/2015; Cass., Sez. Un., n. 11026/2003. Con specifico riguardo alla decadenza dalla responsabilità cfr.: a) Cass., Sez. Un., n. 3387/1998, secondo cui il provvedimento di decadenza, ancorché reso dal giudice di secondo grado, non è impugnabile con ricorso in Cassazione ai sensi dell'art. 111 Cost., essendo privo del carattere della decisorietà e della definitività; b) più di recente Cass., n. 22568/2015, secondo cui anche la pronuncia sulla competenza emessa all'esito del regolamento di competenza non è ricorribile per Cassazione.

[29] Cass., n. 23633/2016, esclude che nei procedimenti c.d. *de potestate*, sebbene non abbiano natura prettamente contenziosa, «sia preminente, o addirittura esclusiva, un'attività di controllo del giudice sull'esercizio della responsabilità genitoriale». Ciò in quanto si tratta di procedimenti che vedono la presenza di parti processuali in conflitto tra loro, come dimostra la disposizione sui legittimati all'esercizio dell'azione, la necessità che i genitori e il minore siano assistiti da un difensore e l'obbligo di audizione del genitore contro il quale il procedimento è promosso e altresì del minore dodicenne o di età inferiore ma dotato di discernimento. Ne consegue che «i provvedimenti ablativi o limitativi della responsabilità genitoriale sui figli minori, sempre che siano definitivi, sia pure *rebus sic stantibus*, in quanto il giudice di merito se ne è definitivamente spogliato, incidendo su diritti personalissimi di rango costituzionale, sono ricorribili per cassazione ai sensi dell'art. 111 Cost.». Anche Cass., n. 5236/2018, cit. ribadisce che «il decreto della Corte di appello che, in sede di reclamo, conferma o modifica [il provvedimento di primo grado] è impugnabile con ricorso per Cassazione, si sensi dell'art. 117, co. 7, Cost.».

quest'orientamento, affermando che i provvedimenti ablativi o limitativi della responsabilità genitoriale sono impugnabili con ricorso in Cassazione. Ciò soprattutto perché tali provvedimenti, da un lato, incidono «su diritti di natura personalissima, di primario rango costituzionale»; all'altro, assumendo attitudine al giudicato *rebus sic stantibus*, non sono revocabili o modificabili se non in ragione della sopravvenienza di fatti nuovi.

10. *Ordini di protezione contro gli abusi familiari: destinatari e nozione di abuso.*

La legge n. 154/2001 («*Misure contro la violenza nelle relazioni familiari*») ha disciplinato nel titolo IX-*bis* del libro primo del codice civile gli ordini di protezione contro gli abusi familiari. Il sostantivo plurale «ordini» allude a più misure volte a tutelare, per il futuro, l'integrità fisica o morale ovvero la libertà dell'altro coniuge o del convivente (art. 342-*bis* c.c.).

Il destinatario della protezione è dunque, in forza della lettera della legge, il coniuge o il convivente, cui deve aggiungersi per effetto dell'art. 1, co. 14, legge n. 76/2016 il soggetto in unione civile. Ma anche la prole è interessata dagli ordini di protezione, se non direttamente, quanto meno in via indiretta. Del resto l'art. 342-*ter* c.c. si riferisce una volta ai «figli» (comma 1), un'altra volta ai minori (comma 2).

La persona vittima di un abuso familiare può ottenere dal tribunale ordinario: 1) l'ordine di cessazione della condotta pregiudizievole e l'allontanamento dalla casa familiare dell'autore della stessa; 2) l'ordine di non avvicinarsi ai luoghi abitualmente frequentati dalla vittima dell'abuso, salvo che detti luoghi debbano essere frequentati per esigenze di lavoro; 3) l'intervento dei Servizi sociali o di centri di assistenza e/o di accoglienza «di donne e minori o di altri soggetti vittime di abusi e maltrattamenti»; 4) il pagamento periodico di un assegno.

Gli ordini di protezione postulano una condotta che abbia determinato un «grave pregiudizio» ai beni giuridici della integrità (fisica o morale) o della libertà. Si tratta, quindi, di misure estreme, come lo è la decadenza dalla responsabilità genitoriale giustificata anch'essa dal grave pregiudizio, che operano quando sono stati lesi beni della persona di primario rilievo.

Gli elementi essenziali della disciplina si concentrano soprattutto *su tre profili*: 1) i soggetti beneficiari degli ordini di protezione; 2) la nozione di abuso familiare; 3) il contenuto degli ordini di protezione.

Sul primo punto, l'art. 342-*bis* c.c., come si diceva sopra, riferisce il grave pregiudizio all'integrità fisica o morale all'altro coniuge o al convivente. L'apparente linearità del testo è subito offuscata dal dubbio sulla nozione di convivente accolta dal legislatore.

Secondo un'interpretazione, si tratterebbe soltanto del convivente *more uxorio*; di conseguenza gli ordini di protezione non si applicherebbero tra persone che si limitino a condividere nella stessa casa senza un progetto comune di tipo familiare basato sull'*affectio*. La tesi è da accogliere poiché in questa situazione di mera condivisione degli spazi di vita non si ha una famiglia, mentre gli ordini di protezione contrastano gli «abusi familiari». Però allora gli ordini di protezione dovrebbero applicarsi a quelle formazioni sociali in cui convivano stabilmente soggetti legati da un vincolo familiare (ad es.: due sorelle o due fratelli o la vedova e il figlio del solo marito).

Sotto un altro profilo va constatato, come sia accennava in apertura del paragrafo, che, tra i beneficiari degli ordini protettivi, l'art. 342-*bis* c.c. non menziona il figlio. Il quale, pertanto, ove sia soggetto passivo della condotta lesiva, non sembra che possa beneficiare degli ordini di protezione di cui all'art. 342-*bis* c.c. Si contendono il campo due impostazioni dottrinali.

Secondo una parte della dottrina, anche il figlio è legittimato a richiedere l'emanazione di un ordine di protezione. Ciò anzitutto sulla base della stessa lettera dell'art. 342-*bis* c.c. Il figlio, anche se non espressamente menzionato, può rientrare nella categoria del convivente leso dalla condotta di un genitore o di un altro convivente (non genitore). Il termine convivente, se illuminato dal prevalente interesse del minore, andrebbe inteso in senso più ampio e non limitato al solo *partner*.

La tesi in parola invoca anche l'art. 5 della legge n. 154/2001, rubricato «Pericolo determinato da altri familiari», che sembra aprire ai figli quali soggetti richiedenti gli ordini di protezione. Esso stabilisce che la disciplina degli ordini di protezione si applica anche «nei confronti di altro componente del nucleo familiare diverso dal coniuge o dal convivente» (*id est*: genitori, suoceri, fratelli). L'art. 5 cit. è stato richiamato dalla giurisprudenza di merito proprio a sostegno dell'interpretazione che include il figlio tra i soggetti protetti dalla disciplina degli ordini di protezione[30].

Avremmo così uno strumento applicabile a fronte di qualsiasi abuso compiuto all'interno del «nucleo familiare» e indirizzato nei confronti di qualsiasi familiare.

Secondo un'altra parte della dottrina, invece, i maltrattamenti e gli abusi commessi nei confronti dei minori non legittimano il ricorso *ex* art. 342-*bis* c.c., in quanto gli artt. 330, co. 2, e 333 c.c. costituirebbero una disciplina speciale rispetto alla disciplina generale degli ordini di protezione. In verità non sembra emergere in modo così netto una generalità rispetto a una specialità. Ad ogni

---

[30] Trib. Piacenza, decr. 23.10.2008, afferma che l'ambito di applicazione degli ordini di protezione di cui all'art. 342-*bis* c.c. è ridefinito dall'art. 5, legge n. 154/2001, la cui formulazione lascia intendere che il figlio possa essere soggetto attivo o passivo della condotta che integra l'abuso familiare. Il tribunale rileva una sovrapposizione dei presupposi oggettivi della fattispecie di cui all'art. 342-*bis*, da un lato, e degli artt. 330, co. 2, e 333 c.c., dall'altro. Il caso di specie riguardava episodi di «violenza assistita», in cui la vittima diretta dei maltrattamenti era un genitore e i figli vi assistevano (c.d. «abusi indiretti»).

modo tale dottrina ritiene che il tribunale per i minorenni, nel disporre l'allontanamento del genitore o del convivente *ex* artt. 330 o 333 c.c., possa imporre le prescrizioni di cui all'art. 342-*ter*-seconda parte e disporre l'intervento dei Servizi sociali ai sensi dell'art. 342-*ter*, co. 3, c.c. Gli articoli sul contenuto degli ordini di protezione verrebbero perciò applicati per analogia.

Nella sostanza le due tesi appena esposte si avvicinano, ma rimane una significativa differenza. Ove si accolga la seconda tesi (specialità degli artt. 330 ss. c.c.), rimane di competenza esclusiva del tribunale per i minorenni la decisione in caso di maltrattamenti o abusi del minore. Secondo la prima tesi (quella che reputa il figlio beneficiario dell'ordine di protezione), invece, il ricorrente potrà adire tanto il tribunale per i minorenni ai sensi degli artt. 330 ss. c.c. quanto il tribunale ordinario ai sensi dell'art. 342-*bis* c.c.

In ordine al secondo punto sopra indicato – *id est*: la nozione di abuso – si può rilevare come il legislatore si sia concentrato sul bene giuridico protetto. L'abuso consiste, infatti, nella lesione, perpetrata con qualsivoglia condotta, *dell'integrità fisica* o *morale* ovvero *alla libertà* del familiare convivente. La lesione dell'integrità del corpo, della mente o della libertà deve essere grave.

Rientrano certamente negli abusi familiari gli atti di violenza che ledano il corpo umano, con conseguente rilievo penale della condotta. Il reato di maltrattamenti (art. 572 c.p.) può essere alla base degli ordini di protezione. Con una precisazione: la nozione civilistica di abuso familiare è autonoma rispetto alla fattispecie penale. Perciò l'abuso può sussistere anche senza il maltrattamento, qualora, ad esempio, il grave pregiudizio all'integrità fisica sia conseguenza di una condotta isolata e non già reiterata, come richiede, invece, il reato di maltrattamento[31]. Del resto la legge n. 304/2003 ha soppresso dal testo dell'art. 342-*bis* c.c. la frase «qualora il fatto non costituisca reato perseguibile d'ufficio». Dunque, a fronte di una condotta che integri un reato perseguibile d'ufficio, la persona offesa – coniuge o altro convivente – può chiedere l'ordine di protezione.

Rilevano non solo le violenze fisiche ma anche la lesione (grave) della sfera morale della persona, per effetto di minacce di mali ingiusti[32] o di intimidazioni. Non può escludersi che la sfera morale sia lesa anche da comportamenti offensivi del complesso dei valori propri del familiare vittima dell'abuso e della di lui famiglia.

Infine, concretizza abuso familiare il grave pregiudizio alla libertà; si pensi all'impedimento di uscire di casa o di frequentare certe persone, di recarsi a scuola o al lavoro. Più ampiamente vengono in rilievo le libertà fondamentali enunciate nella parte I-titolo I della Costituzione (artt. 13, 15, 16, 17, 18, 19, 21 Cost.). Con la consapevolezza che i diritti fondamentali oggetto di riconoscimento e di

---

[31] Cass. pen., n. 37019/2003 (sul reato di maltrattamento). Trib. Palermo, 4.6.2001, fonda l'ordine di protezione su un singolo ed isolato episodio di violenza, ma tale da far temere la reiterazione della condotta.

[32] Trib. Pistoia, 21.12.2010.

garanzia da parte della Repubblica (art. 2 Cost.) costituiscono una categoria aperta all'evoluzione storico-normativa della società, influenzata dal diritto europeo e internazionale.

11. (Segue). *Contenuto degli ordini di protezione.*

Il giudice sceglie e calibra gli ordini di protezione secondo le specifiche esigenze di tutela della vittima dell'abuso familiare. Sull'ampiezza di questo potere discrezionale, la dottrina non è unanime.

Si usa distinguere un contenuto necessario da uno eventuale degli ordini di protezione e si discute su ciò che appartenga all'uno e all'altro.

Secondo una tesi costituiscono il contenuto necessario l'ordine giudiziale di cessazione della condotta e la contestuale disposizione di allontanarsi dalla casa familiare. Il giudice non può disporre soltanto di arrestare i comportamenti lesivi, ma deve anche estromettere il coniuge/convivente dalla casa familiare (dunque: ordine + allontanamento).

Attengono, invece, al *contenuto eventuale*: 1) l'ordine di non avvicinarsi ai luoghi abitualmente frequentati dal ricorrente (lavoro, domicilio dei genitori o di altri prossimi congiunti o di altre persone, luoghi di istruzione dei figli), fatto salvo il caso in cui il destinatario dell'ordine protettivo debba frequentare uno di detti luoghi per esigenze di lavoro; 2) l'intervento dei Servizi sociali o di un centro di mediazione familiare o di associazioni di protezione; 3) la corresponsione di una assegno periodico.

Si argomenta in primo luogo dal tenore letterale dell'art. 342-*ter*, co. 1, c.c. Nella prima parte si stabilisce che il giudice ordina «la cessazione» della condotta lesiva «e dispone l'allontanamento dalla casa familiare». Questi due provvedimenti, stante la congiunzione semplice «e», sarebbero strettamente legati: accertata l'esistenza di una delle ipotesi di abuso familiare (art. 342-*bis* c.c.), il giudice non può che ordinare di porre fine alla condotta, allontanando al contempo dall'abitazione l'autore della stessa.

Sostiene la tesi in parola che la facoltà di scegliere l'ordine di protezione da adottare è rimessa al giudice solo quanto alle misure indicate nella seconda parte dell'art. 342-*ter* c.c., in cui si adopera l'espressione «ove occorra». La quale – si noti – non è impiegata con riguardo all'allontanamento, ma ad altri provvedimenti meramente eventuali.

Un'altra tesi sostiene, invece, che soltanto l'ordine di cessazione della condotta lesiva sia necessario, mentre tutte le altre misure, compreso l'allontanamento, dipenderebbero dalla discrezionalità del giudice. Sarebbe perciò perfettamente ammissibile un ordine di protezione che si limitasse, nei casi meno gravi, a ordinare al coniuge/convivente di porre fine alla propria condotta, senza aggiungere alcun'altra misura.

A sostegno si fa leva sull'art. 342-*bis* c.c. nella parte in cui stabilisce che il giudice «può adottare con decreto» anche «uno» soltanto dei provvedimenti di cui all'art. 342-*ter* c.c. Si richiama anche l'art. 282-*bis* c.p.p. (aggiunto dall'art. 1, l. n. 154/2001), dalla cui lettura emergerebbe che soltanto nel processo penale ciascuna misura di protezione postula necessariamente l'ordine di allontanamento dalla casa familiare. Il comma 4 afferma chiaramente che se è stato revocato o abbia comunque perduto efficacia il provvedimento che dispone l'allontanamento, le altre misure protettive non possono essere assunte.

Non è agevole propendere per l'una o per l'altra tesi, tuttavia qualche considerazione ulteriore si impone. Va rilevato come, da un lato, se l'allontanamento deve essere necessariamente disposto, esso assurgerebbe a presupposto dell'ordine di protezione, il che non emerge dall'art. 342-*bis* c.c. Dall'altro, però, è anche vero che la gravità del pregiudizio all'integrità fisica o morale, prevista dal 342-*bis*, confligge con una risposta ordinamentale di sola cessazione della condotta lesiva. Ad ogni modo si richiama qui quanto già sostenuto a proposito dei vantaggi in termini di efficacia derivanti da un sistema di misure di protezione del minore (e di altri membri della famiglia) quanto più elastico possibile.

La normativa sugli ordini di protezione ha determinato anche un altro problema. Ci si è chiesti se la convivenza sia presupposto imprescindibile per l'emanazione dei provvedimenti di cui all'art. 342-*ter* c.c. La giurisprudenza si è divisa, sebbene le pronunce più recenti abbiano accolto l'indirizzo più estensivo[33]. Di conseguenza se la convivenza è già cessata perché la vittima della violenza abbia lasciato la casa familiare, il giudice può comunque disporre, in via cumulativa o alternativa, la cessazione della condotta violenta, l'allontanamento dall'abitazione familiare del congiunto violento, l'inibitoria a quest'ultimo di avvicinarsi ai luoghi abitualmente frequentati dalla vittima.

Sul *contenuto* delle singole misure di protezione si può evidenziare quanto segue.

L'allontanamento impone all'allontanato di dimorare in un altro luogo a una certa distanza dalla casa familiare. Il fatto che la titolarità di quest'ultima sia in capo all'autore dell'abuso non preclude il provvedimento giudiziale di allontanamento del proprietario. Generalmente, il tribunale ordina ai Carabinieri l'esecuzione delle misure disposte dal giudice (art. 342-*ter*, ult. co., c.c.).

---

[33] Trib. Novara, ord. 1.7.2011, argomenta la tesi estensiva dall'art. 8, co. 1, legge n. 145/2001 che consente l'emanazione dei provvedimenti *ex* art. 342-*ter* c.c. dopo l'udienza presidenziale di separazione (in cui i coniugi sono autorizzati a vivere separati) o di divorzio e dall'art. 5, legge n. 145/2001 «che fa riferimento al concetto, assai ampio, di nucleo familiare, [idoneo] a ricomprendere anche la figura del coniuge ex convivente, col quale continui ad esservi un legame tale da costituire l'occasione – o, più spesso, il pretesto – per perpetrare vessazioni, persecuzioni o violenze». In senso conforme cfr.: Trib. Bologna, 22.3.2005; Trib. Modena, 29.7.2004: Trib. Firenze, 15.7.2002 e 15.7.2003.

Vi sono situazioni in cui l'estromissione dalla casa familiare non è sufficiente, divenendo indispensabili le misure protettive eventuali. Spesso occorre prescrivere al coniuge (o al convivente) violento di non avvicinarsi ai luoghi abitualmente frequentati dal ricorrente.

Questa misura può essere accompagnata dalla disposizione dell'intervento dei Servizi sociali o di un centro di mediazione familiare; enti che operano per recuperare un modo corretto di rapportarsi ai membri della famiglia, offrendo un sostegno alle vittime e all'autore dell'abuso. Tale misura è efficace solo se liberamente eseguita, non potendo essere imposta agli interessati.

Un ulteriore ed eventuale strumento protettivo è l'ordine di pagare periodicamente un assegno a favore delle persone conviventi che, a causa dell'allontanamento, rimangono prive di mezzi adeguati per vivere. L'assegno svolge una funzione assistenziale e il riferimento alle «persone conviventi» fa sì che destinatari possano essere anche i figli.

Per evitare che tale ordine sia disatteso, il giudice può imporre al datore di lavoro dell'obbligato di versare direttamente all'avente diritto una parte della retribuzione. Si tratta di un ordine di distrazione indirizzato al *debitor debitoris*, altresì previsto, come già rilevato nel § 1, dall'art. 316-*bis*, co. 2, c.c. a proposito del genitore che non concorra al mantenimento dei figli e dagli artt. 156, co. 6, c.c. e 8, co. 3, legge n. 898/1970 rispettivamente in materia di separazione e di divorzio.

Il giudice deve stabilire la durata dell'ordine di protezione, non superiore a un anno (prima della legge n. 38/2009 il termine massimo era di 6 mesi). La vittima può chiedere una proroga ove ricorrano giustificati motivi per il tempo strettamente necessario (art. 342-*ter*, co. 3, c.c.).

Ove sorgano difficoltà o contestazioni sulle modalità di attuazione del decreto contenente gli ordini di protezione, il giudice emana gli opportuni provvedimenti, compreso l'ausilio della forza pubblica e dell'ufficiale sanitario (art. 342-*ter*, ult. co., c.c.).

12. (Segue). *Il procedimento: cenni.*

L'art. 3 della legge n. 154/2001 ha aggiunto il capo V-*bis* («*Degli ordini di protezione contro gli abusi familiari*») nel titolo II («*Procedimenti in materia di famiglia e di stato delle persone*») del libro IV del codice di procedura civile.

Il procedimento si avvia con ricorso proposto, anche personalmente (*id est*: senza assistenza legale), dalla vittima dell'abuso familiare. Competente per territorio è il tribunale in composizione monocratica del luogo di residenza o domicilio del ricorrente, che provvede in camera di consiglio (art. 736-*bis*, co. 1, c.p.c.).

Il giudice designato dal presidente del tribunale per la trattazione del ricorso «procede nel modo che ritiene più opportuno agli atti di istruzione necessari».

Egli può disporre, anche avvalendosi della polizia tributaria, «indagini sui redditi, sul tenore di vita e sul patrimonio personale e comune delle parti» (art. 736-*bis*, co. 2, c.p.c.). Quest'attività istruttoria è propedeutica all'ordine di pagamento dell'assegno periodico posto a carico dell'autore dell'abuso, qualora i conviventi rimangano privi di mezzi adeguati (art. 342-*ter*, co. 2, c.c.).

Se non vi è urgenza di provvedere, il tribunale, sentite le parti, decide con decreto motivato immediatamente esecutivo (art. 736-*bis*, co. 2, c.p.c.). Altrimenti, nel caso di urgenza, assunte ove occorra sommarie informazioni, il giudice adotta immediatamente l'ordine di protezione (*inaudita altera parte*), fissando al contempo «l'udienza di comparizione delle parti davanti a sé entro un termine non superiore a quindici giorni e assegnando all'istante un termine non superiore a otto giorni per la notificazione del ricorso e del decreto» (art. 736-*bis*, co. 3, c.p.c.).

Il decreto che dispone le misure protettive è reclamabile al tribunale in composizione collegiale, entro i termini previsti dall'art. 739, co. 2, c.p.c. La relativa decisione non è impugnabile (art. 736-*bis*, co. 4, c.p.c.), perciò non è ammesso ricorso in Cassazione né ordinario (stante il disposto dell'articolo appena citato) né straordinario ai sensi dell'art. 111, co. 7, Cost.[34]. Il che, secondo alcuni autori, renderebbe l'art. 736-*bis*, co. 4, c.p.c. incostituzionale per violazione del diritto di difesa e – si aggiunga – per il fatto che vengono in rilievo situazioni giuridiche soggettive fondamentali della persona.

Gli ordini di protezione sono adottabili anche nel corso del procedimento di separazione o di divorzio (art. 8, l. n. 154/2001).

Quanto alla natura del procedimento, si discute se esso sia un autonomo giudizio contenzioso, oppure se debba essere ricondotto alla volontaria giurisdizione.

Riferimenti bibliografici.

ASTIGGIANO F., *Competenza funzionale e territoriale per i provvedimenti in materia di responsabilità genitoriale*, in *Fam. e dir.*, 2017, 6, 525 ss.; AULETTA T., *Misure (civili) contro la violenza nelle relazioni familiari: ipotesi ricostruttive della legge n. 154/2001*, in *Fam. e dir.*, 2003, 3, 294 ss.; BONILINI G., *Manuale di diritto di famiglia*, Milano, 2014; DANOVI F., *Il mancato ascolto del minore inficia nel merito la decisione*, in *Fam. e dir.*, 2021, 2, 175 ss.; DOGLIOTTI M., *Educazione religiosa e criteri di affidamento dei figli nella separazione*, in *Fam. e dir.*, 1995, 4, 351 ss.; DOGLIOTTI M., (voce) *Giudice tutelare*, in *Digesto*, Agg. 2018 (versione in *Banca dati-Leggi d'Italia*); FERRANDO G., *Diritto di famiglia*, Torino, 2015; FURGIUELE G., *Cristianesimo e secolarizzazione nell'odierna vicenda del diritto di famiglia*, in AA.VV., *Cristianesimo, secolarizzazione e diritto moderno*,

[34] Così Cass., n. 208/2005, ma si potrebbe argomentare in senso contrario da Cass., n. 1877/2018, cit.

a cura di Lombardi Vallauri, Milano, 1981, 1141 ss.; GABRIELLI A., *Mutamento di fede religiosa, separazione personale dei coniugi e affidamento della prole a terzi*, in *Giur. it.*, 1996, 3 (versione in *Banca dati-Leggi d'Italia*); GELLI R., *Conflitto tra genitore cattolico e geovista ed educazione religiosa dei figli*, in *Fam. e dir.*, 2020, 4, 362 ss.; LENTI L., *Gli affidamenti ai sevizi sociali*, in *Fam. e dir.*, 2018, 1, 99 ss.; MOROZZO DELLA ROCCA P., *Responsabilità genitoriale e libertà religiosa*, in *Dir. fam. pers.*, 2012, 1707 ss.; OBERTO G., *Modelli educativi ideologici, culturali e religiosi rispetto al minore di genitori in crisi*, in *Fam. e dir.*, 2010, 618 ss.; PARADISO M., *Decadenza dalla potestà, alimenti e diseredazione nella riforma della filiazione*, in *Le nuove leggi civ. comm.*, 2013, 577 ss.; PARENTE F., *L'ordine giudiziale di pagamento a tutela del contributo per il mantenimento della prole nella separazione personale*, in *Giur. it.*, 1997, 12 ss.; PELOSI A.C., *Sub artt. 330-337 c.c.*, in *Commentario al diritto italiano della famiglia*, diretto da G. Cian, G. Oppo e A. Trabucchi, Padova, 1992, 402 ss.; PELOSI A.C., (voce) *Potestà dei genitori*, in *Digesto*, 2012 (versione in *Banca dati-Leggi d'Italia*); PROTO PISANI A., *La giurisdizionalizzazione dei processi minorili c.d. de potestate*, in *Foro it.*, 2013, V, 71 ss. (p. 5 ss. estratto); RENDA A., *«Abusi familiari» (dir. civ.). a) profili soggettivi e oggettivi*, in *Enc. dir.*, Annali, 2014, VII, 9 ss.; RUSCELLO F., *Fattore religioso e diritti del minore nell'indirizzo educativo*, in *Rass. dir. civ.*, 1992, 110 ss.; SCARSO P., *Il disaccordo tra i genitori in merito all'educazione religiosa del figlio*, in *Fam. pers. succ.*, 2006, 735; SILVANI S., *Gli ordini di protezione contro gli abusi familiari (artt. 2-8. Legge 4 aprile 2011, n. 154 – Misure contro la violenza nelle relazioni familiari*, in *Tratt. di diritto di famiglia*, diretto da P. Zatti, *Famiglia e matrimonio. Relazioni familiari-Matrimonio-Famiglia di fatto*, a cura di G. Ferrando-M. Fortino-F. Ruscello, Milano, 2011, I, 1191 ss.; TOMMASEO F., *Giudizi camerali* de potestate *e giusto processo*, in *Fam. e dir.*, 2202, 3, 229 ss.

CAPITOLO SESTO

DIRITTI SUCCESSORI

1. *Diritti successori del figlio nato fuori del matrimonio.*

Prima della riforma della filiazione 2012/2013, la parentela naturale aveva un rilievo più contenuto, a fini ereditari, rispetto a quella legittima. Ciò dipendeva dal duplice e diversificato sistema di parentela che operava a seconda che la filiazione fosse nata nel o fuori dal matrimonio.

Il figlio nato fuori dal matrimonio poteva succedere soltanto al genitore che lo aveva riconosciuto (o la cui paternità/maternità era stata giudizialmente accertata), poiché egli non entrava a far parte della famiglia del genitore (cfr. art. 258 c.c. nel testo ante riforma) e dunque non acquisiva rapporti di parentela con altri soggetti.

Il quadro successorio che si aveva al tempo era, pertanto, il seguente: a) il fratello/sorella naturale del *de cuius* era escluso dalla successione di questi, salvo che mancassero altri successibili all'infuori dello Stato, con la conseguenza che al fratello defunto succedeva il coniuge e gli altri più lontani parenti); b) lo zio, fratello del genitore di un figlio naturale, non succedeva a quest'ultimo e viceversa; c) i cugini naturali (*id est*: i figli dei fratelli, partenti di quarto grado in linea collaterale) non succedevano tra di loro; d) il diritto di rappresentazione non operava, nella linea collaterale, a favore dei discendenti naturali dei fratelli/sorelle del *de cuius* (ma solo nella linea retta).

Non sono mancate sul finire del secolo scorso le questioni di legittimità costituzionale, volte soprattutto a ottenere sentenze additive che alterassero l'ordine dei successibili, accrescendo così la rilevanza giuridica della parentela naturale. Ma la Corte costituzionale ha conservato sostanzialmente l'impianto legislativo successorio, dichiarando ora inammissibili ora non fondate le questioni di costituzionalità, sul presupposto che l'ordine delle categorie dei successibili fosse di competenza del legislatore [1].

Secondo la Corte costituzionale non è desumibile dalla Carta fondamentale un obbligo per il legislatore di far entrare il figlio naturale nella famiglia di origine del genitore, attraverso la previsione del vincolo di parentela con i membri di questa. La tutela che l'art. 30, co. 3, Cost. garantisce ai figli nati fuori del matrimonio è da riferire – soggiunge la Consulta – soltanto al rapporto con il genitore e non anche a quello con i parenti di quest'ultimo [2].

Va riconosciuto che non era facile per la Corte costituzionale stravolgere il sistema, stretta com'era tra il principio di uguaglianza e l'indicazione della Costituzione al legislatore di poter riconoscere un rilievo maggiore alla filiazione legittima (così era inteso il canone di compatibilità di cui all'art. 30, co. 3, Cost.).

La questione di legittimità costituzionale è stata accolta solo quando non mirava ad alterare l'ordine dei successibili, ciò che, invece, avrebbe determinato l'ingresso del figlio naturale nella famiglia del *de cuius*. Vi è stata la dichiarazione di illegittimità costituzionale dell'art. 565 c.c. nella parte in cui escludeva dal-

---

[1] È interessante rilevare come la Corte costituzionale in alcune risalenti pronunce, pur non avendo dichiarato l'incostituzionalità di quelle disposizioni contrarie alla rilevanza alla parentela naturale, avvertiva lo iato tra la regola giuridica e la concretezza dei rapporti tra le persone che, di fatto, si percepivano come parenti. Cfr.: Corte cost., n. 76/1977 (Rel.: L. Amadei) che ha dichiarato non fondata la questione di legittimità costituzionale dell'art. 570 c.c. (quanto alla successione tra fratelli naturali) e dell'art. 586 c.c. (sempre sulla successione tra fratelli rispetto a quella dello Stato, ma cfr. *infra*, nota 4) per un successivo cambio di orientamento; Corte cost., n. 363/1988 (Rel.: L. Mengoni), ha dichiarato costituzionalmente legittimo l'art. 565 c.c. nella parte in cui esclude il figlio naturale dalla successione dello zio/zia (fratello/sorella del padre) e viceversa; Corte cost., n. 377/1994 (Rel.: L. Mengoni), ha confermato la costituzionalità degli artt. 565 e 572 c.c. nella parte in cui non prevedono la chiamata *ad intestato* dei fratelli/sorelle naturali del *de cuius* in luogo di lontani parenti legittimi. La Consulta ha ritenuto di non poter costituire i fratelli/sorelle naturali del *de cuius* come «terzo ordine di successibili tra gli ascendenti e i fratelli e le sorelle legittimi (o i loro discendenti) e gli altri parenti collaterali dal terzo al sesto grado, i quali degraderebbero a quarto ordine». Vi è però in questa pronuncia un invito il legislatore a modificare l'ordine dei successibili alla luce della «dinamica evolutiva dei rapporti sociali»; una dinamica che ha visto già a quel tempo un notevole incremento delle nascite fuori del matrimonio e del fenomeno parallelo della famiglia di fatto. Queste regole successorie erano percepite come anacronistiche. Cfr. anche Corte cost., n. 532/2000 (Rel.: A. Santosuosso), secondo cui non è incostituzionale l'art. 565 c.c. nella parte in cui esclude la successine legittima tra i cugini naturali.

[2] Costantemente la Corte costituzionale ha affermato che il vincolo di parentela tra la prole naturale ed i parenti del genitore non trova riferimenti nella Carta fondamentale (cfr. soprattutto le due pronunce estese da Luigi Mengoni: Corte cost., n. 363/1988, cit. e Corte cost., n. 377/1994 nelle quali vi è una rigorosa interpretazione dell'art. 30, co. 3, Cost.). Lo sfavore legislativo nei confronti della parentela naturale rispetto a quella legittima non violava, secondo la Corte cost., né l'art. 30, co. 3, Cost., né l'art. 3 Cost. sotto i profili, rispettivamente, dell'uguaglianza e della pari dignità sociale. L'argomento addotto, in verità, non era pienamente convincente: si sottolineava la differenza esistente tra la situazione delle persone tra le quali vi è un rapporto di consanguineità e quella dei soggetti legati tra loro anche dal vincolo di una vera e propria parentela.

la successione legittima, in mancanza di altri successibili e prima dello Stato, i fratelli e le sorelle naturali del *de cuius* riconosciuti o dichiarati giudizialmente[3]. Vi è stata anche la dichiarazione di incostituzionalità sempre dello stesso articolo nella parte in cui non consentiva, in mancanza di altri successibili, la successione tra fratelli naturali[4].

In questo contesto normativo si è inserita la riforma 2012/2013, la quale ha compiuto quel passo che la Corte costituzionale ha ritenuto di non dover compiere (mancando le c.d. «rime obbligate»): ha inserito il figlio «naturale» nella famiglia del genitore nei cui confronti è stato formalizzato il rapporto di filiazione col riconoscimento o con la dichiarazione giudiziale (artt. 74 e 258, co. 1, c.c.). Di conseguenza il figlio nato fuori dal matrimonio è chiamato a pieno titolo alla successione legittima (art. 565 c.c.), al pari del figlio nato in costanza di matrimonio.

È interessante sottolineare come il legislatore della riforma 2012/2013 non sia intervenuto direttamente sul diritto ereditario, come invece è accaduto con la legge n. 151/1975, la quale ha modificato le quote successorie (che erano diverse per l'una e per l'altra categoria di figlio) e previsto nuovi diritti. La più recente legge di riforma ha effettuato, invece, soltanto dei ritocchi al libro II («*Delle successioni*») del codice civile, resi necessari dal principio dell'unicità dello stato di figlio e della parentela.

L'art. 2, legge n. 219/2012 ha delegato il Governo ad «adegua[re] la disciplina delle successioni e delle donazioni al principio di unicità dello stato di figlio, prevedendo, anche in relazione ai giudizi pendenti, una disciplina che assicuri la produzione degli effetti successori riguardo ai parenti anche per gli aventi causa del figlio naturale premorto o deceduto nelle more del riconoscimento e conseguentemente l'estensione delle azioni di petizione di cui agli artt. 533 e seguenti del codice civile».

Sulla discussa attuazione di quest'articolo della legge n. 219/2012, in punto di retroattività dei nuovi diritti successori, si tornerà in seguito. Preme ora indi-

---

[3] Corte cost., n. 55/1979 (Rel.: L. Amadei).

[4] Corte cost., n. 184/1990 (Rel.: L. Mengoni), dopo aver chiarito che il limite di efficacia del riconoscimento indicato dall'art. 258 c.c. (allora vigente) non ha valore assoluto e che la disparità di trattamento tra filiazione legittima e filiazione naturale non può essere frutto di irragionevole bilanciamento di interessi (art. 3 Cost.), conclude che ammettere la successione tra fratelli unilaterali «non entra in conflitto col principio della successione familiare né con l'interesse dello Stato». Del resto, continua la Corte, l'acquisto dei beni da parte di quest'ultimo (art. 586 c.c.) tutela «l'interesse pubblico alla conservazione dei beni del defunto e alla continuità dei rapporti giuridici che a lui facevano capo, quando manchino soggetti legittimati a raccogliere l'eredità». Nel caso *de quo*, la presenza del solo fratello naturale del *de cuius* (quindi di un vincolo di consanguineità) deve escludere la successione dello Stato. Con questa pronuncia la Corte è rimasta fedele al proprio orientamento che riserva al legislatore il potere di modificare l'ordine dei successibili. Anteporre il fratello naturale allo Stato – che non entra nella linea familiare – non ne costituisce una smentita.

care, in sintesi, alcune delle più significative modifiche che hanno interessato il diritto successorio.

Come si diceva, il principio di unicità dello stato di figlio ha imposto al legislatore delegato, da un lato, di modificare alcuni articoli della disciplina successoria in modo da cancellare ogni preferenza, quanto alle categorie dei successibili, per la linea di parentela alimentata da rapporti di coniugio; dall'altro, più in generale, di assicurare piena rilevanza alla successione del figlio nato fuori del matrimonio, anche in situazioni in cui non vi fosse un fratello nato nel matrimonio.

Con riguardo alla successione necessaria, rientrano tra i legittimari (*id est* tra i soggetti cui la legge «riserva una quota di eredità o altri diritti successori»), anche gli ascendenti naturali. L'art. 536 c.c. prima della sua parziale abrogazione da parte del d.lgs. n. 154/2013, limitava espressamente la successibilità degli ascendenti a quelli legittimi.

La successione legittima è stata interessata da uno vero e proprio sconvolgimento, accentuato, come vedremo nel § 6, dalla retroattività dei nuovi diritti successori dei figli nati fuori dal matrimonio. Ma a prescindere da questo profilo, va segnalato che l'art. 565 c.c. ante riforma 2012/2013 menzionava tra le categorie dei successibili gli «ascendenti legittimi» – quest'ultimo aggettivo è stato ora cancellato – e i collaterali. La categoria dei collaterali era stata intesa, come si è già detto sopra, come limitata ai fratelli legittimi. Oggi, invece, il fratello nato fuori del matrimonio succede al proprio fratello nato nel matrimonio e viceversa, con preferenza rispetto a parenti più lontani.

Ancora: mentre prima della riforma i fratelli/sorelle naturali vantavano un titolo reciproco di successione ereditaria solo in mancanza di altri successibili per diritto di coniugio o di parentela, oggi il fratello naturale concorre con gli ascendenti e con il coniuge. Allo stesso tempo il figlio naturale succede allo zio, al cugino e viceversa.

Muta, quindi, l'interpretazione (non il testo) degli artt. 570 e 572 c.c., dove la parola fratelli non può più essere aggettivata con il termine legittimi.

È stato di conseguenza ampliato anche l'ambito applicativo del diritto di rappresentazione con riguardo alla linea collaterale. Succedono per rappresentazione anche i discendenti nati fuori del matrimonio dei fratelli e delle sorelle «naturali» del *de cuius* (art. 468 c.c.).

In definitiva, come è stato esattamente affermato (M. Sesta), sicuramente «con riguardo alla successione necessaria e alla successione legittima, nessuna differenziazione di trattamento residua con riferimento ai figli – matrimoniali, non matrimoniali e adottivi "pieni" – e agli ascendenti».

Si discute, invece, come vedremo nel paragrafo successivo, sui diritti successori dell'adottato in casi particolari.

2. *I diritti dell'adottato in casi particolari.*

La questione dei diritti successori che spetterebbero all'adottato in casi particolari (artt. 44 ss., l. n. 184/1983) è influenzata dall'interpretazione dell'art. 74 c.c. che si intenda accogliere. In particolare nella parte in cui esso stabilisce che «Il vincolo di parentela non sorge nei casi di adozione di persone maggiori di età, di cui agli artt. 291 e seguenti». Come si è già rilevato *supra* al cap. I-§ 4 vi è un punto di contatto tra la disciplina dell'adozione in casi particolari e l'adozione del maggiorenne: la prima richiama la seconda con riguardo alla parentela (art. 55, l. n. 184/1983).

La disposizione appena riportata dell'art. 74 c.c. esclude che la nozione di parentela ivi prevista si applichi all'adozione dei maggiorenni. Pertanto, quanto a quest'ultima, occorre far riferimento alla sua disciplina specifica. L'art. 300, co. 2, c.c. stabilisce che «L'adozione non induce alcun rapporto civile tra l'adottante e la famiglia dell'adottato né tra l'adottato e i parenti dell'adottante, salve le eccezioni stabilite dalla legge». L'art. 304 c.c. specifica che: «[co. 1] L'adozione non attribuisce all'adottante alcun diritto di successione. [co. 2] I diritti dell'adottato nella successione dell'adottante sono regolati dalle norme contenute nel libro II». Quindi, l'adottato maggiorenne non succede *mortis causa* ai parenti dell'adottante e viceversa.

Ciò che non è chiaro, come è emerso nel cap. I-§ 4, è se l'adozione del maggiorenne sia l'unico caso di esclusione del vincolo di parentela, così come prevede l'art. 74 c.c., o se debba aggiungersi l'adottato in casi particolari, stante il richiamo degli artt. 300 e 304 c.c., appena sopra ricordati, contenuto nell'art. 55, legge n. 184/1983.

Secondo una tesi dottrinale (F. Prosperi), l'unico caso di esclusione del vincolo (completo) di parentela è quello espressamente previsto dall'art. 74 c.c. L'art. 300 c.c. deve ritenersi inapplicabile all'adozione in casi particolari, pertanto l'adottato entrerebbe nella famiglia dell'adottante, acquistando un rapporto di parentela con tutti i parenti dell'adottante.

A sostegno di tale tesi si adopera un argomento logico volto ad attribuire un significato a una determinata parte dell'art. 74 c.c. che altrimenti sarebbe *inutiliter data*. Tale articolo, nel primo periodo, stabilisce che la parentela in senso pieno si ha anche nel caso in cui «il figlio è adottivo». Ora poiché il figlio adottivo acquista già per espressa disposizione dell'art. 27, co. 1, legge n. 184/1983 la condizione di parente in senso pieno, entrando *pleno iure* nella famiglia dell'adottante, si dovrebbe concludere che il riferimento al figlio adottivo di cui all'art. 74 sia da riferire proprio all'adozione in casi particolari.

Questa interpretazione comporta l'abrogazione tacita del richiamo all'art. 300 c.c. contenuto nell'art. 55, legge n. 184/1983.

Secondo un'altra opzione ermeneutica di segno opposto, parimenti autorevole (M. Sesta), è illegittimo equiparare, quanto ai vincoli di parentela che si creano, l'adozione in casi particolari all'adozione piena. Opinando diversamente si verrebbe a creare, non senza arbitrio, un terzo tipo di adozione in cui l'adottato in casi particolari aggiungerebbe alla conservazione del rapporto di parentela con la famiglia d'origine (art. 55, l. n. 184/1983 e art. 300 c.c.) un vincolo di parentela piena nei confronti dell'adottante e dei parenti di lui.

A sostegno di questa tesi si richiama l'art. 567, co. 2, c.c., il quale contiene una disposizione non abrogata né ritoccata dal d.lgs. n. 154/2013, il cui testo così recita: «I figli adottivi sono estranei alla successione dei parenti dell'adottante». La disposizione si riferisce all'adozione in casi particolari (e dei maggiorenni), poiché l'adottato con l'adozione piena «acquista lo stato di figlio nato nel matrimonio» (art. 27, co. 1, l. n. 184/1983). Inoltre l'art. 55, legge n. 184/1983 richiama l'art. 304, co. 2, c.c., il quale nel rinviare alle norme contenute nel libro II per la successione dell'adottato all'adottante esige l'applicazione proprio dell'art. 567 c.c.

L'adottato in casi particolari, quindi, non succederebbe ai parenti dell'adottante, come, invece, sostiene la tesi avversa.

Non è agevole schierarsi a favore dell'una o dell'altra tesi; vero è che il legislatore dovrebbe intervenire, come richiesto da alcuni Autori, con una riforma dell'adozione che ne riveda alcuni profili, tra cui anche la disciplina dell'adozione in casi particolari. La quale si è dimostrata decisiva per formalizzare quei rapporti di filiazione sorti in attuazione di un progetto procreativo comune in cui non vi è un'altra famiglia del nato e, quindi, altri successibili. Può essere riduttivo e incongruo rispetto alle dinamiche concrete dei rapporti familiari limitare la successione rispetto al solo soggetto che abbia ottenuto l'adozione.

3. *La categoria dei figli non riconoscibili e i loro diritti.*

Gli artt. 279, 580 e 594 c.c. sui diritti dei figli non riconoscibili non sono stati interessati dalla riforma 2012/2013. Non si deve però ritenere che, in tale ambito, non vi sia nulla di nuovo. Vi è stata, per effetto di talune modifiche normative e di un non recente intervento della Corte costituzionale[5], una considerevole diminuzione delle ipotesi in cui al figlio sia impedita, tramite la dichiarazione giudiziale, la costituzione dello *status filiationis*.

Prima di verificare questo assunto e di chiarire quali siano le categorie dei figli non riconoscibili, è opportuno indicare i loro diritti.

Ai sensi dell'art. 279 c.c. («*Responsabilità per il mantenimento e l'educazione*»), il figlio cui è preclusa l'azione per la dichiarazione giudiziale di paternità o

---

[5] Corte cost., n. 494/2002, cit. Si è già posto in rilievo *supra*, cap. II-§ 3 che, per effetto di questa sentenza, il nato da una relazione «incestuosa» di male fede, invece di agire ai sensi dell'art. 279 c.c. quale unica possibilità di tutela, era legittimato a promuovere l'azione di cui all'art. 269 c.c., ottenendo così la costituzione dello stato di figlio. Tecnicamente, quindi, il figlio incestuoso non rientrava nell'art. 279, potendo agire con l'azione volta a ottenere la dichiarazione giudiziale di genitorialità.

di maternità può agire contro il genitore e pretendere da questi il mantenimento, l'istruzione e l'educazione. Se il figlio è maggiorenne e si trova in stato di bisogno «può agire per ottenere gli alimenti a condizione che il diritto al mantenimento di cui all'art. 315-*bis*, sia venuto meno».

Inoltre: al figlio non riconoscibile che ha diritto al mantenimento, all'istruzione e all'educazione a norma dell'art. 279 c.c. spetta, ai sensi dell'art. 580 c.c., in caso di morte del genitore, «un assegno vitalizio pari all'ammontare della rendita della quota di eredità alla quale avrebbe diritto, se la filiazione fosse stata dichiarata o riconosciuta». Qualora il figlio non riconoscibile sia contrario alla rateizzazione ha diritto di ottenere, su sua richiesta, la capitalizzazione dell'assegno in denaro, «ovvero, a scelta degli eredi legittimi, in beni ereditari».

L'art. 594 c.c. individua i soggetti tenuti all'assegno vitalizio e prevede, inoltre, un meccanismo analogo a quello del legato in sostituzione di legittima (art. 551 c.c.). L'assegno deve essere corrisposto al figlio non riconoscibile dagli eredi, dai legatari e dai donatari in proporzione a quanto questi hanno ricevuto, ma solo se il genitore non abbia disposto per donazione o testamento a favore del figlio stesso. Se, invece, il genitore ha disposto a favore del figlio non riconoscibile, quest'ultimo può rinunciare alla disposizione e chiedere l'assegno.

Riassumendo: il figlio non riconoscibile conserva i diritti di cui all'art. 30, co. 1, Cost. nei confronti del proprio genitore; egli, inoltre, è titolare di diritti successori, sia pur nella forma dell'assegno vitalizio, nella successione sia legittima che testamentaria del proprio genitore. Tutti questi diritti sono collegati alla qualifica di figlio non riconoscibile; dunque è il momento di indicare quando essa venga in rilievo.

Si possono indicare i seguenti casi: 1) figlio ultraquattordicenne che neghi il suo assenso al riconoscimento (art. 250, co. 2, c.c.); 2) figlio infraquattordicenne non riconoscibile in mancanza del consenso dell'altro genitore che abbia già effettuato il riconoscimento, salvo l'intervento della sentenza che tenga luogo del consenso mancante (art. 250, co. 3, c.c.); 3) figlio non riconoscibile del genitore infrasedicenne, salvo che si intervenuto il provvedimento autorizzativo del giudice emesso «valutate le circostanze e avuto riguardo all'interesse del figlio» (art. 250, ult. co., c.c. come modificato dall'art. 1, co. 2, lett. e), l. n. 219/2012); 4) figlio «incestuoso» non riconoscibile da parte del genitore, essendo stata negata l'autorizzazione giudiziale (art. 251 c.c. come modificato dalla riforma 2012/2013); 5) figlio in stato di abbandono con riguardo al quale siano intervenuti la dichiarazione di adottabilità e l'affidamento preadottivo (art. 11, ult. co., l. n. 184/1983); 6) figlio nato nel matrimonio (ma non legato geneticamente al padre) o riconosciuto da altri che non può essere riconosciuto da chi pretenda di essere il genitore biologico (art. 253 c.c.).

Rispetto a questa elencazione, all'indomani della riforma 2012/2013, si è riproposto il problema dell'ambito applicativo dell'art. 279 c.c. La discussione è stata alimentata soprattutto dall'abrogazione del termine di prescrizione dell'azione di disconoscimento della paternità con riguardo al figlio (art. 244, co. 5, c.c.). Parimenti imprescrittibile riguardo al figlio è il termine di impugnazione del riconoscimento per difetto di veridicità (art. 263, co. 2, c.c.).

Ora se figlio può sempre eliminare il proprio *status filiationis* falso, al fine di aprire la via alla costituzione formale del vero stato di figlio, si dovrebbe concludere che in alcuni dei casi sopra elencati non si manifesti l'esigenza di tutelare il figlio ai sensi dell'art. 279 c.c. Mancherebbe infatti la *ratio* giustificatrice sottesa al disposto di cui all'art. 279 c.c. (*id est*: l'impossibilità di costituire lo stato di figlio), il quale, conseguentemente, dovrebbe essere ritenuto inapplicabile, almeno nelle ipotesi *supra* riportate sub n. 1) e n. 6).

Nel caso sub n. 1), il figlio di anni quattordici che neghi il suo assenso al riconoscimento (art. 250, co. 2, c.c.) non potrebbe chiedere, secondo questa impostazione, il mantenimento ai sensi dell'art. 279 c.c.; di conseguenza non gli spetteranno neppure i diritti successori. Ugualmente dovrebbe concludersi con riguardo a caso sub n. 6), poiché il figlio può sempre eliminare lo *status* falso attraverso il disconoscimento della paternità o impugnare il riconoscimento per difetto di veridicità per poi ottenere la costituzione del vero *status filiationis*, stante appunto l'imprescrittibilità della relativa azione.

Le ipotesi sub n. 3 e n. 5 sono, invece, destinate a risolversi nel tempo, attraverso l'individuazione delle figure genitoriali, rispettivamente nel genitore che ha compiuto i 16 anni (il quale può riconoscere o essere dichiarato tale giudizialmente) e nei genitori adottivi.

Quanto all'ipotesi sub 2, si integra, invece, la categoria del figlio irriconoscibile se il giudice, preso atto del dissenso al secondo riconoscimento espresso dal genitore che abbia già riconosciuto, neghi, nell'interesse del minore, la sentenza che tiene luogo del consenso mancante (art. 250, co. 4, c.c.). Se il giudice reputa dannoso per il minore il secondo riconoscimento, non è ammissibile la dichiarazione giudiziale di genitorialità. Anche se non può negarsi che al compimento del diciottesimo anno di età, il figlio sarà libero di agire con tale azione.

Ugualmente si ha la categoria del figlio irriconoscibile nell'ipotesi sub 4, qualora venga negata l'autorizzazione giudiziale al riconoscimento. Se il tribunale per i minorenni ritiene, per le ragioni indicate dall'art. 251 c.c., che i genitori non possano riconoscere il proprio figlio, non è richiedibile la dichiarazione giudiziale di genitorialità (cfr. art. 269, co. 1, c.c.).

Quid iuris quando il figlio «incestuoso» diventa maggiorenne? Il nuovo art. 278 c.c. (come sostituito dal d.lgs. n. 154/2913), stando alla sua lettera, sembra richiedere in ogni caso l'autorizzazione giudiziale per ottenere che sia giudizialmente dichiarata la paternità o la maternità. Tuttavia, come ha osservato un'attenta dottrina (G.F. Basini), il giudice non può sovrapporre la sua valutazione a quella del figlio maggiorenne a proposito della costituzione dello stato di figlio, si pur a fronte di un incesto.

Se la categoria del figlio non riconoscibile (e non dichiarabile) è, dunque, decisamente contenuta, essa potrebbe ampliarsi ove si ritenga che l'impossibilità di proporre l'azione per la dichiarazione giudiziale di paternità o maternità di cui fa menzione l'art. 279 c.c. («non può») possa essere intesa non soltanto come impossibilità originaria e assoluta, ma anche come *impossibilità morale*. Si fa riferimento al caso in cui la dichiarazione giudiziale sia preclusa non già da una ragione tecnica, ma dal fatto che il figlio, pur potendo, non voglia agire in giudizio.

L'impossibilità morale potrebbe trovare uno spazio di rilevanza, tenendo distinti il piano della costituzione dello stato di figlio, legato all'identità e alla dignità personale, e il piano del mantenimento, educazione e istruzione, legato alla responsabilità per la procreazione. Qualora il figlio ritenga di non poter formalizzare lo *status filiationis* per ragioni legate alla nascita e al comportamento successivo dei genitori, egli deve essere lasciato libero di propendere soltanto per la tutela di cui all'art. 279 c.c. Il giudice, tramite il potere di autorizzazione di cui al comma 2 di tale articolo, controllerà la serietà delle ragioni addotte. Opinando diversamente si indebolirebbe il diritto del figlio quattordicenne di negare l'assenso al riconoscimento, oppure si finirebbe con l'imporgli il disconoscimento della paternità quale precondizione della dichiarazione giudiziale di paternità.

4. *La diseredazione del genitore.*

Si è già fatto cenno nel cap. V al § 4 al diritto del figlio di diseredare il genitore, introdotto con l'art. 448-*bis* c.c. Prima di questa disposizione un legittimario, qual è il genitore, essendo destinatario di una quota ereditaria indisponile da parte del *de cuius*, non poteva, in nessun caso, essere estromesso dalla successione ereditaria attraverso la clausola testamentaria di diseredazione. Una siffatta clausola, ove presente nel testamento, è, secondo una tesi (L. Mengoni), nulla per violazione degli artt. 457, co. 3, e 549, c.c., secondo un'altra tesi (G. Perlingieri), assoggettata all'azione di riduzione (artt. 553 ss. c.c.).

Ora, in questo quadro, l'art. 448-*bis* c.c. prevede un'eccezione al principio dell'intangibilità della quota di riserva, consentendo al figlio la diseredazione del genitore qualora a quest'ultimo siano addebitabili «*fatti che non integrano casi di indegnità di cui all'art. 463*». Stando a questa disposizione occorre che il testamento redatto dal figlio maggiorenne (cfr. art. 591, co. 2, n. 1, c.c.) contenga un'espressa clausola di esclusione del genitore dalla propria successione. Si tratta di un atto di autonomia privata e non già di un effetto legale.

L'art. 448-*bis* c.c. non indica quali possano essere i «fatti che non integrano i casi di indegnità di cui all'art. 463» da porre a fondamento della diseredazione. Si è già rilevato al cap. V-§ 4 che esistono almeno due tesi. Secondo quella più restrittiva, il riferimento è a quei fatti di reato che generano la decadenza dalla responsabilità genitoriale quale sanzione accessoria.

La tesi più estensiva, invece, annovera tra le cause di diseredazione anche quei comportamenti del genitore che, pur non integrando fattispecie di decadenza dalla responsabilità genitoriale, costituiscano grave violazione dei doveri genitoriali [(art. 333 c.c.) A. Gorgoni]. Si pensi all'ipotesi in cui, pur non essendo intervenuto un provvedimento di decadenza dalla responsabilità genitoriale, un genitore sia stato condannato al risarcimento del danno non patrimoniale ai sensi dell'art. 2059 c.c. per aver leso un diritto fondamentale del figlio (cfr. *amplius infra*, cap. VII-§ 5). Una tale lesione costituisce un fatto più grave rispetto ad altri fatti che integrano l'indegnità a succedere quali quelli indicati dai numeri 4, 5 e 6 dell'art. 463 c.c.

Si discute se la facoltà di diseredare permanga qualora sia stato emesso un provvedimento di reintegrazione nella responsabilità genitoriale ai sensi dell'art. 332 c.c. La seconda tesi appena riportata non dovrebbe incontrare particolari difficoltà a fornire una risposta positiva, dato che essa slega la facoltà di diseredare il genitore dalla decadenza dalla responsabilità genitoriale.

Invero, anche la tesi più restrittiva potrebbe fornire una risposta positiva, perché l'art. 448-*bis* c.c. fa perno – secondo stessa impostazione – sulla decadenza dalla responsabilità quale fatto produttivo di conseguenza negative per il genitore. La circostanza che quest'ultimo, nell'esercizio di un proprio diritto, venga reintegrato nell'ufficio di diritto privato, può non cancellare, dal punto di vista del figlio, quanto di negativo il genitore abbia compiuto. La reintegrazione, quindi, non condizionerebbe il diritto del figlio di effettuare la diseredazione nel proprio testamento.

Si aggiunga che la *ratio* della diseredazione – *id est* dare rilievo, a fini successori, alla violazione dei diritti del figlio di cui all'art. 315-*bis* c.c. – induce a ritenere ammissibile la domanda di decadenza dalla responsabilità genitoriale anche raggiunta la maggiore età (art. 463 n. 3-*bis* c.c.).

Ad ogni modo, al di là del controverso ambito applicativo, l'art. 448-*bis* c.c. *in parte qua* conferma quell'orientamento più recente della Cassazione che ha ammesso la clausola mera diseredazione[6]. La quale consiste in una disposizione te-

---

[6] Cass., n. 8352/2012, afferma che «il testatore, sottraendo dal quadro dei successibili *ex lege* il diseredato e restringendo la successione legittima ai non diseredati, indirizza la concreta destinazione *post mortem* del proprio patrimonio. Il "disporre" di cui all'art. 587, co. 1, c.c. può dunque includere, non solo una volontà attributiva e una volontà istitutiva, *ma anche una volontà ablativa e, più esattamente, destitutiva* [corsivo mio]». La Cassazione utilizza anche un argomento sistematico, rilevando che il legislatore, con riferimento a più istituti del diritto ereditario [ad es.: la dispensa dalla collazione (art. 587, co. 1, c.c.), l'assegno divisionale semplice (art. 733 c.c.), l'onere testamentario (art. 647 c.c.)] ha previsto disposizioni di contenuto patrimoniale che non implicano attribuzioni in senso tecnico, pur riconducibili alla nozione di atto dispositivo del proprio patrimonio *ex* art. 587 c.c. Si aggiunge altresì che il legislatore ha ammesso un'efficacia negativa del negozio testamentario. Gli esempi sono l'offerta di una *hereditas damnosa*, l'esclusione del legittimario dalla quota disponibile e la modifica delle regole legali sulla delazione successiva attraverso l'istituto della sostituzione (art. 476, co. 2, c.c.).

stamentaria di esclusione di un determinato soggetto dalla successione *mortis causa* contenuta in un testamento privo di altre disposizioni, quali l'istituzione di erede e il legato.

Prima della sentenza della Suprema Corte appena evocata, la giurisprudenza di legittimità escludeva che il testamento potesse contenere esclusivamente una clausola di diseredazione (di un soggetto non legittimario) senza che vi fosse, anche solo implicitamente, una disposizione di carattere patrimoniale. La Suprema Corte argomentava dall'art. 587, co. 1, c.c. sul contenuto del testamento, vincolato nel dover disporre delle «proprie sostanze»[7]; e la mera diseredazione non integrava questo requisito. Così in attuazione di quest'orientamento, mentre si riteneva valido il testamento contenente una clausola del tipo «Dei miei tre cugini escludo dalla mia successione a titolo universale solo Caio» – qui c'è una istituzione implicita di erede degli altri due cugini –, era reputato invalido il testamento che recasse esclusivamente la disposizione del seguente tenore: «escludo Tizio dalla mia successione».

Successivamente, nel 2012, la Cassazione ha giustamente osservato che la mera diseredazione contiene in sé un atto dispositivo delle proprie «sostanze», sia pur in negativo, per il tempo in cui si sarà cessato di vivere. Scrivere nel testamento esclusivamente che si esclude Tizio dalla propria successione, comporta inevitabilmente di orientare le proprie «sostanze» verso altri soggetti che succederanno *ab intestato*. Quindi la clausola di mera diseredazione non tradisce il contenuto che, ai sensi dell'art. 587 c.c., è proprio del testamento.

In conclusione, l'art. 448-*bis* c.c. è particolarmente significativo perché non solo conferma la legittimità della mera diseredazione, ma consente anche, per la prima volta, di indirizzare quest'ultima, per una ragione assolutamente condivisibile, contro la quota di riserva del genitore legittimario. Purtroppo, però, l'ambito della fattispecie legale di diseredazione non è chiaro.

Il legislatore non avrebbe dovuto affrontare un tema tanto delicato come la diseredazione con una disposizione così laconica come quella appena esaminata, peraltro introdotta nella disciplina degli alimenti.

5. *«Femminicidio», sospensione dalla successione, indegnità e altre misure.*

Si distinguano tre situazioni. Della prima si è già trattato nel paragrafo precedente: il figlio può escludere dalla propria successione il genitore che abbia tenuto nei suoi confronti condotte pregiudizievoli – penalmente rilevanti secondo una tesi – causa di decadenza dalla responsabilità genitoriale (art. 448-*bis* c.c.).

La seconda attiene a quelle condotte che un coniuge o un convivente di fatto pone in essere nei confronti dell'altro coniuge o convivente che ne ledano l'in-

---

[7] Cass., n. 6339/1982 e Cass., n. 5895/1994.

tegrità fisica o morale. Qui si applicheranno gli ordini di protezione contro gli abusi familiari, i quali tutelano, quanto meno indirettamente, anche i figli (artt. 342-*bis* ss., cfr. *supra*, cap. V-§§ 9-10).

La terza situazione, decisamente più grave, porta con sé una fortissima carica di riprovazione sociale, venendo in rilievo il bene della vita. Si allude all'uccisione di un genitore da parte dell'altro, quasi sempre della madre. Si usa discorrere a tal proposito di «femminicidio». La condotta è rivolta non già nei confronti del figlio ma della madre, la quale viene uccisa dal coniuge, anche se legalmente separato o divorziato, dall'altra parte in unione civile, anche se l'unione è cessata, o dalla persona legata da una relazione affettiva e da una convivenza stabile.

Il problema della violenza contro le donne, presente soprattutto nelle relazioni affettive e nell'ambiente familiare, è stato affrontato dall'Unione europea. La quale si è concentrata, sotto diversi profili, sulla vittima, accogliendone un concetto ampio: vittima è non soltanto la persona che abbia subito un danno fisico, psichico o economico a causa di un fatto di reato, ma anche un suo familiare, come il figlio.

Gli interventi europei sono stati significativi e hanno imposto una normativa nazionale, su cui ci soffermeremo a breve. Intanto va ricordato che ai principi enunciati nella decisione quadro 2001/220/GAI si è sostituita la direttiva 2012/29/UE del Parlamento europeo e del Consiglio del 25.10.2012, «che istituisce norme minime in materia di diritti, assistenza e protezione delle vittime di reato e che sostituisce la decisione quadro 2001/220/GAI».

In precedenza erano intervenute: la risoluzione 10.6.2011 relativa a una tabella di marcia per il rafforzamento dei diritti e della tutela delle vittime di reato («la tabella di marcia di Budapest»); la risoluzione del 26.11.2009 sull'eliminazione della violenza contro le donne, in cui si esortavano gli Stati membri a combattere tutte le forme di violenza e a studiarne le cause in funzione di prevenzione; la risoluzione del 5.4.2011 «sulle priorità e sulla definizione di un nuovo quadro politico dell'UE in materia di lotta contro la violenza sulle donne», in cui il Parlamento europeo ha proposto una strategia articolata di contrasto alla violenza contro le donne, alla violenza domestica e alla mutilazione genitale femminile.

Si arriva così alla già citata direttiva 2012/29/UE, la quale prevede diversi diritti che lo Stato membro deve garantire: informazione, protezione, accesso ai servizi di assistenza, gratuito patrocinio, traduzione, inserimento sociale e risarcimento del danno.

Con questa premessa si vuole mettere in luce che la legge n. 4/2018 (che prevede «Modifiche al codice civile, al codice di procedura penale e altre disposizioni in favore degli orfani per crimini domestici») non è autoreferenziale, ma si inserisce in un flusso europeo di protezione di chi, in particolare, viva la tragedia dell'uccisione della propria madre da parte del padre.

Questa legge non ha una connotazione di genere, infatti non utilizza il termine femminicidio, né fa riferimento all'uccisione della madre, bensì del genitore.

Tuttavia, leggendo i lavori preparatori, si capisce come il legislatore si sia attivato per dare una risposta al problema della violenza sulle donne.

Interessa concentrare l'attenzione, in particolare, sulle misure in materia successoria, poiché prima della legge n. 4/2018 vi erano delle vere e proprie incongruenze su cui intervenire.

Il discorso deve muovere dalla seguente considerazione: secondo il consolidato orientamento della Cassazione[8], l'indegnità a succedere, tra le cui fattispecie tassative vi è quella dell'omicidio consumato o tentato della persona della cui successione si tratta (art. 463 n. 1 c.c.), integra non già un'incapacità all'acquisto dell'eredità, ma una causa di esclusione dalla successione. Di conseguenza occorre una sentenza costitutiva dell'indegnità a succedere, da cui discenda l'effetto dell'esclusione dell'omicida dalla successione della vittima[9].

Ciò comportava che il soggetto sospettato e indagato per l'omicidio della moglie, nell'attesa che la sua situazione si definisse, poteva accettare l'eredità della *de cuius*, impossessandosi dei beni ereditari. Soltanto a seguito dell'accoglimento della domanda di indegnità – da proporre entro 10 anni dall'apertura della successione[10] – l'attore vittorioso in giudizio (i familiari) aveva diritto al rilascio dell'eredità acquistata dall'indegno (*re melius perpensa*: ciò che ne rimaneva). Tra l'altro l'indegno conservava il diritto al rimborso delle spese e all'indennità per i miglioramenti apportati e delle passività eventualmente pagate nell'assunta qualità di erede.

Naturalmente è apparso profondamente ingiusto che il genitore omicida potesse impossessarsi, sia pur per il tempo occorrente ad accertare l'indegnità, dell'eredità della vittima.

Così, proprio al fine di evitare che l'omicida potesse accettare l'eredità della vittima, l'art. 5, legge n. 4/2018 ha introdotto nel codice civile, dopo l'art. 463, il

---

[8] Cfr.: Cass., n. 3171/1962; Cass., n. 4533/1986; Cass., n. 7266/2006 e Cass., n. 5402/2009.

[9] Cass., n. 7266/2006, cit., dopo aver richiamato gli argomenti della dottrina e della giurisprudenza a sostegno della tesi dell'indegnità quale causa di esclusione dalla successione, afferma che l'indegnità «non è uno *status* connaturato al soggetto che si assume essere indegno a succedere, ma una qualificazione di un comportamento del soggetto medesimo, che deve essere data dal giudice a seguito dell'accertamento del fatto che integra quella determinata ipotesi di indegnità dedotta in giudizio, e che si sostanzia, secondo la dottrina prevalente, in una vera e propria sanzione civile di carattere patrimoniale, avente anche un fondamento pubblicistico; essendo socialmente ingiusto e riprovevole (...) il conseguimento di un vantaggio patrimoniale nei confronti di un soggetto passivo di un fatto illecito, che, nella maggior parte dei casi, costituisce reato».

[10] Ma cfr. Cass., n. 7266/2006, che, con riguardo alla fattispecie di cui al n. 6 dell'art. 463 c.c., individua un altro *dies a quo* di decorrenza del termine di prescrizione dell'azione di indegnità: «la prescrizione comincia a decorrere dal giorno in cui al soggetto legittimato a proporla si palesano indici oggettivamente univoci, che, esaminati e valutati in sede di merito con riferimento alla concreta fattispecie, siano tali da ingenerare, in una persona di normale diligenza, da un lato, la ragionevole certezza che altri, in forza di un testamento, che si ha motivo di ritenere falso, pretenda di essere erede del *de cuius* e si qualifichi e comporti come tale; e, dall'altro, e correlativamente, la consapevolezza del proprio diritto a conseguire l'eredità (o il legato) in luogo dell'indegno».

nuovo art. 463-*bis*. Il quale prevede la *sospensione dalla successione* del coniuge o dell'altra parte in unione civile a carico rispettivamente dell'altro coniuge o parte in unione civile indagate per il reato di omicidio volontario consumato o tentato rispettivamente del primo e della seconda.

La sospensione è un effetto legale dell'apertura delle indagini preliminari e dura fino al decreto di archiviazione delle stesse o alla sentenza di proscioglimento. Ma il pubblico ministero, ai fini della sospensione, deve comunicare, senza ritardo, «alla cancelleria del tribunale del circondario in cui si è aperta la successione l'avvenuta iscrizione nel registro delle notizie di reato»; ciò compatibilmente con le esigenze di segretezza delle indagini (art. 463-*bis*, co. 3, c.c.). È questa una comunicazione funzionale a evitare l'accettazione dell'eredità.

Durante il tempo delle indagini preliminari, si fa luogo alla nomina di un curatore dell'eredità giacente ai sensi dell'art. 528 c.c., che ha la funzione di conservare il patrimonio ereditario e di procedere, se debitamente autorizzato, al pagamento dei debiti ereditari e dei legati (art. 530 c.c.).

Se il soggetto sospeso è condannato o intervenga un patteggiamento della pena, egli «è escluso dalla successione ai sensi dell'art. 463 [c.c.]», quindi a causa dell'indegnità a succedere (art. 463-*bis*, co. 1, c.c.). Il cerchio si chiude con il nuovo art. 537-*bis* c.p.p. (aggiunto dall'art. 5, co. 2, l. n. 4/2018) secondo il quale «quando pronuncia sentenza di condanna per uno dei fatti previsti dall'articolo 463 del codice civile, il giudice dichiara l'indegnità dell'imputato a succedere». È dunque il giudice penale a dichiarare l'indegnità a succedere, rendendosi così non più necessaria una successiva sentenza civile che dichiari l'indegnità a succedere.

Il nuovo art. 463-*bis* c.c., applicabile anche se l'omicidio volontario consumato o tentato sia stato compiuto «nei confronti di uno o di entrambi i genitori, del fratello o della sorella» (art. 463-*bis*, co. 2, c.c.), tutela il figlio orfano e gli altri componenti della famiglia della vittima.

Come si accennava sopra, la legge n. 4/2018 contiene diverse altre misure; alcune a tutela del figlio, altre della vittima del tentato omicidio. È bene ricordarle, stante il loro rilievo nella strategia complessiva di tutela degli orfani per crimini domestici.

Con riguardo ai figli minorenni o maggiorenni non economicamente autosufficienti della vittima, sono state previste la misura cautelare del sequestro conservativo dei beni dell'imputato e l'assegnazione di una provvisionale in loro favore (rispettivamente dagli artt. 3 e 4, l. n. 4/2018). Misure entrambe applicabili quando si proceda per il delitto di omicidio commesso contro il coniuge, anche legalmente separato o divorziato, o contro l'altra parte in unione civile, anche se l'unione civile è cessata, o contro la persona con cui si era legati da una relazione affettiva e da una stabile convivenza.

Sulla prima: il pubblico ministero, in ogni stato e grado del procedimento, chiede il sequestro conservativo «dei beni mobili o immobili dell'imputato o delle somme o cose a lui dovute, nei limiti in cui la legge ne consente il pignoramento», a garanzia del risarcimento dei danni civili subiti dai figli delle vittime (art. 316 c.p.p. come modificato dall'art. 3, l. n. 4/2018). L'uccisione del genitore giustifica la domanda giudiziale del figlio e degli altri parenti più stretti di risarcimento del danno non patrimoniale per la perdita del rapporto parentale (artt. 2, 30 e 31 Cost.), nonché la domanda del danno patrimoniale per il venir meno dell'apporto economico al proprio mantenimento.

Sulla seconda, l'art. 4, legge n. 4/2018, con un'aggiunta all'art. 539 c.p.p., attribuisce al giudice penale il potere di provvedere nella pronuncia di condanna di primo grado, anche d'ufficio, all'assegnazione di una provvisionale a favore dei figli minorenni o maggiorenni non autosufficienti della vittima che si siano costituiti parte civile. La provvisionale deve essere quantificata in misura non inferiore al 50% del presumibile danno che verrà liquidato in un separato giudizio civile.

Quando il giudice penale dispone la provvisionale, se vi dovessero essere beni dell'imputato già sottoposti a sequestro conservativo, quest'ultimo, in deroga all'art. 320, co. 1, c.p.p., si converte in pignoramento con la sentenza di condanna di primo grado, nei limiti della provvisionale accordata.

Queste tre misure – sequestro conservativo, provvisionale, conversione del sequestro in pignoramento – rafforzano la tutela economica dei figli, giacché prima accadeva che dopo un lungo processo penale nel quale i figli si erano costituiti parte civile, alla sentenza di condanna si accompagnasse soltanto una condanna generica per responsabilità civile del colpevole. Condanna che obbligava la parte civile ad avviare un separato processo civile per ottenere la liquidazione del danno.

Tra le ulteriori misure previste dalla legge n. 4/2018 si ricordano le seguenti: 1) estensione ai figli orfani della quota di riserva dei posti di lavoro, da parte di datori di lavoro pubblici o privati, secondo la disciplina di cui all'art. 18, co. 2, legge n. 68/1999 (art. 6); 2) previsione in favore dei figli minorenni o maggiorenni non economicamente autosufficienti di «un'assistenza gratuita di tipo medico-psicologico, a cura del Servizio sanitario nazionale, per tutto il tempo occorrente al pieno recupero dell'equilibrio psicologico, con esenzione dei beneficiari dalla partecipazione alla relativa spesa sanitaria e farmaceutica» (art. 9); 3) inserimento di due disposizioni speciali nell'art. 4, legge n. 184/1983 sull'affidamento dei minori orfani per crimini domestici, che operano quando il minore sia rimasto privo di un ambiente familiare idoneo (art. 10). Esattamente: a) «il tribunale competente, eseguiti i necessari accertamenti, provvede privilegiando la continuità delle relazioni affettive consolidatesi tra il minore stesso e i parenti fino al terzo grado. Nel caso in cui vi siano fratelli o sorelle, il tribunale provvede assicurando, per quanto possibile, la continuità affettiva tra gli stessi» (art. 4, co. 5-*quinquies*, l. n. 184/1983); b) «Su segnalazione del tribunale competente, i servizi sociali assicurano ai minori di cui al comma 5-*quinquies* un adeguato sostegno psicologico e l'accesso alle misure di sostegno volte a garantire il diritto allo studio e l'inserimento nell'attività lavorativa» (art. 4, co. 5-*sexies*, l. n. 184/1983); 4) incremento di 2 milioni di euro a decorrere dal 2017 del Fondo di rotazione per la solidarietà alle vittime dei reati di tipo mafioso e altri reati; fondi da utilizzare, in percentuali diverse tra figli minorenni e maggiorenni non autosufficienti, per l'erogazione di «borse di studio in favore degli orfani di crimini domestici e al finanziamento di iniziative di orientamento, di formazione e di sostegno per l'inserimento dei medesimi nell'attività lavorativa ...» (art. 11); 5) possibilità per i figli orfani di chiedere «la modificazione del proprio cognome, ove coincidente con quello del genitore condannato in via definitiva».

6. *La retroattività delle disposizioni sui diritti successori dei parenti («naturali»): limiti.*

Il d.lgs. n. 154/2013 ha compiuto una scelta che ha sollevato vivaci discussioni dottrinali e dubbi di costituzionalità.

All'art. 104, d.lgs. cit. si prevede l'applicabilità delle nuove disposizioni sulla parentela (artt. 74 e 258 c.c.) anche alle *successioni ereditarie apertesi prima del 1° gennaio 2013*, ossia nel tempo antecedente alla data di entrata in vigore della legge n. 219/2012. Di conseguenza il soggetto che, per effetto dello *ius superveniens*, ha visto sorgere il vincolo di parentela, prima insussistente, con la famiglia del proprio genitore, entra a pieno titolo nella successione *mortis causa* del parente. L'art. 104 – si noti – non fa riferimento soltanto al figlio, ma a tutti «coloro che (...) hanno titolo a chiedere il riconoscimento della qualità di erede».

È stata dunque attribuita efficacia retroattiva al principio dell'unicità dello stato di figlio e della parentela. E il fenomeno della retroattività interessa, nella specie, non solo i giudizi ereditari pendenti (art. 104, comma 6), ma anche le successioni apertesi prima del gennaio 2013 e già chiuse, essendo intervenuta la divisione del patrimonio ereditario (art. 104, comma 1).

Più precisamente l'art. 104, co. 1, d.lgs. cit., fermi gli effetti di un giudicato formatosi prima del 1° gennaio 2013, legittima chi abbia acquisito il legame di parentela ad agire con l'azione di petizione dell'eredità (art. 533 c.c.) per chiedere il riconoscimento della qualità di erede contro chi possiede beni ereditari a titolo di erede o senza titolo (art. 533 c.c.). Il comma 2 dell'art. 104, sempre fermo il giudicato anteriore al 1° gennaio 2013, consente, più in generale, di far «valere i diritti successori che discendono dall'art. 74 del codice civile come modificato [dalla legge n. 219/2012]».

Il termine di prescrizione dei diritti successori inizia a decorrere, secondo l'art. 104, co. 4, d.lgs. cit. sempre dal 1° gennaio 2013. Da tale data esordisce, pertanto, il termine per accettare l'eredità, atto, questo dell'accettazione, prodromico all'esercizio dell'azione di petizione dell'eredità, la quale è, invece, imprescrittibile, salvo gli effetti dell'usucapione riguardo a singoli beni (art. 533, co. 2, c.c.).

Queste disposizioni hanno un impatto dirompente, perché taluni diritti di provenienza successoria possono essere messi in discussione da soggetti che, in forza della retroattività, vantano pretese sulla successione apertasi molti anni orsono. È chiaro che si è determinata una forte tensione della regola sulla retroattività rispetto ai valori della certezza delle situazioni giuridiche acquisite e della circolazione dei beni, nonché al principio della tutela dell'affidamento.

Ci si è chiesti se la previsione legislativa della retroattività sia costituzionalmente legittima. Per rispondere occorre preliminarmente inquadrare il tema dell'efficacia della legge nel tempo, con particolare riguardo ai limiti cui è assoggettata la retroattività. Non solo: si dovrà anche accennare al problema della possibile contrapposizione tra diritti di rango costituzionale.

Sulla retroattività viene in rilievo l'art. 11 disp. prel. al c.c., ai sensi del quale «la legge non dispone che per l'avvenire: essa non ha effetto retroattivo». Questa disposizione pone il principio di irretroattività della legge, il quale, tuttavia, è presidiato dalla garanzia costituzionale soltanto con riguardo alla materia penale (art. 25, co. 2, Cost.). Negli altri ambiti, come in quello privatistico, il legislatore è libero di emanare una norma retroattiva in deroga alla prescrizione legislativa dell'irretroattività.

La deroga però non dipende dal mero arbitrio del legislatore, perché la irretroattività è un valore fondamentale di civiltà giuridica a presidio di aspetti cruciali dello Stato di diritto. Oltre a quelli già sopra menzionati, altri se ne possono aggiungere come la salvaguardia della riserva ai magistrati della funzione giurisdizionale (art. 102 Cost.), il diritto di difesa (art. 24 Cost.) e il principio del giusto processo (art. 117, co. 1, Cost. in relazione all'art. 6 Cedu) [11].

Ecco perché la Corte costituzionale ha individuato taluni limiti, onde contenere il potere legislativo di emanare norme retroattive. Le quali – si è affermato – devono trovare «adeguata giustificazione nell'esigenza di tutelare principi, diritti e beni di rilievo costituzionale, che costituiscono altrettanti motivi imperativi di interesse generale ai sensi della Cedu» [12]. Un intervento legislativo a carattere retroattivo deve perciò rispettare: il *principio generale di ragionevolezza* che implica il divieto di introdurre ingiustificate disparità di trattamento; «la *tutela dell'affidamento* legittimamente sorto nei soggetti quale principio connaturato allo Stato di diritto; *la coerenza e la certezza dell'ordina-*

---

[11] Corte cost., n. 156/2014 (Rel.: M.R. Morelli), afferma che anche una disposizione legislativa di interpretazione autentica con la quale si chiarisca una situazione di oggettiva incertezza normativa – disposizione che ha effetti *lato sensu* retroattivi – può ledere i valori e i principi sopra riportati nel testo. Indubbiamente l'art. 1, legge n. 219/2012 non può essere qualificato norma di interpretazione autentica degli artt. 74 c.c. e 258 c.c., poiché esso non si è limitato a esplicitare il significato di tali disposizioni, collegandosi a queste, ma ne ha novellato il testo.

[12] Corte cost., n. 15/2012 (Rel.: A. Criscuolo); Corte cost., n. 78/2012 (Rel.: A. Criscuolo); Corte cost., n. 264/2012 (Rel.: M.R. Morelli); Corte cost., n. 24/2009 (Rel.: A. Finocchiaro); Corte cost., n. 397/1994 (Rel.: F. Santosuosso).

mento giuridico; il rispetto delle funzioni costituzionalmente riservate al potere giudiziario»[13].

Orbene, è innegabile che l'art. 104, d.lgs. n. 154/2013, nell'attribuire carattere retroattivo all'art. 74 c.c., consente di incidere sui diritti ereditari acquisiti. Diritti sulla cui intangibilità gli eredi hanno maturato un legittimo affidamento, essendo pressoché certi, anteriormente all'entrata in vigore del d.lgs. n. 154/2013, dell'assenza di altri chiamati a succedere. Si aggiunga che interessati dalla retroattività sono anche gli aventi causa dall'erede apparente, qualora essi non possano far salvo il loro acquisto immobiliare o mobiliare registrato, mancandone in concreto i presupposti richiesti dall'art. 534, co. 3, c.c.

Queste considerazioni sono state svolte più ampiamente dal tribunale di Genova, che ha sollevato questione di legittimità costituzionale dell'art. 104, co. 2 e 3, d.lgs. n. 154/2013 per contrasto con gli artt. 2, 3 e 77 Cost.[14]. L'ordinanza di rimessione sottolinea l'irragionevolezza della retroattività, la quale da un lato contrasterebbe con la tutela che la Costituzione riconosce ai membri della famiglia legittima (art. 30, co. 3, Cost.), dall'altro non sarebbe giustificata dalla tutela di principi, diritti e beni di rilievo costituzionale.

C'è un altro profilo di critica alla retroattività svolto dal tribunale genoano. Viene richiamato l'orientamento della Corte costituzionale a proposito della tutela legislativa di un diritto costituzionale a detrimento di un altro diritto di pari rango.

In una più recente sentenza, la Consulta è tornata sul tema del conflitto tra diritti costituzionali[15]. Il ragionamento muove dalla constatazione che la Costituzione non contiene una rigida gerarchia dei diritti fondamentali. I quali si pongono, pertanto, in rapporto di integrazione reciproca. Ne consegue che la tutela di uno di essi deve essere sistemica e non frazionata. Cioè non vi può essere un'illimitata espansione di un diritto costituzionale, altrimenti questo diventerebbe «tiranno» nei confronti di un altro[16].

La tirannia, secondo il tribunale di Genova, si sarebbe realizzata proprio con l'art. 104, coo. 1 e 2, d.lgs. n. 154/2013; articolo che comprime (o elimina) diritti

---

[13] Così Corte cost., n. 397/1994, cit. e le successive pronunce conformi.

[14] Trib. Genova, ord. 15.5.2014, n. 225. Il relativo giudizio, iniziato prima dell'entrata in vigore del d.lgs. n. 154/2013, riguarda una domanda di petizione dell'eredità proposta da un parente «naturale» collaterale di quarto grado del *de cuius*.

[15] Cfr. Corte cost., n. 85/2013 (Rel.: G. Silvestri), sulla vicenda, ancora aperta, che ha interessato l'impianto siderurgico Ilva S.p.A. di Taranto, in cui si è posto il problema della compatibilità della tutela dell'ambiente e della salute dei cittadini e dei lavoratori, da un lato, con la tutela del diritto al lavoro e con la conseguente necessità di mantenere inalterati i livelli di occupazione in un'impresa che ha più di 200 dipendenti. Sul concetto di tutela sistemica dei diritti costituzionali cfr. anche Corte cost., n. 264/2012, cit. in cui si afferma che essa è volta a evitare che l'ordinamento sia costellato da norme non coordinate e in potenziale conflitto tra loro.

[16] La Corte cost., n. 85/2013, cit., dimostra con dovizia di argomenti che l'art. 1, d.l. n. 231/2012 non ha affatto annientato il diritto alla salute, bilanciando quest'ultimo col diritto al lavoro.

acquisiti sia da coloro che, in qualità di unici chiamati, abbiano legittimamente accettato l'eredità sia dai loro aventi causa [17].

Effettivamente, la scelta di far retroagire una legge, pur astrattamente ammissibile in materia successoria, è estremamente delicata. Non è un caso che il legislatore del codice civile del 1942, pur avendo ampliato rispetto al codice unitario i diritti successori dei figli riconosciuti, non abbia esteso l'applicabilità delle innovazioni normative ai figli nati o concepiti prima del 21 aprile 1940. Soltanto l'art. 122, co. 3, disp. att. c.c. ha previsto che le nuove disposizioni sul riconoscimento dei figli naturali si applichino ai figli nati o concepiti prima del 1° luglio 1939 anche con riguardo alle successioni apertesi prima di tale data. Ma – si badi – è questa un'ipotesi particolare di successione, giustificata dalla retroattività non già della legge ma del riconoscimento e della dichiarazione giudiziale di genitorialità (intervenuti dopo il 21.4.1940).

Una disposizione analoga basata sugli effetti del riconoscimento è contenuta nell'art. 230, legge n. 151/1975, il quale estende l'applicabilità degli articoli sul riconoscimento dei figli naturali, anche ai figli nati o concepiti prima dell'entrata in vigore della legge. Riconoscimento che doveva valere anche agli effetti delle successioni apertesi prima dell'entrata in vigore della legge n. 151/1975. Ne consegue che il figlio, dopo l'accertamento del suo stato, poteva proporre l'azione di petizione dell'eredità contro gli eredi del suo genitore morto prima dell'entrata in vigore della legge *de qua*.

7. (Segue). *L'intervento della Corte costituzionale.*

La Corte costituzionale non ha condiviso gli argomenti del giudice rimettente, così ha dichiarato non fondata la questione di legittimità costituzionale dell'art. 104, coo. 1 e 2, d.lgs. n. 153/2013 [18]. La motivazione, pur sintetica, è piuttosto netta nel sostenere la piena conformità alla Costituzione della disposizione censurata.

Indubbiamente la questione della legittimità della retroattività di una normativa è spesso di difficile soluzione, sebbene l'incostituzionalità dell'art. 104, commi 1 e 2 avrebbe potuto basarsi su argomenti di sicuro spessore giuridico.

Prima di accennare a questi ultimi è necessario conoscere l'*iter* motivazionale della Consulta.

In via preliminare è respinto l'addebito al Governo dell'eccesso di delega rispetto ai criteri direttivi contenuti nell'art. 2, co. 1, lett. l), legge n. 219/2012. Si

---

[17] Secondo il Trib. Genova, ord. 15.5.2014, n. 225, cit., la retroattività appare irragionevole (non tutela un diritto costituzionale), sproporzionata (incide su situazioni giuridiche consolidate) e incoerente (non c'è rispondenza logica tra il fine perseguito dalla legge n. 219/2012 – *id est*: l'unicità dello stato di figlio – e la retroattività degli artt. 74 e 258 c.c. a fini ereditari).

[18] Corte cost., n. 146/2015 (Rel.: M.R. Morelli).

osserva: se da un lato tale articolo non attribuisce espressamente al legislatore delegato la facoltà di prevedere, a fini successori, la retroattività degli artt. 74 e 258 c.c., è altrettanto vero che lo stesso legislatore non è costretto a rimanere nei binari di una «mera scansione linguistica delle previsioni stabilite [dalla legge di delega]» [19]. Egli, per non essere censurato, deve compiere una scelta compatibile con la *ratio* della delega e in linea con i criteri direttivi della stessa. E ciò, secondo la Consulta, è avvenuto nel procedimento legislativo al suo esame.

Non vi è stata, perciò, secondo la Corte costituzionale, alcuna violazione dell'art. 77 Cost. (*rectius* dell'art. 76 Cost.).

Qualche autore (in part. M. Sesta), al contrario, ha criticato tale conclusione, ragionando sul contenuto della delega e sulla sua finalità. A ben vedere – si fa rilevare – la delega di cui all'art. 2, co. 1, lett. l), legge n. 219/2012 chiede al legislatore delegato di stabilire quanto segue: che, in ragione della retroazione alla nascita del riconoscimento (o della dichiarazione giudiziale), gli aventi causa del figlio morto prima dell'accertamento del suo stato (accertamento poi avvenuto *post mortem*) possano agire con l'azione di petizione dell'eredità con riguardo alle successioni apertesi prima dell'entrata in vigore della legge n. 219/2019 (cfr. art. 104, co. 5, d.lgs. n. 154/2013).

La delega, quindi, chiedeva soltanto di regolare la posizione giuridica degli aventi causa del figlio naturale, il cui *status filiationis* fosse formalizzato dopo la sua morte. Un'ipotesi, questa, specifica e contrassegnata dalla retroattività non già della legge ma del riconoscimento o della dichiarazione giudiziale. Niente di più di quanto è stato fatto, come si è già ricordato *supra*, dal legislatore del 1975.

Ciò che, secondo la posizione dottrinale in esame, la delega non consentiva affatto (neppure inseguendo una non ben precisata *ratio*), era di stabilire la (vera) retroattività delle nuove disposizioni sulla parentela, con conseguente chiamata dei parenti «naturali» alle successioni apertesi prima del gennaio 2013.

Se la questione dell'eccesso di delega ha diviso i giuristi, la Corte costituzionale si è esposta ancor più alle critiche quando ha negato perentoriamente che la retroattività abbia disatteso gli artt. 2 e 3 Cost. Di certo il giudice delle leggi è consapevole del proprio orientamento sui limiti alla retroattività della legge in materia civile; in particolare di un profilo decisivo che ha anche cura di ribadire: la legge retroattiva è giustificata dalla tutela di un valore di rilievo costituzionale.

E la Consulta individua questo valore nella «completa parificazione dei figli naturali ai figli nati all'interno del matrimonio», riconducendolo specificamente all'art. 30, co. 1, Cost. Si aggiunge che si tratterebbe di un valore coerente con il

---

[19] Aggiunge la Corte cost., n. 146/2015, cit., che il legislatore delegato può legittimamente emanare «norme che rappresentino un coerente sviluppo e completamento dei contenuti di indirizzo della delega, nel quadro della fisiologica attività di riempimento che lega i due livelli normativi».

bene della «vita familiare» di cui all'art. 8 Cedu «nel senso della sua tutelabilità anche con riguardo alla famiglia costruita fuori dal matrimonio»[20].

In coerenza con siffatte premesse in diritto, la Corte costituzionale conclude per il rispetto da parte del legislatore delegato del limite alla retroattività della legge, costituito, nel caso *de quo*, dalla tutela del predetto valore fondamentale.

Ma è proprio sull'esistenza di tale valore che si appuntano i dubbi e si snodano le repliche. La completa parificazione dei figli naturali a quelli nati all'interno del matrimonio non sembra essere un valore riconducibile all'art. 30, co. 1, Cost. Il quale attribuisce rilevanza giuridica al fatto della procreazione a prescindere dal rapporto tra i genitori, ma nulla dice sulla costituzione di un vincolo di parentela del nato fuori del matrimonio con i parenti del genitore.

Piuttosto la Corte costituzionale ha ignorato un punto. Come si già rilevato nel cap. I-§ 1, la Consulta, da un lato, ha sempre negato che la parentela naturale avesse un fondamento costituzionale, dall'altro, ha insistito nel legare la piena tutela «giuridica e sociale» dei figli nati fuori del matrimonio soltanto al rapporto con i genitori – dove ha indubbiamente inciso l'art. 30, co. 1, Cost. – e non anche nei riguardi della famiglia di questi ultimi.

Non si vuole dire che l'ordinamento giuridico doveva restare quello che era, conservando la diversità del regime di parentela per i figli matrimoniali e per quelli nati fuori del matrimonio. Si intende piuttosto porre l'accento sulla storicità del diritto e sulla conseguente necessità di non riferire a ieri, attraverso la retroattività della legge, ciò che è emerso solo grazie a una progressiva evoluzione sociale, normativa e interpretativa.

Anche i valori costituzionali si evolvono col mutare della sensibilità sociale e del contesto normativo interno e sovranazionale. Tant'è che il limite della compatibilità con i membri della famiglia legittima (art. 30, co. 3, Cost.) si è affievolito, indietreggiando rispetto all'uguaglianza di tutti i figli; uguaglianza che, solo più di recente, è stata valorizzata sotto il profilo di una raggiunta unicità della parentela. È anche vero però che vi è stato un periodo storico in cui dominava la certezza, basata parimenti sulla Costituzione, sulla legge ordinaria e sulla giurisprudenza, di non dover concorrere nella successione con il parente naturale.

Risuonano le parole saggie di Salvatore Pugliatti secondo le quali «è la storia nella sue applicazioni concrete che dà un preciso contenuto alle disposizioni, e specialmente alla Costituzione».

Ma allora se si considera diacronicamente il principio della unicità dello stato di figlio e della parentela, la retroattività appare sproporzionata, comprimendo i diritti acquistati con pieno affidamento da chi, chiamato a succedere, abbia accettato l'eredità prima del gennaio 2013. E la sproporzione è indice di irragionevolezza della norma; la rende non necessaria, abnorme e nella specie lesiva di situazioni consolidate in un contesto di principi e valori interpretati diversamente.

---

[20] Corte cost., n. 146/2015, cit.

Insomma, il valore costituzionale della «completa parificazione dei figli naturali ai figli nati nel matrimonio», cui è stata ancorata la retroattività, è, semmai, emerso nel tempo. Tant'è che la pregressa giurisprudenza costituzionale ha ritenuto compatibile con la Carta fondamentale la condizione deteriore in cui si trovavano, sotto il profilo ereditario, i figli nati fuori del matrimonio. E ciò senza che vi fosse alcun contrasto con un'altra giurisprudenza che avesse evocato l'applicazione di un diverso principio costituzionale.

Ecco perché, al di là delle «poco stringenti ragioni» che la Corte costituzionale ha in generale individuato contro la retroattività delle leggi civili (A. Gentili), la retroattività della parentela naturale non avrebbe dovuto essere disposta.

Oltretutto c'è un altro aspetto che, secondo un attento studioso (M. Sesta), non deve sfuggire e che rende la retroattività ancora più insensata: della retroattività «beneficeranno non solo i figli con riguardo alle successioni dei nuovi parenti, ma anche costoro rispetto a quelle di un figlio (loro parente) premorto, soggetti rispetto ai quali è arduo configurare la titolarità di un diritto fondamentale».

8. *Ipotesi di chiamate sopravvenute all'eredità e usucapione.*

Le disposizioni transitorie contenute nell'art. 104, d.lgs. n. 154/2013 disciplinano la sopravvenienza di chiamate a eredità apertesi prima del gennaio 2013 (data di entrata in vigore della l. n. 219/2012).

L'ipotesi che, come si diceva, ha già un precedente nel codice civile del 1942 e nella legge n. 151/1975 riguarda i discendenti o gli eredi del figlio riconosciuto o dichiarato giudizialmente dopo l'entrata in vigore del d.lgs. n. 154/2013 (*id est*: il 7.2.2014). Tali soggetti, stabilisce l'art. 104, co. 5, d.lgs. cit., possono far valere i diritti successori del *de cuius* con riferimento a eredità apertesi prima del gennaio 2013.

Non si tratta, come si diceva, di una vera e propria retroattività dello *ius superveniens*. La vera retroazione interessa il figlio nato fuori del matrimonio già riconosciuto o dichiarato giudizialmente alla data di entrata in vigore della legge n. 219 cit. e i suoi discendenti. Questi potranno far valere le proprie pretese ereditarie contro gli eredi di un parente (acquisito grazie alla retroazione della legge) premorto. Si pensi al legame di parentela che sopravviene per effetto della retroattività degli artt. 74 e 258 c.c. tra lo zio (fratello del genitore) e il nipote «naturale».

Acquistano la capacità a succedere anche i nuovi parenti del figlio nato nel matrimonio. Si consideri il seguente caso. Tizio, figlio legittimo, muore prima dell'entrata in vigore della legge n. 219/2012. L'eredità si devolve integralmente a suo fratello legittimo Caio ai sensi dell'art. 570 c.c. Ma con l'entrata in vigore della novella, il fratello «naturale» di Tizio, Sempronio, che non è stato chiamato alla successione di Tizio, potrà agire, previa accettazione dell'eredità entro dieci anni dal 1° gennaio 2013, contro i precedenti chiamati con l'azione di petizione dell'eredità.

Anche l'ascendente naturale potrà far valere i propri diritti di legittimario (art. 536 c.c.) e di erede legittimo (artt. 569 e 582 c.c.).

Come si diceva, l'art. 104, d.lgs. cit. attribuisce l'azione di petizione dell'eredità non solo al figlio nato fuori del matrimonio divenuto parente del *de cuius* e ai suoi discendenti o parenti, ma anche, qualora egli sia morto, ai suoi nuovi parenti chiamati all'eredità con riguardo a successioni apertesi prima del gennaio 2013.

Ebbene, il sopravvenire di nuove chiamate ad eredità apertesi prima del gennaio 2013 ha fatto sorgere il problema della salvaguardia delle posizioni giuridiche già acquisite dall'erede e dai suoi aventi causa. Un problema, questo, che il legislatore del d.lgs. n. 154/2013 ha affrontato, prevedendo, nelle diverse fattispecie disciplinate, la salvezza degli «effetti del giudicato formatosi prima dell'entrata in vigore della legge 10 dicembre 2012, n. 219».

Bisogna pertanto soffermarsi sulle difese a disposizione dell'erede convenuto in giudizio con la domanda di petizione dell'eredità, proposta dal nuovo erede (sopravvenuto) in un contesto in cui non vi sia alcun precedente giudicato.

L'art. 533, co. 2, c.c. prevede, quale contemperamento all'imprescrittibilità dell'azione di petizione dell'eredità, la salvezza degli effetti dell'usucapione rispetto a singoli beni. Il punto fondamentale è chiarire quando colui il quale sia in possesso di beni ereditari possa opporre all'erede sopravvenuto l'usucapione su tali beni. Il tema non è nuovo, essendo stato già affrontato dalla giurisprudenza di legittimità con riguardo all'art. 230 della legge n. 151/1975.

Secondo l'orientamento consolidato della Cassazione[21], l'usucapione non può essere invocata, salvo che il tempo stabilito dalla legge per usucapire sia decorso dal giorno dell'accettazione dell'eredità da parte del chiamato sopravvenuto. Ciò implica che l'erede nel possesso di un bene immobile ereditario non ne diventa proprietario a titolo originario semplicemente perché, prima dell'entrata in vigore della legge retroattiva, siano trascorsi venti anni (art. 1158 c.c.). A sostegno sono stati addotti i seguenti argomenti:

a) nelle sentenze si dà atto che, secondo una parte della dottrina, affinché si possa usucapire contro il proprio dante causa (nel nostro caso nei confronti del *de cuius*) è necessario che il titolo d'acquisto (*id est*: la disposizione a titolo universale) venga meno con effetto *ex tunc*, giacché «l'acquirente [l'erede] va considerato come se non fosse stato mai titolare del diritto»;

b) invece, l'erede convenuto in giudizio con l'azione di riduzione o con l'azione di petizione dell'eredità «non vede venir meno il suo titolo di acquisto, ma subisce una riduzione quantitativa di tale acquisto»;

---

[21] Cass., n. 11024/1991; Cass., n. 2424/2011; Cass., n. 14917/2012.

c) di conseguenza, il possesso che si è avuto nel tempo precedente all'esperimento dell'azione da parte dell'erede sopravvenuto non è utile a usucapire, perché non si può acquistare col decorso del tempo ciò di cui si è già proprietari;

d) anche perché se si considera che l'usucapione si fonda sull'inerzia del titolare vero (si parla anche di prescrizione acquisitiva), occorre che quest'ultimo abbia avuto la possibilità di compiere atti interruttivi. Ed è evidente che chi diventa erede per effetto di una legge retroattiva non poteva, prima dell'entrata in vigore della stessa, compiere atti interruttivi.

Per queste ragioni, l'erede non può far valere in giudizio un possesso utile all'usucapione che si collochi nel tempo antecedente allo *ius superveniens* retroattivo attributivo della capacità di succedere.

Ma c'è un altro profilo di cui dare conto. Può accadere che l'erede abbia alienato beni ereditari. In tal caso l'erede sopravvenuto che agisca con l'azione di petizione dell'eredità rischia di perdere in tutto o in parte cespiti di provenienza successoria. Ciò in quanto l'art. 534 c.c. fa salvi i diritti acquistati dai terzi a certe condizioni, distinguendo a seconda che si tratti di beni mobili, ovvero di immobili o mobili registrati.

Nel primo caso occorre che: a) vi sia una convenzione a titolo oneroso tra il terzo e l'erede apparente; b) il terzo abbia contratto in buona fede. Nel secondo caso (immobili/mobili registrati) devono sussistere più presupposti: a) che vi siano le condizioni di cui ai precedenti punti a) e b); b) che vi sia l'anteriorità delle trascrizioni dell'acquisto a titolo di erede (risultato poi apparente) e dell'acquisto dall'erede apparente rispetto alla trascrizione dell'acquisto da parte dell'erede o del legatario vero, o alla trascrizione della domanda giudiziale contro l'erede apparente.

Perciò nel nostro caso dell'erede sopravvenuto, quest'ultimo prevarrà sull'avente causa dall'erede apparente solo in presenza dei predetti presupposti, diversificati a seconda della categoria del bene che si vorrebbe recuperare. In particolare, quanto ai beni immobili e mobili registrati, vale il principio della priorità della trascrizione, pertanto l'erede sopravvenuto dovrà aver trascritto la domanda di petizione dell'eredità contro l'erede apparente prima della trascrizione dell'acquisto da parte dell'avente causa dall'erede apparente.

Tuttavia, quand'anche il terzo faccia salvo il suo acquisto, l'erede attore in petizione ereditaria non è sfornito di tutela. L'art. 535, co. 2, c.c. disciplina l'ipotesi in cui l'erede apparente (o il possessore) abbia alienato il bene in buona fede (*id est* ignorando la presenza di un altro successibile). In tal caso la legge lo obbliga a restituire all'erede vero il prezzo o il corrispettivo ricevuto. «Se il prezzo o il corrispettivo è ancora dovuto, l'erede subentra nel diritto di conseguirlo».

Nulla stabilisce, invece, l'art. 535 c.c. nell'ipotesi in cui l'erede abbia alienato in mala fede, ossia nella consapevolezza dell'esistenza di un altro successibile[22]. Secondo la giurisprudenza di merito, il possessore alienante dovrà corrispondere all'erede non il prezzo, ma il valore del bene alienato, salvo il risarcimento del danno (arg. *ex* artt. 948 e 1038 c.c.).

Un ultimo aspetto. La retroattività degli artt. 74 e 258 c.c. fa sì che per i nuovi successibili il termine decennale per accettare l'eredità decorra da un *dies a quo* diverso a seconda della situazione. Per il figlio già riconosciuto, il termine decorre dalla data di entrata in vigore del d.lgs. n. 154/2013, ossia dal 7 febbraio 2014. Se, invece, il figlio non è stato riconosciuto a questa data, il termine per accettare l'eredità decorre dal passaggio in giudicato della sentenza di accertamento dello *status* di figlio nato fuori del matrimonio. Prima di tale momento il figlio si trova nell'impossibilità giuridica e non di mero fatto di accettare l'eredità[23].

Riferimenti bibliografici.

ALBANESE A., *L'indennità a succedere non è rilevabile d'ufficio*, in *Fam. pers. succ.*, 2009, 12, 173 ss.; BASINI F., *«Braut und schwester bist du dem bruder – so blühe denn, wälsungen-blut!». Considerazioni critiche riguardo alla rinnovata disciplina sul riconoscimento dei figli, così detti, incestuosi*, in *Fam. e dir.*, 2015, 1, 81 ss.; BARBA V., *La disposizione testamentaria di diseredazione*, in *Fam. pers. succ.*, 2012, 11, 763 ss.; BARBA V., *La successione* mortis causa *dei figli naturali dal 1942 al disegno di legge recante «Disposizioni in materia di riconoscimento dei figli naturali»*, in *Fam., pers. e succ.*, 2012, 645 ss.; BARBA V., *Principi successori del figlio nato fuori del matrimonio e problemi di diritto transitorio*, in *Fam. e dir.*, 2014, 5, 497 ss.; BELLAVIA G., *La Cassazione ammette la clausola di diseredazione esplicita meramente negativa*, in *Fam. e dir.*, 2013, 2, 146 ss.; BIN M., *La diseredazione. Contributo allo studio del contenuto del testamento*, Torino, 1966, 190; BLASCO B., *Il danno da perdita del rapporto parentale*, in *Fam. e dir.*, 2014, 1, 67 ss.; BONILINI G., *L'abrogazione della norma concernente il diritto di commutazione*, in *Fam. e dir.*, 2014, 5, 517 ss.; CAPONI R., *Giusto processo e retroattività di norme sostanziali nel dialogo fra le Corti*, in *Giust. cost.*, 1990, 3753; CAPONI R., *La nozione di retroattività della legge*, in *Giur. cost.*, 1990, 1348; CAPONI R., *Gli impedimenti all'esercizio dei diritti nella disciplina della prescrizione*, in *Riv. dir. civ.*, 1996, 721 ss.; CASTRONOVO C., *Eclissi del diritto civile*, Milano, 2015, in part. pp. 128-162 replica in modo serrato alla critica rivolta alla categoria dogmatica dell'obbligazione senza prestazione; FERRANDO G., *Principio di eguaglianza, parentela naturale e successione*, in *Fam. e dir.*, 2001, 4, 361 ss.; FIGONE A., *La Corte costituzionale interviene ancora sulla chiamata alla successione dei fratelli naturale*, in *Fam. e dir.*, 1995, 1, 5 ss.; FOLLA N., *Orfani di crimini domestici: ora una legge li tutela, li sostiene e rompe il silenzio che li circonda*, in *Fam. e dir.*, 2018, 5, 517 ss.; FUSCO M., *È valida la clausola di diseredazione meramente negativa*, in *Giur. it.*, 2013,

[22] Afferma Cass., n. 14917/2012, cit., che se l'erede aliena un bene dell'eredità dopo il passaggio in giudicato della sentenza dichiarativa dell'esistenza dello stato di figlio naturale, l'alienante deve essere considerato in mala fede.

[23] Cass., n. 2326/1990 e Cass., n. 10333/1993.

2, 315 ss.; GENTILI A., *Il diritto come discorso*, Milano, 2013, 29 ss. esprime critiche alla giurisprudenza della Corte costituzionale sulla retroattività delle legge; GORGONI A., *La commutazione e la compatibilità con i membri della famiglia legittima*, in *La nuova giur. civ. comm.*, 2010, I, 567 ss.; GUERINONI E., *La Corte costituzionale ancora sulla successione legittima dei parenti naturali*, in *Corriere giur.*, 2001, 8, 1034 ss.; LAGHI P., (voce) *Diseredazione*, in *Digesto*, 2016 (versione in *Banca dati-Leggi d'Italia*); LIPARI N., *Autonomia privata e testamento*, Milano, 1970; MASTRANGELO G., *L'affidamento, anche eterofamiliare, di minori ad omosessuali. Spunti per una riflessione a più voci*, in *Fam. e dir.*, 2014, 4, 350 ss.; MASUCCI S.T., *Nota sull'inammissibilità dell'eccezione di intervenuta usucapione ventannale di un immobile, proposta dal donatario contro il quale il legittimario abbia agito in riduzione per la lesione della quota di legittima*, in *Giur. it.*, 1995, 5 (versione in *Banca dati-Leggi d'Italia*); MENGONI L., *Successioni per causa di morte*, parte speciale, *Successione legittima*, Milano, 1999; MEUCCI S., *Successione legittima e necessaria alla luce della riforma della filiazione*, in *Persona e mercato*, 2014, 2, 153 ss.; PADOVINI F., *I diritti successori dei figli: problemi aperti*, in FERRANDO G.-LAURINI G. (a cura di), *Genitori e figli: quali riforme per le nuove famiglie*, Atti del Convegno tenutosi a Genova il 4 maggio 2012, Milano, 2013, 131 ss.; PAMPHILILIS M., *Diritti del figlio dichiarato dopo la morte del genitore e usucapibilità dei beni ereditari*, in *Fam. e dir.*, 2013, 7, 682 ss.; PERLINGIERI G., *La diseredazione e il pensiero di Alberto Trabucchi*, in *Dir. delle succ. e della fam.*, 2017, 1, 351 ss., PIERAZZI E.M., (voce) *Indegnità a succedere*, in *Digesto*, 2016 (versione in *Banca dati-Leggi d'Italia*); PROTO PISANI A., *Il nuovo articolo 111 Cost. e il giusto processo civile*, in *Foro it.*, 2000, V, 241 ss.; PUGLIATTI S., *Dalle lezioni di Salvatore Pugliatti. Diritto civile e diritto amministrativo*, a cura di M. Trimarchi, Napoli, 2017, 176; RAPONE P., *Dichiarazione giudiziale di paternità e prescrizione del diritto di accettare l'eredità (le riforme e il diritto transitorio)*, in *Giur. it.*, 1991, 1 (versione in *Banca dati-Leggi d'Italia*); RIZZUTI M., *La possibilità di interruzione nel possesso ad usucapionem*, in *Giur. it.*, 2013, 4, 820 ss.; SESTA M., *Stato unico di filiazione e diritto ereditario*, in *Riv. dir. civ.*, 2014, 1 ss.; SESTA M., *Azione di ripetizione del «nuovo» parente e sorte delle pregresse divisioni*, in *Fam. e dir.*, 2016, 6, 537 ss.; TOMMASEO F., *Giudizi camerali* de potestate *e giusto processo*, in *Fam. e dir.*, 2002, 233 ss.; VANZ M.C., *Azione di stato e petizione di eredità: rapporto di pregiudizialità e sospensione necessaria del processo tra antichi dubbi e nuovi principi*, in *Fam. e dir.*, 2013, 5, 487 ss.; VERONESI S., *Sulla determinazione tabellare del danno endofamiliare*, in *Fam. e dir.*, 2015, 1, 47 ss.; ZACCARIA A., *La resistibile ascesa del contatto sociale*, in *Riv. dir. civ.*, 2013, I, 77 ss.

Capitolo Settimo

RAPPORTO DI FILIAZIONE E FATTISPECIE RISARCITORIE

1. *Genitori dello stesso sesso e rilevanza del rapporto di filiazione.*

Come è emerso nei capitoli precedenti, la filiazione è stata interessata nel tempo da significative novità. Una su tutte deve essere qui ripresa per esaminarne ulteriori risvolti pratici. Ci si riferisce alla complessità del fondamento della filiazione. Fondamento ravvisabile non più esclusivamente nella derivazione genetica con la sola eccezione dell'adozione, ma anche nel legame affettivo e nell'assunzione dei doveri genitoriali da parte di chi non abbia procreato.

Le disposizioni normative a sostegno sono diverse; sia di diritto interno che sovranazionale. Non occorre qui richiamarle (cfr. *supra*, cap. III-§ 13). Piuttosto l'incontestabile rilevanza della filiazione non genetica ha non solo favorito la soluzione dei problemi sorti dalla circolazione delle famiglie e dalla diversità dei regimi giuridici statuali sulla procreazione medicalmente assistita, ma, più in generale, ha indotto a un ripensamento della nozione di famiglia.

Un ripensamento che non vede allineati una parte della dottrina e il legislatore (cfr. *infra*, § 8). Se l'esistenza della famiglia non è legata esclusivamente al matrimonio, ma dipende dall'affettività, dalla condivisione di un progetto di vita e dalla stabilità del rapporto (non necessariamente alla coabitazione) e se anche nella filiazione rileva la dimensione del rapporto, si pongono due interrogativi connessi. La filiazione è concepibile solo nei confronti di due genitori di sesso diverso? La famiglia è ravvisabile solo nel matrimonio?

La posizione assunta dal legislatore con la legge sulle unioni civili, per qualcuno giustamente contraddittoria (P. Zatti), è frutto di un compromesso di medio livello che non orienta con decisione l'interprete su quale sia la concezione di famiglia e il fondamento della filiazione. La disposizione emblematica di una visione non unitaria, oscillante della classe politica, è contenuta nell'art. 1, co. 20, legge n. 76/2016 sulle unioni civili e convivenza. Qui si stabilisce, com'è noto, da un lato, che la c.d. clausola di equivalenza tra i diritti del coniuge e quelli della parte in unione civile non vale con riguardo alla legge n. 184/1983 sull'adozione, con conseguente inammissibilità della domanda di adozione piena da parte dei soggetti uniti civilmente; dall'altro lato, la stessa disposizione prevede che «Resta fermo quanto previsto e consentito in materia di adozione dalla norme vigenti».

Ora ciò che è consentito dalle norme vigenti è il risultato della loro interpretazione, compiuta nel quadro composito delle fonti del diritto interno, europeo e internazionale. Così la Cassazione ha ammesso, come già rilevato, l'adozione in casi particolari del figlio del *partner* dello stesso sesso[1]. Ecco allora che emerge quella mancanza di una linea decisa di politica del diritto di cui si diceva poco sopra, perché se la Suprema Corte ha ammesso l'adozione omosessuale, sia pur in casi particolari, significa che la diversità di sesso delle figure genitoriali non è un principio costituzionale e che vi possono essere famiglie composte da due genitori dello stesso sesso.

In effetti, come si è constatato nel cap. III, queste famiglie esistono in Italia, non solo in ragione dell'adozione in casi particolari, ma anche della delibazione di sentenze straniere di adozione piena o della trascrizione di atti di nascita formati in altri paesi da cui risultano due madri. Si aggiunga che l'omosessualità non è l'unica condizione diversa dall'eterosessualità; esiste anche il transessualismo sulle cui problematiche giuridiche ci soffermeremo in questo capitolo, con particolare riguardo alla filiazione. Per non tacere di quelle persone che si sentono al contempo donna e uomo.

Se la genitorialità dipende anche dal prendersi cura del nato e dall'assunzione spontanea dei doveri di cui all'art. 30, co. 1, Cost., la nozione di famiglia ne esce arricchita in quanto caratterizzata non solo dal coniugio e dai legami di sangue, ma soprattutto dal rapporto di tipo familiare. È la relazione di famiglia ad assumere rilevanza giuridica sotto più profili. Accanto al genitore biologico si pone il genitore sociale o quello c.d. d'intenzione; rileva l'ascendente di fatto (nonno o nonna non biologici), come pure rilevano quelle relazioni non genitoriali ma significative per il minore (si pensi alla facoltà d'interpello di cui si è già trattato e all'art. 4, coo. 5-*bis* e 5-*ter*, l. n. 184/1983) o il diritto del minore di continuare a frequentare gli affidatari sebbene egli sia rientrato nella famiglia di origine o sia stato affidato a un'altra famiglia (art. 4, co. 5-*ter*, l. n. 184/1983).

La centralità della relazione familiare di per sé emerge in altre due vicende di cui ci occuperemo in questo capitolo: il transessualismo e il c.d. illecito endofamiliare.

---

[1] Cass., n. 12962/2016, cit.

2. *Il transessualismo e la legge italiana.*

a) *L'evoluzione.*

Secondo la dottrina medico-legale riportata in una sentenza della Corte costituzionale[2], transessuale è il soggetto che, pur presentando i caratteri genotipici e fenotipici di un determinato sesso (o genere), sente ineluttabilmente di appartenere all'altro sesso. Vi è una «disforia di genere» – così viene definita – che spinge a contrastare il proprio sesso per realizzare quella coincidenza che manca tra il soma e la psiche. In senso etimologico disforia significa, infatti, «difficile a sopportare».

Non c'è libertà né arbitrio, bensì desiderio irrefrenabile di mutare il proprio sesso. Per raggiungere la coincidenza tra soma e psiche, è talvolta necessario sottoporsi a interventi medico-chirurgici volti a modificare il proprio corpo e a percorsi di sostegno psicologico finalizzati a raggiungere un equilibrio psico-fisico basato sull'accettazione della propria fisionomia.

Il corpo umano va dunque incontro a talune modificazioni. In biologia si distinguono due tipi di caratteri sessuali. Quelli primari riguardano gli organi genitali e riproduttivi, quindi l'aspetto strettamente anatomico. Quelli secondari si riferiscono, invece, alle altre caratteristiche fisiche e psichiche della persona: la conformazione del corpo nelle sue variegate parti, il timbro della voce, gli atteggiamenti e ogni comportamento esteriore percepibile dai terzi.

Il processo di cambiamento dei caratteri sessuali è solitamente lungo, piuttosto sofferto e diverso da caso a caso. Una volta terminato, la persona pretende il riconoscimento giuridico del nuovo sesso. Il problema che si è posto è di stabilire quali fossero le condizioni per accogliere la richiesta di modifica del proprio sesso risultante dall'atto di nascita.

Molti paesi, fin dagli anni ottanta del secolo scorso, hanno affrontato il fenomeno del transessualismo legiferando. La materia, com'è ovvio, è estremamente delicata perché esige un bilanciamento tra una posizione soggettiva privata che, come si vedrà, ha il rango di diritto inviolabile e l'interesse pubblico alla certezza delle relazioni giuridiche. Si pensi sotto quest'ultimo profilo alle condizioni richieste per il mutamento del sesso, all'individuazione del soggetto che le accerta, alle sorti del matrimonio con chi abbia assunto un nuovo genere e, per quanto ci interessa più da vicino, del rapporto di filiazione in essere e di quello futuro.

La scelta condivisa dai legislatori di diversi paesi è stata quella di prevedere l'intervento del giudice. Il quale da una parte autorizza il cambiamento del sesso a fronte della documentazione sanitaria che ne certifica la necessità, dall'altra verifica se l'intervento modificativo sia stato effettivamente praticato. A tali condizioni il giudice ordina la rettificazione del sesso.

---

[2] Corte cost., n. 161/1985 (Rel.: A. Malagugini).

Il Parlamento italiano ha emanato una legge – la n. 164/1982 «*Norme in materia di rettificazione di attribuzione di sesso*» – piuttosto snella che, diversamente dalle leggi di altri Paesi, non ha imposto precondizioni (quali la sterilità o la castrazione per l'uomo) per conseguire la rettificazione dell'attribuzione del sesso.

La nostra legge, in tal modo, si è dimostrata aperta all'evoluzione della scienza medica sul transessualismo, come ha sottolineato la Corte costituzionale[3]. Il tenore letterale dell'art. 1, legge n. 164/1982 è infatti piuttosto generico nello stabilire che «La rettificazione si fa in forza di *sentenza del tribunale passata in giudicato* che attribuisca ad una persona sesso diverso da quello enunciato nell'atto di nascita a seguito di intervenute modificazioni dei suoi caratteri sessuali». Si esige una modifica dei caratteri sessuali, senza specificare, però, di quali caratteri si tratti: se di quelli primari o solo di quelli secondari o se di entrambi.

Ne è scaturita una rilevantissima questione interpretativa, affrontata di recente dalla giurisprudenza interna e sovranazionale, riguardante l'oggetto delle modificazioni sessuali. Di ciò si dirà tra breve, non prima di aver illustrato la legge *de qua* e le sue successive modificazioni.

b) *La legge n. 164/1982 e la sua interpretazione.*

L'art. 34, co. 4, d.lgs. n. 150/2011, che ha sostituito con un testo di analogo significato l'art. 3, co. 1, legge n. 164/1982, lascia intendere che l'intervento chirurgico riguardante i caratteri sessuali primari non è condizione indispensabile della rettificazione dell'attribuzione di sesso, ma è una mera eventualità. Esso così recita: «*Quando risulta necessario* un adeguamento dei *caratteri sessuali* da realizzare mediante trattamento medico-chirurgico, il tribunale lo autorizza con sentenza passata in giudicato».

I caratteri sessuali primari non devono, pertanto, essere sempre cambiati; la necessità o meno del cambiamento dipende dal caso concreto. Qualora lo si reputi indispensabile, la previsione legislativa dell'autorizzazione giudiziale è funzionale a superare il divieto normativo di effettuare atti dispositivi del proprio corpo che comportino una lesione permanente (art. 5 c.c.)[4].

Dovrebbe concludersi, confrontando l'art. 1, legge n. 164/1982 con l'art. 34, co. 4, d.lgs. n. 150/2011, che la rettificazione del sesso è conseguibile anche soltanto a seguito della modifica dei soli caratteri sessuali secondari e di appropriate cure ormonali e psicologiche. Supporta questa interpretazione il nuovo approdo della scienza medica, la quale ha oramai chiarito che una persona possa sen-

---

[3] Si afferma in un passaggio della motivazione «che la legge n. 164 del 1982 si colloca nell'alveo di una civiltà giuridica in evoluzione, sempre più attenta ai valori, di libertà e dignità, della persona umana, che ricerca e tutela anche nelle situazioni minoritarie e anomale» (Corte cost., n. 161/1985).

[4] Vi è però una consolidata giurisprudenza che ritiene leciti gli interventi demolitori in funzione di tutela della salute anche psichica.

tirsi donna e raggiungere un proprio equilibrio psicofisico, pur conservando gli organi genitali maschili. Come pure chi è nato donna può arrivare a sentirsi pienamente uomo, mantenendo intatta la capacità di procreare.

In passato lo stato delle conoscenze al riguardo era diverso. Negli anni ottanta del secolo scorso, secondo la scienza del tempo, la «sindrome transessuale» – si noti che il transessualismo era classificato come malattia – non era curabile né con terapie ormonali, né con la psicoterapia, ma soltanto con l'operazione chirurgica demolitiva e ricostruttiva.

A fronte di questo più risalente dato scientifico, che costituisce il retroterra storico della legge n. 164/1982, i giudici di merito hanno interpretato restrittivamente l'espressione «caratteri sessuali» contenuta nell'art. 1. Di conseguenza è stata negata la rettificazione del sesso anagrafico a chi avesse assunto i tratti somatici dell'altro sesso, praticato terapie ormonali, ma conservato i caratteri sessuali primari propri della nascita.

Ebbene questa giurisprudenza poneva il transessuale di fronte a un'alternativa secca: a) sottoporsi all'intervento chirurgico, sebbene non necessario secondo la valutazione medica, assumendosi un rischio per la propria salute; b) astenersi dall'intervento chirurgico, evitando così un pericolo per la salute ma a danno della propria identità di genere, stante l'impossibilità di ottenere la rettificazione anagrafica del sesso.

L'orientamento giurisprudenziale più recente è di segno diverso, in ragione tra l'altro delle nuove acquisizioni scientifiche cui si accennava. Su di esso è bene soffermarsi, non prima di un cenno al procedimento di rettificazione del sesso.

Secondo l'art. 31, co. 1, d.lgs. n. 150/2011, competente a decidere delle controversie aventi a oggetto la rettificazione di attribuzione di sesso ai sensi dell'art. 1, legge n. 164/1982 è il tribunale ordinario in composizione collegiale del luogo di residenza dell'attore. Si applica il rito ordinario di cognizione ove non diversamente disposto dall'art. 31 appena citato, con partecipazione al giudizio del pubblico ministero.

L'atto di citazione deve essere notificato al coniuge e ai figli dell'attore (litisconsorti necessari), stante la rilevanza nei loro confronti della sentenza. La quale, se di accoglimento della domanda, contiene l'ordine all'ufficiale dello stato civile del Comune dove è stato compilato l'atto di nascita di effettuare la rettificazione dell'attribuzione del sesso nel relativo registro.

3. (Segue). *Il diritto all'identità sessuale.*

Da più di venti anni la scienza medica, la psicologia e la psichiatria sono arrivati alla conclusione che l'identità sessuale non è contrassegnata esclusivamente dagli organi genitali, ma da un insieme di fattori in equilibrio tra loro, dove dominante può essere, volta a volta, l'uno o l'altro di essi. Si è passati da un concetto di sessualità meramente organicistico e biologico ad un altro più complesso, intriso di elementi psicologici e sociali. Di conseguenza il percorso medico e psicologico che deve affrontare il transessuale non è univoco e non può essere cristallizzato in un protocollo medico valevole per tutti.

Gli organismi europei, preso atto di questa evoluzione, hanno invitato gli Stati membri a legiferare o a modificare la normativa esistente, escludendo precondizioni generali e astratte della rettificazione dell'attribuzione del sesso. I relativi documenti sono piuttosto netti in tal senso.

Il Comitato dei Ministri del Consiglio d'Europa ha emanato il 31 marzo 2010 la Raccomandazione (2010)5 nella quale si afferma che gli Stati membri dovranno sopprimere «*les conditions préalables [disproportionnées] telles que la stérilisation irréversible, le traitement hormonal, des traitements chirurgicaux preliminares et parfois le fait de devoir démontrer son aptitude à vivre pendant une long période comme une personne du genre souhaité*».

Ancor più esplicita è stata l'Assemblea parlamentare del Consiglio d'Europa nella risoluzione 29 aprile 2010, n. 1728 sulla discriminazione in base all'orientamento sessuale e sull'identità di genere. In essa si può leggere che gli Stati membri devono garantire i diritti dei transessuali «*sans obligation préalable de subir une sterilisation ou d'autres procédures médicales comme une opération de conversion sexuelle ou une thérapie hormonale*». In senso analogo si sono espressi un documento tematico del Commissario dei diritti dell'uomo del Consiglio d'Europa del 29 luglio 2009 e un rapporto del 2011 pubblicato sotto l'egida sempre del Commissario dei diritti dell'uomo.

Si aggiunga – ne dà atto la Corte EDU[5] – che gli Stati membri con una legislazione più recente (Svizzera, Svezia, Paesi Bassi) non hanno richiesto, quale condizione preliminare necessaria, alcun intervento chirurgico.

In coerenza con tutto ciò e con l'interpretazione dell'art. 8 Cedu, che riconosce il diritto alla vita privata, la Corte EDU ha condannato la Turchia. La quale aveva negato la rettificazione del sesso perché il richiedente, nato donna ma percepitosi uomo, aveva conservato la capacità di procreare, non essendosi sottoposto alla sterilizzazione, condizione indispensabile secondo la legge turca per ottenere la rettificazione del sesso.

La Corte EDU ha svolto una motivazione articolata, attenta all'evoluzione storico-giuridica della materia. Essa ha fatto applicazione di diritti, principi e criteri giuridici (la proporzionalità), tutti convergenti a sostegno del *decisum*. Questi i passaggi più significativi:

1) il diritto all'identità sessuale è un aspetto fondamentale del diritto al rispetto della vita privata (art. 8 Cedu). Pertanto uno Stato che limiti l'esercizio del primo (ingerendosi in questo) deve perseguire uno degli obiettivi stabiliti dall'art. 8, co.

[5] Corte EDU, 10.3.2015, *Affaire YY c. Turquie*, ric. n. 14793/08.

2, Cedu, pena l'illegittimità dell'ingerenza. La normativa dello Stato, per essere davvero necessaria al perseguimento di uno degli scopi di cui all'art. 8, co. 2, Cedu, deve essere proporzionata rispetto ad essi [6]. Nel caso di specie, imporre la sterilizzazione non è affatto indispensabile per difendere l'ordine in una società democratica;

2) vi sono documenti degli organi comunitari (quelli sopra ricordati) che invitano ad abbandonare l'idea di un passaggio obbligato nel percorso verso la coincidenza tra il soma e la psiche;

3) le modifiche più recenti della normativa di diversi Paesi sono nel segno dell'abolizione dell'obbligo di essere sterili o infertili nel passaggio da donna a uomo;

4) la tutela dell'integrità fisica esclude che uno Stato, sia pur indirettamente, possa spingere un soggetto a sottoporsi ad un trattamento chirurgico indesiderato [7].

La pronuncia *de qua* è stata richiamata da una sentenza della Cassazione [8], la quale, con una motivazione rigorosa, ha chiarito come debbano essere interpretati gli artt. 1 e 3 (quest'ultimo confluito nell'art. 31, d.lgs. n. 150/2011) della legge n. 164/1982. L'art. 1 non impone quale presupposto della rettificazione dell'attribuzione di sesso la modificazione, tramite intervento chirurgico demolitivo/ricostruttivo, dei caratteri sessuali primari. Tale modifica è un'eventualità che diviene atto terapeutico necessario solo se vi sia un'espressa indicazione medica. In presenza della quale, l'operazione chirurgica dovrà essere autorizzata dal giudice.

Diversamente dal passato, quindi, si consente la rettificazione dell'attribuzione del sesso a un soggetto che si sia sottoposto soltanto a terapie ormonali e a trattamenti estetici additivi e ricostruttivi. Precisa però la Cassazione che dalla documentazione medica dovrà risultare la «definitività della scelta».

I passaggi più significativi della motivazione sono i seguenti:

1) si dà atto di una serie di fatti: a) nuovo approdo della scienza medica secondo cui la strada verso il cambiamento del sesso è personale, non generalizza-

---

[6] Corte EDU, 10.3.2015, ricorda che «*Selon la jurisprudence de la Cour une ingérence est considérée comme «nécessaire dans une société démocratique» pour atteindre un but légitime si elle répond à un «besoin social impérieux» et si elle est proportionnée au but légitime poursuivi*».

[7] La Corte EDU, 10.3.2015, rispetto ai 10.000 euro chiesti dal ricorrente, condanna lo Stato turco a risarcire al medesimo, a titolo di *dommage moral*, 7.500 euro, tenuto conto che, nel frattempo, una pronuncia giudiziaria della magistratura turca aveva autorizzato l'interessato a sottoporsi all'intervento chirurgico di cambiamento del sesso, sebbene non fosse sterile.

[8] Cass., n. 15138/2015. Il caso concreto riguarda un soggetto che aveva ottenuto l'autorizzazione giudiziale al trattamento medico-chirurgico per la modificazione definitiva dei propri caratteri sessuali primari. Un uomo voleva assumere il sesso femminile. Trascorsi dieci anni, egli chiede al tribunale la rettificazione dei propri dati anagrafici, sentendosi oramai una donna, senza tuttavia essersi sottoposto al trattamento medico suddetto. Sia il tribunale che la Corte d'Appello respingono la domanda, ritenendo indispensabile l'intervento di castrazione.

bile, sempre diversa da persona a persona; b) la normativa tedesca e quella austriaca non richiedono più precondizioni per ottenere la rettificazione anagrafica del sesso; c) i documenti sovranazionali danno sempre maggiore rilevanza alla salute nel bilanciamento col contrapposto interesse pubblico alla certezza del genere e dei diritti a questo ascritti;

2) il diritto di autodeterminarsi con riguardo all'identità di genere è un diritto inviolabile (artt. 2, 3 e 32 Cost.), rappresentando «il nucleo costitutivo dello sviluppo della personalità individuale e sociale». Esso è suscettibile di essere limitato al fine di perseguire l'interesse pubblico alla certezza delle relazioni giuridiche;

3) il bilanciamento deve avvenire, come ha insegnato la Corte EDU, attraverso il principio di proporzionalità. Il quale può dirsi esistente solo se la misura legislativa appaia necessaria per la tutela di un determinato interesse. Ed è proprio sulla base della proporzionalità che emerge come, al fine di tutelare l'interesse pubblico alla certezza dei generi, «anche considerando le implicazioni che ne possono conseguire in ordine alle relazioni familiari e filiali», non sia necessario richiedere «il sacrificio del diritto alla conservazione della propria integrità psico-fisica attraverso l'imposizione dell'intervento chirurgico»;

4) è possibile interpretare in modo costituzionalmente e convenzionalmente orientato gli artt. 1 e 3 della legge n. 164/1982. Posto che per ottenere la rettificazione del sesso, la legge italiana, come si è già rilevato, non stabilisce espressamente quali caratteri sessuali debbano mutare, si deve escludere, in conformità ai punti precedenti, la necessità della modifica dei caratteri sessuali primari, essendo sufficienti gli interventi medici su quelli secondari[9];

5) rimane ineludibile, a garanzia della certezza dei generi, «un rigoroso accertamento della definitività della scelta sulla base dei criteri desumibili dagli approdi attuali e condivisi della scienza medica e psicologica».

Questa linea argomentativa è stata sostanzialmente condivisa da una sentenza con cui la Corte costituzionale ha dichiarato infondata la questione di legittimità costituzionale dell'art. 1, co. 1, legge n. 164/1982[10].

---

[9] La Cassazione ha ritenuto inaccettabile l'interpretazione «storico-originalista» della Corte d'Appello, essendo a suo giudizio più solida l'interpretazione che bilancia correttamente gli interessi contrapposti.

[10] Corte cost., n. 221/2015 (Rel.: G. Amato). In sintesi la Consulta svolge la seguente argomentazione: a) l'art. 1, legge n. 164/1982, nel riferirsi alle «intervenute modificazioni dei (...) caratteri sessuali», rimane generico, senza predeterminarne l'oggetto; b) ove si interpreti tale disposizione «alla luce dei diritti della persona» (*id est.*: il diritto all'identità di genere, il diritto alla salute e il diritto di autodeterminarsi in ordine ai trattamenti medici) deve escludersi che la legge imponga l'intervento chirurgico per comporre la divergenza tra il sesso anatomico e la psicosessualità. Piuttosto spetta al singolo, di concerto con gli specialisti, individuare le modalità più appropriate e sufficienti per ricomporre la propria identità; c) compete al giudice accertare con rigore se il cambiamento dell'identità sessuale sia avvenuto e se esso sia definitivo; d) che l'autorizzazione giudiziale al tratta-

Le predette sentenze segnano un maggior livello di civiltà del nostro ordinamento, mediante un'interpretazione capace di cogliere e di farsi orientare dal dato dell'eterogeneità del transessualismo. Non solo: esse dimostrano, una volta di più [11], come la dimensione dell'effettività del diritto all'identità personale sia legata ad altri diritti quali l'autodeterminazione, la salute e l'integrità psicofisica. È da questi ultimi che promana il diritto all'identità sessuale, ossia ad essere riconosciuto dalla società e dall'ordinamento giuridico così come il soggetto si percepisce ed è.

C'è altro però che non può essere ignorato dallo Stato. Lo spettro delle situazioni, come si accennava, va oltre la figura del transessuale. Si allude soprattutto al fenomeno denominato «*Queer*», termine, questo, usato per indicare chi rifiuta identità e categorie predeterminate per l'orientamento sessuale. Con riguardo a tali persone, «*genderfluid*», si pongono diverse questioni giuridiche, non ultimo il problema di come identificarle. In Svezia, ad esempio, è stato introdotto un pronome neutro.

Il panorama è dunque complesso – noto è l'acronico è LGBTIQ (*lesbian*, *gay*, *bisex*, *transgender*, *intersex*, *queer*) – e le sfide del diritto sono ancora molte. Nell'affrontarle non si può adottare quale unico criterio quello dell'ordine naturale, che finirebbe col discriminare in ragione delle condizioni personali (art. 3, co. 1, Cost.), escludendo dalla copertura costituzionale determinate categorie di persone (art. 2 Cost.).

Condizionante l'attività del giurista non è l'ordine naturale o sedimentato da millenni, ma è l'evoluzione dei diritti fondamentali della persona e la dimensione inclusiva della Costituzione (art. 3, co. 1, Cost.). Come ha ben sottolineato Stefano Rodotà, l'identità sessuale si colloca tra il diritto alla libertà sessuale, che appartiene piuttosto alla libertà delle scelte, all'autodeterminazione, e il riconoscimento dell'orientamento sessuale, come ricerca di identità ed espressione di sé, come «manifestazione dell'identità personale e modalità di esplicazione di fondamentali interessi e bisogni della persona».

Se così è, se l'identità sessuale si pone tra due diritti essenziali della persona, ne consegue che quest'ultima, da un lato, non può essere ostacolata nella ricerca della propria identità sessuale, dall'altro, raggiunto l'equilibrio psicofisico, non deve essere discriminata o pregiudicata nell'esercizio o nella conservazione dei diritti.

Su tale ultimo aspetto – la conservazione dei diritti – occorre soffermarsi.

---

mento chirurgico sia solo un'eventualità ai fini del mutamento del sesso è dimostrato anche dal nuovo art. 31, d.lgs. n. 150/2011 che, a distanza di quasi trent'anni dalla legge n. 164/1982, «lascia all'apprezzamento del giudice, nell'ambito del procedimento di autorizzazione all'intervento chirurgico, l'effettiva necessità dello stesso, in relazione alle specificità del caso concreto».

[11] Sul rapporto tra salute (nella sua accezione soggettiva) e autodeterminazione cfr.: Cass., n., 2847/2010 su una fattispecie di responsabilità medica per omessa informazione delle complicanze dell'intervento chirurgico e Cass., n. 21748/2007 (caso Englaro), cit., sul diritto di rifiutare i trattamenti salvavita.

4. (Segue). *Effetti della rettificazione dell'attribuzione di sesso.*

Un'autorevole dottrina (P. Perlingieri), già negli anni Settanta del secolo scorso, ha colto «la notevole rilevanza che il sesso ha nella disciplina dei rapporti giuridici» e sulle situazioni acquisite, comprese le questioni di stato. In questa sede interessa soffermarsi, in particolare, sugli effetti del mutamento del sesso sulla filiazione e sul matrimonio.

L'art. 4, legge n. 164/1982 stabilisce che «La sentenza di rettificazione di attribuzione di sesso non ha effetto retroattivo». Questa regola ha una precisa conseguenza sul rapporto di filiazione. Si faccia l'esempio di chi, nato uomo, dopo aver avuto un figlio, ottiene la rettifica dell'attribuzione del sesso da maschile a femminile. Il figlio, giuridicamente, non avrà due madri, ma risulterà avere un padre e una madre e conserverà il proprio diritto di essere mantenuto, istruito ed educato da entrambi i genitori.

Se, invece, viene in rilievo la posizione dello stesso soggetto che ha mutato sesso, l'art. 5, legge n. 164/1982 chiarisce che «Le attestazioni di stato civile riferite a persona della quale sia stata giudizialmente rettificata l'attribuzione di sesso sono rilasciate con la sola indicazione del nuovo sesso e nome».

Tornando alla filiazione, può verificarsi il seguente caso: Tizio che ha già un figlio, ottenuta la rettificazione dell'attribuzione di sesso, adotta un bambino. Ebbene, in conseguenza della irretroattività della sentenza di rettificazione, Tizio, transitato da uomo a donna, rimarrà padre con riguardo al figlio avuto nella prima famiglia, mentre nella seconda assumerà lo *status* di madre. Questa eventualità è già stata prospettata dalla Corte costituzionale [12] nei termini di un «accavallarsi di funzioni genitoriali di segno diverso».

È bene anche sottolineare che l'adozione, piena o internazionale, non può essere negata in ragione soltanto dell'avvenuto cambiamento di sesso. Della coppia sposata che aspira ad adottare (artt. 6 e 29-*bis*, co. 1, l. n. 184/1983) interessa valutare la capacità educativa di un minore e una serie di altri elementi [artt. 22, co. 4, e 29-*bis*, lett. c), l. n. 184/1983] non le vicende legate all'identità sessuale, che pure emergeranno nell'indagine svolta dai servizi socio-assistenziali. Neppure, in astratto, è preclusa l'adozione in casi particolari, qualora sia riscontrabile un rapporto stabile e duraturo tra la persona che ha cambiato sesso e il minore [art. 44, lett. a), l. n. 184/1983].

Deve ritenersi ammissibile anche il ricorso alla procreazione medicalmente assistita di tipo eterologo. Il soggetto che, dopo essere transitato da donna a uomo, contrae matrimonio o convive *more uxorio* con un soggetto di sesso diverso, potrà beneficiare della donazione del liquido seminale (art. 5, l. n. 40/2004). Egli, per l'ordinamento giuridico, è un uomo impossibilitato a procreare, il cui accesso alla PMA deve essere consentito.

---

[12] Corte cost., n. 161/1985, cit.

È, invece, fatto divieto alla coppia dello stesso sesso, sia convivente di fatto che in unione civile, di accedere alla procreazione medicalmente assistita (art. 5, l. n. 40/2004). Quindi, il transessuale che, dopo aver cambiato sesso, inizi una relazione con persona dello steso stesso non ha diritto di accedere alla PMA; ciò non perché egli sia (stato) transessuale, ma per mancanza dei requisiti soggettivi di cui all'art. 5, legge n. 40/2004.

Quanto agli effetti sul matrimonio della rettificazione dell'attribuzione del sesso, occorre tener conto di un'evoluzione normativa e giurisprudenziale che ha favorito un risultato legislativo – concretatosi nell'art. 1, co. 27, legge n. 76/2006 – coerente con le premesse teoriche da cui muove. Ripercorriamone i passaggi essenziali.

L'art. 4, secondo periodo, legge n. 164/1982 statuisce che la sentenza di rettificazione dell'attribuzione di sesso provoca *ope legis* lo scioglimento del matrimonio o la cessazione dei suoi effetti civili (c.d. divorzio imposto).

Questa disposizione, pur coerente con il modello italiano di matrimonio, il cui requisito di efficacia è l'eterosessualità, trascura il fatto, raro ma rilevante, in cui i coniugi, nonostante il mutamento del sesso di uno di essi, desiderino conservare il loro stato di sposati. In tal caso, il divorzio imposto avrebbe comportato un azzeramento, sotto il profilo giuridico, di un percorso di vita basato sull'affettività e sulla solidarietà. Ma, ancora prima, esso avrebbe coartato la volontà degli interessati, ledendone la libertà personale e il diritto di autodeterminarsi su aspetti fondamentali della personalità.

È pertanto condivisibile la dichiarazione di incostituzionalità dell'art. 4, legge n. 164/1982 nella parte in cui non consente ai coniugi (divenuti coppia dello stesso sesso), d'accordo tra loro, di mantenere in vita un rapporto giuridicamente regolato con altra forma di convivenza registrata [13].

In sostanza, la Corte costituzionale nel 2014 ha spronato il legislatore a legiferare sui diritti delle coppie *same sex*, prevedendo un istituto *ad hoc* e non già estendendo loro il matrimonio [14]. La Costituzione imporrebbe, secondo la Consulta, non il matrimonio tra persone dello stesso sesso, ma la tutela delle posizioni giuridiche soggettive che sorgono per effetto della convivenza omosessuale di tipo familiare.

Da un lato, quindi, viene valutata pienamente legittima la scelta della politica di conservare la regola che riserva il matrimonio agli eterosessuali; dall'altro vi è l'interesse della coppia sposata non più eterosessuale a causa del cambiamento di sesso di uno dei suoi componenti a non essere «eccessivamente penalizzat[a] con il sacrificio integrale della dimensione giuridica del preesistente rapporto,

---

[13] Corte cost., n. 170/2014 (Rel.: M.R. Morelli).

[14] Corte cost., n. 138/2010, cit., sottolinea come la Costituzione, la Cedu e la Carta dei diritti fondamentali dell'Unione europea non vincolino il legislatore dei diversi Stati a introdurre il matrimonio tra gli omosessuali. In senso analogo cfr. Cass., n. 4184/2012.

che essa vorrebbe, viceversa, mantenere in essere» (la legge n. 164/1982, di contro, non dà alcun rilievo al rapporto matrimoniale che c'è stato fino al suo automatico scioglimento). Ne è conseguita l'incostituzionalità della regola che non consentiva ai coniugi «di evitare il passaggio da uno stato di massima protezione giuridica [che si ha nel matrimonio] ad una condizione (...) di massima indeterminatezza [sui diritti delle coppie dello stesso sesso]» [15].

La Consulta, quindi, ha ritenuto incostituzionale non già il divorzio imposto, ma la mancata previsione di una disposizione che consentisse alla coppia dello stesso di trasformare il matrimonio in un altro istituto che garantisse continuità ai diritti e i doveri.

La difesa della Corte costituzionale del divorzio imposto, cioè dell'idea che il matrimonio dovesse sciogliersi, è stata criticata da un'Autrice (A. Cordiano), poiché il canone di eterosessualità del matrimonio non è più compatibile con il sistema costituzionale come integrato dalle fonti sovranazionali. Effettivamente va riconosciuto che il carattere dell'eterosessualità non è più un dato giuridico di ordine pubblico interno né internazionale (cfr. *infra*, § 8).

Il compromesso della Corte costituzionale, basato sugli artt. 29 e 2 Cost., ha determinato un'incertezza sugli effetti della sua sentenza.

Il dubbio è stato sciolto: secondo la Cassazione [16], la pronuncia della Consulta va ricondotta a quelle additive di principio. Tale tipologia di provvedimenti non immette direttamente nell'ordinamento (come, invece, le sentenze manipolative in senso stretto) una nuova regola positiva. Tuttavia, precisa la Cassazione, l'affermazione della Consulta secondo cui non vi deve essere soluzione di continuità tra il matrimonio e un'altra convivenza registrata, qualora questo sia l'intendimento dei coniugi, «ha natura imperativa e de[ve] essere applicat[a] con l'efficacia stabilita dall'art. 136 Cost.».

Il problema era che, al tempo della sentenza della Corte costituzionale, mancava un istituto appositamente previsto per le coppie dello stesso sesso. Così la Cassazione ha affermato che spettasse «al giudice *a quo* (...) individuare sul piano ermeneutico la regola per il caso concreto che inver[asse] il principio imperativo stabilito con la sentenza di accoglimento». Siffatta regola è consistita fino al 2016 nella rimozione degli effetti della caducazione automatica del matrimonio, il quale, pertanto, doveva rimanere efficace fino a quando il legislatore non fosse intervenuto regolando il rapporto di coppia tra persone dello stesso sesso.

---

[15] Secondo la Corte cost., n. 170/2014, cit., l'art. 4 (e l'art. 2, ult. co.), legge n. 164/1982 violano non già gli artt. 29, 3 e 24 Cost., bensì l'art. 2 Cost. Infatti, afferma la Consulta, nella «formazione sociale è da annoverare anche l'unione omosessuale, intesa come stabile convivenza tra due persone dello stesso sesso, cui spetta il diritto fondamentale di vivere liberamente una condizione di coppia, ottenendone – nei tempi, nei modi e nei limiti stabiliti dalla legge – il riconoscimento con i connessi diritti e doveri».

[16] Cass., n. 8097/2015.

In tal modo il matrimonio risultava sottoposto a una condizione temporale risolutiva, costituita dall'entrata in vigore della regolamentazione di un'altra forma di convivenza registrata [17].

Nel 2016 l'intervento del legislatore ha risolto definitivamente il problema. Con la legge n. 76, in attuazione di quanto suggerito dalla Corte costituzionale, è stata introdotta l'unione civile; un istituto a disposizione delle coppie omosessuali che intendano formalizzare la loro unione affettiva e di vita sul modello del matrimonio (cfr. art. 1, coo. 1-35).

Questa legge contiene un'apposita disposizione che regola la fattispecie in cui i coniugi, nonostante il cambiamento di sesso di uno dei due, intendano continuare la loro vita insieme. È l'art. 1, comma 27 secondo il quale «Alla rettificazione anagrafica di sesso, ove i coniugi abbiano manifestato la volontà di non sciogliere il matrimonio o di cessarne gli effetti civili, consegue l'automatica instaurazione dell'unione civile tra persone dello stesso sesso».

La scelta è chiara: poiché il legislatore, con l'introduzione nell'ordinamento dell'unione civile, ha ritenuto non praticabile l'estensione del matrimonio alle persone omosessuali, non restava che disporre nel caso *de quo* la conversione del matrimonio nell'unione civile, qualora uno dei coniugi avesse ottenuto la rettificazione dell'attribuzione del sesso.

Nell'ipotesi opposta, più frequente, in cui il rapporto di coppia entra in crisi qualora uno dei coniugi manifesti pulsioni proprie del sesso opposto rispetto al proprio, può accadere che la transizione sessuale *in itinere* o già conclusa sia utilizzata dall'altro per ottenere l'affidamento esclusivo della prole. Si addurrà che la peculiare situazione incida negativamente sulla serenità e sull'equilibrato sviluppo psicofisico del minore, così da far apparire l'affidamento condiviso contrario all'interesse del minore (art. 337-*quater*, co. 1, c.c.).

Anche qui, come nell'adozione, il giudice, dovendo applicare il principio del preminente interesse morale e materiale alla prole, non potrà incentrare l'affido esclusivo unicamente sul transessualismo e sull'aver cambiato sesso. Questa condizione, di per sé sola, non è sufficiente quale base fattuale del provvedimento; occorrono altri fattori quali, ad esempio, abitudini e frequentazioni negative, aspetti caratteriali pericolosi e fuorvianti, tali da riverberarsi pregiudizievolmente sulla vita del minore.

Va ricordato che il transessualismo non è di per sé causa di divorzio; lo è, invece, la sentenza di rettificazione di attribuzione di sesso passata in giudicato [art. 3, n. 2, lett. g), l. n. 898/1970]. Si tratta di un caso di divorzio immediato, ossia da potersi richiedere, solo una volta intervenuta la predetta sentenza, senza dover passare prima dalla separazione personale. Ciò non implica che il coniuge non transessuale debba attendere la sentenza di rettificazione di attribuzione di sesso per modificare la propria condizione di coniuge. Egli, divenuto consapevole del-

---

[17] In senso analogo a Cass., n. 8097/2015, cit. si è espresso Trib. Milano, 22.4.2015.

la transessualità del consorte, potrà chiedere la separazione per intollerabilità della prosecuzione della convivenza (art. 151 c.c.).

5. *Illecito endofamiliare e danni da mancato riconoscimento.*

Riprendiamo un tratto caratterizzante della filiazione: l'ordinamento promuove e tutela il rapporto tra figli e genitori attraverso diversi istituti e misure. Ricordiamo la responsabilità genitoriale quale ufficio di diritto privato in funzione attuativa dei diritti dei figli (artt. 316 e 315-*bis* c.c.), l'affidamento condiviso (art. 337-*ter*, co. 2, c.c.), l'affidamento esclusivo flessibile (art. 337-*quater*, ult. co., c.c.) e tutte quelle misure, quali ad esempio la mediazione (art. 337-*octies*, co. 2, c.c.), l'affidamento familiare (artt. 2 ss., l. n. 184/1983) e l'affidamento ai Servizi sociali, volte a consentire ai genitori in difficoltà di recuperare un corretto modo di svolgere il proprio ruolo.

La ragione di questa scelta di politica del diritto è chiara: un rapporto sereno con i genitori, incentrato sull'ascolto e sul dialogo, è fondamentale per una crescita equilibrata, per la formazione del carattere e della propria identità personale. Il figlio ha diritto di vivere un tale rapporto (art. 30, co. 1, Cost.) e, in caso contrario, egli vanterà una pretesa risarcitoria. Occorre precisare quando.

Viene in rilievo il tema del risarcimento del danno nella relazione di filiazione, conseguente alla lesione di un diritto fondamentale del figlio. Le fattispecie sono diverse e occorre distinguerle. Esse riguardano: 1) il genitore che non abbia effettuato il riconoscimento (art. 250 c.c.), precludendo così in radice il sorgere del rapporto con il figlio; 2) l'uccisione del figlio o del genitore da parte di un terzo (dove i soggetti lesi sono rispettivamente il genitore e il figlio); 3) l'uccisione del genitore sociale, ossia di colui che si è comportato come fosse genitore (qui è il figlio di fatto a subire un danno) o l'uccisione del figlio rispetto al genitore sociale (qui a vantare una pretesa risarcitoria è quest'ultimo).

Su queste dovremo soffermarci, anche per riflettere sulla natura della responsabilità che viene in rilievo. Prima però è utile, per avere una maggiore consapevolezza del tema, un accenno al più generale – non recentissimo ma ancora attuale – dibattito sull'applicabilità dell'illecito extracontrattuale in materia familiare (artt. 2043 ss. c.c.).

Il sintagma illecito endofamiliare allude all'applicabilità della responsabilità aquiliana ai rapporti familiari. La tutela risarcitoria extracontrattuale, in continua evoluzione dagli anni Settanta del secolo scorso [18], è penetrata all'interno della

---

[18] Sarebbe fuor d'opera richiamare tutte quelle pronunce che hanno significativamente innovato l'interpretazione della clausola dell'ingiustizia del danno di cui all'art. 2043 c.c. e del testo dell'art. 2059 c.c. Alcune però vanno ricordate, stante la loro particolare carica innovativa. Sull'art. 2043, Cass., Sez. Un., n. 500/1999 (interessi legittimi), in un'ampia parte della motivazione, ripercorre tutte le tappe principali in cui la giurisprudenza ha applicato l'art. 2043, ben oltre l'iniziale

famiglia, qualora vi sia stato un fatto illecito di un familiare in pregiudizio di uno stretto congiunto [19].

Questa espansione è oramai pacifica, sebbene vi sia stato un tempo, non molto risalente, in cui il diritto di famiglia era ritenuto un sistema chiuso e impermeabile ad altri ambiti giuridici, come quello dell'illecito aquiliano. L'invocata tipicità e autosufficienza delle misure di tutela familiare finiva con l'essere un dogma, lasciando senza tutela diritti fondamentali della persona.

E, infatti, l'impostazione della separatezza e autoreferenzialità del diritto di famiglia non ha retto al concorrere di taluni fattori di rilievo: da un lato, il superamento della concezione accolta dal codice civile del 1942 della famiglia (espressa solo dal matrimonio) come istituzione sovraordinata al singolo, dall'altro, il riconoscimento della rilevanza del principio personalistico (artt. 2 e 3, co. 2, Cost.) e dell'effetto orizzontale (ossia nei rapporti inter-privati) delle norme costituzionali di garanzia dei diritti fondamentali (c.d. *Drittwirkung*).

Diversi decenni orsono, un'autorevole dottrina (S. Patti) ha rilevato che gli specifici rimedi familiari, costruiti quale risposta a una determinata fattispecie, non erano in grado di tutelare i diritti umani più alti, i quali potevano essere violati anche nei rapporti di famiglia. Un esempio chiarisce. L'addebito della separazione personale tra coniugi (art. 151, co. 2, c.c.) non fornisce certo una risposta efficiente né pertinente alla condotta di un coniuge che, oltre ad aver violato i doveri derivanti dal matrimonio, abbia leso un diritto costituzionalmente protetto del consorte, come quello al rispetto della propria dignità, allo sviluppo della personalità o alla salute [20].

---

suo appiattimento sui diritti soggettivi assoluti. Sull'art. 2059 c.c., prima di considerare le più recenti pronunce di cui si darà conto *infra*, è d'obbligo ricordare: Cass., Sez. Un., n. 2515/2002 (sul caso Seveso); Cass., n. 4186/1998 e Cass., n. 9556/2002 che hanno ammesso la risarcibilità del danno morale *jure proprio* patito dai prossimi congiunti in caso di lesione di un familiare.

[19] L'espressione illecito eso-familiare si riferisce, invece, alle ipotesi in cui sia stato un terzo estraneo alla famiglia a cagionare un danno a uno dei componenti di questa. Emblematica è la fattispecie dell'uccisione o della grave lesione della salute del congiunto. Qui il terzo, con la sua condotta illecita, incide sullo *status* di coniuge, figlio, fratello o sorella della vittima principale, nel senso di distruggerlo (così se vi è stata uccisione) o di limitarne l'ambito di esplicazione (quando vi è stata lesione della salute). La giurisprudenza ha riconosciuto ai prossimi congiunti della vittima principale il diritto al risarcimento del danno non solo patrimoniale, ma anche non patrimoniale (cfr.: Cass., nn. 8827 e 8828/2003, cit.) per violazione degli artt. 2, 29 e 30 Cost.

Il Trib. Milano, n. 14196/2002 ritiene non configurabile la responsabilità extracontrattuale del terzo per induzione all'inadempimento del dovere di fedeltà.

[20] L'addebito è solo una misura impeditiva del mantenimento (cfr. art. 156, co. 1, c.c. letto *a contrario*), del tutto inidonea a risolvere il problema del trattamento di eventuali danni ulteriori scaturenti dalla violazione dei doveri matrimoniali (art. 151, co. 2, c.c.). In questo senso cfr.: Trib. Milano, 24.10.2001, in un caso in cui il marito aveva fatto mancare i mezzi di sussistenza alla moglie durante la gravidanza, violando anche l'obbligo di fedeltà; Cass., n. 8862/2012, secondo la quale la pronuncia di addebito e di risarcimento del danno possono coesistere «considerati i presupposti, i caratteri, le finalità, radicalmente differenti»; Trib. Cremona, 27.3.2014, condanna il marito a risarcire euro 10.000 alla moglie per aver fatto mancare a lei e ai figli i mezzi di sussisten-

Parallelamente a questi importanti studi, i cui risultati sono emersi nelle sentenze[21], vi è stata una significativa riflessione dottrinale che ha indotto la giurisprudenza ad accogliere, definitivamente nel 2008, un'interpretazione costituzionalmente orientata dell'art. 2059 c.c.[22]. Secondo questa nuova lettura, la riserva di legge posta dall'art. 2059 c.c. deve ritenersi integrata al massimo livello dalla Costituzione. Pertanto ogni qual volta vi sia una lesione grave[23] di un diritto fondamentale, ne devono essere risarcite le conseguenze dannose non patrimoniali, senza che possa essere invocata un'eccezione nell'ambito del rapporto familiare. Il quale non è e non può essere una zona franca in cui non entrano i diritti fondamentali.

Più da vicino ci interessa quell'illecito che abbia prodotto conseguenze negative sul rapporto di filiazione.

Nell'anno 2000 un'innovativa sentenza della Cassazione ha riconosciuto tutela al figlio a fronte di un ostinato inadempimento dell'obbligo di mantenimento da parte del padre[24]. Tale condotta, secondo la Suprema Corte, arreca al figlio un danno non solo patrimoniale, ma anche non patrimoniale per la lesione «di fondamentali diritti della persona, in particolare inerenti alla qualità di figlio e di minore».

Con riferimento a un'altra fattispecie, quella in cui il genitore non abbia riconosciuto il figlio nato fuori del matrimonio, la Cassazione ha precisato con mag-

za; fatto questo che ha determinato «un peggioramento delle condizioni di vita caratterizzate da incertezza precarietà e sofferenza (aggravate dalla presenza di due figli minori e dallo stato di disoccupazione) e una lesione del diritto fondamentale all'onore e al decoro».

[21] I nubendi sono legati da un dovere di lealtà che, se infranto, può fondare una domanda risarcitoria. Cfr. Cass., n. 9801/2005, su un caso in cui il marito, prima del matrimonio, aveva nascosto alla futura moglie la propria impotenza *coeundi*. Secondo la Suprema Corte «*l'intensità dei doveri derivanti dal matrimonio si riflette sui rapporti tra le parti nella fase precedente il matrimonio*, imponendo loro – pur in mancanza di un vincolo coniugale ma nella prospettiva della costituzione di tale vincolo – un obbligo di lealtà, di correttezza e di solidarietà, che si sostanzia anche in un obbligo di informazione di ogni circostanza inerente le proprie condizioni psicofisiche e di ogni situazione idonea a compromettere la comunione materiale e spirituale alla quale il matrimonio è rivolto». Il marito, nel caso di specie, ha leso il diritto alla sessualità della moglie, quale veicolo di sviluppo della propria personalità anche attraverso la procreazione.

[22] Cass., nn. 8827-8828/2003, cit., Cass., Sez. Un., nn. 26972-26973-26974-26975/2008.

[23] Il requisito della gravità dell'offesa del diritto fondamentale, quale *condicio* della risarcibilità del danno non patrimoniale, è stato così argomentato da Cass., Sez. Un., n. 26972/2008, cit.: la gravità costituisce l'esito indispensabile del bilanciamento tra la il principio di solidarietà nei confronti della vittima e il principio di tolleranza.

[24] Cass., n. 7713/2000. Questa pronuncia è degna di nota perché, già in quell'anno, ha affermato che il padre deve risarcire il danno non patrimoniale, sebbene egli sia stato assolto dal reato di cui all'art. 570, co. 2, c.p. (*id est*: far mancare i mezzi sussistenza). L'omesso sistematico mantenimento del proprio figlio lede sia il diritto di quest'ultimo di avere un rapporto con il proprio genitore (art. 30, co. 1, Cost.), sia la sua dignità. Giova ricordare che nel 2000 il danno non patrimoniale quale conseguenza della violazione di un diritto costituzionale veniva risarcito ai sensi dell'art. 2043 c.c. coordinato con la pertinente norma della Costituzione che volta a volta veniva in rilievo. Oggi, invece, alla fattispecie in parola si applica l'art. 2059 c.c. collegato all'art. 30 Cost.

gior rigore la posizione giuridica soggettiva lesa e i presupposti della risarcibilità del danno. L'inosservanza dei doveri genitoriali esistenti fin dalla nascita del figlio lede il diritto di ricevere assistenza morale e materiale[25]. Diritto, questo, che ha un fondamento costituzionale nell'art. 30, co. 1, Cost., coordinato con gli artt. 2 Cost., 24, co. 3, Carta dei diritti fondamentali dell'UE e con la Convenzione di New York del 1989, ratificata dall'Italia.

L'endiadi diritto di essere educato e mantenuto contenuta nell'art. 30, co. 1, Cost. postula l'esistenza di uno stretto rapporto tra genitori e prole. Rapporto che influenza la sfera sia interna e affettiva che sociale del figlio, tanto da risultare essenziale per la costituzione dell'identità personale e della capacità relazionale dello stesso. Da questa disposizione costituzionale si desume, quindi, l'esistenza del diritto all'assistenza morale e materiale, oggi espressamente previsto dall'art. 315-*bis* c.c.

Il diritto di essere assistito moralmente e materialmente è, dunque, un diritto inviolabile presidiato dalla tutela risarcitoria. La quale si impone solo in presenza di un danno che, nella specie, consiste «nelle ripercussioni personali e sociali derivanti dalla consapevolezza di non essere mai stati desiderati e accolti come figli»[26]. Danno che dovrà essere allegato e provato, non potendo essere ritenuto in *re ipsa*, ossia coincidente con la lesione del diritto costituzionale protetto.

La giurisprudenza della Cassazione insiste molto sugli aspetti del danno e della prova, in modo particolare dal 2003 con le sentenze nn. 8827 e 8828. Se l'illecito aquiliano postula non solo la lesione di una posizione giuridica soggettiva (che si specifica in un diritto inviolabile nel caso di danno non patrimoniale), ma anche un danno-conseguenza da risarcire, è necessario che quest'ultimo sia provato, non coincidendo con la predetta lesione (c.d. danno-evento)[27].

Se il danno è diverso dalla lesione, il figlio che richiede il risarcimento del danno non patrimoniale deve provare i pregiudizi causati dal mancato riconoscimento o dall'abbandono subito dopo la nascita in costanza di matrimonio[28]. Solitamente si ricorre alla prova per presunzioni, soprattutto in caso di mancato riconoscimento, ma anche alla prova per testi.

---

[25] Cass., n. 16657/2014; Cass., n. 26205/2013; Cass., n. 5652/2012.

[26] Cass., n. 26205/2013.

[27] Sulla centralità del danno nella struttura dell'illecito aquiliano quale elemento che, ai fini risarcitori, deve necessariamente seguire la lesione della situazione giuridica soggettiva cfr. Cass., Sez. Un., n. 15350/2015 in tema di danno tanatologico (*id est* di danno da perdita della vita).

[28] Su questa fattispecie si è pronunciato Trib. Torino, 5.6.2014, riconoscendo che il figlio maggiorenne, attore in giudizio, aveva dimostrato i pregiudizi che la condotta del padre (coniugato) gli aveva cagionato. Si legge nella sentenza: «momentanea alterazione del carattere: divenuto introverso e scontroso; scadimento delle relazioni con gli insegnanti, che lo descrivono come intrattabile negli ultimi anni del liceo; limitazione delle relazioni con i coetanei, che riferiscono del suo rifiuto e della sua vergogna di parlare del padre; pregiudizio del suo rendimento scolastico; perde il terzo anno di liceo e rischia la bocciatura anche in quarta liceo in concomitanza con la decisione di ricercare il padre e con la crisi successiva al suo secondo rifiuto».

In caso di mancato riconoscimento, l'attore in giudizio dovrà provare anche l'elemento soggettivo, ossia la colpevolezza del genitore che non ha riconosciuto. La colpa – secondo la Cassazione – «non s'identifica con la certezza assoluta derivante esclusivamente dalla prova ematologica, ma si compone di una serie di indizi univoci, generati dall'indiscussa consumazione di rapporti sessuali non protetti all'epoca del concepimento»[29].

In altri termini, il supposto genitore è in colpa se, sulla base delle risultanze processuali, è possibile ritenere che, al tempo della nascita, vi erano circostanze tali da indurre il medesimo ad avere il ragionevole dubbio di essere il padre. Diventa colpevole chi non abbia approfondito il mero sospetto di essere genitore; sospetto che sarebbe sorto in qualunque persona di buon senso.

Con riguardo alla quantificazione del danno, la Cassazione ha avallato la soluzione della giurisprudenza pratica. Sono applicabili le Tabelle elaborate dall'Osservatorio sulla Giustizia Civile di Milano nella voce sul danno ai figli da decesso del genitore a causa della condotta illecita di un terzo. Tuttavia, essendo tale fattispecie diversa dall'abbandono morale e materiale del figlio, l'importo corrispondente a quest'ultima fattispecie deve essere rideterminato secondo equità (art. 1226 c.c.)[30].

È scontato rilevare che il minore abbandonato subisca, pressoché sempre, un danno non patrimoniale di tipo esistenziale[31]; danno di difficile quantificazione. Ciononostante il giudice deve esplicitare i criteri posti alla base della somma di denaro al cui pagamento viene condannato il genitore che non abbia provveduto al riconoscimento del figlio. Alcuni di tali criteri sono particolarmente significativi quali, ad esempio, il tempo trascorso dalla nascita o dall'inadempimento del provvedimento giudiziale, il totale abbandono morale e materiale, le condizioni psichiche e di vita del figlio[32].

Qualora i criteri di quantificazione del risarcimento del danno non siano stati esplicitati dal giudice, il provvedimento è impugnabile.

Va sottolineato che, nella fattispecie del mancato riconoscimento, il genitore che abbia riconosciuto il figlio fin dalla nascita ha diritto di ricevere dall'altro il

---

[29] Cass., n. 26205/2013, cit.

[30] Cass., n. 26205/2013, cit. *Contra* Trib. Massa, 4.7.2017 contrario ad assumere quale base di partenza il dato numerico delle tabelle milanesi, a vantaggio di un criterio equitativo puro basato sulle circostanze del caso concreto.

[31] Questa locuzione è stata adoperata, più di recente, da Trib. Milano, 23.7.2014 e da Trib. Torino, 5.6.2014, cit. Una nota definizione di danno esistenziale è quella resa da Cass. Sez. Un., n. 6572/2006 secondo cui esso è un «pregiudizio di natura non meramente emotiva ed interiore, ma oggettivamente accertabile, provocato sul fare a-reddituale del soggetto, che alteri le sue abitudini di vita e gli assetti relazionali che gli erano propri, inducendolo a scelte di vita diverse quanto alla espressione e realizzazione della sua personalità nel mondo esterno».

[32] Trib. Milano, 23.7.2014, cit., risarcisce 1/4 della somma minima prevista dalle Tabelle milanesi per il decesso del genitore, pari ad euro 40.997,50.

rimborso *pro quota* della somma da egli corrisposta interamente a titolo di mantenimento del figlio[33].

Sorge però un interrogativo di teoria generale e di rilievo pratico: il risarcimento del danno deve davvero essere disposto ai sensi degli artt. 2043 ss. c.c., cioè a titolo di illecito extracontrattuale? Un autorevole studioso (M. Paradiso) ha criticato tale applicazione negli ambiti familiari. La critica tuttavia non fa leva, come nel passato, sulla supposta autoreferenzialità del diritto di famiglia, bensì sulla fenomenologia della fattispecie concreta.

Si è osservato che i coniugi, i parenti e i genitori rispetto al figlio non entrano in contatto tra loro per caso, come nelle fattispecie riconducibili all'art. 2043 c.c., ma animano un rapporto giuridico caratterizzato da diritti e da obblighi la cui violazione non dovrebbe entrare nel campo dell'illecito aquiliano. Opinando diversamente, come fa la giurisprudenza di legittimità, si finisce col mettere in ombra il vincolo familiare, coniugale e di filiazione.

Il tema merita di essere sviluppato nel paragrafo successivo.

6. (Segue). *Natura della responsabilità.*

La risarcibilità dei danni endofamiliari impone di chiarire la natura della relativa responsabilità. Qualora un membro della famiglia – il coniuge o un genitore – abbia leso un diritto fondamentale di un altro membro della famiglia – dell'altro coniuge o del figlio – la giurisprudenza ha costantemente qualificato la responsabilità del danneggiante di natura extracontrattuale.

Quest'orientamento è stato posto in discussione da una parte della dottrina (M. Paradiso, A. Nicolussi), la quale ha fatto leva sulla diffusione in Italia della categoria, di matrice tedesca e con radici nel diritto romano (nelle *obligationes quasi ex contractu*), del rapporto obbligatorio senza prestazione.

In sintesi, secondo questa teorica, il rapporto obbligatorio vi può essere anche se non è sorto alcun obbligo di prestazione tra le parti, mancando il contratto. L'obbligazione, qualora vi sia un contatto qualificato tra determinati soggetti (ad es.: del paziente nei confronti del medico dipendente dalla struttura sanitaria[34], dell'alunno autolesionista nei confronti dell'insegnante, del cliente verso la

---

[33] Cass., n. 26575/2017 e Cass., n. 2907/1994. Solitamente nel processo volto a ottenere la dichiarazione giudiziale di paternità, il genitore esercente la responsabilità genitoriale, che agisce nel nome del figlio, domanda anche il rimborso di quanto il convenuto non ha corrisposto a titolo del mantenimento del figlio.

[34] Cass., n. 589/1999, ma cfr. art. 7, legge n. 24/2017 che, con una sorprendente inversione rispetto all'orientamento consolidato della Cassazione, qualifica come extracontrattuale la responsabilità dell'esercente la professione sanitaria dipendente da una struttura ospedaliera, «salvo che abbia agito nell'adempimento di obbligazione contrattuale assunta con il paziente» (cioè salvo che sia stato concluso un contratto).

banca, dell'ex lavoratore nei confronti del datore di lavoro), si fonda sul principio della correttezza e della buona fede (artt. 1175, 1375, 1366 e 1337 c.c.) e sull'affidamento nella qualità professionale del proprio interlocutore che svolge un'attività regolamentata dall'ordinamento.

Dalla buona fede e dalla correttezza scaturiscono sia obblighi di informazione che obblighi di protezione, la cui violazione determina una responsabilità da inadempimento e non già una responsabilità aquiliana. Soprattutto due sono gli articoli del codice civile su cui si appoggia tale teoria. Uno è l'art. 1173 c.c. secondo il quale vi sono fonti di obbligazioni diverse dal contratto e dal torto costituite da «ogni altro atto o fatto idoneo a produrle». L'altro è l'art. 1175 c.c. che dà rilievo all'interesse ad essere protetto nell'ambito del rapporto obbligatorio quale «rapporto complesso».

Si potrebbe replicare che correttezza, buona fede e affidamento sono concetti elastici, previsti soltanto nelle materie delle obbligazioni e dei contratti, ma la giurisprudenza ne ha esteso l'applicabilità al diritto di famiglia[35]. V'è di più: anche a voler prescindere dalla buona fede quale clausola generale da cui scaturiscono obblighi di protezione, il matrimonio è un atto da cui sorgono determinati obblighi tra cui quello reciproco alla fedeltà, all'assistenza morale e materiale, alla collaborazione nell'interesse della famiglia e alla coabitazione (art. 143, co. 2, c.c.).

Ebbene l'inadempimento di tali obblighi non lede una situazione giuridicamente rilevante di un soggetto nei confronti del quale non vi era alcun rapporto preesistente – ciò che caratterizza la responsabilità extracontrattuale –, ma incide negativamente su uno specifico, strutturato e preesistente rapporto tra due soggetti predeterminati connotato da uno scopo.

La presenza di una relazione disciplinata dalla legge, attraverso la previsione di obblighi reciproci, impedisce di evocare lo schema della responsabilità extracontrattuale, altrimenti si assimilerebbe il danneggiato a un comune passante. Quest'argomentazione rimanda al pensiero di un illustre giurista, Luigi Mengoni, il quale ha rilevato come la previsione dell'obbligo di comportarsi secondo buona fede nelle trattative precontrattuali (art. 1337 c.c.) esiga di qualificare come contrattuale (*rectius*: da inadempimento dell'obbligazione) la responsabilità precontrattuale del soggetto scorretto.

Quest'impostazione è stata sviluppata da altri autorevoli studiosi – in particolare da C. Castronovo – fin dagli anni Novanta del secolo scorso e la Cassazione, da ultimo, ha finito con l'accoglierla. Più di recente la Suprema Corte, ribaltando l'orientamento consolidato precedente, ha qualificato come contrattuale la responsabilità da inosservanza della buona fede nelle trattative contrattuali[36].

---

[35] Cass., n. 2315/1999 e Trib. Firenze, 30.7.2015.

[36] Cass., n. 14188/2016, riconosce che la dottrina nazionale abbia «agevola[to] il formarsi, nella giurisprudenza di legittimità, di una linea evolutiva della responsabilità civile, orientata

Ma allora deve ammettersi che anche nel coniugio vi sia spazio per la teorica dell'obbligazione senza prestazione e del contatto sociale «qualificato», ossia connotato da uno scopo. Il coniuge matura un affidamento sulla stabilità del rapporto, sul rispetto dei propri diritti e sull'adempimento dei correlativi obblighi (art. 143, co. 2, c.c.), nonché sulla solidarietà familiare (art. 2 Cost.). Per questa ragione non è da invocare la responsabilità extra contrattuale, qualora vi sia stata lesione di un diritto (non necessariamente fondamentale) scaturente dal coniugio.

Il danno risarcibile andrebbe qualificato come danno non patrimoniale da inadempimento di obbligazioni[37].

Se quanto detto è vero, deve ammettersi che anche la parte in unione civile, sebbene non vi siano pronunce al riguardo, sia legittimata a chiedere il risarcimento del danno a sé cagionato dall'altra parte in violazione di propri diritti. L'art. 1, co. 11, legge n. 76/2016 fa derivare dall'unione civile «l'obbligo reci-

---

verso un *favor* – laddove vi sia un contatto tra le parti che genera obblighi di informazione e di protezione, anche se non ancora di prestazione – per la più incisiva forma di tutela rappresentata dalla responsabilità contrattuale». In questa pronuncia la Cassazione ricorda tutte le fattispecie concrete in cui è stata ritenuta contrattuale la responsabilità, pur in mancanza di un contratto tra i soggetti coinvolti. Inoltre sempre la pronuncia in parola prospetta una distinzione volta a marcare un confine netto tra responsabilità extracontrattuale e contrattuale: quella tra «contatto sociale semplice» e «contatto sociale qualificato». Il primo è quello che si instaura, ad esempio, nella circolazione stradale, dove la responsabilità da atto lesivo del bene altrui (salute, patrimonio) ha natura extracontrattuale. Il secondo invece è più caratterizzato, essendo connotato da uno scopo. A tal proposito si legge nella sentenza che «In virtù di tale relazione qualificata, una persona – al fine di conseguire un obiettivo determinato (stipulare un contratto non svantaggioso, evitare eventi pregiudizievoli alla persona o al patrimonio, assicurarsi il corretto esercizio dell'azione amministrativa) – affida i propri beni della vita alla correttezza, all'influenza ed alla professionalità di un'altra persona. Per il che non si verte – com'è del tutto evidente – in un'ipotesi di mero contatto sociale, bensì di un contatto sociale pregnante che diventa fonte di responsabilità – concretando un fatto idoneo a produrre obbligazioni ai sensi dell'art. 1173 c.c. – in virtù di un affidamento reciproco delle parti e della conseguente insorgenza di specifici, e reciproci, obblighi di buona fede, di protezione e di informazione». Ancora: «Il non rapporto» caratterizza, pertanto, la responsabilità civile aquiliana, nella quale la rilevanza giuridica del contatto semplice tra soggetti viene alla luce solo nel momento della lesione, generando l'obbligo del risarcimento, laddove nella relazione da «contatto sociale qualificato» sussiste un rapporto connotato da obblighi già a monte della lesione, ancorché non si tratti di obblighi di prestazione (art. 1174 c.c.), bensì di obblighi di protezione correlati all'obbligo di buona fede (artt. 1175 e 1375 c.c.)».

[37] Cass., Sez Un., n. 26972/2008, cit., ammette la risarcibilità del danno non patrimoniale da inadempimento del contratto (arg. *ex* art. 1174 c.c.). Si legge nella sentenza: «se l'inadempimento dell'obbligazione determina, oltre alla violazione degli obblighi di rilevanza economica assunti con il contratto, anche la lesione di un diritto inviolabile della persona del creditore, la tutela risarcitoria del danno non patrimoniale potrà essere versata nell'azione di responsabilità contrattuale, senza ricorrere all'espediente del cumulo di azioni». Un esempio emblematico è dato dal danno da vacanza rovinata conseguente all'inadempimento del contratto di vendita di un pacchetto turistico (art. 47, d.lgs. n. 79/2011, codice del turismo).

proco all'assistenza morale e materiale e alla coabitazione». Pertanto anche nell'ambito di questa relazione, come in quella matrimoniale, non sono immuni da conseguenze risarcitorie quelle condotte lesive della dignità della controparte in unione civile, ma neppure, il semplice inadempimento del predetto obbligo legale.

Va segnalato che una parte della dottrina si oppone a questa tesi, negando fermamente che dalla semplice violazione di un obbligo di natura familiare scaturisca l'obbligo di risarcire il danno (F. Azzarri).

Se, invece, si segue l'impostazione sopra tratteggiata che sposta il pendolo più dal lato della responsabilità che della libertà, non si può tacere neppure del convivente di fatto. Tale ultima espressione è impropria, perché la convivenza non matrimoniale si colloca, a certe condizioni, su un piano non già di fatto ma giuridico. L'art. 1, co. 36, legge n. 76/2016 prevede che anche i conviventi di fatto siano uniti stabilmente da «reciproca assistenza morale e materiale». Ciò implica che chi dà vita a una tale convivenza crea un affidamento nella solidarietà reciproca; affidamento che non può essere ignorato a piacimento. Ecco perché l'art. 1, co. 42, legge n. 76/2016, come già rilevato nella parte I-cap. IV, stabilisce che il convivente non proprietario della casa di comune residenza ha diritto di permanere in essa per un certo tempo nei casi di morte dell'altro convivente-proprietario e, ai sensi dell'art. 1, co. 61, legge n. 76/2016, di recesso da parte di quest'ultimo dal contratto di convivenza.

Vero è che, sebbene la rilevanza della convivenza di fatto fosse già pacifica prima della legge n. 76/2016, l'art. 1, co. 36, cit., l'ha rafforzata. Di conseguenza non può escludersi che un ripetuto tradimento effettuato con modalità lesive della dignità della convivente *more uxorio* possa essere giuridicamente rilevante e giustificare la tutela risarcitoria; ciò è ancor più vero se tale condotta abbia leso la salute psico-fisica del convivente. I principi della solidarietà e della dignità operano anche nella convivenza di fatto.

Infine anche il figlio nato fuori del matrimonio matura un affidamento nei confronti del genitore che non l'ha riconosciuto o che è inadempiente all'obbligo di mantenimento. Affidamento che trova la propria fonte nell'art. 30, co. 1, Cost. e nell'art. 315-*bis* c.c.; disposizioni queste che, rispettivamente, prescrivono obblighi a carico dei genitori e sanciscono diritti del figlio.

L'esistenza di obblighi di legge violati genera responsabilità, senza necessità di invocare il contatto sociale come, ad esempio, nella responsabilità del maestro nei confronti dell'allievo o della banca rispetto a chi si sia a questa rivolto (C. Castronovo).

Sotto il profilo della disciplina, ritenere applicabile ai danni endofamiliari le regole della responsabilità per inadempimento comporta, rispetto alla tutela aquiliana, un allungamento dei termini di prescrizione (da 5 a 10 anni) e un diverso e più agevole regime di distribuzione dell'onere della prova.

7. (Segue). *Risarcimento del danno ai genitori e al genitore sociale per la morte del figlio.*

Il rapporto di filiazione, com'è emerso nelle pagine precedenti, è tutelato dall'ordinamento sia durante il suo svolgimento sia in caso di sua mancata costituzione per colpa del genitore.

La tutela durante lo svolgimento si articola in vario modo a seconda della fattispecie concreta: se la responsabilità genitoriale è male esercitata, si applicano gli artt. 330 ss. c.c.; se il figlio viene ucciso da parte di un terzo a causa di un illecito, è pacifico che i genitori abbiano diritto al risarcimento del danno non patrimoniale da perdita del vincolo parentale. In quest'ultimo caso l'interesse leso attiene, secondo la Cassazione, «all'intangibilità della sfera degli affetti e della reciproca solidarietà [familiare], all'inviolabilità della libera e piena esplicazione delle attività realizzatrici della persona umana nell'ambito di quella peculiare formazione sociale costituita dalla famiglia, la cui tutela è ricollegabile agli artt. 2, 29 e 30 Cost.»[38].

Tale bene giuridico (l'intangibilità della sfera degli affetti) è diverso dal bene salute (art. 32 Cost.), la cui lesione comporta la risarcibilità del danno biologico come definito dagli artt. 138-139, d.lgs. n. 209/2005. Nel caso di uccisione del figlio, i genitori non subiscono necessariamente una lesione della propria salute, cioè una menomazione dell'integrità psico-fisica medicalmente accertabile. Tuttavia quand'anche non dovesse essere lesa la salute, vi sarà ugualmente un danno consistente nella perdita del godimento del congiunto, delle reciproche relazioni personali, secondo le varie modalità con le quali normalmente queste si esprimono nel nucleo familiare.

Si verifica, in altri termini, un'irrimediabile distruzione della struttura della propria esistenza; ciò che dà luogo a un gravissimo danno non patrimoniale. Un danno che si sfrangia nel *danno morale soggettivo*, cioè nella sofferenza interiore della persona, e nel *danno c.d. esistenziale*[39] caratterizzato dalle alterazioni delle

---

[38] Cfr.: Cass., n. 2557/2011 e Cass., n. 10107/2011.

[39] Cass., n. 20889/2018, cassa la sentenza della Corte d'Appello di Roma che, con riguardo alla morte di una donna per ragioni collegate al proprio lavoro, aveva risarcito al di lei marito e figlio una somma corrispondente esclusivamente al danno morale soggettivo. Secondo la Cassazione avrebbe dovuto essere risarcito, quale voce autonoma di danno, anche il danno esistenziale. Si afferma nella sentenza che «Nel quadro del danno alla vita di relazione, e dunque del danno cd. esistenziale, si iscrive la lesione oggetto del presente ricorso, quella cioè del danno derivante dalla perdita del rapporto parentale che, essendo basato sull'irreversibile perdita di godimento del congiunto e delle reciproche relazioni interpersonali, pone il soggetto nella condizione di non poter più godere della persona e del rapporto con chi è venuto meno e perciò nell'irrimediabile distruzione di un sistema di vita basato sull'affettività, sulla condivisione, sulla rassicurante quotidianità dei rapporti tra moglie e marito, tra madre e figlio, nell'alterazione che una scomparsa del genere inevitabilmente produce anche nelle relazioni tra i superstiti».

abitudini di vita e degli assetti relazionali della persona. Non si può escludere, inoltre, che l'uccisione del congiunto determini anche una lesione della salute psichica medicalmente accertabile del superstite, ossia un danno biologico.

Il danno non patrimoniale da perdita del rapporto parentale è dunque caratterizzato da diverse voci di danno, tutte autonomamente risarcibili ove adeguatamente provate.

Il danno non patrimoniale, secondo l'orientamento consolidato, è una categoria unitaria ma composita [40]; ciò significa che le sue diverse componenti – biologico, morale ed esistenziale [41] – devono essere tutte risarcite purché provate, senza incorrere in duplicazioni risarcitorie [42]. L'unitarietà si apprezza nell'unicità della somma liquidata in sentenza, nella cui motivazione il giudice dovrà dare conto delle singole voci di danno riconosciute.

La quantificazione del danno non patrimoniale, per evitare disparità di trattamento nei diversi tribunali, si incentra sulle Tabelle di Milano che individuano, per la morte del figlio, una forbice di valori – uno minimo e l'altro massimo – che il giudice deve concretizzare sulla base degli elementi di fatto acquisiti al processo. Tra i quali la giurisprudenza ha dato rilievo all'intensità del vincolo parentale, alla convivenza, alle abitudini di vita, all'età della vittima e a ogni ulteriore significativa circostanza.

Il giudice non è tenuto a rimanere all'interno della forbice; egli, in casi del tutto particolari e in attuazione del principio della integrale riparazione del danno, è libero di condannare a un risarcimento superiore al valore massimo.

Ci si deve chiedere a questo punto se il danno non patrimoniale da lesione della propria sfera affettiva sia risarcibile anche a chi, di fatto, si sia comportato come genitore nei confronti del figlio – ucciso da una condotta illecita – del proprio *partner*.

---

[40] Cfr.: Cass., n. 4439/2014 (sul danno all'immagine al Comune); Cass., n. 4916/2014 (sul danno biologico e sul danno esistenziale da carriera rovinata); Cass., n. 1361/2014 (sul danno tanatologico); ma già in tal senso Corte cost., n. 233/2003 e Cass., Sez. Un., n. 26972/2008, cit.

[41] Secondo Cass., n. 21059/2016 il danno esistenziale si riferisce al «radicale cambiamento di vita, all'alterazione/cambiamento della personalità del soggetto, allo sconvolgimento dell'esistenza». Ad esempio: il danneggiato non lavora più, non frequenta più l'associazione in cui era impegnato, non svolge più le sue consuete attività extra lavorative. Tutto ciò può ottenere ristoro all'interno della categoria del danno non patrimoniale purché sia adeguatamente provato (ad es.: per testimoni, con documenti).

[42] Sul rapporto tra danno biologico e danno morale cfr. Cass. n. 901/2018 e Cass. n. 15697/2021, secondo le quali il danno morale è voce autonoma non conglobabile nel danno biologico, perché mentre quest'ultimo attiene agli aspetti dinamico-relazionali (cfr. artt. 138, co. 2 lett. b) e 139, co. 2, d. lgs. n. 209/2005), il danno morale è sofferenza di natura tutta interiore e relazionale. Sulla personalizzazione in aumento del danno biologico di cui all'art. 138, co. 3, d. lgs. n. 209/2005, la Cassazione, nella sentenza appena citata n. 15697/2021, afferma che essa attiene agli aspetti dinamico-relazionali; tuttavia in tale aumento il giudice può ritenere compreso, sempre quale fattispecie autonoma, il danno morale [cfr. art. 138 lett. e) d. lgs. n. 209/2005].

La risposta positiva si impone stante l'evoluzione della giurisprudenza interna e della Corte EDU. Un'evoluzione estremamente significativa e chiara nel senso che la vita familiare, ossia la dimensione affettiva più profonda della persona, va tutelata non soltanto nell'ambito ristretto della parentela o del coniugio, ma ogniqualvolta sussista una relazione affettiva seria e duratura. C'è una linea di continuità tra il valore costituzionale della personalità umana e l'evoluzione giuridica europea; un tale progresso condiviso dagli stati dell'Unione costituisce la forza e il collante del continente, da conservare e rilanciare sempre con l'impegno di tutti, specialmente dei giuristi.

Risale al 1994 la prima sentenza della Cassazione che ha ammesso la risarcibilità del danno non patrimoniale per l'uccisione del convivente *more uxorio*[43]. L'art. 2 Cost., nel porre al centro dell'ordinamento la persona anche nelle formazioni sociali ove si svolge la sua personalità, ha inevitabilmente comportato il riconoscimento della rilevanza della sfera relazionale-affettiva della persona stessa[44]. Nessuno può annientare questa sfera senza conseguenze civili (oltre che, se del caso, penali).

La Corte EDU ha affermato più volte che il diritto al rispetto della propria vita familiare di cui all'art. 8 Cedu non postula necessariamente il matrimonio o la parentela, perché la vita familiare è una questione di fatto, legata all'esistenza di stretti legami personali. Da qui il passo è stato breve per affermare che anche la relazione omosessuale rientra nella nozione di vita familiare[45].

Ma allora si deve andare oltre: la sfera di affettività è rilevante, a certe condizioni, se riguarda colui il quale si è comportato come fosse genitore e il figlio del *partner*. Non è, però, sufficiente la mera convivenza *more uxorio* tra chi assuma di essere il genitore sociale e il genitore giuridico. Neppure lo è il semplice vincolo affettivo con il figlio del proprio *partner*; vincolo che normalmente sorge dopo un certo periodo di convivenza. Deve esserci di più.

Occorre, secondo la Cassazione[46], che «il rapporto affettivo tra il figlio del *partner* e il compagno del suo genitore ... si inerisca in quella rete di rapporti che sinteticamente viene qualificata come famiglia di fatto. [La quale] ... non sussiste sol perché delle persone convivano. La sussistenza di essa può desumersi solo da una serie cospicua di indici presuntivi: la lunga durata della convivenza, la *diuturnitas* delle frequentazioni, il *mutuum adiutorium*, l'assunzione concreta, da parte del genitore *de facto*, di tutti gli oneri, i doveri e le potestà incombenti sul genitore *de iure*» (art. 30 Cost. e art. 315-*bis* c.c.).

In una più recente sentenza, la Cassazione ha aggiunto come sia sufficiente

---

[43] Cass., n. 2988/1994.

[44] Cass., n. 7128/2013 e cfr. anche Cass. pen., n. 20231/2012.

[45] Corte EDU, 24.6.2010, *Schalk e Kopf c. Austria*, ric. n. 30141/04.

[46] Cass., n. 8037/2016.

che «la relazione di affetto, di consuetudini di vita e di abitudini [abbia infuso] nel danneggiato quel sentimento di protezione e di sicurezza insito [nel caso di specie] nel rapporto padre figlio»[47].

In sostanza il convivente *more uxorio* ha diritto al risarcimento del danno per l'uccisione del figlio del *partner* dimostrando che: 1) esisteva una famiglia di fatto in quanto erano presenti gli elementi costituitivi di essa, oggi previsti dal legislatore all'art. 1, co. 36, legge n. 76/2016; 2) egli si comportava come genitore, avendo assunto tutti i doveri genitoriali e venendo percepito dal figlio dell'altro come secondo genitore.

Più specificamente, quanto alla sussistenza della famiglia di fatto, occorre provare la stabilità del legame affettivo e la reciproca assistenza morale e materiale. Per la stabilità si fa riferimento, secondo l'art. 1, co. 37, legge n. 76/2016, alla dichiarazione anagrafica volta a pubblicizzare l'esistenza della famiglia di fatto. Ma si tratta – secondo l'opinione prevalente – di un mero indice della stabilità, assoggettato alla prova contraria della mancanza dei presupposti di cui all'art. 1, co. 36, legge n. 76/2016.

Per provare l'esistenza della filiazione di fatto, si dovrà ricorrere alla prova testimoniale, al fine di stabilire quale fosse il sentimento del figlio nei riguardi di chi assuma essere il genitore sociale. Decisiva è anche la prova documentale nel tipo della documentazione bancaria che attesti i pagamenti effettuati dal genitore di fatto in attuazione dei doveri genitoriali di cui all'art. 30, co. 1, Cost.

Sia la giurisprudenza di merito[48] che di legittimità[49] hanno ammesso la ri-

---

[47] Cass., n. 20835/2018. Nel caso di specie si discuteva del rapporto tra il figlio e il soggetto che quest'ultimo credeva essere il padre (cfr. *amplius infra*, nota 50).

[48] Il Trib. di Reggio Emilia, 2.3.2016, dopo aver ripercorso l'evoluzione giurisprudenziale delle Corti interne e della Corte EDU giunta a slegare la rilevanza giuridica dell'affettività dalla parentela e dal matrimonio, afferma che «deve ritenersi che il danno da lutto possa essere astrattamente richiesto da ogni soggetto legato da un saldo e duraturo rapporto affettivo con la cd. vittima primaria, con cui vi sia [stata] comunanza di vita e di affetti». In questa sentenza il giudice afferma che «Tutte le disposizioni testimoniali assunte hanno descritto e provato in modo preciso e concordante non solo il profondo e significativo legame personale (che trova riconoscimento nell'art. 2 Cost.) che si è instaurato [tra il figlio della compagna e la donna richiedente il risarcimento del danno], ma anche la creazione di un nucleo familiare di fatto caratterizzato dall'affettività, dalla coabitazione e dalla rassicurante quotidianità della vita familiare costituita dalle due donne [e dal figlio di una queste]». Nel caso di specie, il tribunale ha condannato il guidatore e il proprietario del veicolo, colpevoli della morte del giovane, e la Compagnia Assicurativa a corrispondere alla madre sociale la somma di euro 233.460,00 a titolo di danno non patrimoniale per perdita del legame con il figlio della compagna. Sempre al genitore sociale il tribunale ha riconosciuto anche la somma di euro 45.215,00 a titolo di danno biologico, in quanto il Ctu (consulente tecnico d'ufficio) aveva riscontrato una lesione dell'integrità psichica della donna consistente in un «disturbo dell'adattamento ansia e umore depresso misti e con aspetti ossessivi, cronicizzato (ex DSM VI TR) e di grado grave».

[49] Cass., n. 8037/2016, cit. cassa la sentenza d'appello che aveva accordato al convivente il ri-

sarcibilità del danno non patrimoniale subito dal genitore sociale per la perdita del figlio del *partner*. L'attore in giudizio dovrà dimostrare di aver «concretamente assunto il ruolo morale e materiale di genitore», attraverso la prova di avere condiviso con il *partner* le scelte educative nell'interesse del figlio minore, ovvero di avere contribuito a fornire i mezzi per il mantenimento del figlio stesso[50].

In ragione di quanto detto, va da sé che il risarcimento del danno non patrimoniale per lesione del rapporto (di tipo) parentale spetti anche al figlio di fatto per l'uccisione del genitore sociale o per un evento diverso dalla morte di quest'ultimo[51].

8. (Segue). *Danno al nipote per perdita dei nonni/zii (anche di fatto).*

È l'interpretazione della Costituzione – testo capace di guardare alla vita concreta delle persone – che ha consentito di arricchire la nozione di famiglia, ponendo in primo piano il rapporto. Del resto è frutto di un sentire diffuso la con-

---

sarcimento del danno non patrimoniale per l'uccisione del figlio della propria compagna, semplicemente sulla base dell'esistenza di una relazione *more uxorio* tra i due. La Cassazione conferma, però, in astratto, la risarcibilità del danno subito dal genitore sociale per l'uccisione del figlio del *partner*, purché siano provati tutti gli elementi di cui si diceva sopra nel testo. La Cassazione richiama la giurisprudenza della Corte EDU che ha fatto rientrare nella nozione di vita familiare di cui all'art. 8 Cedu anche i rapporti di fatto tra un minore e il compagno del genitore (cfr. Corte EDU, 19.2.2013, *X and others v. Austria*, ric. n. 19010/07 e Corte EDU, 24.7.2014, *Moretti e Benedetti c. Italia*, ric. n. 16318/07).

[50] Cass., n. 8037/2016, cit.

[51] Cass., n. 20835/2018, cit. Il caso di specie – che qui si riassume – mostra come il rapporto di parentela possa essere leso anche da un evento diverso dalla morte del genitore. Nel 2001 l'esame del DNA attribuiva la paternità a un determinato soggetto. Si instaurava così il rapporto di filiazione tra il padre e il figlio. Nel 2003 un nuovo esame del DNA sconfessava il precedente, rilevando che quel soggetto non poteva essere il padre. Veniva instaurato un processo per iniziativa della madre, la quale chiedeva per sé e, per quanto ci interessa di più, per il figlio il risarcimento del danno non patrimoniale per la lesione del rapporto parentale. La lesione consisteva nel fatto che il figlio, a seguito del nuovo test genetico, si ritrovava senza padre. La Corte d'Appello di Milano incrementava e personalizzava il *quantum* del risarcimento del danno non patrimoniale già riconosciuto dal tribunale di Como.

Nei giudizi di merito il danno non patrimoniale è stato inquadrato quale evento conseguente alla lesione dell'integrità psico-fisica del figlio. La Cassazione, da parte sua, ha ritenuto che la Corte d'Appello, pur risarcendo nella sostanza il danno da lesione del rapporto parentale, abbia errato nella motivazione, la quale è stata pertanto corretta ai sensi dell'art. 384, co. 4, c.p.c. L'errore della Corte d'Appello è consistito nell'aver affermato che il danno da perdita del rapporto parentale è configurabile solo in caso di morte di un congiunto. Invece, come abbiamo visto, esso può sussistere, come ha affermato la Cassazione nella sentenza *de qua*, «indipendentemente dalla circostanza che il rapporto sia intrattenuto con un parente di sangue o con un soggetto che non sia legato da un vincolo di consanguineità naturale».

sapevolezza che il legame tra due soggetti origini non solo e non tanto dalla discendenza da uno stipite comune o dal coniugio, ma anche e soprattutto dal reciproco affetto, dal prendersi cura e dalla solidarietà.

È l'osservazione dei fatti, del dato di realtà a restituire la verità di quest'affermazione e ad attribuire un senso che arricchisca il dettato normativo. Non è un'operazione meccanica, ma storico-evolutiva in cui l'ordinamento muta con i cambiamenti sociali. Dinamiche sociali che dieci anni orsono erano irrilevanti, assurgono alla giuridicità grazie al concorso tra legislatore, giudice e dottrina.

Così oggi è largamente condivisa l'idea che la locuzione «società naturale» di cui all'art. 29, co. 1, Cost. non si limiti a indicare la famiglia nucleare, ossia incentrata su coniuge, genitori e figli, ma comprenda anche quei rapporti incentrati sull'*affectio* e sul sentirsi parte di una comunità familiare, comportandosi di conseguenza[52]. Non c'è niente di più naturale dell'affetto profuso in famiglia e lo Stato protegge questa sfera intima in quanto funzionale allo sviluppo della personalità.

La rilevanza giuridica della relazione affettiva, della pluralità dei legami familiari (etero e omosessuali, di diritto o di fatto), è confermata dall'art. 2 Cost., dove le formazioni sociali sono tutelate perché veicolo di sviluppo persona, e dall'art 8 Cedu nel riferimento al «diritto al rispetto della propria vita familiare».

Da questi riferimenti normativi di vertice del sistema delle fonti, cui si aggiungono quelle disposizioni di legge ordinaria – già esaminate – in cui si dà rilievo alla continuità affettiva con il minore, ne discende la risarcibilità del danno non patrimoniale, oltre che nella linea retta di primo grado, al nipote per l'uccisione del nonno.

A tal proposito occorre subito fugare un dubbio. Condizione della risarcibilità, secondo l'orientamento che va consolidandosi della Cassazione, è non già la convivenza con l'ascendente, ma l'esistenza di una relazione affettiva continua e consistente con il parente[53]. Del resto, secondo ciò che accade normalmente, i nonni instaurano un legame di profondo affetto con i nipoti, sebbene, tendenzialmente, con questi ultimi non convivano[54].

---

[52] Cass., n. 21230/2016; Cass., n. 7743/2020; Cass., n. 5258/2021 e Cass., n. 8218/2021.

[53] Già Cass., n. 21230/2016, cit., afferma che la convivenza con i nonni è «un elemento estrinseco, transitorio e del tutto casuale (...) di per sé non significativo» Analogamente e con l'intento di dare continuità a tale orientamento: Cass., n. 7743/2020, cit.; Cass., n. 5258/2021, cit. e Cass., n. 8218/2021, cit.

[54] Quelle pronunce che hanno richiesto la convivenza quale condizione essenziale della risarcibilità del danno non patrimoniale appaiono non solo anacronistiche, ma anche in errore, non avendo colto che l'affettività e la solidarietà familiare si esprimono nel rapporto e non necessariamente nella convivenza sotto lo steso tetto (Cass., n. 10527/2011). Si consideri, oltretutto, che vi possono essere convivenze incentrate non su vincoli affettivi ma su necessità economiche, egoismi o ragioni di salute. Il punto non è se si conviva o meno, ma se vi sia un legame serio, che rechi con sé il valore di sentirsi una famiglia.

È stato perciò esattamente affermato, più di recente, che la convivenza «costituisce elemento probatorio utile, unitamente ad altri elementi, a dimostrare *l'ampiezza e la profondità del vincolo affettivo* che lega tra loro i parenti e a determinare anche il *quantum debeatur*»[55].

Se la convivenza non è elemento costitutivo dell'*an*, ma incide sul *quantum* della fattispecie risarcitoria, il profilo da cui muovere è dato «dalla lesione dell'integrità e della rete di relazioni affettive che si creano e si fortificano all'interno della famiglia»[56]. Ciò che conta è l'esistenza di una relazione affettiva familiare, dalla cui lesione conseguono danni risarcibili.

Decisivo è l'onere della prova di circostanze puntuali da cui desumere la profondità e continuità del rapporto con il nonno/nonna, non essendo sufficienti affermazioni generiche circa l'esistenza di un buon rapporto caratterizzato da incontri più o meno frequenti[57]. Quanto più si è in condizione di provare l'intensità del legame – attraverso foto, testimonianze di attività svolte insieme – tanto più si desumerà dalla sua perdita un grado elevato di sofferenza interiore (danno morale). Si dovrà provare, per ottenerne il risarcimento, anche il peggioramento della qualità della vita familiare e sociale (danno esistenziale).

I riferimenti normativi sopra indicati giustificano anche la domanda di risarcimento del danno subito dal nipote per l'uccisione dello zio/zia[58] o del cugino. La parentela più lontana che abbia assunto un rilievo fondamentale nella vita della persona gode anch'essa della copertura costituzionale. La quale si estende anche alla parentela di fatto.

Non si può escludere, ad esempio, che la seconda moglie instauri un rapporto di tipo familiare con il nipote di suo marito, assumendo così il ruolo di «nonna di fatto» (non biologica). A quest'ultima, come si è già rilevato, la Cassazione ha riconosciuto il diritto di mantenere il rapporto significativo in essere con la minorenne divenuta «nipote di fatto»[59]. Anche il figlio, da parte sua, ha diritto di far valere il rapporto creatosi con l'ascendente di fatto.

---

[55] Cass., n. 21230/2016, cit. e Cass., n. 8218/2021, cit., § 3.

[56] Cass., n. 7743/2020, cit., conferma la sentenza d'appello che ha riconosciuto il risarcimento del danno alla nipote a prescindere dalla convivenza con la nonna.

[57] Corte d'App. Milano, n. 1745/2021, afferma che «non sono sufficienti a fondare un ragionamento indiziario mere enunciazioni generiche, astratte o ipotetiche, ma è necessaria l'allegazione e la dimostrazione di circostanze specifiche e particolareggiate indicative di rapporti costanti di reciproco affetto e solidarietà con il familiare deceduto». Nel caso di specie la Corte milanese ha negato la risarcibilità del danno alle due nipoti – una poco più che neonata, l'altra di due anni e mezzo – per mancanza non già della convivenza con il nonno defunto per essere stato investo da un'auto, ma della prova di fatti da cui desumere che bimbe, pur piccole, già vivevano un'intensa relazione con il nonno.

[58] Cass., n. 8218/2021, cit.

[59] Cass., n. 19780/2018, cit.

Si deve ammettere, allora, che il termine «parentela» adoperato dal codice civile (art. 315-*bis* co. 2, 337-*ter*, co. 1, c.c.) si carica di un'accezione ulteriore, più ampia, rispetto a quella tecnica di cui all'art. 74 c.c., comprensiva della sostanza relazionale del concetto di parentela. Di conseguenza, l'uccisione del nonno/nonna di fatto lede un diritto fondamentale del nipote di fatto, il quale è legittimato a richiedere il risarcimento del danno.

Si dirà che vi è il rischio di una dilatazione ingiustificata del novero dei soggetti secondari danneggiati dalla condotta illecita rivolta contro la vittima primaria. Il modo per arginarlo c'è e risiede nella prova rigorosa dell'esistenza della relazione di parentela, di diritto o di fatto, ossia del vincolo affettivo che eleva la vita umana verso una dimensione più alta.

9. *Filiazione e famiglie.*

In queste pagine è emerso un dato che incontra ancora forti resistenze, anche per i possibili sviluppi che esso prefigura: il carattere sociale di ciò che l'umanità concepiva soltanto come naturale.

Si è già sottolineato come la sociologa Chiara Saraceno abbia affermato che famiglia e matrimonio non recano tratti universali e immutabili, ma è la norma (sociale, religiosa, giuridica) che ne delinea le caratteristiche fondamentali. Ed è stata soprattutto la norma giuridica che ha consentito, almeno dal 1975 ad oggi, di ripensare la famiglia. La quale esiste al di là del matrimonio, della parentela, del legale genetico e dell'eterosessualità.

La diffusione delle tecniche di PMA ha indotto ad ampliare il fondamento della filiazione al fine di attuare il principio del preminente interesse del minore. Ciò ha reso più complessa e variegata la famiglia, ponendo al centro il rapporto affettivo stabile oltre lo status e i vincoli di sangue.

La procreazione eterologa (anche omosessuale) e la surroga di maternità hanno sganciato la genitorialità dal legame genetico e posto in rilievo l'assunzione della responsabilità della nascita quale elemento fondante la filiazione. La Corte costituzionale, nel dichiarare costituzionalmente illegittimo il divieto della procreazione eterologa, ha inevitabilmente esteso il fondamento della filiazione. Chi condivide col proprio coniuge/convivente di fatto/unito civile un progetto di genitorialità si assume la responsabilità della nascita e da questa non può sciogliersi.

Vi sono problemi, certo, come abbiamo visto, che sorgono dal divieto di alcune tecniche procreative e dalla loro attuazione all'estero, ma c'è un punto ineludibile: il minore non deve essere pregiudicato, altrimenti il principio del suo preminente interesse, cardine nel diritto europeo e internazionale, si affievolisce. Se la continuità affettiva è un valore, se la responsabilità non va elusa, si configura un vero proprio diritto alla costituzione dello stato di figlio del nato da PMA. Un diritto che scaturisce da una rilettura dell'art. 30, co. 1, Cost. che individua l'origine dei doveri qui previsti non solo dal fatto della procreazione, come si è sempre inteso, ma anche dall'assunzione della responsabilità della nascita.

Questa tensione verso la costituzione dello stato di figlio, nei casi di PMA all'estero, è palpabile nella sentenza n. 32/2021 della Corte costituzionale, quando si afferma che la necessità di garantire la permanenza «dei legami affettivi e familiari, anche se non biologici», scaturisce dalla finalità di «conferire certezza nella costruzione dell'identità personale del nato».

Per la stessa ragione, all'opposto, occorre talvolta impedire la rimozione dello stato di figlio pur mancando il legame genetico [60].

Il dato saliente è, insomma, sostanziale: il rapporto di filiazione ha un valore che sovrasta le modalità della nascita. In questo solco si colloca quella giurisprudenza – sopra esaminata – che ha riconosciuto rilevanza alla figura del genitore sociale nei casi di rottura della convivenza *more uxorio* (*supra*, cap. III-§ 13), di adozione in casi particolari del figlio del *partner* (cap. III-§ 12) e di uccisione del figlio del convivente (*supra*, § 7). Una rilevanza che resiste, a certe condizioni, persino quando il rapporto col figlio è sorto in violazione di un divieto come quello della surroga di maternità (*supra*, cap. III-§§ 10-11) o quello vigente per le persone dello stesso sesso di accedere alla PMA (*supra*, cap. III-§ 12 lett. a).

Ancora: una significativa pronuncia [61] ha riconosciuto l'efficacia in Italia di un provvedimento giudiziale spagnolo di adozione piena a favore della coniuge omosessuale sposata con la madre della bambina, non essendoci secondo i giudici italiani contrarietà all'ordine pubblico internazionale.

Esiste un vero e proprio diritto fondamentale del minore alla permanenza delle relazioni familiari, la cui effettività esige ora la conservazione dello *status filiationis* acquisito in un altro paese, ora la costituzione dello stato di figlio rispetto a una nascita avvenuta in Italia con procreazione all'estero [62].

---

[60] Corte cost., n. 127/2020, cit., ha ribadito che il giudice, nel valutare l'impugnazione ai sensi dell'art. 263 c.c., deve bilanciare la verità del concepimento con l'interesse del figlio alla conservazione dello status acquisito. Pertinenti cfr. Corte cost., n. 133/2021, cit. nella parte in cui ha confermato la legittimità costituzionale del termine quinquennale di cui all'art. 263, co. 3, c.c.

[61] Corte App. Milano, Sez. persone, minori, famiglia, 16.10.2015, cit. Tra i diversi argomenti a sostegno di questa decisione è utile segnalarne alcuni: 1) l'interesse preminente del fanciullo; 2) il diritto del minore di «intrattenere regolarmente relazioni personali e contatti diretti con i due genitori, salvo quando ciò sia contrario al suo interesse» (art. 24, co. 3, Carta dei diritti fondamentali UE); 3) il diritto di veder rispettata la propria vita privata e familiare, che è tale anche con il genitore sociale [(art. 8 Cedu) Corte EDU: *Mennesson c. Francia*, *Labassee c. Francia* e *Paradiso e Campanelli c. Italia* (cfr. *amplius supra*, cap. III-§ 8]; 4) riconoscibilità del provvedimento straniero sulla responsabilità genitoriale, salvo che vi sia una manifesta contrarietà all'ordine pubblico dello Stato membro richiesto (art. 23 Reg. CE 2201/2003).

[62] È il caso sotteso a Corte cost., n. 32/2021, cit.: procreazione eterologa di una coppia di donne all'estero e nascita di due gemelle in Italia.

Bisogna ammettere che l'insieme dei fattori costituiti dal diritto alla continuità affettiva, dal diritto all'identità personale, dal principio del preminente interesse del minore e dalla convinzione che l'omosessualità di per sé sola non escluda la presenza di buone capacità genitoriali hanno rimodellato il concetto di famiglia.

A tal proposito si registrano due movimenti. Il primo, più risalente, ha condotto alla rilevanza giuridica della convivenza di fatto; una rilevanza sempre più marcata e sfaccettata culminata nella legge n. 76/2016. Un secondo, più recente, che ha interessato la filiazione arricchendone il fondamento. Non solo: il nato (con i suoi diritti), da un lato, tiene unita la famiglia anche in caso di crisi di coppia (art. 337-*ter*, co. 1, c.c.), dall'altro indebolisce il tentativo del legislatore di considerare famiglia solo quella fondata sul matrimonio, relegando le altre unioni a indistinte formazioni sociali.

Anche gli uniti civilmente e i conviventi di fatto che crescono un figlio sono una famiglia.

Il legislatore ha scelto di distinguere tra matrimonio e unioni civili, riconoscendo soltanto al primo istituto la prerogativa di costituire una famiglia. Come rilevato nella parte prima, il comma 1 dell'art. 1 della legge n. 76/2016 istituisce l'unione civile tra persone dello stesso sesso «quale specifica formazione sociale» e il comma 11 diversifica i doveri derivanti dall'unione civile rispetto a quello scaturenti dal matrimonio.

L'art. 29, co. 1, Cost. non imponeva la scelta di riservare il matrimonio alle persone eterosessuali, perché il matrimonio non è un istituto giuridico cristallizzato e la Costituzione non lega le mani al legislatore in ordine ai soggetti che possano accedervi. Si dirà che si è trattato di una scelta politica nella piena disponibilità del legislatore, come hanno chiarito la Corte costituzionale[63] e la giurisprudenza successiva[64].

Quest'affermazione non è così granitica sol che si volga lo sguardo agli Stati Uniti.

La Corte Suprema degli Stati Uniti, con una sentenza ben motivata[65], ha ar-

---

[63] Corte cost., n. 138/2010, cit.; Corte cost., n. 170/2014, cit., in cui si ribadisce che la Cedu (artt. 8 e 12) e la Carta dei diritti fondamentali UE (art. 9) impongono agli Stati non già di riconoscere il diritto al matrimonio omosessuale, ma di assicurare tutela giuridica alle unioni omosessuali attraverso, se del caso, un istituto apposito come le unioni civili (di recente cfr. Corte EDU, 21.7.2015, *Oliari and others v. Italy*, ric. n. 18766/11 e n. 36030/11).

[64] Cass., n. 11696/2018, afferma che il legislatore italiano, con l'attribuire una posizione preminente all'unione civile nel diritto internazionale privato (artt. 32-*bis* e 32-*quinquies* l. n. 218/1995 su cui si farà un cenno più avanti nel testo) ha «inteso esercitare pienamente la libertà di scelta del modello di riconoscimento giuridico delle unioni omoaffettive coerentemente con il quadro convenzionale (artt. 8 e 12 Cedu) e con quello derivante dal sistema anche costituzionale dell'Unione Europea (art. 9 Carta dei diritti fondamentali dell'Unione Europea)».

[65] *Supreme Court of the United States, Obergefell et al. v. Hodges, Director, Ohio Department of health, et al*, June 26, 2015.

gomentato dal Quattordicesimo Emendamento della Costituzione Americana[66], l'illegittimità delle leggi di quattro Stati nella parte in cui escludevano le coppie dello stesso sesso dal matrimonio civile. Lo sviluppo della motivazione è complesso e di grande interesse, soprattutto perché valorizza l'evoluzione del matrimonio[67] e della considerazione sociale e giuridica degli omosessuali, al fine di giustificare un pari trattamento tra *same-sex couples* e *opposite-sex couples* quanto al diritto di sposarsi[68].

Interessa in particolare un argomento che fa leva sui figli di uno dei componenti della coppia omosessuale. Si afferma che il diritto di sposarsi deve essere garantito a tutte le persone, perché in tal modo si salvaguardano i bambini (figli di un membro della coppia), i quali, altrimenti finirebbero per considerare la propria famiglia come una formazione sociale inferiore rispetto alle altre famiglie strutturate diversamente e riconosciute dal diritto[69]. Ancora: i diritti fondamen-

[66] Per comodità del lettore si riporta di seguito il testo del Quattordicesimo Emendamento: «*All persons born or naturalized in the United States, and subject to the jurisdiction thereof, are citizens of the United States and of the State wherein they reside. No State shall make or enforce any law which shall abridge the privileges or immunities of citizens of the United States; nor shall any State deprive any person of life, liberty or property, without due process of law, nor deny to any person within its jurisdiction the equal protection of the laws*».

[67] La *Supreme Court* sviluppa diversi argomenti incentrati sul diritto di compiere scelte personali e intime, come quella di sposarsi e sul diritto fondamentale di sposarsi da non potersi riservare soltanto alle coppie eterosessuali. Anche perché – osserva la *Supreme Court* – il contenuto del matrimonio può essere vissuto anche dalle coppie dello stesso sesso.

[68] Come si evince da un denso passaggio della motivazione, la *Supreme Court USA*, cit., per attribuire maggiore fondamento al diritto delle persone dello stesso sesso di sposarsi, rafforza il principio di uguaglianza alla luce delle disuguaglianze già prodotte dalla storia tra etero e omosessuali. Scrive la Corte: «*It is now clear that the challenged laws [id est quelle del Michigan, Kentucky, Ohio, Tennessee] burden the liberty of same-sex couples, and it must be further acknowledged that they abridge central preceps of equality. Here the marriage laws enforced by the respondents are in essence unequal: same-sex couples are denied all the benefits afforded to opposite-sex couples and are barred from exercising a fundamental right. Expecially against a long history of disapproval of their relationships, this denial to same-sex couples of the right to marry works a grave and continuing harm. The imposition of this disability on gays and lesbian serves to disrespect and subordinate them* [un profilo, questo, che forse andava soppesato maggiormente in Italia]. *And the Equal Protection Clause, like the Due Process Law, prohibits this unjustified infringement of the fundamental right to marry. These consideration lead to the conclusion that the right to marry is a fundamental right inherent in the liberty of the person, and under the Due Process and Equal Protection Clauses of Fourteenth Amendment couples of the same-sex may not be deprived of that right and that liberty. The Court now holds that same-sex couples may exercise the fundamental right to marry. No longer may this liberty be denied to them*».

[69] Questo argomento è degno di una particolare sottolineatura, poiché nel dibattito italiano si pone semmai in rilievo la pericolosità (e l'innaturalità) per i minori di crescere in una famiglia omosessuale. Afferma la *Supreme Court USA*, June 26, 2015, cit., che «*A third basis for protecting the right to marry is that it safeguards children and families and thus draws meaning from related rights of childrearing, protection, and education*». Una legge che preveda il matrimonio tra persone dello stesso sesso – soggiunge la Corte – «*allows children to understand the integrity and closeness of their own family and its concord with other families in their community and in their daily lives*».

tali devono essere sottratti dalle vicissitudini della politica e dai suoi indirizzi, non dipendendo la loro esistenza dall'esito di alcuna votazione[70].

La politica italiana ha adottato una linea di cambiamento più discreta rispetto alla tradizione in tema di famiglia, scegliendo di differenziare gli statuti normativi dei soggetti che decidono di mettere insieme le loro vite secondo un progetto condiviso: matrimonio, unione civile, convivenza di fatto.

Il matrimonio rimane l'istituto a disposizione soltanto delle coppie eterosessuali, continuando ad essere un caposaldo della società. Tant'è che il legislatore ha persino impedito ai cittadini italiani dello stesso sesso di sposarsi all'estero e di ottenere in Italia la trascrizione del loro matrimonio nei registri dello stato civile. L'art. 32-*bis* (introdotto dal d.lgs. n. 7/2017) della legge n. 218/1995 («*Riforma del sistema italiano di diritto internazionale privato*») stabilisce che «il matrimonio contratto all'estero da cittadini italiani con persona dello stesso sesso produce gli effetti dell'unione civile regolata dalla legge italiana». Si ha, pertanto, una conversione del matrimonio in unione civile.

Si aggiunga che, secondo la Cassazione, questa disposizione deve ritenersi applicabile anche alle coppie miste in cui un cittadino italiano contragga matrimonio all'estero con un cittadino di un altro Stato[71].

Soltanto se entrambi gli sposi sono stranieri potranno ottenere la trascrizione in Italia del loro matrimonio contratto all'estero.

Più statuti familiari quindi. Ma ci si domanda se la scelta del legislatore italiano di non estendere il matrimonio agli omosessuali sia disallineata dall'evoluzione dell'istituto del matrimonio[72], dalla libera circolazione delle persone, dal divieto di discriminazione delle persone sulla base delle loro condizioni personali e non ultimo dall'opportunità di evitare che si radichino discutibili distinzioni tra unioni riconducibili alla famiglia e unioni appartenenti a qualcos'altro di non ben definito.

Altrimenti i bambini che vivono con una coppia di omossessuali o di lesbiche «*suffer the stigma of knowing their family are somehow lesser*».

[70] Secondo *Supreme Court USA*, cit., «*The idea of Constitution was to withdraw certain subjects from the vicissitudes of political controversy, to place them beyond the rich of majorities and officials and to establish them as legal principles to be applied by the courts (…). This is why fundamental rights may not be submitted to a vote; they depend on the outcome of non elections*».

[71] Cass., n. 11696/2018, cit. afferma che «l'art. 32 *bis* esprime la nettezza della scelta legislativa verso il modello dell'unione civile, limitando gli effetti della circolazione di atti matrimoniali relativi ad unioni omoaffettive a quelle costituite da cittadini entrambi stranieri (…)». Si argomenta, tra l'altro, dall'art. 27, legge n. 218/1995 (sulla capacità e condizioni per contrarre matrimonio), la cui applicazione sarebbe estremamente problematica ove si accogliesse la tesi che esclude l'applicabilità dell'art. 32-*bis* alle coppie miste.

[72] Corte App. Milano, 16.10.2015, ribadisce l'orientamento della Cassazione secondo cui il matrimonio *same sex* deve essere ritenuto in forza dell'art. 9 Carta dei diritti fondamentali UE e dell'art. 12 Cedu come reinterpretato dalla Corte EDU non più inesistente né invalido, ma solo inefficace, mancando una norma di diritto interno che lo ammetta (cfr. Cass., n. 4184/2012, cit. e Cass., n. 2400/2015, cit.). In senso conforme cfr. anche Corte App. Milano, n. 2286/2015.

Riferimenti bibliografici.

AGOSTINELLI B., *Divorzio imposto. Sopravvenuta identità di sesso e sopravvivenza del matriomonio (sub condicione)*, in *Giur. it.*, 2015, 8-9, 1812 ss.; AMRAM D., *Cade l'obbligo dell'intervento chirurgico per la rettificazione anagrafica del sesso*, in *Nuova giur. civ. comm.*, 2015, 11, 1068 ss.; ASTONE A., *Crisi coniugale e responsabilità civile*, in *Tratt. di diritto di famiglia*, diretto da P. Zatti, *Famiglia e matrimonio. Relazioni familiari-Matrimonio-Famiglia di fatto*, a cura di G. Ferrando, M. Fortino, F. Ruscello, Milano, 2011, tomo I, 1813 ss.; ATTADEMO L., *La rettificazione del sesso non presuppone l'adeguamento dei caratteri sessuali primari*, in *Giur. it.*, 2016, 1, 63 ss.; AULETTA T., *Modelli familiari, disciplina applicabile e prospettive di riforma*, in *Le nuove leggi civ. comm.*, 2015, 6, 615 ss.; AZZARRI F., *Il rilievo giuridico della fedeltà nei rapporti di famiglia*, in *Familia*, 2017, 4, 445 ss.; BALESTRA L., *L'evoluzione del diritto di famiglia e le molteplici realtà affettive*, in *Riv. trim. dir e proc. civ.*, 2010, 1105 ss.; BARBA V., *Artificialità del matrimonio e vincoli costituzionali: il caso del matrimonio omosessuale* in *Fam. e dir.*, 2014, 865 ss.; BARTOLINI F., *Rettificazione del sesso e intervento chirurgico: la soluzione in un'interpretazione «costituzionalmente orientata»*, in *Corriere giur.*, 2015, 11, 1349 ss.; BILOTTA F., (voce) *Transessualismo*, in *Digesto*, 2013, 732 ss.; BUSNELLI F.D., *La famiglia e l'arcipelago delle famiglie*, in *Riv. dir. civ.*, 2002, 4, 514; BUSNELLI F.D., *Tanto tuonò che ... non piovve. Le Sezioni unite sigillano il sistema*, in *Corriere giur.*, 2015, 10, 1203 ss.; BUSNELLI F.D.-VITUCCI M.C., *Frantumi europei di famiglia*, in *Riv. dir. civ.*, 2013, 4, 767 ss.; BUZZELLI D., *La famiglia composita*, Napoli, 2012; CAREDDA V., *Matrimonio «misto»: efficacia e trascrivibilità*, in *Nuova giur. civ. comm.*, 2018, 10, 1436 ss.; CARICATO C., *Rettificazione di attribuzione di sesso e modificazione dei caratteri sessuali all'esame della Corte costituzionale*, in *Nuova giur. civ. comm.*, 2016, 4, 589 ss.; CHIARINI G., *Il medico (ir)responsabile e il paziente (dis)informato. Note in tema di danno risarcibile per intervento terapeutico eseguito in difetto di consenso*, in *Giur. it.*, 2011, 4, 816 ss.; CICERO C., *La responsabilità (pre)contrattiale come responsabilità da contatto sociale*, in *Corriere giur.*, 2016, 12, 1504 ss.; CORDIANO A., *Transizione sessuale e rapporti familiari*, in *Rass. dir. civ.*, 2015, 3, 762 ss.; D'AMICO G., *Identità di genere: «non è mai troppo tardi per essere ciò che avresti potuto essere»*, in *Quad. cost.*, 2015, 3 421 ss.; DELLE MONACHE S., *Convivenza more uxorio e autonomia contrattuale (alle soglie della regolamentazione normativa delle unioni di fatto)*, in *Riv. dir. civ.*, 2015, 4, 144 ss.; DI MAJO A., *La responsabilità da violazione del consenso informato*, in *Corriere giur.*, 2010, 9, 1201 ss.; DI MAJO A., *La culpa in contrahendo tra contratto e torto*, in *Giur. it.*, 2016, 12, 2565 ss.; FACCI G., *L'illecito endofamiliare al vaglio della Cassazione*, in *Fam. e dir.*, 2005, 4, 365 ss.; FACCI G., *L'ingiustizia del danno nelle relazioni familiari*, in *Contr. e impr.*, 2005, 1242 ss.; FACCI G., *Infedeltà coniugale e risarcimento del danno: un ulteriore intervento della Suprema Corte*, in *Fam. e dir.*, 2013, 2, 123 ss.; FALZEA A., *Problemi attuali della famiglia di fatto*, in *Una legislazione per la famiglia di fatto?*, Napoli, 1988, 52 ss.; FERRARI D., *Lo statuto giuridico dell'omogenitorialità in Italia e in Europa*, in *Riv. crit. dir. priv.*, 2015, 1, 111 ss.; FERRARO A., (voce) *Danno tanatologico*, in *Digesto*, 2019 (versione in *Banca dati-Leggi d'Italia*); GORGONI A., *La rilevanza della filiazione non genetica*, in *Dir. delle succ. e della fam.*, 2018, 1, 123 ss.; GORGONI A., *Rapporti familiari tra doveri, responsabilità e diritti fondamentali: profili evolutivi*, in *Persona e mercato*, 2021, 1, 120 ss.; GROSSI P., *Introduzio-*

ne al Novecento giuridico, Roma, 2012, torna in quest'opera sul tema della complessità delle fonti e sulla figura della rete di fonti; LENTI L., *Violazione dei doveri familiari e responsabilità civile*, in *Tratt. Teorico-pratico di diritto privato*, diretto da G. Alpa e S. Patti, *La separazione personale dei coniugi*, a cura di G. Ferrando e L. Lenti, Padova, 2011, 571 ss.; LIPARI N., *Riflessioni su famiglia e diritto comunitario*, in *Familia*, 2006, 1, 8 ss.; LONG J., *Omogenitorialità e principio di non discriminazione in base all'orientamento sessuale*, in *Bioetica*, 2011, 2, 211 ss.; MARELLA M.R., *A New Perspective on Human Dignity: European Contract Law, Social Dignity and the Retreat of the Welfare State*, in S. Grundmann (ed.), *Constitutional Values and European Contract Law, New York*, 2008, 137 ss.; MARMOCCHI E., *Identità di genere, identità personale e identificabilità*, in *Notariato*, 2016, 2, 129 ss.; MELI M., *Il dialogo tra ordinamenti nazionali e ordinamento comunitario: gli sviluppi più recenti in materia di diritto di famiglia*, in *Europa e dir. priv.*, 2007, 447 ss.; MELI M., *Il matrimonio tra persone dello stesso sesso: l'incidenza sul sistema interno delle fonti sovranazionali*, in *Nuova giur. civ. comm.*, 2012, 7-8, 451 ss.; MENGONI L., *La famiglia in una società complessa*, in *Iustitia*, 1990, 6 ss.; MESSINETTI D., *Diritti della famiglia e identità della persona*, in *Riv. dir. civ.*, 2005, 2, 139 ss.; MONTANI V., *La morte del danno da perdita parentale?*, in *Danno e resp.*, 2011, 8-9, 829 ss.; NICOLUSSI A., *Obblighi di protezione e responsabilità*, in *Eur. e dir. priv.*, 2008, 4, 929 ss.; OBERTO G., *Liberalità indiretta tra conviventi* more uxorio *e tentativi di recupero del bene alla cessazione del rapporto*, in *Fam. e dir.*, 2013, 6, 565 ss.; PARADISO M., *Famiglia e responsabilità civile endofamiliare*, in *Fam. pers. succ.*, 2011, 1 ss. (versione *on line*); PARDOLESI R.-SIMONE R., *Danno tanatologico e risarcibilità iure hereditatis. Danno da morte e stare decisis: la versione di Bartleby*, in *Danno e resp.*, 2015, 10, 889 (e ivi note di M. Franzoni, G. Ponzanelli e V. Carbone); PARINI G.A., *Responsabilità civile e doveri genitoriali*, in *Tratt. di diritto di famiglia*, diretto da P. Zatti, *Famiglia e matrimonio. Relazioni familiari-Matrimonio-Famiglia di fatto*, a cura di G. Ferrando, M. Fortino e F. Ruscello, Milano, 2011, tomo I, 3 ss.; PATTI S., *Famiglia e responsabilità civile*, Milano, 1984; PATTI S., (voce) *Transessualismo*, nel *Dig. disc. priv., sez. civ.*, XIX, 1999, 416 ss.; PATTI S., *Rettificazione di sesso e trattamento chirurgico*, in *Fam. pers. succ.*, 2007, 25 ss.; PATTI S., *Il divorzio della persona transessuale: una sentenza di accoglimento che non risolve il problema*, in *Foro it.*, 2014, I, 2685 ss.; PATTI S., *Trattamenti medico-chirurgici e autodeterminazione della persona transessuale. A proposito di Cass., 20.7.2015, n. 15138*, in *Nuova giur. civ. comm.*, 2015, 11, 643 ss.; PERLINGIERI P., *La famiglia senza matrimonio tra l'irrilevanza giuridica e l'equiparazione alla famiglia legittima*, in *La persona e i suoi diritti*, Napoli, 2005, 490 ss.; PERLINGIERI P., *Note introduttive ai problemi giuridici del mutamento di sesso*, in *Dir. giur.*, 1070, 513 ss., ma anche in *La persona e i suoi diritti* (volume di P. Perlingieri), Napoli, 2005, 151 ss.; PONZANELLI G., *Il problema delle duplicazioni: due sentenze della Cassazione*, in *Corriere giur.*, 2011, 8, 1091 ss.; PROSPERI F., *La famiglia non fondata sul matrimonio*, Napoli, 1980; PULEO S., (voce) *Famiglia, II Disciplina privatistica: in generale*, in *Enc. giur.*, 1989, 1 ss.; RODOTÀ S., *Tecnologie e diritti*, Bologna, 1995; RODOTÀ S., *Antropologia dell'«homo dignus»*, in *Riv. crit. dir. priv.*, 2010, 55 ss.; RODOTÀ S., *Diritto d'amore*, Roma-Bari, 2015, in part. cfr. il § 10 *«Identità e genere»*, p. 126 ss.; ROPPO E., *La famiglia senza matrimonio. Diritto e non diritto nella fenomenologia delle libere unioni*, in *Il giudice nel conflitto coniugale* (di E. Roppo), Bologna, 1981, 187 ss.; ROPPO E., (voce) *Famiglia, III Famiglia di fatto*, in *Enc. giur.*, 1989, 1 ss. e ivi postilla di aggiornamento, scritta con A.M. Benedetti; ROSSI S., (voce) *Consenso informato*, in *Digesto*, 2012 (versione in *Banca dati-Leggi d'Italia*); ROSSETTI M., *«Tombe degli avi miei ...». La Cassazione torna sul danno da perdita del nonno non convivente*, in *Corriere giur.*, 2017, 1, 17 ss.; SARACENO C., *Coppie e famiglie. Non è questione di natura*, Milano, 2012; SCARSO A.P., *Violazione dei doveri coniugali...prima del matrimonio ed estinzione del vincolo coniugale*, in *Fam. pers. succ.*, 2005, 5, 308 ss.; SEGNI M., *Matrimonio omosessuale: novità dall'Europa?*, in *Fam. e dir.*, 2014, 7, 672 ss.; SERRA M.L., *Sulla trascrizione del matrimonio omosessuale estero e diritti fondamentali della persona*, in *Fam. e dir.*, 2019, 2 136 ss.; SESTA M., *Diritti inviolabili della persona e rapporti familiari: la privatizzazione «arriva» in Cassazione*, in *Fam. e dir.*, 2005, 4, 365 ss.; SESTA M., *Il matrimonio estero tra due cittadini italiani dello stesso sesso è trascrivibile in Italia?*, in *Fam. e dir.*, 2007, 2, 167 ss.; SESTA M., *La prospettiva paidocentrica quale fil rouge dell'attuale disciplina giuridica della famiglia*, in *Fam. e dir.*, 2021, 7, 763 ss.; SESTA M., *Mezzo secolo di riforme (1970-2020)*, in *Fam. e dir.*, 2021, 1, 17 ss.; SPANGARO A., *Anche la Consulta ammette il mutamento del sesso senza il previo trattamento chirurgico*, in *Fam. e dir.*, 2016, 7, 637 ss.; STANZIONE P., (voce) *Transessualità*, in *Enc. dir.*, XLIV, 1992, 880 ss.; STANZIONE P., *Transessualismo e sensibilità del giurista: una rilettura attuale della legge n. 164/1982*, in *Dir. fam. pers.*, 2, 2009, 729 ss.; TOMMASEO F., *Sull'affidamento familiare d'un minore a coppia omosessuale*, in *Fam. e dir.*, 2014, 3, 273 ss.; VECCHI P.M., (voce) *Transessualismo*, in *Enc. giur.*, XXXI, 1994, 2 ss.; VESTO A., *Favorire l'emersione dell'identità sessuale per tutelare la dignità umana nella sua unicità*, in *Nuova giur. civ. comm.*, 2015, 6, 544 ss.; WINKLER M.M., *Cambio del sesso del coniuge e scioglimento del matrimonio: costruzione e implicazioni del diritto fondamentale all'identità di genere*, in *Giur. mer.*, 3, 2012, 584 ss.; ZAGREBELSKY G., *Principi e voti*, Torino, 2005, in part. cfr. il cap. 3 *«Non tutto può mettersi ai voti»*; ZATTI P., *Introduzione al Convegno «Modelli familiari e nuovo diritto»* (Padova 7-8.10.2016), in *Nuova giur. cov. comm.*, 2016, 12, 1665 ss.; ZENO-ZENCOVICH V., (voce) *Identità personale*, in *Digesto disc. priv. sez. civ.*, IX, 1993, 294 ss.

Finito di stampare nel mese di ottobre 2021
nella Rotolito S.p.A. – Via Sondrio, 3 – 20096 Pioltello (MI)